Strafgesetzbuch

mit Erläuterungen und Beispielen

sowie den wichtigsten Nebengesetzen und je einem Anhang über Jugendstrafrecht und Jugendschutz, Verkehrsstrafrecht, Ordnungswidrigkeiten und Strafprozeßrecht

von

Dr. Walter Petters

Landgerichtsrat a. D.

(begründet von Dr. A. Grosch, Landgerichtspräsident a. D. †)

Für Studium, Polizei- und Gerichtspraxis

Dreiundzwanzigste Auflage

1955

J. Schweitzer Verlag, Berlin und München

Satz, Druck und Bindearbeiten:
Dr. F. P. Datterer & Cie. – Inhaber Sellier – Freising

Vorwort zur 22. Auflage

Im Gegensatz zu der Ende 1952 erschienenen 21. Auflage meines Erläuterungsbuches zum Strafgesetzbuch enthält die vorliegende Neuauflage eine wesentliche Erweiterung und Verbesserung gegenüber den früheren Auflagen.

Zunächst wurden der Inhalt des zweiten und dritten Strafrechtsänderungsgesetzes vom 6. 3. bzw. 4. 8. 1953, sowie die durch das Gesetz zur Sicherung des Straßenverkehrs vom 19. 12. 1952 in das Strafgesetzbuch eingefügten neuen Straftatbestände, jeweils mit Erläuterungen, in die Neuauflage eingearbeitet. Ferner gelangten zwei neue Gesetze, nämlich das Gesetz über Versammlungen und Aufzüge (Versammlungsgesetz) vom 24. 7. 1953 und das Gesetz zur Bekämpfung der Geschlechtskrankheiten vom 23. 7. 1953 zum Abdruck und zwar im Anschluß an die Erläuterungen zu § 106a bzw. § 327.

Die Anhänge wurden, wie folgt, ergänzt bzw. erweitert:

Im Anhang 1 (Jugendstrafrecht und Jugendschutz) wird zunächst das neue Jugendgerichtsgesetz vom 4. 8. 1953 behandelt und zwar in Form einer vergleichenden Darstellung gegenüber dem Reichsjugendgerichtsgesetz und durch Wiedergabe des Aufbaues dieses neuen Gesetzes. Außerdem fand in diesem Anhang auszugsweise das Gesetz über Verbreitung jugendgefährdender Schriften vom 9. 6. 1953 Aufnahme. Im Hinblick auf die große Bedeutung, die dem Verkehrsproblem auch in strafrechtlicher Beziehung zukommt, werden unter der Bezeichnung „Verkehrsstrafrecht" in einem neuen Anhang 2 die vier neugefaßten Gesetze, nämlich das Straßenverkehrsgesetz vom 19. 12. 1952, die Straßenverkehrs-Zulassungs-Ordnung vom 24. 8. 1953, die Straßenverkehrsordnung vom 24. 8. 1953 und das Bundesfernstraßengesetz vom 6. 8. 1953 in ihren Grundzügen und unter Aufführung der jeweiligen Strafbestimmungen erörtert. In einem besonderen Anhang 3 wird das Gesetz über Ordnungswidrigkeiten vom 25. 3. 1952 in ausführlicherer Weise, als es in der letzten Auflage geschehen ist, behandelt. Im Anhang 4 befindet sich, wie bisher, eine allgemeinverständliche Darstellung des Strafprozeßrechts in seinen Grundzügen und unter Berücksichtigung der durch das dritte Strafrechtsänderungsgesetz bewirkten Neuerungen.

Neben dieser, durch die zahlreichen Gesetze des Jahres 1953 bedingten Erweiterung des Buches enthält die Neuauflage aber auch wesentliche Verbesserungen. Zunächst wurden auf Grund von Erfahrungen, die ich als Leiter von Vorbereitungskursen zu den juristischen Prüfungen gesammelt habe, Teile der „Einführenden Vorbemerkungen zum Strafrecht" und zahlreiche „Erläuterungen" zu den einzelnen Gesetzesparagraphen umgearbeitet. Darüber hinaus aber bringt die Neuauflage eine grundlegende Neuerung. Es werden nämlich nunmehr die für das Verständnis der allgemeinen Strafrechtsprobleme und die Auslegung der Straftatbestände wichtigsten Entscheidungen des ehemaligen Reichsgerichts und des Bundesgerichtshofs zitiert. Zu dieser Änderung gegenüber den bisherigen Auflagen wurde ich durch Anregungen aus Kreisen maßgebender, mit der Ausbildung der Polizeibeamten betrauter Persönlichkeiten veranlaßt. Hierzu sei aber ausdrücklich betont, daß sich durch diese Neuerung der Charakter des Buches in keiner Weise geändert hat. Nach wie vor soll das Buch durch seine, mit zahlreichen Beispielen versehene allgemeinverständliche Darstellung dem Polizeibeamten als Vorbereitungsbuch für die Prüfungen und als Nachschlagebuch beim täglichen Dienst in der Verbrechensbekämpfung dienen. Aber auch der juristische Nachwuchs wird das Buch neben der nur auf der Universität zu erlangenden wissenschaftlichen Ausbildung als Hilfe beim Übergang in die Praxis benutzen können. Darüber hinaus ist es schließlich auch für den Strafrechtspraktiker zum Zwecke rascher Orientierung über den neuesten Stand der Gesetzgebung und Rechtsprechung verwendbar.

Heidelberg, Januar 1954 Dr. Petters

Vorwort zur 23. Auflage

Die Neuauflage enthält gegenüber der im Mai 1954 erschienenen 22. Auflage keine Änderungen größeren Umfangs, da seit diesem Zeitpunkt keine neuen, für das vorliegende Erläuterungsbuch in Betracht kommenden Strafgesetze in Kraft getreten sind. Es wurden lediglich (abgesehen von der Beseitigung einiger in der 22. Auflage stehen gebliebener Druckfehler) die im 2. Halbjahr 1954 ergangenen Entscheidungen des Bundesgerichtshofs, soweit sie für die Gesetzesauslegung von grundsätzlicher Bedeutung sind, in die Erläuterungen aufgenommen, sowie mehrere Erläuterungsstellen durch Hereinnahme weiterer reichsgerichtlicher Entscheidungen verbessert.

Heidelberg, Januar 1955 Dr. Petters

Inhalt

Einführende Vorbemerkungen zum Strafrecht

Strafgesetzbuch

Erster Teil

Von der Bestrafung der Verbrechen, Vergehen und Übertretungen im allgemeinen

Zweiter Teil

Von den einzelnen Verbrechen, Vergehen und Übertretungen und deren Bestrafung

Erklärung der Abkürzungen

BGB. = Bürgerliches Gesetzbuch
BGBl. = Bundesgesetzblatt
BGH. = Entscheidungen des Bundesgerichtshofes in Strafsachen
Erl. = Erläuterung
GewO. = Gewerbeordnung
GVG. = Gerichtsverfassungsgesetz
JGG. = Jugendgerichtsgesetz
KO. = Konkursordnung
RG. = Entscheidungen des Reichsgerichts in Strafsachen
RGBl. = Reichsgesetzblatt
StGB. = Strafgesetzbuch
StPO. = Strafprozeßordnung
ZPO. = Zivilprozeßordnung

Die Entscheidungen des Reichsgerichts (RG.) bzw. des Bundesgerichtshofes (BGH.) werden in Zahlen kenntlich gemacht und zwar bedeuten die erste Zahl jeweils den Band und die folgenden Zahlen die Seiten des betreffenden Bandes, die die fragliche Entscheidung enthalten. So besagt z. B. BGH. 4, 20, daß die zitierte Entscheidung im vierten Band der Entscheidungen des Bundesgerichtshofes in Strafsachen auf Seite 20 abgedruckt ist.

Einführende Vorbemerkungen zum Strafrecht

(Eingehende Ausführungen zu den in diesen Vorbemerkungen genannten Paragraphen befinden sich in den Erläuterungen zu den betreffenden Gesetzesstellen, die, soweit sie im Strafgesetzbuch enthalten sind, in der folgenden Abhandlung nur mit der Paragraphenzahl aufgeführt werden.)

A. Allgemeine Grundsätze des Strafrechts und das Strafgesetzbuch.

I. **Das Strafrecht** (allgemeine Grundsätze).

1. Strafrecht ist der Inbegriff derjenigen staatlichen Normen, durch welche an das Verbrechen als Tatbestand die Strafe als Rechtsfolge geknüpft wird.

2. Das Strafrecht hat nur die sog. Kriminalstrafen zum Gegenstand, und zwar als Hauptstrafen: Zuchthaus, Gefängnis, Einschließung, Haft und Geldstrafe (siehe Vorbemerkungen vor § 13). Disziplinarstrafen werden wegen pflichtwidrigen Verhaltens eines Beamten verhängt, in der Regel in einem sog. Disziplinarstrafverfahren. Ordnungswidrigkeiten werden mit Geldbußen geahndet (siehe hierzu Anhang 3, S. 359 ff.).

Als Straf- und Erziehungsmaßregeln gegen Jugendliche kommen folgende in Frage (siehe hierzu Anhang 1 A Jugendgerichtsgesetz): Jugendstrafe (6 Monate bis 10 Jahre), Zuchtmittel (Verwarnung, Auferlegung besonderer Pflichten, Jugendarrest), Erziehungsmaßregeln (Erteilung von Weisungen, Schutzaufsicht und Fürsorgeerziehung) und Unterbringung in einer Heil- und Pflegeanstalt.

3. Das Wesen der Strafe besteht in der Vergeltung, Abschreckung und Besserung. Dem letztgenannten Zwecke sowie der Sicherung der Allgemeinheit dienen die in §§ 42 a bis 42 n vorgesehenen Maßregeln (Unterbringung in einer Heil- oder Pflegeanstalt, Unterbringung in einer Trinkerheilanstalt oder einer Entziehungsanstalt, Unterbringung in einem Arbeitshaus, die Sicherungsverwahrung, Untersagung der Berufsausübung, Fahrerlaubnisentziehung).

4. Eine Strafe kann nur verhängt werden, wenn ein im Strafgesetzbuch (StGB.) oder einem strafrechtlichen Nebengesetz festgelegter Tatbestand verwirklicht worden ist; als Rechtserkenntnisquelle kommt also nur das Gesetz in Frage. Die Analogie, d. h. die Ausdehnung einer strafgesetzlichen Bestimmung auf einen Sachverhalt, auf den sie nach ihrem Gesetzeswortlaut nicht unmittelbar angewendet werden kann, ist im Strafrecht verboten. (Der vom nationalsoziali-

stischen Gesetzgeber eingefügte § 2, der als zweite Erkenntnisquelle das sog. gesunde Volksempfinden als Ausgangspunkt für eine Bestrafung normiert hatte, wurde wieder beseitigt.)

5. Die Strafgesetze haben keine rückwirkende Kraft (§ 2).

6. Der Geltungsbereich der Strafgesetze in persönlicher, sachlicher und örtlicher Beziehung ist in §§ 3 bis 5 behandelt.

II. Das Strafgesetzbuch.

1. Die wichtigsten strafbaren Handlungen sind im Strafgesetzbuch vom 15. Mai 1871 (StGB.) zusammengefaßt, das im Laufe der Jahrzehnte durch eine umfangreiche Novellengesetzgebung vielfach geändert und erweitert worden ist. In dieser Beziehung kommen als wichtigste Gesetze der Nachkriegszeit in Betracht: das Gesetz zum Schutze der persönlichen Freiheit vom 15. Juli 1951 (siehe §§ 234a, 241a), sowie das Strafrechtsänderungsgesetz vom 30. August 1951 (siehe §§ 80—101, 106a, 106b, 129, 129a, 187a, 316b, 317, 353a). Ferner das zweite Strafrechtsänderungsgesetz vom 6. März 1953 (siehe § 141) und das Gesetz zur Sicherung des Straßenverkehrs vom 19. Dezember 1952 (siehe §§ 42 m, 315 a, 316, 316 a) und schließlich das dritte Strafrechtsänderungsgesetz vom 4. August 1953, das nicht nur überalterte Ausdrücke und sonstige Mängel technischer Art aus dem Strafgesetzbuch beseitigt, sondern auch teilweise bedeutsame Gesetzesänderungen gebracht hat. Das nunmehr seit 1. Oktober 1953 geltende Strafgesetzbuch in seiner endgültigen Fassung vom 25. August 1953 wurde im BGBl. 1953, S. 1083ff. veröffentlicht.

Neben dem StGB. besteht eine erhebliche Anzahl von strafrechtlichen Nebengesetzen, z. B. Straßenverkehrsordnung, Gesetz zur Bekämpfung der Geschlechtskrankheiten, Lebensmittelgesetz, Pressegesetz, Gaststättengesetz, Gesetz gegen den unlauteren Wettbewerb, Wirtschaftsstrafgesetz und viele andere.

2. Das Strafgesetzbuch zerfällt in zwei Hauptteile:

a) Der „Erste Teil" wird (unter Einbeziehung der einleitenden Bestimmungen in §§ 1—12) als „Allgemeiner Teil" bezeichnet. Er reicht bis § 79 und bezieht sich auf alle Straftatbestände, also nicht nur diejenigen des StGB. selbst, sondern auch die der strafrechtlichen Nebengesetze. Er befaßt sich mit den verschiedenen Arten der Strafe und ihren Folgen (§§ 13—42), ferner mit den Maßregeln der Sicherung und Besserung (§§ 42 a bis 42 n); ferner mit den besonderen Betätigungsformen, unter denen jeder einzelne Straftatbestand des StGB. und der Nebengesetze verwirklicht werden kann (Versuch §§ 43 bis 46, Teilnahme §§ 47 bis 50) und enthält schließlich die besonderen Gründe, die die Strafbarkeit beeinflussen oder sie ganz ausschließen (§§ 51 bis 72), sowie die Vorschriften, die beim Zusammentreffen mehrerer strafbarer Handlungen zu beobachten sind (§§ 73 bis 79).

b) Der „Besondere Teil" (im Gesetz mit „Zweiter Teil" bezeichnet) enthält die verschiedenen strafbaren Handlungen, deren Begehung einen Strafanspruch des Staates begründet.

B. Die strafbare Handlung.

I. Die Dreiteilung:

1. Das StGB. teilt die strafbaren Handlungen nach ihrer Schwere ein in Verbrechen, Vergehen und Übertretungen (siehe hierzu die Erläuterungen zu § 1).

2. Verbrechen sind die Straftaten, die in der Hauptsache mit Zuchthaus, Vergehen diejenigen, die in der Hauptsache mit Gefängnis oder mit Geldstrafe von mehr als 150.— DM bedroht sind, während für die Übertretungen Strafdrohungen mit Haft oder Geldstrafe bis zu 150.— DM vorgesehen sind.

II. Die verschiedenen Arten strafbarer Handlungen:

1. Grundsätzlich werden strafbare Handlungen ohne Rücksicht auf den Willen des Verletzten von Amts wegen verfolgt (sog. Offizialdelikte). Nur in einer geringen Anzahl von Fällen ist die Strafverfolgung von der Stellung eines Strafantrags abhängig (sog. Antragsdelikte, siehe die Erläuterungen zu § 61). Ein Teil der Antragsdelikte kann im Privatklageweg verfolgt werden (sog. Privatklagedelikte, siehe hierzu § 374 StPO.).

2. Verletzungs- und Gefährdungsdelikte. Bei den Verletzungsdelikten wird der Tatbestand der strafbaren Handlung durch die Verletzung des Rechtsguts erfüllt (z. B. Hausfriedensbruch § 123, Beleidigung § 185, Körperverletzung § 223, Mord § 211, Totschlag § 212), während bei der Gefährdungstat schon die Herbeiführung einer Gefahr strafbar ist (z. B. Aussetzung § 221 Abs. 1, Vergiftung § 229 und ferner die besondere Gruppe der gemeingefährlichen Delikte der §§ 306 ff.).

3. Fast sämtliche Verletzungsdelikte sind Erfolgsdelikte, d. h. es gehört zur Vollendung des Tatbestandes ein durch die Handlung herbeigeführter Erfolg, der, wie die übrigen Tatbestandsmerkmale, vom Vorsatz umfaßt sein muß. Das StGB. enthält aber auch Tatbestände, bei denen ein höherer Strafrahmen Platz greift, falls ein besonderer Erfolg eintritt, der vom Täter nicht gewollt, also vom Vorsatz nicht umfaßt war. Es sind dies die sog. durch den Erfolg qualifizierten Delikte der §§ 118, 178, 221 Abs. 3, 224, 226, 229 Abs. 2, 239 Abs. 2 u. 3, 251, 307 Ziff. 1, 312, 321 Abs. 2, 324. Bezüglich dieser durch den Erfolg qualifizierten Delikte hat der durch das dritte Strafrechtsänderungsgesetz geschaffene § 56 die grundlegende Neuerung gebracht, daß den Täter die höhere Strafe nur dann trifft, wenn er die Folge wenigstens fahrlässig herbeigeführt hat, d. h. wenn der fragliche Erfolg für den Täter bei genügender Aufmerksamkeit vorhersehbar war. (Siehe unten Abschn. V S. 9.)

4. Begehungs- und Unterlassungsdelikte.

Bei den ersteren, die bei weitem die Mehrzahl bilden, übertritt der Täter eine Verbotsnorm, während er bei den Unterlassungsdelikten etwas nicht tut, was er tun sollte; er übertritt in diesem Falle eine Gebotsnorm.

Bei den Unterlassungsdelikten unterscheidet man die echten von den unechten.

a) Bei den echten Unterlassungsdelikten ist die Unterlassung als solche unmittelbar mit Strafe bedroht. Hierunter fallen vor allem die unterlassene Anzeige (§ 138) und die unterlassene Hilfeleistung (§ 330 c); ferner §§ 116, 123, 346. Zahlreiche echte Unterlassungsdelikte befinden sich ferner unter den Übertretungen.

b) Von unechten Unterlassungsdelikten spricht man, wenn ein Straftatbestand durch eine solche Unterlassung erfüllt wurde, die zugleich die Verletzung einer bestehenden rechtlichen Verpflichtung enthielt. Wegen Unterlassung kann also nur dann Bestrafung erfolgen, wenn der Täter nicht nur imstande, sondern auch in dem besonderen Falle rechtlich verpflichtet war, den Eintritt des Erfolgs durch positives Handeln zu verhindern. So besteht z. B. eine besondere gesetzliche Pflicht zur Abwendung körperlichen Schadens für die Eltern des minderjährigen Kindes (§§ 1627, 1634 BGB.), oder eine vertragliche Pflicht zur Hilfeleistung für den Krankenwärter; schließlich gehört hierher auch die Dienstpflicht des Beamten. In allen diesen Fällen macht sich strafbar, wer vorsätzlich oder fahrlässig durch Nichthandeln einen rechtsverletzenden Erfolg (z. B. den Tod eines anderen) verursacht. (Siehe auch § 181, Erl. 5 und § 306, Erl. 1a am Ende.)

III. **Die Voraussetzungen jedes strafbaren Verhaltens:**

1. Die Handlung muß **tatbestandsmäßig,** d. h. der im Gesetz festgelegte äußere und innere Tatbestand muß erfüllt sein. (Von diesem gesetzlichen Tatbestand, den man auch abstrakten Tatbestand nennt, ist zu unterscheiden der konkrete Tatbestand, d. h. der Ablauf der Geschehnisse im einzelnen Falle, auch Sachverhalt genannt.)

a) Die meisten Straftatbestände sind in den einzelnen Gesetzesparagraphen in die Worte gekleidet: „Wer (das und das tut), wird (so und so) bestraft." Das besondere Motiv, das den Täter zu der strafbaren Handlung veranlaßt hat, bleibt im allgemeinen im Wortlaut des Tatbestandes ebenso unberücksichtigt, wie die Größe des Schadens, den der Täter verursacht hat. Diese Momente wirken sich im allgemeinen in der Strafzumessung aus.

b) Zum äußeren (objektiven) Tatbestand gehören alle Merkmale, die äußerlich erkennbar sind, z. B. das Wegnehmen einer beweglichen Sache beim Diebstahl. Ferner gehört hierher der Kausalzusammenhang, wenn der Eintritt eines Erfolgs zum gesetzlichen Tatbestand gehört. (Siehe Abschn. V S. 9.)

c) Zum inneren (subjektiven) Tatbestand gehören alle nicht äußerlich in die Erscheinung tretenden inneren Vorgänge, nämlich die Kenntnis von den einzelnen Tatbeständen, z. B. beim Diebstahl, daß die Sache einem Dritten gehört und im Gewahrsam eines anderen steht und darüber hinaus die im Gesetz besonders vorgesehene Willensrichtung (Absicht), z. B. beim Diebstahl die Absicht rechtswidriger Zueignung. (Wegen der Schuldformen Vorsatz und Fahrlässigkeit siehe unten Abschnitt C III, S. 16.) Zum inneren Tatbestand gehört schließlich noch das Bewußtsein der Rechtswidrigkeit (siehe unten Abschnitt D II 3, S. 20).

2. Die Handlung muß **rechtswidrig** sein. Grundsätzlich ist zwar davon auszugehen, daß derjenige, der einen im StGB. oder in einem strafrechtlichen Nebengesetz erfaßten Tatbestand verwirklicht, ohne weiteres rechtswidrig handelt.

Es gibt aber auch Fälle, in denen zwar der volle Tatbestand der strafbaren Handlung erfüllt ist, trotzdem aber der den Tatbestand Verwirklichende nicht bestraft werden kann, weil ihm ein Rechtfertigungsgrund zur Seite steht.

Solche, die Rechtswidrigkeit und damit die Strafbarkeit ausschließende Rechtfertigungsgründe (auch Unrechtsausschließungsgründe genannt) liegen im einzelnen vor in folgenden Fällen:

a) wenn die Handlung durch Notwehr geboten ist (§ 53 StGB. und § 227 BGB.);

b) wenn bei der Beleidigung die Voraussetzungen des § 193 gegeben sind;

c) wenn ein sog. übergesetzlicher Notstand vorliegt (siehe Erläuterung 4 zu § 54);

d) wenn die Voraussetzungen des bürgerlich-rechtlichen Notstandes i. S. der §§ 228, 904 BGB. (siehe Erläuterung 3 zu § 54) gegeben sind;

e) wenn die Voraussetzungen der Selbsthilfe i. S. des § 229 BGB. (siehe auch §§ 561, 859 BGB.) vorliegen;

f) wenn die Voraussetzungen des § 127 StPO. (vorläufige Festnahme) gegeben sind;

g) wenn Amtshandlungen vorliegen, z. B. Festnahme, Betreten der Wohnung gegen den Willen des Wohnungsberechtigten bei Haussuchungen (früher auch Hinrichtung). Es liegt in diesen Fällen weder Freiheitsberaubung noch Hausfriedensbruch (noch Mord) vor;

h) wenn sich die Handlungen (z. B. Körperverletzungen) aus einem Erziehungs- und Disziplinarrecht der Eltern, Lehrer, des Lehrherrn usw. ergeben;

i) wenn der Verletzte einwilligt, vorausgesetzt, daß die Einwilligung einem Willen entspringt, der vom Recht als maßgebend anerkannt ist, insbesondere, daß die Person, in deren rechtliche Interessen eingegriffen wird, die genügende geistige Reife und Urteilskraft besitzt, um die Bedeutung des Angriffs und seiner Gestattung zu erkennen. (RG 41, 394.)

In Frage kommen hier folgende Handlungen:

aa) Die Vermögensrechtsverletzungen: Kein Diebstahl, keine Unterschlagung oder Sachbeschädigung, wenn der Eigentümer einwilligt. (Eine Brandstiftung wird durch die Einwilligung des Eigentümers nicht rechtmäßig, da der Grund ihrer Strafbarkeit nach § 306 in der Gefährdung der Allgemeinheit liegt.)

bb) Die Handlungen gegen Leib und Leben: Die Einwilligung in die Tötung macht letztere nicht straflos (§ 216). Die Frage, wann die Einwilligung des Verletzten die Körperverletzung straflos macht, beantwortet § 226 a dahin, daß die Handlung trotz Einwilligung strafbar bleibt, wenn sie gegen die guten Sitten verstößt. Die Operation ist somit im allgemeinen nicht rechtswidrig und daher straflos. Dagegen liegt eine rechtswidrige Körperverletzung vor, wenn sich eine Lohndirne gegen Entgelt von einem Sadisten körperlich mißhandeln läßt; denn in einem solchen Falle verstößt die Einwilligung gegen die guten Sitten

cc) Die Handlungen gegen die Ehre: Hier ist besonders jeweils zu prüfen, ob der Einwilligung nach den persönlichen Verhältnissen der einwilligenden Person rechtliche Beachtung zukommt.

Fehlt die Rechtswidrigkeit aus einem der oben a)—i) genannten Gründe, dann ist nicht nur der Täter, sondern auch der Teilnehmer straflos. (Siehe Erl. 11 zu § 53.)

3. Dritte Voraussetzung der Strafbarkeit ist, daß der Täter **schuldhaft** handelt, d. h. daß ihm kein Schuldausschließungsgrund zur Seite steht. Schuldausschließungsgründe sind:

a) Die Unzurechnungsfähigkeit nach §§ 51 Abs. 1, 55 Abs. 1, und jugendliches Alter (§ 3 JGG.);
b) der Irrtum;
c) der Nötigungsstand des § 52;
d) die Überschreitung der erlaubten Notwehr aus Bestürzung, Furcht oder Schrecken (§ 53 III);
e) der Notstand des § 54.

(Wegen der Schuldfrage im einzelnen siehe die Ausführungen unten in Abschnitt C, S. 15.)

4. Die Tatbestandsverwirklichung muß in der Person des Täters strafbar sein, d. h. es darf ihm **kein persönlicher Strafausschließungs- oder Strafaufhebungsgrund** zur Seite stehen.

a) Strafausschließungsgründe enthalten die Tatbestände der §§ 173 Abs. 4, 247 Abs. 2, 248a Abs. 3, 257 Abs. 2, 264a Abs. 4, 289 Abs. 5.

b) Strafaufhebungsgründe, d. h. solche Umstände, die erst nach Begehung der strafbaren Handlung eintreten, sind enthalten in §§ 46, 49a Abs. 4, 49b Abs. 3, 157, 158 (in diesen beiden letzteren Fällen nur fakultativ), ferner in §§ 163 Abs. 2, 199, 233 (fakultativ), 310.

Zusammenfassend ist zu Ziff. 1 bis 4 folgendes festzustellen: Fehlt es bei der Haupttat an der Voraussetzung zu 1 oder 2, dann ist auch eine strafbare Teilnahmehandlung ausgeschlossen (siehe Erl. 10 zu § 53), während ein Fehlen der Voraussetzungen zu 3 und 4 für die Strafbarkeit des Teilnehmers ohne Bedeutung ist. (Siehe die Erläuterungen unten in Abschnitt IV, 3 b.)

5. Unter **Bedingungen der Strafbarkeit** versteht man außerhalb des Tatbestandes liegende Umstände, von denen die Strafbarkeit der Handlung abhängt, die aber nicht vom Vorsatz umfaßt zu sein brauchen. So ist z. B. Bedingung der Strafbarkeit des Raufhandels (§ 227), daß durch ihn der Tod oder eine schwere Körperverletzung verursacht wird, oder Bedingung der Strafbarkeit des Vollrausches (§ 330a), daß eine Rauschtat begangen wird, oder Bedingung der Strafbarkeit der üblen Nachrede (§ 186), daß die behauptete Tatsache nicht erweislich wahr ist, oder Bedingung des Widerstands gegen die Staatsgewalt (§ 113), daß die Amtshandlung objektiv rechtmäßig war (BGH. 4, 161).

Bei den sog. erfolgsqualifizierten Delikten z. B. in den Tatbeständen der §§ 224, 226 (siehe oben Abschnitt B II 3) ist der Erfolg die Bedingung der höheren Strafbarkeit.

6. Unter **Bedingungen der Verfolgbarkeit** sind solche Umstände zu verstehen, die ebenso wie die Bedingungen der Strafbarkeit (Ziff. 5) außerhalb des Tatbestandes liegen, aber nicht die Strafbarkeit, sondern die Verfolgbarkeit betreffen. Hierher gehört vor allem der Strafantrag bei den Antragsdelikten. Ein fehlender Strafantrag schließt also, ebenso wie die Verjährung, die Verfolgbarkeit aus und muß zur Einstellung des Verfahrens führen. (Siehe Erl. 10 zu § 61.)

IV. **Täterschaft und Teilnahme.**

1. **Täter** ist, wer die Tat ausführt, d. h. mit dem Täterwillen eine Bedingung für den Erfolg setzt, während als Teilnehmer gilt, wer den Täter zu der Tat anstiftet (§ 48) oder ihm bei der Ausführung der Tat hilft (§ 49). Mittäterschaft (§ 47), die eigentlich eine besondere Art der Täterschaft bildet, im System des Strafgesetzbuches aber ebenfalls als eine Teilnahmehandlung angesehen wird, liegt vor, wenn mehrere auf Grund eines gemeinschaftlichen Entschlusses und mit vereinten Kräften derart zusammenwirken, daß jeder mit Hilfe der mitwirkenden Kräfte des anderen die Tat als eigene verwirklichen will.

Die Strafdrohung ist in allen drei Fällen die für die Täterschaft geltende; lediglich bezüglich des Gehilfen ist eine Strafmilderung vorgesehen (§ 49 Abs. 2).

2. **Alleintäter und mittelbarer Täter.** Alleintäter ist, wer die Tat vollkommen allein begeht. Von mittelbarer Täterschaft spricht man, wenn jemand eine beabsichtigte strafbare Handlung nicht selbst zur Ausführung bringt, sondern statt seiner durch einen anderen, der aus subjektiven Gründen nicht als Täter bestraft werden kann, ausführen läßt. Die Handlungen des unmittelbaren Täters sind dann, wenn sie dem Vorsatz des mittelbaren Täters entsprechen, als Handlungen des letzteren anzusehen.

a) Für die Praxis besonders wichtige Fälle mittelbarer Täterschaft:

aa) Die unmittelbar handelnde Person ist in ihrem Willen unfrei, weil die Voraussetzungen des § 51 oder des § 52 vorliegen. Beispiele: Der A überredet den geisteskranken B, oder zwingt ihn durch vorgehaltenen Revolver, den C zu töten. A ist mittelbarer Täter, B ist willenloses Werkzeug.

bb) Die unmittelbar tätig werdende Person befindet sich in einem Irrtum i. S. des § 59. Beispiele: Die A gibt, um ihren Mann zu töten, der Köchin B Arsenik, statt Zucker. Die B verwendet gutgläubig das Gift für einen Kuchen, durch dessen Genuß der Ehemann A stirbt. Die A ist mittelbare Täterin, die B ist gutgläubiges Werkzeug.

cc) Die unmittelbar tätig werdende Person handelt zwar dolos, handelt aber nur im Dienste des mittelbaren Täters, also ohne Täterwillen (doloses Werkzeug). Beispiel: Der Gutsbesitzer A gibt seinem Verwalter B, nachdem die Zwangsverwaltung seines Gutes angeordnet war, den Auftrag, eine Dreschmaschine wegzuschaffen (Verstrickungsbruch nach § 137). A ist als mittelbarer Täter nach § 137 zu bestrafen, B wegen Beihilfe dazu.

dd) Die unmittelbar tätig werdende Person handelt zwar dolos (doloses Werkzeug), aber es fehlt ihr die besondere Tätereigenschaft, die zum gesetzlichen Tatbestand gehört, während sie beim Bestimmenden vorhanden ist. Beispiel:

Ein Beamter läßt durch einen Nichtbeamten ein reines Beamtendelikt, z. B. ein Falschbeurkundung i. S. des § 348 Abs. 1 begehen. Der Beamte ist mittelbarer Täter einer Falschbeurkundung und der Nichtbeamte wegen Beihilfe hierzu strafbar.

b) Ausgeschlossen ist mittelbare Täterschaft:

aa) Bei den sog. eigenhändigen Delikten, d. h. solchen, die ihrer Natur nach nur persönlich begangen werden können, wie die Eidesdelikte und die Sittlichkeitsverbrechen. Beispiele: Der A bestimmt den B, eine unwahre Tatsache, die B aber für wahr hält, zu beschwören; er bedient sich also des B als eines gutgläubigen Werkzeugs zur Begehung eines Meineids. Mittelbare Täterschaft ist ausgeschlossen. Ersatz hierfür bietet § 160. Oder: Der A bestimmt den Geisteskranken B, die C zu vergewaltigen oder mit der C Ehebruch zu treiben. Es ist mittelbare Täterschaft ausgeschlossen; der A kann aber nach der Neufassung des § 50 Abs. 1 wegen Anstiftung bestraft werden (siehe die Ausführungen unten in Ziff. 3).

bb) Bei den Straftaten, die der mittelbare Täter nicht selbst begehen, d. h. unmittelbar ausführen könnte. Deshalb ist mittelbare Täterschaft ausgeschlossen, wenn die Begehung eines echten Beamtendelikts, d. h. eines solchen bewirkt werden soll, das nur von einem Beamten begangen werden kann. Beispiel: Ein Nichtbeamter läßt durch einen schuldlos handelnden, z. B. gutgläubigen Beamten eine Falschbeurkundung nach § 348 Abs. 1 vornehmen. Es liegt keine mittelbare Täterschaft vor, da der mittelbare Täter als Nichtbeamter das Delikt des § 348 Abs. 1 nicht begehen kann. Ersatz für diesen Fall bildet § 271, wo der Fall geregelt ist, daß sich der Täter eines gutgläubigen Beamten bedient, um eine Falschbeurkundung zu erreichen (siehe Erl. 1 zu § 271).

3. Die gesamte **Teilnahmelehre** wurde durch die Verordnung vom 29. Mai 1943 grundlegend geändert, und zwar in der Hauptsache durch die Neufassung des § 50 Abs. 1, wonach jeder an einer Straftat Beteiligte einzig und allein nach seiner eigenen Schuld strafbar ist, also ohne Rücksicht darauf, ob auch der andere schuldig und somit strafbar ist.

a) Das frühere Recht: Früher konnten der Anstifter und Gehilfe nur dann bestraft werden, wenn sich auch der Haupttäter selbst strafbar gemacht hatte, d. h. wenn dieser vorsätzlich eine rechtswidrige Tat begangen oder wenigstens zu begehen versucht und außerdem schuldhaft gehandelt hatte. (Grundsatz der extremen Akzessorietät der Teilnahme im Gegensatz zu der jetzt geltenden sog. limitierten Akzessorietät.) Beihilfe oder Anstiftung zur Tat eines Geisteskranken (§ 51) mußte also straflos bleiben; ebenso die Anstiftung oder Beihilfe zur Tat einer im Nötigungsstand (§ 52) oder im Notstand (§ 54) oder in einem tatsächlichen Irrtum nach § 59 befindlichen Person. In allen diesen Fällen war die Teilnahmehandlung (Anstiftung oder Beihilfe) deshalb nicht strafbar, weil der die Tat Ausführende schuldlos handelt, also sich nicht strafbar macht.

b) Nach der Neufassung des § 50, d. h. mit dessen in Abs. 1 niedergelegtem Grundsatz ist für die Strafbarkeit des Teilnehmers nicht mehr erforderlich, daß der Haupttäter schuldhaft handelt, sondern es genügt, daß der Haupttäter den äußeren Tatbestand einer mit Strafe bedrohten und rechtswidrigen Handlung verwirklicht oder zu verwirklichen versucht hat. M. a. W.: Jede von mehreren an einer Straftat beteiligten Personen ist lediglich nach dem Maße ihrer eigenen Schuld strafbar ohne Rücksicht darauf, ob der andere Beteiligte bestraft werden kann oder nicht.

Beispiel: Der A überredet den Geisteskranken B, den C zu töten. Der A konnte nach früherem Recht nicht wegen Anstiftung bestraft werden, weil die Haupttat infolge Schuldlosigkeit des B entfiel, denn nach früherem Recht war ja Voraussetzung für die Strafbarkeit des Anstifters, daß auch der Angestiftete eine strafbare Handlung schuldhaft beging. Nach der Neufassung des § 50 durch die oben genannte Verordnung ist es nunmehr für die Strafbarkeit des A als Anstifters vollkommen gleichgültig, ob B schuldhaft gehandelt hat oder nicht (siehe auch den geänderten Wortlaut der §§ 48, 49).

c) Von notwendiger Teilnahme spricht man, wenn ein Straftatbestand zu seiner Verwirklichung die Beteiligung mehrerer Personen erfordert. In diesen Fällen erklärt das Gesetz entweder beide Personen für strafbar (z. B. bei passiver und aktiver Richterbestechung in §§ 334 Abs. 1 und 2) oder nur eine Person (z. B. bei einfacher Bestechung nach § 331). Hiervon zu unterscheiden sind die Fälle, in denen eine andere Person lediglich Objekt der Straftat ist (z. B. die zur Unzucht Mißbrauchten in §§ 174, 176 oder die Bewucherten in §§ 301 ff.); in diesen Fällen ist jede Beteiligungsform des Objekts straflos. Beispiel: Die 18jährige Schülerin A, die ihren Lehrer zu unzüchtigen Handlungen an ihr anstiftet (§ 174 Nr. 1) bleibt straflos (RG. 18, 181).

d) Wegen der für Mittäterschaft, Anstiftung und Beihilfe im einzelnen geltenden Grundsätze vgl. die Erläuterungen zu §§ 47, 48, 49.

e) Während die Strafbarkeit der Anstiftung und Beihilfe immer voraussetzt, daß die Haupttat begangen, d. h. mindestens versucht worden ist, enthält § 49a eine Ausnahme von dieser Regel, indem bei Verbrechen auch die erfolglose Anstiftung (früher auch die erfolglose Beihilfe) mit Strafe bedroht ist (siehe die Erl. 1 bis 3 zu § 49a).

f) Wegen Bemessung der Strafe für die Teilnehmer vgl. die Ausführungen unten in Abschnitt E IV S. 23 und die Erläuterungen 3 bis 7 zu § 50 Abs. 2.

V. Kausalzusammenhang.

1. Bei den Erfolgsdelikten, d. h. bei denjenigen Straftaten, bei denen zu der eigentlichen Tätigkeitshandlung noch ein außerhalb dieser Handlung liegender Erfolg hinzutreten muß, also vor allem bei den Tötungsdelikten und der Körperverletzung (in gewisser Beziehung auch beim Betrug und der Erpressung), wird eine strafbare Verantwortlichkeit nur dann begründet, wenn zwischen der Handlung des Täters und dem eingetretenen Erfolg ein ursächlicher Zusammenhang, auch Kausalzusammenhang genannt, nachgewiesen werden kann.

Von besonderer praktischer Bedeutung aber ist der Kausalzusammenhang für die Beurteilung der durch den Erfolg qualifizierten Delikte (siehe die Ausführungen oben in Abschnitt II 3, S. 3).

2. Die Lehre von der Kausalität hat in der Wissenschaft und Rechtsprechung zur Aufstellung verschiedener Theorien geführt. Für das Strafrecht gilt grund-

sätzlich die Bedingungstheorie: Jede Handlung gilt als Ursache des Erfolgs, die nicht hinweggedacht werden kann, ohne daß der Erfolg entfiele, wobei es gleichgültig ist, ob auch noch eine andere Bedingung, mag sie auch die überwiegende, d. h. die Hauptursache gewesen sein, zur Herbeiführung des Erfolgs mitgewirkt hat. (BGH 2, 24.)

a) Insbesondere ist der Erfolg auf die Täterhandlung als seine Ursache auch dann zurückzuführen, wenn er ohne die besonderen Umstände, unter denen die Handlung begangen wurde, nicht eingetreten wäre. Beispiel: Der durch einen Steinwurf des A verletzte B stirbt trotz der Unerheblichkeit der Verletzung, da er ein sog. „Bluter" ist. Nach früherem Recht hätte A, falls die Körperverletzung (der Steinwurf) vorsätzlich erfolgte, wegen Körperverletzung mit nachgefolgtem Tode gemäß § 226 bestraft werden können. Nach neuem Recht (siehe oben Abschn. II 3, S. 3) kann gemäß § 56 eine Bestrafung nach § 226 nur erfolgen, wenn A den Tod des B fahrlässig verursacht hat, d. h. wenn der Tod des B für A bei genügender Aufmerksamkeit vorhersehbar war. (Ging der Wille des A dahin, den B mit dem Steinwurf zu töten, dann liegt nach wie vor ein Tötungsdelikt nach §§ 211 oder 212 vor.)

b) Die Annahme eines solchen ursächlichen Zusammenhangs ist ferner auch dann nicht ausgeschlossen, wenn der Erfolg ohne das gleichzeitige oder aufeinanderfolgende Zusammenwirken anderer menschlicher Handlungen, nämlich fahrlässiges Verhalten des Verletzten selbst oder eines Dritten, nicht eingetreten wäre. Beispiele: Der A hat sich gegenüber dem B einer vorsätzlichen Körperverletzung im Sinne des § 223 schuldig gemacht. B zieht sich durch eigene Unachtsamkeit eine Blutvergiftung zu, die seinen Tod herbeiführt. A ist wegen Körperverletzung mit nachgefolgtem Tode (§ 226) zu bestrafen, vorausgesetzt auch hier, daß die Bedingung des § 56 erfüllt ist. Oder: Eine Hausfrau läßt in einem unverschlossenen Schrank Arsen liegen. Die Köchin verwechselt dieses Gift mit dem daneben liegenden Zucker und vergiftet infolge dieses Irrtums den Hausherrn. Die von der Hausfrau für den Tod ihres Mannes fahrlässig gesetzte Ursache wird durch das fahrlässige Verhalten der Köchin nicht aufgehoben. Beide haben sich der fahrlässigen Tötung — vorausgesetzt, daß fahrlässiges Verhalten nachweisbar ist — schuldig gemacht.

c) Schließlich bewirkt auch das vorsätzliche Dazwischentreten eines Dritten nicht notwendigerweise die Aufhebung des Kausalzusammenhangs. Beispiel: Die Hausfrau bleibt in dem oben erwähnten Beispiel auch dann wegen fahrlässiger Tötung strafbar, wenn die Köchin vorsätzlich das Gift statt des Zuckers für die Zubereitung der Speisen verwendet, um den Hausherrn zu töten, was ihr dann auch gelingt. Auch in diesem Falle kann das fahrlässige Verhalten der Hausfrau nicht hinweggedacht werden, ohne daß der Erfolg entfiele. (RG 64, 316, 370.)

d) Immer aber muß nach wie vor ein Kausalzusammenhang dann verneint werden, wenn der Erfolg einem reinen Zufall zuzuschreiben ist. Beispiele: Der A versetzt dem B einen Schlag, so daß er zu Boden fällt und unter einem Baum liegen bleibt. Bei einem später einsetzenden Gewitter wird B vom Blitz erschlagen. A kann nur wegen Körperverletzung, nicht aber wegen Verbrechens nach § 226

(Körperverletzung mit nachgefolgtem Tod) bestraft werden. Ebenso wäre zu entscheiden, wenn A dem B, der im Begriffe ist, abzureisen, verwundet, dadurch den B zum Bleiben zwingt und dieser dann von einem fallenden Dachziegel erschlagen wird. Obwohl die von A dem B zugefügte Körperverletzung zwar nicht hinweggedacht werden kann, ohne daß der Erfolg (das Erschlagenwerden durch einen Dachziegel) entfiele, ist A nicht wegen Körperverletzung mit nachgefolgtem Tod (§ 226) zu bestrafen, da der Tod in diesem Falle einem reinen Zufall zuzuschreiben ist. (Im Gegensatz zur oben erörterten Bedingungstheorie spricht man in diesen Fällen von der Theorie der sog. adäquaten Verursachung.)

e) Kausalzusammenhang zwischen einer Unterlassung und dem rechtsverletzenden Erfolg liegt vor, wenn die Unterlassung nicht hinweggedacht oder, schärfer ausgedrückt, nicht hinzugedacht werden kann, ohne daß damit der eingetretene Erfolg wegfiele.

f) Da die Frage des Kausalzusammenhangs zum objektiven, d. h. zum äußeren Tatbestand gehört, muß bei allen Erfolgsdelikten zunächst diese Frage geklärt werden, bevor die Frage des Verschuldens, die ja zum subjektiven, d. h. zum inneren Tatbestand gehört, geprüft werden kann. Ist die Frage des Kausalzusammenhangs zu verneinen, dann erübrigt sich die Prüfung der Frage des Verschuldens.

VI. Vollendung, Versuch und Vorbereitungshandlung.

1. Eine Straftat durchläuft zeitlich gesehen folgende vier Abschnitte: Entschlußfassung, Vorbereitungshandlung, Versuch und Vollendung. Straflos sind grundsätzlich Entschlußfassung und Vorbereitungshandlung. (Siehe aber unten Abschnitte 4 und 5.)

2. Ein Delikt ist **vollendet**, wenn der gesetzliche äußere und innere Tatbestand vollkommen verwirklicht, wenn insbesondere der zum Tatbestand gehörende Erfolg eingetreten ist. (Siehe die Ausführungen oben in Abschnitt III 1, S. 4.)

3. Ein **Versuch** liegt vor, wenn der Täter zwar den fraglichen Tatbestand verwirklichen wollte, aber an dem, was der Täter tatsächlich verwirklicht hat, etwas fehlt, was zum Tatbestand gehört.

a) Immer ist Voraussetzung eines strafbaren Versuchs, daß mit der Ausführungshandlung begonnen worden ist. (Siehe BGH 2, 380.)

b) Der im Gesetz (§ 43) geregelte Fall des Versuchs besteht darin, daß, äußerlich erkennbar, sich nicht soviel ereignet, als der gesetzliche Tatbestand erfordert und dem Vorsatz des Täters entspricht, daß also das äußere Geschehen hinter der Vorstellung und dem Willen des Täters zurückbleibt, z. B. der Mörder schießt an seinem Opfer vorbei. (Siehe im übrigen die Erläuterungen zu § 43.)

c) Nach der Rechtsprechung kommt aber eine Bestrafung wegen versuchter Tat auch dann in Betracht, wenn die vom Täter gewollte Tat infolge Irrtums

aa) mit tauglichen Mitteln am untauglichen Objekt,
bb) mit untauglichen Mitteln am tauglichen Objekt, oder schließlich
cc) mit untauglichen Mitteln am untauglichen Objekt begangen wird. (Siehe hierzu die Beispiele in Erl. 5 zu § 43.)

d) Vom versuchten Delikt ist zu unterscheiden das sog. Wahnverbrechen. (Siehe hierzu unten Abschnitt D V, S. 22.)

e) Wegen Rücktritts und tätiger Reue siehe die Erläuterungen zu § 46.

4. Als **Vorbereitungshandlung** gilt jede Handlung, die noch nicht den Anfang der Ausführungshandlung enthält. (Siehe hierzu Erl. 3 zu § 43.)

5. Die Verabredung einer Straftat, sowie das Sicherbieten zu einer solchen oder die Annahme eines solchen Anerbietens ist, soweit es sich um ein Verbrechen handelt, in § 49a Abs. 2 besonders unter Strafe gestellt. (Siehe hierzu Erl. 2 zu § 49a.)

VII. **Zusammentreffen mehrerer strafbarer Handlungen.**

1. Bei Verletzung mehrerer Strafgesetze oder mehrmaliger Verletzung desselben Strafgesetzes durch einen Täter können vorliegen:
a) Tateinheit (§ 73),
b) Tatmehrheit (§ 74),
c) Gesetzeskonkurrenz,
d) Fortsetzungszusammenhang,
e) Kollektivverbrechen.

Im StGB. gesetzlich geregelt sind nur Tateinheit und Tatmehrheit. Die übrigen drei Begehungsformen sind Gebilde der Rechtsprechung und Wissenschaft.

2. **Tateinheit** (rechtliches Zusammentreffen), auch Idealkonkurrenz genannt, liegt vor, wenn durch eine Handlung mehrere Strafgesetze verletzt werden. (Siehe die Erläuterungen zu § 73.)

3. Von **Tatmehrheit** (sachliches Zusammentreffen) auch Realkonkurrenz genannt, spricht man, wenn der Täter durch mehrere Handlungen mehrere Strafgesetze verletzt. (Siehe die Erläuterungen zu § 74.)

4. Das Wesen der **Gesetzeskonkurrenz** besteht darin, daß eine Handlung mehrere Strafgesetze zu verletzen scheint, weil der Wortlaut dieser mehreren Strafgesetze an sich auf diese eine Handlung zutrifft, daß aber der Gesetzgeber die Anwendung nur eines Strafgesetzes will und deshalb nur dieses eine Strafgesetz als verletzt zu gelten hat.

a) Eine solche Gesetzeskonkurrenz liegt insbesondere dann vor, wenn der Gesetzgeber aus einem bestimmten Tatbestand durch Hinzufügung weiterer Merkmale einen engeren Tatbestand heraushebt und unter selbständige Strafdrohung stellt, so daß nur dieser engere (spezielle) Tatbestand als verletzt gilt. (Fall der sog. Spezialität.)

So sind z. B. die Notentwendung des § 248a und der Mundraub des § 370 Abs. 1 Nr. 5 gegenüber dem Diebstahl des § 242 die spezielleren Gesetze; ebenso der Raub des § 249 gegenüber dem Diebstahl, ferner die Erpressung des § 253 gegenüber der Nötigung des § 240.

b) In einigen Fällen bestimmt das Gesetz ausdrücklich, daß von mehreren in Frage kommenden Strafgesetzen das eine nur aushilfsweise für den Fall zur Anwendung gelangen soll, daß nicht bereits das andere Platz greift. Eine solche sog. Subsidiarität ist vor allem vorgesehen in §§ 145d, 248b, 265a.

c) Gesetzeskonkurrenz liegt ferner vor, wenn der eine Tatbestand den anderen aufzehrt (Fall der Aufzehrung, auch Konsumtion genannt). Dies ist insbesondere dann der Fall, wenn eine Gefährdungstat mit einer Verletzungstat (siehe oben Abschnitt II 2 S. 3) zusammentrifft. In einem solchen Falle erfolgt nur Bestrafung wegen der Verletzungstat. So verlieren z. B. die Gefährdungsdelikte der §§ 221, 229 ihre selbständige Bedeutung gegenüber den Tötungsdelikten der §§ 211, 212. Es kann also eine Mutter, die ihr Kind in Tötungsabsicht aussetzt oder ihm in der gleichen Absicht Gift beibringt, nur wegen vollendeter bzw. versuchter Tötung gemäß §§ 211, 212 und nicht daneben wegen Aussetzung nach § 221 bzw. Vergiftung nach § 229 bestraft werden.

d) Ferner bilden eine Art Gesetzeskonkurrenz (ebenfalls in Form der Konsumtion) die Fälle der sog. straflosen Vortat und der straflosen Nachtat. (Allerdings liegen hier im Gegensatz zu den in a) bis c) behandelten Fällen mehrere äußerlich getrennte Tätigkeitsakte vor.)

aa) Von einer straflosen Vortat spricht man, wenn die eine Straftat nach ihrer äußeren und inneren Gestaltung regelmäßig die notwendige Voraussetzung für die Begehung der zweiten Straftat bildet. Beispiel: Ein Einbruchsdiebstahl nach § 243 Abs. 1 Nr. 2 ist nicht denkbar, ohne daß gleichzeitig der Tatbestand des Hausfriedensbruchs i. S. des § 123 verwirklicht wird. Bestrafung kann daher nur wegen Einbruchsdiebstahls erfolgen.

bb) Eine straflose Nachtat liegt vor, wenn die zweite Tat kein neues Rechtsgut verletzt, sondern der durch die Vortat entstandene Schaden durch einen erneuten Eingriff in das gleiche Rechtsgut zum Nachteil des schon durch die erste Straftat Geschädigten lediglich vergrößert wird. So bleibt vor allem das Verwertungsdelikt gegenüber dem Aneignungsdelikt in der Regel straflos.

Beispiele: Der Dieb, der die gestohlene Sache zerstört, kann nicht außer wegen Diebstahls auch noch wegen Sachbeschädigung (§ 303) bestraft werden. Diese ist vielmehr eine straflose Nachtat gegenüber dem Diebstahl. Oder: Der Dieb, der die gestohlene Sache weiterverkauft, begeht im Augenblick des Verkaufs an sich eine Unterschlagung. Durch diese Unterschlagung wird aber kein neues Rechtsgut einer anderen Person verletzt, sondern nur abermals das Eigentum des Bestohlenen; daher kann der Dieb nicht außer wegen Diebstahls (§ 242) auch noch wegen Unterschlagung (§ 246) bestraft werden; die Unterschlagung ist vielmehr gegenüber dem Diebstahl eine straflose Nachtat. Anders aber ist der durch den Verkauf der gestohlenen Sache gegenüber dem Dritten begangene Betrug zu bewerten. Ein Betrug gegenüber dem Käufer liegt deshalb vor, weil der Käufer gemäß § 935 BGB. an einer gestohlenen Sache kein Eigentum erwerben kann und durch die infolge der Täuschung bewirkte Zahlung des Kaufpreises einen Vermögensschaden erleidet. Dieser Betrug gegenüber dem Käufer bedeutet aber einen neuen Eingriff in ein anderes Rechtsgut, nämlich eine Verletzung des Vermögens des Käufers. Der Betrug (§ 263) bildet gegenüber dem Diebstahl (§ 242) demnach keine straflose Nachtat, sondern ist neben dem Diebstahl gemäß § 74 (Tatmehrheit) zu bestrafen.

e) Schließlich bilden noch eine Art von Gesetzeskonkurrenz in Form der Konsumtion die zeitlichen Entwicklungsstufen bei einer Zuwiderhandlung gegen dieselbe Strafnorm (Vorbereitungshandlung, Versuch, Vollendung), sowie die verschiedenen Teilnahmeformen (Beihilfe, Anstiftung und Mittäterschaft) in ihrem Verhältnis zueinander. Es konsumieren nämlich der Versuch die Vorbereitungshandlung und andererseits die vollendete Tat den Versuch. Ebenso werden die Beihilfe (als die leichtere Form der Teilnahme) durch die Anstiftung (als die schwerere Teilnahmeform) und beide Teilnahmeformen andererseits durch die Täterschaft bzw. die Mittäterschaft konsumiert.

Beispiele: A und B verabreden, den C mit einer Eisenstange zu erschlagen. Den ersten Angriff schlägt C erfolgreich ab und flieht. A und B verfolgen ihn und erreichen beim zweiten Angriff ihr Ziel. A und B können nur wegen vollendeter Tötung nach §§ 211 bzw. 212 bestraft werden und nicht außerdem noch wegen Verabredung eines Verbrechens im Sinne des § 49a Abs. 2 und ebensowenig wegen versuchter Tötung nach §§ 211 bzw. 212, 43. — Der A stiftet den B an, ihm zwecks Tötung des C eine Eisenstange zu beschaffen. Alsdann entschließt sich B, die Tat gemeinsam mit A auszuführen. Beide erschlagen zusammen den C. A und B können nur wegen gemeinschaftlich begangener Tötung (§§ 211 bzw. 212, 47) und nicht außerdem A wegen Anstiftung des B und ebensowenig B wegen Beihilfe zur Tötung (Beschaffung der Eisenstange) bestraft werden.

5. **Die fortgesetzte Tat.**

a) Einem praktischen Bedürfnis entsprechend hat die Rechtsprechung den Begriff des fortgesetzten Delikts geschaffen, um nämlich umfangreiche gleichartige Straftaten, die sich über einen längeren Zeitraum erstrecken und nur schwer in ihren Einzelheiten aufzuklären sind, zu einer einzigen Straftat zusammenfassen zu können. Die wiederholten Einzelhandlungen werden also nur mit einer Strafe belegt. (Siehe hierzu RG 75, 207; BGH 2, 167.)

b) Der Begriff der fortgesetzten Tat erfordert einen auf stoßweise Verwirklichung eines bestimmten Gesamterfolges gerichteten Vorsatz sowie eine gleichartige Begehungsweise und die Verletzung des gleichen Rechtsgutes.

Beispiele: Der Angestellte A nimmt seinem Arbeitgeber B, dessen Schreibtisch er in Ordnung zu halten hat, täglich eine Zigarre aus der im unverschlossenen Schreibtisch stehenden Kiste. Er ist wegen eines in fortgesetzter Tat begangenen Mundraubs gemäß § 370 Abs. 1 Nr. 5 zu bestrafen, falls die Wegnahme zum alsbaldigen Verbrauch erfolgte und der gesamte Wert der entwendeten Zigarren nicht über eine „geringe Menge" oder einen „unbedeutenden Wert" hinausgehen. Andernfalls liegt fortgesetzter Diebstahl i. S. des § 242 vor. Oder: Der reisende Betrüger A begeht zahlreiche in ihrer Begehungsform gleichartige Versicherungsbetrügereien gegenüber verschiedenen Personen. Er wird nur wegen eines in fortgesetzter Tat begangenen Betrugs gemäß § 263 bestraft.

c) Ein Fortsetzungszusammenhang ist aber immer dann ausgeschlossen, wenn durch die Einzelhandlungen höchstpersönliche Rechtsgüter verschiedener Personen verletzt werden, d. h. bei Straftaten, die sich gegen Lebeui Gesundheit, Ehre oder sittliche Reinheit verschiedener Personen richten. So ist, eine fortgesetzte Tat nicht möglich bei der Tötung mehrerer Personen, bei Körperverletzungen gegenüber mehreren Personen, bei Abtreibungshandlungen begangen an verschiedenen Frauen, bei wiederholten Verbrechen nach § 176 Abs. 1 Ziff. 3, wenn sich die Handlungen gegen verschiedene Kinder richten, oder bei Vergehen nach § 175, wenn die Unzuchtshandlungen mit verschiedenen Männern vorgenommen werden.

6. Die sog. **Kollektivdelikte**, auch Sammelstraftaten genannt, nämlich die gewerbsmäßig, gewohnheits- oder geschäftsmäßig begangene Tat.

a) Gewerbsmäßig handelt, wer die Tat mit dem Willen begeht, sie zu wiederholen und sich aus der wiederholten Begehung eine Einnahmequelle zu verschaffen. Es reicht mithin schon eine einzelne Handlung aus, wenn sie nur von einem auf Wiederholung in dem bezeichneten Sinne gerichteten Willen getragen ist. (Bei der Fortsetzungstat sind, wie oben ausgeführt wurde, mindestens zwei gleichartige Einzelhandlungen erforderlich.) (RG 73, 362.)

Strafbegründend ist die Gewerbsmäßigkeit in § 175a Ziff. 4, soweit der dritte Tatbestand (Sichanbieten zur gleichgeschlechtlichen Unzucht) in Frage kommt, ferner in § 181a (Gewerbsunzucht der Frau bei Zuhälterei), § 285 (nichtöffentliches Glücksspiel), § 302e (Sachwucher), § 361 Abs. 1 Nr. 6a bis c (Gewerbsunzucht).

Strafschärfend ist die Gewerbsmäßigkeit in § 175a Ziff. 4 mit Ausnahme des „Sichanbietens", wo die Gewerbsmäßigkeit, wie erwähnt, strafbegründend ist, ferner in § 260 (Hehlerei), in §§ 292 Abs. 3, 293 Abs. 3 (Wilderei) und in § 302d (Geldwucher). (Siehe auch die Erläuterungen 4a, 5b und 7 zu § 50 Abs. 2.)

b) Gewohnheitsmäßigkeit liegt vor, wenn der Täter aus einem durch wiederholte Begehung erworbenen Hang heraus handelt. Dieser Begriff setzt ebenso wie die fortgesetzte Tat eine Mehrheit von Einzelhandlungen voraus.

Strafbegründend ist die Gewohnheitsmäßigkeit in §§ 150 (Münzverringerung), 180 (Kuppelei), 181a (Zuhälterei), 284 Abs. 2 (Glücksspiel), 302e (Sachwucher).

Strafschärfend ist die Gewohnheitsmäßigkeit in §§ 260 (Hehlerei), 292 Abs. 3, 293 Abs. 3 (Wilderei) und 302d (Geldwucher).

c) Geschäftsmäßigkeit liegt vor, wenn der Handelnde beabsichtigt, die fragliche Tat zu wiederholen und sie dadurch zu einem wiederkehrenden Bestandteil seiner Beschäftigung zu machen. Geschäftsmäßiges Handeln ist im StGB. nur in § 144 (Verleitung zur Auswanderung) gefordert.

d) Die Einzelhandlungen der sog. Kollektivdelikte sind selbständige Handlungen i. S. des § 74. (RG 72, 285; BGH 1, 41.)

C. Die Schuld.

I. **Das Wesen der Schuld:** Sie ist Vorwerfbarkeit, d. h. sie ist die persönliche Verantwortlichkeit des Täters für seine rechtswidrige Tat. Mit dem Unwerturteil der Schuld wird dem Täter vorgeworfen, daß er sich nicht rechtmäßig verhalten, daß er sich für das Unrecht entschieden hat, obwohl er sich rechtmäßig verhalten, d. h. für das Recht hätte entscheiden können. (BGH. 2, 200.)

II. **Die biologischen Voraussetzungen der Schuldbejahung.**

1. Die altersmäßige Verstandes- und Willensreife.

a) Unbedingt schuldunfähig ist das Kind bis zum vollendeten 14. Lebensjahr (§ 1 Abs. 3 JGG.; siehe Anhang 1, Abschn. A, S. 346).

b) Bedingt schuldfähig ist der Jugendliche vom vollendetem 14. bis zum vollendeten 18. Lebensjahr, d. h. er kann unter bestimmten Voraussetzungen zur Verantwortung gezogen werden (§ 3 JGG.; siehe Anhang 1 Abschn. A, S. 346).

c) Unbedingt schuldfähig sind Personen über 18 Jahre. (Wegen Anwendung des Jugendstrafrechts auf „Heranwachsende", d. h. auf Personen, die zur Zeit der Tat 18, aber noch nicht 21 Jahre alt sind, siehe § 105 JGG., Anhang 1 Abschn. A S. 346.)

2. Die Zurechnungsfähigkeit nach §§ 51 Abs. 1 und 55 Abs. 1. (Siehe hierzu die Erl. zu §§ 51, 55.)

III. Die **Schuldformen** sind Vorsatz und Fahrlässigkeit. In der Regel wird der Täter nur bestraft, wenn er vorsätzlich gehandelt hat. Ausnahmsweise genügt für die Strafbarkeit auch fahrlässiges Verhalten (z. B. §§ 222, 230).

Das StGB. hat keine gesetzlichen Begriffsbestimmungen für Vorsatz und Fahrlässigkeit getroffen. Lediglich in Wissenschaft und Rechtsprechung haben sich bestimmte Formulierungen herausgebildet.

1. Der **Vorsatz.**

a) Vorsätzlich handelt, wer mit Wissen und Wollen die äußeren Merkmale des Tatbestands verwirklicht, sog. dolus directus (**unbedingter** Vorsatz). (Wegen des Bewußtseins der Rechtswidrigkeit siehe die Ausführungen unten in Abschnitt D, S. 17ff.) (Siehe RG 70, 258.)

Beispiel: Der A will den B töten und gibt mit dem Bewußtsein, daß die Kugel den B tödlich treffen werde, auf diesen einen Schuß ab, der den Tod des B zur Folge hat; A ist wegen Mords bzw. wegen Totschlags zu bestrafen (§ 211 bzw. § 212).

b) Vorsatz liegt auch dann vor, wenn der Täter den Erfolg nicht unmittelbar gewollt hat, aber doch als möglich vorausgesehen und ihn als eventuellen Erfolg in seinen Willen aufgenommen hat, sog. dolus eventualis oder bedingter Vorsatz. Er ist grundsätzlich in allen Fällen ausreichend, in denen vorsätzliches Handeln verlangt wird. (RG 33, 4; 73, 168.)

Beispiele: Der Wilderer A entdeckt am Waldrand den Förster B, der ihn verfolgt. Er gibt einen tödlich wirkenden Schuß auf ihn ab. A hatte dabei zunächst nur die Absicht, den Förster kampfunfähig zu machen; er ist sich aber bewußt, daß der Schuß auch eine tödliche Wirkung haben kann und ist auch mit diesem Erfolg einverstanden, d. h. er nimmt auch diesen von ihm als möglich erkannten Erfolg in seinen Willen auf. A ist wegen eines vorsätzlichen Tötungsdeliktes (Mord bzw. Totschlag) zu bestrafen.

Oder: A nimmt mit einem Mädchen unter 14 Jahren unzüchtige Handlungen vor. Er ist dabei der Meinung, daß das Mädchen schon 14 Jahre alt sei. Er rechnet aber auch mit der Möglichkeit, daß das Mädchen das 14. Lebensjahr noch nicht erreicht hat, will die Tat aber auch für diesen Fall. A ist wegen Verbrechens nach § 176 Abs. 1 Ziff. 3 zu bestrafen. (Wegen „dolus generalis" siehe S. 22, Abs. IV.)

c) Daß es auch vorsätzliche Delikte gibt, bei denen der Vorsatz sich nicht auf den Erfolg erstreckt, der Täter aber trotzdem für den Erfolg strafrechtlich verantwortlich gemacht wird (sog. durch den Erfolg qualifizierte Delikte, z. B. § 226) wurde oben in Abschnitt B II 3 S. 3 erörtert.

d) Häufig verlangt das Gesetz zur Erfüllung des Straftatbestandes eine über den eigentlichen dolus hinausgehende Willensrichtung und kennzeichnet diese mit Absicht (z. B. §§ 242, 257, 263), Wissentlichkeit (z. B. §§ 327, 328) oder „wider besseres Wissen" (z. B. §§ 164 Abs. 1, 187, 278). Während für wissentliches Handeln schon bedingter Vorsatz (dolus eventualis) genügt, erfordern die beiden anderen Begriffe den unbedingten Vorsatz.

e) Schließlich werden Vorsatz und Absicht in einigen Gesetzesstellen durch Hinzufügung eines besonderen moralischen Qualifikationsmomentes eingeengt. So gehört z. B. zur Strafbarkeit der Eheerschleichung i. S. des § 170, daß das Verschweigen arglistig erfolgt. In §§ 170c und 170d fordert das Gesetz ein gewissenloses Handeln, während Böswilligkeit zu den Tatbeständen der §§ 134, 135, 170a, „grober Eigennutz" zum Tatbestand des § 170a und „gewinnsüchtige Absicht" zu den Tatbeständen der §§ 133 Abs. 2, 301, 302 und 169 gehört, und schließlich „niedrige Beweggründe" (§ 211) eines der Unterscheidungsmerkmale des Mords gegenüber dem Totschlag bilden.

2. Die **Fahrlässigkeit.**

a) Fahrlässig handelt, wer die Sorgfalt außer acht läßt, zu der er nach den Umständen und nach seinen persönlichen Verhältnissen verpflichtet und fähig ist und deshalb entweder nicht voraussieht, daß sich der Tatbestand der strafbaren Handlung verwirklichen kann (unbewußte Fahrlässigkeit) oder, obwohl er das für möglich hält, darauf vertraut, daß es nicht geschehen wird (bewußte Fahrlässigkeit).

b) Der Begriff der Fahrlässigkeit verlangt also, daß der Täter eine (durch Rechtssätze, z. B. Unfallverhütungsvorschriften, Straßenverkehrsordnung usw. oder die Verkehrssitte) gebotene und von ihm billigerweise zu erwartende, d. h. ihm zumutbare Sorgfalt vernachlässigt und infolgedessen einen nach den täglichen Lebenserfahrungen vorhersehbaren Erfolg nicht voraussieht, bzw. den Erfolg zwar als möglich voraussieht, aber hofft, daß er nicht eintrete.

c) Vom Vorsatz unterscheidet sich die Fahrlässigkeit dadurch, daß beim Vorsatz (auch beim eventuellen) das Verschulden in der gewollten, bei der Fahrlässigkeit dagegen in der ungewollten, aber durch pflichtwidrige Unaufmerksamkeit herbeigeführten Verletzung der Rechtsordnung besteht.

d) Beispiele: aa) Unbewußte Fahrlässigkeit: Der A will sein Jagdgewehr reinigen und tötet hierbei den in der Nähe stehenden B, an welche Möglichkeit er nicht gedacht hat; er hatte vergessen, das Gewehr vorher zu entladen. Er ist wegen fahrlässiger Tötung nach § 222 zu bestrafen.

bb) Bewußte Fahrlässigkeit: Der A gibt auf größere Entfernung auf ein am Waldrand erscheinendes Reh einen Schuß ab, obwohl er gesehen hatte, daß ganz in der Nähe des Standortes des Wildes sich ein Treiber befand. Dieser wurde tödlich getroffen. A hatte zwar mit der Möglichkeit gerechnet, daß der auf das Reh abgegebene Schuß sein Ziel verfehlen und den Treiber treffen könnte. Er hatte aber, im Hinblick auf seine bewährte Schießkunst darauf vertraut, daß ein solcher Erfolg nicht eintreten werde. Er ist nur wegen fahrlässiger Tötung nach § 222 zu bestrafen.

e) Unterschied zwischen bewußter Fahrlässigkeit und bedingtem Vorsatz: Die Vorstellung von der Möglichkeit der Tatbestandsverwirklichung ist sowohl beim bedingten Vorsatz als auch bei der bewußten Fahrlässigkeit gegeben. Bestehen Zweifel, ob die eine oder andere dieser beiden Schuldformen vorliegt, ist stets die folgende Frage zu stellen: Wie hätte der Täter gehandelt, wenn er sich den Erfolg seiner Handlung als gewiß vorgestellt hätte, bzw. wenn er eine bestimmte Kenntnis aller Tatumstände gehabt hätte? — Kommt man dabei zu der Antwort, daß er dann ebenso gehandelt hätte, dann ist der Vorsatz zu bejahen; kommt man dagegen zu dem Ergebnis, daß der Täter bei bestimmter Voraussicht des Erfolges bzw. bei bestimmter Kenntnis aller Tatumstände die Handlung unterlassen hätte, dann ist der dolus zu verneinen und es liegt nur bewußte Fahrlässigkeit vor.

IV. **Die Schuldausschließungsgründe.**

1. Die Unzurechnungsfähigkeit nach §§ 51, Abs. 1, 55 Abs. 1.

2. Der Irrtum (siehe folgenden Abschnitt D).

3. Die auf dem Grundsatz der Nichtzumutbarkeit beruhenden Schuldausschließungsgründe, die auch Entschuldigungsgründe genannt werden.

a) In der Regel ist davon auszugehen, daß die Befolgung des in einem Strafgesetz ausgesprochenen Verbots bzw. Gebots auch zumutbar ist. Es sind aber Lebenslagen denkbar, in denen ein gesetzmäßiges Verhalten nicht mehr zumutbar ist, so daß eine von einem Zurechnungsfähigen begangene strafbare Handlung unter besonderen Umständen lediglich deshalb nicht bestraft werden kann, weil im bestimmten Falle die Zumutbarkeit eines gesetzmäßigen Verhaltens fehlt.

b) Der Gesetzgeber hat diesem Gedanken Rechnung getragen in § 52 (Nötigungsstand), 54 (Notstand) und in § 53 Abs. 3 (Notwehrüberschreitung in Bestürzung, Furcht oder Schrecken). (Siehe hierzu die Erläuterungen zu §§ 52, 53, 54.)

4. Die Folgen eines Schuldausschließungsgrundes: Der Täter bleibt straflos, während der Teilnehmer gemäß § 50 Abs. 1 trotzdem bestraft werden kann (siehe oben Abschn. B IV 3 b, S. 8).

D. Der Irrtum.

Der für die tägliche Strafrechtspraxis wichtigste Schuldausschließungsgrund ist der Irrtum (siehe oben Abschn. C IV 2). Er ist das Zentralproblem der gesamten Schuldlehre und soll daher, getrennt von den übrigen Schuldausschließungsgründen, in diesem besonderen Abschnitt D behandelt werden.

Während in der Rechtsprechung des Reichsgerichts die gesamte Irrtumslehre aufgebaut war auf der Unterscheidung zwischen strafrechtlichem und außerstrafrechtlichem Irrtum, legt der Bundesgerichtshof seiner diesbezüglichen Rechtsprechung die Begriffe Tatbestandsirrtum und Verbotsirrtum zugrunde. (Siehe Beschluß des großen Senats für Strafsachen vom 18. März 1952 in BGH. 2, 194ff.)

I. **Der Tatbestandsirrtum des § 59:** Der Täter hält sein Tun für erlaubt, weil er nicht weiß, was er tut. Sein Wille ist also nicht auf die Verwirklichung eines Straftatbestandes gerichtet.

1. § 59 betrifft zunächst unmittelbar, d. h. nach dem klaren Wortlaut dieser Gesetzesstelle nur den reinen Tatbestandsirrtum.

a) Zum gesetzlichen Tatbestand gehörende, ihn also begründende Tatumstände, die der Täter bei Begehung der äußerlich strafbaren Handlung nicht kannte, sind ihm nicht zuzurechnen, d. h. wenn ein solcher Irrtum vorliegt, kann der Täter nicht bestraft werden, weil durch diesen Irrtum die Schuld ausgeschlossen wird.

Beispiel: Wegnahme einer objektiv fremden Sache ist kein Diebstahl, wenn der Wegnehmende infolge tatsächlichen Irrtums (z. B. Verwechslung) annimmt, die Sache gehöre ihm; er irrt in diesem Falle über das Vorhandensein des Tatumstandes „fremde Sache", der zum Tatbestand des Diebstahls (§ 242) gehört. (Wegen des umgekehrten Falles siehe Erl. 5, Abs. 1 zu § 43.)

Weiteres Beispiel: A begeht unzüchtige Handlungen mit einem Kinde unter 14 Jahren; zu seiner Entlastung führt er an, er habe geglaubt, das sehr entwickelte Kind sei schon 15 Jahre alt. Er kann, wenn man seinen Angaben Glauben schenkt, nicht wegen Verbrechens nach § 176 Abs. 1 Ziff. 3 bestraft werden, da er den gesetzlichen Tatumstand „Person unter 14 Jahren" nicht gekannt hat.

b) Diese gesetzliche Regelung gilt nach dem Wortlaut des § 59 nicht nur für strafbegründende, sondern auch für straferhöhende Umstände.

Beispiel: Wer seinen Vater körperlich mißhandelt, ohne zu wissen, daß es sein Vater ist (z. B. infolge Verwechslung in der Dunkelheit) kann nicht wegen Vergehens nach § 223 Abs. 2, sondern nur wegen Vergehens nach Abs. 1 des § 223 bestraft werden.

2. Dem schuldausschließenden Tatbestandsirrtum des § 59 ist der Irrtum über das Vorhandensein der tatsächlichen Voraussetzungen eines Rechtfertigungs- oder Schuldausschließungsgrundes gleichzusetzen. (BGH. 3, 105.)

a) Beispiel für Irrtum über die tatsächlichen Voraussetzungen eines Rechtfertigungsgrundes: der Förster A begegnet im Walde dem Landwirt B, den er irrtümlicherweise für einen Wilderer hält, der ihn angreifen wolle. Er gibt auf diesen einen Schuß ab und tötet ihn: A kann nicht wegen vorsätzlicher Tötung (Totschlag) bestraft werden, da er irrtümlicherweise die tatsächlichen Voraussetzungen der Notwehr nach § 53, also einen Rechtfertigungsgrund (siehe oben Abschnitt B III 2 S. 4) für vorliegend erachtet hat. (Sog. Putativnotwehr, siehe Erl. 9 zu § 53 wegen eventueller Bestrafung unter dem Gesichtspunkt der fahrlässigen Tötung siehe unten Abschnitt 4.)

b) Beispiel für Irrtum über die tatsächlichen Voraussetzungen eines Schuldausschließungsgrundes: In einem Vorstadtkino ruft ein betrunkener Besucher „Feuer!", worauf eine Panik im Publikum entsteht, das zum Notausgang eilt. Der Besucher A stößt dabei mit anderen Flüchtenden an dem engen Notausgang zusammen, so daß der Ausgang verstopft ist. Darauf erfaßt der A den neben ihm eingepreßten B am Halse und stößt ihn mit voller Wucht gegen den Türpfeiler, um ins Freie gelangen zu können. B wird dabei schwer verletzt: A kann nicht wegen vorsätzlicher Körperverletzung bestraft werden, da er irrtümlicherweise die tatsächlichen Voraussetzungen eines Schuldausschließungsgrundes, nämlich des Notstandes nach § 54 für vorliegend erachtet hat. (Sog. Putativnotstand, siehe Erl. 6 zu § 54; wegen eventueller Bestrafung unter dem Gesichtspunkt der fahrlässigen Körperverletzung siehe unten Abschnitt 4.)

3. Irrtum über Rechtsbegriffe:

a) Während die Mehrzahl der Straftatbestände sich zusammensetzt aus einzelnen Tatbestandsmerkmalen, die ohne weiteres auch für den Laien nicht zweifelhaft sein können, verwendet der Gesetzgeber in einzelnen Tatbeständen auch Rechtsbegriffe, so z. B. bei verschiedenen Sittlichkeitsdelikten den Begriff „Unzucht", oder in § 284 den Begriff „Glücksspiel" oder in § 286 den Begriff „Ausspielung".

b) Bezüglich eines Rechtsirrtums hatte das Reichsgericht die vielumstrittene Theorie aufgestellt, es müsse in jedem einzelnen Falle geprüft werden, ob der fragliche Rechtsbegriff dem Strafrecht oder einer außerstrafrechtlichen Norm, insbesondere dem Zivilrecht angehöre. Nur im letzteren Falle werde einem diesbezüglichen Irrtum schuldbefreiende Wirkung zugesprochen. So hatte das Reichsgericht z. B. die obengenannten Rechtsbegriffe als dem Strafrecht angehörend bezeichnet und z. B. entschieden, daß ein Vater sich der schweren Kuppelei nach § 181 Abs. 1 Nr. 2 schuldig macht, wenn er den Geschlechtsverkehr seiner minderjährigen Tochter mit dem Bräutigam duldet und daß sein Einwand, er habe nicht gewußt, daß ein solcher Verkehr „Unzucht" sei, bedeutungslos sei, da er auf einer irrigen Auslegung des Strafgesetzes beruhe.

c) Nach der neuen Rechtsprechung des Bundesgerichtshofs (BGH. 3, 254) gehört jeder Irrtum über Rechtsbegriffe zum Tatbestandsirrtum des § 59; es braucht also nicht mehr untersucht zu werden, ob der fragliche Rechtsbegriff dem Strafrecht oder einer außerstrafrechtlichen Norm angehört.

4. Beruht in den bis jetzt behandelten, auf dem Gebiete des Tatbestandsirrtums liegenden Fällen der Irrtum auf Fahrlässigkeit, ist er also nicht entschuldbar, so erfolgt Bestrafung gemäß § 59 Abs. 2, vorausgesetzt, daß das fragliche Delikt auch bei fahrlässiger Begehung mit Strafe bedroht ist.

II. Der sog. **Verbotsirrtum**, d. h. der Irrtum über das Verbotensein (die Rechtswidrigkeit) der Handlung. (Der Täter weiß, was er tut, nimmt aber irrig an, es sei erlaubt). Verbotsirrtum ist also der Irrtum über die Rechtswidrigkeit.

1. Das Reichsgericht hat bis zu seiner Auflösung den Standpunkt vertreten, daß das Bewußtsein der Rechtswidrigkeit kein besonderes, neben dem Vorsatz zu prüfendes inneres Tatbestandsmerkmal sei; zur Strafbarkeit genüge es vielmehr, wenn der mit bewußtem Willen Handelnde den vom Gesetzgeber unter Strafe gestellten Tatbestand verwirkliche. Handle also der Täter — so argumentierte das Reichsgericht — mit voller Kenntnis der tatsächlichen Sachlage und irre nur darin, daß er glaube, seine Handlung falle nicht unter das Gesetz, so verkenne er lediglich die Tragweite des Strafgesetzes, was für die Schuldfrage unbeachtlich sei. Es galt also der Grundsatz „Unkenntnis des Gesetzes schützt vor Strafe nicht". Begründet hat das Reichsgericht diesen heftig umstrittenen Standpunkt damit, daß das, was durch ein staatliches Strafgesetz verboten sei, in der Regel auch dem allgemeinen Sittengesetz widerspreche, eine Stellungnahme, die für die politisch und sozial ausgeglichene Zeit der zweiten Hälfte des 19. Jahrhunderts zweifellos berechtigt war.

2. Von diesem reichsgerichtlichen Grundsatz ist der Gesetzgeber (schon früher) abgewichen auf dem Gebiet des Steuerrechts in § 395 der Reichsabgabenordnung, auf dem Gebiet des Devisenrechts in § 71 des Devisengesetzes vom 12. Dezember 1938 und schließlich in jüngster Zeit für das Wirtschaftsstrafrecht in § 6a des Wirtschaftsstrafgesetzes i. d. Fassung vom 9. Juli 1954 und in § 12 des Gesetzes über Ordnungswidrigkeiten vom 25. März 1952 (siehe Anhang 3, Seite 360).

In all diesen Fällen wird verlangt, daß neben dem Vorsatz noch das Bewußtsein des Täters vorhanden sein muß, mit der fraglichen Handlung etwas Verbotenes zu tun; dem verschuldeten Verbotsirrtum wird strafmildernde, dem unverschuldeten strafausschließende Wirkung beigelegt.

3. Nunmehr hat der Bundesgerichtshof durch Beschluß des Großen Senats für Strafsachen vom 18. März 1952 (BGH. 2, 194 ff.) generell dahin entschieden, daß das Unrechtsbewußtsein als ein selbständiges Schuldelement neben den Vorsatz trete, daß nämlich ein Täter nur strafbar sei, wenn er das Bewußtsein hatte oder bei gehöriger Anspannung des Gewissens haben konnte, mit der Tat Unrecht zu tun. Fehlt diese Voraussetzung, dann ist die Schuld zu verneinen und der Täter ist freizusprechen. Ist dagegen der Irrtum verschuldet, d. h. hätte der Täter bei gehöriger Anspannung des Gewissens erkennen können, daß er mit der Tat Unrecht tut, dann wird die Schuld nicht ausgeschlossen, aber die Strafe kann nach Maßgabe des § 44 Abs. 2 u. 3 (Versuch) gemildert werden.

Die praktische Bedeutung dieser für das gesamte Schuld- und Irrtumsproblem außerordentlich wichtigen Entscheidung wird sich vor allem auf dem Gebiete der strafrechtlichen Nebengesetze auswirken. Dagegen werden im Bereich des Strafgesetzbuches selbst die Fälle, in denen der Beschuldigte sich einer Bestrafung mit der Behauptung entziehen kann, er habe das in Frage kommende Strafgesetz nicht gekannt oder es sei ihm trotz gewissenhafter Prüfung das Unrecht seines Tuns nicht zum Bewußtsein gekommen, Ausnahmefälle bleiben. Denn für die Hauptdelikte des Strafgesetzbuches dürfte das Bewußtsein von der Rechtswidrigkeit der dort geregelten Straftaten bei einem normalen Menschen allgemein als vorhanden anzusehen sein; der Richter wird also einer Schutzbehauptung des Beschuldigten, er habe das Bewußtsein der Rechtswidrigkeit nicht gehabt, in den meisten Fällen der täglichen Praxis keinen Glauben schenken.

4. Die Begehung eines Verbrechens aus Überzeugung ist ein Fall des verschuldeten Verbotsirrtums. Der sog. Überzeugungsverbrecher hält das fragliche Gesetz, gegen das er bewußt verstößt, infolge andersartiger sittlicher Einstellung (vor allem gegenüber politischen Straftaten) für falsch; er ist in vollem Umfange strafbar. Ebenso wird sich auch der Gewohnheitsverbrecher im allgemeinen nicht auf einen Verbotsirrtum berufen können. (Siehe BGH. 2, 208.)

III. Als **besondere Einzelfälle unbeachtlichen Irrtums** sind noch zu erwähnen der Irrtum über die Person (sog. error in persona) und der Irrtum über die Sache (sog. error in objecto), wenn die getroffene Person oder Sache mit der gemeinten gleichwertig ist und im Augenblick der Tat die wahrgenommene Person oder Sache getroffen werden sollte.

Beispiele: 1. Der A will den B töten, tötet aber infolge einer Personenverwechslung den C. A ist wegen vollendeten Mords (§ 211) bzw. Totschlags (§ 212) zu bestrafen (error in persona). (Das gleiche gilt für die Körperverletzung.)

2. Der A will ein Herrenfahrrad stehlen, verwechselt aber in dem Fahrradgeschäft, in das er eingebrochen ist, das zu stehlende Herrenfahrrad mit einem Damenfahrrad. A ist wegen vollendeten Einbruchsdiebstahls zu bestrafen (error in objecto).

Hiervon ist zu unterscheiden die sog. Abirrung (aberratio ictus), d. h. der Fall, daß sich der Angriff in einer anderen Person oder Sache vollendet, als in der, gegen die er gerichtet ist. In einem solchen Falle kommen Fahrlässigkeit und Versuch in Frage. Beispiel: A schießt mit Tötungsvorsatz auf B, trifft aber den daneben stehenden C. Es liegt versuchte Tötung des B, begangen in Tateinheit mit fahrlässiger Tötung des C vor.

IV. Ein unbeachtlicher **Irrtum über den Kausalverlauf** liegt vor, wenn der Täter irrtümlich glaubt, die Tat durch seine Ausführungshandlung vollendet zu haben, während aber der Erfolg erst durch eine neu hinzutretende Ursache in einem späteren Zeitpunkt eintritt. Es liegt in diesem Falle eine vollendete Tat vor.

Beispiel: Es liegt vollendeter Mord bzw. Totschlag vor, wenn der Täter die von ihm mit Tötungsvorsatz verletzte Person, die er irrtümlich für tot hält, ins Wasser wirft und der Tod sonst nicht eingetreten wäre (sog. dolus generalis).

V. Ein sog. **Wahnverbrechen,** das straflos ist, liegt vor, wenn der Täter in Kenntnis aller Tatumstände irrtümlich annimmt, seine Handlung sei strafbar. Der Täter hält also beim Wahnverbrechen etwas für strafbar, was straflos ist, während der im Verbotsirrtum Befindliche (siehe oben Abschnitt II 3) etwas für straflos hält, was strafbar ist.

Beispiel: Der Onkel, der irrtümlicherweise annimmt, daß der Geschlechtsverkehr mit der Nichte Blutschande sei, kann nicht wegen Vergehens nach § 173 Abs. 2 bestraft werden.

E. Die Strafzumessung.

I. **Vorbemerkung:** Hält der Richter die dem Angeklagten zur Last gelegte Straftat in objektiver und subjektiver Beziehung für erwiesen, d. h. hat er aus dem Ergebnis der Beweisaufnahme in der Hauptverhandlung die Überzeugung gewonnen, daß der Angeklagte schuldig ist und daher eine Strafe verwirkt hat, muß er nunmehr in die Prüfung der letzten und für den schuldigen Angeklagten wichtigsten Frage eintreten, welche Strafe der Schuld des Angeklagten entspricht. (Wegen des Verlaufs des Strafverfahrens siehe Anhang 4 „Strafprozeßrecht", Abschnitt G. S. 381.)

II. Regelmäßig stellt das Gesetz für jeden einzelnen Tatbestand einen **Strafrahmen** zur Verfügung, innerhalb dessen Grenzen der Richter die angemessene Strafe zu ermitteln hat. Diejenigen Strafzumessungsgründe, die den Richter veranlassen, sich bei der Straffindung dem gesetzlichen Strafrahmen nach seiner oberen Grenze zu nähern, nennt man Straferhöhungs- oder Strafmehrungsgründe, während die Umstände, die eine Annäherung an die untere Grenze des gesetzlichen Strafrahmens gestatten, als Strafminderungsgründe bezeichnet werden.

Das Strafgesetzbuch selbst enthält keine allgemeinen Bestimmungen darüber, welche äußeren und inneren Momente der Tat als straferhöhend oder strafmindernd zu berücksichtigen sind. Der der Strafe innewohnende doppelte Zweck der Vergeltung und Abschreckung verlangt in erster Linie die Feststellung, inwieweit die Tat auf einer verwerflichen Gesinnung oder Willensrichtung des Täters, und inwieweit sie auf Ursachen zurückzuführen ist, die außerhalb der Person des Täters liegen (z. B. unverschuldete wirtschaftliche Notlage). Zu berücksichtigen sind ferner die vom Täter verschuldeten Folgen der Tat sowie schließlich auch das Vorleben des Täters und sein Verhalten nach der Tat, insbesondere die Frage, ob er versucht hat, den durch die Tat angerichteten Schaden wieder auszugleichen, und nicht zuletzt sein Verhalten während des Verfahrens (hartnäckiges Leugnen trotz erwiesener Schuld wird im allgemeinen als strafmehrend anzusehen sein).

III. In zahlreichen Fällen ist im Gesetz ausdrücklich festgelegt, daß beim Vorliegen ganz bestimmter vom Gesetz genannter Straferhöhungs- oder Strafminderungsgründe der normale Strafrahmen nach oben oder nach unten verlassen werden kann oder verlassen werden muß. Man nennt diese Gründe **Strafschärfungs- und Strafmilderungsgründe.** (Siehe hierzu die Erl. 4 zu § 50.)

1. Strafschärfungsgründe sind z. B. der Rückfall beim Diebstahl (§ 244), beim Raub (§ 250 Nr. 5), bei der Hehlerei (§ 261) und beim Betrug (§ 264), ferner die Beamteneigenschaft bei den unechten Beamtendelikten, das Verwandtschaftsverhältnis in den Fällen der §§ 181 Nr. 2, 221 Abs. 2, 223 Abs. 2. Einen allgemeinen Strafschärfungsgrund bildet schließlich die Feststellung, daß der Täter ein gefährlicher Gewohnheitsverbrecher ist (siehe die Erläuterungen zu § 20a).

2. Die im Gesetz ausdrücklich festgelegten Strafmilderungsgründe sind:

a) Bestimmt benannte: Jugendliches Alter zwischen 14 und 18 Jahren (§ 1 Abs. 2 JGG.); verminderte Zurechnungsfähigkeit (§§ 51 Abs. 2, 55 Abs. 2);

Verhältnis der Mutter zum unehelichen Kind (§ 217); Eidesberichtigung (§ 157); Eidesnotstand (§ 158).

b) Unbenannte Strafmilderungsgründe werden im Gesetz als „mildernde Umstände" bezeichnet. Solche sind für zahlreiche Straftatbestände vorgesehen und haben bei ihrer Zubilligung zur Folge, daß der für diesen Fall vorgesehene mildere Strafrahmen entweder angewendet werden muß (z. B. §§ 176 Abs. 2, 213, 217 Abs. 2, 249 Abs. 2) oder angewendet werden kann (z. B. §§ 246 Abs. 2, 263 Abs. 2).

IV. Der **Strafrahmen für den Teilnehmer** an einer Straftat ist, abgesehen von der Strafmilderungsmöglichkeit bei der Beihilfe (§ 49 Abs. 2), der gleiche wie für den Täter. Wegen des Einflusses „persönlicher Eigenschaften und Verhältnisse" auf die Teilnehmerstrafe siehe die Erläuterungen 3 bis 7 zu § 50 Abs. 2.

V. Wegen der Strafenbildung bei **Tateinheit** und **Tatmehrheit** siehe Erl. 2 zu § 73 und Erl. 2 und 3 zu § 74.

Strafgesetzbuch.

Einleitende Bestimmungen.

Dreiteilung der strafbaren Handlungen.

§ 1. (1) Eine mit Zuchthaus oder mit Einschließung von mehr als fünf Jahren bedrohte Handlung ist ein Verbrechen.

(2) Eine mit Einschließung bis zu fünf Jahren, mit Gefängnis oder mit Geldstrafe von mehr als einhundertfünfzig DMark oder mit Geldstrafe schlechthin bedrohte Handlung ist ein Vergehen.

(3) Eine mit Haft oder mit Geldstrafe bis zu einhundertfünfzig DMark bedrohte Handlung ist eine Übertretung.

1. Die Dreiteilung aller strafbaren Handlungen in Verbrechen, Vergehen und Übertretungen ist wichtig:

a) zum Verständnis des StGB. selbst, das z. B. die Verjährungsfristen der Strafverfolgung bei Verbrechen, Vergehen und Übertretungen verschieden bemißt (§ 67) und den Versuch sowie die Beihilfe (§§ 43, 49) und die Begünstigung (§ 257) nur bei Verbrechen und Vergehen bestraft, vgl. auch §§ 20a, 27, 40, 241,

b) im Strafverfahren, in welchem z. B. zur Erlassung eines Haftbefehls bei Verbrechen der Fluchtverdacht keiner weiteren Begründung bedarf (§ 112 Abs. 2[1] StPO. im Anhang 4, S. 394).

2. Ob eine strafbare Handlung als Verbrechen, Vergehen oder Übertretung anzusehen ist, bemißt sich nach der möglichen Höchststrafe, wie sie im Gesetz angedroht ist, also ohne Rücksicht darauf, welche Strafe im Einzelfalle bei Berücksichtigung mildernder oder erschwerender Umstände verwirkt ist. Auch soweit das Gesetz für besonders schwere Fälle eine vom ordentlichen Strafrahmen abweichende Strafart vorsieht (siehe §§ 263 Abs. 4, 266 Abs. 2, 218 Abs. 1 und 4, 223 b Abs. 2) ist der ordentliche Strafrahmen für die Einordnung in die Dreiteilung des § 1 maßgebend, so daß also Betrug und Untreue immer als Vergehen zu gelten haben. Umgekehrt ist eine wahlweise mit Zuchthaus oder Gefängnis bedrohte Handlung (siehe §§ 174, 224, 226) immer ein Verbrechen, auch wenn sie im Einzelfalle mit einer Gefängnisstrafe geahndet wird. (BGH. 2, 181 und 393, sowie BGH. 4, 226.)

Zeitliche Geltung der Strafgesetze.

§ 2. (1) Eine Tat kann nur bestraft werden, wenn die Strafbarkeit gesetzlich bestimmt war, bevor die Tat begangen wurde.

(2) Die Strafe bestimmt sich nach dem Gesetz, das zur Zeit der Tat gilt. Bei Verschiedenheit der Gesetze von der Zeit der begangenen Handlung bis zu deren Aburteilung ist das mildeste Gesetz anzuwenden.

(3) Ein Gesetz, das nur für eine bestimmte Zeit erlassen ist, ist auf die während seiner Geltung begangenen Straftaten auch dann anzuwenden, wenn es außer Kraft getreten ist.

(4) Über Maßregeln der Sicherung und Besserung ist nach dem Gesetz zu entscheiden, das zur Zeit der Entscheidung gilt.

1. Zu Abs. 1: Hiermit ist eine entsprechende Anwendung (Analogie) verboten und eine Rückwirkung der Strafgesetze ausgeschlossen.

2. Zu Abs. 2: Eine allgemeine Ausnahme von dem Verbot der Rückwirkung besteht für den Fall, daß zwischen dem Zeitpunkt der begangenen Handlung und demjenigen der Aburteilung eine Änderung in der Gesetzgebung eingetreten ist; dann muß nämlich das mildeste Gesetz angewendet werden.

3. Zu Abs. 3: Hier ist das sog. Zeitgesetz geregelt.

4. Zu Abs. 4: Hier gilt im Gegensatz zu Abs. 2 der Zeitpunkt der Entscheidung und nicht der Zeitpunkt der Tat.

§ 2b. Aufgehoben durch Kontrollratsgesetz Nr. 11, Art. I.

1. Diese Gesetzesstelle enthielt die sog. wahlweise Feststellung, d. h. sie bot die Möglichkeit, auch dann zu einer Verurteilung zu gelangen, wenn sich nicht einwandfrei feststellen ließ, welche strafbare Handlung von dem Täter begangen worden war.

2. Trotz Wegfall des § 2b wird in der neueren Rechtsprechung, insbesondere auch vom Bundesgerichtshof die Möglichkeit wahlweiser Feststellung im Rahmen der vom Reichsgericht vor dem Inkrafttreten des § 2b (im Jahre 1935) entwickelten Grundsätze (sittlich gleichwertige Delikte) bejaht. Beispiele: Diebstahl oder Hehlerei, Unterschlagung oder Diebstahl, Unterschlagung oder Untreue, Raub oder Erpressung. Ferner ist Wahlfeststellung möglich bei zwei sich widersprechenden Eiden bzw. uneidlichen Aussagen, sowie bei Täterschaft und Anstiftung bzw. Beihilfe. Ausgeschlossen ist eine Wahlfeststellung zwischen § 330 a und der Rauschtat. (Siehe hierzu BGH. 1, 127, 275 und 327; ferner BGH. 2, 351.)

Geltungsbereich des Strafrechts (Inländer)

§ 3. (1) Das deutsche Strafrecht gilt für die Tat eines deutschen Staatsangehörigen, einerlei, ob er sie im Inland oder im Ausland begeht.

(2) Für eine im Ausland begangene Tat, die nach dem Recht des Tatorts nicht mit Strafe bedroht ist, gilt das deutsche Strafrecht nicht, wenn die Tat wegen der besonderen Verhältnisse am Tatort kein strafwürdiges Unrecht ist.

(3) Eine Tat ist an jedem Ort begangen, an dem der Täter gehandelt hat oder im Falle des Unterlassens hätte handeln sollen oder an dem der Erfolg eingetreten ist oder eintreten sollte.

1. Hier wird der Geltungsbereich des Strafrechts in bezug auf den **Inländer** behandelt.

2. Abs. 1 stellt den Grundsatz auf, daß der deutsche Staatsangehörige **auch dann** nach deutschem Strafrecht verfolgt werden kann, wenn er eine nach deutschem Recht strafbare Handlung im **Ausland** begeht.

3. Abs. 3 enthält die Bestimmung, daß als **Tatort** sowohl der Ort der körperlichen Ausführungshandlung als auch der Ort des Erfolgs in Frage kommt. Wird also z. B. ein Erpresserbrief im Inland an eine im Ausland befindliche Person geschrieben oder umgekehrt, so ist die Tat in beiden Fällen im Inland begangen.

Geltungsbereich des Strafrechts (Ausländer).

§ 4. (1) Das deutsche Strafrecht gilt auch für Taten, die ein Ausländer im Inland begeht.

(2) Für eine von einem Ausländer im Ausland begangene Straftat gilt das deutsche Strafrecht, wenn sie durch das Recht des Tatorts mit Strafe bedroht oder der Tatort keiner Strafgewalt unterworfen ist und wenn

1. der Täter die deutsche Staatsangehörigkeit nach der Tat erworben hat oder
2. die Straftat gegen das deutsche Volk oder gegen einen deutschen Staatsangehörigen gerichtet ist oder
3. der Täter im Inland betroffen und nicht ausgeliefert wird, obwohl die Auslieferung nach der Art der Straftat zulässig wäre.

(3) Unabhängig von dem Recht des Tatorts gilt das deutsche Strafrecht für folgende Straftaten, die ein Ausländer im Ausland begeht:

1. Straftaten, die er als Träger eines deutschen staatlichen Amtes oder gegen Träger eines solchen Amtes während der Ausübung ihres Dienstes oder in Beziehung auf ihren Dienst begeht;
2. hoch- oder landesverräterische Handlungen gegen die Bundesrepublik Deutschland oder eines ihrer Länder und Verbrechen des Verfassungsverrates;
3. Sprengstoffverbrechen;
4. Kinderhandel und Frauenhandel;
5. Verrat eines Betriebs- oder Geschäftsgeheimnisses eines deutschen Betriebes;
6. Meineid in einem Verfahren, das bei einem deutschen Gericht oder einer anderen zur Abnahme von Eiden zuständigen deutschen Stelle anhängig ist;
7. Münzverbrechen und Münzvergehen;
8. unbefugter Vertrieb von Betäubungsmitteln;
9. Handel mit unzüchtigen Veröffentlichungen.

1. Zu Abs. 1: Er enthält den Grundsatz, daß das deutsche Strafrecht auch für Taten gilt, die der Ausländer im Inland begeht. (Territorialitätsprinzip.)

2. Zu Abs. 2: Er enthält eine bedingte Strafbarkeit für Straftaten des Ausländers, die er im Ausland begeht.

3. Zu Abs. 3: Hier herrscht das sog. Weltrechtsprinzip. Im Gegensatz zu Abs. 2 ist hier die Bestrafung der Auslandstat des Ausländers nicht bedingt durch die Strafbarkeit am Tatort.

§ 5. Das deutsche Strafrecht gilt, unabhängig von dem Recht des Tatorts, für Taten, die auf einem deutschen Schiff oder Luftfahrzeug begangen werden.

Diese Gesetzesstelle enthält eine Erweiterung des Begriffs des Inlandes. Das deutsche Strafrecht soll nämlich auch für Taten gelten, die auf einem deutschen Schiff oder Luftfahrzeug begangen werden, ohne Rücksicht darauf, ob das Schiff oder Luftfahrzeug sich außerhalb des deutschen Hoheitsgebietes befindet.

Übertretungen im Ausland.

§ 6. Im Auslande begangene Übertretungen sind nur dann zu bestrafen, wenn dies durch besondere Gesetze oder durch Verträge angeordnet ist.

Anrechnung einer im Ausland vollzogenen Strafe.

§ 7. Eine im Auslande vollzogene Strafe ist, wenn wegen derselben Handlung im Inland abermals eine Verurteilung erfolgt, auf die zu erkennende Strafe in Anrechnung zu bringen.

§ 8. Weggefallen.

§ 9. Aufgehoben durch Kontrollratsgesetz Nr. 11. (Er betraf Nichtauslieferung von Deutschen.)

Nach Art. 16 Abs. 2 des Grundgesetzes ist die Auslieferung wieder unzulässig.

§ 10. Aufgehoben durch das gleiche Gesetz. (Er betraf die Anwendbarkeit der allgemeinen Strafgesetze auf Militärpersonen.)

Straflosigkeit von Parlamentsmitgliedern.

§ 11. Mitglieder eines Gesetzgebungsorgans eines zur Bundesrepublik Deutschland gehörigen Landes dürfen zu keiner Zeit wegen ihrer Abstimmung oder wegen einer Äußerung, die sie in der Körperschaft oder einem ihrer Ausschüsse getan haben, außerhalb der Körperschaft zur Verantwortung gezogen werden. Dies gilt nicht für verleumderische Beleidigungen.

§ 12. Wahrheitsgetreue Berichte über die öffentlichen Sitzungen der in § 11 bezeichneten Gesetzgebungsorgane oder ihrer Ausschüsse bleiben von jeder Verantwortlichkeit frei.

Erster Teil.

Von der Bestrafung der Verbrechen, Vergehen und Übertretungen im allgemeinen.

Erster Abschnitt: Strafen.

Vorbemerkung:

Das StGB. kennt folgende Strafarten:

I. Hauptstrafen (sie können für sich allein ausgesprochen werden):
1. Zuchthausstrafe: lebenslängliche und zeitige (1—15 Jahre), §§ 14, 15, 31.
2. Gefängnisstrafe: 1 Tag bis 5 Jahre, § 16.
3. Einschließung: 1 Tag bis 15 Jahre, § 17.
4. Haft: 1 Tag bis 6 Wochen, § 18.
5. Geldstrafe: Mindestbetrag bei Verbrechen und Vergehen 5 DMark und höchstens 10000 DMark, bei Übertretungen mindestens 3 DMark und höchstens 150 DMark (§ 27).

II. Nebenstrafen (sie können nur in Verbindung mit einer Hauptstrafe verhängt werden):
1. Verlust der bürgerlichen Ehrenrechte, dauernder und zeitiger, §§ 32—34.
2. Unfähigkeit zur Bekleidung öffentlicher Ämter, die gemäß § 35 Abs. 2 den dauernden Verlust der bekleideten Ämter von Rechts wegen zur Folge hat, § 35.
3. Zulässigkeit von Polizeiaufsicht, §§ 38, 181, 181a, 248, 262, 285a.
4. Einziehung einzelner Gegenstände, § 40. (Bei der Einziehung nach §§ 152, 245a, 284b, 295, 296a, 360 Abs. 2, 367 Abs. 2 handelt es sich um polizeiliche Sicherungsmaßregeln.)
5. Erklärung des Verfalls an den Staat, § 335.
6. Dauernde Unfähigkeit als Zeuge oder Sachverständiger eidlich vernommen zu werden, § 161, ist sichernde Maßnahme. Veröffentlichung des Strafurteils ist teils Strafe, teils Genugtuung (§§ 165, 200).

§ 13. Weggefallen. Betraf Todesstrafe.

Zuchthausstrafe.

§ 14. (1) Die Zuchthausstrafe ist eine lebenslange oder eine zeitige.

(2) Der Höchstbetrag der zeitigen Zuchthausstrafe ist fünfzehn Jahre, ihr Mindestbetrag ein Jahr.

(3) Wo das Gesetz die Zuchthausstrafe nicht ausdrücklich als eine lebenslange androht, ist dieselbe eine zeitige.

Lebenslange Zuchthausstrafe ist angedroht in §§ 80, 89, 100d, 178, 211 Abs. 3, 212, 229 Abs. 2, 251, 307, 312, 315 Abs. 1, 316a, 324.

§ 15. (1) Die zur Zuchthausstrafe Verurteilten sind in der Strafanstalt zu den eingeführten Arbeiten anzuhalten.

(2) Sie können auch zu Arbeiten außerhalb der Anstalt, insbesondere zu öffentlichen oder von einer Staatsbehörde beaufsichtigten Arbeiten verwendet werden. Diese Art der Beschäftigung ist nur dann zulässig, wenn die Gefangenen dabei von anderen freien Arbeitern getrennt gehalten werden.

1. Die Zuchthausstrafe ist eine entehrende Strafe mit Arbeitszwang. Sie ist bei Jugendlichen unzulässig.
2. Ihre Folge ist dauernde Unfähigkeit zur Bekleidung öffentlicher Ämter. § 31.

Gefängnisstrafe.

§ 16. (1) Der Höchstbetrag der Gefängnisstrafe ist fünf Jahre, ihr Mindestbetrag ein Tag.

(2) Die zur Gefängnisstrafe Verurteilten können in einer Gefangenenanstalt auf eine ihren Fähigkeiten und Verhältnissen angemessene Weise beschäftigt werden; auf ihr Verlangen sind sie in dieser Weise zu beschäftigen.

(3) Eine Beschäftigung außerhalb der Anstalt (§ 15) ist nur mit ihrer Zustimmung zulässig.

1. Die Gefängnisstrafe ist nicht entehrend.
2. Auf Gefängnis bis zu 10 Jahren kann erkannt werden im Falle einer Gesamtstrafe (§ 74 Abs. 3).

Einschließung.

§ 17. (1) Der Höchstbetrag der Einschließung ist fünfzehn Jahre, ihr Mindestbetrag ein Tag.

(2) Die Strafe der Einschließung besteht in Freiheitsentziehung mit Beaufsichtigung der Beschäftigung und Lebensweise der Gefangenen. Sie wird in besonderen Anstalten oder in besonderen Abteilungen von Anstalten vollzogen.

1. Die Einschließung ist nicht entehrend.
2. Sie kommt vor allem beim Zweikampf (§§ 201 ff.) in Frage; ferner in den §§ 105, 106, 345.

Haft.

§ 18. (1) Der Höchstbetrag der Haft ist sechs Wochen, ihr Mindestbetrag ein Tag.

(2) Die Strafe der Haft besteht in einfacher Freiheitsentziehung.

1. Die Haft ist nicht entehrend und ohne Arbeitszwang (Ausnahme in § 362).
2. Sie kommt in der Hauptsache nur bei Übertretungen in Frage. Ausnahmsweise auch bei Vergehen, z. B. im Falle der §§ 185, 186.
3. Als Gesamtstrafe kann Haft bis zu 3 Monaten verhängt werden (§ 77 Abs. 2).

Bemessung der Strafen.

§ 19. (1) Bei Freiheitsstrafen wird der Tag zu vierundzwanzig Stunden, die Woche zu sieben Tagen, der Monat und das Jahr nach der Kalenderzeit gerechnet.

(2) Die Dauer einer Zuchthausstrafe darf nur nach vollen Monaten, die Dauer einer anderen Freiheitsstrafe nur nach vollen Tagen bemessen werden.

Wahl zwischen Zuchthaus und Einschließung.

§ 20. Wo das Gesetz die Wahl zwischen Zuchthaus und Einschließung gestattet, darf auf Zuchthaus nur dann erkannt werden, wenn festgestellt wird, daß die strafbare Handlung einer ehrlosen Gesinnung entsprungen ist.

Gefährlicher Gewohnheitsverbrecher.

§ 20 a. (1) Hat jemand, der schon zweimal rechtskräftig verurteilt worden ist, durch eine neue vorsätzliche Tat eine Freiheitsstrafe verwirkt und ergibt die Gesamtwürdigung der Taten, daß er ein gefährlicher Gewohnheitsverbrecher ist, so ist, soweit die neue Tat nicht mit schwererer Strafe bedroht ist, auf Zuchthaus bis zu 5 Jahren und, wenn die neue Tat auch ohne diese Strafschärfung ein Verbrechen wäre, auf Zuchthaus bis zu fünfzehn Jahren zu erkennen. Die Strafschärfung setzt voraus, daß die beiden früheren Verurteilungen wegen eines Verbrechens oder vorsätzlichen Vergehens ergangen sind und in jeder von ihnen auf Todesstrafe, Zuchthaus oder Gefängnis von mindestens sechs Monaten erkannt worden ist.

(2) Hat jemand mindestens drei vorsätzliche Taten begangen und ergibt die Gesamtwürdigung der Taten, daß er ein gefährlicher Gewohnheitsverbrecher ist, so kann das Gericht bei jeder abzuurteilenden Einzeltat die Strafe ebenso verschärfen, auch wenn die übrigen im Abs. 1 genannten Voraussetzungen nicht erfüllt sind.

(3) Eine frühere Verurteilung kommt nicht in Betracht, wenn zwischen dem Eintritt ihrer Rechtskraft und der folgenden Tat mehr als fünf Jahre verstrichen sind. Eine frühere Tat, die noch nicht rechtskräftig abgeurteilt ist, kommt nicht in Betracht, wenn zwischen ihr und der folgenden Tat mehr als fünf Jahre verstrichen sind. In die Frist wird die Zeit nicht eingerechnet, in der der Täter eine Freiheitsstrafe verbüßt oder auf behördliche Anordnung in einer Anstalt verwahrt wird.

(4) Eine ausländische Verurteilung steht einer inländischen gleich, wenn die geahndete Tat auch nach deutschem Recht ein Verbrechen oder vorsätzliches Vergehen wäre.

1. Der § 20a ist durch das am 1. Jan. 1934 in Kraft getretene Gesetz gegen gefährliche Gewohnheitsverbrecher und über Maßregeln der Sicherung und Besserung vom 24. Nov. 1933 in das Strafgesetzbuch eingefügt worden. Diese Strafbestimmung gilt dem Kampf gegen das Berufsverbrechertum. Daneben ist nach § 42e Sicherungsverwahrung zulässig, wenn die öffentliche Sicherheit es erfordert, was nicht ohne weiteres bei jedem gefährlichen Gewohnheitsverbrecher der Fall zu sein braucht.

2. Ein Verbrecher gilt dann als gefährlicher Gewohnheitsverbrecher, wenn er mindestens drei Verbrechen oder vorsätzliche Vergehen begangen hat und die Gesamtwürdigung dieser Taten ergibt, daß die verbrecherische Betätigung auf einen in seiner Persönlichkeit verwurzelten Hang zurückzuführen ist, der die Wahrscheinlichkeit begründet, daß der Täter auch in Zukunft weitere nicht unerhebliche Straftaten begehen wird. (RG. 68, 155; 72, 259 und BGH. 1, 100.)

3. Ohne Bedeutung für den Begriff des gefährlichen Gewohnheitsverbrechers ist es, ob der Täter wegen der einzelnen Straftaten bereits rechtskräftig verurteilt ist, ja er braucht sogar überhaupt noch nicht bestraft zu sein. Es ist nur erforderlich, daß drei Straftaten der oben genannten Art vorliegen (siehe Abs. 2 des § 20a).

4. Von einem Hang zu verbrecherischer Betätigung kann im allgemeinen dann nicht gesprochen werden, wenn die Straftaten vorwiegend durch äußere Umstände, wie schwere wirtschaftliche Not u. a. veranlaßt worden sind, also nicht in einer durch wiederholte Begehung erworbenen Seelenverfassung ihren Ursprung haben. Als Gewohnheitsverbrecher kommen vor allem in Frage die gewerbsmäßigen Einbrecher, Taschendiebe, Warenhausdiebe, Heiratsschwindler, Hochstapler und die gewohnheitsmäßigen Sittlichkeitsverbrecher.

5. Gefährlich ist der Gewohnheitsverbrecher dann, wenn von ihm zu erwarten ist, daß er weiterhin wichtige Rechtsgüter erheblich gefährden wird.

6. Der Abs. 1 des § 20a enthält den Fall, bei dem die Strafschärfung zwingend vorgeschrieben ist. Voraussetzung hierfür ist:

a) daß der Täter schon zweimal rechtskräftig verurteilt ist (Verbüßung der Strafen ist nicht erforderlich),

b) daß in jeder der beiden früheren Verurteilungen entweder auf Todesstrafe oder auf Zuchthaus oder auf Gefängnis von mindestens 6 Monaten erkannt worden ist,

c) daß die abzuurteilende Tat ein Verbrechen oder vorsätzliches Vergehen, und daß durch sie eine Freiheitsstrafe verwirkt ist.

7. Der Abs. 2 des § 20a enthält den Fall, bei dem die Strafschärfung in das Ermessen des Gerichts gestellt ist. Hat nämlich der Täter 3 Verbrechen oder vorsätzliche Vergehen begangen, ohne daß er wegen zweier dieser Taten bereits rechtskräftig zu Todesstrafe, Zuchthaus oder Gefängnis von mindestens 6 Monaten verurteilt worden ist, so kann das Gericht die Strafschärfung bei jeder der abzuurteilenden Taten vornehmen, wenn der Täter ein gefährlicher Gewohnheitsverbrecher ist.

8. Die Strafschärfung ist folgende:

a) Ist die abzuurteilende Tat ohne die Strafschärfung ein Vergehen, so tritt Zuchthaus bis zu 5 Jahren ein,

b) ist die abzuurteilende Tat schon ohne die Strafschärfung ein Verbrechen, so wird die Strafe auf Zuchthaus bis zu 15 Jahren verschärft, sofern die Tat nicht schon mit einer schwereren Strafe bedroht sein sollte.

9. Weder für die Gesamtwürdigung, noch für die Strafschärfung kommen in Betracht Straftaten, die, wenn sie noch nicht rechtskräftig abgeurteilt sind, mehr als 5 Jahre vor der folgenden in Betracht zu ziehenden Straftat begangen sind, oder bei denen, wenn sie bereits abgeurteilt sind, der Eintritt der Rechtskraft des Urteils vor der folgenden Tat mehr als 5 Jahre zurückliegt. (§ 20 a, Abs. 3).

10. Die Eigenschaft als „gefährlicher Gewohnheitsverbrecher" ist eine persönliche i. S. des § 50 Abs. 2, d. h. die Teilnehmer an der Tat eines gefährlichen Gewohnheitsverbrechers werden nach den allgemeinen Strafvorschriften bestraft. (Siehe Erl. 4 a, ee zu § 50.)

Strafumwandlung.

§ 21. Achtmonatliche Zuchthausstrafe ist einer einjährigen Gefängnisstrafe, achtmonatliche Gefängnisstrafe einer einjährigen Einschließung gleichzuachten.

Beispiel: A wird wegen versuchten Rückfalldiebstahls verurteilt. Welche Strafe kommt als geringste Strafe in Frage? Gemäß § 44 Abs. 3 muß auf mindestens ein Viertel der für das vollendete Verbrechen angedrohten Mindeststrafe erkannt werden. Da die Mindeststrafe in § 244 ein Jahr Zuchthaus beträgt, aber auch der Mindestbetrag einer Zuchthausstrafe überhaupt nur ein Jahr beträgt (§ 14 Abs. 2), muß die einjährige Zuchthausstrafe gemäß § 44 Abs. 3, Satz 2 nach § 21 im Verhältnis 2 zu 3 umgerechnet werden. Es ergibt sich demnach für den versuchten Rückfalldiebstahl eine Mindeststrafe von 4½ Monaten Gefängnis.

Einzelhaft.

§ 22. (1) Die Zuchthaus- und Gefängnisstrafe können sowohl für die ganze Dauer wie für einen Teil der erkannten Strafzeit in der Weise in Einzelhaft vollzogen werden, daß der Gefangene unausgesetzt von anderen Gefangenen gesondert gehalten wird.

(2) Die Einzelhaft darf ohne Zustimmung des Gefangenen die Dauer von drei Jahren nicht übersteigen.

Strafaussetzung zur Bewährung.

§ 23. (1) Das Gericht kann die Vollstreckung einer Gefängnis- oder Einschließungsstrafe von nicht mehr als neun Monaten oder einer Haftstrafe aussetzen, damit der Verurteilte durch gute Führung während einer Bewährungszeit Straferlaß erlangen kann (Strafaussetzung zur Bewährung).

(2) Strafaussetzung zur Bewährung wird nur angeordnet, wenn die Persönlichkeit des Verurteilten und sein Vorleben in Verbindung mit seinem Verhalten nach der Tat oder einer günstigen Veränderung seiner Lebensumstände erwarten lassen, daß er unter der Einwirkung der Aussetzung in Zukunft ein gesetzmäßiges und geordnetes Leben führen wird.

(3) Strafaussetzung zur Bewährung darf nicht angeordnet werden, wenn

1. das öffentliche Interesse die Vollstreckung der Strafe erfordert oder
2. während der letzten fünf Jahre vor Begehung der Straftat die Vollstreckung einer gegen den Verurteilten im Inland erkannten Freiheitsstrafe zur Bewährung oder im Gnadenwege ausgesetzt oder
3. der Verurteilte innerhalb dieses Zeitraumes im Inland zu Freiheitsstrafen von insgesamt mehr als sechs Monaten verurteilt worden ist.

(4) In den Fällen des Absatzes 3 Nr. 2 und 3 wird in die Frist die Zeit nicht eingerechnet, in der der Täter eine Freiheitsstrafe verbüßt oder auf behördliche Anordnung in einer Anstalt verwahrt wird.

Siehe die Erläuterungen zu § 26.

Auflagen und Bewährungszeit.

§ 24. (1) Das Gericht macht dem Verurteilten für die Dauer der Bewährungszeit Auflagen. Insbesondere kann es ihm auferlegen,

1. den durch die Tat verursachten Schaden wiedergutzumachen,
2. Weisungen zu befolgen, die sich auf Aufenthaltsort, Ausbildung, Arbeit oder Freizeit beziehen,
3. sich einer ärztlichen Behandlung oder einer Entziehungskur zu unterziehen,
4. Unterhaltspflichten nachzukommen,
5. einen Geldbetrag zugunsten einer gemeinnützigen Einrichtung zu zahlen oder
6. sich der Aufsicht und Leitung eines Bewährungshelfers zu unterstellen.

(2) Von der Anordnung von Auflagen kann abgesehen werden, wenn zu erwarten ist, daß der Verurteilte auch ohne sie ein gesetzmäßiges und geordnetes Leben führen, vor allem den durch die Tat verursachten Schaden nach Kräften wieder gutmachen wird. Der Verurteilte darf durch eine Auflage nicht daran gehindert werden, für ihn günstigere Möglichkeiten der Ausbildung oder Arbeit wahrzunehmen.

(3) Entscheidungen nach den Absätzen 1 und 2 kann das Gericht auch nachträglich treffen, ändern oder aufheben.

(4) Die Bewährungszeit beträgt mindestens zwei und höchstens fünf Jahre. Sie beginnt mit der Rechtskraft der Entscheidung über die Strafaussetzung. Sie kann nachträglich bis auf das Mindestmaß verkürzt oder vor ihrem Ablauf bis auf das Höchstmaß verlängert werden. Während der Bewährungszeit ruht die Verjährung der Strafvollstreckung.

Bewährungshelfer.

§ 24 a. Der Bewährungshelfer (§ 24 Abs. 1 Nr. 6) wird von dem Gericht bestellt. Er überwacht nach dessen Anweisungen während der Bewährungszeit die Lebensführung des Verurteilten und die Erfüllung der Auflagen.

Widerruf der Strafaussetzung.

§ 25. (1) Hat der Verurteilte sich bewährt, so wird die Strafe nach Ablauf der Bewährungszeit erlassen. Das Gericht kann anordnen, daß über die Verurteilung nur noch beschränkt Auskunft erteilt wird.

(2) Das Gericht widerruft die Strafaussetzung, wenn

1. Umstände bekannt werden, die bei Würdigung des Wesens der Aussetzung zu ihrer Versagung geführt hätten,
2. der Verurteilte wegen eines innerhalb der Bewährungszeit begangenen Verbrechens oder vorsätzlichen Vergehens im Inland zu einer Freiheitsstrafe verurteilt wird,
3. er den Bewährungsauflagen gröblich zuwiderhandelt oder
4. sich auf andere Weise zeigt, daß das in ihn gesetzte Vertrauen nicht gerechtfertigt war.

(3) Leistungen, die der Verurteilte auf Grund von Auflagen erbracht hat, werden nicht zurückerstattet.

Bedingte Entlassung.

§ 26. (1) Das Gericht kann den zu zeitiger Freiheitsstrafe Verurteilten mit seiner Zustimmung bedingt entlassen, wenn dieser zwei Drittel der Strafe, mindestens jedoch drei Monate, verbüßt hat und erwartet werden kann, daß er in Zukunft ein gesetzmäßiges und geordnetes Leben führen wird.

(2) Die Bewährungszeit darf die Dauer des Strafrestes auch im Falle einer nachträglichen Verkürzung nicht unterschreiten.

(3) Im übrigen gelten die Vorschriften der §§ 24, 24 a und des § 25 Abs. 1 Satz 1 und Abs. 2 sinngemäß.

1. Vorbemerkung: §§ 23—25 behandeln die Strafaussetzung zur Bewährung, während § 26 die bedingte Entlassung betrifft. Für beide Maßnahmen ist nunmehr der erkennende Richter zuständig.

2. Die Strafaussetzung zur Bewährung (§§ 23—25) richtet sich gegen die zweifelhafte Wirkung kurzfristiger Freiheitsstrafen, und will den Rechtsbrecher zur Mithilfe bei seiner eigenen Rückführung in ein geordnetes Leben veranlassen. Da diese neue Institution nicht mehr ein Gnadenerweis sein soll, sondern gewissermaßen eine neue Strafart darstellt, ist für die Durchführung der Maßnahme nur noch der erkennende Richter zuständig, der im Urteil selbst über die Strafaussetzung zu entscheiden hat.

3. Erste Voraussetzung ist eine Gefängnis- oder Einschließungsstrafe von höchstens neun Monaten oder eine Haftstrafe, nicht also eine Geldstrafe oder deren Ersatzstrafe (§ 23 Abs. 1).

4. Da die Strafaussetzung eine erzieherische Wirkung auslösen soll, ist zweite Voraussetzung der Anordnung, daß die Persönlichkeit des Täters hierfür eine gewisse Gewähr bietet (§ 23 Abs. 2).

5. Ausgeschlossen ist die Strafaussetzung, wenn das öffentliche Interesse die Vollstreckung der Strafe erfordert (§ 23 Abs. 3 Z. 1) oder die strafrechtliche Vergangenheit entgegensteht (§ 23 Abs. 3 Z. 2 und 3).

6. In § 24 sind gewisse Eingriffe in die Lebensführung vorgesehen, um den Verurteilten zu einem gesetzmäßigen und geordneten Leben zu führen; insbesondere kann er der Aufsicht eines sog. Bewährungshelfers unterstellt werden (§ 24 Abs. 1 Z. 6). (Von den Auflagen kann unter den in Abs. 2 aufgeführten Voraussetzungen abgesehen werden.) Der Bewährungshelfer überwacht die Lebensführung des Verurteilten (§ 24a).

7. Die Bewährungsfrist beträgt mindestens zwei und höchstens fünf Jahre (§ 24 Abs. 1).

8. Bei Erfolg dieser Maßnahme wird die Strafe nach Ablauf der Bewährungsfrist erlassen (§ 25 Abs. 1); andernfalls erfolgt Widerruf der Strafaussetzung (§ 25 Abs. 2).

9. In § 26 wird die bedingte Entlassung durch das erkennende Gericht behandelt; § 26 tritt an die Stelle der vorläufigen Entlassung der §§ 23—26 a. F.

Voraussetzung: Verbüßung von zwei Drittel der Strafe (mindestens jedoch drei Monate) und die begründete Aussicht, daß der Verurteilte in Zukunft ein gesetzmäßiges und geordnetes Leben führen wird. Angerechnete Untersuchungshaft gilt als „verbüßte Strafe" (BGH. 6, 215).

Geldstrafe.

§ 27. (1) Die Geldstrafe ist in DMark festzusetzen.

(2) Sie beträgt

1. bei Verbrechen und Vergehen, soweit nicht höhere Beträge oder Geldstrafe in unbeschränkter Höhe angedroht sind oder werden, mindestens fünf DMark und höchstens 10000 DMark;
2. bei Übertretungen mindestens drei DMark, soweit nicht ein höherer Mindestbetrag angedroht ist oder wird, und höchstens 150 DMark.

(3) Die Vorschriften des Abs. 2 über Höchstbeträge gelten nicht, soweit die angedrohte Strafe in dem Mehrfachen, dem Einfachen oder dem Bruchteil eines bestimmten Betrags besteht. Ist dieser nicht auf DMark gestellt, so ist er für die Festsetzung der Geldstrafe in DMark umzurechnen.

Geldstrafe bei Gewinnsucht.

§ 27a. Bei einem Verbrechen oder Vergehen, das auf Gewinnsucht beruht, kann die Geldstrafe auf einhunderttausend DMark erhöht und auf eine solche Geldstrafe neben Freiheitsstrafe auch in denjenigen Fällen erkannt werden, in denen das Gesetz eine Geldstrafe nicht androht.

Geldstrafe an Stelle der Freiheitsstrafe.

§ 27b. Ist für ein Vergehen oder eine Übertretung, für die an sich eine Geldstrafe überhaupt nicht oder nur neben Freiheitsstrafe zulässig ist, Freiheitsstrafe von weniger als drei Monaten verwirkt, so ist an Stelle der Freiheitsstrafe auf Geldstrafe (§§ 27, 27a) zu erkennen, wenn der Strafzweck durch eine Geldstrafe erreicht werden kann.

Die Vorschrift ist auch anwendbar, wenn neben Freiheitsstrafe Geldstrafe nur bei mildernden Umständen zulässig ist und solche nicht angenommen werden. Die Vorschrift ist aber nicht anwendbar, wenn Geld- und Freiheitsstrafe wahlweise angedroht sind, wie z. B. im § 185.

§ 27c. (1) Bei der Bemessung einer Geldstrafe sind die wirtschaftlichen Verhältnisse des Täters zu berücksichtigen.

(2) Die Geldstrafe soll das Entgelt, das der Täter für die Tat empfangen, und den Gewinn, den er aus der Tat gezogen hat, übersteigen.

(3) Reicht das gesetzliche Höchstmaß hierzu nicht aus, so darf es überschritten werden.

§ 28. (1) Ist dem Verurteilten nach seinen wirtschaftlichen Verhältnissen nicht zuzumuten, daß er die Geldstrafe sofort zahlt, so hat ihm das Gericht eine Frist zu bewilligen oder ihm zu gestatten, die Strafe in bestimmten Teilbeträgen zu zahlen.

(2) Das Gericht kann diese Vergünstigung auch nach dem Urteil bewilligen. Es kann seine Entschließungen nachträglich ändern. Leistet der Verurteilte die Teilzahlungen nicht rechtzeitig, oder bessern sich seine wirtschaftlichen Verhältnisse wesentlich, so kann das Gericht die Vergünstigung widerrufen.

(3) Auf die nach Abs. 2 zu treffenden Entscheidungen findet § 462 der Strafprozeßordnung Anwendung.

Beitreibung der Geldstrafe.

§ 28a. (1) Soweit die Geldstrafe nicht gezahlt wird, ist sie beizutreiben.

(2) Der Versuch, die Geldstrafe beizutreiben, kann unterbleiben, wenn mit Sicherheit vorauszusehen ist, daß sie aus dem beweglichen Vermögen des Verurteilten nicht beigetrieben werden kann.

§ 28b. (1) Die Vollstreckungsbehörde kann dem Verurteilten gestatten, eine uneinbringliche Geldstrafe durch freie Arbeit zu tilgen.

(2) Das Nähere regelt die Bundesregierung mit Zustimmung des Bundesrats. Soweit dies nicht geschieht, sind die obersten Landesbehörden ermächtigt, das Nähere zu regeln.

§ 29. (1) An die Stelle einer uneinbringlichen Geldstrafe tritt bei Verbrechen und Vergehen Gefängnis oder, wenn neben der

Geldstrafe auf Zuchthaus erkannt wird, Zuchthaus, bei Übertretungen Haft. Auch bei Vergehen kann die Geldstrafe in Haft umgewandelt werden, wenn Geldstrafe allein oder an erster Stelle oder wahlweise neben Haft angedroht ist.

(2) Die Dauer der Ersatzstrafe ist mindestens ein Tag und bei Gefängnis und Zuchthaus höchstens ein Jahr, bei Haft höchstens sechs Wochen. Ist neben der Geldstrafe wahlweise Freiheitsstrafe von geringerer Höhe angedroht, so darf die Ersatzstrafe deren Höchstmaß nicht übersteigen. Die Ersatzstrafe darf nur nach vollen Tagen bemessen werden.

(3) Im übrigen richtet sich das Maß der Ersatzstrafe nach freiem Ermessen des Gerichts.

(4) In den Fällen des § 27b ist Ersatzstrafe die verwirkte Freiheitsstrafe.

(5) Der Verurteilte kann die Vollstreckung der Ersatzstrafe jederzeit dadurch abwenden, daß er den noch zu zahlenden Betrag der Geldstrafe entrichtet.

(6) Kann die Geldstrafe ohne Verschulden des Verurteilten nicht eingebracht werden, so kann das Gericht anordnen, daß die Vollstreckung der Ersatzstrafe unterbleibt. § 462 der Strafprozeßordnung findet Anwendung.

Geldstrafe aus dem Nachlaß.

§ 30. In den Nachlaß kann eine Geldstrafe nur dann vollstreckt werden, wenn das Urteil bei Lebzeiten des Verurteilten rechtskräftig geworden war.

Beispiel: A wurde durch Strafbefehl zu 100 DM Geldstrafe verurteilt. Der Strafbefehl wurde dem A am 1. April 1952 zugestellt; am 10. April stirbt A: Da der Strafbefehl gemäß §§ 409, 410 StPO. am 8. April rechtskräftig geworden war, haftet der Nachlaß für die Geldstrafe.

Folgen bei Zuchthausstrafe.

§ 31. (1) Die Verurteilung zur Zuchthausstrafe hat die dauernde Unfähigkeit zur Bekleidung öffentlicher Ämter von Rechts wegen zur Folge.

(2) Unter öffentlichen Ämtern im Sinne dieses Strafgesetzes sind die Anwaltschaft und das Notariat sowie der Geschworenen- und Schöffendienst mitbegriffen.

Aberkennung der bürgerlichen Ehrenrechte.

§ 32. (1) Neben der Zuchthausstrafe kann auf den Verlust der bürgerlichen Ehrenrechte erkannt werden, neben der Gefängnisstrafe nur, wenn die Dauer der erkannten Strafe drei Monate erreicht und entweder das Gesetz den Verlust der bürgerlichen Ehrenrechte ausdrücklich zuläßt oder die Gefängnisstrafe wegen Annahme mildernder Umstände an Stelle von Zuchthausstrafe ausgesprochen wird.

(2) Die Dauer dieses Verlustes beträgt bei zeitiger Zuchthausstrafe mindestens zwei und höchstens zehn Jahre, bei Gefängnisstrafe mindestens ein Jahr und höchstens fünf Jahre.

Bei Meineid (§ 161), schwerer Kuppelei (§ 181) und Wucher i. S. der §§ 302d, 302e muß auf Ehrverlust erkannt werden.

§ 33. Die Aberkennung der bürgerlichen Ehrenrechte bewirkt den dauernden Verlust der aus öffentlichen Wahlen für den Verurteilten hervorgegangenen Rechte, ingleichen den dauernden Verlust der öffentlichen Ämter, Würden, Titel, Orden und Ehrenzeichen.

§ 34. Die Aberkennung der bürgerlichen Ehrenrechte bewirkt ferner die Unfähigkeit, während der im Urteile bestimmten Zeit

1. öffentliche Ämter, Würden, Titel, Orden und Ehrenzeichen zu erlangen;
2. in öffentlichen Angelegenheiten zu stimmen, zu wählen oder gewählt zu werden oder andere politische Rechte auszuüben;
3. Zeuge bei Aufnahmen von Urkunden zu sein;
4. Vormund, Gegenvormund, Pfleger, Beistand der Mutter oder Mitglied eines Familienrates zu sein, es sei denn, daß es sich um Verwandte absteigender Linie handele und das Vormundschaftsgericht oder der Familienrat die Genehmigung erteile.

Unfähigkeit zur Bekleidung öffentlicher Ämter.

§ 35. (1) Neben einer Gefängnisstrafe, mit welcher die Aberkennung der bürgerlichen Ehrenrechte überhaupt hätte verbunden werden können, kann auf die Unfähigkeit zur Bekleidung öffentlicher Ämter auf die Dauer von einem bis zu fünf Jahren erkannt werden.

(2) Die Aberkennung der Fähigkeit zur Bekleidung öffentlicher Ämter hat den dauernden Verlust der bekleideten Ämter von Rechts wegen zur Folge.

§ 36. (1) Die Aberkennung der bürgerlichen Ehrenrechte und der Fähigkeit zur Bekleidung öffentlicher Ämter wird mit der Rechtskraft des Urteils wirksam. Ihre Dauer wird von dem Tage ab berechnet, an dem die Freiheitsstrafe, neben der die Aberkennung ausgesprochen wurde, verbüßt, verjährt oder erlassen ist. Ist neben der Strafe eine mit Freiheitsentziehung verbundene Maßregel der

Sicherung und Besserung angeordnet worden, so wird die Frist erst von dem Tage ab berechnet, an dem auch die Maßregel erledigt ist.

(2) Ist nach Ablauf einer Probezeit dem Verurteilten die Strafe ganz oder teilweise erlassen worden oder eine mit Freiheitsentziehung verbundene Maßregel der Sicherung und Besserung erledigt, so wird die Probezeit auf die Frist angerechnet.

§ 37. Aufgehoben durch VO. v. 6. 5. 40; betraf Ehrverlust bei Auslandsstrafe.

Polizeiaufsicht.

§ 38. (1) Neben einer Freiheitsstrafe kann in den durch das Gesetz vorgesehenen Fällen auf die Zulässigkeit von Polizeiaufsicht erkannt werden.

(2) Die höhere Landespolizeibehörde erhält durch ein solches Erkenntnis die Befugnis, nach Anhörung der Gefängnisverwaltung den Verurteilten auf die Zeit von höchstens fünf Jahren unter Polizeiaufsicht zu stellen.

(3) Diese Zeit wird von dem Tage berechnet, an welchem die Freiheitsstrafe verbüßt, verjährt oder erlassen ist.

Wirkungen der Polizeiaufsicht.

§ 39. Die Polizeiaufsicht hat folgende Wirkungen:

1. dem Verurteilten kann der Aufenthalt an einzelnen bestimmten Orten von der höheren Landespolizeibehörde untersagt werden;
2. aufgehoben; betraf Ausweisung von Ausländern;
3. Haussuchungen unterliegen keiner Beschränkung hinsichtlich der Zeit, zu welcher sie stattfinden dürfen.

Einziehung.

§ 40. (1) Gegenstände, welche durch ein vorsätzliches Verbrechen oder Vergehen hervorgebracht, oder welche zur Begehung eines vorsätzlichen Verbrechens oder Vergehens gebraucht oder bestimmt sind, können, sofern sie dem Täter oder einem Teilnehmer gehören, eingezogen werden.

(2) Die Einziehung ist im Urteil auszusprechen.

1. Die Einziehung nach § 40 ist eine Nebenstrafe. Sie kann ausgesprochen werden, wenn folgende drei Voraussetzungen erfüllt sind:

a) Die begangene Straftat muß ein vorsätzliches Verbrechen oder Vergehen sein;

b) der fragliche Gegenstand muß dem Täter oder Teilnehmer gehören;

c) er muß entweder durch die strafbare Handlung hervorgebracht (z. B. die gefälschte Urkunde oder die gefälschten Lebensmittel) oder zu deren Begehung gebraucht oder bestimmt sein (z. B. die bei der Tat gebrauchten Waffen oder Werkzeuge).

2. Hervorgebracht durch die strafbare Handlung sind nicht die durch sie nur erlangten Gegenstände, wie z. B. das durch Diebstahl oder Betrug verschaffte Fahrrad. Diese Gegenstände sind vielmehr nach Klärung des Falles dem Eigentümer zurückzugeben (siehe § 111 StPO. im Anhang 4, S. 394). Auch die Beute des Wilderers unterliegt nicht der Einziehung, da an ihr der Jagdberechtigte das ausschließliche Aneignungsrecht hat. (Siehe § 295, Erl. 2.)

3. Die Einziehung wird in der Regel neben der Strafe im Urteil ausgesprochen. Sie kann aber unter der Voraussetzung des § 42 selbständig ausgesprochen werden. (Siehe die dortige Erl.)

4. Die Wirkung der Einziehung besteht darin, daß mit der Rechtskraft des Urteils das Eigentum an dem Gegenstand auf den Staat übergeht.

5. Die Einziehung ist lediglich eine Sicherungsmaßregel (also keine Strafe) in den Fällen, in denen auf Einziehung erkannt werden muß und zwar ohne Rücksicht darauf, wem die Gegenstände gehören, nämlich in den Fällen der §§ 86, 152, 245a, 284b, 295, 296a, und schließlich auch in den beiden Übertretungsfällen der §§ 360 Abs. 2 und 367 Abs. 2.

Unbrauchbarmachung.

§ 41. (1) Wenn der Inhalt einer Schrift, Abbildung oder Darstellung strafbar ist, so ist im Urteil auszusprechen, daß alle Exemplare, sowie die zu ihrer Herstellung bestimmten Platten und Formen unbrauchbar zu machen sind.

(2) Diese Vorschrift bezieht sich jedoch nur auf die im Besitze des Verfassers, Druckers, Herausgebers, Verlegers oder Buchhändlers befindlichen und auf die öffentlich ausgelegten oder öffentlich angebotenen Exemplare.

(3) Ist nur ein Teil der Schrift, Abbildung oder Darstellung strafbar, so ist, insofern eine Ausscheidung möglich ist, auszusprechen, daß nur die strafbaren Stellen und derjenige Teil der Platten und Formen, auf welchem sich diese Stellen befinden, unbrauchbar zu machen sind.

Hier handelt es sich nicht um eine Strafe, sondern um eine Sicherungsmaßregel.

Objektives Verfahren.

§ 42. Ist in den Fällen der §§ 40 und 41 die Verfolgung oder die Verurteilung einer bestimmten Person nicht ausführbar, so können die daselbst vorgeschriebenen Maßnahmen selbständig erkannt werden.

Ein solches Verfahren heißt objektives Verfahren und ist in §§ 430—432 StPO. geregelt. Es kommt z. B. in Frage, wenn der Täter unbekannt oder verstorben ist, oder wenn die Tat wegen Verjährung nicht verfolgt werden kann.

1a Abschnitt: Maßregeln der Sicherung und Besserung.

§ 42a. Maßregeln der Sicherung und Besserung sind:

1. die Unterbringung in einer Heil- oder Pflegeanstalt,
2. die Unterbringung in einer Trinkerheilanstalt oder einer Entziehungsanstalt,
3. die Unterbringung in einem Arbeitshaus,
4. die Sicherungsverwahrung,
5. aufgehoben (betraf Entmannung),
6. die Untersagung der Berufsausübung.
7. die Einziehung der Erlaubnis zum Führen von Kraftfahrzeugen.

Allgemeine Grundsätze für die §§ 42a—42n:

1. Während die Strafe eine Vergeltung für das begangene Verbrechen darstellt, bezwecken die Sicherungs- und Besserungsmaßregeln, künftige Straftaten bestimmter Verbrechertypen zu verhindern. Die hierfür in Frage kommenden Mittel wollen kein Übel zufügen, sondern in anderer Weise die Begehung künftiger Verbrechen verhüten, und zwar entweder durch Besserungsmaßnahmen (Unterbringung in einer Heil- oder Pflegeanstalt, Trinkerheilanstalt, Arbeitshaus), oder durch körperliche Absonderung aus der Allgemeinheit, sei es der Person selbst (Sicherungsverwahrung), sei es ihrer Tätigkeit (Untersagung der Berufsausübung) oder schließlich durch Entziehung der Fahrerlaubnis.

2. Die Sicherungsmaßregeln können regelmäßig nur neben einer Strafe verhängt werden, ausnahmsweise auch ohne Strafe, nämlich bei Begehung von Straftaten durch Unzurechnungsfähige. Zuständig für die Anordnung ist der Strafrichter, und nicht die Verwaltungsbehörde.

3. Es können auch mehrere Sicherungsmaßregeln nebeneinander angeordnet werden.

4. Die vier obligatorischen Sicherungsmaßregeln (§§ 42 b bis 42 e) haben eine Freiheitsentziehung zur Folge, die das Gesetz als „Unterbringung" bezeichnet.

a) Nach § 42 f Abs. 1 dauert die Unterbringung so lange, als es ihr Zweck erfordert. Die Unterbringung in einer Trinkerheilanstalt oder Entziehungsanstalt darf nicht länger als 2 Jahre dauern (§ 42 f Abs. 2). Die Unterbringung in einer Heil- und Pflegeanstalt und die Sicherungsverwahrung ist an keine Frist gebunden. (§ 42 f Abs. 3 Satz 1.) Siehe im übrigen Gesetzestext des § 42 f Absätze 3—5.

b) § 42 g enthält eine bedingte Verjährung des Vollzugs der Unterbringung.

c) Nach § 42 h gilt die Entlassung des Untergebrachten vor dem Ablauf der angeordneten Dauer nur als bedingte Aussetzung insofern, als sie jederzeit widerrufen werden kann.

d) § 42 i regelt die Beschäftigung der Untergebrachten.

e) Neben diesen Bestimmungen über Vollstreckung und Vollzug der Unterbringung gelten nach § 463 a StPO. die Bestimmungen über die Strafvollstreckung sinngemäß.

5. Mit der Verjährung der Strafverfolgung erlischt auch die Befugnis zur Anordnung der Sicherungsmaßregeln (§ 67 Abs. 5). Die Vollstreckung der Sicherungsmaßregeln verjährt in 10 bzw. 5 Jahren (§ 70 Abs. 2).

6. Ebenso wie die Strafen werden auch die Sicherungsmaßregeln in das Strafregister eingetragen.

Heil- und Pflegeanstalt.

§ 42b. (1) Hat jemand eine mit Strafe bedrohte Handlung im Zustand der Zurechnungsunfähigkeit (§ 51 Abs. 1, § 55 Abs. 1) oder der verminderten Zurechnungsfähigkeit (§ 51 Abs. 2, § 55 Abs. 2) begangen, so ordnet das Gericht seine Unterbringung in einer Heil- oder Pflegeanstalt an, wenn die öffentliche Sicherheit es erfordert. Dies gilt nicht bei Übertretungen.

(2) Bei vermindert Zurechnungsfähigen tritt die Unterbringung neben die Strafe.

1. Bei der Unterbringung in einer Heil- oder Pflegeanstalt sind 2 Fälle zu unterscheiden, nämlich die Unterbringung eines Unzurechnungsfähigen und die Unterbringung eines vermindert Zurechnungsfähigen.

2. Die Voraussetzungen sind folgende:

a) Es muß eine mit Strafe bedrohte Handlung vorliegen (nicht Übertretung),

b) die Tat muß im Zustande der Unzurechnungsfähigkeit bzw. verminderten Zurechnungsfähigkeit begangen sein,

c) der vermindert Zurechnungsfähige muß, falls es zu einem ordentlichen Strafverfahren gekommen ist, wegen der begangenen Handlung zu Strafe verurteilt, bzw. der Zurechnungsunfähige muß wegen Unzurechnungsfähigkeit freigesprochen worden sein,

d) die öffentliche Sicherheit muß die Unterbringung erfordern, d. h. es muß die Wahrscheinlichkeit vorliegen, der Täter werde durch weitere Handlungen die öffentliche Sicherheit gefährden.

3. Da bei dem Unzurechnungsfähigen, falls dieser Zustand von vornherein feststeht, ein Strafverfahren nicht eingeleitet werden kann, da eine strafbare Handlung nicht vorliegt, ist für diesen Fall ein besonderes Sicherungsverfahren vorgesehen (StPO. § 429a), während beim vermindert Zurechnungsfähigen die Unterbringung neben die Strafe tritt.

Trinkerheilanstalt.

§ 42c. Wird jemand, der gewohnheitsmäßig im Übermaß geistige Getränke oder andere berauschende Mittel zu sich nimmt, wegen eines Verbrechens oder Vergehens, das er im Rausch begangen hat oder das mit einer solchen Gewöhnung in ursächlichem Zusammenhang steht, oder wegen Volltrunkenheit (§ 330a) zu einer Strafe verurteilt und ist seine Unterbringung in einer Trinkerheilanstalt oder einer Entziehungsanstalt erforderlich, um ihn an ein gesetzmäßiges und geordnetes Leben zu gewöhnen, so ordnet das Gericht neben der Strafe die Unterbringung an.

Die Unterbringung in einer Trinkerheilanstalt oder Entziehungsanstalt, die ebenfalls neben der Strafe zwingend vorgeschrieben ist, hat zur Voraussetzung:

1. daß der Täter gewohnheitsmäßig im Übermaß geistige Getränke oder andere berauschende Mittel zu sich nimmt,
2. daß er wegen eines Verbrechens oder Vergehens verurteilt ist, das er entweder im Rausch begangen hat, oder das mit der Gewöhnung an übermäßigen Genuß von Rauschmitteln in ursächlichem Zusammenhang steht, oder daß er wegen Volltrunkenheit nach § 330a zu Strafe verurteilt worden ist,
3. daß seine Unterbringung erforderlich ist, um ihn an ein gesetzmäßiges und geordnetes Leben zu gewöhnen, d. h. daß andere Mittel, wie z. B. Familienfürsorge nicht ausreichend erscheinen.

Arbeitshaus.

§ 42d. (1) Wird jemand nach § 361 Nr. 3 bis 5, 6a bis 8 zu Haftstrafe verurteilt, so ordnet das Gericht neben der Strafe seine Unterbringung in einem Arbeitshaus an, wenn sie erforderlich ist, um ihn zur Arbeit anzuhalten und an ein gesetzmäßiges und geordnetes Leben zu gewöhnen.

(2) Dasselbe gilt, wenn jemand, der gewohnheitsmäßig zum Erwerbe Unzucht treibt, nach § 361 Nr. 6 zu Haftstrafe verurteilt wird.

(3) Wegen Bettelns ist die Anordnung nur zulässig, wenn der Täter aus Arbeitsscheu oder Liederlichkeit oder gewerbsmäßig gebettelt hat.

(4) Arbeitsunfähige, deren Unterbringung in einem Arbeitshaus angeordnet ist, können in einem Asyl untergebracht werden.

1. Das frühere Strafrecht kannte die Unterbringung in einem Arbeitshause bei der Zuhälterei des § 181a, sowie bei verschiedenen Übertretungen (Landstreicherei, Bettel, Trunksucht). In allen diesen Fällen konnte aber der Richter diese Unterbringung nicht selbst anordnen, sondern konnte nur auf Überweisung an die Landespolizeibehörde erkennen, in deren Ermessen es dann gestellt war, die verurteilte Person in ein Arbeitshaus unterzubringen. Nach § 42 d kann nunmehr der Richter selbst die Anordnung treffen, während die Überweisung an die Landespolizeibehörde weggefallen ist.

2. Die Unterbringung in einem Arbeitshaus, die sich ganz allgemein gegen solche Personen richtet, die zu willensschwach sind, ihren Lebensunterhalt durch geregelte Arbeit zu verdienen, muß angeordnet werden, wenn die im Gesetz festgelegten Voraussetzungen gegeben sind.

3. Arbeitsunfähige sind statt im Arbeitshaus in einem Asyl unterzubringen.

4. Wegen der Dauer der Unterbringung vgl. § 42f Abs. 2 und wegen der Vollziehung § 42i Abs. 1.

Sicherungsverwahrung.

§ 42e. Wird jemand nach § 20a als ein gefährlicher Gewohnheitsverbrecher verurteilt, so ordnet das Gericht neben der Strafe die Sicherungsverwahrung an, wenn die öffentliche Sicherheit es erfordert.

1. Die Sicherungsverwahrung, die neben der Strafe zu verhängen ist, und zwar nur bei Gewohnheitsverbrechern i. S. des § 20a, bezweckt, den Berufsverbrecher dauernd unschädlich zu machen.

2. Wegen des Begriffs „gefährlicher Gewohnheitsverbrecher" vgl. Erläuterung 2 zu § 20a.

3. Die „öffentliche Sicherheit erfordert" diese Maßnahme, wenn nach der Persönlichkeit des Täters die Wahrscheinlichkeit besteht, daß er nach der Entlassung aus der Strafanstalt seine Freiheit zu neuen Verbrechen benutzen werde. (Siehe hierzu RG. 72, 295; BGH. 1, 94ff. und 3, 169.)

Dauer der Unterbringung.

§ 42f. (1) Die Unterbringung dauert so lange, wie ihr Zweck es erfordert.

(2) Die Unterbringung in einer Trinkerheilanstalt oder einer Entziehungsanstalt darf nicht länger als zwei Jahre dauern.

(3) Die Dauer der Unterbringung in einer Heil- oder Pflegeanstalt und der Sicherungsverwahrung ist an keine Frist gebunden. Die erste Unterbringung in einem Arbeitshaus oder einem Asyl darf nicht länger als zwei Jahre, die wiederholte nicht länger als vier Jahre dauern. Bei diesen Maßregeln hat das Gericht jeweils vor dem Ablauf bestimmter Fristen zu entscheiden, ob der Zweck der Unterbringung erreicht ist. Die Frist beträgt bei der Unterbringung in einer Heil- oder Pflegeanstalt und der Sicherungsverwahrung drei Jahre und bei der Unterbringung in einem Arbeitshaus oder einem Asyl sechs Monate. Ergibt sich bei der Prüfung, daß der Zweck der Unterbringung erreicht ist, so hat das Gericht die Entlassung des Untergebrachten anzuordnen.

(4) Das Gericht kann auch während des Laufs der in den Absätzen 2 und 3 genannten Fristen jederzeit prüfen, ob der Zweck der Unterbringung erreicht ist. Wenn das Gericht dies bejaht, so hat es die Entlassung des Untergebrachten anzuordnen.

(5) Die Fristen laufen vom Beginn des Vollzugs an. Lehnt das Gericht die Entlassung des Untergebrachten ab, so beginnt mit dieser Entscheidung der Lauf der im Absatz 3 genannten Fristen von neuem.

Nachträgliche Unterbringung.

§ 42g. (1) Sind seit der Rechtskraft des Urteils drei Jahre verstrichen, ohne daß mit dem Vollzug der Unterbringung begonnen worden ist, so darf sie nur noch vollzogen werden, wenn das Gericht es anordnet. Die Anordnung ist nur zulässig, wenn der Zweck der Maßregel die nachträgliche Unterbringung erfordert.

(2) In die Frist wird die Zeit nicht eingerechnet, in der der Unterzubringende eine Freiheitsstrafe verbüßt oder auf behördliche Anordnung in einer Anstalt verwahrt wird.

Entlassung.

§ **42h.** (1) Die Entlassung des Untergebrachten gilt nur als bedingte Aussetzung der Unterbringung. Das Gericht kann dem Untergebrachten bei der Entlassung besondere Pflichten auferlegen und solche Anordnungen auch nachträglich treffen oder ändern. Zeigt der Entlassene durch sein Verhalten in der Freiheit, daß der Zweck der Maßregel seine erneute Unterbringung erfordert, und ist die Vollstreckung der Maßregel noch nicht verjährt, so widerruft das Gericht die Entlassung.

(2) Die Dauer der Unterbringung in einer Trinkerheilanstalt oder einer Entziehungsanstalt und der erstmaligen Unterbringung in einem Arbeitshaus oder einem Asyl darf auch im Falle des Widerrufs insgesamt die gesetzliche Höchstdauer der Maßregel nicht überschreiten.

Arbeitszwang.

§ **42i.** (1) Die im Arbeitshaus oder in der Sicherungsverwahrung Untergebrachten sind in der Anstalt zu den eingeführten Arbeiten anzuhalten. Sie können auch zu Arbeiten außerhalb der Anstalten verwendet werden, müssen jedoch dabei von freien Arbeitern getrennt gehalten werden.

(2) Die in einer Heil- oder Pflegeanstalt, einer Trinkerheilanstalt oder einer Entziehungsanstalt Untergebrachten können innerhalb oder außerhalb der Anstalt auf eine ihren Fähigkeiten und Verhältnissen angemessene Weise beschäftigt werden.

§ **42k.** Aufgehoben durch Kontrollratsgesetz Nr. 11, Art. 1 vom 30. Januar 1946. (Betraf die Entmannung.)

Untersagung der Berufsausübung.

§ **42l.** (1) Wird jemand wegen eines Verbrechens oder Vergehens, das er unter Mißbrauch seines Berufes oder Gewerbes oder unter grober Verletzung der ihm kraft seines Berufes oder Gewerbes obliegenden Pflichten begangen hat, zu Freiheitsstrafe von mindestens drei Monaten verurteilt, so kann ihm das Gericht zugleich auf die Dauer von mindestens einem und höchstens fünf Jahren die Ausübung des Berufes, Gewerbes oder Gewerbezweiges untersagen, wenn dies erforderlich ist, um die Allgemeinheit vor weiterer Gefährdung zu schützen.

(2) Solange die Untersagung wirksam ist, darf der Verurteilte den Beruf, das Gewerbe oder den Gewerbezweig auch nicht für einen anderen ausüben oder durch eine von seinen Weisungen abhängige Person für sich ausüben lassen.

(3) § 36 Abs. 1 gilt entsprechend. Wird die Vollstreckung der Freiheitsstrafe oder einer neben der Strafe erkannten, mit Freiheitsentziehung verbundenen Maßregel der Sicherung und Besserung bedingt ausgesetzt, so wird die Probezeit auf die Frist angerechnet.

(4) Das Gericht kann die Untersagung der Berufsausübung wieder aufheben, wenn der Zweck der Maßregel ihre Fortdauer nicht mehr erforderlich erscheinen läßt. Die Aufhebung ist frühestens zulässig, nachdem die Maßregel ein Jahr gedauert hat. Sie gilt nur als bedingte Aussetzung der Untersagung und kann bis zum Ablauf der im Urteil für ihre Dauer festgesetzten Zeit widerrufen werden; die Dauer der Untersagung darf auch im Falle des Widerrufs insgesamt die im Urteil für ihre Dauer festgesetzte Zeit nicht überschreiten.

Die Untersagung der Berufsausübung.

1. Die Erfahrung lehrt, daß gewisse Berufe und Gewerbe besonders leicht Gelegenheit bieten, strafbare Handlungen zu begehen, z. B. die Betrügereien der sog. Darlehensvermittler. Nach früherem Recht war es nicht möglich, einem solchen Rechtsbrecher die Ausübung seines Gewerbes in Zukunft zu untersagen. Diese Lücke füllt § 42 l aus.

2. Solange die Untersagung wirksam ist, darf der Verurteilte den Beruf usw. weder selbst, noch durch andere ausüben. Tut er es trotzdem, dann ist er nach § 145 c strafbar.

Entziehung der Fahrerlaubnis.

§ 42 m. (1) Wird jemand wegen einer mit Strafe bedrohten Handlung, die er bei oder in Zusammenhang mit der Führung eines Kraftfahrzeugs oder unter Verletzung der dem Führer eines Kraftfahrzeugs obliegenden Pflichten begangen hat, zu einer Strafe verurteilt oder lediglich wegen Zurechnungsunfähigkeit freigesprochen, so entzieht ihm das Gericht die Fahrerlaubnis, wenn er sich durch die Tat als ungeeignet zum Führen von Kraftfahrzeugen erwiesen hat. Gegenüber dem Inhaber eines ausländischen Fahrausweises ist die Entziehung nur zulässig, wenn die mit Strafe bedrohte Handlung einen Verstoß gegen Verkehrsvorschriften enthält.

(2) Wird die Fahrerlaubnis entzogen, so ist ein von einer deutschen Behörde ausgestellter Führerschein im Urteil einzuziehen. In ausländischen Fahrausweisen ist die Entziehung zu vermerken.

(3) Die Fahrerlaubnis erlischt mit der Rechtskraft des Urteils. Das Gericht bestimmt im Urteil eine Frist, vor deren Ablauf die Verwaltungsbehörde keine neue Fahrerlaubnis erteilen darf. Die Frist beträgt mindestens sechs Monate und höchstens fünf Jahre. Sie wird von dem Tage ab berechnet, an dem das Urteil rechtskräftig geworden ist. Das Gericht kann die Erteilung einer neuen Fahrerlaubnis auch für immer untersagen.

(4) Erscheint die Maßregel nicht mehr erforderlich, um die Allgemeinheit vor Gefährdung zu schützen, kann das Gericht die Erteilung einer neuen Fahrerlaubnis nachträglich durch Beschluß gestatten.

1. Zu Abs. 1: Durch die hier als Maßregel der Sicherung (nicht Strafe) vorgesehene gerichtliche Einziehung wird die Entziehung der Fahrerlaubnis durch die Verwaltungsbehörde nicht berührt. (Siehe StVG. § 4 Abs. 1 mit den dort in Abs. 2 und 3 vorgesehenen Ausnahmen.) Jedoch hat die gerichtliche Einziehung stets zur Voraussetzung, daß der Führer des Kraftfahrzeugs eine mit Strafe bedrohte Handlung begangen hat.

Eine Ausnahme enthält Satz 2 für Inhaber einer ausländischen Fahrerlaubnis.

2. Zu Abs. 3: Ebenso wie die Entziehung durch die Verwaltungsbehörde (siehe StVG. § 4 Abs. 1, 2. Halbsatz) ist auch eine gerichtliche Entziehung endgültig. Jedoch muß im Urteil eine Frist (mindestens 6 Monate und höchstens 5 Jahre) festgesetzt werden, nach deren Ablauf eine neue Fahrerlaubnis erteilt werden kann, es sei denn, daß dies im Urteil für immer untersagt ist.

§ 42n. Maßregeln der Sicherung und Besserung können nebeneinander angeordnet werden.

Zweiter Abschnitt: Versuch.

Vorbemerkung:

Bei allen strafbaren Handlungen und bei Unterlassungen von Handlungen, deren Vornahme durch eine Rechtspflicht geboten ist (siehe „Einführende Vorbemerkungen zum Strafrecht" S. 1 ff., Abschnitt B II 4, S. 3), unterscheidet man:

Vollendung: wenn der gesetzliche Tatbestand vollständig verwirklicht ist.

Versuch: wenn ein Anfang der Ausführung vorliegt, d. h. wenn mit der Verwirklichung eines Tatbestandsmerkmals begonnen worden ist (§§ 43—46). (Siehe hierzu die Ausführungen in den „Einführenden Vorbemerkungen zum Strafrecht" S. 1 ff., Abschnitt B VI, S. 11.)

Versuch.

§ 43. (1) Wer den Entschluß, ein Verbrechen oder Vergehen zu verüben, durch Handlungen, welche einen Anfang der Ausführung dieses Verbrechens oder Vergehens enthalten, betätigt hat, ist, wenn das beabsichtigte Verbrechen oder Vergehen nicht zur Vollendung gekommen ist, wegen Versuches zu bestrafen.

(2) Der Versuch eines Vergehens wird jedoch nur in den Fällen bestraft, in welchen das Gesetz dies ausdrücklich bestimmt.

1. Der Versuch ist ein Zurückbleiben des Erfolgs hinter dem Willen des Täters. Der Grund für die Strafbarkeit des Versuchs liegt in dem Bestreben des Gesetzgebers, schon den verbrecherischen Willen strafrechtlich zu erfassen.

2. Ein Anfang der Ausführung i. S. des § 43 ist in allen Handlungen zu finden, die infolge ihrer notwendigen Zusammengehörigkeit mit der Tatbestandshandlung für die natürliche Auffassung als deren Bestandteile erscheinen. (BGH. 2, 380 und 3, 297.)

Beispiele: Beim schweren Diebstahl (§ 243) gehören die Erschwerungstatsachen (Einbruch, Einsteigen, Einschleichen), die an sich nur Vorbereitungshandlungen für den beabsichtigten Diebstahl sind, zum Tatbestand. Infolgedessen liegt in der Erfüllung eines solchen Tatbestandsmerkmals schon der Anfang der Ausführung des schweren Diebstahls, z. B. Beschmieren des Fensters zum Zwecke des Eindrückens. (Siehe auch Erläuterung 8 zu § 243, und wegen Versuch des einfachen Diebstahls Erl. 9 zu § 242.) Der Versuch eines Betrugs ist schon mit dem Beginn der Täuschungshandlung gegeben. (Siehe Erl. 8 zu § 263.) Versuch der Tötung liegt schon dann vor, wenn der Täter in Tötungsabsicht die Schußwaffe, wenn auch mit ungespanntem Hahn, anlegt. Versuchte Brandstiftung liegt schon dann vor, wenn der Täter das Streichholz angezündet hat.

3. Jede Tätigkeit, die zeitlich vor dem Anfang der Ausführung liegt, ist straflose Vorbereitungshandlung, z. B. Anschaffung von Werkzeugen zu einem beabsichtigten Diebstahl, oder von Mitteln oder Instrumenten zu einer beabsichtigten Abtreibung.

Ausnahmsweise sind schon Vorbereitungshandlungen strafbar, und zwar

a) Vorbereitungshandlungen des Täters: Verbrechen bzw. Vergehen nach §§ 81, 100e (Hochverrat und Landesverrat), Vergehen des § 151 (Vorbereitungshandlungen zu den Münzdelikten der §§ 146, 149), ferner das Vergehen des § 245a (Besitz von Diebeswerkzeug) und das Vergehen des § 296 (Besitz von Jagd- und Fischereigerät).

b) Vorbereitungshandlungen des Teilnehmers: Die Vergehen der §§ 49a, 49b, ferner die Vergehen der §§ 110 (Aufforderung zum Ungehorsam), 111 Abs. 2 (Aufforderung zur Begehung strafbarer Handlungen), 218 Abs. 4 (Verschaffung von Abtreibungsmitteln) und § 357. In allen diesen Fällen ist der Teilnehmer (Gehilfe oder Anstifter) auch dann strafbar, wenn der Haupttäter die Tat nicht ausführt, oder nicht einmal auszuführen beginnt.

4. Da zum subjektiven Tatbestand der „Entschluß" gehört, ist der Versuch einer fahrlässigen Straftat nicht denkbar.

5. Ein strafbarer Versuch ist auch vorhanden, wenn der Gegenstand, gegen den sich die beabsichtigte Handlung richtet, an und für sich ungeeignet zur Begehung der strafbaren Handlung ist. Es ist also Kindsmordversuch an einem totgeborenen, aber für lebend gehaltenen Kind möglich, ebenso Abtreibungsversuch einer Person, die sich nur für schwanger hält, aber in Wirklichkeit gar nicht schwanger ist. (Versuch am untauglichen Objekt.) Hierunter ist auch der Fall zu rechnen, daß der Täter irrtümlicherweise annimmt, ein zum gesetzlichen Tatbestand gehörendes Tatbestandsmerkmal sei vorhanden, während es in Wirklichkeit nicht vorliegt. Beispiel: Der Täter nimmt seine eigene Sache weg in der Meinung, es sei eine fremde; er ist wegen versuchten Diebstahls zu bestrafen. (Siehe RG. 42, 92 und BGH. 3, 253.)

Auch dann liegt ein strafbarer Versuch vor, wenn der Täter ein Mittel zur Herbeiführung des beabsichtigten Erfolges anwendet, welches unter allen Umständen uneeignet ist, wenn z. B. der „Mörder" mit blind geladenem Gewehr schießt, wenn die Schwangere ihre Leibesfrucht mit einem Fußbade, mit Trinken von Rotwein, von unschädlichem Tee abzutreiben sucht. (Versuch mit untauglichen Mitteln.) Nimmt in diesem Fall die Frau irrtümlich an, sie sei schwanger, dann liegt Versuch am untauglichen Objekt mit untauglichen Mitteln vor. (RG. 34, 217; 47, 65.) Dagegen bleibt straflos der Versuch mit sog. sympathischen Mitteln, z. B. der Versuch, einen anderen mit Totbeten zu töten (RG. 33, 321).

6. Nicht zu verwechseln mit dem in Z. 5 geschilderten strafbaren Versuch mit untauglichen Mitteln am untauglichen Objekt ist das sog. straflose Wahnverbrechen. Es liegt vor, wenn der Täter in Kenntnis aller Tatumstände zu Unrecht annimmt, seine Handlung sei strafbar. (Siehe hierzu „Einführende Vorbemerkungen zum Strafrecht" S. 1ff., Abschnitt D V, S. 22.)

7. Der Versuch ist immer strafbar bei Verbrechen. Bei Vergehen dagegen nur, wenn dies im Gesetz ausdrücklich vorgesehen ist, z. B. bei Diebstahl (§ 242), Unterschlagung (§ 246), Betrug (§ 263); bei Übertretungen ist er straflos.

Strafmaß.

§ 44. (1) Das versuchte Verbrechen oder Vergehen kann milder bestraft werden als das vollendete.

(2) Ist das vollendete Verbrechen mit lebenslangem Zuchthaus bedroht, so kann auf Zuchthaus nicht unter drei Jahren erkannt werden.

(3) In den übrigen Fällen kann die Strafe bis auf ein Viertel des Mindestbetrages der auf das vollendete Verbrechen oder Vergehen angedrohten Freiheits- und Geldstrafe ermäßigt werden. Ist hiernach Zuchthausstrafe unter einem Jahr verwirkt, so ist dieselbe nach Maßgabe des § 21 in Gefängnis zu verwandeln.

1. Die Neufassung des § 44 beruht auf der Verordnung vom 29. Mai 1943. Während nach der vor 1943 geltenden Fassung des § 44 der Richter die versuchte Tat milder bestrafen mußte, als die vollendete, ist eine solche Milderung nunmehr in das Ermessen des Richters gestellt: („kann milder bestraft werden").

2. Siehe das Beispiel zu § 21.

§ 45. Wenn neben der Strafe des vollendeten Verbrechens oder Vergehens die Aberkennung der bürgerlichen Ehrenrechte zulässig oder geboten ist, oder auf Zulässigkeit von Polizeiaufsicht erkannt werden kann, so gilt Gleiches bei der Versuchsstrafe.

Rücktritt und tätige Reue.

§ 46. Der Versuch als solcher bleibt straflos, wenn der Täter

1. die Ausführung der beabsichtigten Handlung aufgegeben hat, ohne daß er an dieser Ausführung durch Umstände gehindert worden ist, welche von seinem Willen unabhängig waren, oder
2. zu einer Zeit, zu welcher die Handlung noch nicht entdeckt war, den Eintritt des zur Vollendung des Verbrechens oder Vergehens gehörigen Erfolges durch eigene Tätigkeit abgewendet hat.

1. Der sog. freiwillige Rücktritt (Z. 1) und die sog. tätige Reue (Z. 2) machen den Täter straflos, aber nur wegen der versuchten Handlung.

2. Erfüllt die Tat außer dem Versuch einer strafbaren Handlung auch noch den Tatbestand einer anderen vollendeten Straftat, so bleibt letztere trotz Straflosigkeit des Versuchs strafbar. Wurden z. B. bei einem Notzuchtsversuch unzüchtige Hand-

lungen mit Gewalt ausgeübt (§ 176[1]), so bleiben letztere strafbar, wenn auch der Täter seine Absicht, zum Beischlaf zu kommen, freiwillig aufgibt, und deshalb nicht wegen Notzuchtversuchs bestraft werden kann. Ebenso bleibt der Einbrecher, der die Diebstahlsabsicht aufgibt, wegen Hausfriedensbruchs und evtl. auch wegen Sachbeschädigung strafbar.

3. Der Fall Ziffer 1, Rücktritt vom nichtbeendeten Versuch, liegt vor, wenn der Täter die zur Erfüllung des Tatbestandes des vollendeten Verbrechens oder Vergehens gehörige Tätigkeit noch nicht beendet hat, wenn er z. B. nach vollbrachtem Einsteigen die Hand noch nicht an den Gegenstand, den zu stehlen er vorhatte, gelegt hat. In diesem Fall also bleibt der Täter straflos, weil er das Weiterhandeln unterläßt. Der Rücktritt ist freiwillig, wenn sich der Täter sagt: „ich will nicht zum Ziele kommen, selbst wenn ich es könnte", und er ist unfreiwillig, wenn sich der Täter sagt: „ich kann nicht zum Ziele kommen, selbst wenn ich es wollte." (RG. 55, 66 und 68, 82.)

Beispiel: A steigt in eine fremde Wohnung ein, um dort zu stehlen, gibt dann aber sein Diebstahlsvorhaben auf, weil er an den dort vorgefundenen Gegenständen erkennt, daß der Wohnungsinhaber selbst ein armer Mensch ist: A kann nur wegen Hausfriedensbruch nach § 123 bestraft werden.

4. Der Fall Ziffer 2, tätige Reue gegenüber dem beendeten Versuch, ist gegeben, wenn die geplante strafbare Handlung nach der Vorstellung des Täters zwar ganz vollzogen, aber der Erfolg noch nicht eingetreten ist und der Täter nunmehr durch positives Tun den Eintritt des Erfolgs verhindert (RG. 63, 159). Beispiele: Straflosigkeit tritt ein, wenn der Betrüger nach erfolgter Täuschungshandlung und Irrtumserregung den Getäuschten aufklärt, bevor eine Vermögensschädigung eingetreten ist, oder wenn die Mutter, nachdem sie in Mordabsicht dem Kind Gift eingeflößt hat, durch Gegenmaßnahmen (z. B. Bewirken von Erbrechen) den Tod verhindert. In diesem Falle würde jedoch nur der Mordversuch, nicht aber das bereits vollendete Verbrechen des § 229 (Giftbeibringung) straflos bleiben. Als eigene Tätigkeit gilt es auch, wenn der Täter eine entgegenwirkende Naturkraft (z. B. in einer Maschine, Feuerlöschapparat) in Bewegung setzt oder eine andere Person mit der abwendenden Tätigkeit beauftragt. Immer aber ist erforderlich, daß die Tat z. Zt. der tätigen Reue noch nicht entdeckt war.

5. Beim fehlgeschlagenen Versuch, wenn z. B. der Mörder vorbeigeschossen hat, gibt es keine „Reue" mehr.

6. Der Rücktritt und die tätige Reue sind persönliche Strafausschließungsgründe i. S. des § 50 Abs. 2. Sie wirken sich deshalb nur in der Person des zurücktretenden Täters aus, lassen also die Strafbarkeit etwaiger Mittäter, Anstifter oder Gehilfen unberührt. Ein an sich strafbarer Versuch ist begangen und bleibt bestehen, und damit auch die Strafbarkeit des Mittäters, Anstifters und Gehilfen, es sei denn, daß auch er zurückgetreten ist. (Siehe Erl. 4c, ff zu § 50.)

Beispiel: A erzählt dem B, dieser könne billig zu einem Fahrrad kommen, wenn er sich zum Hause des C begebe, der im Garten sein Fahrrad unverschlossen stehen habe. B beschließt, diese Gelegenheit wahrzunehmen; er klettert über die Gartenmauer, muß aber feststellen, daß es sich um ein altes beschädigtes Rad handelt und sieht daher von dessen Mitnahme ab: B ist infolge Rücktritts nach § 46 Nr. 1 straflos. Dadurch wird aber die Strafbarkeit des A wegen Anstiftung zum versuchten Einsteigediebstahl gemäß §§ 243 Abs. 2 Nr. 2, 48 nicht berührt.

7. Ausnahmsweise gibt es auch eine tätige Reue beim vollendeten Delikt, nämlich in den Fällen der §§ 49b Abs. 3; 82; 129 Abs. 4 Satz 1; 158; 163 Abs. 2; 310 und schließlich in § 310 der Reichsabgabenordnung.

8. Fälle von tätiger Reue bei versuchter Teilnahme enthält § 49a Abs. 3; Fälle der Straflosigkeit bei erfolglosen Rücktrittsbemühungen enthalten §§ 49a Abs. 4; 82, Satz 2; 129 Abs. 4 Satz 2.

9. Auch ein Teilnehmer (Anstifter, Gehilfe, Mittäter) kann sich durch eigenen Rücktritt Straflosigkeit verschaffen. Dazu genügt es nicht, daß sich der Teilnehmer von der Tat lossagt, sondern er muß die kausale Bedeutung seiner bisherigen Mitwirkung vollkommen beseitigen; es muß also z. B. der Anstifter die Anstiftung mit Erfolg widerrufen, so daß der Angestiftete die Ausführung der Tat aufgibt. (RG. 47, 360; 54, 178.)

Dritter Abschnitt: Teilnahme.

Vorbemerkung.

1. Der Abschnitt enthält als Formen der Teilnahme:
a) die Mittäterschaft (§ 47),
b) die Anstiftung (§ 48),
c) die Beihilfe (§ 49),
d) die Aufforderung zu einem Verbrechen (§ 49a),
e) die Teilnahme an einer Verbindung (§ 49b).

2. Eingehende Ausführungen zum Problem der Teilnahme befinden sich in den „Einführenden Vorbemerkungen zum Strafrecht" S. 1ff., Abschnitt B IV 3, S. 8.

Mittäterschaft.

§ 47. Wenn mehrere eine strafbare Handlung gemeinschaftlich ausführen, so wird jeder als Täter bestraft.

1. Mittäter ist nicht nur der, welcher eine Tatbestandshandlung selbst vornimmt, also z. B. beim Diebstahl selbst Hand anlegt an die wegzunehmende Sache, sondern auch der, welcher irgendeine der Vollendung der Tat vorangehende Mitwirkung ausführt, z. B. beim Diebstahl Wache steht oder zur Ermutigung des Täters anwesend ist, sofern er nur in der Tat sein eigenes Werk sieht. (Siehe unten Erl. 3.)

Auch eine geistige Mitwirkung genügt, wenn sie darin besteht, daß durch sie der Wille des zur unmittelbaren Ausführung Bestimmten gefestigt oder bestärkt wird, wenn nur der Wille jedes Mittäters darauf gerichtet ist, die Tat als seine eigene zu wollen und auszuführen. Bloßes Wissen genügt jedoch nicht. Vgl. aber § 138.

2. Die Mittäter müssen also die Tat in bewußtem und gewolltem Zusammenwirken, wenn auch nur auf Grund stillschweigenden Einverständnisses ausführen. Gemeinschaftlicher Entschluß und gemeinschaftliche Ausführung. (BGH. 6, 249.)

Es ist daher Mittäterschaft nur bei vorsätzlichen, nicht bei fahrlässigen strafbaren Handlungen möglich.

3. Es ist Mittäterschaft, wie schon erwähnt, auch dann möglich, wenn nur einer der Täter die eigentliche Ausführungshandlung begeht, während der andere an dieser unmittelbar nicht beteiligt ist, wenn er nämlich die Tat seines Komplizen ebenfalls als eigene wollte. Beispiel: A steigt gemäß einer mit B getroffenen Verabredung in eine Villa ein und stiehlt dort verschiedene Gegenstände während B lediglich „Schmiere" steht, an der eigentlichen Diebstahlshandlung also nicht unmittelbar beteiligt ist. Trotzdem kann B als Mittäter be-

straft werden, wenn nach den Umständen anzunehmen ist, daß er die Tat des A als eigene wollte, wenn z. B. verabredet war, daß die Diebesbeute geteilt werden sollte. Es handelt sich in einem solchen Falle um einen gemeinsam begangenen Einsteigdiebstahl mit verteilten Rollen und beide Täter sind gemäß §§ 243 Abs. 1 Nr. 2, 47 zu bestrafen.

4. Geht einer der Mittäter weiter als der andere wußte und wollte, so ist der letztere dafür nicht verantwortlich.

Beispiel: A und B verabreden, aus einem unverschlossenen Stall ein Schwein zu stehlen und für sich zu verwerten; B steht „Schmiere", während A sich zu dem Stall begibt und feststellt, daß die Tür wider Erwarten verschlossen ist. Er bricht sie auf und holt das Schwein heraus: B kann nur wegen Mittäterschaft zum einfachen Diebstahl (§§ 242, 47) bestraft werden, während A sich nach §§ 243 Abs. 1 Nr. 2, 47 (Einbruchsdiebstahl) strafbar gemacht hat.

5. Haben mehrere eine Tat verabredet, einer aber tritt zurück, indem er gar keine Mitwirkung ausübt, so bleibt dieser als Täter straflos. (Siehe Erl. 6 zu § 46.) War die verabredete Tat ein Verbrechen, dann kommt aber Bestrafung nach § 49a Abs. 2 in Frage.

6. Liegt bei dem einen Mittäter ein Schuldausschließungsgrund vor (z. B. § 51), so ist diese Tatsache für die Strafbarkeit des anderen Mittäters ohne Bedeutung. (Siehe § 50 Abs. 1 n. F. und die Ausführungen in den „Einführenden Vorbemerkungen zum Strafrecht, S. 1ff., Abschnitt B IV 3, S. 8.)

7. Nebentäterschaft und nicht Mittäterschaft liegt vor, wenn verschiedene Täter, ohne daß der gemeinsame Wille, zusammenzuwirken, vorhanden ist, an der Herbeiführung des Erfolgs beteiligt sind. (RG. 68, 256.)

Anstiftung.

§ 48. (1) Als Anstifter wird bestraft, wer einen anderen zu der von demselben begangenen mit Strafe bedrohten Handlung durch Geschenke oder Versprechen, durch Drohung, durch Mißbrauch des Ansehens oder der Gewalt, durch absichtliche Herbeiführung oder Beförderung eines Irrtums oder durch andere Mittel vorsätzlich bestimmt hat.

(2) Die Strafe des Anstifters ist nach demjenigen Gesetze festzusetzen, welches auf die Handlung Anwendung findet, zu welcher er wissentlich angestiftet hat.

1. Die Anstiftung ist die vorsätzliche Verursachung einer von einem anderen begangenen mit Strafe bedrohten Handlung, gleichgültig, ob es sich um ein Verbrechen, ein Vergehen oder eine Übertretung handelt. (Im Gegensatz zur Beihilfe, die nur zu einem Verbrechen oder Vergehen geleistet werden kann.)

Die Anstiftung hat zur Voraussetzung:

a) daß in dem anderen der Entschluß zur Begehung der strafbaren Handlung hervorgerufen wird,

b) daß die mit Strafe bedrohte Handlung, zu der angestiftet wurde, begangen oder wenigstens versucht worden ist (nur ausnahmsweise tritt auch bei erfolglos gebliebener Anstiftung, d. h. wenn der Anzustiftende die Tat nicht einmal versucht hat, Bestrafung ein, nämlich in den Fällen der §§ 49a Abs. 1, 110, 111 Abs. 2, 159, 357),

c) daß der Anstifter die Vollendung der Tat gewollt hat (siehe Erläuterung 5); bleibt die Täterhandlung gegen den Willen des Anstifters im Stadium des Versuchs stecken, so liegt Anstiftung zum versuchten Delikt vor.

d) Die weitere Voraussetzung, daß der Haupttäter strafrechtlich verantwortlich ist, also bei ihm nicht § 51 oder ein anderer Schuldausschließungsgrund (§§ 52, 54, 59) vorliegt, ist durch die Verordnung v. 29. Mai 1943 beseitigt worden. (Siehe hierzu die Ausführungen in den „Einführenden Vorbemerkungen zum Strafrecht" S. 1ff., Abschnitt B IV 3, S. 8.) Für die Strafbarkeit des Anstifters ist nämlich nach dem neuen Recht nicht mehr erforderlich, daß der Haupttäter schuldhaft handelt, sondern genügt, daß der Haupttäter den äußeren Tatbestand einer strafbaren Handlung verwirklicht oder zu verwirklichen sucht, und daß seine Handlung rechtswidrig ist. Deshalb mußte auch der Gesetzestext des § 48 geändert werden, indem an Stelle der Worte „strafbare Handlung" die Worte „mit Strafe bedrohte Handlung" gesetzt wurden.

2. Mehrere Personen können zusammenwirkend eine Anstiftung begehen. Eine selbständige Anstiftung durch mehrere Personen nacheinander ist aber nicht möglich, da ein schon zur Tat Entschlossener nicht mehr angestiftet werden kann.

3. Unter „Drohung" ist die Ankündigung der Zufügung irgendeines Übels zu verstehen.

Steigert sich die Drohung zu der Form des § 52, dann scheidet Anstiftung aus, und der Drohende wird zum mittelbaren Täter, da er sich nunmehr eines durch § 52 schuldlos handelnden Dritten als Werkzeug bedient. Das gleiche gilt für die Gewalt.

4. Unter den „anderen Mitteln" sind gemeint: Aufforderung, Aufmunterung, Überreden, Zureden, Bitten, Anleitung geben.

5. Auf den Beweggrund, den der Anstifter verfolgt, kommt es nicht an. Darum ist auch der „Lockspitzel" (agent provocateur) strafbar. Wenn der Lockspitzel nur zum Versuche anstiften wollte, weil er vorhatte, einzugreifen und die Vollendung zu verhindern, wird er nicht strafbar sein, da der Wille des Anstifters (ebenso wie derjenige des Gehilfen) immer auf Vollendung der Tat gerichtet sein muß.

6. Der Anstifter haftet strafrechtlich nur soweit, als er die Tat gewollt hat. Hat der Angestiftete mehr getan, als der Anstifter gewollt hat, z. B. einen Raub begangen, statt des vom Anstifter gewollten Diebstahls (sog. Exzeß), so ist der Anstifter nur wegen Anstiftung zum Diebstahl gemäß §§ 242, 48 zu bestrafen. (Gleiches gilt für den Gehilfen und den Mittäter, siehe Erl. 4 zu § 47.)

7. Ein Nichtbeamter kann einen Beamten zu einem Amtsverbrechen anstiften. (Siehe hierzu Erläuterung 5 in der Vorbemerkung zu § 331.)

8. Eine Anstiftung zur fahrlässigen Tat gibt es nicht (BGH. 1, 282).

9. Der Anstifter wird nach dem gleichen Strafgesetz bestraft wie der Täter. Da die für den Täter angedrohte und nicht die von ihm im Einzelfalle verwirkte Strafe für die Strafe des Anstifters maßgebend ist, kann der Richter nach den besonderen, namentlich subjektiven Momenten u. U. den Anstifter strenger und selbstverständlich auch milder bestrafen als den Täter. Liegt beim Täter ein Schuldausschließungsgrund (§§ 51, 52, 54, 59) oder ein Strafausschließungsgrund (siehe Erläuterung 4c zu § 50) vor, so berührt dieser Umstand nicht die Strafbarkeit des Anstifters. (Siehe „Einführende Vorbemerkungen zum Strafrecht" S. 1 ff., Abschnitt B IV 3b, S. 8.)

Beihilfe.

§ 49. (1) Als Gehilfe wird bestraft, wer dem Täter zur Begehung einer als Verbrechen oder Vergehen mit Strafe bedrohten Handlung durch Rat oder Tat wissentlich Hilfe geleistet hat.

(2) Die Strafe des Gehilfen ist nach demjenigen Gesetz festzusetzen, welches auf die Handlung Anwendung findet, zu welcher er wissentlich Hilfe geleistet hat, kann jedoch nach den über die Bestrafung des Versuches aufgestellten Grundsätzen ermäßigt werden.

1. Die Beihilfe ist die vorsätzliche Unterstützung einer von einem anderen begangenen als Verbrechen oder Vergehen (also nicht Übertretung) mit Strafe bedrohten Handlung. Von der Mittäterschaft unterscheidet sich die Beihilfe dadurch, daß der Mittäter die Tat als eigene will, während der Gehilfe eine fremde Tat fördern will. Von der Anstiftung unterscheidet sich die Beihilfe in der Hauptsache dadurch, daß der Anstifter in dem Haupttäter den Entschluß zur Tat hervorruft, während der Gehilfe die Tat des bereits entschlossenen Haupttäters in irgendeiner Weise fördern will.

2. Die Beihilfe hat folgende Voraussetzungen:

a) Ebenso wie bei der Anstiftung ist auch bei der Beihilfe erforderlich, daß die mit Strafe bedrohte Handlung, zu der Hilfe geleistet worden ist, begangen oder wenigstens versucht worden ist.

b) Ebenso wie bei der Anstiftung ist auch bei der Beihilfe erforderlich, daß der Gehilfe die Vollendung der Tat gewollt hat; bleibt die Täterhandlung gegen den Willen des Gehilfen im Stadium des Versuchs stecken, so liegt Beihilfe zum versuchten Delikt vor.

c) Die weitere Voraussetzung, daß der Haupttäter strafrechtlich verantwortlich ist, daß also bei ihm nicht § 51 oder ein anderer Schuldausschließungsgrund (§§ 52, 54, 59) vorliegt, ist durch die Verordnung v. 29. Mai 1943 ebenso wie für die Anstiftung auch für die Beihilfe beseitigt worden. (Siehe hierzu die Ausführungen in den „Einführenden Vorbemerkungen zum Strafrecht", S. 1 ff., Abschnitt B IV 3, S. 8.) Für die Strafbarkeit des Gehilfen ist nämlich nach dem neuen Recht nicht mehr erforderlich, daß der Haupttäter schuldhaft handelt, sondern es genügt, daß der Haupttäter den äußeren Tatbestand einer als Verbrechen oder Vergehen mit Strafe bedrohten rechtswidrigen Handlung verwirklicht oder zu verwirklichen versucht. Deshalb mußte auch der Gesetzestext des § 49 geändert werden, indem an die Stelle der Worte „des Verbrechens oder Vergehens" die Worte „einer als Verbrechen oder Vergehen mit Strafe bedrohten Handlung" gesetzt wurden. (Siehe auch Erl. 1d zu § 48.)

3. Die nach Vollendung des Verbrechens oder Vergehens geleistete Unterstützung ist nicht mehr Beihilfe, sondern Begünstigung (§§ 257, 258), z. B. die Sicherung des Gestohlenen.

4. Die Hilfe kann auch schon vor der Ausführung der Haupttat gewährt werden, also auch bei bloßen Vorbereitungshandlungen. Beispiele: Bezeichnung der Hebamme, die die Abtreibung der Leibesfrucht vornimmt oder Anfertigung eines Nachschlüssels für den Dieb.

5. Durch Rat kann Hilfe geleistet werden mittels Anleitung, Belehrung, Zusicherung später zu leistender Begünstigung (vgl. § 257 Abs. 3). Beispiel: Die Hausgehilfin gibt dem Geliebten Anweisung, wann und wie er am besten in die Villa ihrer Dienstherrschaft zum Zwecke des Diebstahls einsteigen kann.

6. Beihilfe durch die Tat kann auch (im Gegensatz zur Anstiftung) durch Unterlassen begangen werden, und zwar dann, wenn eine Rechtspflicht zum Handeln bestand. Beispiel: Der Wächter eines Fabrikgebäudes duldet die diebische Wegnahme von Gegenständen aus dem Fabrikgebäude. (Siehe BGH. 2, 129.)

7. Beihilfe zu fahrlässigen Handlungen ist begrifflich nicht möglich. (BGH. 1, 282.)

8. Das in Erl. 6 u. 7 zu § 48 Gesagte gilt entsprechend auch für die Beihilfe. Es haftet also auch der Gehilfe nur soweit, als er die Tat gewollt hat und es kann ein Nichtbeamter einem Beamten zu einem Amtsverbrechen Hilfe leisten.

9. Ebenso wie der Anstifter wird auch der Gehilfe nach dem gleichen Strafgesetz bestraft wie der Täter, und ebenso wie der Anstifter kann auch der Gehilfe u. U. schwerer bestraft werden als der Täter. (Siehe Erl. 8 zu § 48.) Die Strafe des Gehilfen kann aber gemäß Abs. 2 ermäßigt werden.

Liegt beim Täter ein Schuldausschließungsgrund (§§ 51, 52, 54, 59) oder ein Strafausschließungsgrund (siehe Erl. 4c zu § 50) vor, so berührt dieser Umstand, ebensowenig wie die Strafbarkeit des Anstifters (siehe Erl. 8 zu § 48), auch nicht die Strafbarkeit des Gehilfen. (Siehe „Einführende Vorbemerkungen zum Strafrecht" S. 1 ff., Abschnitt B IV 3, S. 8.)

Erfolglose Teilnahme.

§ 49a. (1) Wer einen anderen zu bestimmen versucht, eine als Verbrechen mit Strafe bedrohte Handlung zu begehen, wird nach den für den Versuch des Verbrechens geltenden Vorschriften (§§ 44, 45) bestraft.

(2) Ebenso wird bestraft, wer eine als Verbrechen mit Strafe bedrohte Handlung verabredet, das Anerbieten eines anderen annimmt, eine solche Handlung zu begehen oder sich zu einem Verbrechen bereit erklärt.

(3) Nach diesen Vorschriften wird nicht bestraft, wer aus freien Stücken

1. eine als Verbrechen mit Strafe bedrohte Handlung verhindert, nachdem er einen anderen zu dieser Handlung zu bestimmen versucht oder das Anerbieten eines anderen hierzu angenommen hat,
2. nach der Verabredung einer als Verbrechen mit Strafe bedrohten Handlung seine Tätigkeit aufgibt und die Handlung verhindert,
3. seine Erklärung widerruft, durch die er sich zu einem Verbrechen bereit erklärt hat.

(4) Unterbleibt die Tat ohne sein Zutun oder wird sie unabhängig von seinem vorausgegangenen Verhalten begangen, so genügt sein freiwilliges oder ernsthaftes Bemühen, die Begehung zu verhindern.

1. § 49a, der durch VO. vom 29. Mai 1943 grundlegend geändert worden war, hat nunmehr durch das 3. Strafrechtsänderungsgesetz abermals eine Abänderung erfahren. Es ist nämlich die erfolglose Beihilfe (Absatz 3 der bisherigen Fassung des § 49a) gestrichen worden, während die erfolglose Anstiftung (Abs. 1) und die im alten Abs. 2 besonders genannten Vorbereitungshandlungen mit Ausnahme des „Eintretens in eine ernsthafte Verhandlung" inhaltlich bestehen geblieben sind, aber sprachlich besser gefaßt wurden.

2. Während grundsätzlich eine Strafbarkeit wegen Teilnahme (§§ 48, 49) zur Voraussetzung hat, daß die Haupttat mindestens versucht worden ist, soll nach § 49a, der sich nur auf Verbrechen bezieht, schon der irgendwie in die Erscheinung getretene verbrecherische Wille bestraft werden, ohne daß er zur Auslösung einer Straftat geführt hat; und zwar sind die in Abs. 1 und 2 aufgeführten Vorbereitungshandlungen nicht nur dann strafbar, wenn das Verbrechen unabhängig von der Aufforderung usw., sondern auch dann, wenn es überhaupt nicht begangen wurde.

3. Bestraft wird der Täter des § 49a nach den für den Versuch des Verbrechens geltenden Vorschriften (§§ 44, 45).

4. Entsprechend der Härte der Strafdrohung des § 49a ist in den Absätzen 3 und 4 der tätigen Reue in weitgehendem Umfange Rechnung getragen.

5. Nach wie vor hat § 49a nur subsidiäre Bedeutung. Kommt es zur Vollendung oder zu einem strafbaren Versuch des fraglichen Verbrechens, dann scheidet § 49a aus.

6. Beispiele:

a) Zu Abs. 1: A fordert den geisteskranken B auf, den C zu ermorden. B versteht infolge des geistigen Defekts den Sinn dieser Aufforderung nicht und unternimmt nichts. A ist nach § 49a Abs. 1 strafbar, ohne Rücksicht darauf, ob er die Geisteskrankheit des B kannte oder nicht, denn in § 49a Abs. 1 ist nur die einseitige Tätigkeit des Auffordernden unter Strafe gestellt. Würde B die Tat ausführen, dann läge Anstiftung zum Mord bzw. Totschlag vor. (Siehe Vorbemerkungen S. 8.)

b) Zu Abs. 2: A und B verabreden, den C zu ermorden.

c) Zu Abs. 3 Nr. 1: A fordert den B auf, den C zu ermorden. Alsbald hat A Reue und redet mit Erfolg auf B ein, die Tat nicht auszuführen.

d) Zu Abs. 3 Nr. 2: A, B und C verabreden, den D zu ermorden. A bekommt Reue und teilt den Plan dem D mit, so daß dieser die Festnahme des B und des C erwirken und dadurch den geplanten Mord verhindern kann. B und C sind nach Abs. 2 strafbar, A ist gemäß Abs. 3 Nr. 2 straflos.

e) Zu Abs. 3 Nr. 3: A hat sich dem B gegenüber bereit erklärt, den C zu ermorden. Am nächsten Tag widerruft er seine Bereitschaftserklärung. A ist straflos.

f) Zu Abs. 4: Bevor es im obigen Falle c) dem A gelingt, den B umzustimmen, wird B verhaftet. A ist straflos, falls er sich freiwillig und ernsthaft bemüht hat, den B wieder umzustimmen.

Mordkomplott.

§ 49b. (1) Wer an einer Verbindung teilnimmt, die Verbrechen wider das Leben bezweckt oder als Mittel für andere Zwecke in Aussicht nimmt, oder wer eine solche Verbindung unterstützt, wird mit Gefängnis nicht unter 3 Monaten bestraft.

(2) In besonders schweren Fällen ist die Strafe Zuchthaus bis zu fünf Jahren.

(3) Nach diesen Vorschriften wird nicht bestraft, wer der Behörde oder dem Bedrohten so rechtzeitig Nachricht gibt, daß ein in Verfolgung der Bestrebungen der Verbindung beabsichtigtes Verbrechen wider das Leben verhindert werden kann.

1. Hier wird eine Vorbereitungshandlung wegen ihrer besonderen Gefährlichkeit als selbständiger Straftatbestand unter Strafe gestellt.

2. Die Ausführungshandlung besteht in der Teilnahme an einer Verbrechen wider das Leben bezweckenden Verbindung bzw. deren Unterstützung.

Schuld und Einfluß persönlicher Eigenschaften.

§ 50. (1) Sind mehrere an einer Tat beteiligt, so ist jeder ohne Rücksicht auf die Schuld des anderen nach seiner Schuld strafbar.

(2) Bestimmt das Gesetz, daß besondere persönliche Eigenschaften oder Verhältnisse die Strafe schärfen, mildern oder ausschließen, so gilt dies nur für den Täter oder Teilnehmer, bei dem sie vorliegen.

1. Die Neufassung des § 50 beruht auf der Verordnung vom 29. Mai 1943.

2. Nach Abs. 1 soll nunmehr jeder an einer Straftat Beteiligte einzig und allein nach seiner eigenen Schuld bestraft werden, also ohne Rücksicht darauf, ob auch der andere schuldig und somit strafbar ist. (Siehe Näheres hierüber in den „Einführenden Vorbemerkungen zum Strafrecht" S. 1 ff., Abschnitt B IV 3, S. 8.)

3. Der Abs. 2 des § 50 betrifft nicht die Schuldfrage, sondern nur die Straffrage. Der Sinn dieser Gesetzesstelle ist folgender: Sind bei einer Straftat außer dem Haupttäter noch ein Mittäter, Anstifter oder Gehilfe beteiligt, so soll für diese letzteren dann eine andere gesetzliche Strafdrohung maßgebend sein als für den Haupttäter, wenn das Gesetz eine Strafdrohung aus Gründen, die nur in der Person des Haupttäters liegen, schärft, mildert oder ausschließt; liegen umgekehrt die strafändernden Umstände nur beim Teilnehmer und nicht auch beim Haupttäter vor, so wirken sie sich nur in der Person des Teilnehmers aus. M. a. W.: Die Persönlichkeit des Haupttäters soll dem Teilnehmer weder zum Nachteil noch zum Vorteil gereichen.

4. Diese Trennung der Teilnahme von der Haupttat, die bezüglich der Schuldfrage in Abs. 1 des § 50 vollzogen wurde (siehe oben Erl. 2), erfolgt im übrigen aber nur, soweit strafändernde (und zwar strafschärfende oder strafmildernde) sowie strafausschließende Umstände in Frage kommen, nicht aber, soweit es sich um strafbegründende Umstände handelt.

a) Strafschärfende Umstände sind:

aa) Die Gewerbs- oder Gewohnheitsmäßigkeit in den Fällen der §§ 260, 292 Abs. 3, 293 Abs. 3, 302d und die Gewerbsmäßigkeit im Falle des § 175 a Nr. 4 (mit Ausnahme des Sichanbietens, in welchem Falle die Gewerbsmäßigkeit strafbegründend ist, siehe unten Erl. 5 b.)

bb) Der Rückfall in §§ 244, 261, 264, 250 Nr. 5.

cc) Die Beamteneigenschaft bei den unechten Beamtendelikten, d. h. denjenigen Straftaten, die an sich von jedem begangen werden können, die aber schwerer bestraft werden, wenn der Täter Beamter ist. Hierher gehört vor allem die Amtsunterschlagung des § 350; ferner die Fälle der §§ 340, 341, 342, 347 und 348 Abs. 2. (Im Gegensatz hierzu die echten Beamtendelikte. Siehe unten Erl. 5a.)

dd) Das Verwandtschaftsverhältnis in den Fällen der §§ 181 Abs. 1, Nr. 2, 221 Abs. 2, 223 Abs. 2.

ee) Die Gemeingefährlichkeit des § 20a.

b) Strafmildernde Umstände sind:

aa) Jugendliches Alter (zwischen 14 und 18 Jahren. Siehe Jugendgerichtsgesetz § 1, Abs. 2).

bb) Verminderte Zurechnungsfähigkeit (§§ 51 Abs. 2. 55 Abs. 2).

cc) Verhältnis der Mutter zum unehelichen Kind (§ 217.) (BGH. 1, 240.)

dd) Die Strafmilderungsgründe des § 157 (Eidesnotstand) und des § 158 (Berichtigung). (n. b. Die „mildernden Umstände", die im Gesetz als solche bezeichnet sind, z. B. §§ 246 Abs. 2, 263 Abs. 2 gehören nicht hierher.)

ee) Die Schwangerschaft in § 218 (BGH. 1, 139, 249). Es ist daher jeder Dritte, der irgendwie an einer Abtreibung beteiligt ist, stets aus dem Strafrahmen des § 218 Abs. 3 zu bestrafen.

c) Strafausschließende Umstände sind:

aa) Diebstahl und Unterschlagung gegenüber Verwandten absteigender Linie oder gegenüber dem Ehegatten (§§ 247 Abs. 2, 248a Abs. 3, 370 Z. 5, Abs. 2).

bb) Notbetrug gegenüber Verwandten absteigender Linie oder gegenüber dem Ehegatten (§ 264a Abs. 4).

cc) Persönliche Begünstigung gegenüber Angehörigen (§ 257 Abs. 2).

dd) Pfandkehr gegenüber Verwandten absteigender Linie und gegenüber Ehegatten (§ 289 Abs. 5).

ee) Widerruf beim fahrlässigen Falscheid. (§ 163 Abs. 2.)

ff) Rücktritt (§§ 46, 49 a Abs. 4, 49 b Abs. 3) und tätige Reue bei den vollendeten Delikten der §§ 82, 163 Abs. 2 und 310.

5. Handelt es sich um strafbegründende Umstände, kommt § 50 Abs. 2 nicht in Frage. Solche Umstände sind:

a) Die Beamteneigenschaft bei den echten Beamtendelikten, d. h. bei denjenigen, die nur von einem Beamten begangen werden können. Hierher gehören die Tatbestände der §§ 331, 332, 334, 336, 343, 344, 345, 346, 348 Abs. 1, 352, 353, 354, 355, 356, 357.

b) Die Gewerbsmäßigkeit bei Taten, die nur gewerbsmäßig begangen werden können, nämlich in den Fällen der §§ 175a Nr. 4 letzter Fall, 285, 302e und 361 Z. 6 a—c, und die Gewohnheitsmäßigkeit in den Fällen der §§ 150, 180, 181a, 284 Abs. 2, 302 e.

c) Die Qualifikationsmomente des § 211 (BGH. 1, 368).

Wer also aus „niedrigen Beweggründen" (z. B. aus Rachsucht) einen anderen zu einer Tötung anstiftet, kann nur dann wegen Anstiftung zum Mord bestraft werden, wenn auch der Angestiftete aus Rachsucht handelt. Andernfalls liegt nur Anstiftung zum Totschlag (§ 212) vor.

6. Handelt es sich um eine Straftat, bei der das Gesetz bei Eintreten bestimmter Folgen eine erhöhte Strafbarkeit vorsieht (sog. objektiv qualifizierende Tatbestandsmerkmale, z. B. §§ 251, 226), kommt § 50 Abs. 2 ebenfalls nicht in Frage.

7. Beispiele:

a) Zu Z. 4a: Der A leistet dem B zu einer von diesem gewerbsmäßig begangenen Wilderei dadurch Hilfe, daß er ihm ein Gewehr zur Verfügung stellt: Der B ist wegen gewerbsmäßiger Wilderei nach § 292 Abs. 3 strafbar, während der

A nur wegen Beihilfe zur einfachen Wilderei nach §§ 292 Abs. 1, 49 zu bestrafen ist, es sei denn, daß er selbst gewerbsmäßig gehandelt hat. — Der A stiftet den B zu einem Rückfalldiebstahl an: Der B ist gemäß §§ 242, 244 zu bestrafen, während A nur wegen Anstiftung zum einfachen Diebstahl nach §§ 242, 48 bestraft werden kann, es sei denn, daß bei ihm ebenfalls die Voraussetzungen des Rückfalls gegeben sind. — Der Nichtbeamte A stiftet den Beamten B zu einer Amtsunterschlagung nach § 350 an: B ist gemäß § 350 strafbar, während A nur nach §§ 246, 48 bestraft werden kann. — Der A stiftet den Sohn B an, den Vater B körperlich zu mißhandeln: Der Sohn B ist nach § 223 Abs. 2 zu bestrafen, während die Strafe des A aus §§ 223 Abs. 1, 48 zu entnehmen ist. —

b) Zu Z. 4b: Der A stiftet die uneheliche Mutter B an, ihr neugeborenes Kind zu töten: Die Mutter ist wegen Kindstötung nach § 217, während A als Mörder oder Totschläger gemäß §§ 211, 212, 48 zu bestrafen ist. Stiftet die uneheliche Mutter B den A zur Tötung ihres unehelichen Kindes an, so ist sie nur aus §§ 217, 48 zu bestrafen, während die Bestrafung des A aus §§ 211 bzw. 212 zu erfolgen hat.

c) Zu Z. 4c: Der A stiftet die Ehefrau B an, ihren Ehemann B zu bestehlen: Der A ist wegen Anstiftung zum Diebstahl gemäß §§ 242, 48 zu bestrafen, obwohl die Ehefrau B gemäß § 247 Abs. 2 nicht als Täterin bestraft werden kann. Stiftet umgekehrt die Ehefrau B den A an, ihren Ehemann B zu bestehlen, so ist die Ehefrau straflos, während A als Dieb gemäß § 242 zu bestrafen ist. Oder: Der A stiftet den B an, den C zu vergiften. B schüttet zu diesem Zwecke dem C Gift in den Kaffee. Bevor C erscheint, bekommt B Reue und schüttet den Kaffee weg: B bleibt wegen des Mordversuchs straflos, da er von dem beendeten Versuch gemäß § 46 Nr. 2 zurückgetreten ist, indem er zu einer Zeit, zu welcher die Handlung noch nicht entdeckt war, den Erfolg durch eigene Tätigkeit abgewendet hat. Der A bleibt aber strafbar wegen Anstiftung zum Mordversuch.

d) Zu Z. 5: Der Nichtbeamte A stiftet den Beamten B zu einer Falschbeurkundung i. S. des § 348 Abs. 1 an. Der Haupttäter B ist nach § 348 Abs. 1 zu bestrafen, und ebenso der Anstifter A nach §§ 348 Abs. 1, 48, denn die strafbegründenden Umstände erfassen auch den Teilnehmer. — Der A stiftet den B zum gewerbsmäßigen Glücksspiel an. Der B ist gemäß § 285 zu bestrafen, und ebenso der A gemäß §§ 285, 48.

e) Zu Z. 6: Der A stiftet den B zu einer Körperverletzung des C an. C stirbt infolge der Körperverletzung. A ist strafbar wegen Anstiftung zu dem Verbrechen des § 226, vorausgesetzt, daß die Bedingung des § 56 erfüllt ist.

Vierter Abschnitt:
Gründe, welche die Strafe ausschließen oder mildern.

Vorbemerkung.

1. Es werden behandelt

in § 51 die Unzurechnungsfähigkeit infolge Bewußtseinsstörung, Geisteskrankheit usw.,
in § 52 zwei Fälle der Nötigung zur Tat (sog. Nötigungsstand),
in § 53 die Notwehr,
in § 54 der Notstand,
in § 55 die Strafbarkeit der Taubstummen,

in § 56 die Haftung bei erfolgsqualifizierten Delikten,
in § 59 die Einwirkung des Tatsachenirrtums auf die Strafbarkeit,
in § 60 die Anrechnung der Untersuchungshaft,
in den §§ 61—65 der Strafantrag,
in den §§ 66—72 die Verjährung.

2. Siehe zu diesem Abschnitt des StGB. die eingehenden Erörterungen in den „Einführenden Vorbemerkungen zum Strafrecht" S. 1ff., Abschnitt C, S. 15.

Zurechnungsunfähigkeit.

§ 51. (1) Eine strafbare Handlung ist nicht vorhanden, wenn der Täter zur Zeit der Tat wegen Bewußtseinsstörung, wegen krankhafter Störung der Geistestätigkeit oder wegen Geistesschwäche unfähig ist, das Unerlaubte der Tat einzusehen oder nach dieser Einsicht zu handeln.

(2) War die Fähigkeit, das Unerlaubte der Tat einzusehen oder nach dieser Einsicht zu handeln, zur Zeit der Tat aus einem dieser Gründe erheblich vermindert, so kann die Strafe nach den Vorschriften über die Bestrafung des Versuchs gemildert werden.

1. Als biologische Ursachen der Zurechnungsunfähigkeit kommen nach dem Gesetz in Frage: Die Bewußtseinsstörung, die krankhafte Störung der Geistestätigkeit und die Geistesschwäche.

a) Die Bewußtseinsstörung kann krankhaft (Dämmerzustand, Epilepsie, pathologische Rauschzustände) oder nicht krankhaft sein (z. B. Schlaf, Schlaftrunkenheit, Hypnose, Ohnmacht). Bei Trunkenheit liegt eine Bewußtseinsstörung nicht erst dann vor, wenn es sich um eine sinnlose Trunkenheit handelt, sondern es genügt schon eine durch sie hervorgerufene starke Trübung des Bewußtseins.

b) Unter krankhafter Störung der Geistestätigkeit fallen alle Psychosen dauernder oder vorübergehender Art. (Zu letzteren gehören Fieberdelirien, Schwangerschaftspsychosen usw.).

c) Geistesschwäche ist ein geringerer Grad krankhafter Störung der Geistestätigkeit.

2. Als psychologische Wirkung dieser Zustände verlangt das Gesetz die Unfähigkeit, das Unerlaubte der Tat einzusehen oder nach dieser Einsicht zu handeln. (Ausschluß des Unterscheidungs- oder Hemmungsvermögens.)

3. Die Folge der Unzurechnungsfähigkeit ist, daß die Schuld ausgeschlossen wird, der Täter also nicht bestraft werden kann. (Siehe aber § 42 b.) Die Strafbarkeit der Teilnehmer an der Tat eines Unzurechnungsfähigen wird dadurch nicht berührt. (Siehe § 50 Abs. 1 und die „Einführenden Vorbemerkungen zum Strafrecht" S. 1ff., Abschnitt B IV 3 b, S. 8.)

4. In zwei Fällen kann auch ein Unzurechnungsfähiger bestraft werden:

a) wenn er sich in einen Rauschzustand versetzt in der Absicht, in diesem Zustand eine strafbare Handlung zu begehen; er wird wegen der in diesem unzurechnungsfähigen Zustand begangenen strafbaren Handlung bestraft;

b) wegen Volltrunkenheit nach § 330 a. (Siehe die dortigen Erläuterungen.)

5. Bei der verminderten Zurechnungsfähigkeit (§ 51 Abs. 2) genügt es, wenn die oben genannten biologischen Ursachen eine erhebliche Verminderung des Unterscheidungs- oder Hemmungsvermögens zur Folge haben.

6. Wegen Unterbringung in einer Heil- oder Pflegeanstalt siehe § 42 b und die dortigen Erläuterungen.

Nötigungsstand.

§ 52. (1) Eine strafbare Handlung ist nicht vorhanden, wenn der Täter durch unwiderstehliche Gewalt oder durch eine Drohung, welche mit einer gegenwärtigen, auf andere Weise nicht abwendbaren Gefahr für Leib oder Leben seiner selbst oder eines Angehörigen verbunden war, zu der Handlung genötigt worden ist.

(2) Als Angehörige im Sinne dieses Strafgesetzes sind anzusehen Verwandte und Verschwägerte auf- und absteigender Linie, Adoptiv- und Pflege-Eltern und -Kinder, Ehegatten und deren Geschwister, Geschwister und deren Ehegatten, und Verlobte.

1. Der hier behandelte Nötigungsstand enthält einen Schuldausschließungsgrund. Der unter einem solchen Zwang Stehende handelt zwar rechtswidrig, aber schuldlos und kann daher nicht bestraft werden, während der Nötigende als mittelbarer Täter strafbar ist. (Siehe die „Einführenden Vorbemerkungen zum Strafrecht" S. 1ff., Abschnitt B IV 2 a, aa, S. 7.)

Der Unterschied gegenüber dem Notstand des § 54 liegt darin, daß beim Nötigungsstand des § 52 die Notlage von einem anderen geschaffen wurde, um durch den Genötigten eine strafbare Handlung begehen zu lassen, sie gewissermaßen abzunötigen. Dagegen stimmen beide Gesetzesstellen darin überein, daß die Gefahr bzw. der Notstand auf andere Weise nicht abwendbar, bzw. zu beseitigen ist.

2. Die beiden Nötigungsmittel sind unwiderstehliche Gewalt und Drohung mit einer Gefahr.

a) Als unwiderstehliche Gewalt i. S. des § 52 kommt nur eine beeinflussende Gewalt, wie Prügeln, Foltern oder Einsperren in Frage, um dadurch eine bestimmte Handlung zu erzwingen; nicht dagegen gehört hierher die unmittelbare körperliche Gewalt, denn ein durch sie abgenötigtes Verhalten ist keine „Handlung" mehr.

Beispiele: Der A führt dem B gewaltsam die Hand und zwingt ihn so, eine Urkunde mit fremdem Namen zu unterschreiben, oder A führt den Finger des B gewaltsam an den Abzug einer Pistole, mit der C erschossen wird: In beiden Fällen ist B schon deshalb straflos, weil überhaupt keine Handlung vorliegt. Dagegen ist B auf Grund von § 52 straflos, wenn er von A gemartert oder eingesperrt wird, und unter diesem Zwang ein Betriebsgeheimnis verrät.

b) Unter Drohung versteht man die Ankündigung einer Übelszufügung, und zwar muß das Übel eine gegenwärtige Leibes- oder Lebensgefahr des Täters oder eines Angehörigen enthalten.

Beispiele. Der A zwingt den B durch Drohung mit Erschießen, sich an einem Diebstahl zu beteiligen; oder der A droht dem B, er werde dessen Frau erschießen, falls er nicht den C erschieße: In beiden Fällen ist B gemäß § 52 straflos, wenn er dem Zwang erliegt und die abgenötigten Straftaten begeht.

3. Unter den Begriff der „Angehörigen" i. S. des § 52 Abs. 2 (er gilt für das ganze Strafgesetzbuch, siehe §§ 54, 247, 257, 263 Abs. 5, 294) fallen:

a) Verwandte auf- und absteigender Linie: Vater, Mutter, Großeltern, Urgroßeltern, Kinder, Enkel, Urenkel ehelicher und unehelicher Geburt.

b) Verschwägerte auf- und absteigender Linie: Schwiegereltern und Schwiegerkinder, Stiefeltern und Stiefkinder.
Schwägerschaft bedeutet das Verhältnis der Verwandten eines Ehegatten zu dem anderen Ehegatten, nicht aber zu dessen Verwandten. Dabei ist es unerheblich, ob die Ehe z. Z. der Begehung der Handlung noch besteht, ebenso ob sie etwa materiell nichtig oder anfechtbar ist.

c) Adoptiveltern und Adoptivkinder. Ob ein Adoptivverhältnis vorliegt entscheidet sich nach dem bürgerlichen Recht. Der Ehegatte des Adoptivkindes ist mit den Adoptiveltern nicht verschwägert.

d) Der Begriff der Pflegeeltern und Pflegekinder wird charakterisiert durch ein tatsächliches Verhältnis, das dem zwischen natürlichen Eltern und Kindern bestehenden sittlich gleichwertig ist.

e) Unter Ehegatten sind auch die in einer zwar sachlich ungültigen, aber formell gültigen Ehe lebenden zu verstehen.

f) Geschwister sind alle Personen, die mindestens einen Elternteil gemeinsam haben, also auch die halbbürtigen Geschwister. Das Verhältnis der Angehörigkeit umfaßt aber nicht die Nachkommen von Geschwistern; Onkel und Neffen sind also keine Angehörigen.

g) Die Ehegatten der voll- oder halbbürtigen Geschwister sind gegenseitig Angehörige: Der Bruder der Ehefrau ist ebenso Angehöriger ihres Ehemannes, wie der Bruder des Ehemannes Angehöriger seiner Ehefrau ist.

h) Verlobte sind die Personen, die beiderseits ein rechtsgültiges, ernstgemeintes unbedingtes Heiratsversprechen sich gegenseitig gegeben haben. Ein bloßes Liebesverhältnis genügt nicht.

Notwehr.

§ 53. (1) Eine strafbare Handlung ist nicht vorhanden, wenn die Handlung durch Notwehr geboten war.

(2) Notwehr ist diejenige Verteidigung, welche erforderlich ist, um einen gegenwärtigen, rechtswidrigen Angriff von sich oder einem anderen abzuwenden.

(3) Die Überschreitung der Notwehr ist nicht strafbar, wenn der Täter in Bestürzung, Furcht oder Schrecken über die Grenzen der Verteidigung hinausgegangen ist.

1. Wer in Notwehr handelt, ist nicht nur entschuldigt, sondern er handelt rechtmäßig, denn hier stehen sich nicht Recht und Recht (wie beim Notstand), sondern Recht und Unrecht gegenüber.

2. Als Angriffe, gegen welche Notwehr erlaubt ist, kommen solche gegen den Körper, das Leben, die Ehre oder das Vermögen in Betracht; es gibt daher auch gegen den Dieb Notwehr, denn der Besitzer darf die gestohlene Sache dem auf frischer Tat betroffenen oder verfolgten Täter mit Gewalt wieder abnehmen. § 859 Abs. 2 BGB.

3. Rechtswidrig ist der Angriff, wenn der Angegriffene ihn nicht zu dulden braucht, ohne Rücksicht darauf, ob der Angriff schuldhaft erfolgt; es ist daher Notwehr auch gegenüber Geisteskranken oder Kindern möglich.

4. Gegenwärtig ist der Angriff, der nahe bevorsteht oder noch andauert. Nicht aber ist erforderlich, daß es beim Angreifenden schon zu einer strafbaren Versuchshandlung gekommen ist. (RG. 53, 132: Notwehr des Försters gegenüber dem Wilddieb, der auf Aufforderung das Gewehr nicht wegwirft.) Umgekehrt ist Notwehr noch möglich, solange der Dieb mit der Beute flieht (RG. 55, 82).

5. Die Verteidigungshandlung muß zur Abwehr erforderlich sein; ob dies der Fall ist, richtet sich nach den besonderen Umständen des Einzelfalles, insbesondere nach Stärke und Hartnäckigkeit des Angriffs und nach den Mitteln der Abwehr, die dem Angegriffenen zu Gebote stehen. Jedenfalls ist der Angegriffene nicht berechtigt, da, wo er ein der Art und dem Maße nach geringeres Verteidigungsmittel anwenden kann, sofort das nach der einen oder anderen Richtung schwerere Mittel zu gebrauchen (RG. 71, 133 und 72, 58).

6. Wer bei der Abwehr des rechtswidrigen Angriffs über das zur Verteidigung erforderliche Maß hinausgeht, d. h. wer bei objektiver Beurteilung etwas tut, was zur Verteidigung nicht notwendig war, also einen sog. Notwehrexzeß begeht, ist grundsätzlich verantwortlich für alles, was er mehr getan hat, als erforderlich war. War der Irrtum, vermöge dessen der Angegriffene das Maß der von ihm gewählten Verteidigung für erforderlich hielt, entschuldbar, dann ist der Täter straflos. Hat er die Grenzen der erlaubten Verteidigung infolge eines selbstverschuldeten tatsächlichen Irrtums überschritten, dann ist er gemäß § 59 Abs. 2 wegen Fahrlässigkeit zu bestrafen, falls das fragliche Delikt fahrlässig begangen werden kann, z. B. wegen fahrlässiger Körperverletzung.

7. Nur dann bleibt der Notwehrexzeß straflos, wenn die Voraussetzungen des Abs. 3 des § 53 gegeben sind, d. h. wenn der Täter in Bestürzung, Furcht oder Schrecken über die Grenzen der Verteidigung hinausgegangen ist.

8. Gegen die berechtigte Ausübung des Amts gibt es keine Notwehr (vgl. aber Erl. 8 zu § 113).

9. Auch wenn der Täter sich nur einbildete, es stehe ihm ein Angriff bevor, bleibt er bezüglich der zur Abwehr solcher vermeintlicher Angriffe begangenen Handlungen straflos (§ 59 Abs. 1) (sog. Putativnotwehr). Nur wenn der Irrtum über das Vorhandensein eines Angriffs selbstverschuldet war, kann eine fahrlässige Rechtsverletzung übrigbleiben (§ 59 Abs. 2), z. B. fahrlässige Körperverletzung.

10. Beispiele: a) Der Feldhüter A sitzt in einer Wirtschaft und bemerkt, wie der arbeitslose Taglöhner B, den er kennt, im Begriffe ist, mit seinem, des A Rad, das er vor der Wirtschaft abgestellt hatte, davonzufahren. Kurz entschlossen nimmt A seine Dienstwaffe, schießt auf den davonfahrenden B und verletzt diesen nicht unerheblich am Arm: Es liegt seitens B ein gegenwärtiger, d. h. noch nicht beendeter Angriff auf das Eigentum des A vor, und der Schuß des A bezweckte die Abwehr dieses noch andauernden Angriffs. Trotzdem ist der Fall des § 53 nicht gegeben, denn das Vorgehen des A war nicht durch Notwehr geboten. Es liegt eine Überschreitung der Notwehr, ein sog. Notwehrexzeß vor. Denn A kannte den B und konnte somit andere Schritte ergreifen, um sein Eigentum wiederzuerlangen. Auch der strafbefreiende Grund des Abs. 3 (Bestürzung usw.) scheint nach Sachlage nicht gegeben zu sein. A, der offenbar keinen Tötungsvorsatz, sondern nur den der Körperverletzung gehabt hat, ist daher wegen vorsätzlicher gefährlicher Körperverletzung zu bestrafen. A bleibt selbstverständlich auch dann nach § 223a strafbar, falls sich herausstellt, daß B das Rad gar nicht stehlen wollte, sondern es, da er angetrunken war, mit seinem eigenen Fahrrad verwechselt hatte; denn auch bei Vorliegen der sog. Putativnotwehr (siehe Erläuterung 9) ist die Überschreitung der Notwehr strafbar.

b) Der A erwacht nachts und sieht, wie ein Unbekannter im Begriffe ist, durch das Fenster in sein Zimmer einzusteigen. Er holt seinen Revolver aus der Nachttischschublade, gibt einen Schuß auf den Unbekannten ab und tötet ihn: A ist straflos, mindestens nach Abs. 3 des § 53. (Straflose Überschreitung der Notwehr.)

c) Der Spaziergänger A beobachtet, wie ein sich mit allen Kräften wehrendes und schreiendes Mädchen von einem Manne in den Wald geschleppt wird. Er kommt dem Mädchen zu Hilfe, zieht seinen Revolver und erschießt den Mann. A ist straflos, da ein Angriff auch von einem anderen abgewehrt werden kann, und nach Sachlage gegen die Benutzung der Schußwaffe keine Bedenken bestehen. (Sog. Nothilfe.,

d) Ein Beispiel für Putativnotwehr befindet sich in den „Einführenden Vorbemerkungen zum Strafrecht" S. 1ff., Abschnitt D I 2 a, S. 19.

11. Da der in Notwehr Handelnde nicht rechtswidrig, sondern rechtmäßig handelt, ist auch jede Teilnahme an einer solchen Tat rechtmäßig und daher nicht strafbar.

Beispiele: Der A, der dem in Notwehr befindlichen B einen Stock zur Abwehr gibt, handelt ebenso rechtmäßig wie der Angegriffene selbst und kann daher nicht wegen Beihilfe zur Körperverletzung bestraft werden. Ebensowenig kann derjenige wegen Anstiftung bestraft werden, der einen in Notwehr Befindlichen auffordert, den Angreifer niederzuschlagen.

Notstand.

§ 54. Eine strafbare Handlung ist nicht vorhanden, wenn die Handlung außer dem Falle der Notwehr in einem unverschuldeten, auf andere Weise nicht zu beseitigenden Notstande zur Rettung aus einer gegenwärtigen Gefahr für Leib oder Leben des Täters oder eines Angehörigen begangen worden ist.

1. Der hier behandelte Notstand ist der Zustand einer in der Regel nicht durch einen Menschen, sondern durch Naturkräfte bewirkten Gefahr, der einen Widerstreit der Pflichten erzeugt, weil er nur durch Verletzung fremden Rechtsgutes abgewendet werden kann. Die im Notstand begangene Handlung, die an sich rechtswidrig ist, ist lediglich schuldlose Zuwiderhandlung gegen ein Verbot, und zwar wird die Schuld deshalb verneint, weil bei Berücksichtigung des Selbsterhaltungstriebes oder des Fürsorgestrebens für Angehörige ein gesetzmäßiges Verhalten nicht zumutbar ist. (Siehe Erl. 1 zu § 52.)

2. Besteht die berufliche Aufgabe gerade darin, eine bestimmte Tätigkeit unter Einsatz von Leib und Leben auszuführen, so kann sich der Verpflichtete dieser Aufgabe nicht mit der Begründung entziehen, es sei ihm nicht zuzumuten, sich dieser Gefahr auszusetzen. Dies gilt für Soldaten, Seeleute, Polizeibeamte, Feuerwehrmänner u. a. (Siehe RG. 72, 249.)

3. Auch im Bürgerlichen Gesetzbuch (BGB.) gibt es Notstandshandlungen, nämlich den Verteidigungsnotstand des § 228 BGB. und den angreifenden Notstand des § 904 BGB. Diese beiden Handlungen schließen im Gegensatz zu § 54 nicht nur die Schuld, sondern darüber hinaus auch die Rechtswidrigkeit aus.

a) § 228 BGB. (Verteidigungsnotstand) lautet: „Wer eine fremde Sache beschädigt oder zerstört, um eine durch sie drohende Gefahr von sich oder einem anderen abzuwenden, handelt nicht widerrechtlich, wenn die

Beschädigung oder Zerstörung zur Abwendung der Gefahr erforderlich ist und der Schaden nicht außer Verhältnis zu der Gefahr steht. Hat der Handelnde die Gefahr verschuldet, so ist er zum Schadensersatz verpflichtet."

b) § 904 BGB. (angreifender Notstand) lautet: „Der Eigentümer einer Sache ist nicht berechtigt, die Einwirkung eines anderen auf die Sache zu verbieten, wenn die Einwirkung zur Abwendung einer gegenwärtigen Gefahr notwendig und der drohende Schaden gegenüber dem aus der Einwirkung dem Eigentümer entstehenden Schaden unverhältnismäßig groß ist. Der Eigentümer kann Ersatz des ihm entstehenden Schadens verlangen."

4. Der strafrechtliche Notstand des § 54 setzt voraus,

a) daß es sich um eine Leibes- oder Lebensgefahr handelt (im Gegensatz zu § 53, wo sich der Angriff auch gegen andere Rechtsgüter, wie z. B. das Eigentum richten kann);
b) daß die Gefahr dem Täter selbst oder einem Angehörigen droht;
c) daß die Gefahr gegenwärtig ist, d. h. daß nach menschlichem Ermessen befürchtet werden muß, die Abwehr komme bei Fortdauer der gegebenen Sachlage zu spät, falls nicht sofort gehandelt wird (RG. 66, 225);
d) daß die Notlage unverschuldet war, d. h. daß sie vom Handelnden nicht pflichtwidrig herbeigeführt wurde (RG. 72, 249).

5. Der übergesetzliche Notstand. Eine Notstandshandlung kann auch dann in Frage kommen, wenn ein geringwertigeres Rechtsgut verletzt oder zerstört wird, um ein höherwertiges zu retten, bzw. wenn eine mit Strafe bedrohte Handlung das einzige Mittel ist, um ein höheres Rechtsgut zu schützen. Man spricht in diesem Falle von einem sog. übergesetzlichen Notstand, der den Täter nicht nur schuldlos macht, sondern der Handlung auch die Rechtswidrigkeit nimmt. Diese Konstruktion bietet u. a. die Möglichkeit, die Schwangerschaftsunterbrechung durch einen Arzt für straflos zu erklären: Zerstörung des minderwertigeren Rechtsgutes (Leibesfrucht) zur Rettung des höherwertigen Rechtsgutes (Leben der Mutter). (Siehe hierzu Erl. 5 zu § 218.)

6. Auch wenn der Täter sich nur einbildet, die tatsächlichen Voraussetzungen eines Notstandes seien gegeben, bleibt er bezüglich der zur Rettung aus der vermeintlichen Gefahr begangenen strafbaren Handlungen straflos. (Putativnotstand.) Nur wenn der Irrtum selbstverschuldet war, kann eine fahrlässige Rechtsverletzung in Frage kommen (§ 59 Abs. 2). (Siehe Einführende Vorbemerkungen zum Strafrecht", S. 1 ff., Abschnitt D I 2 b, S. 20.)

7. Beispiele:

a) Strafrechtlicher Notstand nach § 54: A versucht bei einem Kinobrand durch den einzigen offenen Ausgang auf die Straße zu gelangen und stößt dabei den B, der den gleichen Versuch macht, zur Seite, so daß dieser zu Boden stürzt und in den Flammen umkommt. (Wenn A nach Verlassen des Kinos bei dem Versuch, einen wertvollen Pelzmantel, den er bei der Garderobe abgegeben hatte, zu retten, nochmals das Kinogebäude betritt und dabei den B, der aus dem Kino zu flüchten versucht, in die Flammen stößt, kommt § 54 nicht zur Anwendung; denn es bestand keine Gefahr für Leib oder Leben.) Oder: Bei einem Schiffsuntergang stößt A den B, der mit ihm gleichzeitig in das schon überfüllte Rettungsboot, das nur noch einen Menschen aufnehmen kann, springen will, ins Meer, so daß B ertrinkt. (In beiden Fällen kommt der bürgerlich-rechtliche Notstand nicht in Frage, da dieser nur gegen Sachen und nicht gegen Menschen gegeben ist.)

b) Verteidigungsnotstand des § 228 BGB.: Der A erschießt den wertvollen Hund des B, der sich auf ihn stürzt. A ist nicht wegen Sachbeschädigung nach § 303 strafbar, auch nicht schadensersatzpflichtig.

c) Angreifender Notstand des § 904 BGB.: Wer eine Tür einschlägt, um aus einem brennenden Haus zu entkommen, kann nicht wegen Sachbeschädigung bestraft werden. Oder: Wer, um sich vor einem schweren Gewitter zu retten, in ein fremdes Haus gewaltsam eindringt, kann nicht wegen Hausfriedensbruch bestraft werden.

d) Übergesetzlicher Notstand: Ein auf einem einsam gelegenen Hof wohnhafter Gutsbesitzer ist lebensgefährlich verunglückt. Um den in der Stadt wohnenden Arzt herbeizuholen, benutzt ein Angestellter des Gutsherrn dessen Auto, obwohl er keinen Führerschein besitzt. Der Angestellte kann nicht wegen Fahrens ohne Führerschein bestraft werden, da diese Fahrt die einzige Möglichkeit bot, das höherwertige Rechtsgut, nämlich das Leben des Verunglückten, zu retten.

e) Ein Beispiel für Putativnotstand befindet sich in den „Einführenden Vorbemerkungen zum Strafrecht" S. 1ff., Abschnitt D I 2 b, S. 20.

Taubstummheit.

§ 55. (1) Ein Taubstummer ist nicht strafbar, wenn er in der geistigen Entwicklung zurückgeblieben und deshalb unfähig ist, das Unerlaubte der Tat einzusehen oder nach dieser Einsicht zu handeln.

(2) War die Fähigkeit, das Unerlaubte der Tat einzusehen oder nach dieser Einsicht zu handeln, zur Zeit der Tat aus diesem Grunde erheblich vermindert, so kann die Strafe nach den Vorschriften über die Bestrafung des Versuchs gemildert werden.

1. Ebenso wie in § 51 wird auch in § 55 die Unzurechnungsfähigkeit des Taubstummen begründet nicht nur durch die mangelnde Fähigkeit, das Unerlaubte der Tat einzusehen, sondern auch durch die mangelnde Fähigkeit, nach dieser Einsicht zu handeln.

2. Auch für den Taubstummen ist neben der Zurechnungsunfähigkeit die Zwischenstufe der verminderten Zurechnungsfähigkeit vorgesehen. (Abs. 2.)

Erfolgshaftung.

§ 56. Knüpft das Gesetz an eine besondere Folge der Tat eine höhere Strafe, so trifft diese den Täter nur, wenn er die Folge wenigstens fahrlässig herbeigeführt hat.

1. Bei zahlreichen Straftaten ist im Gesetz vorgesehen, daß eine schwerere Strafe dann eintreten soll, wenn die Tat eine bestimmt bezeichnete schwere Folge gehabt hat, auch wenn dieser Erfolg vom Standpunkt des Täters aus nicht vorhersehbar war. Solche sog. erfolgsqualifizierten Delikte sind §§ 118, 178, 221 Abs. 3, 224, 226, 229 Abs. 2, 239 Abs. 2 und 3, 251, 307 Z. 1, 314, 321 Abs. 2, 324. (Siehe Seite 3, Abschn. II 3.)

2. Nach dieser neuen, für die Lehre vom Kausalzusammenhang grundlegenden Gesetzesvorschrift tritt aber nunmehr eine strafrechtliche Haftung für die fragliche Folge nur dann ein, wenn der Täter sie fahrlässig herbeigeführt hat, d. h. wenn sie für ihn vorhersehbar war.

3. War der Erfolg vom Vorsatz (direkten oder eventuellen) umfaßt, dann tritt selbstverständlich Bestrafung wegen der vorsätzlich herbeigeführten Erfolgstat ein. Beispiel: Wer einen anderen körperlich verletzt und dadurch den von ihm nicht gewollten Erfolg des Todes des Verletzten herbeiführt, kann künftig nur noch dann nach § 226 bestraft werden, wenn der Tod für ihn vorhersehbar, d. h. fahrlässig verschuldet war. War dagegen der Tod vom Vorsatz des Täters umfaßt, dann ist er wegen eines Tötungsdelikts (§§ 211, 212) zu bestrafen.

Schuld und Irrtum.

§ 59. (1) Wenn jemand bei Begehung einer strafbaren Handlung das Vorhandensein von Tatumständen nicht kannte, welche zum gesetzlichen Tatbestand gehören oder die Strafbarkeit erhöhen, so sind ihm diese Umstände nicht zuzurechnen.

(2) Bei der Bestrafung fahrlässig begangener Handlungen gilt diese Bestimmung nur insoweit, als die Unkenntnis selbst nicht durch Fahrlässigkeit verschuldet ist.

1. Der § 59 behandelt das Irrtumsproblem; er befaßt sich mit der Frage, in welchen Fällen ein Irrtum die Schuld und damit die Strafbarkeit ausschließt.

2. Das gesamte Schuld- und Irrtumsproblem ist ausführlich behandelt in den „Einführenden Vorbemerkungen zum Strafrecht" S. 1ff., Abschnitte C (S. 15ff.) und D (S. 18ff.).

Anrechnung der Untersuchungshaft.

§ 60. Eine erlittene Untersuchungshaft oder einstweilige Unterbringung kann bei Fällung des Urteils auf die erkannte Strafe ganz oder teilweise angerechnet werden.

1. Die Anrechnung der Untersuchungshaft steht im Ermessen des Gerichts („kann").

2. Auch eine Geldstrafe kann unmittelbar angerechnet werden; es kann also, was in der Praxis häufig vorkommt, eine Geldstrafe als durch die erlittene Untersuchungshaft für verbüßt erklärt werden.

Strafantrag.

§ 61. Eine Handlung, deren Verfolgung nur auf Antrag eintritt, ist nicht zu verfolgen, wenn der zum Antrag Berechtigte es unterläßt, den Antrag binnen drei Monaten zu stellen. Diese Frist beginnt mit dem Tage, seit welchem der zum Antrag Berechtigte von der Handlung und von der Person des Täters Kenntnis gehabt hat.

1. Grundsätzlich werden strafbare Handlungen ohne Rücksicht auf den Willen des Verletzten von Amts wegen verfolgt (sog. Offizialdelikte). (Siehe Anhang 4 „Das Strafprozeßrecht", Abschnitt D II 1 d, S. 370.) Nur in einer geringen Anzahl von Fällen ist die Strafverfolgung von der Stellung eines Strafantrags abhängig (sog. Antragsdelikte). Ein Teil der Antragsdelikte kann im Privatklageweg verfolgt werden (sog. Privatklagedelikte, siehe hierzu § 374 StPO.). Der Kreis der Antragsdelikte ist weit größer als der der Privatklagedelikte. Zu

letzteren gehören vor allem die Beleidigung, die leichte gefährliche und fahrlässige Körperverletzung, der Hausfriedensbruch und die Sachbeschädigung.

2. Die Verfolgung tritt nur auf Antrag ein: bei den Verbrechen gegen §§ 179, 236, 243 und 244 in Verbindung mit 247.

bei den Vergehen gegen §§ 122b, 123, 170, 172, 182, 185 bis 187, 189, 194, 196, 223, 230, 232, 236, 237, 242 und 246 in Verbindung mit §§ 247, ferner 248a, 263 Abs. 5, 264a, 288, 289, 294, 299, 300, 301, 302, 303,

bei den Übertretungen gegen § 370 Ziffer 5 und 6.

3. Zum Antrag berechtigt ist der unmittelbar Verletzte; der Nichtverletzte hat ein Antragsrecht im eigenen Interesse in den Fällen der §§ 196, 232, und zur Wahrnehmung fremder Interessen im Falle des § 65.

4. Der Strafantrag, der nach den §§ 247, 263 Abs. 5, 294 erforderlich ist, beruht auf bestimmten persönlichen Beziehungen zwischen Täter und Verletztem.

5. Der Strafantrag kann auch von einem Stellvertreter des Berechtigten gestellt werden.

6. Stirbt der Antragsberechtigte vor Stellung des Antrags, so erlischt das Antragsrecht.

7. Die Antragsfrist beträgt drei Monate. Sie ist nicht vom Tage der begangenen Handlung an zu berechnen (wie bei der Verjährung), sondern beginnt mit dem Tage, an dem der zum Antrag Berechtigte von der Handlung und von der Person des Täters Kenntnis erlangt hat.

8. In dem Antrag muß zum Ausdruck gebracht sein, daß der Antragsberechtigte verlangt, die näher zu bezeichnende Handlung solle strafrechtlich verfolgt werden. Der Benennung des zu Verfolgenden bedarf es nur bei den Anträgen nach §§ 247, 263 Abs. 5 und 294 (s. oben Erl. 4).

Der Antrag muß gemäß § 158 Abs. 2 StPO. regelmäßig schriftlich gestellt werden, d. h. in einer geschriebenen Erklärung bestehen, die vom Berechtigten mit seiner Unterschrift zu versehen ist. Auch mittels Telegramms kann der Antrag gestellt werden. Der Antrag kann ferner bei einem Gericht oder der Staatsanwaltschaft auch zu Protokoll gestellt werden. Ein zu Protokoll der Polizeibehörde gestellter Strafantrag gilt nur dann als schriftlich, wenn das Protokoll vom Antragsteller unterzeichnet ist. Es gibt auch einen sog. vorsorglichen Strafantrag, der für den Fall gestellt wird, daß das angezeigte Offizialdelikt vom Gericht nur als Antragsdelikt gewertet wird, z. B. ein angezeigtes Sittlichkeitsverbrechen stellt sich nachträglich nur als Beleidigung heraus. Nicht dagegen kann der Strafantrag an eine Bedingung geknüpft, z. B. nur für den Fall gestellt werden, daß der Täter den Schaden nicht ersetzt.

9. Die Zurücknahme des Strafantrags ist grundsätzlich ausgeschlossen, es sei denn, daß die Zurücknahme, die im übrigen an keine Form gebunden ist, ausdrücklich im Gesetz vorgesehen ist; dann ist sie aber nur bis zur Verkündung eines auf Strafe lautenden Urteils zulässig (§ 64).

10. Der Strafantrag ist kein Tatbestandsmerkmal, sondern eine Bedingung der Strafverfolgbarkeit, also eine Prozeßvoraussetzung. Die Handlung ist somit auch ohne Antrag rechtswidrig und strafbar.

Beispiel: Wenn der Sohn dem Vater ein Fahrrad stiehlt und verkauft es an A, der den Sachverhalt kennt, so ist A strafbarer Hehler, auch wenn der Vater keinen Strafantrag stellt oder ihn gemäß § 64 zurücknimmt. Wenn A den Sohn zum Diebstahl anstiftet, ist er auch dann als Anstifter zu bestrafen, wenn der Vater keinen Strafantrag gegen den Sohn stellt, und dieser daher nicht bestraft werden kann.

11. Die Staatsanwaltschaft verfolgt Privatklagedelikte nur dann, wenn dies im öffentlichen Interesse liegt (§ 376 StPO.). Ist dies der Fall, so kann auch die Staatsanwaltschaft bei einem Antragsdelikt die Verfolgung nur dann übernehmen, wenn der Antragsberechtigte einen Strafantrag gestellt hat. Wird durch das Privatklagedelikt gleichzeitig ein Offizialdelikt verwirklicht, so kann letzteres von Amts wegen verfolgt werden.

12. Von dem Strafantrag ist zu unterscheiden die Strafanzeige, die wegen jeder strafbaren Handlung bei der Staatsanwaltschaft, der Polizei oder beim Amtsgericht mündlich oder schriftlich angebracht werden kann (§ 158 Abs. 1 StPO.).

§ 62. Wenn von mehreren zum Antrag Berechtigten einer die dreimonatliche Frist versäumt, so wird hierdurch das Recht der übrigen nicht ausgeschlossen.

Mehrere zum Antrag Berechtigte kommen in Frage in §§ 65, 182, 196, 232 Abs. 3, sowie dann, wenn durch die Tat mehrere verletzt sind.

§ 63 aufgehoben durch VO. v. 29. 5. 43. (Diese Gesetzesstelle enthielt die Bestimmung, daß der Antrag nicht geteilt werden kann.)

Zurücknahme des Antrags.

§ 64. Die Zurücknahme des Antrages ist nur in den gesetzlich besonders vorgesehenen Fällen und nur bis zur Verkündung eines auf Strafe lautenden Urteils zulässig.

1. Die Zurücknahme ist zulässig in den Fällen der §§ 123, 194, 247, 248a, 263 Abs. 5, 264a und 370⁵ und ⁶; wenn das Vergehen gegen einen Angehörigen (§ 52 Abs. 2) verübt ist, auch in den Fällen der §§ 232 und 303.

2. Zur Zurücknahme genügt jede Form, aus der zu ersehen ist, daß der Antragsteller bei der Behörde, an welche der Antrag gelangt ist, denselben wieder zurücknehmen will.

3. Die Folge der Zurücknahme ist Einstellung des Verfahrens gemäß § 260, Abs. 3 StPO.

§ 65. (1) Der Verletzte, welcher das achtzehnte Lebensjahr vollendet hat, ist selbständig zu dem Antrag auf Bestrafung berechtigt. Solange er minderjährig ist, hat unabhängig von seiner eigenen Befugnis auch sein gesetzlicher Vertreter das Recht, den Antrag zu stellen.

(2) Ist der Verletzte geschäftsunfähig oder hat er das achtzehnte Lebensjahr noch nicht vollendet, so ist sein gesetzlicher Vertreter der zur Stellung des Antrages Berechtigte.

1. Minderjährig ist der Verletzte bis zur Vollendung des 21. Lebensjahres.

2. Der „gesetzliche Vertreter" ist nach den Bestimmungen des BGB. der Vater als Inhaber der elterlichen Gewalt. Ist er tatsächlich verhindert, die elterliche Gewalt auszuüben oder ruht seine elterliche Gewalt (wenn er geschäftsunfähig oder auf längere Zeit verhindert ist), so tritt die Mutter an seine Stelle. Steht der Minderjährige nicht unter elterlicher Gewalt, so ist der Vormund der gesetzliche Vertreter. Für Fälle der Verhinderung der genannten Personen hat ein von dem Vormundschaftsgericht zu bestellender Pfleger einzutreten.

3. Geschäftsunfähig ist der Verletzte, wenn er sich in einem die freie Willensbestimmung ausschließenden Zustand krankhafter Störung der Geistestätigkeit befindet, sofern nicht der Zustand seiner Natur nach ein vorübergehender ist, ferner wenn er wegen Geisteskrankheit, nicht etwa bloß wegen Geistesschwäche, entmündigt ist. (Siehe § 104 BGB.)

4. Beispiel: Der 19 Jahre alte A wird beleidigt: er sowohl wie sein Vater als gesetzlicher Vertreter ist antragsberechtigt. Ist A erst 17 Jahre, so ist lediglich der Vater antragsberechtigt; er hat aber kein eigenes Antragsrecht, so daß mit dem Tode des Sohnes das Antragsrecht des Vaters erlischt.

Verjährung.

§ 66. Durch Verjährung wird die Strafverfolgung und die Strafvollstreckung ausgeschlossen.

1. Nach Ablauf einer bestimmten Zeit hat der Staat weder an der weiteren Verfolgung noch nicht ermittelter oder flüchtig gegangener Verbrecher, noch an der Vollstreckung von Strafen an solchen verurteilten Verbrechern, die nach der Verurteilung geflohen sind, ein Interesse. Denn das Sühneverlangen erlischt, und die Verfolgung lange Zeit zurückliegender Straftaten würde auf große praktische Schwierigkeiten stoßen. Deshalb hat der Gesetzgeber die Institution der Verjährung geschaffen. Sie bildet einen persönlichen Strafaufhebungsgrund. Das Urteil lautet bei Verjährung auf Einstellung. (§ 260 Abs. 3 StPO.)

2. Man unterscheidet zwei Arten von Verjährung:

a) Die Verfolgungsverjährung von Taten, die noch nicht rechtskräftig abgeschlossen sind (§§ 67—69). Die Fristen sind nach der Schwere der Straftat abgestuft von 20 Jahren bis zu 3 Monaten (§ 67). Die Verjährung beginnt mit dem Tage, an welchem die Handlung begangen ist (§ 67 Abs. 4). Beim Dauerdelikt (z. B. Freiheitsberaubung nach § 239) beginnt die Verjährung mit Beendigung des rechtswidrigen Zustandes, bei der fortgesetzten Tat mit der letzten Teilhandlung.

b) Die Vollstreckungsverjährung rechtskräftig erkannter Strafen (§§ 70 bis 72). Die Fristen sind nach der Höhe der erkannten Strafe von 30 bis zu 2 Jahren abgestuft (§ 70). Die Verjährung beginnt mit dem Tage, an welchem das Urteil rechtskräftig geworden ist (§ 70 Abs. 3).

3. Sowohl bei der Strafverfolgung, als auch bei der Strafvollstreckung gibt es sowohl eine Unterbrechung (§§ 68, 72), als auch ein Ruhen (§§ 69, 71).

4. Die Begnadigung ist ein staatsrechtlicher Akt, der rechtskräftig erkannte Strafen erläßt, ermäßigt, umwandelt oder aussetzt, oder ein schwebendes Strafverfahren niederschlägt (sog. Abolition). Die Gesamtbegnadigung (Amnestie) erfolgt ebenso wie die Generalabolition durch Gesetz.

5. Zu erwähnen sind in diesem Zusammenhang noch das Gesetz betr. die Entschädigung im Wiederaufnahmeverfahren freigesprochener Personen v. 20. Mai 1898, sowie das Gesetz betr. Entschädigung für unschuldig erlittene Untersuchungshaft v. 14. Juli 1904, sowie das Gesetz über beschränkte Auskunft aus dem Strafregister und die Tilgung von Strafvermerken v. 9. April 1920, in der Fassung des Gesetzes vom 24. November 1933 und der VO. vom 17. November 1939 und vom 20. August 1941, und die Strafregisterverordnung vom 17. Februar 1934.

Strafverfolgungsverjährung.

§ 67. (1) Die Strafverfolgung von Verbrechen verjährt,

wenn sie mit lebenslangem Zuchthaus bedroht sind, in zwanzig Jahren;

wenn sie im Höchstbetrage mit einer Freiheitsstrafe von einer längeren als zehnjährigen Dauer bedroht sind, in fünfzehn Jahren;

wenn sie mit einer geringeren Freiheitsstrafe bedroht sind, in zehn Jahren.

(2) Die Strafverfolgung von Vergehen, die im Höchstbetrage mit einer längeren als dreimonatlichen Gefängnisstrafe bedroht sind, verjährt in fünf Jahren, von anderen Vergehen in drei Jahren.

(3) Die Strafverfolgung von Übertretungen verjährt in drei Monaten.

(4) Die Verjährung beginnt mit dem Tage, an welchem die Handlung begangen ist, ohne Rücksicht auf den Zeitpunkt des eingetretenen Erfolges.

(5) Mit der Verjährung der Strafverfolgung erlischt auch die Befugnis, auf Grund der Tat Maßregeln der Sicherung und Besserung anzuordnen.

Unterbrechung der Verjährung.

(1) **§ 68.** Jede Handlung des Richters, welche wegen der begangenen Tat gegen den Täter gerichtet ist, unterbricht die Verjährung.

(2) Die Unterbrechung findet nur rücksichtlich desjenigen statt, auf welchen die Handlung sich bezieht.

(3) Nach der Unterbrechung beginnt eine neue Verjährung.

1. Eine solche Unterbrechung liegt z. B. in dem Einstellungsbeschluß des Gerichts wegen Abwesenheit des Angeklagten oder in dem Ersuchen des Richters an die Polizei, Erhebungen zu machen. Nicht dagegen wird die Verjährung unterbrochen durch Handlungen des Staatsanwalts oder der Polizei.

2. Mit jedem Unterbrechungsakt beginnt eine neue Verjährung zu laufen.

Ruhen der Verfolgungsverjährung.

§ 69. (1) Die Verjährung ruht während der Zeit, in welcher auf Grund gesetzlicher Vorschrift die Strafverfolgung nicht begonnen oder nicht fortgesetzt werden kann. Ist der Beginn oder die Fortsetzung eines Strafverfahrens von einer Vorfrage abhängig, deren Entscheidung in einem anderen Verfahren erfolgen muß, so ruht die Verjährung bis zu dessen Beendigung.

(2) Ist zur Strafverfolgung ein Antrag oder eine Ermächtigung nach dem Strafgesetz erforderlich, so wird der Lauf der Verjährung durch den Mangel des Antrages oder der Ermächtigung nicht gehindert.

1. Zu Abs. 1: Auf Grund gesetzlicher Vorschrift ruht die Verjährung vor allem im Falle des § 191, sowie bei Abgeordneten, wenn die Genehmigung zur Strafverfolgung nicht erteilt wird (siehe Art. 46, Abs. 2 des Grundgesetzes). Geisteskrankheit ist kein unbedingter Hinderungsgrund der Strafverfolgung. Ein Ruhen infolge Erledigung einer Vorfrage tritt ein in den Fällen der §§ 164 Abs. 6, 170, 171 Abs. 3, 172, 238 (236, 237).

2. Zu Abs. 2: Er enthält eine Ausnahme von dem Grundsatz des Abs. 1, indem Fehlen des Strafantrags oder der Ermächtigung zur Strafverfolgung den Beginn der Verjährung nicht hindert. Die Verjährungsfrist bei Antragsdelikten läuft also immer vom Tage, an dem die Handlung begangen wurde.

3. Die Wirkung des Ruhens: Die Zeit seiner Dauer wird in die Verjährungsfrist nicht eingerechnet; die begonnene Frist läuft also (im Gegensatz zu § 68) weiter.

Strafvollstreckungsverjährung.

§ 70. (1) Die Vollstreckung rechtskräftig erkannter Strafen verjährt, wenn

1. auf lebenslanges Zuchthaus erkannt ist, in dreißig Jahren;
2. auf Zuchthaus oder Einschließung von mehr als zehn Jahren erkannt ist, in zwanzig Jahren;
3. auf Zuchthaus bis zu zehn Jahren oder auf Einschließung von fünf bis zu zehn Jahren oder Gefängnis von mehr als fünf Jahren erkannt ist, in fünfzehn Jahren;
4. auf Einschließung oder Gefängnis von zwei bis fünf Jahren erkannt ist, in zehn Jahren;
5. auf Einschließung oder Gefängnis bis zu zwei Jahren oder auf Geldstrafe von mehr als 150 DM. erkannt ist, in fünf Jahren;
6. auf Haft oder auf Geldstrafe bis zu 150 DM. erkannt ist, in zwei Jahren.

(2) Die Vollstreckung einer rechtskräftig angeordneten Maßregel der Sicherung und Besserung verjährt in zehn Jahren. Ist die Unterbringung in einer Trinkerheilanstalt oder einer Entziehungsanstalt

oder erstmalig die Unterbringung in einem Arbeitshaus angeordnet, so beträgt die Frist fünf Jahre.

(3) Die Verjährung beginnt mit dem Tage, an welchem das Urteil rechtskräftig geworden ist.

1. Beispiel zu Abs. 1 Nr. 1: A wird am Dienstag, den 1. Dezember 1953 vom Schwurgericht Mannheim wegen Mords zu lebenslangem Zuchthaus verurteilt. Er legt keine Revision ein: Da innerhalb der einwöchigen Frist des § 341 StPO. keine Revision eingelegt wurde (sie hätte gemäß § 43 StPO. spätestens am Dienstag, den 8. Dezember eingelegt werden müssen), ist das Urteil mit Ablauf dieses Tages rechtskräftig geworden. Die Strafvollstreckungsverjährung beginnt also am 9. Dezember 1953 und endigt am 9. Dezember 1983.

2. Die Vollstreckung des Jugendarrestes (§ 16 JGG.) ist unzulässig, wenn seit Eintritt der Rechtskraft ein Jahr verstrichen ist (§ 87 Abs. 4 JGG.).

Ruhen der Vollstreckungsverjährung.

§ 71. Ist auf Freiheitsstrafe und Geldstrafe zugleich oder neben einer Strafe auf eine mit Freiheitsentziehung verbundene Maßregel der Sicherung und Besserung erkannt, so verjährt die Vollstreckung der einen Strafe oder Maßregel nicht früher als die der anderen.

Unterbrechung der Vollstreckungsverjährung.

§ 72. (1) Jede auf Vollstreckung der Strafe oder Maßregel gerichtete Handlung derjenigen Behörde, welcher die Vollstreckung obliegt, sowie die zum Zwecke der Vollstreckung erfolgende Festnahme des Verurteilten unterbricht die Verjährung.

(2) Nach der Unterbrechung der Vollstreckung der Strafe oder Maßregel beginnt eine neue Verjährung.

1. Die Vorschrift entspricht dem § 68 bei der Strafverfolgungsverjährung.

2. Eine solche Unterbrechung liegt z. B. in dem Erlaß eines Steckbriefs oder in der Ladung zum Strafantritt.

Fünfter Abschnitt:
Zusammentreffen mehrerer strafbarer Handlungen.

Der Abschnitt enthält besondere Vorschriften über die Verhängung und Bemessung der Strafen beim Zusammentreffen mehrerer von derselben Person begangener Delikte. Siehe hierzu „Einführende Vorbemerkungen zum Strafrecht", S. 1 ff. Abschnitt B VII, S. 12.

Idealkonkurrenz (Tateinheit).

§ 73. Wenn eine und dieselbe Handlung mehrere Strafgesetze verletzt, so kommt nur dasjenige Gesetz, welches die schwerste Strafe, und bei ungleichen Strafarten dasjenige Gesetz, welches die schwerste Strafart androht, zur Anwendung.

1. Das Wesen der hier behandelten Tateinheit (Idealkonkurrenz) besteht darin, daß durch eine Handlung mehrere Gesetze verletzt werden, während bei der Tatmehrheit des § 74 mehrere Handlungen mehrere Gesetze verletzen. Durch gewaltsamen Beischlaf mit der Stieftochter wird sowohl der Tatbestand der Notzucht nach § 177, als auch derjenige der Blutschande nach § 173 Abs. 2 und schließlich noch derjenige des Ehebruchs nach § 172 erfüllt. Mit dem Tatbestand des Meineids wird häufig derjenige des Betrugs (Prozeßbetrugs) tateinheitlich zusammentreffen, nämlich dann, wenn der Richter infolge einer falschen Aussage der Partei oder eines Zeugen zu einem falschen Urteilsspruch veranlaßt wird. (Siehe Erläuterung 10f zu § 263.) Schließlich treffen in der Praxis häufig Amtsunterschlagung und Untreue tateinheitlich zusammen.

2. Liegen die Voraussetzungen des § 73 vor, so müssen im Urteilsspruch alle verletzten Strafgesetze aufgeführt werden, während die Strafe nur aus dem Strafgesetz gebildet werden darf, welches die schwerste Strafe androht (sog. Aufsaugungs- oder Absorptionsprinzip, im Gegensatz zum Verschärfungs- oder Asperationsprinzip des § 74). Als „schwerstes" Gesetz i. S. des § 73 galt nach früherer Rechtsprechung dasjenige, das ganz allgemein, also ohne Rücksicht auf die besondere Gestaltung des einzelnen Falles, die Verhängung der in der Art und dem Maße nach schwersten Strafe gestattet. Nach der neueren Rechtsprechung dagegen soll entscheidend sein, welches Gesetz nach den Umständen des einzelnen Falles die schwerste Bestrafung ermöglicht (RG. 75, 15). Droht also z. B. ein Gesetz für besonders schwere Fälle eine höhere Strafe an, so ist dies bei der Strafenbildung nach § 73 nur dann zu berücksichtigen, wenn im Einzelfall ein besonders schwerer Fall tatsächlich vorliegt.

Realkonkurrenz (Tatmehrheit).

§ 74. (1) Gegen denjenigen, welcher durch mehrere selbständige Handlungen mehrere Verbrechen oder Vergehen oder dasselbe Verbrechen oder Vergehen mehrmals begangen und dadurch mehrere zeitige Freiheitsstrafen verwirkt hat, ist auf eine Gesamtstrafe zu erkennen, welche in einer Erhöhung der verwirkten schwersten Strafe besteht.

(2) Bei dem Zusammentreffen ungleichartiger Freiheitsstrafen tritt diese Erhöhung bei der ihrer Art nach schwersten Strafe ein.

(3) Das Maß der Gesamtstrafe darf den Betrag der verwirkten Einzelstrafen nicht erreichen und fünfzehnjähriges Zuchthaus, zehnjähriges Gefängnis oder fünfzehnjährige Einschließung nicht übersteigen.

1. Das Wesen der hier behandelten Tatmehrheit (Realkonkurrenz) besteht darin, daß der Täter durch mehrere Handlungen mehrere Strafgesetze verletzt.

2. Bei der Strafenbildung kommt das reine Kumulationsprinzip zur Anwendung, d. h. die verwirkten Einzelstrafen werden einfach zusammengerechnet, wenn es sich um mehrere Übertretungen handelt, sowie bei der lebenslänglichen Freiheitsstrafe und den Geldstrafen.

In allen übrigen Fällen, d. h. wenn mehrere zeitige Freiheitsstrafen für Verbrechen oder Vergehen verhängt sind, herrscht das sog. Asperationsprinzip: Für jede Straftat wird eine gesonderte Strafe ermittelt, alsdann werden diese Strafen aber nicht einfach zusammengerechnet, sondern es wird lediglich die verwirkte schwerste Einzelstrafe erhöht, wobei die in Abs. 3 festgesetzte Höchstgrenze beachtet werden muß.

3. Beispiel: A hat am 1. Aug. einen Betrug, am 20. Aug. einen Diebstahl und am 22. Aug. abermals einen Betrug begangen. Das Amtsgericht, das am 20. Okt. gegen A verhandelt, erkennt wegen des ersten Betrugs auf 6 Monate, wegen des Diebstahls auf 4 Monate und wegen des zweiten Betrugs auf 1 Woche Gefängnis. Die Gesamtstrafe muß mindestens 6 Monate und 1 Tag und darf höchstens 10 Monate und 6 Tage Gefängnis betragen.

§ 75. (1) Trifft Einschließung nur mit Gefängnis zusammen, so ist auf jede dieser Strafarten gesondert zu erkennen.

(2) Ist Einschließung oder Gefängnis mehrfach verwirkt, so ist hinsichtlich der mehreren Strafen gleicher Art so zu verfahren, als wenn dieselben allein verwirkt wären.

(3) Die Gesamtdauer der Strafen darf in diesen Fällen fünfzehn Jahre nicht übersteigen.

§ 76. Neben der Gesamtstrafe müssen oder können Nebenstrafen und Nebenfolgen verhängt und Maßregeln der Sicherung und Besserung angeordnet werden, wenn das auch nur wegen einer der Gesetzesverletzungen vorgeschrieben oder zugelassen ist.

§ 77. (1) Trifft Haft mit einer anderen Freiheitsstrafe zusammen, so ist auf die erstere gesondert zu erkennen.

(2) Auf eine mehrfach verwirkte Haft ist ihrem Gesamtbetrage nach, jedoch nicht über die Dauer von drei Monaten zu erkennen.

§ 78. (1) Sind mehrere Geldstrafen verwirkt, so ist auf jede gesondert zu erkennen.

(2) Das gleiche gilt von den Freiheitsstrafen, die an die Stelle uneinbringlicher Geldstrafen treten. Ihre Gesamtdauer darf zwei Jahre nicht übersteigen; die Gesamtdauer mehrerer zusammentreffender Haftstrafen darf drei Monate nicht übersteigen.

§ 79. Die Vorschriften der §§ 74 bis 78 finden auch Anwendung, wenn, bevor eine erkannte Strafe verbüßt, verjährt oder erlassen ist, die Verurteilung wegen einer strafbaren Handlung erfolgt, welche vor der früheren Verurteilung begangen war.

1. Nach § 74 kommt eine Gesamtstrafe nur dann in Betracht, wenn die mehreren Straftaten zum gleichen Zeitpunkt abgeurteilt werden. Nicht dagegen kommt § 74 zur Anwendung, wenn die jetzt abzuurteilende Tat vor der früheren Verurteilung begangen war. Der § 79 ermöglicht auch für diesen

Fall die Bildung einer Gesamtstrafe, vorausgesetzt, daß das frühere Urteil rechtskräftig ist, der Verurteilte aber die damals ausgesprochene Strafe mindestens teilweise noch zu verbüßen hat.

2. Beispiel: Der A begeht am 2. Dezember 1953 einen Diebstahl und am 28. Dezember einen Betrug. Er wird am 5. Februar 1954 wegen des Diebstahls zu drei Monaten Gefängnis verurteilt. Die Strafe wurde nicht verbüßt. Am 6. März 1954 findet Hauptverhandlung wegen des am 28. Dezember begangenen Betrugs statt. Aus den Vorstrafakten stellt der Amtsrichter den obigen Sachverhalt fest. Er hält für den Betrug eine Gefängnisstrafe von fünf Monaten für angemessen. Diese Strafe ist die Einsatzstrafe, aus der durch Hinzurechnung der Diebstahlsstrafe eine Gesamtstrafe zu bilden ist, die mehr als fünf und weniger als acht Monate Gefängnis betragen muß. Wird die Bildung einer Gesamtstrafe in der Hauptverhandlung versehentlich unterlassen, dann kann sie nachträglich im Beschlußverfahren gemäß §§ 460, 462 StPO. erfolgen.

Zweiter Teil.

Von den einzelnen Verbrechen, Vergehen und Übertretungen und deren Bestrafung.

Erster Abschnitt: Hochverrat.

Vorbemerkung zu §§ 80—101:

1. Durch das Kontrollratsgesetz Nr. 11 wurden die früheren Vorschriften des Strafgesetzbuches über Hochverrat (§§ 80—87), Landesverrat (§§ 88—93a), Angriffe gegen den Reichspräsidenten (§ 94) und den Ehrenschutz des Staates (§ 134a) aufgehoben.

2. Mit dem Inkrafttreten des Grundgesetzes für die Bundesrepublik Deutschland ergab sich die Notwendigkeit, den neuen Staat wieder gegen jede Art von Bedrohung und Gefährdung strafrechtlich zu schützen. Dieser Aufgabe dient das Strafrechtsänderungsgesetz vom 30. August 1951, durch das die §§ 80—101 in das Strafgesetzbuch eingefügt wurden. Es enthält neben den alten, nunmehr den Bedürfnissen des neuen Staates angepaßten Tatbeständen des Hochverrats und Landesverrats die sog. Staatsgefährdung, einen neuen dritten Tatbestand, der den gewaltlosen Umsturz bzw. diejenigen Handlungen strafrechtlich erfassen will, die der Vorbereitung eines solchen Umsturzes durch Zersetzung mittels Massenbeeinflussung dienen (sog. kalte Revolution).

Neben diesen drei Tatbestandsgruppen wurden durch das genannte Gesetz noch weitere Einzelbestimmungen, die ebenfalls (unmittelbar oder mittelbar) dem Schutz des neuen Staates dienen, in das Strafgesetzbuch eingefügt, nämlich die §§ 106a, 106b, 129, 129a, 187a, 316a, 317, 353a.

3. Es werden behandelt: Der Hochverrat in §§ 80—87, die Staatsgefährdung in §§ 88—98 und der Landesverrat in §§ 99—101.

Hochverrat.

§ 80. (1) Wer es unternimmt, mit Gewalt oder durch Drohung mit Gewalt

1. die auf dem Grundgesetz der Bundesrepublik Deutschland oder der Verfassung eines ihrer Länder beruhende verfassungsmäßige Ordnung zu ändern,
2. das Bundesgebiet einem fremden Staate einzuverleiben oder einen Teil des Bundesgebietes loszureißen,
3. das Gebiet eines Landes ganz oder teilweise einem anderen Lande der Bundesrepublik einzuverleiben oder einen Teil eines Landes von diesem loszureißen,

wird wegen Hochverrats,

wenn sich das Unternehmen gegen die verfassungsmäßige Ordnung

oder gegen das Bundesgebiet (Nr. 1, 2) richtet,
mit lebenslangem Zuchthaus oder mit Zuchthaus nicht unter zehn Jahren,
wenn sich das Unternehmen gegen das Gebiet eines Landes (Nr. 3) richtet,
mit Zuchthaus bis zu fünf Jahren bestraft.

(2) Sind mildernde Umstände vorhanden, so kann bei Taten nach Absatz 1 Nr. 1 oder 2 auf Zuchthaus, bei Taten nach Absatz 1 Nr. 3 auf Gefängnis nicht unter sechs Monaten erkannt werden.

1. Vorbemerkungen zum ersten Abschnitt (§§ 80—87): Hochverrat und Landesverrat richten sich beide unmittelbar gegen den inländischen Staat. Sie unterscheiden sich dadurch, daß der Hochverrat einen Angriff gegen den Staat als Einzelwesen, nämlich gegen seine Integrität in verfassungsmäßiger und territorialer Beziehung darstellt, während der Landesverrat sich gegen die Stellung des Staates im Verhältnis zu anderen Staaten richtet. Der Hochverrat kann von jedem Menschen begangen werden, während der Täter des Landesverrats im allgemeinen ein Deutscher sein wird.

2. Das Grundgesetz für die Bundesrepublik Deutschland hat in Artikel 143 einen Tatbestand des Hochverrats aufgestellt, der im wesentlichen den bis zum Jahre 1945 in Geltung gewesenen §§ 80 und 81 StGB. entspricht. Dieser Artikel 143 ist durch § 80 gegenstandslos geworden und wurde deshalb aufgehoben.

3. Zu § 80 Abs. 1 Nr. 1: Diese Bestimmung betrifft den Verfassungshochverrat. Geschützt wird die verfassungsmäßige Ordnung der Bundesrepublik oder eines ihrer Länder, d. h. die freiheitliche demokratische Grundordnung i. S. des Artikels 18 des Grundgesetzes.

4. Zu Nr. 2: Sie enthält den sog. Gebietshochverrat, der dem früheren § 80 Abs. 1 entspricht. Das Losreißen zielt im Gegensatz zum Einverleiben auf Schaffung eines neuen Staates.

5. Zu Nr. 3: Sie befaßt sich ebenfalls mit dem Gebietshochverrat und stellt die Änderung einer Landesgrenze derjenigen der Bundesgrenzen gleich.

6. Die Täterhandlung besteht in sämtlichen drei Fällen in der gewaltsamen oder durch Drohung mit Gewalt bewirkten Änderung, und zwar genügt schon das Unternehmen, d. h. ein Versuch einer solchen Änderung (siehe § 87).

7. Wegen der Nebenstrafen und Nebenfolgen siehe § 85.

Vorbereitungshandlungen.

§ 81. (1) Wer ein bestimmtes hochverräterisches Unternehmen gegen die verfassungsmäßige Ordnung oder gegen das Bundesgebiet (§ 80 Abs. 1 Nr. 1, 2) vorbereitet, wird mit Zuchthaus bis zu zehn Jahren bestraft. Sind mildernde Umstände vorhanden, so kann auf Gefängnis nicht unter einem Jahr erkannt werden.

(2) Wer ein bestimmtes hochverräterisches Unternehmen gegen das Gebiet eines Landes (§ 80 Abs. 1 Nr. 3) vorbereitet, wird mit Gefängnis bis zu zwei Jahren bestraft.

Hier wird schon die **Vorbereitung** eines Verfassungs- oder Gebietshochverrats unter Strafe gestellt. Eine **geringere Strafe** ist für den Fall vorgesehen daß sich der geplante Gebietshochverrat nur gegen ein einzelnes Land richtet (siehe Abs. 2).

Tätige Reue.

§ 82. Das Gericht kann die in den §§ 80, 81 angedrohte Mindeststrafe unterschreiten, auf die nächstmildere Strafart erkennen oder von einer Bestrafung nach diesen Vorschriften absehen, wenn der Täter aus freien Stücken seine Tätigkeit aufgibt und den Erfolg abwendet. Unterbleibt der Erfolg ohne Zutun des Täters, so genügt sein ernstliches Bemühen, den Erfolg abzuwenden.

Hier ist für den Fall der **tätigen Reue** die Möglichkeit vorgesehen, die Strafe zu mildern oder ganz von Strafe abzusehen. (Siehe hierzu § 46 Erl. 4 und 7 und § 49a Abs. 4.)

Hochverräterischer Anschlag und Zwang.

§ 83. (1) Wer einen Angriff auf Leib oder Leben des Bundespräsidenten begeht, wird wegen hochverräterischen Anschlags mit Zuchthaus bestraft, soweit nicht in anderen Vorschriften eine schwerere Strafe angedroht ist.

(2) Wegen hochverräterischen Zwanges wird ebenso bestraft, wer den Bundespräsidenten seiner verfassungsmäßigen Befugnisse beraubt oder mit Gewalt oder durch rechtswidrige Drohung nötigt oder hindert, seine verfassungsmäßigen Befugnisse überhaupt oder in einem bestimmten Sinne auszuüben.

1. Hier sind **zwei verschiedene Tatbestände** unter Strafe gestellt, nämlich der **hochverräterische Anschlag** (Abs. 1) und der **hochverräterische Zwang** (Abs. 2). Beide Tatbestände dienen dem **Schutz des Bundespräsidenten.**
2. Absatz 1 gilt nur subsidiär; erfolgt also z. B. ein Mordanschlag gegen den Bundespräsidenten, dann liegt der Tatbestand des § 211 vor.

Verbreitung hochverräterischer Schriften.

§ 84. Wer

1. Schriften, Schallaufnahmen, Abbildungen oder Darstellungen, deren Inhalt den äußeren Tatbestand der §§ 80, 81 oder 83 erfüllt, herausgibt, herstellt, verbreitet oder zum Zwecke der Verbreitung vorrätig hält,
2. Äußerungen oder Darstellungen solchen Inhalts durch Film, Funk oder sonst durch technische Vervielfältigung verbreitet,

obwohl er deren hochverräterischen Inhalt hätte erkennen müssen, wird mit Gefängnis bestraft, soweit nicht in anderen Vorschriften eine schwerere Strafe angedroht ist.

1. Hier wird in Erweiterung des früheren, durch Kontrollratsgesetz aufgehobenen § 85 der durch Druckschriften, Schallaufnahmen usw. begangene fahrlässige Hochverrat mit Strafe bedroht. (In § 74a GVG. wird dieser Tatbestand als „Verbreitung hochverräterischer Schriften" bezeichnet.)

2. Die Massenbeeinflussungsmittel müssen einen gedanklichen Inhalt haben, der den äußeren Tatbestand des Hochverrats gemäß §§ 80, 81 oder 83 verwirklicht. (Im Falle des § 83 Abs. 1 wird in der Regel wohl nur Anstiftung oder Beihilfe in Frage kommen.)

3. Für den inneren Tatbestand ist zunächst erforderlich, daß sich der Täter der im Einzelfall in Frage kommenden Ausführungshandlung (Herausgabe, Herstellen usw.) bewußt ist, insofern also vorsätzlich handelt. Was jedoch das innere Verhältnis des Täters zu dem gedanklichen Inhalt betrifft, ist lediglich die Feststellung erforderlich, daß der Täter, dem zwar die Kenntnis des hochverräterischen Inhalts nicht nachgewiesen werden kann (andernfalls wäre er ja wegen vorsätzlichen Hochverrats zu bestrafen), diese Kenntnis hätte haben müssen, wenn er die Sorgfalt angewendet hätte, zu der er nach den Umständen und nach seinen persönlichen Eigenschaften und Verhältnissen verpflichtet und imstande war. (Siehe auch § 100c betr. fahrlässigen Landesverrat.)

4. Die Vorschrift hat nur subsidiären Charakter, d. h. sie kommt nur zur Anwendung, soweit nicht in anderen Vorschriften eine schwerere Strafe angedroht ist.

Nebenstrafen und Nebenfolgen.

§ 85. Wegen der in diesem Abschnitt mit Strafe bedrohten Handlungen kann erkannt werden

neben den Strafen aus §§ 80, 81 Abs. 1 und § 83
auf Geldstrafe von unbegrenzter Höhe;

neben den Strafen aus § 81 Abs. 2 und § 84
auf Geldstrafe;

neben einer wegen einer vorsätzlichen Tat verhängten Gefängnisstrafe von mindestens drei Monaten
für die Dauer von einem bis zu fünf Jahren auf die Unfähigkeit zur Bekleidung öffentlicher Ämter und den Verlust des Wahl- und Stimmrechts und der Wählbarkeit
sowie auf den Verlust der aus öffentlichen Wahlen hervorgegangenen Rechte;

neben jeder wegen einer vorsätzlichen Tat verhängten Freiheitsstrafe
auf die Zulässigkeit von Polizeiaufsicht.

Diese Bestimmung, die dem früheren § 86 entspricht, enthält die Nebenstrafen und Nebenfolgen.

Einziehung.

§ 86. (1) Gegenstände, die durch eine in diesem Abschnitt mit Strafe bedrohte Handlung hervorgebracht oder zu ihrer Begehung gebraucht oder bestimmt sind, können eingezogen oder unbrauchbar gemacht werden. Den Gegenständen stehen Vermögenswerte gleich, die an ihre Stelle getreten sind.

(2) Gehörten die Gegenstände zur Zeit der Tat weder dem Täter noch einem Teilnehmer, so ist dem Eigentümer angemessene Entschädigung aus der Staatskasse zu gewähren, es sei denn, daß er sich im Zusammenhang mit der Tat auf andere Weise strafbar gemacht hat.

(3) Hat der Täter für die Begehung einer in diesem Abschnitt mit Strafe bedrohten Handlung ein Entgelt empfangen, so ist das Entgelt oder ein ihm entsprechender Geldbetrag einzuziehen.

(4) Kann keine bestimmte Person verfolgt oder verurteilt werden, so kann auf die Einziehung oder Unbrauchbarmachung selbständig erkannt werden.

Diese Vorschrift, die dem früheren § 86a ähnelt, betrifft die Einziehung. (Siehe § 40 und die dortigen Erläuterungen.)

Unternehmen.

§ 87. Unternehmen im Sinne des Strafgesetzbuchs ist die Vollendung und der Versuch.

Hier ist der für das gesamte Strafgesetzbuch geltende Begriff des „Unternehmens", der durch das Kontrollratsgesetz Nr. 11 aufgehoben war, wieder gesetzlich festgelegt. (Siehe auch §§ 89, 105, 114, 122, 357, 360 Nr. 5.) Rücktritt und tätige Reue (§ 46) kommen beim „Unternehmen" nicht in Frage.

Zweiter Abschnitt: Staatsgefährdung.

Begriff der Staatsgefährdung.

§ 88. (1) Im Sinne dieses Abschnitts ist eine Handlung auf die Beeinträchtigung des Bestandes der Bundesrepublik Deutschland gerichtet, wenn sie darauf hinzielt, die Bundesrepublik Deutschland ganz oder teilweise unter fremde Botmäßigkeit zu bringen, ihre Selbständigkeit sonst zu beseitigen oder einen Teil des Bundesgebietes loszulösen. Als Beeinträchtigung des Bestandes der Bundesrepublik Deutschland im Sinne dieses Abschnitts gilt nicht die Teilnahme an einer Staatengemeinschaft oder einer zwischenstaatlichen Einrichtung, auf die die Bundesrepublik Deutschland Hoheitsrechte überträgt oder zu deren Gunsten sie Hoheitsrechte beschränkt.

(2) Verfassungsgrundsätze im Sinne dieses Abschnitts sind

1. das Recht des Volkes, die Staatsgewalt in Wahlen und Abstimmungen und durch besondere Organe der Gesetzgebung,

der vollziehenden Gewalt und der Rechtsprechung auszuüben und die Volksvertretung in allgemeiner, unmittelbarer, freier, gleicher und geheimer Wahl zu wählen,

2. die Bindung der Gesetzgebung an die verfassungsmäßige Ordnung und die Bindung der vollziehenden Gewalt und der Rechtsprechung an Gesetz und Recht,
3. das Recht auf die verfassungsmäßige Bildung und Ausübung einer parlamentarischen Opposition,
4. die parlamentarische Verantwortlichkeit der Regierung,
5. die Unabhängigkeit der Gerichte,
6. der Ausschluß jeder Gewalt- und Willkürherrschaft.

1. Vorbemerkungen zum zweiten Abschnitt (§§ 88—98):

a) dieser Abschnitt bringt unter der Bezeichnung „Staatsgefährdung" eine neue Tatbestandsgruppe zur Bekämpfung der sog. „kalten Revolution", d. h. des neuzeitlichen Systems der Verwirklichung hochverräterischer Ziele nicht durch Gewaltanwendung (wie beim eigentlichen Hochverrat), sondern vor allem durch innere Zersetzung mittels Massenbeeinflussung. Die „Staatsgefährdung" im weiteren Sinne enthält demnach Gefährdungstatbestände, die selbständig neben diejenigen des Hochverrats treten.

b) § 88 erläutert den Begriff der Staatsgefährdung, während die Einzeltatbestände in §§ 89—93 erfaßt sind; § 94 enthält eine Aufzählung sonstiger im Strafgesetzbuch enthaltener Straftatbestände, bei denen eine Strafschärfung eintreten soll, wenn die Tat in staatsgefährdender Absicht begangen wurde. In §§ 95 bis 97 sind gewisse Verunglimpfungen und Beschimpfungen bedroht.

2. Zu § 88 Abs. 1: Er enthält eine Definition der Ausführungshandlung beim Verfassungsverrat des § 89, Abs. 1 Nr. 1, nämlich der „Beeinträchtigung des Bestandes der Bundesrepublik". Sie liegt vor allem dann vor, wenn der Täter beabsichtigt, die Bundesrepublik Deutschland ganz oder teilweise unter fremde Botmäßigkeit zu bringen (Satellitenstaat!). Diese Begriffsbestimmung gilt auch für die in den Tatbeständen der §§ 90, 92, 93 und 97 geforderte besondere Absicht. Der Satz 2 enthält eine negative Abgrenzung dieses Begriffs (siehe Art. 24 Grundgesetz).

3. Zu Absatz 2: Während Abs. 1 des § 88 sich auf den Straftatbestand des § 89 Abs. 1 Nr. 1 bezieht, betrifft Abs. 2 des § 88 den Straftatbestand des § 89 Abs. 1 Nr. 2. Er enthält eine Aufzählung der wesentlichen Institutionen und Grundlagen der verfassungsmäßigen Ordnung, die als Verfassungsgrundsätze zu gelten haben, und demnach Angriffsobjekte des in § 89 Abs. 1 Nr. 2 behandelten Verfassungsverrats sein können. Diese Grundsätze entsprechen im wesentlichen den Art. 20 Abs. 2, 28 Abs. 1, 38 Abs. 1, 20 Abs. 3 und 21 Grundgesetz.

Verfassungsverrat.

§ 89. (1) Wer es unternimmt, durch Mißbrauch oder Anmaßung von Hoheitsbefugnissen

1. den Bestand der Bundesrepublik Deutschland zu beeinträchtigen oder
2. einen der in § 88 bezeichneten Verfassungsgrundsätze zu beseitigen oder außer Geltung zu setzen,

wird wegen Verfassungsverrates mit Zuchthaus bestraft. In besonders schweren Fällen kann auf lebenslanges Zuchthaus erkannt werden.

(2) Wer ein bestimmtes Unternehmen des Verfassungsverrates vorbereitet, wird mit Zuchthaus bis zu fünf Jahren bestraft. Sind mildernde Umstände vorhanden, so kann auf Gefängnis nicht unter sechs Monaten erkannt werden.

(3) Die Vorschrift des § 82 über die tätige Reue gilt entsprechend.

1. Diese Gesetzesstelle kann nur im Zusammenhang mit § 88 verstanden werden, d. h. sie bildet aus den in § 88 getroffenen Begriffsbestimmungen einen Straftatbestand, der aus zwei Einzeltatbeständen besteht und im Gesetz als Verfassungsverrat bezeichnet wird.

2. Der Verfassungsverrat des § 89 hat mit dem Hochverrat des § 80 gemeinsam, daß schon das Unternehmen (§ 87) zur Strafbarkeit genügt, und daß auch die Vorbereitungshandlung strafbar ist (siehe Abs. 2 und § 81 Abs. 2).

3. Verfassungsverrat und Hochverrat unterscheiden sich aber dadurch, daß die Angriffsmittel verschieden sind: beim Hochverrat „Gewalt oder Drohung mit Gewalt", beim Verfassungsverrat „Mißbrauch oder Anmaßung von Hoheitsbefugnissen", sog. Staatsstreich von oben.

4. Ebenso wie der Hochverrat kennt auch der Verfassungsverrat sowohl eine Verfassungsänderung (in § 80 Abs. 1 Nr. 1 als „Änderung der verfassungsmäßigen Ordnung" und in § 89 Abs. 1 Nr. 2 als „Beseitigung oder Außergeltungssetzung der im § 88 bezeichneten Verfassungsgrundsätze" gekennzeichnet) als auch eine Gebietsveränderung (siehe § 80 Abs. 1 Nr. 2 und 3 und § 89 Abs. 1 Nr. 1 im Zusammenhang mit § 88 Abs. 1, Satz 1).

5. Wegen der Nebenstrafen und Nebenfolgen siehe § 98.

Sabotage in öffentlichen Betrieben.

§ 90. (1) Wer in der Absicht,
den Bestand der Bundesrepublik Deutschland zu beeinträchtigen, einen der in § 88 bezeichneten Verfassungsgrundsätze zu beseitigen, außer Geltung zu setzen oder zu untergraben oder eine solche Bestrebung zu fördern,

1. eine Eisenbahn, die Post oder dem öffentlichen Verkehr dienende Unternehmen oder Anlagen,
2. eine öffentlichen Zwecken dienende Fernmeldeanlage,
3. eine der öffentlichen Versorgung mit Wasser, Licht, Wärme oder Kraft dienende Anlage oder einen für die Versorgung der Bevölkerung lebenswichtigen Betrieb oder
4. der öffentlichen Ordnung oder Sicherheit dienende Dienststellen, Einrichtungen, Anlagen oder Gegenstände

durch Aussperrung, Streik, Störmaßnahmen oder sonstige Handlungen, die nicht nach den §§ 316b, 317 strafbar sind, ganz oder teilweise außer Tätigkeit setzt oder den bestimmungsmäßigen Zwecken entzieht, wird mit Gefängnis bestraft.

(2) Der Versuch ist strafbar.

(3) Die Vorschriften des § 49a über die Bestrafung der erfolglosen Anstiftung und anderer Vorbereitungshandlungen bei Verbrechen gelten entsprechend.

(4) In besonders schweren Fällen kann auf Zuchthaus bis zu fünf Jahren erkannt werden.

(5) Bei Beteiligten, deren Schuld gering und deren Beteiligung an einer solchen Tat von untergeordneter Bedeutung ist, kann von Strafe abgesehen werden.

1. Diese Gesetzesstelle betrifft die sog. Sabotage. Sie bedeutet eine Ergänzung der Tatbestände der §§ 316b, 317. (Siehe die dortigen Erl.)

2. Bestraft wird, wer die im einzelnen aufgeführten lebenswichtigen Unternehmen und Einrichtungen durch Aussperrung, Streik, Störmaßnahmen oder andere, nicht nach §§ 316b, 317 strafbare Handlungen ganz oder teilweise außer Tätigkeit setzt oder den bestimmungsmäßigen Zwecken entzieht.

3. Zum inneren Tatbestand gehört außer dem Vorsatz noch die Absicht, den Bestand der Bundesrepublik Deutschland zu beeinträchtigen usw. (siehe Gesetzestext).

4. In Abs. 5 ist ein Absehen von Strafe vorgesehen für objektiv und subjektiv besonders leichte Fälle.

5. Wegen der Nebenstrafen und Nebenfolgen siehe § 98.

Staatsfeindliche Vereinstätigkeit.

§ 90 a. (1) Wer eine Vereinigung gründet, deren Zwecke oder deren Tätigkeit sich gegen die verfassungsmäßige Ordnung oder gegen den Gedanken der Völkerverständigung richten, oder wer die Bestrebungen einer solchen Vereinigung als Rädelsführer oder Hintermann fördert, wird mit Gefängnis bestraft.

(2) In besonders schweren Fällen kann auf Zuchthaus bis zu fünf Jahren erkannt werden. Daneben kann Polizeiaufsicht zugelassen werden.

(3) Ist die Vereinigung eine politische Partei im räumlichen Geltungsbereich dieses Gesetzes, so darf die Tat erst verfolgt werden, nachdem das Bundesverfassungsgericht festgestellt hat, daß die Partei verfassungswidrig ist.

1. Dieser Tatbestand der staatsfeindlichen Vereinstätigkeit bedeutet eine Ergänzung der neuen §§ 129, 129a.

2. Schutzobjekte sind die verfassungsmäßige Ordnung i. S. des § 80 Abs. 1 Nr. 1 (siehe die dortige Erläuterung 3) und der Gedanke der Völkerverständigung. (Siehe auch Artikel 9 Abs. 2 und 21 Abs. 2 Grundgesetz.)

3. Zwei Täterhandlungen kommen in Frage:

a) Die Gründung der fraglichen Vereinigung,

b) die Förderung ihrer Bestrebungen als Rädelsführer oder Hintermann. Während der Rädelsführer nach der zu §§ 115 Abs. 2 und 125 Abs. 2 ergangenen Rechtsprechung an der Tatausführung selbst teilnehmen muß, hat als

Hintermann zu gelten, wer ohne an der Täterhandlung, nämlich der Gründung, unmittelbar beteiligt zu sein, aus dem Hintergrunde eine für das Wirken der Vereinigung maßgebende Tätigkeit in psychischer (Ratserteilung, Anweisung usw.) oder wirtschaftlicher Beziehung (z. B. finanzieller Unterstützung) entfaltet. Der Gründer selbst kann nicht gleichzeitig Hintermann sein. (Die bloße Mitgliedschaft ist straffrei.)

4. Handelt es sich bei der fraglichen Vereinigung um eine politische Partei (was wohl meistens der Fall sein wird), so ist die Strafverfolgung erst möglich, wenn das Bundesverfassungsgericht die Verfassungswidrigkeit der Partei festgestellt hat (siehe Abs. 3).

5. Wegen der Nebenstrafen und Nebenfolgen siehe § 98.

Zersetzung.

§ 91. (1) Wer auf Angehörige einer Behörde oder eines öffentlichen Sicherheitsorgans in der Absicht einwirkt, die pflichtmäßige Bereitschaft zum Schutze des Bestandes oder der Sicherheit der Bundesrepublik Deutschland oder der verfassungsmäßigen Ordnung des Bundes oder eines Landes zu untergraben, wird mit Gefängnis bestraft.

(2) Der Versuch ist strafbar.

(3) In besonders schweren Fällen kann auf Zuchthaus bis zu fünf Jahren erkannt werden.

1. Diese Gesetzesstelle behandelt die sog. Zersetzung (siehe den früheren § 83 Nr. 2).

2. Schutzobjekt ist die pflichtmäßige Bereitschaft der öffentlichen Sicherheitsorgane (also vor allem der Polizei), Bestand und Sicherheit der Bundesrepublik bzw. ihre verfassungsmäßige Ordnung oder diejenige eines Einzellandes zu schützen.

3. Die Täterhandlung besteht in dem Untergraben dieser Bereitschaft. (Siehe BGH. 4, 291.)

4. Eine staatsgefährdende Absicht ist kein Tatbestandserfordernis. Liegt sie beim Täter vor, dann wird wohl in der Regel der Tatbestand des § 81 gegeben sein.

5. Wegen der Nebenstrafen und Nebenfolgen siehe § 98.

Staatsgefährdender Nachrichtendienst.

§ 92. (1) Wer in der Absicht,

den Bestand oder die Sicherheit der Bundesrepublik Deutschland zu beeinträchtigen, einen der in § 88 bezeichneten Verfassungsgrundsätze zu beseitigen, außer Geltung zu setzen oder zu untergraben oder eine solche Bestrebung zu fördern,

für eine Dienststelle, eine Partei oder eine andere Vereinigung außerhalb des räumlichen Geltungsbereichs dieses Gesetzes, für eine verbotene Vereinigung oder für einen ihrer Mittelsmänner

über Verwaltungen, Dienststellen, Betriebe, Anlagen, Einrichtungen, Vereinigungen oder Personen, die sich im räumlichen Geltungsbereich dieses Gesetzes befinden,

Nachrichten sammelt oder zu diesem Zwecke einen Nachrichtendienst betreibt, für eine solche Tätigkeit anwirbt oder sie unterstützt, wird mit Gefängnis bestraft.

(2) Der Versuch ist strafbar.

(3) In besonders schweren Fällen kann auf Zuchthaus bis zu fünf Jahren erkannt werden.

1. Hier wird eine besondere Art politischen Nachrichtendienstes als Mittel zur Vorbereitung eines Umsturzes mit Strafe bedroht.

2. Der Tatbestand ähnelt äußerlich den Landesverratsbestimmungen der §§ 99, 100. Während aber letztere dem Schutze von Staatsgeheimnissen dienen, will § 92 Verwaltungen, Dienststellen, Betriebe, Anlagen, Einrichtungen, Vereinigungen oder Einzelpersonen gegen politische Bespitzelung schützen (Schwarze Listen zur Bekämpfung politischer Gegner!). Vgl. auch § 241a Abs. 2.

3. Drei Täterhandlungen kommen in Frage:
a) Das Sammeln von Nachrichten,
b) das Betreiben eines Nachrichtendienstes zu diesen Zwecken,
c) das Anwerben für eine solche Tätigkeit oder deren Unterstützung.

4. Diese Tätigkeit muß erfolgen zugunsten einer Dienststelle, einer Partei oder einer anderen Vereinigung, die sich im Auslande oder in einem nicht zur Bundesrepublik gehörenden Teile Deutschlands befinden. Ein Nachrichtendienst zugunsten von Parteien usw. innerhalb der Bundesrepublik fällt nur dann unter § 92, wenn es sich um eine gemäß Artikel 9 des Grundgesetzes verbotene Vereinigung handelt.

5. Zum inneren Tatbestand gehört, wie im Falle des § 90 (siehe die dortige Erläuterung Nr. 3) außer dem Vorsatz noch die Absicht, den Bestand der Bundesrepublik Deutschland zu beeinträchtigen usw. (siehe Gesetztext).

6. Wegen der Nebenstrafen und Nebenfolgen siehe § 98.

Einfuhr staatsgefährdender Schriften.

§ 93. (1) Wer Schriften, Schallaufnahmen, Abbildungen oder Darstellungen, durch deren Inhalt Bestrebungen herbeigeführt oder gefördert werden sollen, die darauf gerichtet sind, den Bestand der Bundesrepublik Deutschland zu beeinträchtigen oder zur Unterdrückung der demokratischen Freiheit einen der in § 88 bezeichneten Verfassungsgrundsätze zu beseitigen, außer Geltung zu setzen oder zu untergraben,

1. herstellt, vervielfältigt oder verbreitet oder
2. zur Verbreitung oder Vervielfältigung vorrätig hält, bezieht oder in den räumlichen Geltungsbereich dieses Gesetzes einführt,

wird mit Gefängnis bestraft.

(2) Der Versuch ist strafbar.

1. Hier wird die Herstellung, Verbreitung und Einfuhr staatsgefährdender Schriften behandelt.

2. Während die Herstellung bzw. Verbreitung hochverräterischer Schriften, falls sie vorsätzlich, d. h. in Kenntnis des hochverräterischen Inhalts erfolgt, eine Vorbereitung des Hochverrats i. S. des § 81 darstellt, und bei Fahrlässigkeit bezüglich der Kenntnis vom Inhalt der Schrift ein Vergehen nach § 84 vorliegt, betrifft § 93 nur ein vorsätzliches Tun.

3. Die Täterhandlung besteht im Herstellen, Vervielfältigen, Verbreiten oder Vorrätighalten, Beziehen oder Einführen einer solchen Schrift.

4. Der innere Tatbestand verlangt lediglich Vorsatz, d. h. die Kenntnis vom Inhalt der Schrift. Eine darüber hinausgehende Absicht, die fraglichen Bestrebungen zu fördern, gehört nicht zum Tatbestand.

5. Wegen der Nebenstrafen und Nebenfolgen siehe § 98.

Strafschärfung.

§ 94. (1) Wird eine Tat, die nach den Vorschriften über
Angriffe gegen die Ausübung staatsbürgerlicher Rechte oder Widerstand gegen die Staatsgewalt (§§ 106 bis 122b),
Angriffe gegen die öffentliche Ordnung (§§ 123 bis 139),
Störung des Gottesdienstes (§ 167),
Körperverletzung (§§ 223 bis 229),
Vorbereitung einer Verschleppung, Freiheitsberaubung, Nötigung, Bedrohung oder politische Verdächtigung (§§ 234a Abs. 3, 239 bis 241a),
Begünstigung (§§ 257, 257a),
Urkundenfälschung (§§ 267 bis 275, 281),
Sachbeschädigung (§§ 303 bis 305),
gemeingefährliche Handlungen (§§ 308, 311, 315, 315a Abs. 1 Nr. 1, §§ 316b, 317, 321, 324) oder
Verletzung der Amtspflicht (§§ 332 bis 336, 340 bis 355, 357)
strafbar ist, in der Absicht begangen,
den Bestand der Bundesrepublik Deutschland zu beeinträchtigen, einen der in § 88 bezeichneten Verfassungsgrundsätze zu beseitigen, außer Geltung zu setzen oder zu untergraben oder eine solche Bestrebung zu fördern,
so kann, soweit die Tat nicht mit schwererer Strafe bedroht ist, auf Zuchthaus bis zu fünf Jahren oder auf Gefängnis und, wenn die Tat auch ohne diese Strafschärfung ein Verbrechen wäre, auf Zuchthaus bis zu fünfzehn Jahren erkannt werden.

(2) Wird eine Tat nach den in Absatz 1 bezeichneten Vorschriften nur auf Antrag verfolgt, so entfällt unter den Voraussetzungen des Absatzes 1 das Erfordernis des Strafantrages.

1. Hier werden zahlreiche Tatbestände aus verschiedenen Abschnitten des Strafgesetzbuches bestimmt, bei denen eine Strafschärfung eintritt (wodurch

diese Delikte zu Verbrechen werden), wenn die betreffenden Straftaten in staatsgefährdender Absicht (siehe Gesetzestext) begangen werden. (In §§ 90, 92 ist die staatsgefährdende Absicht ein strafbegründendes Tatbestandsmerkmal.)

2. Wegen der Nebenstrafen und Nebenfolgen siehe § 98.

Verunglimpfung des Bundespräsidenten.

§ 95. (1) Wer öffentlich, in einer Versammlung oder durch Verbreitung von Schriften, Schallaufnahmen, Abbildungen oder Darstellungen den Bundespräsidenten verunglimpft oder dazu auffordert, wird mit Gefängnis nicht unter drei Monaten bestraft.

(2) Sind mildernde Umstände vorhanden, so kann das Gericht die Mindeststrafe unterschreiten, wenn nicht die Voraussetzungen der Strafschärfung nach § 187a erfüllt sind.

(3) Ist die Tat eine Verleumdung oder ist sie in der Absicht begangen, Bestrebungen gegen den Bestand der Bundesrepublik Deutschland oder gegen einen der in § 88 bezeichneten Verfassungsgrundsätze zu fördern, so ist die Strafe Gefängnis nicht unter sechs Monaten.

(4) Die Tat wird nur mit Ermächtigung des Bundespräsidenten verfolgt.

1. Vorbemerkungen zu §§ 95—97.

a) In diesen drei Gesetzesstellen werden Beschimpfungen des Bundespräsidenten (§ 95), der Bundesrepublik (§ 96 Abs. 1 Nr. 1), der Symbole (§ 96 Abs. 1 Nr. 2) und bestimmter Staatsorgane (§ 97) behandelt.

b) Die Täterhandlung besteht in allen Fällen im „Verunglimpfen", worunter jede Art von Beleidigung i. S. der §§ 185, 186, 187 fällt, wenn sie eine besonders verletzende Äußerung der Mißachtung enthält. In § 96 sind außerdem noch andere Formen der Mißachtung vorgesehen, vor allem das Beschimpfen.

c) In sämtlichen drei Tatbeständen ist Voraussetzung der Strafbarkeit öffentliche Begehung, oder Begehung in einer Versammlung (öffentlich oder nichtöffentlich) oder durch Verbreitung von Schriften usw.

d) Die staatsgefährdende Absicht ist teils strafbegründend, gehört also zum Tatbestand (§ 97), teils strafschärfend (§§ 95 Abs. 3, 96 Abs. 4).

e) Eine Berufung auf § 193 kommt in keinem der Fälle in Frage.

f) Wegen Nebenstrafen und Nebenfolgen siehe § 98.

2. Zu § 95: Diese den Schutz des Bundespräsidenten betreffende Vorschrift ähnelt dem aufgehobenen § 94 Abs. 2. Strafschärfung tritt ein, wenn die Tat in der in Absatz 3 gekennzeichneten Absicht begangen wird. Die Strafverfolgung ist von einer Ermächtigung des Bundespräsidenten abhängig. Wegen der Nebenstrafen und Nebenfolgen siehe § 98.

Beschimpfung des Staates und seiner Symbole.

§ 96. (1) Wer öffentlich in einer Versammlung oder durch Verbreitung von Schriften, Schallaufnahmen, Abbildungen oder Darstellungen

1. die Bundesrepublik Deutschland oder eines ihrer Länder oder ihre verfassungsmäßige Ordnung beschimpft oder böswillig verächtlich macht,
2. ihre Farben, ihre Flagge, ihr Wappen oder ihre Hymne verunglimpft

oder dazu auffordert, wird mit Gefängnis bestraft.

(2) Ebenso wird bestraft, wer eine öffentlich gezeigte Flagge der Bundesrepublik Deutschland oder eines ihrer Länder oder ein von einer Behörde öffentlich angebrachtes Zeichen der Hoheit der Bundesrepublik Deutschland oder eines ihrer Länder entfernt, zerstört, beschädigt oder unkenntlich macht oder wer beschimpfenden Unfug daran verübt. Der Versuch ist strafbar.

(3) Hat der Täter eine der in Absatz 1 und 2 genannten Taten in der Absicht begangen, Bestrebungen gegen den Bestand der Bundesrepublik Deutschland oder gegen einen der in § 88 bezeichneten Verfassungsgrundsätze zu fördern, so ist die Strafe Gefängnis nicht unter drei Monaten.

1. Zu Abs. 1 Nr. 1: Geschützt werden hier der Bund und die Länder, sowie die verfassungsmäßige Ordnung (siehe Erläuterung 3 zu § 80 Abs. 1 Nr. 1) gegen Beschimpfung oder böswillige Verächtlichmachung.

2. Zu Absatz 1 Nr. 2: Diese Gesetzesstelle bedroht die Verunglimpfung von Staatssymbolgen (Farben, Flagge, Wappen).

3. Zu Absatz 2: Während im Absatz 1 Nr. 2 die dort genannten Symbole allgemein gegen Verunglimpfung geschützt werden, beschränkt sich Absatz 2 auf die Flagge der Bundesrepublik oder eines ihrer Länder und sonstige Hoheitszeichen, allerdings vorausgesetzt, daß sie von einer Behörde öffentlich (nicht also, wenn sie von einer Privatperson oder einem Verein) angebracht sind. Die Täterhandlung dieses Tatbestandes besteht im Entfernen, Zerstören, Beschädigen, Unkenntlichmachen, oder Verüben beschimpfenden Unfugs.

4. Zu Absatz 4: Eine Strafschärfung tritt ein, wenn die Tat in der dort gekennzeichneten besonderen Absicht begangen wurde.

5. Wegen der Nebenstrafen und Nebenfolgen siehe § 98.

Verunglimpfung von Staatsorganen.

§ 97. (1) Wer in der Absicht, Bestrebungen gegen den Bestand der Bundesrepublik Deutschland oder gegen einen der in § 88 bezeichneten Verfassungsgrundsätze zu fördern, öffentlich, in einer Versammlung oder durch Verbreitung von Schriften, Schallaufnahmen, Abbildungen oder Darstellungen

ein Gesetzgebungsorgan, die Regierung oder das Verfassungsgericht des Bundes oder eines Landes insgesamt oder in einem ihrer Mitglieder als verfassungsmäßiges Organ in einer das Ansehen des Staates gefährdenden Weise verunglimpft oder dazu auffordert, wird mit Gefängnis nicht unter drei Monaten bestraft, soweit nicht in anderen Vorschriften eine schwerere Strafe angedroht ist.

(2) Die Tat wird nur mit Ermächtigung des betroffenen Staatsorgans oder Mitglieds verfolgt.

1. Diese Gesetzesstelle betrifft die Verunglimpfung von Staatsorganen.

2. Gesetzgebungsorgane des Bundes sind der Bundestag und der Bundesrat. Welche Organe als Gesetzgebungsorgane der Länder zu gelten haben, ob insbesondere neben dem Landtag noch eine weitere Körperschaft als Gesetzgebungsorgan in Frage kommt, bestimmt sich nach der Landesverfassung.

3. Geschützt sind ferner die Regierung und das Verfassungsgericht des Bundes und der Länder, nicht aber die Organe der Rechtsprechung.

4. Die Täterhandlung besteht im Verunglimpfen oder der Aufforderung hierzu.

5. Zum inneren Tatbestand gehört neben dem Vorsatz die Absicht, Bestrebungen gegen den Bestand der Bundesrepublik Deutschland oder gegen einen der im § 88 bezeichneten Verfassungsgrundsätze zu fördern.

6. In sämtlichen Fällen werden auch die Einzelmitglieder der genannten Organe geschützt, wenn ihre Verunglimpfung mittelbar einen Angriff auf das Staatsorgan enthält. In diesem Falle kann Tateinheit zwischen § 97 und §§ 185ff. in Frage kommen. (BGH. 6, 160.)

7. Wegen der Nebenstrafen und Nebenfolgen siehe § 98.

Nebenstrafen und Nebenfolgen.

§ 98. (1) Wegen der in diesem Abschnitt mit Strafe bedrohten Handlungen kann erkannt werden

neben der Strafe aus § 89
auf Geldstrafe von unbegrenzter Höhe;

neben den Strafen aus §§ 90 bis 97
auf Geldstrafe;

neben einer Gefängnisstrafe von mindestens drei Monaten
für die Dauer von einem bis zu fünf Jahren auf die Unfähigkeit zur Bekleidung öffentlicher Ämter und den Verlust des Wahl- und Stimmrechts und der Wählbarkeit
sowie auf den Verlust der aus öffentlichen Wahlen hervorgegangenen Rechte;

neben jeder Freiheitsstrafe aus den §§ 89 bis 94 auf die Zulässigkeit von Polizeiaufsicht.

(2) § 86 gilt entsprechend.

Diese Bestimmung enthält die Nebenstrafen und Nebenfolgen.

Dritter Abschnitt: Landesverrat.

Begriffsbestimmungen.

§ 99. (1) Staatsgeheimnisse im Sinne dieses Abschnitts sind Tatsachen, Gegenstände oder Erkenntnisse, insbesondere Schriften, Zeichnungen, Modelle oder Formeln, oder Nachrichten darüber, deren Geheimhaltung vor einer fremden Regierung für das Wohl der Bundesrepublik Deutschland oder eines ihrer Länder erforderlich ist.

(2) Verrat im Sinne dieses Abschnittes begeht, wer vorsätzlich ein Staatsgeheimnis an einen Unbefugten gelangen läßt oder es öffentlich bekanntmacht und dadurch das Wohl der Bundesrepublik Deutschland oder eines ihrer Länder gefährdet.

1. Vorbemerkungen zum Dritten Abschnitt (§§ 99—101):

a) Wie schon in Erläuterung 1 zu § 88 festgestellt wurde, bedeutet der Landesverrat einen Angriff auf den Bestand des Staates nach außen, d. h. in seinem Verhältnis zu anderen Staaten (und zwar nicht nur ausländischen, sondern auch außerhalb des Bundesgebietes liegenden deutschen Staaten), während der Hochverrat einen Angriff gegen den Staat als Einzelwesen darstellt.

b) Da der Verrat von Staatsgeheimnissen das Wichtigste der Landesverratsverbrechen ist, werden in § 99 vorweg diese beiden Begriffe „Staatsgeheimnisse" und „Verrat" erörtert. Es folgen dann die sieben Straftatbestände, beginnend mit dem Grundtatbestand des Landesverrats, Verraten oder Ausspähen eines Staatsgeheimnisses (§ 100), anschließend die landesverräterische Fälschung (§ 100a), die Beweisvernichtung (§ 100 b), die Preisgabe von Staatsgeheimnissen (§ 100 c), die staatsfeindliche Zusammenarbeit mit dem Ausland (§§ 100 d, 100 e) und schließlich die landesverräterische Untreue (§ 100 f).

2. Zu § 99 Absatz 1: Was ist ein Staatsgeheimnis?

a) Gegenüber der Fassung des alten § 88 wurden als neue Objekte des Geheimnisses aufgenommen „Erkenntnisse", „Modelle" und „Formeln".

b) Ob die fraglichen Tatsachen usw. „geheim", d. h. nur einem beschränkten Kreis von Personen bekannt sind und ob die Nichtgeheimhaltung das Wohl der Bundesrepublik beeinträchtigt, ist Tatfrage.

3. Zu Absatz 2: Was ist Verrat?

a) Schutzobjekt ist das Wohl der Bundesrepublik oder eines ihrer Länder.

b) Die Täterhandlung des Verräters besteht in dem „Gelangenlassen des Staatsgeheimnisses an einen Unbefugten" (vor allem an einen ausländischen Spion oder Agenten), oder in der „öffentlichen Bekanntmachung" und der dadurch bewirkten „Gefährdung des Staatswohls".

c) Zum inneren Tatbestand gehört lediglich Vorsatz, der (wie immer bei vorsätzlichem Handeln) auch schon dann vorliegt, wenn der Täter mit der Möglichkeit der gefahrbringenden Verwertung des Geheimnisses durch den Empfänger oder Hörer rechnet und diese Möglichkeit mit in Kauf genommen hat (sog. dolus eventualis).

Landesverrat.

§ 100. (1) Wer ein Staatsgeheimnis verrät, wird wegen Landesverrates mit Zuchthaus bestraft.

(2) Wer sich ein Staatsgeheimnis verschafft, um es zu verraten, wird wegen Ausspähung von Staatsgeheimnissen mit Zuchthaus bis zu zehn Jahren bestraft.

(3) Ein Abgeordneter des Bundestages, der nach gewissenhafter Prüfung der Sach- und Rechtslage und nach sorgfältiger Abwägung der widerstreitenden Interessen sich für verpflichtet hält, einen Verstoß gegen die verfassungsmäßige Ordnung des Bundes oder eines Landes im Bundestag oder in einem seiner Ausschüsse zu rügen, und dadurch ein Staatsgeheimnis öffentlich bekanntmacht, handelt nicht rechtswidrig, wenn er mit der Rüge beabsichtigt, einen Bruch des Grundgesetzes oder der Verfassung eines Landes abzuwehren.

1. Zu Absatz 1: Er enthält die Strafandrohung für das Verbrechen des Landesverrats i. S. des § 99, begangen durch den eigentlichen Verrat i. S. des § 99 Abs. 2.

2. Zu Absatz 2: Diese Gesetzesstelle enthält eine Abart des Landesverrats, nämlich die Ausspähung von Staatsgeheimnissen, die mit Zuchthaus bis zu 10 Jahren bestraft wird. Als ein Versuch dieses Verbrechens dürfte jeder Anfang der Ausführung einer Tätigkeit zu gelten haben, durch die ein Spion erreichen will, in den natürlichen oder geistigen Besitz geheimhaltungsbedürftiger Gegenstände oder Nachrichten zu gelangen.

3. Zu Absatz 3: Hier hat der Gesetzgeber einen Rechtfertigungsgrund, d. h. einen die Rechtswidrigkeit ausschließenden Umstand zugunsten der Bundestagsabgeordneten normiert. Es soll nämlich nicht strafbar sein, wenn ein Bundestagsabgeordneter im Plenum oder in einem der Ausschüsse ein Staatsgeheimnis öffentlich bekannt macht lediglich in der Absicht, illegale Zustände zu rügen. Voraussetzung ist aber, daß einem solchen Vorgehen eine gewissenhafte Prüfung der sich widerstreitenden Interessen vorausgegangen ist.

4. Wegen Nebenstrafen und Nebenfolgen siehe § 101.

Landesverräterische Fälschung.

§ 100a. (1) Wer durch Fälschung oder Verfälschung Schriften, Zeichnungen oder andere Gegenstände, die im Falle der Echtheit Staatsgeheimnisse wären, herstellt, um sie in einer das Wohl der Bundesrepublik Deutschland oder eines ihrer Länder gefährdenden Weise zu verwenden, wird mit Zuchthaus bestraft.

(2) Ebenso wird bestraft, wer Tatsachen, Gegenstände oder Nachrichten darüber, die falsch, verfälscht oder unwahr sind, aber im Falle der Echtheit oder Wahrheit Staatsgeheimnisse wären, vorsätzlich als echt oder wahr an einen Unbefugten gelangen läßt oder öffentlich bekanntmacht und dadurch das Wohl der Bundesrepublik Deutschland oder eines ihrer Länder gefährdet.

(3) Wer Gegenstände, die falsch oder verfälscht sind, aber im Falle der Echtheit Staatsgeheimnisse wären, sich verschafft, um sie in einer das Wohl der Bundesrepublik Deutschland oder eines ihrer Länder

gefährdenden Weise zu verwenden, wird mit Zuchthaus bis zu zehn Jahren bestraft.

(4) Falschen, verfälschten oder unwahren Tatsachen, Gegenständen oder Nachrichten darüber (Absätze 2 und 3) stehen Staatsgeheimnisse gleich, die der Täter irrtümlich für falsch, verfälscht oder unwahr hält.

1. Hier wird die sog. landesverräterische Fälschung behandelt, die inhaltlich dem aufgehobenen § 90a entspricht. Der Grundgedanke des § 100a ist der, daß das Staatswohl gefährdet werden kann nicht nur durch den Verrat echter, sondern auch durch die Weitergabe unechter Staatsgeheimnisse, nämlich insofern, als im letzteren Falle folgenschwere internationale Verstimmungen zum Nachteil der Bundesrepublik eintreten können.

2. In Absatz 1 wird die in Verwendungsabsicht erfolgte Herstellung falscher Staatsgeheimnisse, in Absatz 2 die Weitergabe falscher Staatsgeheimnisse als echte, in Absatz 3 das in Verwendungsabsicht erfolgte Sichverschaffen solcher Geheimnisse bedroht.

3. In Absatz 4 ist bestimmt, daß den falschen Staatsgeheimnissen gleichgestellt sind solche, die der Täter irrtümlich für falsch gehalten hat. (Ohne diese Bestimmung des Absatzes 4 könnte in einem solchen Irrtumsfalle nur eine Bestrafung wegen versuchten Verbrechens nach Absatz 1—3 erfolgen.)

4. Wegen Nebenstrafen und Nebenfolgen siehe § 101.

Beweismittelvernichtung.

§ 100 b. (1) Wer ein Beweismittel über eine Tatsache, die für die Beziehungen zwischen der Bundesrepublik Deutschland oder einem ihrer Länder einerseits und einem fremden Staate, einem Gebiet außerhalb des räumlichen Geltungsbereichs dieses Gesetzes, einer Staatengemeinschaft oder einer zwischenstaatlichen Einrichtung andererseits von Bedeutung ist, fälscht, verfälscht, vernichtet, beschädigt, beseitigt, unterdrückt oder sonst in seiner Verwendbarkeit beeinträchtigt und dadurch das Wohl der Bundesrepublik Deutschland oder eines ihrer Länder gefährdet, wird mit Zuchthaus bis zu fünf Jahren bestraft.

(2) Sind mildernde Umstände vorhanden, so ist die Strafe Gefängnis nicht unter drei Monaten.

1. Diese Gesetzesstelle, die den aufgehobenen § 90 ersetzt, betrifft die sog. Beweismittelvernichtung.

2. Geschützt werden Beweismittel über alle Tatsachen, die für die Beziehungen der Bundesrepublik bzw. der Länder zu einem fremden Staate usw. von Bedeutung sind; Tatsachen, die nur innerdeutsche Beziehungen betreffen, werden von dieser Vorschrift nicht erfaßt.

3. Die Täterhandlung, die eine Gefährdung des Staatswohls zur Folge haben muß, besteht im Fälschen und Verfälschen (siehe § 267), im Vernichten, Beschädigen, Beseitigen und Unterdrücken (siehe § 274 Abs. 1 Nr. 1). Eine Beeinträchtigung in der Verwendbarkeit kann z. B. bei einem Zeugen dann in Frage kommen, wenn er festgehalten oder sein Erinnerungsvermögen durch irgendwelche Mittel gestört wird.

4. Wegen Nebenstrafen und Nebenfolgen siehe § 101.

Fahrlässiger Landesverrat.

§ 100c. (1) Wer vorsätzlich ein Staatsgeheimnis an einen Unbefugten gelangen läßt oder es öffentlich bekanntmacht und dadurch fahrlässig das Wohl der Bundesrepublik Deutschland oder eines ihrer Länder gefährdet, wird mit Gefängnis bestraft.

(2) Wer fahrlässig ein Staatsgeheimnis, das ihm kraft seines Amtes oder seiner dienstlichen Stellung oder eines von einer Dienststelle erteilten Auftrages zugänglich war, an einen Unbefugten gelangen läßt und dadurch das Wohl der Bundesrepublik Deutschland oder eines ihrer Länder gefährdet, wird mit Gefängnis bis zu zwei Jahren bestraft. Die Tat wird nur mit Ermächtigung der Regierung des Bundes oder des Landes verfolgt, dessen Wohl gefährdet worden ist.

1. Diese Gesetzesstelle behandelt die sog. Preisgabe von Staatsgeheimnissen (siehe die aufgehobenen §§ 90d und 90e).

2. Zu Absatz 1: Dieser Tatbestand (früher § 90d) ist gegeben, wenn zwar die Preisgabe des Staatsgeheimnisses vorsätzlich erfolgt, aber die Tatsache, daß dadurch das Wohl der Bundesrepublik gefährdet wird, infolge Fahrlässigkeit nicht erkannt wird.

3. Zu Absatz 2: Dieser Tatbestand (früher 90e) liegt vor, wenn die Preisgabe des Staatsgeheimnisses selbst fahrlässig erfolgt. (Z. B. Verlust von Geheimakten infolge leichtsinniger Aufbewahrung.) Voraussetzung hierfür ist aber, daß das Staatsgeheimnis dem Täter kraft seines Amtes usw. zugänglich geworden war.

4. Wegen Nebenstrafen und Nebenfolgen siehe § 101.

Agententätigkeit.

§ 100 d. (1) Wer in der Absicht, einen Krieg, ein bewaffnetes Unternehmen oder Zwangsmaßregeln gegen die Bundesrepublik Deutschland oder eines ihrer Länder herbeizuführen oder zu fördern, zu einer Regierung, einer Partei, einer anderen Vereinigung oder einer Einrichtung außerhalb des räumlichen Geltungsbereichs dieses Gesetzes oder zu einer Person, die für eine solche Regierung, Partei, Vereinigung oder Einrichtung tätig ist, Beziehungen aufnimmt oder unterhält, wird mit Zuchthaus bestraft.

(2) Handelt der Täter in der Absicht, sonstige Maßnahmen oder Bestrebungen einer Regierung, einer Partei, einer anderen Vereinigung oder einer Einrichtung außerhalb des räumlichen Geltungsbereichs dieses Gesetzes herbeizuführen oder zu fördern, die darauf gerichtet sind,

den Bestand (§ 88 Abs. 1) oder die Sicherheit der Bundesrepublik Deutschland zu beeinträchtigen oder einen der in § 88 bezeichneten

Verfassungsgrundsätze zu beseitigen, außer Geltung zu setzen oder zu untergraben,

so ist die Strafe Gefängnis. Der Versuch ist strafbar.

(3) Wer in der Absicht, eine der in den Absätzen 1 und 2 bezeichneten Maßnahmen oder Bestrebungen herbeizuführen oder zu fördern, unwahre oder gröblich entstellte Behauptungen tatsächlicher Art aufstellt oder verbreitet, wird mit Gefängnis bestraft. Der Versuch ist strafbar.

(4) In besonders schweren Fällen des Absatzes 1 kann auf lebenslanges Zuchthaus, in besonders schweren Fällen der Absätze 2 und 3 auf Zuchthaus erkannt werden.

1. Diese Gesetzesstelle enthält drei Arten der staatsfeindlichen Zusammenarbeit mit dem Ausland (siehe den aufgehobenen § 91). Der Grundgedanke ist der, alle, die Auslösung feindlicher Zwangsmaßnahmen bzw. staatsgefährdender Unternehmungen bezweckenden Bestrebungen in einem möglichst frühzeitigen Stadium zu erfassen.

2. Zu Absatz 1: Hier handelt es sich um die landesverräterische Konspiration. Die Täterhandlung besteht in dem Aufnehmen oder Unterhalten von Beziehungen zu einer fremden Regierung usw. in der Absicht, einen Krieg, ein bewaffnetes Unternehmen oder Zwangsmaßregeln gegen den Bund oder die Länder herbeizuführen oder zu fördern.

3. Zu Absatz 2: Da die in diesem Abschnitt behandelte Zusammenarbeit mit dem Ausland die Herbeiführung einer Staatsgefährdung i. S. des § 88 zum Ziele hat, kann man diesen Tatbestand als staatsgefährdende Konspiration bezeichnen.

4. Absatz 3 betrifft den Fall, daß der Täter seine landesverräterischen bzw. staatsgefährdenden Ziele nicht durch Aufnehmen von Beziehungen zum Ausland, sondern durch Aufstellen oder Verbreiten unwahrer oder gröblich entstellter Behauptungen tatsächlicher Art erreichen will (sog. Lügenpropaganda).

5. Wegen Nebenstrafen und Nebenfolgen siehe § 101.

Vorbereitungshandlungen zum Landesverrat.

§ 100 e. (1) Wer zu einer Regierung, einer Partei, einer anderen Vereinigung oder einer Einrichtung außerhalb des räumlichen Geltungsbereichs dieses Gesetzes oder zu einer Person, die für eine solche Regierung, Partei, Vereinigung oder Einrichtung tätig ist, Beziehungen aufnimmt oder unterhält, welche die Mitteilung von Staatsgeheimnissen oder eine der in § 100 d Abs. 1 bezeichneten Maßnahmen zum Gegenstand haben, wird mit Gefängnis bestraft.

(2) Ebenso wird bestraft, wer für eine Regierung, eine Partei, eine andere Vereinigung oder eine Einrichtung außerhalb des räumlichen Geltungsbereichs dieses Gesetzes tätig ist und Beziehungen der in Absatz 1 bezeichneten Art zu einem anderen aufnimmt oder unterhält.

1. Zu Absatz 1: Diese Gesetzesstelle befaßt sich ebenso wie § 100d Absatz 1 mit dem Aufnehmen oder Unterhalten von Beziehungen zu einer fremden Regierung usw. (siehe den aufgehobenen § 90c). Sie unterscheidet sich aber von der landesverräterischen Konspiration des § 100d Absatz 1 dadurch, daß die dort verlangte Absicht keine Voraussetzung für eine Bestrafung nach § 100e Absatz 1 bildet. Wer also die Tat des § 100d Absatz 1 ohne die dort verlangte besondere Absicht begeht, wird in der Regel nach § 100e Absatz 1 strafbar sein.

2. Nach Absatz 2 ist strafbar, wer für eine fremde Regierung usw. tätig ist und Beziehungen der in Absatz 1 bezeichneten Art zu einem anderen aufnimmt.

Landesverräterische Untreue.

§ 100 f. (1) Ein Beauftragter der Bundesrepublik Deutschland oder eines ihrer Länder, der ein Staatsgeschäft mit einer fremden Regierung, einer Staatengemeinschaft oder einer zwischenstaatlichen Einrichtung vorsätzlich zum Nachteil seines Auftraggebers führt, wird mit Zuchthaus bestraft.

(2) Sind mildernde Umstände vorhanden, so ist die Strafe Gefängnis nicht unter drei Monaten.

1. Diese Gesetzesstelle handelt von der landesverräterischen Untreue. Sie entspricht inhaltlich dem aufgehobenen § 90g.

2. Täter kann nur ein Beauftragter der Bundesrepublik oder eines ihrer Länder sein.

3. Die Täterhandlung besteht darin, daß das aufgetragene Geschäft bewußt dem Auftrag zuwider zum Nachteil des Auftraggebers geführt wird.

Nebenstrafen und Nebenfolgen.

§ 101. (1) Wegen der in diesem Abschnitt mit Strafe bedrohten Handlungen kann erkannt werden

neben den Strafen aus §§ 100 bis 100 b, 100 d Abs. 1 und § 100 f auf Geldstrafe von unbegrenzter Höhe;

neben den Strafen aus §§ 100c, 100d Abs. 2, 3 und § 100 e auf Geldstrafe;

neben einer wegen einer vorsätzlichen Tat verhängten Gefängnisstrafe von mindestens drei Monaten

für die Dauer von einem bis zu fünf Jahren auf die Unfähigkeit zur Bekleidung öffentlicher Ämter und den Verlust des Wahl- und Stimmrechts und der Wählbarkeit

sowie auf den Verlust der aus öffentlichen Wahlen hervorgegangenen Rechte;

neben jeder Freiheitsstrafe aus §§ 100 bis 100 b, 100 d, 100 e auf die Zulässigkeit von Polizeiaufsicht.

(2) § 86 gilt entsprechend.

Vierter Abschnitt:

Handlungen gegen ausländische Staaten.

Angriff auf ausländisches Staatsoberhaupt usw.

§ 102. Wer einen Angriff auf Leib oder Leben eines ausländischen Staatsoberhauptes, eines Mitgliedes einer ausländischen Regierung oder eines im Bundesgebiet beglaubigten Leiters einer ausländischen diplomatischen Vertretung begeht, während sich der Angegriffene in amtlicher Eigenschaft im Inland aufhält, wird mit Gefängnis, in besonders schweren Fällen mit Zuchthaus bestraft, soweit nicht in anderen Vorschriften eine schwerere Strafe angedroht ist.

Beleidigung ausländischen Staatsoberhauptes.

§ 103. Wer ein ausländisches Staatsoberhaupt oder wer mit Beziehung auf ihre Stellung ein Mitglied einer ausländischen Regierung, das sich in amtlicher Eigenschaft im Inland aufhält, oder einen im Bundesgebiet beglaubigten Leiter einer ausländischen diplomatischen Vertretung beleidigt, wird mit Gefängnis bis zu drei Jahren, im Falle der verleumderischen Beleidigung mit Gefängnis nicht unter drei Monaten bestraft.

Zerstörung ausländischen Hoheitszeichens.

§ 104. (1) Wer eine auf Grund von Rechtsvorschriften oder nach anerkanntem Brauch öffentlich gezeigte Flagge eines ausländischen Staates oder wer ein Hoheitszeichen eines solchen Staates, das von einer anerkannten Vertretung dieses Staates öffentlich angebracht worden ist, entfernt, zerstört, beschädigt oder unkenntlich macht oder wer beschimpfenden Unfug daran verübt, wird mit Gefängnis bis zu zwei Jahren oder mit Geldstrafe bestraft.

(2) Der Versuch ist strafbar.

§ 104 a. Die Vergehen dieses Abschnittes werden nur verfolgt, wenn die Bundesrepublik zu dem anderen Staat diplomatische Beziehungen unterhält, die Gegenseitigkeit verbürgt ist und auch zur Zeit der Tat verbürgt war, ein Strafverlangen der ausländischen Regierung vorliegt und die Bundesregierung die Ermächtigung zur Strafverfolgung erteilt. Die Ermächtigung kann zurückgenommen werden.

§ 104b. (1) Im Falle des § 102 gelten die Vorschriften der §§ 85 und 86 entsprechend mit der Maßgabe, daß neben den Strafen auf Geldstrafe erkannt werden kann.

(2) In den Fällen der §§ 103 und 104 ist die Vorschrift des § 200 über die öffentliche Bekanntmachung der Verurteilung entsprechend anzuwenden, wenn die Tat öffentlich oder in einer Versammlung begangen worden ist. An die Stelle des Beleidigten tritt der Staatsanwalt.

Fünfter Abschnitt:
Verbrechen und Vergehen in Beziehung auf die Ausübung staatsbürgerlicher Rechte.

Vorbemerkung: Werden die Delikte der §§ 106 bis 122b in staatsgefährdender Absicht begangen, dann ist Strafschärfung nach § 94 möglich.

Parlamentssprengung.

§ 105. (1) Wer es unternimmt, ein Gesetzgebungsorgan des Bundes oder eines Landes auseinander zu sprengen, zur Fassung oder Unterlassung von Beschlüssen zu nötigen oder Mitglieder aus ihnen gewaltsam zu entfernen, wird mit Zuchthaus nicht unter fünf Jahren oder mit Einschließung von gleicher Dauer bestraft.

(2) Sind mildernde Umstände vorhanden, so tritt Einschließung nicht unter einem Jahre ein.

Der Ausdruck: „wer es unternimmt" umfaßt Vollendung und Versuch (§ 87). Bloße Vorbereitungshandlungen (siehe Vorbemerkung zu § 43 und Erläuterung 3 zu § 43) sind also nicht strafbar.

Hinderung von Parlamentsmitgliedern.

§ 106. (1) Wer ein Mitglied einer der vorbezeichneten Versammlungen durch Gewalt oder durch Bedrohung mit einer strafbaren Handlung verhindert, sich an den Ort der Versammlung zu begeben oder zu stimmen, wird mit Zuchthaus bis zu fünf Jahren oder mit Einschließung von gleicher Dauer bestraft.

(2) Sind mildernde Umstände vorhanden, so tritt Einschließung bis zu zwei Jahren ein.

Schutz des Bannkreises.

§ 106 a. (1) Wer innerhalb des befriedeten Bannkreises um das Gebäude eines Gesetzgebungsorgans des Bundes oder eines Landes sowie des Bundesverfassungsgerichts an öffentlichen Versammlungen unter freiem Himmel oder Aufzügen teilnimmt und dadurch vorsätzlich Vorschriften verletzt, die über den Bannkreis erlassen worden sind, wird mit Gefängnis bis zu sechs Monaten oder mit Geldstrafe bestraft.

(2) Wer zu Versammlungen oder Aufzügen auffordert, die unter Verletzung der in Absatz 1 genannten Vorschriften innerhalb eines befriedeten Bannkreises stattfinden sollen, wird mit Gefängnis bis zu zwei Jahren bestraft.

1. Diese Vorschrift (eingefügt durch das Strafrechtsänderungsgesetz vom 30. 8. 1951) dient dem Schutze des befriedeten Bannkreises um Parlamentsgebäude und der Sicherstellung der Ordnung und ungestörten Arbeit in diesen Häusern. Sie bedroht somit gewissermaßen Vorbereitungshandlungen zu den in § 105 (Parlamentssprengung) und § 106 (Hinderung von Parlamentsmitgliedern) erfaßten Tatbeständen. Die Vorschrift ist ein Blankettstrafgesetz, d. h. sie muß noch durch besondere Bundes- oder landesrechtliche Vorschriften ergänzt werden.

2. Zu Absatz 1:

a) Organe der Gesetzgebung des Bundes sind Bundestag und Bundesrat; Gesetzgebungsorgan eines Landes ist in der Regel der Landtag.

b) Die Täterhandlung des Absatzes 1 besteht in der Teilnahme an verbotenen Versammlungen oder Aufzügen innerhalb des Bannkreises.

3. Zu Absatz 2: Hier wird die Aufforderung zu solchen Versammlungen oder Aufzügen mit Strafe bedroht, ohne Rücksicht darauf, ob die Versammlung oder der Aufzug tatsächlich stattfindet.

4. In diesem Zusammenhang sei ergänzend das Gesetz über Versammlungen und Aufzüge (Versammlungsgesetz) vom 24. Juli 1953 (BGBl. I 1953, S. 684) eingeschaltet.

Abschnitt I

Allgemeines

§ 1. (1) Jedermann hat das Recht, öffentliche Versammlungen und Aufzüge zu veranstalten und an solchen Veranstaltungen teilzunehmen.

(2) Dieses Recht hat nicht,

1. wer das Grundrecht der Versammlungsfreiheit gemäß Artikel 18 des Grundgesetzes verwirkt hat,
2. wer mit der Durchführung oder Teilnahme an einer solchen Veranstaltung die Ziele einer nach Artikel 21 Abs. 2 des Grundgesetzes durch das Bundesverfassungsgericht für verfassungswidrig erklärten Partei oder Teil- oder Ersatzorganisation einer Partei fördern will,
3. eine Partei, die nach Artikel 21 Abs. 2 des Grundgesetzes durch das Bundesverfassungsgericht für verfassungswidrig erklärt worden ist, oder
4. eine Vereinigung, die nach Artikel 9 Abs. 2 des Grundgesetzes verboten ist.

§ 2. (1) Wer zu einer öffentlichen Versammlung oder zu einem Aufzug öffentlich einlädt, muß als Veranstalter in der Einladung seinen Namen angeben.

(2) Bei öffentlichen Versammlungen und Aufzügen hat jedermann Störungen zu unterlassen, die bezwecken, die ordnungsmäßige Durchführung zu verhindern.

(3) Niemand darf Waffen bei sich tragen, es sei denn, daß er zum Erscheinen mit Waffen behördlich ermächtigt ist.

§ 3. (1) Es ist verboten, öffentlich oder in einer Versammlung Uniformen, Uniformteile oder gleichartige Kleidungsstücke als Ausdruck einer gemeinsamen politischen Gesinnung zu tragen.

(2) Das Verbot des Tragens gleichartiger Kleidungsstücke gilt nicht für Mitglieder von Jugendverbänden, die sich vorwiegend der Jugendpflege widmen. Ob diese Voraussetzung vorliegt, entscheidet bei Jugendverbänden, die sich über das Gebiet eines Landes hinaus erstrecken, der Bundesminister des Innern, sonst die oberste Landesbehörde.

§ 4. Es ist verboten, öffentlich oder in einer Versammlung Kennzeichen ehemaliger nationalsozialistischer Organisationen zu verwenden.

Abschnitt II

Öffentliche Versammlungen in geschlossenen Räumen

§ 5. Die Abhaltung einer Versammlung kann nur im Einzelfall und nur dann verboten werden, wenn

1. der Veranstalter unter die Vorschriften des § 1 Abs. 2 Nr. 1 bis 4 fällt, und im Falle der Nummer 4 das Verbot durch die zuständige Verwaltungsbehörde festgestellt worden ist,

2. der Veranstalter oder Leiter der Versammlung entgegen § 2 Abs. 3 bewaffneten Teilnehmern Zutritt gewährt,
3. Tatsachen festgestellt sind, aus denen sich ergibt, daß der Veranstalter oder sein Anhang einen gewalttätigen oder aufrührerischen Verlauf der Versammlung anstreben,
4. Tatsachen festgestellt sind, aus denen sich ergibt, daß der Veranstalter oder sein Anhang Ansichten vertreten oder Äußerungen dulden werden, die ein Verbrechen oder ein von Amts wegen zu verfolgendes Vergehen zum Gegenstand haben.

§ 6. (1) Bestimmte Personen oder Personenkreise können in der Einladung von der Teilnahme an einer Versammlung ausgeschlossen werden.

(2) Pressevertreter können nicht ausgeschlossen werden; sie haben sich dem Leiter der Versammlung gegenüber durch ihren Presseausweis ordnungsgemäß auszuweisen.

§ 7. (1) Jede öffentliche Versammlung muß einen Leiter haben.

(2) Leiter der Versammlung ist der Veranstalter. Wird die Versammlung von einer Vereinigung veranstaltet, so ist ihr Vorsitzender der Leiter.

(3) Der Veranstalter kann die Leitung einer anderen Person übertragen.

(4) Der Leiter übt das Hausrecht aus.

§ 8. Der Leiter bestimmt den Ablauf der Versammlung. Er hat während der Versammlung für Ordnung zu sorgen. Er kann die Versammlung jederzeit unterbrechen oder schließen. Er bestimmt, wann eine unterbrochene Versammlung fortgesetzt wird.

§ 9. Der Leiter kann sich bei der Durchführung seiner Rechte aus §8 der Hilfe einer angemessenen Zahl ehrenamtlicher, unbewaffneter Ordner bedienen. Diese müssen volljährig sein und sind ausschließlich durch weiße Armbinden, die nur die Bezeichnung „Ordner" tragen dürfen, kenntlich zu machen.

(2) Der Leiter ist verpflichtet, die Zahl der von ihm bestellten Ordner der Polizei auf Anfordern mitzuteilen. Die Polizei kann die Zahl der Ordner angemessen beschränken.

§ 10. Alle Versammlungsteilnehmer sind verpflichtet, die zur Aufrechterhaltung der Ordnung getroffenen Anweisungen des Leiters oder der von ihm bestellten Ordner zu befolgen.

§ 11. (1) Der Leiter kann Teilnehmer, welche die Ordnung gröblich stören, von der Versammlung ausschließen.

(2) Wer aus der Versammlung ausgeschlossen wird, hat sie sofort zu verlassen.

§ 12. Werden Polizeibeamte in eine öffentliche Versammlung entsandt, so haben sie sich dem Leiter zu erkennen zu geben. Es muß ihnen ein angemessener Platz eingeräumt werden.

§ 13. (1) Die Polizei (§ 12) kann die Versammlung nur dann und unter Angabe des Grundes auflösen, wenn
1. der Veranstalter unter die Vorschriften des § 1 Abs. 2 Nr. 1 bis 4 fällt, und im Falle der Nummer 4 das Verbot durch die zuständige Verwaltungsbehörde festgestellt worden ist,
2. die Versammlung einen gewalttätigen oder aufrührerischen Verlauf nimmt oder unmittelbare Gefahr für Leben und Gesundheit der Teilnehmer besteht,
3. der Leiter Personen, die entgegen § 2 Abs. 3 Waffen mit sich führen, nicht sofort ausschließt und für die Durchführung des Ausschlusses sorgt,
4. durch den Verlauf der Versammlung gegen Strafgesetze verstoßen wird, die ein Verbrechen oder von Amts wegen zu verfolgendes Vergehen zum Gegenstand haben, oder wenn in der Versammlung zu solchen Straftaten aufgefordert oder angereizt wird und der Leiter dies nicht unverzüglich unterbindet.

In den Fällen der Nummern 2 bis 4 ist die Auflösung nur zulässig, wenn andere polizeiliche Maßnahmen, insbesondere eine Unterbrechung, nicht ausreichen.

(2) Sobald eine Versammlung für aufgelöst erklärt ist, haben alle Teilnehmer sich sofort zu entfernen.

Abschnitt III

Öffentliche Versammlungen unter freiem Himmel und Aufzüge

§ 14. (1) Wer die Absicht hat, eine öffentliche Versammlung unter freiem Himmel oder einen Aufzug zu veranstalten, hat dies spätestens 48 Stunden vor der Bekanntgabe der zuständigen Behörde anzumelden.

(2) In der Anmeldung ist anzugeben, welche Person für die Leitung der Versammlung oder des Aufzuges verantwortlich sein soll.

§ 15. (1) Die zuständige Behörde kann die Versammlung oder den Aufzug verbieten, oder von bestimmten Auflagen abhängig machen, wenn nach den Umständen die öffentliche Ordnung oder Sicherheit unmittelbar gefährdet ist.

(2) Sie kann eine Versammlung oder einen Aufzug auflösen, wenn sie nicht angemeldet sind, wenn von den Angaben der Anmeldung abgewichen oder den Auflagen zuwidergehandelt wird oder wenn die Voraussetzungen zu einem Verbot nach Absatz 1 gegeben sind.

(3) Eine verbotene Veranstaltung ist aufzulösen.

§ 16. (1) Öffentliche Versammlungen unter freiem Himmel und Aufzüge sind innerhalb des befriedeten Bannkreises der Gesetzgebungsorgane des Bundes oder der Länder sowie des Bundesverfassungsgerichts verboten.

(2) Die befriedeten Bannkreise für die Gesetzgebungsorgane des Bundes und für das Bundesverfassungsgericht werden durch Bundesgesetz, die befriedeten Bannkreise für die Gesetzgebungsorgane der Länder durch Landesgesetz bestimmt.

(3) Das Weitere regeln die Bannmeilengesetze des Bundes und der Länder.

§ 17. §§ 14 bis 16 gelten nicht für Gottesdienste unter freiem Himmel, kirchliche Prozessionen, Bittgänge und Wallfahrten, gewöhnliche Leichenbegängnisse, Züge von Hochzeitsgesellschaften und hergebrachte Volksfeste.

§ 18. (1) Für Versammlungen unter freiem Himmel sind § 7 Abs. 1, §§ 8, 9 Abs. 1, §§ 10, 11 Abs. 2, §§ 12 und 13 Abs. 2 entsprechend anzuwenden.

(2) Die Verwendung von Ordnern bedarf polizeilicher Genehmigung. Sie ist bei der Anmeldung zu beantragen.

(3) Die Polizei kann Teilnehmer, welche die Ordnung gröblich stören, von der Versammlung ausschließen.

§ 19. Der Leiter des Aufzuges hat für den ordnungsmäßigen Ablauf zu sorgen. Er kann sich der Hilfe ehrenamtlicher Ordner bedienen, für welche § 9 Abs. 1 und § 18 gelten.

(2) Die Teilnehmer sind verpflichtet, die zur Aufrechterhaltung der Ordnung getroffenen Anordnungen des Leiters oder der von ihm bestellten Ordner zu befolgen.

(3) Vermag der Leiter sich nicht durchzusetzen, so ist er verpflichtet, den Aufzug für beendet zu erklären.

(4) Die Polizei kann Teilnehmer, welche die Ordnung gröblich stören, von dem Aufzug ausschließen.

§ 20. Das Grundrecht des Artikels 8 des Grundgesetzes wird durch die Bestimmungen dieses Abschnitts eingeschränkt.

Abschnitt IV

Strafvorschriften

§ 21. Wer in der Absicht, nichtverbotene Versammlungen oder Aufzüge zu verhindern oder zu sprengen oder sonst ihre Durchführung zu vereiteln, Gewalttätigkeiten vornimmt oder androht oder grobe Störungen verursacht, wird mit Gefängnis bestraft. Daneben kann auf Geldstrafe erkannt werden.

§ 22. Wer bei einer öffentlichen Versammlung oder einem Aufzug dem Leiter oder einem Ordner in der rechtmäßigen Ausübung seiner Ordnungsbefugnisse durch Gewalt oder durch Bedrohung mit Gewalt Widerstand leistet oder ihn während der rechtmäßigen Ausübung seiner Ordnungsbefugnisse tätlich angreift, wird mit Gefängnis bis zu einem Jahr oder mit Geldstrafe bestraft.

§ 23. (1) Wer öffentlich, in einer Versammlung oder durch Verbreiten von Schriften, Schallaufnahmen, Abbildungen oder Darstellungen zur Teilnahme an einer verbotenen öffentlichen Versammlung oder einem verbotenen Aufzug auffordert, wird mit Gefängnis oder mit Geldstrafe bestraft.

(2) Kannte der Täter das Verbot infolge von Fahrlässigkeit nicht, so ist auf Geldstrafe zu erkennen.

§ 24. Wer als Leiter einer öffentlichen Versammlung oder eines Aufzuges Ordner verwendet, die bewaffnet sind, wird mit Gefängnis bis zu einem Jahr bestraft.

§ 25. Wer als Leiter einer öffentlichen Versammlung unter freiem Himmel oder eines Aufzuges

1. die Versammlung oder den Aufzug wesentlich anders durchführt, als die Veranstalter bei der Anmeldung angegeben haben, oder
2. Auflagen nach § 15 Abs. 1 nicht nachkommt,

wird mit Gefängnis bis zu sechs Monaten oder mit Geldstrafe bestraft.

§ 26. (1) Wer als Veranstalter oder Leiter

1. eine öffentliche Versammlung oder einen Aufzug trotz Verbots abhält oder trotz Auflösung oder Unterbrechung durch die Polizei fortsetzt oder
2. eine öffentliche Versammlung unter freiem Himmel oder einen Aufzug ohne Anmeldung (§ 14) durchführt, wird mit Gefängnis bis zu sechs Monaten oder mit Geldstrafe bestraft.

(2) Kannte der Täter das Verbot, die Auflösungsverfügung oder den Mangel der Anmeldung infolge von Fahrlässigkeit nicht, so ist auf Geldstrafe zu erkennen.

§ 27. Wer bei öffentlichen Versammlungen oder Aufzügen Waffen bei sich führt, ohne zum Erscheinen mit Waffen behördlich ermächtigt zu sein, wird mit Gefängnis bis zu einem Jahr bestraft.

§ 28. Wer den Vorschriften der §§ 3 oder 4 zuwiderhandelt, wird mit Gefängnis bis zu zwei Jahren bestraft.

§ 29. Mit Haft oder mit Geldstrafe bis zu einhundertfünfzig Deutsche Mark wird bestraft, wer
1. an einer verbotenen öffentlichen Versammlung oder einem verbotenen Aufzug teilnimmt,
2. trotz wiederholter Zurechtweisung durch den Leiter oder einen Ordner fortfährt, den Ablauf einer öffentlichen Versammlung oder eines Aufzuges zu stören,
3. sich nicht unverzüglich nach seiner Ausschließung aus einer öffentlichen Versammlung oder einem Aufzug entfernt,
4. sich trotz Auflösung einer öffentlichen Versammlung oder eines Aufzuges durch die Polizei nicht unverzüglich entfernt,
5. der Aufforderung der Polizei, die Zahl der von ihm bestellten Ordner mitzuteilen, nicht nachkommt oder wissentlich eine unrichtige Zahl mitteilt (§ 9 Abs. 2) oder
6. als Leiter oder Veranstalter einer öffentlichen Versammlung oder eines Aufzuges eine größere Zahl von Ordnern verwendet, als die Polizei zugelassen oder genehmigt hat (§ 9 Abs. 2, § 18 Abs. 2), oder Ordner verwendet, die anders gekennzeichnet sind, als es nach § 9 Abs. 1 zulässig ist.

Abschnitt V

Schlußbestimmungen (§§ 30—32).

Schutz des Hausrechts im Parlamentsgebäude.

§ 106 b. (1) Wer vorsätzlich gegen Anordnungen verstößt, die ein Gesetzgebungsorgan des Bundes oder eines Landes oder dessen Präsident über das Betreten des Gebäudes des Gesetzgebungsorgans oder des dazugehörenden Grundstücks oder über das Verweilen oder die Sicherheit und Ordnung im Gebäude oder auf dem Grundstück allgemein oder im Einzelfall erläßt, wird mit Geldstrafe oder mit Gefängnis bis zu drei Monaten bestraft, soweit nicht in anderen Vorschriften eine schwerere Strafe angedroht ist. Die Tat wird nur mit Ermächtigung des Präsidenten des Gesetzgebungsorgans verfolgt.

(2) Die Strafvorschrift des Absatzes 1 gilt bei Anordnungen eines Gesetzgebungsorgans des Bundes oder seines Präsidenten weder für die Mitglieder des Bundestages noch für die Mitglieder des Bundesrates und der Bundesregierung sowie ihre Beauftragten, bei Anordnungen eines Gesetzgebungsorgans eines Landes oder seines Präsidenten weder für die Mitglieder der Gesetzgebungsorgane dieses Landes noch für die Mitglieder der Landesregierung und ihre Beauftragten.

1. Diese Vorschrift wurde eingefügt durch das Strafrechtsänderungsgesetz v. 30. 8. 1951.

2. Zu Absatz 1: Hier werden zum Schutze des Hausrechts Zuwiderhandlungen gegen Anordnungen betr. Betreten von Parlamentsgebäuden bzw. Verweilen in solchen unter Strafe gestellt.

3. Zu Absatz 2: Für die hier aufgeführten Personengruppen hat die Strafvorschrift des Absatz 1 keine Geltung.

Wahlverhinderung.

§ 107. (1) Wer mit Gewalt oder durch Drohung mit Gewalt eine Wahl oder die Festellung ihres Ergebnisses verhindert oder stört, wird mit Gefängnis, in besonders schweren Fällen mit Zuchthaus bestraft.

(2) Der Versuch ist strafbar.

Fälschung des Wahlergebnisses.

§ 107 a. (1) Wer unbefugt wählt oder sonst ein unrichtiges Ergebnis einer Wahl herbeiführt oder das Ergebnis verfälscht, wird mit Gefängnis bestraft.

(2) Ebenso wird bestraft, wer das Ergebnis einer Wahl unrichtig verkündet oder verkünden läßt.

(3) Der Versuch ist strafbar.

Wahlkarteifälschung.

§ 107 b. Wer

1. seine Eintragung in die Wählerliste (Wahlkartei) durch falsche Angaben erwirkt,
2. einen anderen als Wähler einträgt, von dem er weiß, daß er keinen Anspruch auf Eintragung hat,
3. die Eintragung eines Wahlberechtigten als Wähler verhindert, obwohl er dessen Wahlberechtigung kennt,
4. sich als Bewerber für eine Wahl aufstellen läßt, obwohl er nicht wählbar ist,

wird mit Gefängnis bis zu sechs Monaten oder mit Geldstrafe bestraft, soweit nicht in anderen Vorschriften eine schwerere Strafe angedroht ist.

Verletzung des Wahlgeheimnisses.

§ 107 c. Wer einer dem Schutz des Wahlgeheimnisses dienenden Vorschrift in der Absicht zuwiderhandelt, sich oder einem anderen Kenntnis davon zu verschaffen, wie jemand gewählt hat, wird mit Gefängnis bis zu zwei Jahren bestraft.

Wahlnötigung.

§ 108. (1) Wer mit Gewalt, durch rechtswidrige Drohung mit einem empfindlichen Übel, durch Mißbrauch eines beruflichen oder wirtschaftlichen Abhängigkeitsverhältnisses oder durch sonstigen wirtschaftlichen Druck einen anderen nötigt oder hindert, zu wählen oder sein Wahlrecht in einem bestimmten Sinne auszuüben, wird mit Gefängnis, in besonders schweren Fällen mit Zuchthaus bestraft. Daneben kann auf Geldstrafe erkannt werden.

(2) Der Versuch ist strafbar.

Irreführung des Wählers.

§ 108 a. (1) Wer durch Täuschung bewirkt, daß jemand bei der Stimmabgabe über den Inhalt seiner Erklärung irrt oder gegen seinen Willen nicht oder ungültig wählt, wird mit Gefängnis bis zu zwei Jahren bestraft.

(2) Der Versuch ist strafbar.

Wahlbestechung.

§ 108 b. (1) Wer einem anderen dafür, daß er nicht oder in einem bestimmten Sinne wähle, Geschenke oder andere Vorteile anbietet, verspricht oder gewährt, wird mit Gefängnis und mit Geldstrafe bestraft.

(2) Ebenso wird bestraft, wer dafür, daß er nicht oder in einem bestimmten Sinne wähle, Geschenke oder andere Vorteile fordert, sich versprechen läßt oder annimmt.

(3) Das Entgelt oder dessen Wert kann im Urteil eingezogen werden.

§ 109. In den Fällen der §§ 107, 107a, 108 und 108b kann neben einer Gefängnisstrafe auf den Verlust der bürgerlichen Ehrenrechte erkannt werden.

§ 109 a. Die Vorschriften der §§ 107 bis 109 gelten für Wahlen zu den Volksvertretungen und für sonstige Wahlen und Abstimmungen des Volkes im Bund, in den Ländern, Gemeinden und Gemeindeverbänden. Einer Wahl oder Abstimmung steht das Unterschreiben eines Wahlvorschlages oder das Unterschreiben für ein Volksbegehren gleich.

Sechster Abschnitt:

Widerstand gegen die Staatsgewalt.

Aufforderung zum Ungehorsam.

§ 110. Wer öffentlich vor einer Menschenmenge oder wer durch Verbreitung oder öffentlichen Anschlag oder öffentliche Ausstellung von Schriften oder anderen Darstellungen zum Ungehorsam gegen Gesetze oder rechtsgültige Verordnungen oder gegen die von der Obrigkeit innerhalb ihrer Zuständigkeit getroffenen Anordnungen auffordert, wird mit Geldstrafe oder mit Gefängnis bis zu zwei Jahren bestraft.

1. Diese Gesetzesstelle trifft nur die Auflehnung gegen das Gesetz an sich, und nicht etwa die Aufforderung zur Begehung bestimmter strafbarer Handlungen. (Siehe § 111.)

2. Öffentlich bedeutet hier die Vornahme der Handlung in der Art und Weise, daß sie, gleichgültig ob an einem öffentlichen oder privaten Orte geschehen, von unbestimmt welchen und wievielen Personen wahrgenommen werden konnte. Danach ist für eine Vereinsversammlung die Öffentlichkeit nicht vorhanden, wenn sich der Verein auf einen engern durch besondere Beziehungen unter sich verbundenen und bestimmt abgeschlossenen Personenkreis beschränkt.

3. Eine Menschenmenge liegt nur vor, wenn eine größere Anzahl von Menschen, die man nicht auf den ersten Blick zählen kann, versammelt ist. Die Aufforderung kann auch dann als „vor einer Menschenmenge" erfolgt angesehen werden, wenn sie sich nur an eine einzelne Person richtet.

4. Eine Verbreitung ist gegeben, sobald eine größere Anzahl von Personen, wenn sie auch der Zahl und dem Namen nach bestimmt sind, in Kenntnis gesetzt wird.

5. Obrigkeit ist nicht ein polizeiliches Vollzugsorgan, sondern nur eine Behörde oder ein Beamter, welcher die Regierungsgewalt in gewissem Umfang selbständig auszuüben hat.

6. Gleichgültig ist für den Tatbestand, ob die Aufforderung Erfolg hatte oder nicht (vgl. den folgenden Paragraphen).

7. Beispiele: Eine Polizeibehörde hat einen geplanten Umzug verboten. In einer politischen Versammlung oder in der Presse wird zur Nichtbeachtung dieser Maßnahme aufgefordert. Oder es wird auf diese Weise aufgefordert, keine Steuern zu zahlen, oder der Ablieferungspflicht nicht nachzukommen.

Aufforderung zur Begehung strafbarer Handlungen.

§ 111. (1) Wer auf die vorbezeichnete Weise zur Begehung einer strafbaren Handlung auffordert, ist gleich dem Anstifter zu bestrafen, wenn die Aufforderung die strafbare Handlung oder einen strafbaren Versuch derselben zur Folge gehabt hat.

(2) Dasselbe gilt, wenn die Aufforderung ohne Erfolg geblieben ist. Die Strafe kann nach den Vorschriften über die Bestrafung des Versuches gemildert werden.

1. Im Gegensatz zu § 110 wird hier die Aufforderung zu einer bestimmten strafbaren Handlung mit Strafe bedroht.

2. Als strafbare Handlungen kommen nur kriminell strafbare Handlungen, also nicht auch reine Disziplinardelikte in Betracht.

3. Im Gegensatz zu § 110 macht § 111 einen Unterschied, je nachdem, ob die Aufforderung von Erfolg begleitet war oder nicht; im ersten Falle folgt Bestrafung nach Abs. 1, im anderen nach Abs. 2.

a) Im Falle des Abs. 1 ist der Auffordernde gleich dem Anstifter zu bestrafen. (Von der Anstiftung des § 48 unterscheidet sich § 111 Abs. 1 dadurch, daß die Aufforderung nicht gegenüber einer bestimmten Person erfolgt.) Die Handlung ist also jeweils nach der Strafandrohung für die strafbare Handlung, zu der aufgefordert ist, mit Strafe zu belegen. Danach bemißt sich dann auch, ob der nach § 111 Abs. 1 Handelnde ein Verbrechen, ein Vergehen oder eine Übertretung begangen hat.

b) In der alten Fassung des Absatz 2 wurde die erfolglos gebliebene Aufforderung nur als ein leichtes Vergehen (Geldstrafe oder Gefängnis bis zu 1 Jahr) charakterisiert, während nunmehr auch der Täter des Abs. 2 als Anstifter zu gelten hat, allerdings mit der Maßgabe, daß die Strafe gemäß § 44 gemildert werden kann.

4. Beispiel: Der Führer A eines Demonstrationszuges fordert zur Plünderung von Lebensmittelgeschäften auf. Er ist strafbar wegen Anstiftung zum Diebstahl bzw. Raub und zwar ohne Rücksicht darauf, ob es zu solchen strafbaren Handlungen seitens der Aufgeforderten gekommen ist oder nicht. Im letzteren Falle kann gemäß Abs. 2 die von A verwirkte Strafe nach § 44 gemildert werden.

§ 112. Aufgehoben durch Kontrollratsgesetz Nr. 11. (Betraf Aufreizung von Wehrmachtsangehörigen zum Ungehorsam.)

Widerstand gegen Vollstreckungsbeamte.

§ 113. (1) Wer einem Beamten, welcher zur Vollstreckung von Gesetzen, von Befehlen und Anordnungen der Verwaltungsbehörden oder von Urteilen und Verfügungen der Gerichte berufen ist, in der rechtmäßigen Ausübung seines Amtes durch Gewalt oder durch Bedrohung mit Gewalt Widerstand leistet, oder wer einen solchen Beamten während der rechtmäßigen Ausübung seines Amtes tätlich angreift, wird mit Gefängnis von vierzehn Tagen bis zu zwei Jahren bestraft.

(2) Sind mildernde Umstände vorhanden, so tritt Gefängnisstrafe bis zu einem Jahre oder Geldstrafe ein.

(3) Dieselben Strafvorschriften treten ein, wenn die Handlung gegen Personen, welche zur Unterstützung des Beamten zugezogen waren oder gegen Mannschaften der bewaffneten Macht oder gegen Mannschaften einer Gemeinde-, Schutz- oder Bürgerwehr in Ausübung des Dienstes begangen wird.

1. Diese Gesetzesstelle behandelt den Widerstand gegen Vollstreckungsbeamte.

2. „Vollstreckungsbeamter" ist jeder Beamte, der im einzelnen Falle, wo ihm Widerstand geleistet wird, durch sein Amt zur Vollstreckung des Staatswillens berufen ist und zu diesem Zweck tätig wird (RG. 41, 85 und 61, 298). Zu den Vollstreckungsbeamten gehören vor allem die eigentlichen Exekutivbeamten wie die Polizei- und Gendarmeriebeamten, die Steuer- und Zollbeamten, sowie die Gerichtsvollzieher; aber auch Richter bei Ausübung der Sitzungspolizei (RG. 15, 277).

3. Gerichte steht hier für gerichtliche Behörden: also kommen auch die Verfügungen der Staatsanwaltschaft in Betracht.

4. Zu der rechtmäßigen Ausübung des Amtes gehört, daß der Beamte:

a) sachlich und örtlich zuständig ist, d. h. daß die fragliche Handlung zum Geschäftskreis des betreffenden Beamten gehört und daß er sie in den Grenzen seines Amtsbezirks vornimmt (die sachliche Zuständigkeit fehlt z. B. beim Einschreiten in privatrechtlichen Angelegenheiten),

b) die wesentlichen Förmlichkeiten beobachtet, z. B. die Zuziehung von Zeugen bei einer Zwangsvollstreckung gemäß § 759 ZPO., oder Zustellung des zu vollstreckenden Urteils vor oder spätestens zu Beginn der Zwangsvollstreckung (§ 750 ZPO).

Fehlt die Rechtmäßigkeit der Amtsausübung, so ist der Widerstand als solcher nicht strafbar.

5. Die Frage, inwieweit ein Irrtum des Beamten die Rechtmäßigkeit seiner Amtshandlung berührt, ist folgendermaßen zu beantworten:

a) Irrt sich der Beamte über die tatsächlichen Voraussetzungen seines Einschreitens, d. h. nimmt er z. B. infolge einer Personenverwechslung oder eines falschen Tatverdachts einen Unschuldigen fest, dann bleibt seine Amtshandlung trotzdem rechtmäßig, vorausgesetzt, daß der Irrtum entschuldbar ist, d. h. daß der Beamte das pflichtmäßige Ermessen hat walten lassen. (Siehe RG. 72, 311.)

b) Liegt dagegen ein Rechtsirrtum vor, d. h. irrt sich der Beamte über die rechtlichen Voraussetzungen seiner Amtsbefugnisse, so kann ein solcher Irrtum die fragliche Handlung niemals zu einer rechtmäßigen machen; sie ist vielmehr rechtswidrig und ein Widerstand gegen sie ist nicht nach § 113 strafbar, sondern wird im allgemeinen durch Notwehr gerechtfertigt sein. (Siehe RG. 30, 348.)

c) Schwierig ist die Frage der Rechtmäßigkeit, wenn der Beamte den Befehl eines Vorgesetzten ausführt. Ist der fragliche Auftrag bzw. Befehl des Vorgesetzten rechtmäßig, d. h. sachlich und förmlich einwandfrei, dann ist auch die Amtshandlung des den Befehl ausführenden Unterbeamten rechtmäßig und zwar ohne Rücksicht darauf, ob letzterer den Befehl für rechtmäßig hält. Dagegen ist die Durchführung eines rechtswidrigen Befehls stets rechtswidrig, also auch dann, wenn der Untergebene gutgläubig ist. (Siehe hierzu RG. 55, 162; 58, 195; 59, 336. Siehe aber auch BGH. 3, 362 betr. Zwangsverschickung der Juden und BGH. 4, 162, wo darauf hingewiesen wird, daß nicht jeder staatliche Befehl zunächst befolgt werden müsse, denn es gäbe, so sagt der BGH. einen gewissen, auf den Grundsätzen der Gerechtigkeit und Menschlichkeit beruhenden Kernbereich des Rechts, der nach allgemeiner Rechtsüberzeugung von keinem Gesetz und von keiner sonstigen obrigkeitlichen Maßnahme verletzt werden dürfe. Wer daher einen solchen, gegen diese Grundsätze verstoßenden Befehl ausführe, handle widerrechtlich und zwar ohne Rücksicht darauf, ob er, der Ausführende, den Befehl für rechtmäßig halte. Gegen einen solchen rechtswidrig handelnden Vollzugsbeamten sei daher Notwehr zulässig.)

6. Widerstand durch Gewalt liegt nur dann vor, wenn es zu einer körperlichen Kraftäußerung gegen die Person des Beamten gekommen ist; bloßes passives Verhalten genügt nicht. Dagegen ein Gegenstemmen mit Händen oder Füßen, Anklammern an irgendeinen festen Gegenstand, Sichlosreißen, ferner Zuhalten eines Schrankes (z. B. bei einer Durchsuchung); auch Einsperren eines Beamten erfüllt den Tatbestand, dagegen nicht ein Verschließen des Hauses vor dem Beamten. Zur Erfüllung des Tatbestands der Gewaltandrohung ist erforderlich, daß die Bedrohung geeignet ist, von dem Beamten als ernstlich aufgefaßt zu werden.

Tätlicher Angriff ist auch dann gegeben, wenn nur zum Schlage ausgeholt wird oder die Schußwaffe angelegt oder ein Stein gegen den Beamten geworfen wird.

7. Der rechtmäßigen Ausübung des Amtes gegenüber gibt es keine Notwehr, weil die Rechtswidrigkeit des Angriffs (vgl. Erl. 8 zu § 53) fehlt.

8. Der innere Tatbestand des § 113 erfordert Vorsatz. Der Täter muß wissen, daß er einen Beamten vor sich hat und daß er der Amtshandlung dieses Beamten gewaltsam entgegenwirkt. Dagegen gehört das Bewußtsein von der Rechtmäßigkeit der Amtsausübung, da diese nur eine Bedingung der Strafbarkeit und kein Tatbestandsmerkmal im Sinne des § 59 darstellt, nicht zum Vorsatz. Glaubt also der Widerstand Leistende irrtümlicherweise, der Beamte handle nicht rechtmäßig, so ist er trotzdem strafbar. Der Widerstand gegen eine an sich rechtsmäßige Amtshandlung ist also stets strafbar. (BGH. 4, 161.)

9. Zu den zur Unterstützung der Beamten zugezogenen Personen (siehe Abs. 3 des § 113) gehören nicht solche, die freiwillig dem Beamten beigesprungen sind.

10. Der Widerstand gegen Forst- und Jagdbeamte usw. ist in §§ 117 bis 119 mit besonderer Strafe bedroht.

11. Beispiele: a) Ein Kriminalbeamter nimmt infolge einer entschuldbaren Personenverwechslung den A statt den im Verdacht der Hehlerei stehenden B fest. Leistet A Widerstand, so liegt nicht eine straflose Notwehrhandlung vor, sondern A ist nach § 113 strafbar; denn der Beamte befand sich in der rechtmäßigen Ausübung seines Amtes. (Siehe oben Erläuterungen 5a und 7.) Ebenso ist zu entscheiden, wenn ein Gerichtsvollzieher eine Wohnung durchsucht, die er irrtümlich für die des Schuldners hält (RG. 61, 297.) In beiden Fällen ist das Bewußtsein des A, daß seitens des Beamten ein Irrtum vorliegt, ohne Bedeutung. (Siehe oben Erl. 8.) b) Ein Polizeibeamter dringt während der Nacht in die Wohnung des A ein, um in einer Strafsache Erhebungen zu machen, obwohl weder die Voraussetzungen des § 104 Abs. 1 StPO. (Verfolgung auf frischer Tat oder Gefahr im Verzuge) noch diejenigen des Abs. 2 a.a.O. vorlagen. Der Wohnungsinhaber tritt dem Beamten mit der Drohung entgegen, er werde ihn die Treppe herunterwerfen, wenn er nicht sofort das Haus verlasse: Es liegt kein Vergehen nach § 113 vor, denn der Beamte war zu dem Eindringen wider Willen des Inhabers zur Nachtzeit nicht berechtigt. Der Beamte war also nicht in rechtmäßiger Ausübung seines Amtes und zwar nicht infolge eines tatsächlichen Irrtums (wie im Fall a), sondern infolge eines Rechtsirrtums, der eine objektiv unrechtmäßige Amtsausübung niemals zu einer rechtmäßigen machen kann. Ebenso wäre zu entscheiden, wenn ein Polizeibeamter den Ehemann A., der seiner Ehefrau einen Brillantring weggenommen haben soll, wegen Diebstahlverdachts vorläufig festnimmt, und der Ehemann bei dieser Gelegenheit Widerstand leistet. Auch in diesem Falle ist das Vorgehen des Beamten nicht rechtmäßig und der A. befindet sich in berechtigter Notwehr, denn gemäß § 247 Abs. 2 ist ein Diebstahl zwischen Ehegatten straflos. (Siehe oben Erl. 5 b.)

Beamtennötigung.

§ 114. (1) Wer es unternimmt, durch Gewalt oder Drohung eine Behörde oder einen Beamten zur Vornahme oder Unterlassung einer Amtshandlung zu nötigen, wird mit Gefängnis nicht unter drei Monaten bestraft.

(2) Sind mildernde Umstände vorhanden, so tritt Gefängnisstrafe bis zu zwei Jahren oder Geldstrafe ein.

(3) In besonders schweren Fällen ist die Strafe Zuchthaus bis zu zehn Jahren.

1. Während der nur für Vollstreckungsbeamte geltende § 113 die Freiheit der Willensbetätigung schützen will und deshalb mit der dortigen Vollstreckungshandlung bereits begonnen sein muß, will § 114, der sich auf alle Beamten und Behörden erstreckt, der Freiheit der Willensentschließung Schutz gewähren, d. h. einer in der Zukunft liegenden Entschließung der Behörde. Nicht erforderlich ist, daß tatsächlich eine Willensbeeinflussung stattfindet.

2. Wegen des Begriffs „unternimmt" siehe Erl. zu § 105.

3. Wegen Gewalt s. Erl. 6 zu § 113.

4. Drohung bedeutet in Aussichtstellen irgendeines Übels. Die Androhung eines verkehrsmäßigen Übels, z. B. die Ankündigung einer dienstlichen Beschwerde genügt nicht. Ebensowenig genügt eine bloße Warnung, wenn sie nicht gleichzeitig erkennen läßt, daß er, der Drohende, gegebenenfalls selbst das

in Aussicht gestellte Übel verwirklichen werde. Die Frage, ob auch die Drohung mit einer Pressekritik der beanstandeten Entscheidung oder Maßnahme der Behörde oder des Beamten unter § 114 fällt, wenn sich die in Aussicht gestellte öffentliche Kritik lediglich auf den einzelnen Fall bezieht und mit ihr nur bezweckt werden soll, eine andere sachliche Entscheidung herbeizuführen, ist bestritten.

5. Zum Vorsatz gehört nichts weiter als das Bewußtsein, auf den freien Willen eines Organs der Staatsgewalt einzuwirken in der Überzeugung, daß das gewählte Mittel zur Erreichung dieses Zieles geeignet ist.

6. Beispiel: Der Täter erhält einen Steuerbescheid vom Finanzamt; er schreibt an das Finanzamt, daß er Mißstände bei dieser Behörde öffentlich brandmarken werde, wenn der Steuerbescheid nicht zurückgenommen werde. Auch wenn die Drohung ohne Erfolg blieb, hat sich A wegen vollendeter Beamtennötigung nach § 114 strafbar gemacht, denn hier gilt (im Gegensatz zur der gewöhnlichen Nötigung des § 240) gemäß § 87 schon das „Unternehmen", also schon der Versuch als vollendete Tat.

Aufruhr.

§ 115. (1) Wer an einer öffentlichen Zusammenrottung, bei welcher eine der in den §§ 113 und 114 bezeichneten Handlungen mit vereinten Kräften begangen wird, teilnimmt, wird wegen Aufruhrs mit Gefängnis nicht unter sechs Monaten bestraft.

(2) Die Rädelsführer, sowie diejenigen Aufrührer, welche eine der in den §§ 113 und 114 bezeichneten Handlungen begehen, werden mit Zuchthaus bis zu zehn Jahren bestraft; auch kann auf Zulässigkeit von Polizei-Aufsicht erkannt werden. Sind mildernde Umstände vorhanden, so tritt Gefängnisstrafe nicht unter sechs Monaten ein.

1. Der Aufruhr ist ein qualifizierter Fall des Widerstands gegen die Staatsgewalt in den Formen der §§ 113, 114.

2. Öffentliche Zusammenrottung ist das räumliche Zusammenhalten und Zusammenwirken beliebiger, unbestimmt welcher und wievieler Personen zu einem sofortigen erkennbar rechtswidrigen bedrohlichen oder gewalttätigen Handeln. (RG. 56, 281.) Eine aus Neugierde oder zu einem sonstigen erlaubten Zweck versammelte Menge (z. B. ein Auflauf im Sinne des § 116) kann eine Zusammenrottung werden, wenn die Vereinten in dem Bewußtsein zusammenbleiben, es handle sich jetzt fernerhin um Verübung von Gewalttätigkeiten gegen Beamte usw.

3. Teil nimmt derjenige, welcher sich vorsätzlich und mit Kenntnis von dem strafbaren Zwecke der zusammengerotteten Menge anschließt oder nach Erkennen dieses Zwecks bewußt bei der Menge verbleibt. (RG..56, 282.)

4. Rädelsführer ist derjenige, welcher die Menge zusammentreibt oder zusammenhält; er muß an der Tatausführung selbst teilnehmen. (Siehe Erl. 3b zu § 90a.)

5. Beispiel: In die Polizeiwache ist ein Teilnehmer an einer Plünderung eingeliefert worden; eine Menschenmenge sammelt sich vor der Wache an. Als eine zur Verstärkung herbeigeholte Polizeistreife zum Auseinandergehen auffordert, fällt ein Teil der Menge über die Beamten her und mißhandelt sie. Strafbar ist nach Abs. 1 jeder, der sich unter der Menge befindet, nach Abs. 2 (Verbrechen), jeder, der sich an dem Überfall unmittelbar beteiligt hat.

Auflauf.

§ 116. (1) Wird eine auf öffentlichen Wegen, Straßen oder Plätzen versammelte Menschenmenge von dem zuständigen Beamten oder Befehlshaber der bewaffneten Macht aufgefordert, sich zu entfernen, so wird jeder der Versammelten, welcher nach der dritten Aufforderung sich nicht entfernt, wegen Auflaufs mit Gefängnis bis zu drei Monaten oder mit Geldstrafe bestraft.

(2) Ist bei einem Auflauf gegen die Beamten oder die bewaffnete Macht mit vereinten Kräften tätlicher Widerstand geleistet oder Gewalt verübt worden, so treten gegen diejenigen, welche an diesen Handlungen teilgenommen haben, die Strafen des Aufruhrs ein.

1. Der Auflauf ist ein reines Unterlassungsdelikt. Es ist strafbar, weil es leicht zu einem Aufruhr (§ 115) führen kann.

2. Zu welchem Zwecke die Menge versammelt ist, ist gleichgültig. (Z. B. Ansammlung einer Menschenmenge anläßlich eines Unfalls; in einem solchen Falle wird der Beamte allerdings versuchen, die Menge durch eine gewöhnliche Aufforderung zum Auseinandergehen zu bewegen.)

3. Ein Weg, ein Platz ist öffentlich, wenn er dem öffentlichen Verkehr freigegeben ist, einerlei in wessen Eigentum er steht.

4. Zuständiger Beamter ist auch der einzelne Gendarm oder Polizeibeamte, wenn er die zur Aufrechterhaltung der Ordnung und Ruhe erforderlichen Maßregeln unter eigener Verantwortung zu treffen hat.

5. Eine in der Menge eingekeilte Person, die sich gar nicht entfernen kann, trotzdem sie möchte, macht sich nicht strafbar.

6. Strafbar wird das Sichnichtentfernen erst nach der dritten Aufforderung

7. Das Vergehen des Auflaufs wird nach Abs. 2 des § 116 zum Verbrechen des Aufruhrs, wenn mit vereinten Kräften tätlicher Widerstand geleistet wird.

Forstwiderstand.

§ 117. (1) Wer einem Forst-, Jagd- oder Fischereibeamten, dem Eigentümer eines Waldes oder eines Fischgewässers, einem Forst- oder Fischereiberechtigten, einem Jagd- oder Fischereiausübungsberechtigten oder einem von diesen bestellten Aufseher in der rechtmäßigen Ausübung seines Amtes oder Rechtes durch Gewalt oder durch Bedrohung mit Gewalt Widerstand leistet, oder wer eine dieser Personen während der Ausübung ihres Amtes oder Rechtes tätlich angreift, wird mit Gefängnis von vierzehn Tagen bis zu drei Jahren bestraft.

(2) Ist der Widerstand oder der Angriff unter Drohung mit Schußwaffen, Äxten oder anderen gefährlichen Werkzeugen erfolgt oder mit Gewalt an der Person begangen worden, so tritt Gefängnisstrafe nicht unter drei Monaten ein.

(3) Sind mildernde Umstände vorhanden, so tritt in den Fällen des Absatzes 1 Gefängnisstrafe bis zu einem Jahre, in den Fällen des Absatzes 2 Gefängnisstrafe nicht unter einem Monat ein.

1. Die §§ 117—119 regeln den Forstwiderstand; sie enthalten besondere Vorschriften über den Schutz von Forst-, Jagd- und Fischereibeamten wegen der größeren Gefährlichkeit ihres Dienstes. Gleichen Schutz genießen aber auch bestimmte, im Gesetz einzeln aufgeführte Privatpersonen (vor allem auch die Privataufseher), weil sie der gleichen Gefahr wie die Beamten ausgesetzt sind.

2. Wegen der rechtmäßigen Ausübung des Amtes vgl. Erläuterung 4 zu § 113. Soweit es sich um eine der genannten Privatpersonen, also um die Ausübung nicht eines Amtes, sondern eines Rechts handelt, wird das infolge tatsächlichen Irrtums erfolgte Einschreiten nicht zu einem rechtmäßigen, wie dies beim Beamten der Fall ist. (Siehe Erl. 5a zu § 113.)

3. Bei einer nicht dem Forst- oder Jagdschutz dienenden Amtshandlung, z. B. Ergreifung eines ausgeschriebenen Verbrechers im Walde, greifen nicht die §§ 117 bis 119, sondern § 113 Platz. Ebenso verhält es sich mit einer Durchsuchung bei dem verdächtigen Forstdieb in einer Ortschaft, wenn sie sich nicht etwa als unmittelbare Fortsetzung einer im Walde begonnenen Amtshandlung darstellt.

4. Wegen Widerstandleistens und tätlichen Angriffs siehe Erl. 6 zu § 113.

5. Die „an der Person" verübte Gewalt, wie sie der Abs. 2 als straferhöhenden Umstand im Gegensatz zu der in Absatz 1 erwähnten Gewalt fordert, liegt nur vor, wenn die Gewaltanwendung die Person unmittelbar betroffen hat.

6. Beispiel: Der Gutsbesitzer A ist Pächter einer Jagd und hat seinen Verwalter B mit der Ermittlung von Wilddieben beauftragt. B trifft den als Wilderer verdächtigen C und fordert ihn unter Legitimation seiner Person auf, das Revier zu verlassen. C erhebt drohend einen Knüppel gegen B: C hat sich nach § 117 Abs. 2 strafbar gemacht, denn er hat dem B während der Ausübung seines Rechts unter „Drohung mit einem gefährlichen Werkzeug" Widerstand geleistet. (Mindeststrafe 3 Monate, bei mildernden Umständen 1 Monat Gefängnis.)

Forstwiderstand mit Körperverletzung.

§ 118. (1) Ist durch den Widerstand oder den Angriff eine Körperverletzung dessen, gegen welchen die Handlung begangen ist, verursacht worden, so ist auf Zuchthaus bis zu zehn Jahren zu erkennen.

(2) Sind mildernde Umstände vorhanden, so tritt Gefängnisstrafe nicht unter drei Monaten ein.

1. Wegen des Begriffs Körperverletzung vgl. § 223 und die dortigen Erläuterungen.

2. Gleichgültig für das Vorliegen des Tatbestandes des § 118 ist, ob der Täter die Körperverletzung gewollt hat oder sie nur fahrlässigerweise bei seinem Widerstand verursacht hat.

Gemeinschaftlicher Forstwiderstand.

§ 119. Wenn eine der in den §§ 117 und 118 bezeichneten Handlungen von mehreren gemeinschaftlich begangen worden ist, so kann die Strafe bis um die Hälfte des angedrohten Höchstbetrages, die Gefängnisstrafe jedoch nicht über fünf Jahre erhöht werden.

Gemeinschaftlich heißt bewußt und gewollt zusammenwirkend i. S. des § 47.

Gefangenenbefreiung.

§ 120. (1) Wer einen Gefangenen aus der Gefangenenanstalt oder aus der Gewalt der bewaffneten Macht, des Beamten oder desjenigen, unter dessen Beaufsichtigung, Begleitung oder Bewachung er sich befindet, vorsätzlich befreit oder ihm zur Selbstbefreiung vorsätzlich behilflich ist, wird mit Gefängnis bis zu drei Jahren bestraft.

(2) Der Versuch ist strafbar.

1. Hier wird die Gefangenenbefreiung behandelt. Gefangener i. S. der §§ 120—122 ist jeder, der durch ein berechtigtes Organ der Staatsgewalt seiner Freiheit beraubt ist, also nicht nur der Strafgefangene und Untersuchungsgefangene, sondern auch der nach § 127 Abs. 2 StPO. vorläufig Festgenommene. (Dagegen sind die von einer Privatperson gemäß § 127 Abs. 1 StPO. Festgenommenen keine Gefangenen.) Als Gefangener gilt nach § 122a auch der in Sicherungsverwahrung oder in einem Arbeitshaus Untergebrachte. Die in einer Heil- oder Pflegeanstalt (§ 42b), einer Trinkerheilanstalt (§ 42c) oder einem Asyl (§ 42d Abs. 4) Untergebrachten sowie die Fürsorgezöglinge fallen unter § 122b.

2. Die Täterhandlung besteht

a) in dem Befreien des Gefangenen,

b) in der Beihilfe zur Selbstbefreiung, z. B. Festhalten des Beamten, um dadurch dem Festgenommenen die Flucht zu ermöglichen.

3. Ob die Festnahme sachlich begründet ist, ist gleichgültig für den Tatbestand, wenn sie nur vom zuständigen Beamten in richtigen Formen wirklich vollzogen und nicht nur etwa angekündigt ist.

4. Neben den Beamten kommen solche Personen als Verwahrer der Gefangenen in Betracht, welche auf amtlicher Anordnung bestehende Gefangenschaft zu vollziehen haben, also auch Wärter in Krankenhäusern, in denen sich Gefangene befinden.

5. Die Selbstbefreiung ist straflos. Der Gefangene kann sich aber wegen Anstiftung zu § 120 strafbar machen, wenn er einen anderen auffordert, ihn zu befreien.

6. Wer die Wiederergreifung eines entflohenen Gefangenen verhütet, macht sich nicht nach § 120 strafbar, wohl aber möglicherweise wegen Begünstigung (§ 257 StGB.).

7. Beispiel: Ein Polizeibeamter nimmt einen wegen Diebstahls Verfolgten fest und bringt ihn zur Wache. Auf dem Weg dorthin stürzen sich mehrere Freunde des Festgenommenen auf diesen und entreißen ihn dem Beamten, so daß er entfliehen kann. Gelingt die Befreiung nicht, so liegt Versuch vor.

Entweichenlassen von Gefangenen.

§ 121. (1) Wer vorsätzlich einen Gefangenen, mit dessen Beaufsichtigung oder Begleitung er beauftragt ist, entweichen läßt oder dessen Befreiung befördert, wird mit Gefängnis bis zu drei Jahren bestraft.

(2) Ist die Entweichung durch Fahrlässigkeit befördert worden, so tritt Gefängnisstrafe bis zu drei Monaten oder Geldstrafe ein.

1. Diese Strafbestimmung findet auf solche Personen Anwendung, welche auf amtliche Anordnung Festgenommene zu verwahren haben, soweit sie nicht Beamte sind, denn für diese gilt die Spezialbestimmung des § 347. Als Täter des § 121, der in der Praxis nur eine geringe Rolle spielt, kommen daher in der Hauptsache Wärter in Krankenhäusern in Frage, in denen sich Gefangene befinden (siehe Erl. 4 zu § 120).

2. Die Täterhandlung besteht

a) in dem Entweichenlassen des Gefangenen,

b) in der Beförderung der Befreiung.

3. Fahrlässig handelt derjenige, welcher bei gehöriger Aufmerksamkeit und Vorsicht das Entweichen des Gefangenen als erfahrungsgemäße Folge seines Verhaltens voraussehen konnte.

4. Der Gefangene, welcher sich selbst befreit, ist, solange nicht Meuterei (s. § 122 StGB.) vorliegt, nicht strafbar. Dagegen kann er sich durch Anstiftung seines Transporteurs zum vorsätzlichen Entweichenlassen strafbar machen. (Siehe Erl. 5 zu § 120.)

Gefangenenmeuterei.

§ 122. (1) Gefangene, welche sich zusammenrotten und mit vereinten Kräften die Anstaltsbeamten oder die mit der Beaufsichtigung Beauftragten angreifen, denselben Widerstand leisten oder es unternehmen, sie zu Handlungen oder Unterlassungen zu nötigen, werden wegen Meuterei mit Gefängnis nicht unter sechs Monaten bestraft.

(2) Gleiche Strafe tritt ein, wenn Gefangene sich zusammenrotten und mit vereinten Kräften einen gewaltsamen Ausbruch unternehmen.

(3) Diejenigen Meuterer, welche Gewalttätigkeiten gegen die Anstaltsbeamten oder die mit der Beaufsichtigung Beauftragten verüben, werden mit Zuchthaus bis zu zehn Jahren bestraft; auch kann auf Zulässigkeit von Polizeiaufsicht erkannt werden.

1. Hier wird die sog. Gefangenenmeuterei behandelt. Über den Begriff des Gefangenen s. oben Erl. 1 zu § 120.

2. Über das Zusammenrotten vgl. Erl. 2 zu § 115. Im Sinne des § 122 können schon zwei Gefangene eine Zusammenrottung bilden. Der Angriff oder Widerstand von nur einem Gefangenen fällt unter § 113. — Über die Bedeutung von Unternehmen vgl. § 87.

Befreiung aus Sicherungsverwahrung oder Arbeitshaus.

§ 122a. In den Fällen der §§ 120—122 steht einem Gefangenen gleich, wer in Sicherungsverwahrung oder in einem Arbeitshaus untergebracht ist.

Befreiung aus sonstigen Anstalten.

§ 122b. (1) Wer, abgesehen von den Fällen der §§ 120, 121, 122a, vorsätzlich jemand, der auf behördliche Anordnung in einer Anstalt untergebracht ist, aus der Verwahrung befreit oder ihm das Entweichen erleichtert, wird mit Gefängnis bis zu zwei Jahren oder mit Geldstrafe bestraft.

(2) Der Versuch ist strafbar.

(3) Die Strafverfolgung tritt nur auf Antrag der Behörde ein, welche die Verwahrung bewirkt hat.

Hierher gehören die in einer Heil- oder Pflegeanstalt, in einer Trinkerheilanstalt oder Entziehungsanstalt oder in einer Erziehungsanstalt Untergebrachten, insbesondere die Fürsorgezöglinge.

Siebenter Abschnitt:

Verbrechen und Vergehen wider die öffentliche Ordnung.

Vorbemerkung:

Werden die Delikte der §§ 123—139 in staatsgefährdender Absicht begangen, dann ist Strafschärfung nach § 94 möglich.

Hausfriedensbruch.

§ 123. (1) Wer in die Wohnung, in die Geschäftsräume oder in das befriedete Besitztum eines anderen oder in abgeschlossene Räume, welche zum öffentlichen Dienst oder Verkehr bestimmt sind, widerrechtlich eindringt, oder wer, wenn er ohne Befugnis darin verweilt, auf die Aufforderung des Berechtigten sich nicht entfernt, wird wegen Hausfriedensbruchs mit Geldstrafe oder mit Gefängnis bis zu drei Monaten bestraft.

(2) Ist die Handlung von einer mit Waffen versehenen Person oder von mehreren gemeinschaftlich begangen worden, so tritt Geldstrafe oder Gefängnisstrafe bis zu einem Jahre ein.

(3) Die Verfolgung tritt nur auf Antrag ein. Die Zurücknahme des Antrags ist zulässig.

1. Hier wird der Hausfriedensbruch behandelt. Geschützt wird das Hausrecht, d. h. das Recht seines Inhabers, in bestimmten Örtlichkeiten frei schalten und walten zu können.

2. Wohnung ist der Inbegriff der Räume, die einer Einzelperson oder einer zusammengehörenden Mehrheit von Personen, einer Familie, zum ständigen Aufenthalt zur Verfügung stehen. Sie kann auch beweglich sein, z. B. Wohnung eines umherziehenden Schaustellers, die Wohnräume auf einem Schiff. Dagegen ist eine bewegliche Schlafstätte in einem Schäferkarren noch keine Wohnung. Leerstehende Räume sind ebensowenig Wohnungen im Sinne dieses Gesetzparagraphen wie un-

fertige Häuser, dagegen können sie als befriedetes Besitztum (s. unten) in Betracht kommen.

Zu der Wohnung gehören auch Treppen, Fluren oder Gänge. Bei Mietwohnungen ist es Tatfrage, ob Treppe und Hausgang zu der in Betracht kommenden Wohnung gehören oder gemeinschaftlich sind.

3. Geschäftsräume können auch beweglich sein, wie z. B. eine Baubude, die zum Aufenthalt der Arbeiter bestimmt ist, oder ein Zirkuszelt. Bahnwagen und Fuhrwerke sind keine Geschäftsräume, sondern Transportmittel. (Siehe Erl. 5.)

4. Befriedetes Besitztum liegt vor, wenn ein Grundstück, auch ohne daß es ganz umzäunt oder eingehegt ist, für Jedermann erkennbar gegen das Betreten durch jeden Beliebigen gesichert ist, z. B. Gärten, Lagerplätze, Hofräume.

5. Zu den abgeschlossenen Räumen, welche zum öffentlichen Dienst bestimmt sind, gehören Schulsäle, Wartesäle, Postwagen, Gepäckwagen auf Bahnen. Zum öffentlichen Verkehr sind u. a. bestimmt: Personenabteile in Eisenbahnzügen, Straßenbahnwagen, Omnibusse, Verkehrsflugzeuge.

6. Eindringen bedeutet das Betreten der Räumlichkeit unter Überwindung eines tatsächlichen Widerstandes oder mit dem Bewußtsein des dem Eintritt entgegenstehenden Willens des Berechtigten. (RG. 12, 132.) Beispiel: Die Hausangestellte A nimmt nach einem Kinobesuch mit ihrem Freunde B diesen mit auf ihr Zimmer im Hause ihres Arbeitgebers C, wo B die Nacht verbringt; B hat sich nach § 123 strafbar gemacht, denn er wußte, oder mußte mindestens damit rechnen, daß C mit seinem Verhalten nicht einverstanden sein würde.

7. Widerrechtlich heißt, wie das später folgende „ohne Befugnis", gegen den (dem Täter bekannten oder von ihm vermuteten) Willen des Berechtigten, der nicht immer der Eigentümer zu sein braucht. So kann auch der Hauseigentümer bei seinem Mieter einen Hausfriedensbruch begehen. Auch das Einschleichen um zu stehlen ist ein widerrechtliches Eindringen, es kommt aber als besonders zu strafende Handlung nur in Betracht, wenn der Diebstahl noch nicht zum Versuch gelangt ist, oder wieder aufgegeben wurde. (Rücktritt.) (Siehe S. 13, Abschnitt d.)

8. Nicht widerrechtlich ist das Eindringen des Gerichtsvollziehers, der eine Pfändung vornimmt, oder des Kriminalbeamten, der eine Durchsuchung durchführen will. (Siehe „Einführende Vorbemerkungen zum Strafrecht" S. 1ff., Abschnitt B III 2f, S. 5.)

9. Hausfriedensbruch kann auch begangen werden durch unbefugtes Verweilen trotz Aufforderung des Berechtigten, sich zu entfernen. Es genügt eine einmalige Aufforderung. So macht sich der Gast einer Wirtschaft strafbar, der trotz Aufforderung des Gastwirts sich nicht entfernt; er darf aber solange bleiben, bis er die bestellten Speisen usw. verzehrt hat. Dieses Recht hat er aber nicht, wenn er sich ungebührlich benimmt. (RG. 4, 323.) Entlassene Hausangestellte dürfen solange in dem von ihnen bewohnten Raum bleiben, bis sie ihre Sachen gepackt haben.

10. Der erschwerte Hausfriedensbruch des Abs. 2 wird auch nur auf Antrag verfolgt.

11. Wegen „Waffe" siehe Erl. 5 zu § 243.

12. Zur Gemeinschaftlichkeit ist ein bewußtes Zusammenwirken erforderlich, bloße gleichzeitige Begehung genügt nicht.

13. Das Vergehen des § 123 kann auch im Wege der Privatklage vom Verletzten verfolgt werden (vgl. § 374[1] StPO.).

14. Für den Hausfriedensbruch des Beamten gilt die Spezialbestimmung des § 342.

Schwerer Hausfriedensbruch.

§ 124. Wenn sich eine Menschenmenge öffentlich zusammenrottet und in der Absicht, Gewalttätigkeiten gegen Personen oder Sachen mit vereinten Kräften zu begehen, in die Wohnung, in die Geschäftsräume oder in das befriedete Besitztum eines anderen oder in abgeschlossene Räume, welche zum öffentlichen Dienst bestimmt sind, widerrechtlich eindringt, so wird jeder, welcher an diesen Handlungen teilnimmt, mit Gefängnis von einem Monat bis zu zwei Jahren bestraft.

1. Hier wird der sog. schwere Hausfriedensbruch behandelt. Über den Ausdruck Menschenmenge s. oben Erl. 3 zu § 110, Zusammenrotten Erl. 2 zu § 115, Teilnehmen Erl. 3 zu § 115.

2. Die Begehung von Gewalttätigkeiten gehört nicht zum Tatbestand des § 124.

Landfriedensbruch.

§ 125. (1) Wenn sich eine Menschenmenge öffentlich zusammenrottet und mit vereinten Kräften gegen Personen oder Sachen Gewalttätigkeiten begeht, so wird jeder, welcher an dieser Zusammenrottung teilnimmt, wegen Landfriedensbruches mit Gefängnis nicht unter drei Monaten bestraft.

(2) Die Rädelsführer sowie diejenigen, welche Gewalttätigkeiten gegen Personen begangen oder Sachen geplündert, vernichtet oder zerstört haben, werden mit Zuchthaus bis zu zehn Jahren bestraft; auch kann auf Zulässigkeit von Polizeiaufsicht erkannt werden. Sind mildernde Umstände vorhanden, so tritt Gefängnisstrafe nicht unter sechs Monaten ein.

1. Vom schweren Hausfriedensbruch (§ 124) unterscheidet sich der sog. Landfriedensbruch des § 125 dadurch, daß jener ein Eindringen in die fremde Wohnung usw., aber keine Verübung von Gewalttätigkeiten voraussetzt, während beim Landfriedensbruch wirklich Gewalttätigkeiten verübt worden sein müssen, dagegen ein Eindringen in die Wohnungen nicht verlangt wird. Vom Aufruhr (§ 115) unterscheidet sich der Landfriedensbruch dadurch, daß bei letzterem Gewalttätigkeiten gegen beliebige Personen oder Sachen bestraft werden, während sich der Aufruhr gegen Behörden oder Beamte richtet.

2. Wegen des Ausdrucks Menschenmenge s. Erl. 3 zu § 110, zusammenrotten Erl. 2 zu § 115, teilnehmen Erl. 3 zu § 115.

3. Über den Begriff Rädelsführer vgl. Erl. 4 zu § 115.

4. Sachen plündert derjenige, welcher unter Benutzung des entstandenen Schreckens in der Absicht rechtswidriger Zueignung Sachen den Einwohnern offen wegnimmt oder abnötigt.

Landzwang.

§ 126. Wer durch Androhung eines gemeingefährlichen Verbrechens den öffentlichen Frieden stört, wird mit Gefängnis bis zu einem Jahre bestraft.

1. Der hier aufgestellte Tatbestand ist der sog. Landzwang.
2. Die gemeingefährlichen Verbrechen sind in den §§ 306 bis 324 enthalten.
3. Der öffentliche Frieden ist gestört, wenn mindestens ein Teil der Bevölkerung in seinem Sicherheitsbewußtsein erschüttert ist.

Bildung eines bewaffneten Haufen.

§ 127. (1) Wer unbefugter Weise einen bewaffneten Haufen bildet oder befehligt oder eine Mannschaft, von der er weiß, daß sie ohne gesetzliche Befugnis gesammelt ist, mit Waffen oder Kriegsbedürfnissen versieht, wird mit Gefängnis bis zu zwei Jahren bestraft.

(2) Wer sich einem solchen bewaffneten Haufen anschließt, wird mit Gefängnis bis zu einem Jahre bestraft.

1. Unter „Haufen" ist eine regellos zusammengeschlossene Menschenmenge, unter „Mannschaft" eine diszipliniert und geordnete Abteilung von Menschen zu verstehen.
2. Waffe heißt im Gegensatz zu § 123 Abs. 2 (vgl. daselbst Erl. 11) ein Instrument, welches dazu bestimmt ist, zum Angriff oder zur Verteidigung bei Kämpfen zu dienen. (Waffe im technischen Sinne.)
3. In Abs. 2 ist unter bewaffnetem Haufen auch die Mannschaft des Abs. 1 mitinbegriffen.

Geheimbündelei.

§ 128. (1) Die Teilnahme an einer Verbindung, deren Dasein, Verfassung oder Zweck vor der Staatsregierung geheim gehalten werden soll, oder in welcher gegen unbekannte Obere Gehorsam oder gegen bekannte Obere unbedingter Gehorsam versprochen wird, ist an den Mitgliedern mit Gefängnis bis zu sechs Monaten, an den Stiftern und Vorstehern der Verbindung mit Gefängnis von einem Monat bis zu einem Jahre zu bestrafen.

(2) Gegen Beamte kann auf Verlust der Fähigkeit zur Bekleidung öffentlicher Ämter auf die Dauer von einem bis zu fünf Jahren erkannt werden.

1. Verbindung ist im Gegensatz zu Versammlung eine Vereinigung von längerer Dauer mit Unterordnung des Einzelnen unter den Willen der Gesamtheit. (RG. 41, 264.)
2. Auf den Inhalt der gedruckten oder geschriebenen Statuten kommt es nicht an, sondern auf die wirklich gehandhabte Organisation der Verbindung.
3. Beamte s. § 359 StGB.

Gründung verbrecherischer Vereinigungen.

§ 129. (1) Wer eine Vereinigung gründet, deren Zwecke oder deren Tätigkeit darauf gerichtet sind, strafbare Handlungen zu begehen, oder wer sich an einer solchen Vereinigung als Mitglied beteiligt, sie sonst unterstützt oder zu ihrer Gründung auffordert, wird mit Gefängnis bestraft.

(2) Gehört der Täter zu den Rädelsführern oder Hintermännern oder liegt sonst ein besonders schwerer Fall vor, so kann auf Zuchthaus bis zu fünf Jahren erkannt werden. Daneben kann Polizeiaufsicht zugelassen werden.

(3) Bei Beteiligten, deren Schuld gering und deren Mitwirkung von untergeordneter Bedeutung ist, kann von Strafe abgesehen werden.

(4) Nach diesen Vorschriften wird nicht bestraft, wer das Fortbestehen der Vereinigung verhindert oder von ihrem Bestehen einer Behörde so rechtzeitig Anzeige erstattet, daß eine den Zielen der Vereinigung entsprechende Straftat noch verhindert werden kann. Dies gilt auch für den, der sich freiwillig und ernstlich bemüht, das Fortbestehen der Vereinigung oder die Begehung einer ihren Zielen entsprechenden Straftat zu verhindern, wenn nicht sein Bemühen, sondern ein anderer Umstand dies erreicht.

1. Diese Bestimmung, eingefügt durch das Strafrechtsänderungsgesetz vom 30. 8. 1951, verbietet die Teilnahme an Vereinigungen, deren Tätigkeit auf die Begehung strafbarer Handlungen gerichtet ist. (Siehe auch § 90a und die dortige Erläuterung 1.)

2. Zu Absatz 1: Die Täterhandlung besteht im Gründen einer solchen Vereinigung, in der Beteiligung an ihr, in ihrer Unterstützung oder in der (erfolglosen) Aufforderung zur Gründung. (Eine erfolgreiche Aufforderung ist als Anstiftung gemäß § 48 strafbar.)

3. Zu Absatz 2: Wegen der Begriffe „Rädelsführer" und „Hintermänner" siehe Erläuterung 3 zu § 90a.

4. Zu Absatz 4: Hier wird dem Teilnehmer die Möglichkeit gegeben, eine Bestrafung nach § 129 durch tätige Reue abzuwenden. In Satz 2 des Absatz 4 wird sogar der erfolglos versuchten tätigen Reue strafbefreiende Wirkung beigelegt. (Siehe hierzu § 49a Absatz 4, und § 82.)

Fortführung verbotener Vereinigungen.

§ 129 a. (1) Hat das Bundesverwaltungsgericht oder das oberste Verwaltungsgericht eines Landes festgestellt, daß eine Vereinigung gemäß Artikel 9 Absatz 2 des Grundgesetzes verboten ist, so wird jeder, der die Vereinigung fortführt, den organisatorischen Zusammenhalt auf andere Weise weiter aufrecht erhält, sich an ihr als Mitglied beteiligt oder sie sonst unterstützt, mit Gefängnis bestraft, soweit nicht in anderen Vorschriften eine schwerere Strafe angedroht ist.

(2) § 129 Absatz 3 und 4 gilt entsprechend.

(3) Das Bundesverwaltungsgericht entscheidet auf Antrag der Bundesregierung, das oberste Verwaltungsgericht eines Landes auf Antrag der Landesregierung.

Diese Vorschrift, eingefügt durch das Strafrechtsänderungsgesetz vom 30. 8. 1951, stellt die Teilnahme als solche unter Strafe, wenn es sich um eine gemäß Artikel 9 Absatz 2 des Grundgesetzes „verbotene Vereinigung" handelt. In einem solchen Falle der Teilnahme (in einer der im Gesetz bezeichneten Formen) genügt es zur Strafbarkeit des Teilnehmers, wenn er lediglich weiß, daß die fragliche Vereinigung verboten ist; die Kenntnis der von ihr verfolgten Ziele gehört also (im Gegensatz zu § 129) nicht zum Vorsatz des Täters. Es sollen also die sog. Mitläufer erfaßt werden.

Anreizung zum Klassenkampf.

§ 130. Wer in einer den öffentlichen Frieden gefährdenden Weise verschiedene Klassen der Bevölkerung zu Gewalttätigkeiten gegeneinander öffentlich anreizt, wird mit Geldstrafe oder mit Gefängnis bis zu zwei Jahren bestraft.

1. Im Gegensatz zu § 126 bedarf es hier nicht der Störung des öffentlichen Friedens (Erl. 3 zu § 126), sondern nur der Gefährdung, d. h. der naheliegenden Möglichkeit einer Störung.

2. Die Anreizung muß sich immer an die ganze Klasse, nicht bloß an bestimmte einzelne Mitglieder der betreffenden Klassen gerichtet haben. Auch im Ausland erfolgte Anreizung gehört hierher, wenn sie nur im Inland wirken soll.

3. Verschiedene Klassen der Bevölkerung sind z. B. Arbeitgeber und Arbeitnehmer, Arbeiter und Bauern.

§ 130 a. Aufgehoben. (Betraf Kanzelmißbrauch.)

Staatsverleumdung.

§ 131. Wer erdichtete oder entstellte Tatsachen, wissend, daß sie erdichtet oder entstellt sind, öffentlich behauptet oder verbreitet, um dadurch Staatseinrichtungen oder Anordnungen der Obrigkeit verächtlich zu machen, wird mit Geldstrafe oder mit Gefängnis bis zu zwei Jahren bestraft.

1. Dieser Paragraph stellt eine bestimmte Art der Verleumdung (§ 187) des Staates unter Strafe, während sonst nur lebende Personen als Verleumdete in Betracht kommen.

2. Tatsachen sind auch Absichten, die ein Mensch verfolgt.

3. Wegen der Bedeutung von „öffentlich", das sich aber nur auf das Behaupten, nicht auch auf das Verbreiten bezieht, vgl. Erl. 2 zu § 110. Behaupten heißt etwas als Ausdruck des eigenen Wissens hinstellen.

Amtsanmaßung.

§ 132. Wer unbefugt sich mit Ausübung eines öffentlichen Amtes befaßt oder eine Handlung vornimmt, welche nur kraft eines öffentlichen Amtes vorgenommen werden darf, wird mit Gefängnis bis zu zwei Jahren oder mit Geldstrafe bestraft.

1. Die Amtsanmaßung, die nur strafbar ist, wenn sie sich auf ein öffentliches Amt bezieht, kann in zwei verschiedenen Formen begangen werden:

a) Erster Tatbestand: Es befaßt sich jemand unbefugt mit der Ausübung eines öffentlichen Amtes. Dieser Tatbestand liegt vor, wenn der Täter sich als Inhaber eines öffentlichen Amts gebärdet, das er in Wirklichkeit nicht bekleidet und auf Grund dieser Vortäuschung eine Handlung vornimmt, deren Vornahme zum Geschäftsbereich des angemaßten oder eines anderen öffentlichen Amts gehört.

Beispiel: Es gibt sich jemand als Kriminalbeamter aus und nimmt eine Durchsuchung vor.

b) Zweiter Tatbestand: Die unbefugte Vornahme einer Handlung, die nur kraft eines öffentlichen Amtes vorgenommen werden darf, ohne daß der Täter sich den Anschein zu geben braucht, als nehme er die Handlung vermöge einer ihm zukommenden amtlichen Befugnis vor.

Beispiel: Ein Privatdetektiv nimmt eine Durchsuchung vor.

2. Während Täter des § 132 in der Regel ein Nichtbeamter sein wird, kann auch ein Beamter Täter sein und zwar dann, wenn der Beamte in den Geschäftskreis einer anderen Behörde eingreift (z. B. ein Richter entfaltet eine Tätigkeit, die nur einem Notar zusteht), oder wenn der Beamte unter Überschreitung seiner sachlichen Zuständigkeit unbefugt eine Amtshandlung vornimmt, die nur ein anderer Beamter derselben Behörde vornehmen darf (z. B. ein Gerichtsschreiber greift in die Befugnisse eines Richters über).

Nimmt dagegen der Beamte nach außen Handlungen vor, zu denen er an sich zuständig ist, entfaltet aber nach innen eine seinen Amtspflichten widersprechende Tätigkeit (z. B. Beschlagnahme oder eine sonstige Amtshandlung zu Privatzwecken), so liegt möglicherweise Untreue, Unterschlagung, Betrug oder ein nur dienststrafrechtlich zu ahndendes Verhalten, jedenfalls aber keine Amtsanmaßung vor. (Siehe BGH. 3, 244.)

Unbefugtes Führen von Titeln und Tragen von Uniformen.

§ 132 a. (1) Wer unbefugt

1. inländische oder ausländische Amts- oder Dienstbezeichnungen, Titel oder Würden führt,
2. inländische oder ausländische Uniformen, Amtskleidungen oder Amtsabzeichen trägt oder
3. eine Berufstracht oder ein Berufsabzeichen für Betätigung in der Kranken- oder Wohlfahrtspflege trägt, die im Inland staatlich anerkannt oder genehmigt sind,

wird mit Gefängnis bis zu einem Jahr und mit Geldstrafe oder mit einer dieser Strafen bestraft.

(2) Den in Absatz 1 Nr. 1 bis 3 genannten Bezeichnungen, Titeln, Würden, Uniformen, Kleidungen, Trachten oder Abzeichen stehen solche gleich, die ihnen zum Verwechseln ähnlich sind.

(3) Die Vorschriften der Absätze 1 und 2 gelten auch für Amtsbezeichnungen, Titel, Würden, Amtskleidungen und Amtsabzeichen der Religionsgesellschaften des öffentlichen Rechtes sowie für Berufstrachten und Berufsabzeichen der von ihnen anerkannten religiösen Vereinigungen oder religiösen Genossenschaften.

1. Absatz 1 Nr. 1 ist an die Stelle des durch das dritte Strafrechtänderungsgesetz aufgehobenen § 6 Abs. 1a des Gesetzes über Titel, Orden und Ehrenzeichen vom 1. Juli 1937 getreten.

2. Uniform ist jede auf Grund öffentlich-rechtlicher Bestimmungen eingeführte Tracht, z. B. der Polizei, der Reichsbahn, der Post, der Feuerwehr usw. Zu den Amtskleidungen, die im Gegensatz zu den Uniformen, nicht ständig, sondern nur bei bestimmten Amtshandlungen getragen werden, gehören z. B. die Roben der Richter, Staatsanwälte und Rechtsanwälte.

3. Zu den Berufstrachten des Abs. 1 Nr. 3 gehören die Uniform der Sanitätskolonne vom Roten Kreuz und die Tracht der Rote-Kreuz-Schwestern.

4. Amtskleidungen der Religionsgesellschaften (Abs. 3) sind z. B. die Talare der evangelischen und die Gewänder der katholischen Geistlichen.

Bei unerlaubter Führung akademischer Grade kommt ausschließlich das Gesetz vom 7. Juni 1939 (RGBl. I S. 985) in Frage. Vgl. auch Kontrollratsgesetz Nr. 8, Art. 4 betr. Verbot des Tragens von Orden und Ehrenzeichen usw.

Verwahrungsbruch.

§ 133. (1) Wer eine Urkunde, ein Register, Akten oder einen sonstigen Gegenstand, welche sich zur amtlichen Aufbewahrung an einem dazu bestimmten Orte befinden, oder welche einem Beamten oder einem Dritten amtlich übergeben worden sind, vorsätzlich vernichtet, beiseiteschafft oder beschädigt, wird mit Gefängnis bestraft.

(2) Ist die Handlung in gewinnsüchtiger Absicht begangen, so tritt Gefängnisstrafe nicht unter drei Monaten ein; auch kann auf Verlust der bürgerlichen Ehrenrechte erkannt werden.

1. Diese Gesetzesstelle behandelt den Bruch der amtlichen Verfügungsgewalt. Geschützt sind Sachen, die sich in amtlicher Verwahrung befinden.

2. Der Beamte, welcher mit der Verwahrung von Urkunden betraut ist oder dem sie amtlich zugänglich sind, wird nach der schwereren Vorschrift des § 348 Abs. 2 bestraft.

3. Wem die Urkunden, Akten usw. gehören, ist für diesen Tatbestand (§ 133) gleichgültig, so daß auch der Eigentümer selbst sich dieser Straftat schuldig machen kann, z. B. der Täter gegenüber einem ihm abgenommenen in amtlicher Verwahrung befindlichen Überführungsstück.

4. Die amtliche Aufbewahrung setzt immer voraus, daß sie in Ausübung staatlicher Hoheitsrechte erfolgt. Deshalb gehört nicht hierher z. B. das Inventar der Dienstzimmer (Büromaterial wie z. B. Schreibmaschinen). Dagegen gelten als amtlich aufbewahrt die Frachtgüter usw. auf der Eisenbahn, sowie das der Bahn zur Aufbewahrung übergebene Reisegepäck. Ferner Briefe im Briefkasten oder in der Sammeltasche des Postbeamten (RG. 22, 206). Deshalb wird bei Diebstahl solcher Gegenstände in der Regel gleichzeitig der Tatbestand des § 133 verwirklicht.

Eine Sache ist amtlich übergeben, wenn die Übergabe zu amtlichen Zwecken geschieht, so daß durch sie ein amtlicher Gewahrsam begründet wird. Beispiel: Der Wechselinhaber übergibt dem Gerichtsvollzieher einen Wechsel zur Protesterhebung. Als dieser den Wechsel dem Schuldner vorzeigt, reißt letzterer den Wechsel dem Beamten aus der Hand und vernichtet ihn. (RG. 43, 247.)

5. Das Beiseiteschaffen braucht nicht ein immerwährendes zu sein. Es genügt schon ein vorübergehendes Wegbringen. So liegt z. B. ein Beiseiteschaffen vor, wenn ein Beamter den Gegenstand in seinem Privatschubfach im Verwahrungszimmer verschließt. (Handelt es sich dabei um eine Urkunde, dann liegt § 348, Abs. 2 vor.)

6. Die gewinnsüchtige Absicht des Abs. 2 liegt nur vor, wenn die Handlung auf einer ungewöhnlichen, sittlich besonders anstößigen Steigerung des Erwerbssinnes beruht. (BGH. 1, 338.)

7. Die Tat des § 133 kann zugleich den Tatbestand des Diebstahls (§ 242) der Unterschlagung (§ 246), des Siegelbruchs (§ 136), des Verstrickungsbruchs (§ 137 und der Urkundenvernichtung (§ 274 Nr. 1) erfüllen.

Beschädigung öffentlicher Bekanntmachungen.

§ 134. Wer öffentlich angeschlagene Bekanntmachungen, Verordnungen, Befehle oder Anzeigen von Behörden oder Beamten böswillig abreißt, beschädigt oder verunstaltet, wird mit Geldstrafe oder mit Gefängnis bis zu sechs Monaten bestraft.

Das Abreißen usw. muß böswillig, d. h. aus einem inneren Vorgang heraus geschehen, der noch über die Absicht hinausgeht und seinen Ursprung in einer verwerflichen Gesinnung hat (RG. 72, 118). Andernfalls kommt nur Sachbeschädigung in Frage.

Verletzung inländischer Hoheitszeichen.

§ 135. Aufgehoben durch das Strafrechtsänderungsgesetz vom 30. August 1951, da durch § 96 überflüssig geworden.

Siegelbruch.

§ 136. Wer unbefugt ein amtliches Siegel, welches von einer Behörde oder einem Beamten angelegt ist, um Sachen zu verschließen, zu bezeichnen oder in Beschlag zu nehmen, vorsätzlich erbricht, ablöst oder beschädigt oder den durch ein solches Siegel bewirkten amtlichen Verschluß aufhebt, wird mit Gefängnis bis zu sechs Monaten oder mit Geldstrafe bestraft.

1. Diese Gesetzesstelle behandelt den sog. Siegelbruch.

2. Nur ein amtliches Siegel genießt den Schutz, nicht etwa ein Privatsiegel, mit welchem z. B. ein Gendarm beschlagnahmte Gegenstände bezeichnet.

3. Wie das Siegel hergestellt ist und aus welchem Stoff, ist gleichgültig, es genügt auch eine Siegelmarke eines Gerichtsvollziehers. Wer also die Pfandmarken des Gerichtsvollziehers von einem gepfändeten Klavier entfernt, macht sich nach § 136 strafbar. Auch die Plomben eines Feuermelders oder eines städtischen Elektrizitätswerkes sind Gegenstand eines Vergehens nach § 136.

4. Der amtliche Verschluß wird aufgehoben, wenn unter Unversehrtlassen des Verschlusses dieser unwirksam gemacht wird, z. B. durch Einsteigen in ein Fenster eines Raumes, dessen Türe versiegelt ist. Auch diese Aufhebung muß vorsätzlich begangen sein um den Tatbestand zu erfüllen.

5. Häufig wird der Tatbestand des § 136 mit demjenigen des § 137 zusammenfallen.

Verstrickungsbruch.

§ 137. Wer Sachen, welche durch die zuständigen Behörden oder Beamten gepfändet oder in Beschlag genommen worden sind, vorsätzlich beiseite schafft, zerstört oder in anderer Weise der Verstrickung ganz oder teilweise entzieht, wird mit Gefängnis bis zu einem Jahre oder mit Geldstrafe bestraft.

1. Im Gegensatz zum Siegelbruch des § 136, der das äußere Zeichen der amtlichen Herrschaft über die Sache schützen soll, bezweckt § 137 den Schutz der Sache selbst und der über sie begründeten staatlichen Herrschaftsgewalt gegen den sog. Verstrickungsbruch.

2. Unter Sachen sind Forderungsrechte nicht mit inbegriffen, wohl aber die Urkunden über solche, z. B. Schuldscheine, Aktien.

Zu den Sachen gehört auch das unbewegliche Vermögen. Doch kommt ein Grundstück selbst deshalb nicht in Betracht, weil man es weder beiseite schaffen noch zerstören kann. Wohl aber sind hierher zu rechnen Bestandteile von Grundstücken wie Gebäude, Früchte auf dem Halm, ausgesäte Samen, eingepflanzte Bäume usw., sowie Bestandteile, die mit dem Grund und Boden verbunden sind, z. B. Maschinen. Vgl. auch Erl. zu § 289.

3. Der § 137 setzt in objektiver Beziehung nichts weiter voraus, als daß die Sache von einem zuständigen Beamten gepfändet bzw. in Beschlag genommen ist, d. h. daß sie (bei der Pfändung auf Grund eines vollstreckbaren Titels) von einem an sich zur Pfändung usw. sachlich und örtlich zuständigen Beamten unter Beobachtung der Formvorschriften der freien Verfügung der dazu bisher berechtigten Personen entzogen und der ausschließlichen behördlichen Verfügungsgewalt unterworfen (verstrickt) worden ist.

4. Als Formvorschriften für die Pfändung kommen vor allem §§ 808 ff. ZPO. in Frage, wonach bei einer Pfändung der Gerichtsvollzieher die Sache in Besitz nehmen oder, falls er sie in Gewahrsam des Schuldners lassen will, mit einem Siegel versehen muß. Dagegen ist bei der Beschlagnahme, die vor allem im Strafverfahren in Frage kommt, die Kenntlichmachung durch ein amtliches Siegel nicht erforderlich.

5. Die materielle Rechtmäßigkeit des Pfändungs- bzw. Beschlagnahmeaktes ist nicht Voraussetzung für eine Strafbarkeit nach § 137. Kommt also der Beamte nach pflichtgemäßem Ermessen zu der Überzeugung, daß im einzelnen Falle die Voraussetzungen der Beschlagnahme bzw. Pfändung gegeben sind, so ist seine Maßnahme rechtwirksam, mag er auch tatsächlich geirrt, z. B. eine Sache irrtümlich als im Eigentum des Schuldners stehend, oder irrtümlich nicht als Kompetenzstück angesehen und infolgedessen gepfändet haben. Auch eine solche Pfändung ist rechtswirksam. Es gelten hier also die gleichen Grundsätze wie für die Rechtmäßigkeit der Amtsausübung in § 113 (siehe die dortigen Erläuterungen 4 und 5).

6. Die Handlung des § 137 besteht, ähnlich wie in § 288, in Entziehung aus der Verstrickung durch Beiseiteschaffen, Zerstören oder in sonstiger Weise.

7. Zum Vorsatz gehört nur das Bewußtsein des Täters, daß die in Erl. 3 genannten Voraussetzungen gegeben sind. Dagegen ist nicht erforderlich, daß sich der Täter auch der materiellen Rechtmäßigkeit der Pfändung bewußt ist. Wer sich durch die Pfändung oder Beschlagnahme für verletzt hält, darf den Arrest nicht eigenmächtig brechen, selbst wenn die Pfändung bzw. Beschlagnahme materiell zu Unrecht erfolgt ist; er kann nur die getroffene Maßregel anfechten.

8. Beispiel: Gerichtsvollzieher A pfändet bei dem Kaufmann B eine Schreibmaschine, obwohl dieser dem A wahrheitsgemäß erklärt hatte, Eigentümer der Maschine sei sein Freund C, was A dem B aber nicht glaubt. Nachdem A die Maschine mit Pfandsiegel versehen und sich wieder entfernt hat, bringt B die Maschine schleunigst zu seinem Freunde C: Da die Schreibmaschine zwar materiell zu Unrecht, formell aber rechtswirksam gepfändet war, hat sich B nach § 137 strafbar gemacht.

Nichtanzeige von Verbrechen.

§ 138. (1) Wer von dem Vorhaben oder der Ausführung eines Hochverrates (§§ 80, 81 Abs. 1, § 83) eines Verfassungsverrates (§ 89), eines Landesverrates (§§ 100, 100a, 100d Abs. 1, § 100f), eines Mordes, eines Totschlags, eines Münzverbrechens, eines Raubes, einer räuberischen Erpressung, eines Menschenraubes, einer Verschleppung, einer erpresserischen Kindesentführung, eines Mädchenhandels oder eines gemeingefährlichen Verbrechens zu einer Zeit, zu der die Ausführung oder der Erfolg noch abgewendet werden kann, glaubhaft erfährt und es unterläßt, der Behörde oder dem Bedrohten rechtzeitig Anzeige zu machen, wird mit Gefängnis bestraft.

(2) In besonders schweren Fällen ist die Strafe Zuchthaus bis zu fünf Jahren.

(3) Wer die Anzeige leichtfertig unterläßt, obwohl er von dem verbrecherischen Vorhaben glaubhaft erfahren hat, wird mit Gefängnis bis zu einem Jahre oder mit Geldstrafe bestraft.

§ 139. (1) Ist in den Fällen des § 138 die Tat nicht versucht worden, so kann von Strafe abgesehen werden.

(2) Ein Geistlicher ist nicht verpflichtet anzuzeigen, was ihm in seiner Eigenschaft als Seelsorger anvertraut worden ist.

(3) Wer eine Anzeige unterläßt, die er gegen einen Angehörigen (§ 52) erstatten müßte, ist straffrei, wenn er sich ernstlich bemüht hat, ihn von der Tat abzuhalten oder den Erfolg abzuwenden, es sei denn, daß es sich um einen Mord oder Totschlag handelt. Unter denselben Voraussetzungen ist ein Rechtsanwalt, Verteidiger oder Arzt nicht verpflichtet anzuzeigen, was ihm in dieser Eigenschaft anvertraut worden ist.

(4) Straffrei ist, wer die Ausführung oder den Erfolg der Tat anders als durch Anzeige abwendet. Unterbleibt die Ausführung oder der Erfolg der Tat ohne Zutun des zur Anzeige Verpflichteten, so genügt zu seiner Straflosigkeit sein ernstliches Bemühen, den Erfolg abzuwenden.

1. Das Vergehen der unterlassenen Anzeige (ein sog. echtes Unterlassungsdelikt, siehe Vorbemerkungen Seite 3), das bisher in einer Gesetzesstelle (§ 139 a. F.) behandelt wurde, ist nunmehr in zwei Paragraphen geregelt.

2. Eine Verpflichtung zur Anzeige begangener Verbrechen besteht nur für die hierzu besonders bestimmten Beamten (siehe § 346), während eine Pflicht zur Anzeige bevorstehender Verbrechen jedem obliegt, wenn es sich dabei um eines der in § 138 im einzelne angeführten Delikte handelt.

3. Der Kreis dieser anzeigepflichtigen Delikte ist gegenüber dem bisherigen Recht um folgende erweitert worden: Hochverrat, Verfassungsverrat, Landesverrat, erpresserische Kindesentführung und Mädchenhandel. Die „Verbrechen wider das Leben" sind nunmehr als „Mord oder Totschlag" gekennzeichnet und die bisherige Fassung „zur rechten Zeit" wurde durch die Worte ersetzt „zu einer Zeit, zu der die Ausführung oder der Erfolg noch abgewendet werden kann".

4. Der äußere Tatbestand des § 138 erfordert, daß jemand von dem Vorhaben eines der fraglichen Delikte glaubhaft Kenntnis erhält, d. h. mit der Ausführung der Tat rechnete und es unterläßt, rechtzeitig, d. h. wenn die Verhütung des geplanten Verbrechens noch möglich ist, der Behörde oder dem Bedrohten Anzeige zu machen.

5. Die Strafe ist Gefängnis schlechthin (also bis zu fünf Jahren). Ist die Unterlassung der Anzeige leichtfertig erfolgt, dann ist Gefängnis bis zu einem Jahr oder Geldstrafe vorgesehen (§ 138 Abs. 3).

6. Eine Ausnahme von der Anzeigepflicht besteht nach der Rechtsprechung zum bisherigen § 139 für den Bedrohten, sowie für die an dem Verbrechen als Täter, Anstifter oder Gehilfen beteiligten oder der Beteiligung Verdächtigen, d. h. also diejenigen Personen, für die das geplante Verbrechen kein fremdes darstellt; denn eine Pflicht zur Selbstanzeige besteht natürlich nicht.

7. Zu § 139:

a) Kraft ausdrücklicher gesetzlicher Regelung sind von der Anzeigepflicht ausgeschlossen die in § 139 Abs. 2 und 3 aufgeführten Personen (Geistliche, Angehörige, Rechtsanwälte) unter den dort erwähnten Bedingungen.

b) Abs. 4 enthält weitere besondere Möglichkeiten der Straffreiheit für jedermann.

c) Abs. 1 entspricht dem § 139 a. F. Abs. 1 Satz 2.

Öffentliche Billigung von Verbrechen.

§ 140. (1) Wer eine der in § 138 Abs. 1 genannten oder eine der in §§ 5 und 6 des Gesetzes gegen den verbrecherischen und gemeingefährlichen Gebrauch von Sprengstoffen mit Strafe bedrohten Handlungen belohnt oder öffentlich billigt, nachdem sie begangen oder ihre Begehung versucht worden ist, wird, soweit nicht in anderen Vorschriften eine schwerere Strafe angedroht ist, mit Gefängnis bestraft. Daneben kann auf Geldstrafe erkannt werden.

(2) In besonders schweren Fällen ist die Freiheitsstrafe Zuchthaus bis zu fünf Jahren.

Anwerbung zu fremdem Wehrdienst.

§ 141. (1) Wer im Inland oder als Deutscher im Ausland zugunsten einer ausländischen Macht einen Deutschen zum Wehrdienst in einer militärischen oder militärähnlichen Einrichtung anwirbt oder ihren Werbern oder dem Wehrdienst einer solchen Einrichtung zuführt, wird mit Gefängnis nicht unter drei Monaten bestraft.

(2) Der Versuch ist strafbar.

Unfallflucht.

§ 142 (1) Wer sich nach einem Verkehrsunfall der Feststellung seiner Person, seines Fahrzeugs oder der Art seiner Beteiligung an dem Unfall vorsätzlich durch Flucht entzieht, obwohl nach den Umständen in Frage kommt, daß sein Verhalten zur Verursachung des Unfalls beigetragen hat, wird mit Gefängnis bis zu zwei Jahren oder mit Haft und mit Geldstrafe oder mit einer dieser Strafen bestraft.

(2) Der Versuch ist strafbar.

(3) In besonders schweren Fällen ist die Strafe Gefängnis nicht unter sechs Monaten oder Zuchthaus.

1. §142 verpflichtet den an einem Unfall beteiligten Verkehrsteilnehmer, die Feststellungen am Unfallort abzuwarten. Er macht sich also durch sofortige Weiterfahrt der vollendeten Unfallflucht schuldig. Dies gilt auch, wenn am Unfallort zunächst keine Person anwesend ist, die zu den Feststellungen bereit und fähig ist (BGH 4, 144).

2. Die Flucht nach einem Verkehrsunfall ist nicht nur für den Kraftfahrzeugführer, sondern für jeden Verkehrsteilnehmer strafbar, wenn sein Verhalten möglicherweise zur Verursachung des Unfalls beigetragen hat. Täter kann somit auch sein der Insasse des Kraftwagens, der etwa dem Führer Weisungen erteilt hat, ferner der Radfahrer oder Fußgänger, oder der Führer eines bespannten Fuhrwerks oder eines Straßenbahnzuges, immer vorausgesetzt, daß der Täter weiß oder damit rechnet, daß er als Verursacher oder Mitverursacher des Unfalls nach den Umständen in Frage kommt und sich gleichwohl den Feststellungen entzieht.

3. § 142 erklärt auch denjenigen für strafbar, der sich der Feststellung der „Art seiner Beteiligung an dem Unfall" etwa des Grades seiner Trunkenheit durch Blutprobe oder des schlechten Zustandes seines Wagens durch die Flucht entzieht.

4. Häufig wird § 142 mit einem Vergehen nach § 330c zusammentreffen.

5. Siehe das Beispiel in Erl. 7b zu § 340.

Vernachlässigung der Aufsichtspflicht.

§ 143. (1) Wer einen noch nicht Achtzehnjährigen, dessen Beaufsichtigung ihm obliegt, nicht gehörig beaufsichtigt, wird mit Gefängnis bis zu einem Jahr oder mit Geldstrafe bestraft, wenn der zu Beaufsichtigende eine als Verbrechen oder Vergehen mit Strafe bedrohte Handlung begeht, die der Aufsichtspflichtige durch gehörige Aufsicht hätte verhindern können. Dies gilt nicht, soweit in sonstigen Vorschriften eine andere Strafe angedroht ist.

(2) Aufsichtspflichtig im Sinne dieser Vorschrift ist derjenige, dem die Sorge für die Person des Kindes oder des Jugendlichen obliegt

oder dem das Kind oder der Jugendliche zur Erziehung oder Pflege ganz oder überwiegend anvertraut ist.

(3) Gesetzliche Vorschriften über die Haftbarkeit von Personen für die einen anderen treffenden Geldstrafen oder sonstigen Geldleistungen bleiben unberührt.

1. § 143 (früher § 139b) enthält, ebenso wie §§ 138, 330c ein sog. echtes Unterlassungsdelikt (siehe Seite 3) und hat nur subsidiären Charakter, d. h. es kommt nicht zur Anwendung „soweit in sonstigen Vorschriften eine andere Strafe angedroht ist".

2. Nach der Neufassung bezieht sich diese Gesetzesstelle nur noch auf die Fälle, in denen die Handlung des zu Beaufsichtigenden als Verbrechen oder Vergehen mit Strafe bedroht ist. Hierdurch werden die sich aus dem Zusammenhang mit § 361 Nr. 4 und 9 ergebenden widersinnigen Folgen ausgeschaltet. Gleichzeitig wurden auch die beiden letztgenannten Übertretungen in Einklang mit der Neufassung des § 139b (jetzt § 143) gebracht.

3. Im übrigen ist nach wie vor Voraussetzung der Strafbarkeit des Aufsichtspflichtigen (Eltern, Vormund, Pfleger u. a.), daß der zu Beaufsichtigende eine Person unter 18 Jahren ist und daß die fragliche Straftat durch gehörige Aufsicht hätte verhindert werden können.

Verleitung zur Auswanderung.

§ 144. Wer es sich zum Geschäfte macht, Deutsche unter Vorspiegelung falscher Tatsachen oder wissentlich mit unbegründeten Angaben oder durch andere auf Täuschung berechnete Mittel zur Auswanderung zu verleiten, wird mit Gefängnis von einem Monat bis zu zwei Jahren bestraft.

1. Einen Erwerb braucht der Täter aus seinem „Geschäfte" nicht beabsichtigt zu haben.

2. Vgl. das Reichsgesetz über das Auswanderungswesen v. 9. Juni 1897 §§ 43—48 und VO. gegen Mißstände im Auswanderungswesen v. 14. Febr. 1924, (RGBl. S. 107).

Gefährdung des Schiffsverkehrs.

§ 145. Wer die vom Kaiser

zur Verhütung des Zusammenstoßens der Schiffe auf See,

über das Verhalten der Schiffer nach einem Zusammenstoße von Schiffen auf See, oder

in betreff der Not- und Lotsensignale für Schiffe auf See und auf den Küstengewässern

erlassenen Verordnungen übertritt, wird mit Geldstrafe bestraft.

§ 145 a. Weggefallen.

§ 145 b (Tierquälerei) weggefallen.

§ 145b ist durch § 9 Abs. 1 des Gesetzes v. 24. Nov. 1933 (RGBl. S. 987) ersetzt worden. Er lautet: Wer ein Tier unnötig quält oder roh mißhandelt, wird mit Gefängnis bis zu 2 Jahren und mit Geldstrafe oder mit einer dieser Strafen bestraft.

Ein Tier quält nach § 1 a. a. O., wer ihm länger dauernde oder sich wiederholende erhebliche Schmerzen oder Leiden verursacht; unnötig ist das Quälen soweit es keinem vernünftigen berechtigten Zweck dient. Ein Tier mißhandelt, wer ihm erhebliche Schmerzen verursacht; eine Mißhandlung ist roh, wenn sie einer gefühllosen Gesinnung entspringt.

Verbotene Berufsausübung.

§ 145c. Wer einen Beruf oder ein Gewerbe ausübt oder ausüben läßt, solange ihm dies nach § 421 untersagt ist, wird mit Gefängnis bis zu zwei Jahren und mit Geldstrafe oder mit einer dieser Strafen bestraft.

Vortäuschung einer Straftat.

§ 145d. Wer einer Dienststelle des Staates wider besseres Wissen die Begehung einer Straftat vortäuscht oder die Dienststelle über die Person eines an einer Straftat Beteiligten zu täuschen sucht, wird mit Gefängnis bis zu zwei Jahren oder mit Geldstrafe bestraft, soweit die Tat nicht nach anderen Vorschriften mit schwererer Strafe bedroht ist.

1. Der erste Fall betrifft die Vortäuschung einer in Wirklichkeit nicht begangenen Straftat. Welches Motiv hierfür vorliegt, ist gleichgültig. Häufig wird die Vortäuschung erfolgen, um eine vom Täter selbst begangene Straftat zu verdecken; z. B. Vortäuschen eines Diebstahls, um eine vom Vortäuschenden selbst begangene Unterschlagung zu verdecken.

2. Dem Vortäuschen ist gleichgestellt der Fall, daß jemand die Dienststelle über den Täter einer begangenen Straftat zu täuschen sucht z. B. durch falsche Selbstbezichtigung; will er damit die Verfolgung des wahren Täters vereiteln, so ist er wegen Begünstigung nach § 257 strafbar.

3. Der innere Tatbestand erfordert Handeln wider besseres Wissen; bedingter Vorsatz (siehe „Einführende Vorbemerkungen zum Strafrecht" S. 1 ff. Abschnitt C III 1 d, S. 16) genügt also nicht.

4. § 145d kommt nur in Frage, falls kein schwereres Strafgesetz (vor allem § 164) verletzt ist.

Achter Abschnitt:

Münzverbrechen und Münzvergehen.

Vorbemerkung:

1. Die verschiedenen Tatbestände:
   a) Die Falschmünzerei: § 146, erster Halbsatz.
   b) Die Münzfälschung: § 146, zweiter Halbsatz.
   c) Inverkehrbringen falschen Geldes: § 147.
   d) Das Abschieben von Falschgeld: § 148.
   e) Die Münzverringerung: § 150.
   f) Die Vorbereitungshandlungen: § 151.
   g) Die Übertretungen nach § 360 Ziffer 4—6.
   h) Die Nichtanzeige eines Münzverbrechens ist nach § 139 strafbar.

2. Unter den Begriff Geld fällt jedes vom Staat oder seitens einer von ihm ermächtigten Stelle als Wertträger beglaubigte und zum Umlauf im öffentlichen Verkehr bestimmte Zahlungsmittel. Dem Metall- und Papiergeld des § 146 sind eie Wertpapiere des § 149 gleichgestellt. Auch ausländisches Geld kann Gegenstand dines Münzdelikts sein.

3. Bei der Beschlagnahme falscher Münzen und unechten Papiergeldes ist behufs Vermeidung späterer Weitläufigkeiten tunlichst die Einwilligung des Besitzers zu der seinerzeitigen Einziehung des beschlagnahmten Gegenstandes festzustellen. Vgl. § 152.

4. Bezüglich aller Münzverbrechen und Münzvergehen gilt das sog. Weltrechtsprinzip nach § 4 Abs. 3 Z. 7.

Falschmünzerei und Münzfälschung.

§ 146. (1) Wer inländisches oder ausländisches Metallgeld oder Papiergeld nachmacht, um das nachgemachte Geld als echtes zu gebrauchen oder sonst in Verkehr zu bringen, oder wer in gleicher Absicht echtem Gelde durch Veränderung an demselben den Schein eines höheren Wertes oder verrufenem Gelde durch Veränderung an demselben das Ansehen eines noch geltenden gibt, wird mit Zuchthaus nicht unter zwei Jahren bestraft; auch ist Polizeiaufsicht zulässig.

(2) Sind mildernde Umstände vorhanden, so tritt Gefängnisstrafe ein.

1. Man unterscheidet die Falschmünzerei (erster Halbsatz), d. i. das Nachmachen von echtem inländischem oder ausländischem Metallgeld oder Papiergeld, und die Münzfälschung, d. i. die Verfälschung echten Geldes (zweiter Halbsatz).

2. Die Absicht des Gebrauchs oder des Inverkehrbringens gehört zum Tatbestand, so daß also der nicht strafbar wäre, der nachweislich nur zu seinem eigenen Vergnügen, um seine Kunst zu erproben, falsche Stücke herstellt. Nicht erforderlich ist aber, daß der Falschmünzer einen Gewinn macht.

3. Unter verrufenem Gelde ist nicht mehr geltendes, nicht mehr im Umlauf befindliches Geld zu verstehen. Wird es ohne Veränderung in Verkehr gebracht, so liegt nur Betrug vor.

4. Das Münzverbrechen ist schon vollendet, wenn die falschen Münzen in der Absicht des Inverkehrbringens hergestellt sind; das Ausgeben des falschen Geldes gehört nicht zum Tatbestand. Gibt der Fälscher also den Gedanken der Ausgabe der Falschstücke auf, so kann von einem straflos machenden Rücktritt vom Versuch (§ 46 StGB.) nicht die Rede sein. Schreitet er noch zum Ausgeben der Falschstücke, so kommt dies nur für die Ausmessung der Strafe in Betracht.

5. Ein Versuch liegt vor, wenn das Nachmachen der Stücke erst begonnen hat, ein falsches Geldstück also noch nicht fertig gestellt ist, oder das fertiggestellte Geldstück so schlecht gelungen ist, daß es nicht möglich war, den Arglosen im gewöhnlichen Verkehr zu täuschen.

6. Wegen der Bestrafung gewisser Vorbereitungshandlungen zum Münzverbrechen vgl. § 151. — Wegen Anfertigung sog. Blüten vgl. § 360 Ziff. 6.

7. Das Verbrechen des § 146 ist ein Spezialfall der Urkundenfälschung.

8. Beispiel: A stellt auf photographischem Wege falsche Dollarnoten zwecks Verwertung in Amerika her und schickt sie in dieser Absicht zu seinem FreundeB in New York: A hat sich nur nach § 146 strafbar gemacht und nicht auch noch nach § 147, da er die Verbreitungsabsicht schon beim Herstellen der Dollarnoten gehabt hat. (Siehe Erl. 1 zu § 147.)

Münzbetrug.

§ 147. Dieselben Strafbestimmungen finden auf denjenigen Anwendung, welcher das von ihm ohne die vorbezeichnete Absicht nachgemachte oder verfälschte Geld als echtes in Verkehr bringt, sowie auf denjenigen, welcher nachgemachtes oder verfälschtes Geld sich verschafft und solches entweder in Verkehr bringt oder zum Zwecke der Verbreitung aus dem Ausland einführt.

Diese Gesetzesstelle enthält drei Tatbestände:

1. Den eigentlichen Münzbetrug, der vorliegt, wenn der Täter beim Nachmachen bzw. Verfälschen noch nicht die Verbreitungsabsicht gehabt, sondern diesen Entschluß erst nachträglich gefaßt und verwirklicht hat (siehe Erl. 2 zu § 146),

2. das Inverkehrbringen von nachgemachtem bzw. verfälschtem Geld, das sich der Täter auf irgendeine Weise, also auch durch Fund, Diebstahl oder Unterschlagung usw. verschafft, d. h. in dem Bewußtsein, daß es falsch ist, in Besitz genommen hat, und das er nunmehr derart aus seinem Gewahrsam entläßt, daß ein anderer über das Geld im Verkehr verfügen kann. Dabei ist zu beachten, daß für die Kenntnis der Unechtheit des Geldes, das sich der Täter verschafft hat, bedingter Vorsatz (dolus eventualis) genügt (BGH. 2, 116) und daß ein „Inverkehrbringen" auch dann vorliegt, wenn der Täter das Falschgeld an einen eingeweihten Abnehmer weitergibt, sofern nur der Täter sich vorstellt und will, daß das Falschgeld im weiteren Verlauf seines Weges in den Verkehr gelange. Wer also das von ihm „verschaffte" Geld einem sog. Aufkäufer aushändigt, von dem er weiß, daß dieser es in Verkehr bringt, ist wegen Verbrechens nach § 147, zweiter Fall zu bestrafen. (Siehe BGH. 1, 143.) Wer sich das Geld in der Absicht des Inverkehrbringens verschafft, ohne diese Absicht auszuführen, ist wegen versuchten Verbrechens nach § 147 zu bestrafen, während derjenige, der sich das Geld ohne diese Absicht verschafft und es dann auch tatsächlich nicht weitergibt, überhaupt nicht strafbar ist.

3. Der dritte Tatbestand des § 147 (Einfuhr von Falschgeld) verlangt, daß der Täter sich das Geld als falsches im Ausland verschafft hat und dieses Geld zum Zwecke der Verbreitung aus dem Ausland einführt.

Abschieben falschen Geldes.

§ 148. (1) Wer nachgemachtes oder verfälschtes Geld als echtes empfängt und nach erkannter Unechtheit als echtes in Verkehr bringt, wird mit Gefängnis bis zu drei Monaten oder mit Geldstrafe bestraft.

(2) Der Versuch ist strafbar.

1. Diese Gesetzesstelle enthält eine Strafmilderung gegenüber § 147, weil hier der Täter, der die Unechtheit des Geldes beim Erwerb noch nicht erkannt hat, lediglich einen unverschuldeten Schaden auf einen anderen abwälzen will, während im Falle des § 147 sich der Täter das Geld, wissend, daß es falsch ist, verschafft hat.

2. Unter § 148 fällt aber auch der Dieb und der Finder unechten Geldes, da diese anderenfalls, mangels Anwendbarkeit des § 147, straflos bleiben müßten. (RG. 67, 295.)

§ 149. Dem Papiergelde werden gleich geachtet die auf den Inhaber lautenden Schuldverschreibungen, Banknoten, Aktien oder deren Stelle vertretende Interimsscheine oder Quittungen, sowie die zu diesen Papieren gehörenden Zins-, Gewinnanteils- oder Erneuerungsscheine, welche von einem Staate oder von einer zur Ausgabe solcher Papiere berechtigten Stelle ausgestellt sind.

1. Die hier genannten Geldpapiere müssen auf den Inhaber ausgestellt sein, dürfen also nicht auf den Namen einer bestimmten Person geschrieben sein. Wechsel gehören nicht hierher.

2. Unter Interimsscheinen versteht man Urkunden, welche bis zur Herstellung der Geldpapiere oder Volleinzahlung der Summen, auf welche die Geldpapiere lauten, als Quittung ausgestellt werden.

3. Für Zins- bzw. Gewinnanteilsscheine werden die Ausdrücke Koupons bzw. Dividendenscheine, für Erneuerungsscheine der Ausdruck Talons gebraucht.

4. Von Privaten ausgegebene Inhaber-Geldpapiere gehören nur hierher, wenn die Ausgabe eine vom Gesetz sanktionierte war; nach § 795 BGB. dürfen Schuldverschreibungen auf den Inhaber, in denen die Zahlung einer bestimmten Geldsumme versprochen wird, nur mit staatlicher Genehmigung in den Verkehr gebracht werden.

Münzverringerung.

§ 150. (1) Wer echte, zum Umlauf bestimmte Metallgeldstücke durch Beschneiden, Abfeilen oder auf andere Art verringert und als vollgültig in Verkehr bringt, oder wer solche verringerte Münzen gewohnheitsmäßig oder im Einverständnis mit dem, welcher sie verringert hat, als vollgülitg in Verkehr bringt, wird mit Gefängnis bestraft, neben welchem auf Geldstrafe sowie auf Verlust der bürgerlichen Ehrenrechte erkannt werden kann.

(2) Der Versuch ist strafbar.

In dieser Bestimmung wird das sog. „Kippen" (Verringern echter Münzen: mechanisch durch Beschneiden, Abfeilen, Ausschälen oder chemisch durch Säureanwendung usw.) und das sog. „Wippen" (Inverkehrbringen solcher verringerter Geldstücke) mit Strafe bedroht. Diese Gesetzesstelle ist praktisch ohne große Bedeutung.

Vorbereitungshandlungen.

§ 151. Wer Stempel, Siegel, Stiche, Platten oder andere zur Anfertigung von Metallgeld, Papiergeld oder dem letzteren gleich geachteten Papieren dienliche Formen zum Zwecke eines Münzverbrechens angeschafft oder angefertigt hat, wird mit Gefängnis bis zu zwei Jahren bestraft.

1. Hier werden die Vorbereitung eines Münzverbrechens und die Beihilfe zu einem in dem Vorbereitungsstadium stecken gebliebenen Münzverbrechen, die sonst straflos bleiben müßten (siehe aber § 49a Erl. 2), wegen der Gemeingefährlichkeit derartiger Manipulationen mit besonderer Strafe bedroht. Wenn ein Münzfälscher vom Versuche der Fälschung zurücktritt (§ 46), so kann er immer noch nach § 151 strafbar sein. Umgekehrt scheidet § 151 aus, wenn das Münzverbrechen unter Benutzung der Formen versucht oder vollendet worden ist.

2. „Dienlich" sind die Formen usw., wenn sie zu ihrer Verwendbarkeit keiner weiteren Bearbeitung mehr bedürfen, sondern gebrauchsfertig sind (RG. 55, 283).

3. Erfolgt die Anschaffung oder Anfertigung nicht zum Zwecke der Begehung eines eigenen oder der Beihilfe zu einem fremden Münzverbrechen, so kommt möglicherweise die Übertretung des § 360 Nr. 4 in Frage.

Einziehung.

§ 152. Auf die Einziehung des nachgemachten oder verfälschten Geldes, sowie der im § 151 bezeichneten Gegenstände ist zu erkennen, auch wenn die Verfolgung oder Verurteilung einer bestimmten Person nicht stattfindet.

Hier wird für die Strafverfolgungsbehörde der Zwang festgestellt, alle derartigen Falschstücke, einerlei wem sie gehören, einzuziehen. Vgl. oben die Vorbem. 3 vor § 146.

Neunter Abschnitt:

Falsche uneidliche Aussage und Meineid.

Vorbemerkung:

1. Die Neufassung des 9. Abschnitts beruht auf der Strafrechtsangleichungsverordnung vom 29. Mai 1943 und der 2. Durchführungsverordnung hierzu vom 20. Jan. 1944.

2. Die verschiedenen Tatbestände:
   a) Die falsche uneidliche Aussage: § 153.
   b) Der Meineid: § 154.
   c) Die falsche Versicherung an Eides Statt: § 156.
   d) Die erfolglose Anstiftung § 159.
   e) Die Verleitung zum Falscheid: § 160.
   f) Der Eidesbruch: § 162.
   g) Der fahrlässige Falscheid: § 163.

3. Gemeinsames Tatbestandsmerkmal sämtlicher Tatbestände des 9. Abschnitts des StGB ist der Tatumstand „falsch". Eine Aussage ist falsch, wenn sie mit dem tatsächlichen Geschehen nicht übereinstimmt. Es müssen also der Wortlaut und Sinn dessen, was der Aussagende erklärt hat, mit dem Gegenstand der Aussage verglichen werden. Durch Verschweigen wird die Wahrheitspflicht nur dann verletzt, wenn die Tatsache in untrennbarem Zusammenhang zur Beweisfrage steht, oder der Zeuge über sie befragt wird (BGH. 1, 22).

4. Zum inneren Tatbestand der §§ 153, 154 und 156 ist die Feststellung erforderlich, daß sich der Täter im Augenblick der Aussage der Unwahrheit seiner Äußerung bewußt war bzw. mit der Möglichkeit gerechnet hat, daß das, was er

bekundet, mit dem Geschehenen nicht übereinstimmt und diese Möglichkeit in seinen Willen aufgenommen hat, d. h. auch mit diesem Erfolg einverstanden war.

5. Bezüglich der Frage der „zuständigen Stelle" in §§ 153, 154 bzw. „Behörde" in § 156 gilt folgendes: In allen drei Fällen kann ein vollendetes Delikt nicht in Frage kommen, wenn die fragliche Stelle nicht zuständig ist. Da die „Zuständigkeit" ein Tatbestandsmerkmal ist, kann der falsch Aussagende nicht bestraft werden, wenn er nicht weiß, daß er vor einer zuständigen Stelle seine Aussage macht (§ 59 Abs. 1). Andererseits aber macht er sich wegen Versuchs strafbar, wenn er irrtümlicherweise die Zuständigkeit für vorliegend erachtet. (Siehe hierzu Erl. 4 zu § 43 und RG. 65, 206 und BGH. 3, 255). (Diese Konstruktion ist allerdings für die §§ 153, 156 praktisch bedeutungslos, da in diesen beiden Fällen der Versuch nicht strafbar ist.)

Falsche uneidliche Aussage.

§ 153. Wer vor Gericht oder vor einer anderen zur eidlichen Vernehmung von Zeugen oder Sachverständigen zuständigen Stelle als Zeuge oder Sachverständiger uneidlich vorsätzlich falsch aussagt, wird mit Gefängnis nicht unter drei Monaten, in schweren Fällen mit Zuchthaus bestraft.

1. Nach früherem Recht konnte die falsche uneidliche Aussage nur unter dem Gesichtspunkt der Begünstigung (§ 257) oder der falschen Namensangabe (§ 360 Nr. 8) oder des Betrugs (§ 263) oder gegebenenfalls gem. § 271 strafrechtlich erfaßt werden. In § 153 ist nunmehr die uneidliche Aussage als besonderer strafrechtlicher Tatbestand aufgestellt.

2. Der äußere Tatbestand hat folgende Merkmale:

a) Die falsche uneidliche Aussage muß vor Gericht oder vor einer anderen zur eidlichen Vernehmung von Zeugen oder Sachverständigen zuständigen Stelle abgegeben werden. Dabei ist es gleichgültig, ob es sich um ein Zivilgericht oder Strafgericht oder Verwaltungsgericht handelt. Als „andere zuständige Stellen" kommen in Betracht die Dienststrafgerichte im Dienststrafverfahren und das Patentamt (§ 33 Patentgesetz).

Nicht unter den Tatbestand des § 153 fallen vor allem falsche Zeugenaussagen vor der Polizei oder dem Staatsanwalt oder dem Notar.

b) Die falsche uneidliche Aussage ist als solche nur dann strafbar, wenn sie von einem Zeugen oder Sachverständigen gemacht wird. Es ist also nach wie vor nicht strafbar die falsche Aussage bei der uneidlichen Parteivernehmung im Zivilprozeß (es sei denn, daß sie den Tatbestand des Betruges erfüllt), oder die falsche Aussage eines Angeklagten vor Gericht. Ebensowenig fällt unter § 153 die uneidliche Versicherung, die ein Schuldner gemäß § 19d Vollstreckungsverordnung vom 19. Mai 1933 im Offenbarungseidverfahren abgibt.

3. Der innere Tatbestand erfordert Vorsatz. Auch bedingter Vorsatz (dolus eventualis) genügt. (Siehe oben Vorbemerkung Nr. 4.)

4. Die Neufassung des § 158 sieht auch für § 153 die Möglichkeit strafbefreienden Rücktritts vor.

5. Die Verleitung zur falschen Aussage (§ 160) sowie die versuchte Anstiftung hierzu (§ 159) findet auch auf die uneidliche falsche Aussage Anwendung. (Siehe die Neufassung der §§ 159, 160.)

6. Eine fahrlässig falsche Aussage, entsprechend dem fahrlässigen Falscheid des § 163 gibt es nicht.

Meineid.

§ 154. (1) Wer vor Gericht oder vor einer anderen zur Abnahme von Eiden zuständigen Stelle vorsätzlich falsch schwört, wird mit Zuchthaus bestraft.

(2) Sind mildernde Umstände vorhanden, so ist die Strafe Gefängnis nicht unter sechs Monaten.

1. Die Eidesdelikte sind Angriffe auf die Rechtsordnung; Schutzobjekt ist also nicht die Religion.

2. Der Eid des § 154, der ein auferlegter Eid (z. B. Offenbarungseid) oder eine eidliche Bekräftigung einer Parteiaussage im Zivilprozeß oder ein Zeugen- oder Sachverständigeneid im Strafprozeß oder Zivilprozeß sein kann, ist die Beteuerung der Wahrheit in besonders feierlicher Form vor einer dafür zuständigen Behörde.

3. Der Eid ist jetzt durchweg Nacheid, d. h. sowohl im Strafprozeß als auch im Zivilprozeß erfolgt die Beeidigung des Zeugen bzw. der Partei nach der Vernehmung und zwar in der Weise, daß der Richter an den Schwurpflichtigen die Worte richtet: „Sie schwören bei Gott dem Allmächtigen und Allwissenden, daß Sie nach bestem Wissen die reine Wahrheit gesagt und nichts verschwiegen haben" und der Schwurpflichtige hierauf die Worte spricht: „Ich schwöre es so wahr mir Gott helfe." (Siehe § 60 StPO.)

4. Von der Beeidigung ist abzusehen bei Personen unter 16 Jahren; ferner bei Personen, welche nach den Bestimmungen der Strafgesetze (§ 161 StGB.) unfähig sind, als Zeugen oder Sachverständige eidlich vernommen zu werden, sowie bei den als Teilnehmer der fraglichen Tat Verdächtigen. (§ 60 StPO.) Trotzdem können diese Personen, wenn sie versehentlich doch beeidigt werden, sich eines Meineids schuldig machen.

5. Wegen des äußeren und inneren Tatbestandes siehe Vorbemerkungen Nr. 3 und 4 vor § 153.

6. Bei jedem Meineid muß auf bestimmte Nebenstrafen erkannt werden (§ 161).

7. Beispiel: In einem Zivilprozeß des A gegen B wegen Rückzahlung eines Darlehens behauptet B bei seiner uneidlichen Vernehmung der Wahrheit zuwider, daß er das Darlehen zurückbezahlt habe. B ist nicht nach § 153 strafbar, da die falsche uneidliche Aussage nur bei Zeugen und Sachverständigen mit Strafe bedroht ist. Leistet aber B im weiteren Verlauf des Prozesses einen Eid auf diese falsche Angabe, dann macht er sich nach § 154 strafbar.

Eidliche Beteuerungen.

§ 155. Der Ableistung eines Eides wird gleichgeachtet, wenn

1. ein Mitglied einer Religionsgesellschaft, welcher das Gesetz den Gebrauch gewisser Beteuerungsformeln an Stelle des Eides gestattet, eine Erklärung unter der Beteuerungsformel seiner Religionsgesellschaft abgibt;
2. derjenige, welcher als Partei, Zeuge oder Sachverständiger einen Eid geleistet hat, in gleicher Eigenschaft eine Versicherung unter Berufung auf den bereits früher in derselben Angelegen-

heit geleisteten Eid abgibt, oder ein Sachverständiger, welcher als solcher ein- für allemal vereidet ist, eine Versicherung auf den von ihm geleisteten Eid abgibt;

3. ein Beamter eine amtliche Versicherung unter Berufung auf seinen Dienststeid abgibt.

Falsche Versicherung an Eides Statt.

§ 156. Wer vor einer zur Abnahme einer Versicherung an Eides Statt zuständigen Behörde eine solche Versicherung wissentlich falsch abgibt oder unter Berufung auf eine solche Versicherung wissentlich falsch aussagt, wird mit Gefängnis von einem Monat bis zu drei Jahren bestraft.

1. Die Form der eidesstattlichen Versicherung ist gleichgültig. Die Versicherung kann auch schriftlich abgegeben werden; im letzteren Falle muß die eidesstattliche Versicherung eigenhändig unterschrieben werden.

2. Zuständige Behörden sind vor allem: Die Gerichte bei Glaubhaftmachungen im Zivilverfahren und im Strafverfahren. (Einer Partei im Zivilverfahren kann allerdings ebensowenig wie einem Beschuldigten im Strafverfahren eine eidesstattliche Versicherung abgenommen werden.) Ferner sind zuständige Behörden die Vormundschafts-, Nachlaß- und Konkursgerichte, sowie die Finanzämter im Steuerfestsetzungsverfahren und die Notare bei Erteilung eines Erbscheins. Nicht zuständig sind Staatsanwaltschaft und Polizei.

3. Zum inneren Tatbestand gehört, ebenso wie bei §§ 153, 154, daß der Täter die Unrichtigkeit seiner Erklärung kennt. Auch hier genügt bedingter Vorsatz.

Eidesnotstand.

§ 157. (1) Hat ein Zeuge oder Sachverständiger sich eines Meineides, einer falschen Versicherung an Eides Statt oder einer falschen uneidlichen Aussage schuldig gemacht, so kann der Richter die Strafe nach pflichtgemäßem Ermessen mildern und im Falle uneidlicher Aussage auch ganz von Strafe absehen, wenn der Täter die Unwahrheit gesagt hat, um von einem Angehörigen oder von sich selbst die Gefahr einer gerichtlichen Bestrafung abzuwenden.

(2) Der Richter kann auch dann die Strafe mildern oder ganz von Strafe absehen, wenn ein noch nicht Eidesmündiger uneidlich falsch ausgesagt hat.

1. Hier wird der Gewissensnot Rechnung getragen, in welcher der schwörende Zeuge oder Sachverständige sich befindet, wenn er bei wahrheitsgemäßer Bekundung sich oder einen Angehörigen der Gefahr gerichtlicher Bestrafung aussetzt.

2. Zu Abs. 1:

a) Auf den Meineid einer Partei bei der Parteivernehmung oder bei der Leistung eines Offenbarungseides findet Abs. 1 nach wie vor keine Anwendung, weil in diesen Fällen kein Aussagezwang besteht.

b) Die **Gefahr einer gerichtlichen Bestrafung** ist dann gegeben, wenn mit ihr nach den Erfahrungen des Lebens gerechnet werden muß; dabei ist nicht erforderlich, daß die Gefahr objektiv besteht, sondern es genügt, daß der Täter nur irrtümlich die Möglichkeit einer solchen Gefahr angenommen hat. (RG 77, 222.)

c) Liegen die Voraussetzungen vor, dann kann die Strafe bei einer **eidlichen** falschen Aussage gemildert, und bei einer **uneidlichen** Aussage überhaupt von Strafe abgesehen werden.

3. Zu Abs. 2: Macht ein **Eidesunmündiger**, also eine Person unter 16 Jahren (siehe § 60 Nr. 1 StPO.) eine **uneidliche** falsche Aussage, so hat der Richter **stets** die Möglichkeit, die Strafe zu mildern, oder ganz von Strafe abzusehen.

4. **Beispiel zu Abs. 1**: Der A leugnet im Ehescheidungsprozeß als Zeuge unter Eid der Wahrheit zuwider, intime Beziehungen mit der beklagten Ehefrau unterhalten zu haben: Der Richter kann die Strafe wegen Meineids mildern, da A den **Meineid** geleistet hat, um eine Bestrafung wegen **Ehebruchs** abzuwenden.

Berichtigung.

§ 158. (1) Der Richter kann die Strafe wegen Meineides, falscher Versicherung an Eides Statt oder falscher uneidlicher Aussage nach seinem pflichtgemäßen Ermessen mildern oder von Strafe absehen, wenn der Täter die falsche Angabe rechtzeitig berichtigt.

(2) Die Berichtigung ist verspätet, wenn sie bei der Entscheidung nicht mehr verwertet werden kann oder aus der Tat ein Nachteil für einen anderen entstanden ist, oder wenn schon gegen den Täter eine Anzeige erstattet oder eine Untersuchung eingeleitet worden ist.

(3) Die Berichtigung kann bei der Stelle, der die falsche Angabe gemacht worden ist oder die sie im Verfahren zu prüfen hat, sowie bei einem Gericht, einem Staatsanwalt oder einer Polizeibehörde erfolgen.

1. Die Gesetzesstelle behandelt einen Fall des freiwilligen **Rücktritts** (§ 46) von der **vollendeten** Tat, der sonst, abgesehen von den Fällen der §§ 310, 163 Abs. 2 nur bei **versuchten** Straftaten in Frage kommt. Die Vorschrift **bezweckt**, die Berichtigung falscher eidlicher und uneidlicher Aussagen zu fördern. Im Gegensatz zu § 157 findet § 158 auch auf falsche Aussagen anläßlich einer **Parteivernehmung** Anwendung.

2. Voraussetzung für die Anwendung des § 158 ist, daß der Täter die falsche Angabe **rechtzeitig berichtigt**. Wann die Berichtigung verspätet ist, sagt Abs. 2 des § 158.

3. Nach **früherem Recht** mußte der Widerruf bei der Behörde erfolgen, bei der die Aussage gemacht worden war. Nach **neuem Recht** kann darüber hinaus die Berichtigung auch bei einem Gericht, einem Staatsanwalt oder einer Polizeibehörde (§ 158 Abs. 3) erfolgen.

4. **Beispiel**: Der A leistet in einem Zivilprozeß als Zeuge oder als Partei einen Meineid. Er bereut die Tat, begibt sich zu dem Richter, vor dem er den falschen Eid geschworen hat und widerruft den Eid, **bevor** der Richter auf Grund der falschen Aussage des A ein Urteil gefällt hat.

Erfolglose Anstiftung.

§ 159. Die Vorschriften über die Bestrafung der erfolglosen Anstiftung bei Verbrechen (§ 49a Abs. 1, Abs. 3 Nr. 1 und Abs. 4) gelten entsprechend für die Fälle der falschen uneidlichen Aussage und der wissentlichen Abgabe einer falschen Versicherung an Eides Statt.

1. Hier wird die sich unmittelbar aus § 49a Abs. 1 ergebende Strafbarkeit einer erfolglosen Anstiftung zum Verbrechen des Meineids auch auf die Vergehen nach §§ 153, 156 ausgedehnt.

2. Der Wille des Auffordernden muß darauf gerichtet sein, daß der Aufgeforderte vorsätzlich einen Meineid begeht, eine falsche uneidliche Aussage macht oder eine falsche Versicherung an Eides Statt abgibt.

3. Hat die Aufforderung einen Meineid usw. zur Folge, so ist der Auffordernde nicht nach §§ 159, 49a, sondern wegen Anstiftung nach § 48 zum Verbrechen des § 154 bzw. Vergehen des § 153 bzw. § 156 zu bestrafen.

4. Beispiele:

a) Der A fordert den B zur Leistung eines Meineides auf, aber erfolglos, denn der B macht unter Eid wahre Angaben. Der A ist nach §§ 159, 49a Abs. 1 zu bestrafen.

b) Der A fordert den B zur Leistung eines Meineides auf, den B auch tatsächlich leistet. Der A ist nicht nach §§ 159, 49a, sondern wegen Anstiftung gem. § 48 zum Verbrechen des § 154 zu bestrafen.

Entsprechend ist zu entscheiden, wenn es sich um die Aufforderung zu einer falschen uneidlichen Aussage oder Abgabe einer falschen Versicherung an Eides Statt handelt.

Verleitung zur falschen Aussage.

§ 160. (1) Wer einen anderen zur Ableistung eines falschen Eides verleitet, wird mit Gefängnis bis zu zwei Jahren bestraft, neben welchem auf Verlust der bürgerlichen Ehrenrechte erkannt werden kann, und wer einen anderen zur Ableistung einer falschen Versicherung an Eides Statt oder einer falschen uneidlichen Aussage verleitet, wird mit Gefängnis bis zu sechs Monaten bestraft.

(2) Der Versuch ist strafbar.

1. Hier wird die Verleitung zur Falschaussage (eidliche, oder uneidliche Aussage oder eidesstattliche Versicherung), d. h. zu einer tatsächlich unrichtigen, aber vom Aussagenden nicht als unrichtig erkannten Aussage mit Strafe bedroht. Während bei der Verleitung des § 159 der Wille des Verleiters darauf gerichtet ist, daß der zu Verleitende wissentlich etwas Unwahres aussagt, geht der Wille des Verleiters in § 160 dahin, daß der zu Verleitende gutgläubig eine objektiv falsche Aussage macht. (Siehe Seite 8 Abschn. B IV 2 b.)

2. Die erfolglos gebliebene Verleitung wird als Versuch bestraft (Abs. 2).

3. Beispiel: A ist auf Schadensersatz verklagt, weil er am 1. Oktober den Hund des B in Heidelberg getötet habe. Er bestreitet die Täterschaft mit der Behauptung, er sei an diesem Tage mit seinem Freunde C in Stuttgart zusammen-

getroffen, während in Wirklichkeit dieses Treffen, was A genau wußte, nicht am 1., sondern am 2. Oktober stattgefunden hatte. A beruft sich für diese Behauptung auf C als Zeugen, nachdem er diesem eingeredet hatte, daß die Zusammenkunft am 1. Oktober stattgefunden habe. C beschwört dies als Zeuge im Glauben an die Richtigkeit der Behauptung des A. A hat sich nach § 160 strafbar gemacht, außerdem wegen Prozeßbetrugs (siehe Erl. 12 f zu § 263).

Nebenstrafen und Nebenfolgen.

§ 161. (1) Bei jeder Verurteilung wegen Meineides, mit Ausnahme der Fälle in den §§ 157 und 158, ist auf Verlust der bürgerlichen Ehrenrechte und außerdem auf die dauernde Unfähigkeit des Verurteilten, als Zeuge oder Sachverständiger eidlich vernommen zu werden, zu erkennen.

(2) In den Fällen der §§ 153, 156—159 kann neben der Gefängnisstrafe auf Verlust der bürgerlichen Ehrenrechte erkannt werden.

§ 162. Weggefallen. Betraf den sog. Eidesbruch.

Fahrlässiger Falscheid.

§ 163. (1) Wenn eine der in den §§ 154—156 bezeichneten Handlungen aus Fahrlässigkeit begangen worden ist, so tritt Gefängnisstrafe bis zu einem Jahre ein.

(2) Straflosigkeit tritt ein, wenn der Täter die falsche Angabe rechtzeitig berichtigt. Die Vorschriften des § 158 Abs. 2 und 3 gelten entsprechend.

1. Zum Nachweis eines fahrlässigen Falscheids gehört neben der tatsächlichen Unwahrheit des Beschworenen die Nichtkenntnis des Schwörenden von der Unwahrheit und der Nachweis, daß dieser bei genügender Aufmerksamkeit und Vorsicht (z. B. bei Anstrengung seines Gedächtnisses) erkennen konnte, daß die von ihm beschworenen Tatsachen den richtigen Verhältnissen nicht entsprechen.

2. Zu Abs. 2 vgl. Erläuterung 2 zu § 158. Im Gegensatz zu § 158 tritt bei Berichtigung des fahrlässigen Falscheides immer Straflosigkeit ein.

3. Eine fahrlässige uneidliche Aussage (§ 153) ist nicht strafbar.

Zehnter Abschnitt: Falsche Anschuldigung.

Falsche Anschuldigung.

§ 164. (1) Wer einen anderen bei einer Behörde oder einem zur Entgegennahme von Anzeigen zuständigen Beamten oder militärischen Vorgesetzten oder öffentlich wider besseres Wissen einer strafbaren Handlung oder der Verletzung einer Amts- oder Dienstpflicht in der Absicht verdächtigt, ein behördliches Verfahren oder andere behördliche Maßnahmen gegen ihn herbeizuführen oder fortdauern zu lassen, wird wegen falscher Anschuldigung mit Gefängnis nicht unter einem Monat bestraft.

(2) Ebenso wird bestraft, wer in gleicher Absicht bei einer der im Abs. 1 bezeichneten Stellen oder öffentlich über einen anderen wider besseres Wissen eine sonstige Behauptung tatsächlicher Art aufstellt, die geeignet ist, ein behördliches Verfahren oder andere behördliche Maßnahmen gegen ihn herbeizuführen oder fortdauern zu lassen.

(3) Ist die Tat in der Absicht begangen, sich oder einem Dritten einen Vorteil zu verschaffen, so ist die Strafe Gefängnis nicht unter drei Monaten.

(4) Neben der Strafe kann auf Verlust der bürgerlichen Ehrenrechte erkannt werden.

(5) Ist die falsche Anschuldigung (Abs. 1, 2) nicht wider besseres Wissen, aber vorsätzlich oder leichtfertig begangen, so ist die Strafe Gefängnis bis zu einem Jahre oder Geldstrafe.

(6) Solange ein infolge der gemachten Anzeige eingeleitetes Verfahren anhängig ist, soll mit dem Verfahren und mit der Entscheidung über die falsche Anschuldigung innegehalten werden.

1. Die Strafvorschrift der falschen Anschuldigung, die das Denunziantentum bekämpfen soll, ist ein Vergehen gegen die Strafrechtspflege, gleichzeitig aber auch ein solches gegen die Ehre des zu Unrecht Beschuldigten (siehe § 165).

2. Der äußere Tatbestand des durch die Strafrechtsnovelle vom 26. Mai 1933 neu gefaßten § 164 hat folgende Voraussetzungen:

a) Während nach altem Recht eine Beschuldigung in einer Anzeige erforderlich war, genügt jetzt schon die Verdächtigung eines anderen. Es ist also nicht mehr ein Handeln des Täters aus eigener Entschließung erforderlich, sondern der Tatbestand des § 164 kann auch bei Gelegenheit einer amtlichen Vernehmung oder in einer Erklärung auf amtliche Aufforderung erfüllt werden.

b) Die falsche Anschuldigung kann nicht nur, wie nach früherem Recht, bei einer Behörde erhoben werden, sondern auch bei einem zur Entgegennahme von Anzeigen zuständigen Beamten (ohne daß es also einer Weitergabe an die Behörde bedarf), oder öffentlich.

c) Die Verdächtigung usw. muß sich gegen einen bestimmten anderen richten. (Siehe aber § 145d.)

d) Während nach früherem Recht die Anzeige eine kriminell strafbare Handlung oder die Verletzung einer Amtspflicht zum Gegenstand haben mußte, kann jetzt außerdem Inhalt der falschen Anschuldigung die Aufstellung einer sonstigen Behauptung tatsächlicher Art sein, die geeignet ist, ein behördliches Verfahren oder eine andere behördliche Maßnahme gegen einen anderen herbeizuführen oder fortdauern zu lassen.

e) Die Anzeige muß objektiv unwahr sein. Beschuldigt daher jemand einen anderen einer strafbaren Handlung in der Meinung, er habe sie nicht begangen, während er sie in der Tat begangen hat, so entfällt auch nach neuem Recht eine Strafbarkeit nach § 164.

3. Die subjektiven Tatbestandsmerkmale:

a) Während nach früherem Recht das Bewußtsein des Täters erforderlich war, daß die Beschuldigung unwahr ist (dolus eventualis genügte nicht), unterscheidet der neue § 164 folgende 3 Möglichkeiten:

aa) Die falsche Anschuldigung wider besseres Wissen § 164 Abs. 1 und 2 mit einer Strafandrohung von 1 Monat bis 5 Jahre Gefängnis (ist die Tat begangen, um sich oder einem Dritten einen Vorteil zu verschaffen, so ist die Strafe 3 Monate bis 5 Jahre Gefängnis).

bb) Die vorsätzlich falsche Anschuldigung (§ 164 Abs. 5), d. h. die mit dem dolus eventualis begangene (die mit dem dolus directus begangene fällt unter aa) mit einer Strafandrohung von 1 Tag bis 1 Jahr Gefängnis oder Geldstrafe. Dieser Fall ist dann gegeben, wenn der Anzeigende nicht bestimmt weiß, daß seine Anzeige grundlos ist, aber mit dieser Möglichkeit rechnet und sie in Kauf nimmt, d. h. auch für diesen Fall die Anzeige will.

cc) Die leichtfertige falsche Anschuldigung (§ 164 Abs. 5) mit der gleichen Strafandrohung wie zu bb („Leichtfertigkeit" bedeutet hochgradige Fahrlässigkeit.)

b) Der Täter muß nach dem neuen Tatbestand ferner in der Absicht gehandelt haben, ein behördliches Verfahren oder eine andere behördliche Maßnahme gegen den Verdächtigen herbeizuführen oder fortdauern zu lassen.

4. Strafbar ist auch derjenige, der einen anderen, der die Unwahrheit der Anzeige nicht kennt, zur Erstattung der Anzeige veranlaßt. Es liegt dann sog. mittelbare Täterschaft vor. (Siehe „Einführende Vorbemerkungen zum Strafrecht" S. 1 ff., Abschnitt B IV 2a, S. 7.)

5. Schwerere Bestrafung tritt ein, wenn die Tat begangen wurde in der Absicht, sich oder einem Dritten einen Vorteil zu verschaffen (Abs. 3).

6. Wegen der Veröffentlichungsbefugnis vgl. § 165.

7. Siehe auch Erl. 1 zu § 241 a.

§ 165. (1) Wird wegen falscher Anschuldigung auf Strafe erkannt, so ist zugleich dem Verletzten die Befugnis zuzusprechen, die Verurteilung auf Kosten des Schuldigen öffentlich bekannt zu machen. Die Art der Bekanntmachung, sowie die Frist zu derselben, ist in dem Urteile zu bestimmen.

(2) Dem Verletzten ist auf Kosten des Schuldigen eine Ausfertigung des Urteils zu erteilen.

Die hier vorgesehene Publikationsbefugnis ist zwingender Natur.

Elfter Abschnitt:

Vergehen, welche sich auf die Religion beziehen.

Gotteslästerung.

§ 166. Wer dadurch, daß er öffentlich in beschimpfenden Äußerungen Gott lästert, ein Ärgernis gibt, oder wer öffentlich eine der christlichen Kirchen oder eine andere im Staate bestehende Religionsgesellschaft des öffentlichen Rechtes oder ihre Einrichtungen oder Gebräuche beschimpft, ingleichen wer in einer Kirche oder in einem anderen zu religiösen Versammlungen bestimmten Orte beschimpfenden Unfug verübt, wird mit Gefängnis bis zu drei Jahren bestraft.

1. Der Paragraph enthält drei verschiedene Tatbestände: den der Gotteslästerung, den der Beschimpfung der Kirchen und Religionsgesellschaften und schließlich den des beschimpfenden Unfugs in einer Kirche.

2. Gotteslästerung: öffentlich vorgenommen heißt in einer Art und Weise, daß die Äußerung unbestimmt von welchen und wie vielen Personen gehört werden konnte, mag sich dabei der Täter an einem öffentlichen oder privaten Orte befunden haben (vgl. Erl. 2 zu § 110). Eine im privatem Zirkel gemachte, später in die Öffentlichkeit gedrungene Äußerung kann den Tatbestand nicht erfüllen.

Beschimpfend sind die Äußerungen, wenn sie Beleidigungen (Ehrenkränkungen) in rohen oder besonders verletzenden Ausdrücken enthalten.

Nur mündliche oder schriftliche Äußerungen kommen in Betracht, nicht bildliche oder theatralische Darstellungen.

Lästern heißt Ehrenrühriges in schmähsüchtiger Weise sagen.

Ärgernis ist gegeben, wenn mindestens eine Person in ihren moralischen oder religiösen Gefühlen sich verletzt gefühlt hat.

3. Beschimpfung der Kirche usw.: wegen des Erfordernisses der Öffentlichkeit s. oben unter 2. In der Bezeichnung der Bibel als Lügenbuch kann eine Beschimpfung der christlichen Kirche gesehen werden.

Die christlichen Kirchen sind: die römisch-katholische, die alt-katholische, die evangelische oder protestantische (auch lutherische, reformierte und unierte genannt). Religionsgesellschaften mit Korporationsrechten sind: die jüdische Religionsgesellschaft, die griechisch-katholische, die anglikanische Religionsgesellschaft u. a. m.

Die Kirche ist beschimpft, wenn die Gesamtheit ihrer Anhänger beschimpft wurde. Als Einrichtungen der christlichen Kirchen sind anerkannt: die Christusverehrung, das Glaubensbekenntnis, die Reichung des Abendmahls, die Verkündung des Evangeliums durch die Predigt, die Sonntagsheiligung, die Kirchenlieder; bei der römisch-katholischen Kirche: das Priestertum, die Orden, die Messe, der Ablaß, das Zölibat (Verbot der Priesterehe); bei der evangelischen Kirche: das Predigtamt, das evangelische Lehramt, die Konfirmation, die Ehe der Geistlichen.

Gebräuche sind die Amtstracht der Geistlichen, die Kollekten (Sammlungen) für kirchliche Zwecke, die Gebete bei Beerdigungen; bei der römisch-katholischen Kirche: die Reliquienverehrung.

Über die Bedeutung von Beschimpfen s. oben unter Erl. 2. Tadelnde Kritiken über Fragen religiöser Verehrung sind natürlich nicht strafbar.

4. Beschimpfender Unfug in Kirchen: als Orte der Verübung kommen in Betracht: Kirchengebäude samt den Zugängen zu denselben, Betsäle, Privatkapellen, Friedhöfe, nicht aber vorübergehend zum Gottesdienst benutzte Gasthofsäle oder die Straßen, durch welche eine Prozession zieht.

Beschimpfender Unfug ist eine unberechtigte, mit Roheit und Frevelhaftigkeit gepaarte Handlung.

Öffentlich braucht in diesem Falle die Handlung nicht geschehen zu sein.

Gottesdienstverhinderung.

§ 167. Wer durch eine Tätlichkeit oder Drohung jemand hindert, den Gottesdienst einer im Staate bestehenden Religionsgesellschaft auszuüben, ingleichen wer in einer Kirche oder in einem anderen zu religiösen Versammlungen bestimmten Orte durch Erregung von Lärm oder Unordnung den Gottesdienst oder einzelne gottesdienstliche Verrichtungen einer im Staate bestehenden Religionsgesellschaft vorsätzlich verhindert oder stört, wird mit Gefängnis bis zu drei Jahren bestraft.

1. Auch in diesem Paragraphen sind zwei Tatbestände vereinigt:

Die Verhinderung Einzelner — auch der Priester — an der Ausübung des Gottesdienstes, wozu auch die bloße Teilnahme am Gottesdienst zählt,

die Verhinderung oder Störung der Gesamtheit der Gemeinde in dem Gottesdienst oder in einzelnen gottesdienstlichen Handlungen.

2. Gottesdienst ist die Vereinigung von Mitgliedern einer Religionsgesellschaft zur gemeinsamen Erbauung durch Verehrung und Anbetung Gottes. Hierher gehört die Christenlehre, die Bestattungszeremonie, Vorlesen aus der Thora in einer jüdischen Gemeinde.

3. Die Störung des Gottesdienstes kann auch von einer außerhalb der Kirche befindlichen Person ausgehen.

4. Wird die Tat in staatsgefährdender Absicht begangen, dann ist Strafschärfung nach § 94 möglich.

Leichendiebstahl und Grabbeschimpfung.

§ 168. (1) Wer unbefugt aus dem Gewahrsam des Berechtigten eine Leiche, Leichenteile oder die Asche eines Verstorbenen wegnimmt, wer daran oder an einer Beisetzungsstätte beschimpfenden Unfug verübt oder wer eine Beisetzungsstätte zerstört oder beschädigt, wird mit Gefängnis bis zu drei Jahren bestraft; auch kann auf Verlust der bürgerlichen Ehrenrechte erkannt werden.

(2) Der Versuch ist strafbar.

1. Diese Gesetzesstelle faßt drei Tatbestände zusammen: Den Leichendiebstahl, den beschimpfenden Unfug an einer Beisetzungsstätte und deren Zerstörung.

2. Die Neufassung des § 168 durch das 3. Strafrechtsänderungsgesetz bedeutet insofern eine Verstärkung des Schutzes der Totenruhe, als nunmehr auch Teile eines Leichnams und die Asche eines Verstorbenen gegen Wegnahme geschützt werden, und die Höchststrafe von zwei Jahren auf drei Jahre Gefängnis erhöht und außerdem der Versuch unter Strafe gestellt wurde.

3. Leichendiebstahl: Nur Menschenleichen werden hier geschützt. Eine Leibesfrucht gehört nicht hierher, sondern nur die Leiche eines entwickelt geborenen Kindes. Einbalsamierte uralte Leichen (ägyptische Mumien) sind nicht Leichen im Sinne dieser Bestimmung. Dagegen ist ein Diebstahl an ihnen möglich.

Den Gewahrsam über beerdigte Leichen hat der Eigentümer des Friedhofs, die politische oder religiöse Gemeinde, bei verschlossenen Erbbegräbnissen derjenige, welcher den Schlüssel dazu verwahrt. Also kann auch der Totengräber, der Friedhofverwalter als Täter für dieses Delikt in Frage kommen.

4. Grabzerstörung: unter Beisetzungsstätte versteht man die Stätte, an der eine Menschenleiche in äußerlich erkennbarer Weise zur Ruhe gebracht ist. Zu ihr gehört der Sarg mit der Leiche, der Grabhügel mit Gitter und Anpflanzungen sowie das Grabmal.

Uralte Grabstätten (Hunnengräber) kommen nicht für diesen Tatbestand in Frage.

5. Beschimpfender Unfug an einem Grab: vgl. hierzu Erl. 4 Abs. 2 zu § 166.

Die Beziehung zu der Beisetzungsstätte erhält der Unfug durch die erkennbare Absicht, den Verstorbenen in seinem Andenken zu beschimpfen.

Die Handlung muß das Grab in irgendeiner Weise selbst ergreifen, eine Beschimpfung, die nur auf einer Grabstätte ausgesprochen wurde, fällt nicht unter diese Strafbestimmung, möglicherweise aber unter § 166 letzter Fall.

Die Beweggründe können z. B. Zorn gegen die Hinterbliebenen, Rache gegen den Toten sein.

Zwölfter Abschnitt:

Straftaten gegen den Personenstand, die Ehe und die Familie.

Vorbemerkung:

1. Personenstand i. S. des § 169 ist das familienrechtliche Verhältnis einer einzelnen Person zu anderen Personen und wird begründet durch Geburt, geändert durch Legitimation, Annahme an Kindes Statt, oder durch die Ehe; aufgehoben wird er durch Tod oder Scheidung der Ehe.

2. Der § 169 bezweckt den Schutz eines bereits rechtlich begründeten Personenstandes. Bei der Bedeutung der Personenstandsverhältnisse für die Allgemeinheit ist davon auszugehen, daß der Angriff bei der Personenstandsverletzung sich gegen ein Rechtsgut öffentlich-rechtlicher Natur richtet, daß somit die Einwilligung des „anderen", dessen Personenstand das äußere Angriffsobjekt bildet, die Handlung nicht straflos machen kann.

3. Durch das Personenstandsgesetz v. 3. Nov. 1937, in Kraft getreten am 1. Juli 1938, wurde das Gesetz v. 6. Febr. 1875 außer Kraft gesetzt.

Verletzung des Personenstandes.

§ 169. (1) Wer ein Kind unterschiebt oder vorsätzlich verwechselt, oder wer auf andere Weise den Personenstand eines anderen vorsätzlich verändert oder unterdrückt, wird mit Gefängnis bis zu drei Jahren und, wenn die Handlung in gewinnsüchtiger Absicht begangen wurde, mit Zuchthaus bis zu zehn Jahren bestraft.

(2) Der Versuch ist strafbar.

1. Die sog. Kindsunterschiebung, die in § 169 als erster Tatbestand genannt wird, stellt einen Spezialfall des Haupttatbestandes der Personenstandsveränderung dar. Er ist in der Praxis von untergeordneter Bedeutung. Die Veränderung besteht in diesem Falle in der Unterschiebung oder Verwechslung eines Kindes. Im ersten Falle wird ein Zustand herbeigeführt, der ein Kind als leibliches Kind einer Frau erscheinen läßt, die es nicht geboren hat. Bei der „Verwechslung" wird einem Kinde ein Personenstand zugeschrieben, der in Wirklichkeit einem anderen zukommt.

2. Veränderungen und Unterdrückungen des Personenstands können nur vorsätzlich begangen werden und müssen sich immer auf einen anderen beziehen. Wenn sich jemand selbst fremde Personalien anmaßt, kann er sich wegen Betrugs (§ 263), Veranlassung falscher Beurkundung (§ 271) oder nach § 360 Nr. 8 strafbar machen, jedenfalls aber nicht nach § 169.

3. Eine Veränderung des Personenstandes liegt vor, wenn einem anderen ein Personenstand beigelegt wird, der der Wirklichkeit nicht entspricht, so daß sich dessen familienrechtliches Verhältnis anders darstellt als es tatsächlich ist.

Beispiele: Die uneheliche Kindsmutter A bewirkt die Eintragung ihres Kindes ins Geburtsregister als eheliches oder gibt dem Vormundschaftsrichter einen Unbeteiligten als Erzeuger an. Oder: Der Ehemann B der unehelichen Kindsmutter A erkennt wahrheitswidrig ihr uneheliches Kind als eigenes an. — Oder: Der A gibt seine Hausangestellte B ständig, auch den Behörden gegenüber, als seine Frau aus.

4. Unterdrückung des Personenstandes liegt vor, wenn ein tatsächlicher Zustand herbeigeführt wird, vermöge dessen verhindert oder erschwert wird, daß das wirkliche Familienverhältnis einer Person zur praktischen Geltung gelangt.

Beispiel: Die uneheliche Kindsmutter A, die in der Empfängniszeit nur mit B Verkehr gehabt hat, erklärt der Wahrheit zuwider dem Vormundschaftsrichter, sie könne den Vater nicht angeben, weil sie in der fraglichen Zeit mit mehreren Männern Verkehr gehabt habe; dadurch veranlaßt sie den Richter, keine weiteren Schritte zur Ermittlung des Erzeugers des Kindes zu unternehmen.

5. Gewinnsüchtige Absicht bildet einen straferhöhenden Umstand. (Siehe Erl. 6 zu § 133.)

6. Die Bewirkung bewußt falscher Eintragungen in die Personenstandsbücher, insbesondere in das Geburtenbuch und das Sterbebuch, wird in der Regel auch den Tatbestand des § 271 erfüllen, da nach § 60 des Personenstandsgesetzes die Eintragungen in die genannten Bücher Heirat, Geburt und Tod und die darüber gemachten näheren Angaben beweisen. (Siehe Erläuterung 7 zu § 271.)

Ehebetrug und Eheerschleichung.

§ 170. (1) Wer bei Eingehung einer Ehe dem anderen Teile ein gesetzliches Ehehindernis arglistig verschweigt, oder wer den anderen Teil zur Eheschließung arglistig mittels einer solchen Täuschung verleitet, welche den Getäuschten berechtigt, die Gültigkeit der Ehe anzufechten, wird, wenn aus einem dieser Gründe die Ehe aufgelöst worden ist, mit Gefängnis nicht unter drei Monaten bestraft.

(2) Die Verfolgung tritt nur auf Antrag des getäuschten Teiles ein.

1. Hier ist mit Strafe bedroht die Begründung eines der Auflösung ausgesetzten Personenstandes. Die beiden Tatbestände des § 170 sind der Ehebetrug und die Eheerschleichung.

2. Beim Ehebetrug besteht die strafbare Handlung darin, daß ein gesetzliches Ehehindernis arglistig verschwiegen wird. (Siehe die Nichtigkeitsgründe der §§ 16—22, und die Aufhebungsgründe der §§ 30—34 des Ehegesetzes vom 20. Februar 1946.)

3. Eheerschleichung liegt vor, wenn der Täter den anderen Teil zur Eheschließung arglistig mittels einer solchen Täuschung verleitet, welche den Getäuschten berechtigt, die Gültigkeit der Ehe anzufechten. (Siehe § 33 Ehegesetz.)

4. Sowohl beim Ehebetrug wie bei der Eheerschleichung kann eine Bestrafung nur erfolgen, wenn die Ehe durch rechtskräftiges Nichtigkeits- oder Aufhebungsurteil aufgelöst worden ist (Scheidung genügt nicht).

5. Für die Strafverfolgung ist außerdem ein Antrag erforderlich.

Beiseiteschaffen von Familienhabe.

§ 170a. (1) Ein Ehegatte, der Familienhabe böswillig oder aus grobem Eigennutz veräußert, zerstört oder beiseiteschafft und dadurch den anderen Ehegatten oder einen unterhaltsberechtigten Abkömmling schädigt, wird mit Gefängnis bis zu zwei Jahren oder mit Geldstrafe bestraft.

(2) Die Verfolgung tritt nur auf Antrag ein. Die Zurücknahme des Antrages ist zulässig.

1. Es ist eine Erfahrungstatsache, daß Ehegatten, die sich auseinandergelebt haben, aus Haß oder Gewinnsucht einander dadurch schädigen, daß sie Familienhabe verschleudern oder zerstören. Nach früherem Recht war ein solches Verhalten nur als Untreue nach § 266 zu verfolgen; dies aber hatte zur Voraussetzung, daß ein besonderes Treueverhältnis festgestellt werden konnte, und daß der verletzte Ehegatte einen Strafantrag stellte.

2. Zur Familienhabe gehören Möbel, Teppiche, Beleuchtungskörper, Küchengerät, Kleidungsstücke, Wäsche, Bücher, aber auch nicht zum notwendigen Lebensbedarf gehörende Gegenstände, wie Kinderspielzeug, Sparkonten und Lebensversicherungen. Dabei ist es gleichgültig, wem die Gegenstände gehören; das Vergehen kann also auch durch Beseitigung von im ausschließlichen Eigentum des betreffenden Ehegatten stehenden Gegenständen begangen werden. Zur Familienhabe gehört schließlich auch das Mietrecht an der Mietwohnung; es kann also das Vergehen des § 170a auch durch Kündigung der Mietwohnung begangen werden.

3. Unter Veräußerung fällt nicht nur die Übergabe eines Gegenstandes, sondern auch die Aufgabe eines Rechts, oder die Abtretung einer Forderung. Das Beiseiteschaffen kann erfolgen durch Verstecken, Verheimlichen usw.

4. Der innere Tatbestand erfordert böswilliges Handeln, d. h. ein Verhalten, das auf verwerflicher Gesinnung beruht und mit der Treue gegen die Familie in Widerspruch steht. Nicht böswillig handelt daher der Ehegatte, der

Familienhabe bei Freunden oder Verwandten unterstellt, um ihre Verschleuderung durch den anderen Ehegatten zu verhindern.

Aus grobem Eigennutz handelt, wer sich von dem Streben nach eigenem Vorteil in einem besonders anstößigen Maße in seinem Tun und Lassen bestimmen läßt.

5. Die Strafvorschrift verlangt ferner, daß dem anderen Ehegatten oder einem unterhaltsberechtigten Abkömmling ein Schaden zugefügt wird, der in der Regel darin bestehen wird, daß dem anderen Ehegatten bzw. den Kindern die Mitbenutzung der Familienhabe entzogen wird.

Verletzung der Unterhaltspflicht.

§ 170b. (1) Wer sich einer gesetzlichen Unterhaltspflicht vorsätzlich entzieht, so daß der Lebensbedarf des Unterhaltsberechtigten gefährdet ist oder ohne öffentliche Hilfe oder die Hilfe anderer gefährdet wäre, wird mit Gefängnis bestraft.

(2) Der Versuch ist strafbar.

1. Der Unterhaltspflicht entzieht sich, wer nicht das als Unterhalt bezahlt, was der Berechtigte nach Sachlage zu fordern berechtigt ist; ein Entziehen kann aber auch darin erblickt werden, daß der Unterhaltsverpflichtete seinen Arbeitsplatz oder seinen Wohnsitz wechselt, um dadurch dem Unterhaltsberechtigten die Verfolgung seiner Unterhaltsansprüche unmöglich zu machen.

2. Als Folge des Verhaltens des Täters muß festgestellt werden, daß der Lebensbedarf des Unterhaltsberechtigten gefährdet ist, oder ohne öffentliche Hilfe oder die Hilfe anderer gefährdet wäre. Es ist aber nicht erforderlich, daß der Unterhaltsberechtigte in eine direkte Not gerät; es genügt, daß ihm Schwierigkeiten drohen.

3. Geschützt werden nicht nur Ehegatten, eheliche Kinder und Eltern, sondern auch die unehelichen Kinder.

4. Als Schuldform genügt Vorsatz. Der Täter muß wissen, daß eine Unterhaltsverpflichtung besteht, daß er sie erfüllen kann, daß er sie nicht erfüllt, und schließlich, daß durch sein Verhalten der Lebensbedarf des Unterhaltsberechtigten gefährdet wird. Eine Aufforderung durch die Behörde ist also keine Voraussetzung der Strafbarkeit. Ebensowenig wird böswilliges Verhalten gefordert.

5. Ein Versuch nach § 170b kann z. B. dann vorliegen, wenn ein Mann mit einer Frau geschlechtlich verkehrt und dabei sich eines falschen Namens bedient, um etwaige Unterhaltsansprüche unmöglich zu machen.

Verlassen Schwangerer.

§ 170c. Wer einer von ihm Geschwängerten gewissenlos die Hilfe versagt, deren sie wegen der Schwangerschaft oder der Niederkunft bedarf, und dadurch Mutter oder Kind gefährdet, wird mit Gefängnis bestraft.

1. Diese Vorschrift stellt eine Ergänzung dar zu der Strafvorschrift der Aussetzung nach § 221. Während letztere nur die Schwangere während der Geburt und in den nächsten der Geburt folgenden Tagen schützt (denn nur in dieser Zeit kann sie als eine „wegen Krankheit hilflose Person" i. S. des § 221 angesehen werden), erstreckt sich der Schutz des § 170c auf die letzten Wochen vor und die ersten Wochen nach der Entbindung. Für diese gesamte Zeit hat der Schwängerer für Bereitstellung des Unterhalts und Unterkunft für die Entbindung zu sorgen.

2. Die Versagung der Hilfe ist aber nur dann strafbar, wenn sie gewissenlos erfolgt. Gewissenlosigkeit wird z. B. zu verneinen sein, wenn die Schwangere treulos geworden ist, d. h. sich mit anderen Männern eingelassen hat.

3. Der Täter muß ferner durch sein Verhalten Mutter oder Kind gefährden. Eine Gefährdung kann z. B. auch darin liegen, daß die Schwangere durch das gewissenlose Verhalten des Schwängerers zu ernstlichen Selbstmordgedanken getrieben wird.

Vernachlässigung der Sorgepflicht für Kinder.

§ 170d. Wer das körperliche oder sittliche Wohl eines Kindes dadurch gefährdet, daß er in gewissenloser Weise seine Fürsorge- oder Erziehungspflichten gröblich vernachlässigt, insbesondere das Kind ohne ausreichende Nahrung oder Wartung läßt, wird mit Gefängnis bestraft, soweit nicht die Tat nach anderen Vorschriften mit schwererer Strafe bedroht ist.

Eine gröbliche Vernachlässigung von Kindern (d. h. Personen unter 14 Jahren, siehe BGH. 5, 40) wird z. B. dann vorliegen, wenn eine Mutter, deren Mann sich für längere Zeit auswärts auf Arbeit befindet, ihre Kinder sich selbst überläßt, um das Kino zu besuchen oder sonstigen Vergnügungen nachzugehen. (Siehe auch BGH. 2, 348 und BGH. 3, 257.)

Doppelehe.

§ 171. (1) Ein Ehegatte, welcher eine neue Ehe eingeht, bevor seine Ehe aufgelöst oder für nichtig erklärt worden ist, ingleichen eine unverheiratete Person, welche mit einem Ehegatten, wissend, daß er verheiratet ist, eine Ehe eingeht, wird mit Zuchthaus bis zu fünf Jahren bestraft.

(2) Sind mildernde Umstände vorhanden, so tritt Gefängnisstrafe nicht unter sechs Monaten ein.

(3) Die Verjährung der Strafverfolgung beginnt mit dem Tage, an welchem eine der beiden Ehen aufgelöst oder für nichtig erklärt worden ist.

1. Das Verbrechen der Doppelehe oder Bigamie begeht ein Ehegatte, der mit einer ledigen Person oder mit einem Ehegatten aus einer anderen Ehe die Ehe eingeht und ebenso eine ledige Person, die mit einem Ehegatten die Ehe eingeht.

2. Eine Ehe ist aufgelöst, wenn ein Ehegatte gestorben oder die Ehe rechtskräftig geschieden oder aufgehoben ist (§§ 29, 41 Ehegesetz), sowie durch die Wiederverheiratung im Falle der Todeserklärung (§ 38 Abs. 2 Ehegesetz). (Siehe aber BGH. 4, 6.)

3. Eine Ehe wird für nichtig erklärt mit der Rechtskraft des Nichtigkeitsurteils, das auf die Nichtigkeitsklage ergeht (§ 23 Ehegesetz).

4. Vollendet ist das Delikt mit der Erklärung beider Verlobten gemäß § 13 Ehegesetz.

5. Wurden bei Eingehung der Ehe die wesentlichen Formvorschriften des § 13 Ehegesetz nicht gewahrt (Erklärung der Eheabsicht vor dem Standesbeamten in gleichzeitiger Anwesenheit), dann ist gemäß § 17 Abs. 1 Ehegesetz die Ehe nichtig, und das Verbrechen der Doppelehe liegt nicht vor, mag der bezeichnete Mangel

die frühere oder die spätere Ehe betreffen. Da aber nach § 17 Abs. 2 Ehegesetz eine formell nichtige Ehe nach 5 bzw. 3 Jahren geheilt werden kann, kann nach Ablauf dieser Frist das Verbrechen der Bigamie begangen werden.

Ehebruch.

§ 172. (1) Der Ehebruch wird, wenn wegen desselben die Ehe geschieden ist, an dem schuldigen Ehegatten sowie dessen Mitschuldigen mit Gefängnis bis zu sechs Monaten bestraft.

(2) Die Verfolgung tritt nur auf Antrag ein.

1. Der Begriff „Ehebruch" erfordert Beischlafvollziehung, d. h. Vereinigung der Geschlechtsteile.

2. Die Ehe, welche gebrochen worden sein soll, muß gerade wegen dieses Ehebruchs geschieden, d. h. aufgelöst oder in der Gemeinschaft aufgehoben sein.

3. Leben beide Schuldigen in der Ehe, so findet ein Doppelehebruch statt, der an beiden strafbar ist, wenn in der Folge auch nur eine der Ehen geschieden wird.

4. Die Verjährung ruht gemäß § 69 bis zur Rechtskraft des Scheidungsurteils. Die Antragsfrist für den verletzten Ehegatten beginnt erst mit der Kenntnis von der Rechtskraft des Scheidungsurteils.

Dreizehnter Abschnitt:

Verbrechen und Vergehen wider die Sittlichkeit.

Blutschande.

§ 173. (1) Der Beischlaf zwischen Verwandten auf- und absteigender Linie wird an den ersteren mit Zuchthaus bis zu fünf Jahren, an den letzteren mit Gefängnis bis zu zwei Jahren bestraft.

(2) Der Beischlaf zwischen Geschwistern wird mit Gefängnis bis zu zwei Jahren bestraft. Ebenso wird der Beischlaf zwischen Verschwägerten auf- und absteigender Linie bestraft, wenn die Ehe, auf der die Schwägerschaft beruht, zur Zeit der Tat besteht.

(3) Neben der Gefängnisstrafe kann auf Verlust der bürgerlichen Ehrenrechte erkannt werden.

(4) Verwandte und Verschwägerte absteigender Linie bleiben straflos, wenn sie das achtzehnte Lebensjahr nicht vollendet haben.

(5) Im Falle des Beischlafs zwischen Verschwägerten kann das Gericht von Strafe absehen, wenn die häusliche Gemeinschaft der Ehegatten zur Zeit der Tat aufgehoben war. Die Tat wird nicht mehr verfolgt, wenn Befreiung vom Eheverbot der Schwägerschaft erteilt worden ist.

1. Die hier behandelten Straftaten betreffen die sog. Blutschande.

2. Unter Beischlaf versteht man die Vereinigung der Geschlechtsteile zweier Personen verschiedenen Geschlechts, wozu mindestens der Anfang des Eindringens des männlichen Glieds in den weiblichen Geschlechtsteil gehört. Samenerguß ist nicht erforderlich.

3. Andere unzüchtige Handlungen zwischen Verwandten der hier bezeichneten Art sind als Blutschande nicht strafbar. (Siehe aber Erl. 1 zu § 174.) Nur soweit die Blutschande ein Verbrechen ist, also für die Eltern und Großeltern, ist auch der Versuch, zum Beischlaf zu gelangen, mit Strafe bedroht (§ 43 StGB.).

4. Zum inneren Tatbestand gehört lediglich das Bewußtsein von der Tatsache, daß der Beischlafspartner verwandt oder verschwägert bzw. eine Schwester bzw. ein Bruder ist. Nimmt der Täter irrtümlicherweise ein solches Verhältnis an, dann liegt Versuch am untauglichen Objekt vor, der auf seiten des Aszendenten im Falle des Verbrechens der Blutschande des Abs. 1 strafbar ist (siehe die „Einleitenden Vorbemerkungen zum Strafrecht", Seite 1 ff., Abschnitt B VI 3 c, S. 11).

5. Zu Abs. 1:

a) Für die Verwandten aufsteigender Linie, also für die Eltern und Großeltern (siehe Erl. 3 a zu § 52) ist die Blutschande ein Verbrechen und somit auch im Versuchsstadium strafbar (§§ 1, 43). Bei den Verwandten absteigender Linie liegt nur ein Vergehen vor, das mangels gesetzlicher Bestimmung nur als vollendete Tat verfolgbar ist. (Dieser Unterschied ist auch bei Begründung des Fluchtverdachts beim Haftbefehl von Bedeutung, siehe Erl. 1 b zu § 1.)

b) Der Beischlaf zwischen Verwandten in der Seitenlinie, also zwischen Onkel und Nichte, Tante und Neffe, Vetter und Cousine ist straflos.

6. Zu Abs. 2:

a) Hier wird der sog. Verschwägertenbeischlaf mit geringerer Strafe als die eigentliche Blutschande des Abs. 1 bedroht. Er ist nur ein Vergehen, ebenso wie der Beischlaf zwischen Geschwistern. (Siehe aber betr. Verschwägertenbeischlaf Erl. 8.)

b) Wegen des Begriffs „Verschwägerte" siehe Erl. 3 b zu § 52.

c) Als „Geschwister" kommen nicht nur vollbürtige (gemeinsame Eltern), sondern auch Stiefgeschwister (ein gemeinsamer Elternteil) in Frage.

7. Die Bestimmung des Abs. 4 kommt nur Kindern und Enkeln, den Schwieger- und Stiefkindern bzw. Enkeln zugut, nicht aber unter 18 Jahre alten Geschwistern.

8. Zu Abs. 5: Der Verschwägertenbeischlaf ist straflos, wenn die Ehe, auf der die Schwägerschaft beruht, nicht mehr besteht (Abs. 2, Satz 2). Von einer Bestrafung kann abgesehen werden, wenn die Ehe zwar rechtlich noch bestand, aber die häusliche Gemeinschaft der Ehegatten aufgehoben war. Nicht mehr verfolgt wird der Verschwägertenbeischlaf, wenn Befreiung vom Eheverbot der Schwägerschaft erteilt worden ist.

9. Beispiele:

a) Zu § 173 Abs. 1: Beischlaf zwischen Vater und seiner ehelichen oder unehelichen Tochter oder zwischen Mutter und ihrem ehelichen oder unehelichen Sohn, oder zwischen Großvater und Enkeltochter oder Großmutter und Enkelsohn.

b) Zu § 173 Abs. 2: Beischlaf der Ehefrau A mit dem unehelichen Sohn ihres Mannes, oder Beischlaf des B mit seiner Stieftochter, oder mit seiner Schwiegertochter oder mit der Stieftochter seines Sohnes oder mit der Ehefrau seines Enkels.

Unzucht mit Abhängigen.

§ 174. Mit Zuchthaus oder mit Gefängnis nicht unter sechs Monaten wird bestraft,

1. wer einen seiner Erziehung, Ausbildung, Aufsicht oder Betreuung anvertrauten Menschen unter einundzwanzig Jahren oder
2. wer unter Ausnutzung seiner Amtsstellung oder seiner Stellung in einer Anstalt für Kranke oder Hilfsbedürftige einen anderen zur Unzucht mißbraucht.

Vorbemerkung: Der Bestimmung des § 174 liegt der gesetzgeberische Gedanke zugrunde, daß Personen, die der Autorität einer anderen Person in gewisser Beziehung unterworfen sind, gegenüber dem Mißbrauch dieses Autoritätsverhältnisses durch einen Mann oder eine Frau geschützt werden sollen; die geschlechtliche Freiheit dieser Personen soll vor Angriffen bewahrt werden. Infolgedessen wird aus § 174 immer nur die Autoritätsperson bestraft, nimals der andere Teil, mag dieser sich auch freiwillig preisgegeben oder selbst die Initiative ergriffen haben. (BGH. 1, 71 und 4, 297.)

Da die frühere Fassung des § 174 zu zahlreichen Meinungsverschiedenheiten in Wissenschaft und Rechtsprechung geführt hat, wurde durch die VO. vom 29. Mai 1943 der Gesetzestext erheblich vereinfacht.

1. Zu Ziff. 1: Während früher der Täter ganz bestimmten im einzelnen aufgeführten Personengruppen angehören mußte, kann nunmehr jeder Täter sein, dem ein anderer zur Erziehung, Ausbildung, Aufsicht oder Betreuung anvertraut ist. Neben den schon nach früherem Recht in Betracht kommenden Personen wie Vormund, Adoptiv- und Pflegeeltern, Geistlichen, Lehrern und Erziehern können jetzt auch Eltern im Verhältnis zu ihren leiblichen Kindern als Täter in Frage kommen. (BGH. 1, 344).

Zur Ausbildung anvertraut ist der Schüler dem Lehrer, der Lehrling dem Lehrherrn; auch weibliche Lehrer können sich strafbar machen. (BGH. 4, 212.)

Zur Betreuung anvertraut ist z. B. ein Minderjähriger dem Betriebsführer oder dem Abteilungsleiter, oder dem Haushaltungsvorstand (BGH. 1, 55).

Erzieher ist, wer berufsmäßig eine auf längere Dauer berechnete Stellung gegenüber einer minderjährigen Person ähnlich der eines Vaters oder Vormundes einnimmt und die Lebensführung des Kindes zu überwachen hat.

2. Zu Ziff. 2: Hier kommen als Täter in Frage alle Amtsträger des Staates, der Gemeinden und sonstiger öffentlich-rechtlicher Körperschaften. Eine Ausnutzung der Amtsstellung liegt vor, wenn der Amtsträger das dienstliche Verhältnis, in dem er zu einem anderen steht, dazu mißbraucht, um Unzucht mit diesem zu treiben. Als Krankenanstalt kann auch eine private in Frage kommen und zwar kann als Täter jeder in Betracht kommen, der in der Anstalt angestellt oder beschäftigt ist. (Siehe hierzu BGH. 1, 122 und BGH 2, 93.)

3. Unter Unzucht sind solche Handlungen zu verstehen, die objektiv das allgemeine Sittlichkeitsgefühl verletzen und subjektiv auf Befriedigung oder Erregung eigener oder fremder Geschlechtslust gerichtet sind. (RG. 67, 112). Auch die gleichgeschlechtliche Unzucht zwischen Männern und Frauen kann unter § 174 fallen.

Der Beischlaf, soweit er nicht zwischen Ehegatten stattfindet, ist eine unzüchtige Handlung. Auch gegen den bedeckten Körper einer anderen Person gerichtete Handlungen können unzüchtige sein. Der Körper der anderen Person muß irgendwie mit der handelnden Person in Berührung kommen. Verschiedenheit des Geschlechts ist nicht erforderlich. Auch eine Frauensperson kann die unzüchtigen Handlungen vornehmen.

Gleichgeschlechtliche Unzucht.

§ 175. (1) Ein Mann, der mit einem anderen Mann Unzucht treibt oder sich von ihm zur Unzucht mißbrauchen läßt, wird mit Gefängnis bestraft.

(2) Bei einem Beteiligten, der zur Zeit der Tat noch nicht einundzwanzig Jahre alt war, kann das Gericht in besonders leichten Fällen von Strafe absehen.

1. Der alte § 175 bedrohte die widernatürliche Unzucht zwischen Männern. Unter widernatürlicher Unzucht zwischen Männern waren nach der Rechtsprechung nur beischlafähnliche Handlungen zu verstehen, so daß die wechselseitige Onanie im allgemeinen nicht strafbar war. Die Neufassung des § 175 nach dem Gesetz vom 28. Juni 1935 beruht auf dem Gedanken, daß grundsätzlich jede Art gleichgeschlechtlicher Unzucht zwischen Männern, also nicht nur beischlafsähnliche Handlungen, strafrechtlich erfaßt werden sollen. (Siehe RG. 73, 78 und BGH. 1, 80, 107, 293.)

2. Die widernatürliche Unzucht zwischen Personen weiblichen Geschlechts, die sog. lesbische Liebe, ist nach wie vor nicht strafbar.

3. Macht sich der Täter des Vergehens nach § 175 mit verschiedenen Männern schuldig, so liegen mehrere selbständige Handlungen und nicht etwa fortgesetzte Tat vor, da eine solche immer dann ausgeschlossen ist, wenn sich die Straftaten gegen Leben, Gesundheit, Ehre und sittliche Reinheit verschiedener Personen richten.

Schwere gleichgeschlechtliche Unzucht.

§ 175a. Mit Zuchthaus bis zu zehn Jahren, bei mildernden Umständen mit Gefängnis nicht unter drei Monaten wird bestraft:

1. ein Mann, der einen anderen Mann mit Gewalt oder durch Drohung mit gegenwärtiger Gefahr für Leib oder Leben nötigt, mit ihm Unzucht zu treiben oder sich von ihm zur Unzucht mißbrauchen zu lassen;
2. ein Mann, der einen anderen Mann unter Mißbrauch einer durch ein Dienst-, Arbeits- oder Unterordnungsverhältnis begründeten Abhängigkeit bestimmt, mit ihm Unzucht zu treiben oder sich von ihm zur Unzucht mißbrauchen zu lassen;
3. ein Mann über einundzwanzig Jahre, der eine männliche Person unter einundzwanzig Jahren verführt, mit ihm Unzucht zu treiben oder sich von ihm zur Unzucht mißbrauchen zu lassen;

4. ein Mann, der gewerbsmäßig mit Männern Unzucht treibt oder von Männern sich zur Unzucht mißbrauchen läßt oder sich dazu anbietet.

1. Zum Begriff der „Verführung“ in Ziff. 3 gehört, daß der Volljährige irgendwie auf den Willen des Minderjährigen einwirkt, um diesen zu der Unzucht, die er an sich nicht will, geneigt zu machen, und dabei die geschlechtliche Unerfahrenheit oder geringere Widerstandskraft des Minderjährigen ausnützt. Verführung liegt also nicht vor, wenn der Minderjährige ohne Beeinflussung seines Willens zur Unzucht bereit gewesen ist. (Siehe auch BGH. 2, 40.)

2. Ziff. 4 enthält 3 Tatbestände. In den beiden ersten ist die Gewerbsmäßigkeit ein Straferhöhungsgrund gegenüber § 175, während sie im dritten Falle (sich anbieten) strafbegründend ist. (Siehe § 50 Erl. 4a, aa.)

3. Da § 175a ein Verbrechen ist, ist der Versuch ohne weiteres strafbar.

Unzucht mit Tieren.

§ 175b. Die widernatürliche Unzucht, welche von Menschen mit Tieren begangen wird, ist mit Gefängnis zu bestrafen; auch kann auf Verlust der bürgerlichen Ehrenrechte erkannt werden.

Die sog. Sodomie kann sowohl von Männern wie von Frauen begangen werden. Der Tatbestand erfordert keine Vereinigung der Geschlechtsteile, noch Verschiedenheit des Geschlechts, noch Samenerguß. (Siehe BGH. 2, 270.)

Nötigung zur Unzucht. Unzucht mit Kindern.

§ 176. (1) Mit Zuchthaus bis zu zehn Jahren wird bestraft, wer

1. mit Gewalt unzüchtige Handlungen an einer Frau vornimmt oder dieselbe durch Drohung mit gegenwärtiger Gefahr für Leib oder Leben zur Duldung unzüchtiger Handlungen nötigt,
2. eine in einem willenlosen oder bewußtlosen Zustande befindliche oder geisteskranke Frau zum außerehelichen Beischlaf mißbraucht, oder
3. mit Personen unter vierzehn Jahren unzüchtige Handlungen vornimmt oder dieselben zur Verübung oder Duldung unzüchtiger Handlungen verleitet.

(2) Sind mildernde Umstände vorhanden, so tritt Gefängnisstrafe nicht unter sechs Monaten ein.

1. Zu Ziffer 1:

a) Ob die Frau bescholten oder unbescholten, verheiratet oder ledig ist, ist gleichgültig. Auch das Alter ist ohne Bedeutung. (Das gleiche gilt für Ziffer 2.)

b) Wegen des Begriffs „unzüchtige Handlungen“ vgl. Erläuterung 3 zu § 174.

c) Gewalt ist die unter Anwendung körperlicher Kraft erfolgende Einwirkung auf einen anderen zur Beseitigung eines tatsächlich geleisteten oder bestimmt erwarteten Widerstandes. Nach BGH. 1, 145 liegt „Gewalt“ auch dann vor, wenn der Täter das Opfer durch ein ohne Gewaltanwendung beigebrachtes Betäubungsmittel seiner Widerstandskraft beraubt. Wegen „Drohung" siehe Erl. 2b zu § 52.

d) Wird ein Notzuchtversuch nach § 177 freiwillig aufgegeben, so daß der Täter wegen dieses Verbrechens nicht bestraft werden kann, so bleibt er aber wohl meistens wegen Verbrechens nach § 176 Z. 1 strafbar.

e) Täter kann auch eine Frau sein.

2. Zu Ziffer 2 (sog. Schändung):

a) Hat der Täter den willenlosen oder bewußtlosen Zustand selbst herbeigeführt, dann ist er wegen Notzucht nach § 177 zu bestrafen.

b) Der Begriff geisteskranke Frau umfaßt auch geistesschwache Frauen, letztere aber nur, wenn sie infolge ihres Geisteszustandes außerstande sind, die Bedeutung und die Folgen des Beischlafs richtig zu erkennen. (BGH. 2, 58.)

c) Wegen des Begriffs „Beischlaf" vgl. Erläuterung 2 zu § 173.

d) Täter kann nur ein Mann sein.

3. Zu Ziffer 3:

a) Das Verbrechen der Begehung unzüchtiger Handlungen mit Kindern unter 14 Jahren enthält 3 Tatbestände: 1. Die Vornahme einer unzüchtigen Handlung mit einem Kinde. 2. Die Verleitung desselben zur Verübung oder 3. zur Duldung einer unzüchtigen Handlung. (Siehe BGH 1, 21, 288.)

b) Das Verbrechen kann von Männern oder Frauen an Knaben oder Mädchen begangen werden.

c) Das Alter des Kindes unter 14 Jahren ist ein Tatbestandsmerkmal, muß also vom Vorsatz des Täters umfaßt sein. Ist der Täter der irrigen Meinung, das Kind sei schon über 14 Jahre alt, dann kann er gemäß § 59 nicht wegen Verbrechens nach § 176 Z. 3 bestraft werden. (Siehe „Einführende Vorb. zum Strafrecht" S. 19.) Macht sich der Täter bezüglich des Alters überhaupt keine ernsthaften Gedanken, sondern handelt er auf die von ihm in Kauf genommene Möglichkeit hin, daß das Kind noch nicht 14 Jahre alt sein könne, so genügt dies zur Bestrafung.

d) Von besonderer Bedeutung für die Bestrafung der Exhibitionisten ist die neuere Rechtsprechung: Veranlaßt der Täter ein Kind unter 14 Jahren, seinen, des Täters entblößten Geschlechtsteil anzusehen, so hat er das Kind „zur Verübung einer unzüchtigen Handlung verleitet", wobei es gleichgültig ist, ob sich das Kind dabei des Unzüchtigen seiner Handlungsweise bewußt wird. Gelingt es dem Täter nicht, das Kind zum Hinsehen zu veranlassen, so ist Versuch des Verbrechens nach § 176 Z. 3 gegeben. Schließlich kann der Tatbestand der Verleitung eines Kindes zur Verübung unzüchtiger Handlungen auch dadurch verwirklicht werden, daß das Kind bestimmt wird, unzüchtigen Reden aufmerksam zuzuhören. (BGH. 1, 173).

e) Wird Unzucht mit einem Knaben unter 14 Jahren getrieben, so ist nicht nur der Tatbestand des § 176 Z. 3, sondern auch derjenige des § 175 erfüllt.

Notzucht.

§ 177. (1) Mit Zuchthaus wird bestraft, wer durch Gewalt oder durch Drohung mit gegenwärtiger Gefahr für Leib oder Leben eine Frau zur Duldung des außerehelichen Beischlafs nötigt, oder wer eine Frau zum außerehelichen Beischlafe mißbraucht, nachdem er sie zu diesem Zwecke in einen willenlosen oder bewußtlosen Zustand versetzt hat.

(2) Sind mildernde Umstände vorhanden, so tritt Gefängnisstrafe nicht unter einem Jahre ein.

1. Das hier behandelte Verbrechen der Notzucht ist nur vollendet, wenn es wirklich zum Beischlaf (s. oben Erl. 2 zu § 173) gekommen ist, sonst liegt nur Versuch vor oder nur das Verbrechen des § 176 Ziff. 1. Wegen „Gewalt" und „Drohung" siehe Erl. 1c zu § 176.

2. Auch eine Frau kann sich an der Notzucht beteiligen, wenn sie eine andere Frauensperson zum Beischlaf mit einem Manne nötigt. (Beihilfe) oder wenn sie einen Geisteskranken zur Notzucht anstiftet.. Auch Mittäterschaft ist möglich (BGH. 6, 226.)

3. Ob die Frau bescholten oder unbescholten ist, ist gleichgültig, auch an einer Dirne kann das Verbrechen begangen werden. Da der Tatbestand einen außerehelichen Beischlaf voraussetzt, kann Notzucht nicht an der eigenen Ehefrau begangen werden, wohl aber kann bei der eigenen Ehefrau die Beischlaferzwingung nach § 240 strafbar sein; auch kann der Ehemann, falls er unter den Voraussetzungen des § 176 Ziffer 1 unzüchtige Handlungen, zu deren Duldung die Ehefrau nicht verpflichtet ist, vornimmt, nach dieser Gesetzesstelle bestraft werden.

4. Ein freiwillig aufgegebener Notzuchtsversuch wird häufig entweder den Tatbestand des § 176 Ziffer 1 (siehe Erläuterung 1d zu § 176) oder aber den Tatbestand der Beleidigung erfüllen. Es ist daher in Zweifelsfällen stets ein Strafantrag von der Verletzten zu erheben.

5. Die Schändung unter erschwerenden Umständen (Abs. 1, zweiter Halbsatz) enthält gegenüber § 176 Nr. 2 den Erschwerungsgrund, daß der Täter selbst die Frau willens- oder bewußtlos gemacht hat.

§ 178. Ist durch eine der in den §§ 176 und 177 bezeichneten Handlungen der Tod der verletzten Person verursacht worden, so tritt Zuchthausstrafe nicht unter zehn Jahren oder lebenslange Zuchthausstrafe ein.

Tritt der Tod infolge der Niederkunft der geschändeten Frau ein, so liegt die Verschärfung dieses Paragraphen vor, ebenso, wenn sich die Geschändete aus Scham selbst den Tod gibt, vorausgesetzt daß der Tod für den Täter voraussehbar war (siehe § 56).

Erschleichung des Beischlafs.

§ 179. (1) Wer eine Frau zur Gestattung des Beischlafs dadurch verleitet, daß er eine Trauung vorspiegelt, oder einen anderen Irrtum in ihr erregt oder benutzt, in welchem sie den Beischlaf für einen ehelichen hielt, wird mit Zuchthaus bis zu fünf Jahren bestraft.

(2) Sind mildernde Umstände vorhanden, so tritt Gefängnisstrafe nicht unter sechs Monaten ein.

(3) Die Verfolgung tritt nur auf Antrag ein.

1. Zu dem hier festgestellten Verbrechen der Erschleichung des Beischlafs vgl. das Vergehen der Eheerschleichung (§ 170) und die dortigen Erläuterungen.

Das Vergehen des § 170 kann auch von einer Frau begangen werden, das Verbrechen des § 179 aber nur von einem Manne.

2. Das Verbrechen wird begangen, indem eine kirchliche Trauung, eine Abschließung der Ehe vor einem Standesbeamten vorgetäuscht wird, oder indem sich der Täter als Ehemann der getäuschten Frau ausgibt (z. B. unter Benutzung der Dunkelheit).

3. Die Täuschung muß der Grund sein, aus dem sich die Frau hingegeben hat; hätte sie auch sonst den Beischlaf gestattet und wird die Trauung nur etwa, um das Vermögen zu erlangen, vorgespiegelt, so liegt dieses Verbrechen nicht vor, es kann aber Betrug gegeben sein.

Kuppelei.

§ 180. (1) Wer gewohnheitsmäßig oder aus Eigennutz durch seine Vermittlung oder durch Gewährung oder Verschaffung von Gelegenheit der Unzucht Vorschub leistet, wird wegen Kuppelei mit Gefängnis nicht unter einem Monat bestraft; auch kann zugleich auf Geldstrafe, auf Verlust der bürgerlichen Ehrenrechte, sowie auf Zulässigkeit von Polizeiaufsicht erkannt werden. Sind mildernde Umstände vorhanden, so kann die Gefängnisstrafe bis auf einen Tag ermäßigt werden.

(2) Als Kuppelei gilt insbesondere die Unterhaltung eines Bordells oder eines bordellartigen Betriebes.

(3) Wer einer Person, die das achtzehnte Lebensjahr vollendet hat, Wohnung gewährt, wird auf Grund des Abs. 1 nur dann bestraft, wenn damit ein Ausbeuten der Person, der die Wohnung gewährt ist, oder ein Anwerben oder Anhalten dieser Person zur Unzucht verbunden ist.

1. Kuppelei begeht derjenige, welcher durch seine Vermittlung oder durch Gewährung oder Verschaffung von Gelegenheit der Unzucht Vorschub leistet. Die Kuppelei ist aber nur strafbar, wenn sie gewohnheitsmäßig oder aus Eigennutz begangen wird (§ 180), oder wenn hinterlistige Kunstgriffe angewendet bzw. wenn der Schuldige zu der verkuppelten Person in nahem verwandtschaftlichen oder einem Autoritätsverhältnis steht (§ 181).

Vgl. § 48 des Reichsgesetzes über das Auswanderungswesen, abgedruckt unten bei § 236. Internationales Übereinkommen zur Bekämpfung des Mädchenhandels mit Ausführungsgesetz vom 14. Aug. 1912, RGBl. I S. 44.

2. Gewohnheitsmäßig handelt der Täter, wenn für ihn ein Hang zur Begehung die Triebfeder bildet. (Siehe hierzu „Einführende Vorbemerkungen zum Strafrecht“ S. 1 ff., Abschnitt B VII 6 b, S. 15.)

3. Aus Eigennutz handelt derjenige, welcher irgendeinen Nutzen, also in der Hauptsache einen Geldgewinn, wenn auch keinen außerordentlichen anstrebte. Gleichgültig ist es, ob es zur Erlangung des Gewinnes wirklich gekommen ist.

Aus Eigennutz handelt der Vermieter, wenn er seine Wohnung günstig zu vermieten sucht oder sich die zahlungsfähige Mieterin zu erhalten sucht oder der Gastwirt wenn er den Besuch seines Lokals oder den Absatz seiner Getränke steigern will.

4. Unter Unzucht versteht man außer der Beischlafsvollziehung auch sonstige, gegen Zucht und Sitte im Verkehr der Geschlechter verstoßende Handlungen. Einerlei ist es, ob es sich um natürliche oder unnatürliche Unzucht (s. §175) handelt.

Zur Vollendung des Tatbestands ist es nicht erforderlich, daß es schon zur Ausübung der Unzucht gekommen ist. Ob ein Beischlaf zwischen Verlobten als „Unzucht" anzusehen ist, entscheidet sich nach den Umständen des Einzelfalls.

5. Vorschubleisten erfordert stets eine wirkliche Förderung der Unzucht, entweder durch vermittelnde Tätigkeit, d. h. eine solche, welche die persönliche Annäherung der betreffenden Personen zum Zwecke der Ausübung der Unzucht ermöglicht, oder durch Gewährung oder Verschaffung von Gelegenheit z. B. dadurch, daß der Täter Räume, über die er verfügen kann, jemandem zur Ausübung der Unzucht überläßt. So begeht z. B. Kuppelei der Dienstmann, der gegen Entgelt Fremde zu Dirnen führt, der Agent, der Dirnen für Bordells anwirbt, oder der Vermieter, der einem Liebespaar gegen übermäßigen Mietpreis ein Zimmer zur Verfügung stellt. (Siehe aber unter Erl. 9.)

6. Vorschubleisten durch Unterlassen kommt dann in Frage, wenn der Unterlassende die rechtliche Verpflichtung und die Möglichkeit hat, die Unzucht zu verhindern. So kann z. B. der Ehemann dadurch Kuppelei begehen, daß er den Geschlechtsverkehr seiner Frau mit anderen Männern nicht verhindert; das gleiche gilt für Eltern gegenüber ihren minderjährigen Kindern. (Siehe Erl. 5 zu § 181.)

7. Der Abs. 2 enthält die gesetzliche Vermutung, daß die Unterhaltung eines Bordells oder eines bordellähnlichen Betriebs (z. B. getarnter Massagesalon) den Tatbestand der Kuppelei erfüllt. (Siehe RG 64, 112 und 171.)

8. Beihilfe zur Kuppelei kann durch Gewährung eines Darlehens zur Schaffung eines Bordells und durch Weinlieferungen an das Bordell begangen werden.

9. Abs. 3 bezieht sich lediglich auf die Fälle, in denen die Gewährung der Wohnung als solche das einzige Mittel ist, durch das die Gelegenheit zur Unzucht verschafft wird. In einem solchen Falle liegt nur dann strafbare Kuppelei vor, wenn der Vermieter einen Preis fordert, der den normalen Preis erheblich übersteigt, oder wenn das Vermieten mit einem Anwerben oder Anhalten der Mieterin zur Unzucht verbunden ist.

Schwere Kuppelei.

§ 181. (1) Die Kuppelei ist, selbst wenn sie weder gewohnheitsmäßig noch aus Eigennutz betrieben wird, mit Zuchthaus bis zu fünf Jahren zu bestrafen, wenn

1. um der Unzucht Vorschub zu leisten, hinterlistige Kunstgriffe angewendet werden, oder
2. der Schuldige zu der verkuppelten Person in dem Verhältnis des Ehemanns zur Ehefrau, von Eltern zu Kindern, von Vormündern zu Pflegebefohlenen, von Geistlichen, Lehrern oder Erziehern zu den von ihnen zu unterrichtenden oder zu erziehenden Personen steht.

(2) Neben der Zuchthausstrafe ist der Verlust der bürgerlichen Ehrenrechte auszusprechen; auch kann zugleich auf Geldstrafe sowie auf Zulässigkeit von Polizeiaufsicht erkannt werden.

(3) Sind im Falle des Absatzes 1 Nr. 2 mildernde Umstände vorhanden, so tritt Gefängnisstrafe ein, neben welcher auf Geldstrafe erkannt werden kann.

1. Vgl. zu § 181 Erl. 1 zu § 180.

2. Hinterlistige Kunstgriffe sind raffiniert getroffene Vorkehrungen, um die zu verkuppelnde Person über die wahre Absicht des Täters zu täuschen, z. B. der Täter verlockt das Mädchen zum Eintritt in ein Bordell unter der Vorspiegelung, es handle sich um eine Stelle als Dienstmädchen in einem normalen Haushalt.

3. Unter Eltern sind auch Adoptiv- und Pflegeeltern sowie Stiefeltern zu verstehen.

4. Als Kinder kommen weibliche und männliche, eheliche und uneheliche, minderjährige und volljährige in Betracht.

5. Die Eltern und der Ehemann machen sich strafbar, wenn sie es unterlassen, ihre elterlichen oder ehelichen Befugnisse pflichtgemäß zu gebrauchen und dadurch Gelegenheit zur Unzucht schaffen (Duldung des unzüchtigen Verkehrs in der elterlichen oder ehemännlichen Wohnung, Gestattung des Eintritts in ein Bordell), siehe RG. 58, 97 und 226). Der Ehemann, der zur Schaffung eines Scheidungsgrundes einen anderen zum Geschlechtsverkehr mit seiner Ehefrau auffordert, begeht einen Versuch nach § 181.

Zuhälterei.

§ 181a. (1) Eine männliche Person, welche von einer Frau, die gewerbsmäßig Unzucht treibt, unter Ausbeutung ihres unsittlichen Erwerbes ganz oder teilweise den Lebensunterhalt bezieht, oder welche einer solchen Frau gewohnheitsmäßig oder aus Eigennutz in bezug auf die Ausübung des unzüchtigen Gewerbes Schutz gewährt oder sonst förderlich ist (Zuhälter), wird mit Zuchthaus bis zu fünf Jahren bestraft.

(2) Bei mildernden Umständen ist die Strafe Gefängnis nicht unter drei Monaten.

(3) Neben der Strafe kann auf die Zulässigkeit von Polizeiaufsicht erkannt werden.

1. Zwei verschiedene Fälle strafbarer Handlungen werden hier festgestellt: Strafbar ist, wer sich von einer gewerbsmäßigen Dirne ganz oder teilweise unterhalten läßt (ausbeuterische Zuhälterei); vereinzelte Zuwendungen oder einzelne Geschenke genügen nicht. (Siehe RG. 63, 90.)

Strafbar ist weiter der Zuhälter, welcher gewohnheitsmäßig oder aus Eigennutz einer solchen Dirne Dienste zur Förderung ihres Gewerbes leistet (kupplerische Zuhälterei), z. B. Begleiten der Dirne auf ihren Strichgängen, um jederzeit Schutz zu gewähren. In beiden Fällen müssen gewisse persönliche Beziehungen dauernder Art bestehen. (Siehe RG. 35, 57.)

2. Wegen der Begriffe „gewohnheitsmäßig" und „aus Eigennutz" vgl. Erläuterungen 2 u. 3 zu § 180.

3. Aberkennung der bürgerlichen Ehrenrechte ist stets zulässig, da die Grundstrafe Zuchthaus ist und bei Annahme mildernder Umstände auf mindestens 3 Monate Gefängnis erkannt werden muß. (Siehe § 32.)

4. Als weitere Nebenstrafe ist Polizeiaufsicht vorgesehen.

Verführung.

§ 182. (1) Wer ein unbescholtenes Mädchen, welches das sechzehnte Lebensjahr nicht vollendet hat, zum Beischlafe verführt, wird mit Gefängnis bis zu einem Jahre bestraft.

(2) Die Verfolgung tritt nur auf Antrag der Eltern oder des Vormundes der Verführten ein.

1. Unter unbescholten versteht das Gesetz frei von Tadel in bezug auf die Geschlechtsehre. Zur Bescholtenheit gehört nicht allein, daß das Mädchen schon einem Manne den Beischlaf gestattete, sondern auch schon der Fall, wenn das Mädchen in sittenloser Gesinnung sonstige unzüchtige Handlungen sich zuschulden kommen ließ. (RG. 37, 94.)

2. Ein Mädchen, das von einem Manne genotzüchtigt wurde, kann trotzdem noch als unbescholten gelten.

3. Ein zweitesmal kann ein Mädchen nicht verführt werden, weil es durch die erste Beischlafsgestattung bescholten worden ist.

4. Verführen heißt, seinen Lüsten dienstbar machen unter Mißbrauch der geschlechtlichen Unerfahrenheit des Mädchens, und zwar muß der Beischlaf vollzogen sein, anderenfalls kommt nur evtl. Beleidigung in Betracht. Wenn das Mädchen sich anbietet, liegt keine Verführung vor. Wohl aber kann auch in diesem Falle der Tatbestand der Beleidigung gegeben sein, denn die Rechtswidrigkeit der Beleidigung bleibt trotz der Einwilligung bestehen, weil die Einwilligung von Jugendlichen unter 18 Jahren, da sie die Bedeutung der Geschlechtsehre nicht erkennen, im allgemeinen rechtlich unerheblich ist. (Siehe S. 6, Abschnitt cc.)

5. Die Mutter kann auch bei Lebzeiten des Vaters selbständig den Strafantrag stellen. Das Mädchen selbst ist nicht antragsberechtigt.

6. Die Verführung eines Mädchens unter 14 Jahren enthält gleichzeitig den Tatbestand des § 176 Nr. 3.

Erregung öffentlichen Ärgernisses.

§ 183. (1) Wer durch eine unzüchtige Handlung öffentlich ein Ärgernis gibt, wird mit Gefängnis bis zu zwei Jahren oder mit Geldstrafe bestraft.

(2) Neben der Gefängnisstrafe kann auf Verlust der bürgerlichen Ehrenrechte erkannt werden.

1. Zum Begriff der „unzüchtigen Handlung“ i. S. des § 183 gehört im Gegensatz zu § 174 und zu § 176 nicht, daß der Täter die Absicht hat, die eigene oder fremde Geschlechtslust zu erregen, oder daß er sich vorstellt, die Handlung könne einen geschlechtlichen Reiz hervorrufen. Eine unzüchtige Handlung i. S. des § 183 liegt vielmehr schon dann vor, wenn sie das Scham- und Sittlichkeitsgefühl der Allgemeinheit in geschlechtlicher Beziehung verletzt und der Täter sich dieser Möglichkeit bewußt ist.

2. Durch die Handlung muß ein Ärgernis gegeben worden sein, d. h. es muß irgendeine Person, wenn auch nur ein Kind, in ihrem Sittlichkeitsgefühl verletzt worden sein.

3. Das Ärgernis muß öffentlich gegeben sein, es muß also die Handlung öffentlich verübt worden sein, d. h an einem Orte, an dem sie von beliebigen unbestimmten Personen wahrgenommen werden konnte. Einerlei ist, ob wirklich weitere Personen als diejenige, welche Ärgernis genommen haben, dazu kamen, wenn nur noch andere beliebige Personen hätten dazu kommen können. (RG. 73, 90.)

4. Das Vergehen wird besonders häufig begangen von Männern, die ihren entblößten Geschlechtsteil Frauen oder Kindern zeigen (sog. Exhibitionisten). Wenn das Vergehen mehrfach von demselben Manne begangen wird, so ist besonders auch sein Geisteszustand festzustellen. (Siehe auch Erl. 3d zu § 176.)

Verbreitung unzüchtiger Schriften.

§ 184. (1) Mit Gefängnis bis zu einem Jahre und mit Geldstrafe oder mit einer dieser Strafen wird bestraft, wer

1. unzüchtige Schriften, Abbildungen oder Darstellungen feilhält, verkauft, verteilt, an Orten, welche dem Publikum zugänglich sind, ausstellt oder anschlägt oder sonst verbreitet, sie zum Zwecke der Verbreitung herstellt oder zu demselben Zwecke vorrätig hält, ankündigt oder anpreist;
2. unzüchtige Schriften, Abbildungen oder Darstellungen einer Person unter sechzehn Jahren gegen Entgelt überläßt oder anbietet;
3. Gegenstände, die zu unzüchtigem Gebrauche bestimmt sind, an Orten, welche dem Publikum zugänglich sind, ausstellt oder solche Gegenstände dem Publikum ankündigt oder anpreist;

3a. in einer Sitte oder Anstand verletzenden Weise Mittel, Gegenstände oder Verfahren, die zur Verhütung von Geschlechtskrankheiten dienen, öffentlich ankündigt, anpreist oder solche Mittel oder Gegenstände an einem dem Publikum zugänglichen Orte ausstellt;

4. öffentliche Ankündigungen erläßt, welche dazu bestimmt sind, unzüchtigen Verkehr herbeizuführen.

(2) Neben der Gefängnisstrafe kann auf Verlust der bürgerlichen Ehrenrechte sowie auf Zulässigkeit von Polizeiaufsicht erkannt werden.

1. Unzüchtig ist eine Schrift, Abbildung oder Darstellung, wenn sie geeignet ist, das Scham- und Sittlichkeitsgefühl des normal empfindenden Menschen in geschlechtlicher Beziehung zu verletzen.

Eine Darstellung des nackten menschlichen Körpers oder von Teilen desselben ist nur dann unzüchtig, wenn die Darstellung zu einem schamverletzenden Zwecke gemacht wurde und dies aus der Darstellung selbst oder aus ihrer Zusammenstellung mit anderen Darstellungen erkennbar ist.

2. Zu Ziff. 1:

a) Die Handlung besteht im Verbreiten; ein solches liegt vor, wenn der Täter die Schrift usw. einem größeren Kreis zugänglich macht; dabei ist nicht erforderlich, daß das Verbreiten öffentlich erfolgt. Als besondere Arten des Verbreitens nennt das Gesetz das Feilhalten (Bereithalten für das Publikum zum Verkauf), Verteilen, Ausstellen (hierunter fällt auch Vorführung eines Films) oder Anschlagen.

b) Dem Verbreiten sind gewisse Vorbereitungshandlungen gleichgestellt, nämlich das Herstellen, Vorrätighalten, Ankündigen und Anpreisen zum Zwecke der Verbreitung.

c) Zum inneren Tatbestand gehört das Bewußtsein, daß der Inhalt der Schrift usw. geeignet ist, das allgemeine Scham- und Sittlichkeitsgefühl zu verletzen.

3. Zu Ziff. 2: Diese Bestimmung findet Anwendung auf Personen, die ohne mit solchen Dingen Handel zu treiben, sie Personen unter 16 Jahren gegen Entgelt überlassen. Kaufleute, die einen Handelsartikel dieser Art anderen verkaufen, fallen schon unter die Ziff. 1.

4. Zu Ziff. 3: „Zum unzüchtigen Gebrauch bestimmt" sind auch solche Gegenstände, die zur Verhütung der Empfängnis dienen. Der Verkauf solcher Gegenstände ist nicht strafbar, sondern nur das Ausstellen usw.

5. Zu Ziff. 3a: Die öffentliche Ausstellung von Mitteln oder Gegenständen, die zur Verhütung von Geschlechtskrankheiten dienen, ist stets strafbar, die öffentliche Ankündigung oder Anpreisung aber nur dann, wenn dadurch Sitte und Anstand verletzt werden.

6. Zu Ziff. 4: Hier sollen Zeitungsannoncen, welche verschleiert oder unverschleiert, unzüchtigen Verkehr zwischen Männern und Frauen oder auch nur zwischen Männern vermitteln sollen, getroffen werden. (RG. 39, 313.)

7. Nach § 40 StGB. kann die Einziehung der zur Begehung des Vergehens gebrauchten Schriften usw. erfolgen. Zur Sicherung dieser Einziehung hat die Beschlagnahme zu erfolgen (§§ 94, 98 StPO., § 23 Abs. 3 des Preßgesetzes).

Überlassung schamloser Schriften an Jugendliche.

§ 184a. Wer Schriften, Abbildungen oder Darstellungen, welche, ohne unzüchtig zu sein, das Schamgefühl gröblich verletzen, einer Person unter sechzehn Jahren gegen Entgelt überläßt oder anbietet, wird mit Gefängnis bis zu sechs Monaten oder mit Geldstrafe bestraft.

Schriften, Darstellungen usw. können, ohne daß sie das Sittlichkeitsgefühl in geschlechtlicher Beziehung verletzen, dennoch unter gewissen besonderen Umständen das Schamgefühl gröblich verletzen; dies kann z. B. der Fall sein bei Abbildungen in medizinischen Büchern, bei Abbildung menschlicher Körperteile in Wachs zu wissenschaftlichen Zwecken. Derartige Dinge dürfen nach der Bestimmung dieses Gesetzesparagraphen Personen unter 16 Jahren gegen Entgelt nicht überlassen werden. (Siehe auch Gesetz über die Verbreitung jugendgefährdender Schriften, abgedruckt im Anhang 1, Abschn. C, S. 352.)

Ärgerniserregung durch Gerichtsberichterstattung.

§ 184b. Mit Geldstrafe oder mit Gefängnis bis zu sechs Monaten wird bestraft, wer aus Gerichtsverhandlungen, für welche wegen Gefährdung der Sittlichkeit die Öffentlichkeit ausgeschlossen war, oder aus den diesen Verhandlungen zugrunde liegenden amtlichen Schriftstücken öffentlich Mitteilungen macht, welche geeignet sind, Ärgernis zu erregen.

Vgl. hierzu § 172 GVG.

Vierzehnter Abschnitt: Beleidigung.

Vorbemerkung:

I. Man unterscheidet 3 Formen der Beleidigung:

1. Die sog. formale Beleidigung des § 185, bei der das Beleidigende in der Form der Kundgebung liegt (z. B. Schimpfworte),

2. die üble Nachrede des § 186, bei der eine Bestrafung nur eintritt, wenn nicht die behauptete Tatsache erweislich wahr ist,

3. die verleumderische Beleidigung des § 187, welche denselben Tatbestand betrifft, wie die üble Nachrede, jedoch mit dem Unterschied, daß die behauptete oder verbreitete Tatsache unwahr sein, und daß der Täter sie „wider besseres Wissen" behauptet oder verbreitet haben muß.

4. § 189 behandelt die Verunglimpfung des Andenkens Verstorbener. Sie kann in sämtlichen Formen der Beleidigung (§§ 185—187) begangen werden.

5. § 187a enthält einen Fall des verstärkten Ehrenschutzes.

II. Bei Prüfung der Frage, welche Art von Beleidigung im einzelnen Falle, ob insbesondere der Tatbestand des § 185 oder derjenige des § 186 vorliegt, ist folgendes zu beachten:

1. Handelt es sich um eine reine Formalbeleidigung (z. B. „Du bist ein Tagdieb"), so liegt eine einfache Beleidigung nach § 185 vor, und zwar ohne Rücksicht darauf, ob diese Beleidigung gegenüber dem Beleidigten oder gegenüber einem Dritten geäußert worden ist.

Ebenso liegt eine einfache Beleidigung nach § 185 vor, wenn es sich um eine Tatsachenbehauptung handelt, die gegenüber dem Beleidigten geäußert wird (z. B. „Du hast mich betrogen").

2. Dagegen liegt der Tatbestand der üblen Nachrede nach § 186 vor, wenn es sich um eine Tatsachenbehauptung handelt, die nicht dem Beleidigten, sondern einem Dritten gegenüber aufgestellt wird (z. B. der A sagt dem B, er sei von C bestohlen worden). Diese Art der Beleidigung ist dann straflos, wenn die Wahrheit der Behauptung positiv erwiesen ist.

3. Ist schließlich die einem Dritten gegenüber aufgestellte Tatsachenbehauptung unwahr und wurde sie in Kenntnis der Unwahrheit gemacht, so liegt verleumderische Beleidigung nach § 187 vor.

III. Die Beleidigung ist vollendet, sobald sie mit Willen des Täters zur Kenntnis eines anderen gelangt, wobei nicht erforderlich ist, daß gerade der Beleidigte selbst Kenntnis nimmt (Kenntnisnahme der beleidigenden Postkarte durch den Briefträger).

IV. Die Rechtswidrigkeit der Beleidigung ist ausgeschlossen, es tritt also Straflosigkeit ein, wenn die Voraussetzungen des § 193 gegeben sind. (Siehe „Einführende Vorbemerkungen zum Strafrecht" S. 1 ff., Abschnitt B III 2b, S. 4.)

V. Die Absicht der Beleidigung ist nur dann Voraussetzung der Strafbarkeit, wenn trotz Vorliegens der Voraussetzungen der §§ 192, 193 Bestrafung wegen formaler Beleidigung erfolgen soll.

VI. Beleidigt werden können nicht nur Einzelpersonen, sondern, abgesehen von den Fällen der §§ 196, 197, auch Personenmehrheiten, und zwar dann, wenn sie eine rechtlich anerkannte gesellschaftliche (auch wirtschaftliche) Funktion erfüllen und einen einheitlichen Willen bilden können. (BGH.

6, 186, in Abweichung von RG. 70, 140, wo die Beleidigungsfähigkeit von Personenmehrheiten an die Voraussetzung geknüpft war, daß diese öffentliche Aufgaben zu erfüllen haben.) Nach der Rechtsprechung des BGH. können also auch Kapitalgesellschaften wie z. B. eine AG. oder GmbH. Objekte einer Beleidigung sein. Nicht zu verwechseln hiermit ist die sog. Kollektivbeleidigung, d. h. die Beleidigung mehrerer Einzelpersonen unter einer Gesamtbezeichnung, wie z. B. die Richterschaft eines bestimmten Landgerichts, oder die bei einem bestimmten Vorgang eingesetzten Polizeibeamten. (Siehe RG. 45, 138.)

VII. Die Hauptfälle der mittelbaren Beleidigung: Beleidigung des Familienoberhauptes durch Beleidigung der Ehefrau (RG. 70, 176) oder durch Beleidigung des Kindes (RG. 70, 245.)

VIII. Die Vergehen der Beleidigung in den Fällen der §§ 185 bis 187a, 189 können auch im Wege der Privatklage vom Verletzten verfolgt werden. (Siehe § 374 Abs. 1 Nr. 2 StPO.)

Beleidigung.

§ 185. Die Beleidigung wird mit Geldstrafe oder mit Haft oder mit Gefängnis bis zu einem Jahre und, wenn die Beleidigung mittels einer Tätlichkeit begangen wird, mit Geldstrafe oder mit Gefängnis bis zu zwei Jahren bestraft.

1. Die Beleidigung ist ein rechtswidriger Angriff auf die Ehre eines anderen durch eine vorsätzliche Kundgebung der Mißachtung oder Nichtachtung. Dabei ist unter Ehre der Anspruch eines Menschen auf Achtung seiner Persönlichkeit zu verstehen. (RG. 71, 159; BGH. 1, 289.)

2. Die Beleidigung ist entweder eine wörtliche oder eine tätliche. Letztere wird begangen durch körperliche Einwirkung auf die Person eines andern, solange diese Einwirkung nicht zu einer Mißhandlung oder Gesundheitsbeschädigung führt, denn dann ist es Körperverletzung (§ 223). Anspeien s. unter Erl. 2 am Ende zu § 223.

3. Die Beleidigung kann auch eine schriftliche (durch Zusendung eines Briefes, durch die Presse) oder eine symbolische sein, durch Gesten, Zeichen.

4. Die wörtliche Beleidigung kann eine sog. formale sein, durch ein Schimpfwort (Schuft, Gauner usw.), das unter allen Umständen die Ehre des anderen kränkt und nach § 185 strafbar ist, gleichgültig, ob das Schimpfwort dem Beleidigten oder dem Dritten gegenüber geäußert wird, oder eine durch Behauptung von ehrenrührigen Tatsachen begangene. Werden die ehrenrührigen Tatsachen nicht dem Beleidigten direkt gegenüber geäußert, sondern einem andern gegenüber oder wenigstens in Gegenwart eines andern ausgesprochen, so liegt das Vergehen der „üblen Nachrede" — § 186 — vor. Vgl. unten Erl. 1 zu § 186.

5. Beleidigt werden kann nur ein Lebender, von dessen Leben der Beleidiger auch weiß. (RG. 77, 54.) Wegen der Beschimpfung des Andenkens eines Verstorbenen vgl. § 189.

6. Kinder und Geisteskranke können beleidigt werden, wenn sie auch selbst die Kränkung nicht empfinden.

7. Beleidigt werden kann auch eine Person, der die bürgerlichen Ehrenrechte aberkannt sind.

8. Dadurch wird eine Beleidigung nicht straflos, daß derjenige, auf den sie zielt, nicht ausdrücklich genannt ist, wenn er nur so bezeichnet wurde, daß erkennbar ist, wer gemeint ist.

9. Die Rechtswidrigkeit einer Ehrenkränkung kann unter gewissen Umständen ausgeschlossen sein; siehe Vorbem. Z. IV.

10. Die Absicht zu beleidigen ist zu dem Tatbestand des § 185 nicht erforderlich. Es genügt vielmehr das Bewußtsein, daß die Äußerung geeignet ist, den Eindruck der Mißachtung einer bestimmten Person hervorzurufen. (Siehe aber Vorbem. Z. V.)

11. Auch ein im Scherz getaner Ausspruch kann eine Beleidigung sein, wenn der andere nicht wissen kann, daß es sich um einen Scherz handelt oder wenn es schon eine Mißachtung ist dem andern gegenüber, sich mit ihm Scherze zu erlauben.

12. Das Ansinnen einer unzüchtigen Handlung an einen andern, also die Zumutung, sich widernatürliche Unzucht gefallen oder etwa den Beischlaf an sich vollziehen zu lassen, ist eine Beleidigung, verliert aber den beleidigenden Charakter, wenn der oder die andere einwilligt. Hierbei ist aber zu beachten, daß das Einverständnis noch nicht 18 jähriger Personen mit der Verletzung ihrer Geschlechtsehre regelmäßig unbeachtlich sein wird. (Siehe hierzu RG. 41, 392; 71, 349 und RG. 75, 179 betr. Mädchen zwischen 14 und 16 Jahren; siehe schließlich auch BGH. 1, 288.)

Üble Nachrede.

§ 186. Wer in Beziehung auf einen anderen eine Tatsache behauptet oder verbreitet, welche denselben verächtlich zu machen oder in der öffentlichen Meinung herabzuwürdigen geeignet ist, wird, wenn nicht diese Tatsache erweislich wahr ist, wegen Beleidigung mit Geldstrafe oder mit Haft oder mit Gefängnis bis zu einem Jahre und, wenn die Beleidigung öffentlich oder durch Verbreitung von Schriften, Abbildungen oder Darstellungen begangen ist, mit Geldstrafe oder mit Gefängnis bis zu zwei Jahren bestraft.

1. Die „üble Nachrede“, wie der Tatbestand dieses Paragraphen genannt wird, liegt vor, wenn der Täter zwar an die Richtigkeit seiner Tatsachenbehauptung glaubt, sie aber nicht beweisen kann, und wenn sie nur oder auch gegenüber einem Dritten erfolgt; erfolgt sie nur gegenüber dem Beleidigten, dann liegt lediglich der Tatbestand des § 185 vor (siehe oben Erl. 4 zu § 185).

2. Die „üble Nachrede“ des § 186 unterscheidet sich von der Verleumdung des § 187 dadurch, daß im Falle des § 186 Bestrafung schon dann eintritt, wenn die behaupteten Tatsachen seitens des Beschuldigten nicht bewiesen werden können, während sie bei der Verleumdung in voller Kenntnis ihrer Unwahrheit aufgestellt sein müssen.

3. Die Ausführungshandlungen sind: Behaupten und Verbreiten.

a) Behaupten bedeutet, etwas als nach eigener Überzeugung richtig hinstellen. Eine Behauptung kann auch durch Aussprechen eines Verdachts oder durch Stellung einer Frage aufgestellt werden (RG. 60, 374).

b) Verbreiten bedeutet die Weitergabe einer von einem anderen erhaltenen Mitteilung als Gegenstand fremden Wissens (RG. 38, 368). Es genügt schon das Verbreiten von Gerüchten, selbst wenn der Verbreiter hinzufügt, er selbst glaube nicht, daß es wahr sei.

4. Öffentlich ist die üble Nachrede begangen, wenn sie so vorgenommen wurde, daß sie unbestimmt von welchen und wievielen Personen wahrgenommen werden konnte, einerlei, ob sich der Täter dabei an einem öffentlichen Ort oder in einer Privatwohnung befand.

5. Wird der Beweis der Wahrheit erbracht, oder ist er nach § 190 Satz 1 als erbracht anzusehen, so kann eine Bestrafung aus § 186 nicht erfolgen. Der Richter kann aber Anlaß haben zu prüfen, ob nicht eine einfache Beleidigung nach § 185 übrig geblieben ist. Diese Frage ist gemäß § 192 zu bejahen, wenn das Vorhandensein einer Beleidigung aus der Form der Behauptung oder Verbreitung oder aus den Umständen, unter welchen sie geschah, hervorgeht.

6. Ob der Täter an die Wahrheit oder Erweislichkeit der von ihm behaupteten oder verbreiteten Tatsache geglaubt hat, ist für die Strafbarkeit nach § 186 ohne Bedeutung. Er bleibt nur dann straflos, wenn er die Wahrheit beweisen kann.

Verleumdung.

§ 187. (1) Wer wider besseres Wissen in Beziehung auf einen anderen eine unwahre Tatsache behauptet oder verbreitet, welche denselben verächtlich zu machen oder in der öffentlichen Meinung herabzuwürdigen oder dessen Kredit zu gefährden geeignet ist, wird wegen verleumderischer Beleidigung mit Gefängnis bis zu zwei Jahren und, wenn die Verleumdung öffentlich oder durch Verbreitung von Schriften, Abbildungen oder Darstellungen begangen ist, mit Gefängnis nicht unter einem Monat bestraft.

(2) Sind mildernde Umstände vorhanden, so kann die Strafe bis auf einen Tag Gefängnis ermäßigt oder auf Geldstrafe erkannt werden.

1. Unterschied zwischen übler Nachrede und Verleumdung vgl. oben Erl. 2 zu § 186.

2. Dem Beschuldigten muß nicht nur die Unwahrheit der behaupteten Tatsache, sondern auch nachgewiesen werden, daß er sie wider besseres Wissen ausgesprochen, daß er also die Unwahrheit erkannt hat. Im übrigen deckt sich der erste Teil des Tatbestands mit demjenigen des § 186.

3. Als zweiten Tatbestand enthält § 187 die Kreditgefährdung, die in § 186 nicht unter Strafe gestellt ist. Unter Kredit versteht man das Vertrauen, das jemandem in bezug auf die Erfüllung von Verbindlichkeiten vermögensrechtlicher Art entgegengebracht wird. Als Verletzte können deshalb hier auch Handelsgesellschaften, Aktiengesellschaften, Genossenschaften in Betracht kommen. (Bestritten.)

4. Die Verleumdung kann auch zusammentreffen mit falscher Anschuldigung (§ 164 StGB.).

Verstärkter Ehrenschutz.

§ 187a. (1) Wird gegen eine im politischen Leben des Volkes stehende Person öffentlich in einer Versammlung oder durch Verbreitung von Schriften, Schallaufnahmen, Abbildungen oder Darstellungen eine üble Nachrede (§ 186) aus Beweggründen begangen, die mit der Stellung des Beleidigten im öffentlichen Leben zusammenhängen, und ist die Tat geeignet, sein öffentliches Wirken erheblich zu erschweren, so ist die Strafe Gefängnis nicht unter drei Monaten.

(2) Eine Verleumdung (§ 187) wird unter den gleichen Voraussetzungen mit Gefängnis nicht unter sechs Monaten bestraft.

1. Diese Bestimmung befaßt sich mit dem Ehrenschutz im politischen Leben stehender Personen. Sie bezweckt, der Vergiftung des politischen Kampfes durch Ehrabschneidung entgegenzuwirken.

2. § 187a ersetzt die §§ 1—3 des Achten Teils Kap. III der Vierten Notverordnung zum Schutze des inneren Friedens vom 8. Dezember 1931, die im Artikel 8 des ersten Strafrechtsänderungsgesetzes aufgehoben wurde.

3. Geschützt werden durch die für üble Nachrede (§ 186) und Verleumdung (§ 187) festgesetzten erhöhten Strafen die „im politischen Leben des Volkes stehenden Personen", vor allem also die Abgeordneten der Parlamente und Mitglieder sonstiger öffentlicher Körperschaften. Hierunter fallen auch die Richter des Bundesverfassungsgerichts (BGH. 4, 338). Auch die lediglich ein öffentliches Amt bekleidenden sowie die im freien Beruf stehenden Personen (z. B. Schriftsteller und Journalisten) genießen den erhöhten Strafschutz, wenn ihre Tätigkeit mit der inneren oder äußeren Politik im Zusammenhang steht.

4. Die Täterhandlung besteht in öffentlich, oder in einer Versammlung oder durch Verbreitung von Schallaufnahmen, Abbildungen oder Darstellungen begangenen Beleidigungen in den Formen der §§ 186 und 187.

5. Zwei Voraussetzungen müssen für die Strafschärfung gegeben sein:

a) Die Ehrenkränkung muß aus Beweggründen begangen sein, die mit der Stellung des Beleidigten im öffentlichen Leben zusammenhängen, denn der erhöhte Ehrenschutz gilt nicht der unmittelbar beleidigten Person als solcher, sondern nur im Hinblick auf ihr öffentliches Leben.

b) Die Ehrenkränkung muß geeignet sein, das öffentliche Wirken des Verletzten zu erschweren. Voraussetzung ist also, daß die verletzte Person zur Zeit der Tat noch im öffentlichen Leben steht.

Buße.

§ 188. (1) In den Fällen der §§ 186 und 187 kann auf Verlangen des Beleidigten, wenn die Beleidigung nachteilige Folgen für die Vermögensverhältnisse, den Erwerb oder das Fortkommen des Beleidigten mit sich bringt, neben der Strafe auf eine an den Beleidigten zu erlegende Buße erkannt werden.

(2) Eine erkannte Buße schließt die Geltendmachung eines weiteren Entschädigungsanspruches aus.

1. Die Buße (Mindestbetrag 3, Höchstbetrag 10000 DM) ist keine Strafe oder Nebenstrafe, sondern eine Privatgenugtuung, die den Vermögensschaden, sowie sonstige wirtschaftliche Nachteile ersetzen soll. Auf sie kann nur in den Fällen der §§ 186, 187 (also nicht bei der gewöhnlichen Beleidigung des § 185) erkannt werden und zwar nur neben einem auf Strafe lautenden Urteil, also nicht im Falle einer Einstellung wegen mangelnden Strafantrags oder wegen Verjährung.

2. Wegen des Verfahrens siehe § 406d StPO.

Beleidigung Verstorbener.

§ 189. (1) Wer das Andenken eines Verstorbenen verunglimpft, wird mit Gefängnis bis zu zwei Jahren oder mit Geldstrafe bestraft.

(2) Die Verfolgung tritt nur auf Antrag der Eltern, der Kinder, des Ehegatten oder der Geschwister des Verstorbenen ein.

1. Nach früherem Recht war die Beleidigung Verstorbener nur dann strafbar, wenn sie in der Form der Verleumdung (§ 187) also wider besseres Wissen erfolgte. Jetzt genügt schon die einfache Beleidigung (§ 185) oder üble Nachrede (§ 186). Da aber das Gesetz eine Verunglimpfung verlangt, wird zum Ausdruck gebracht, daß nicht jede Beleidigung oder üble Nachrede genügt, sondern daß eine besonders schwere Kränkung vorliegen muß.

2. Da den Antrag nach der besonderen Vorschrift des Abs. 2 nur leibliche Eltern, Kinder, oder der Ehegatte (auch wenn er wieder geheiratet hat) oder die Geschwister des Verstorbenen stellen können, ist eine Bestrafung ausgeschlossen, wenn keiner dieser Angehörigen mehr lebt.

Wahrheitsbeweis.

§ 190. Ist die behauptete oder verbreitete Tatsache eine strafbare Handlung, so ist der Beweis der Wahrheit als erbracht anzusehen, wenn der Beleidigte wegen dieser Handlung rechtskräftig verurteilt worden ist. Der Beweis der Wahrheit ist dagegen ausgeschlossen, wenn der Beleidigte wegen dieser Handlung vor der Behauptung oder Verbreitung rechtskräftig freigesprochen worden ist.

Diese Gesetzesstelle bedeutet für den Fall des § 186 eine Durchbrechung des für den Strafprozeß geltenden Grundsatzes der freien Beweiswürdigung; es soll nämlich der Wahrheitsbeweis i. S. des § 186 als erbracht gelten, wenn der Beleidigte wegen der angeblich von ihm begangenen strafbaren Handlung verurteilt wurde, während umgekehrt der Beweis der Wahrheit ausgeschlossen ist, wenn der Beleidigte wegen der fraglichen Straftat freigesprochen wurde.

§ 191. Ist wegen der strafbaren Handlung zum Zwecke der Herbeiführung eines Strafverfahrens bei der Behörde Anzeige gemacht, so ist bis zu dem Beschlusse, daß die Eröffnung der Untersuchung nicht stattfinde, oder bis zur Beendigung der eingeleiteten Untersuchung mit dem Verfahren und der Entscheidung über die Beleidigung innezuhalten.

1. Hier ist, um die Wirkung des § 190 zu sichern, eine Aussetzung des Verfahrens wegen Beleidigung vorgesehen für den Fall, daß wegen der vom Beleidigten angeblich begangenen strafbaren Handlung eine Strafanzeige erstattet wurde.

2. Vgl. auch die ähnliche Vorschrift in § 164 Abs. 6 (falsche Anschuldigung).

§ 192. Der Beweis der Wahrheit der behaupteten oder verbreiteten Tatsache schließt die Bestrafung nach Vorschrift des § 185 nicht aus, wenn das Vorhandensein einer Beleidigung aus der Form der Behauptung oder Verbreitung oder aus den Umständen, unter welchen sie geschah, hervorgeht.

Wenn eine erweislich wahre Tatsache behauptet oder verbreitet wird, so ist dies keine rechtswidrige Handlung und deshalb auch nicht nach §§ 186, 187 StGB. strafbar. Wohl aber kann darin noch eine nach § 185 strafbare Beleidigung gefunden werden, wenn sich aus den näheren Umständen (vgl. darüber Erl. 6 zu § 193) ergibt, daß der Täter damit seine Mißachtung des Betroffenen unberechtigterweise darlegen wollte, d. h. wenn auf eine Beleidigungs**absicht** geschlossen werden kann. (Siehe Vorbem. Z. IV u. V vor § 185.)

Wahrnehmung berechtigter Interessen.

§ 193. Tadelnde Urteile über wissenschaftliche, künstlerische oder gewerbliche Leistungen, ingleichen Äußerungen, welche zur Ausführung oder Verteidigung von Rechten oder zur Wahrnehmung berechtigter Interessen gemacht werden, sowie Vorhaltungen und Rügen der Vorgesetzten gegen ihre Untergebenen, dienstliche Anzeigen oder Urteile von seiten eines Beamten und ähnliche Fälle sind nur insofern strafbar, als das Vorhandensein einer Beleidigung aus der Form der Äußerung oder aus den Umständen, unter welchen sie geschah, hervorgeht.

1. Die Bedeutung dieser die **Rechtswidrigkeit ausschließenden** Vorschrift beruht darin, daß beim Vorhandensein der Voraussetzungen des § 193 zur Bestrafung wegen Vergehens nach §§ 185, 186 nicht das Bewußtsein von dem beleidigenden Charakter der Kundgebung genügt, sondern daß, ebenso wie bei § 192 eine direkt auf Zufügung der Beleidigung gerichtete **Absicht** erfordert wird. Im Falle des § 187 und bei reiner Formalbeleidigung i. S. des § 185 kommt § 193 wohl niemals in Frage.

2. In **Wahrnehmung berechtigter Interessen** handelt derjenige, welcher in einer ihn nahe angehenden Angelegenheit Schutzbehauptungen aufstellt, z. B. im Zivilprozeß dem Gegner Unglaubwürdigkeit vorwirft. Es kommen dabei nicht nur die höchstpersönlichen eigenen Interessen in Betracht, sondern auch mittelbar die Interessen einer Körperschaft, der der Täter angehört, oder fremder Personen, wenn der Täter nur nahe Beziehungen zu ihnen hat (z. B. der Redakteur einer Zeitung oder der Anwalt oder Verteidiger oder das Auskunftsbüro usw. können im Einzelfall berechtigt sein, die Interessen ihrer Auftraggeber gegebenenfalls auch auf Kosten der Ehre anderer wahrzunehmen). Immer aber ist für die Zubilligung des § 193 erforderlich, daß bei billiger und verständiger Würdigung des Einzelfalles das **Interesse des Täters an der Offenbarung** der fraglichen Tatsache **größer** erscheint, als das **Interesse des Beleidigten am Schutz seiner Ehre.** (RG 59, 415.)(Wegen der besonderen Informationspflicht bei Beleidigungen durch die Presse vgl. RG. 63, 202; 65, 360.) **Anzeigen unter falschem Namen,** die in der Regel als Urkundenfälschungen anzusehen sind, können den Schutz des § 193 nicht beanspruchen.

3. Die **Vorhaltungen und Rügen der Vorgesetzten** sind nicht rechtswidrig und genießen deshalb ebenfalls den Schutz des § 193.

4. Der Ausdruck „**dienstliche Anzeigen**" umfaßt nicht nur die Anzeige selbst, sondern auch die Ausführungen zur Begründung und Erläuterung der Anzeige.

5. Tätliche Beleidigungen kommen hier nicht in Betracht.

6. Ist aber die **Form der Beleidigung** (also der Ton der Äußerung, die Beigabe von Schimpfworten) oder sind die **begleitenden Umstände** (Vorbringung vor einer zur Empfangnahme solcher Mitteilungen ganz unberechtigten Person usw.) so, daß daraus zu ersehen ist, der Täter habe dem Betroffenen die Mißachtung seiner Person unberechtigterweise **absichtlich** darlegen, ihn in seiner Ehre angreifen **wollen**, dann muß dennoch Strafe eintreten.

7. Beispiele: a) Der Unternehmer A hält dem Angestellten C vor, er habe Geschäftsgelder unterschlagen. A ist straflos, wenn er in gutem Glauben war, ohne Rücksicht darauf, ob die Tatsache wahr ist oder nicht. b) A macht gutgläubig die gleiche Bemerkung gegenüber dem Unternehmer B, der C einstellen will. A ist straflos ohne Rücksicht darauf, ob die Tatsache erweislich wahr ist oder nicht; denn A handelte in diesem Falle zur Wahrnehmung eines fremden berechtigten Interesses. c) A macht gutgläubig die fragliche Bemerkung gegenüber einem beliebigen Dritten; er ist nicht durch § 193 geschützt, sondern die Beleidigung (üble Nachrede) ist rechtswidrig und A ist nur dann straflos, wenn er die Wahrheit seiner Behauptung beweisen kann. d) A kann im Falle c) zwar seine Behauptung beweisen, hat aber gegenüber dem Dritten außerdem behauptet, C sei ein Erzlump. A ist gemäß § 185 strafbar, da sich die Absicht der Beleidigung aus der Form der Äußerung ergibt.

Antrag.

§ 194. Die Verfolgung einer Beleidigung tritt nur auf Antrag ein. Die Zurücknahme des Antrages (§§ 185—193) ist zulässig.

1. Vgl. hierzu die §§ 61—65 über den Antrag. — Über die Privatklage s. § 381 StPO. und Anhang 4, Abschnitt K IV, S. 388.
2. Die öffentliche Klage wird von der Staatsanwaltschaft nur dann erhoben, wenn dies im öffentlichen Interesse liegt (§ 376 StPO.), z. B. bei Beleidigung von Beamten.

§ 195. Weggefallen (Betraf Antragsrecht des Ehemanns bei Beleidigung der Ehefrau).

Beamtenbeleidigung.

§ 196. Wenn die Beleidigung gegen eine Behörde, einen Beamten, einen Religionsdiener oder ein Mitglied der bewaffneten Macht, während sie in der Ausübung ihres Berufes begriffen sind, oder in Beziehung auf ihren Beruf begangen ist, so haben außer den unmittelbar Beteiligten auch deren amtliche Vorgesetzte das Recht, den Strafantrag zu stellen.

1. Die hier genannten Vorgesetzten haben ein selbständiges Antragsrecht neben dem Beleidigten.
2. Behörden sind Organe der Staatsgewalt, welche unter öffentlicher Autorität für Staatszwecke dienstbar sind. Auch die mittelbar für Staatszwecke tätigen Organe der Kommunen (Gemeinden, Kreise usw.) gehören hierher. Auch kirchliche Behörden sind in dieser Bestimmung mitinbegriffen.
3. Einerlei ist es für die hier festgestellte Antragsberechtigung, ob der beleidigte Beamte in rechtmäßiger Ausübung seines Berufes war.
4. Eine Beziehung auf den Beruf braucht nicht vorhanden zu sein, wenn dem Beamten eine allgemein sittenwidrige Handlung (z. B. ein falscher Zeugeneid) vorgeworfen wird.
5. Von mehreren Vorgesetzten hat jeder das Antragsrecht, nicht nur der unmittelbar Vorgesetzte.

Ermächtigung.

§ 197. Eines Antrages bedarf es nicht, wenn die Beleidigung gegen ein Gesetzgebungsorgan des Bundes oder eines Landes oder gegen eine andere politische Körperschaft begangen worden ist. Dieselbe darf jedoch nur mit Ermächtigung der beleidigten Körperschaft verfolgt werden.

Das ist eine Ausnahme von § 194. Die Ermächtigung, die im Gegensatz zum Strafantrag nicht zurückgenommen werden kann, ist an keine Form und Frist gebunden.

Antrag bei wechselseitigen Beleidigungen.

§ 198. Ist bei wechselseitigen Beleidigungen von einem Teile auf Bestrafung angetragen worden, so ist der andere Teil bei Verlust seines Rechtes verpflichtet, den Antrag auf Bestrafung spätestens vor Schluß der Verhandlung in erster Instanz zu stellen, hierzu aber auch dann berechtigt, wenn zu jenem Zeitpunkte die dreimonatige Frist bereits abgelaufen ist.

Wechselseitige Beleidigungen sind miteinander im Zusammenhang stehende, gegenseitige Beleidigungen, die aber nicht auf der Stelle erwidert zu sein brauchen.

Kompensation.

§ 199. Wenn eine Beleidigung auf der Stelle erwidert wird, so kann der Richter beide Beleidiger oder einen derselben für straffrei erklären.

1. „Auf der Stelle erwidert" heißt nicht etwa am selben Platz sofort erwidert, sondern nur alsbald nach der Kenntnisnahme erwidert.

2. Entsprechende Bestimmung für Körperverletzung in § 233.

Veröffentlichungsbefugnis.

§ 200. (1) Wird wegen einer öffentlich oder durch Verbreitung von Schriften, Darstellungen oder Abbildungen begangenen Beleidigung auf Strafe erkannt, so ist zugleich dem Beleidigten die Befugnis zuzusprechen, die Verurteilung auf Kosten des Schuldigen öffentlich bekannt zu machen. Die Art der Bekanntmachung, sowie die Frist zu derselben ist in dem Urteil zu bestimmen.

(2) Erfolgte die Beleidigung in einer Zeitung oder Zeitschrift, so ist der verfügende Teil des Urteils auf Antrag des Beleidigten durch die öffentlichen Blätter bekannt zu machen, und zwar wenn möglich durch dieselbe Zeitung oder Zeitschrift und in demselben Teile und mit derselben Schrift, wie der Abdruck der Beleidigung geschehen.

(3) Dem Beleidigten ist auf Kosten des Schuldigen eine Ausfertigung des Urteils zu erteilen.

1. Wegen der öffentlichen Begehung vgl. Erl. 4 zu § 186.

2. Auch dem amtlichen Vorgesetzten, der den Antrag nach § 196 gestellt hat, ist die Befugnis zuzusprechen.

Fünfzehnter Abschnitt: Zweikampf.

Herausforderung zum Zweikampf.

§ 201. Die Herausforderung zum Zweikampf mit tödlichen Waffen, sowie die Annahme einer solchen Herausforderung wird mit Einschließung bis zu sechs Monaten bestraft.

1. Unter Zweikampf im Sinne der §§ 201—210 versteht man einen zwischen zwei Personen verabredeten ernstlichen Kampf mit tödlichen Waffen nach vereinbarten oder hergebrachten Regeln.
2. Waffen irgendwelcher Art (also Schußwaffen oder Hiebwaffen) müssen angewendet sein, damit ein Zweikampf vorliegt. Ein Boxkampf gehört nicht hierher.
3. Eine tödliche Waffe ist eine Waffe, welche geeignet und bestimmt ist, tödliche Verletzungen beizubringen. (Siehe hierzu BGH. 4, 24.)
4. In § 201 wird lediglich die Herausforderung zum Zweikampf, sei sie nun zwischen den Gegnern direkt oder durch Mittelspersonen (sog. Kartellträger, § 203) erfolgt, mit Strafe bedroht. Vom stattgehabten Zweikampf handeln die §§ 205 ff.
5. Die Strafe fällt weg, wenn die Parteien den Zweikampf freiwillig aufgegeben haben (§ 204).

Herausforderung mit Tötungsabsicht.

§ 202. Einschließung von zwei Monaten bis zu zwei Jahren tritt ein, wenn bei der Herausforderung die Absicht, daß einer von beiden Teilen das Leben verlieren soll, entweder ausgesprochen ist oder aus der gewählten Art des Zweikampfes erhellt.

Kartellträger.

§ 203. Diejenigen, welche den Auftrag zu einer Herausforderung übernehmen und ausrichten (Kartellträger), werden mit Einschließung bis zu sechs Monaten bestraft.

Rücktritt.

§ 204. Die Strafe der Herausforderung und der Annahme derselben, sowie die Strafe der Kartellträger fällt weg, wenn die Parteien den Zweikampf vor dessen Beginn freiwillig aufgegeben haben.

Zweikampf.

§ 205. Der Zweikampf wird mit Einschließung von drei Monaten bis zu fünf Jahren bestraft.

1. Erst wenn der Zweikampf begonnen hat, tritt diese Strafbestimmung ein. Vorher ist nur die Herausforderung strafbar (§ 201).
2. Der Teilnahme an dem Zweikampf machen sich auch die Mitglieder des Ehrengerichts, welches über die Zulässigkeit des Zweikampfes entscheidet, schuldig.

Tötung im Zweikampf.

§ 206. Wer seinen Gegner im Zweikampf tötet, wird mit Einschließung nicht unter zwei Jahren, und wenn der Zweikampf ein solcher war, welcher den Tod des einen von beiden herbeiführen sollte, mit Einschließung nicht unter drei Jahren bestraft.

1. Die schwere Strafe dieses Paragraphen tritt ein, wenn einer der Gegner infolge der im Zweikampf erlittenen Verletzungen stirbt, wenn der Tod auch erst nach Wochen im Krankenbett erfolgt und wenn der andere Teil den Tod auch gar nicht gewollt hat. (Erster Halbsatz.)

2. Die noch schwerere Strafe des zweiten Halbsatzes dieses Paragraphen tritt ein, wenn bei der Vereinbarung des Zweikampfes die Absicht vorlag, daß einer das Leben lasse, z. B. wenn Kugelwechsel bis zum Fallen eines Teils ausgemacht war.

Übertretung der Kampfesregeln.

§ 207. Ist eine Tötung oder Körperverletzung mittels vorsätzlicher Übertretung der vereinbarten oder hergebrachten Regeln des Zweikampfes bewirkt worden, so ist der Übertreter, sofern nicht nach den vorhergehenden Bestimmungen eine härtere Strafe verwirkt ist, nach den allgemeinen Vorschriften über das Verbrechen der Tötung oder der Körperverletzung zu bestrafen.

1. Wenn ein Teil nicht vorsätzlich, sondern nur in der Hitze des Kampfes fahrlässig die Regeln des Zweikampfes außer acht gelassen hat, kommt diese Bestimmung nicht in Anwendung.

2. Tötung §§ 211 ff., Körperverletzung §§ 223 ff.

Zweikampf ohne Sekundanten.

§ 208. Hat der Zweikampf ohne Sekundanten stattgefunden, so kann die verwirkte Strafe bis um die Hälfte, jedoch nicht über fünfzehn Jahre erhöht werden.

Unter Sekundanten versteht man die beim Zweikampf Mitwirkenden, welche je einer auf einer Seite dem Kämpfenden beistehen, um ihn vor regelwidrigen Ausschreitungen des Gegners zu schützen.

Straflosigkeit der Kartellträger.

§ 209. Kartellträger, welche ernstlich bemüht gewesen sind, den Zweikampf zu verhindern, Sekundanten, sowie zum Zweikampf zugezogene Zeugen, Ärzte und Wundärzte sind straflos.

Anreizung zum Zweikampf.

§ 210. Wer einen andern zum Zweikampf mit einem Dritten absichtlich, insonderheit durch Bezeigung oder Androhung von Verachtung anreizt, wird, falls der Zweikampf stattgefunden hat, mit Gefängnis nicht unter drei Monaten bestraft.

In dem Anreizen kann auch eine Anstiftung (vgl. § 48) liegen. Es kann aber auch weniger sein als zur Anstiftung erfordert wird.

§ 210a. Aufgehoben durch Kontrollratsgesetz Nr. 11. (Betraf Zweikampf mit Schlägern.)

Sechzehnter Abschnitt: Verbrechen und Vergehen wider das Leben.

Vorbemerkung:

1. Das Tötungsstrafrecht wurde durch das Gesetz zur Änderung des Reichsstrafgesetzbuches v. 4. Sept. 1941 (RGBl. I S. 549) neu geregelt.

a) Der Grundtatbestand ist der Mord. Der Totschlag ist lediglich ein leichter Fall des Mordes. Eine Verurteilung wegen Totschlags hat also immer zur Voraussetzung, daß der Täter kein Mörder ist.

b) Die §§ 214 (Totschlag bei Unternehmung einer strafbaren Handlung) und 215 (Aszendententotschlag) wurden als nicht mehr notwendig aufgehoben, während die §§ 213 (Totschlag unter mildernden Umständen), 216 (Tötung auf Verlangen) und 217 (Kindstötung) bestehen blieben.

2. In §§ 211, 212, 213, 216, 217 ist die vorsätzliche Tötung eines Menschen, in § 218 die Abtreibung, in § 221 die Aussetzung und in § 222 die fahrlässige Tötung behandelt.

3. Gegenstand der verschiedenen Tötungsdelikte ist der Mensch schon als eben zur Welt kommendes Kind, vom Beginne der Geburtswehen an. Vorher kommt die menschliche Frucht nur für die Abtreibung (§ 218) in Betracht.

Lebend muß das Kind sein, aber nicht lebensfähig. Es kann also auch ein Kind Gegenstand eines Tötungsdelikts sein, das ohnedies nach kürzerer oder längerer Zeit sterben müßte, ebenso wie ein todkranker erwachsener Mensch.

4. Die Selbsttötung ist nicht strafbar, so daß auch Versuch und Teilnahme straflos sind. (BGH. 2, 152.) In der Anstiftung zum Selbstmord kann aber u.U. ein in mittelbarer Täterschaft begangener Mord oder Totschlag erblickt werden, so z. B. wenn der Selbstmörder unzurechnungsfähig ist.

5. Folgende zwei Sonderfälle sind zu beachten: Wenn der Täter seinen Feind A töten will, in der Dunkelheit aber den B für den A hält und erschießt, so wird er als Mörder oder Totschläger bestraft, wie wenn er den A erschossen hätte. Schießt er aber wirklich auf den A, trifft aber, weil der Schuß fehl geht, den in der Nähe stehenden B tödlich, so liegt Versuch der Tötung des A und fahrlässige Tötung des B (§ 222) vor. (Siehe „Einführende Vorbemerkungen zum Strafrecht" S. 1 ff., Abschnitt D III, S. 22.)

6. Die Tötung ist nicht strafbar, wenn sie nicht rechtswidrig ist, d. h. wenn ein Rechtfertigungsgrund vorliegt, z. B. wenn sie vom Soldat im Kriege oder vom Scharfrichter, oder vom Arzte bei einer Geburt zur Rettung der Mutter ausgeführt wird. (Siehe „Einführende Vorbemerkungen zum Strafrecht" S. 1 ff., Abschnitt B III 2 g, S. 5.)

Mord.

§ 211. (1) Der Mörder wird mit lebenslangem Zuchthaus bestraft.

(2) Mörder ist, wer

aus Mordlust, zur Befriedigung des Geschlechtstriebs, aus Habgier oder sonst aus niedrigen Beweggründen,

heimtückisch oder grausam oder mit gemeingefährlichen Mitteln oder

um eine andere Straftat zu ermöglichen oder zu verdecken,

einen Menschen tötet.

1. Der Vorsatz ist bei Mord und Totschlag nach wie vor der gleiche: Die bewußte, gewollte Tötung eines Menschen. Bedingter Vorsatz genügt.

a) Nach altem Recht wurde der Totschlag zum Mord, wenn die Tötung mit Überlegung ausgeführt wurde.

b) Auch das neue Recht hält an der Unterscheidung zwischen Mord und Totschlag fest, unterscheidet die beiden Tötungsarten aber nicht mehr nach dem inneren rein verstandesmäßigen Vorgang der Überlegung, sondern stellt mit der Bezeichnung des Täters als Mörder oder Totschläger die Gesamtpersönlichkeit des Täters in den Mittelpunkt der Betrachtungsweise.

2. Der Richter hat sich nach dem neuen Recht bei jedem Tötungsdelikt zunächst mit der Frage zu befassen, ob die Tötung als Mord zu werten ist, d. h. ob der Täter eine besonders verwerfliche Gesinnung an den Tag gelegt hat. Dies ist dann der Fall, wenn die im Gesetz in der ersten und dritten Gruppe aufgeführten besonderen Beweggründe vorliegen (Mordlust, Befriedigung des Geschlechtstriebes, Habgier, sonstige niedrige Beweggründe, sowie Verfolgung des Zweckes, eine andere Straftat zu ermöglichen oder zu verdecken), oder wenn eine der in der zweiten Gruppe genannten Begehungsarten (Heimtücke, Grausamkeit und Anwendung gemeingefährlicher Mittel) in Frage kommen.

3. Versuch des Mords kann schon dann vorliegen, wenn der Täter in Tötungsabsicht lediglich das Gewehr anlegt, selbst wenn der Hahn noch nicht gespannt ist. (Siehe Erl. 2 zu § 43.)

4. Die besonderen Qualifikationsmomente des § 211, die den Totschlag zum Mord machen, sind keine strafschärfenden Umstände i. S. des § 50 Abs. 2, sondern strafbegründende Tatumstände (BGH. 1, 368). Wer also aus „niedrigen Beweggründen" (z. B. aus Rachsucht) einen anderen zu einer Tötung anstiftet, kann nur dann wegen Anstiftung zum Mord bestraft werden, wenn auch der Angestiftete aus Rachsucht handelt. Andernfalls liegt nur Anstiftung zum Totschlag (§ 212) vor. (Siehe Erl. 5c zu § 50.)

Totschlag.

§ 212. (1) Wer einen Menschen vorsätzlich tötet, ohne Mörder zu sein, wird als Totschläger mit Zuchthaus nicht unter fünf Jahren bestraft.

(2) In besonders schweren Fällen ist auf lebenslanges Zuchthaus zu erkennen.

1. Totschlag ist die vorsätzliche Tötung eines Menschen, wenn die besonderen Umstände des § 211 nicht vorliegen, und auch §§ 216, 217 nicht in Frage kommen. Wie beim Mord genügt auch hier bedingter Vorsatz.

2. Wegen Versuchs siehe Erl. 3 zu § 211.

Totschlag unter mildernden Umständen.

§ 213. War der Totschläger ohne eigene Schuld durch eine ihm oder einem Angehörigen zugefügte Mißhandlung oder schwere Beleidigung von dem Getöteten zum Zorne gereizt und hierdurch auf der Stelle zur Tat hingerissen worden, oder sind andere mildernde Umstände vorhanden, so tritt Gefängnisstrafe nicht unter sechs Monaten ein.

1. Diese Vorschrift, die im Falle einer Provokation mildernde Umstände beim Totschlag vorsieht, gilt nicht beim Mord (§ 211) und der Tötung auf Verlangen (§ 216). Der Totschlag bleibt ein Verbrechen, auch wenn mildernde Umstände vorliegen. (Siehe Erl. 2 zu § 1.)

2. Als Provokationen nennt das Gesetz Mißhandlungen (aber nur körperliche) und schwere Beleidigungen, z. B. Ehebruch mit der Frau des Totschlägers.

3. Das „Hingerissenwerden" zur Tat muß „auf der Stelle", also noch unter der Einwirkung der durch die Provokation hervorgerufenen Gemütsbewegung (Zornaffekt) erfolgen.

4. Der Täter muß schließlich „ohne eigene Schuld" zur Tat hingerissen worden sein, d. h. ohne daß er zu der Mißhandlung oder Beleidigung eine Veranlassung gegeben hat.

5. Als „andere mildernde Umstände" kommen alle Tatsachen in Betracht, die die Anwendung des ordentlichen Strafrahmens als zu hart erscheinen lassen.

§§ 214, 215 sind durch Gesetz v. 4. Sept. 1941 gestrichen. (Siehe Vorbemerkung 1b zu § 211.)

Tötung auf Verlangen.

§ 216. (1) Ist jemand durch das ausdrückliche und ernstliche Verlangen des Getöteten zur Tötung bestimmt worden, so ist auf Gefängnis nicht unter drei Jahren zu erkennen.

(2) Sind mildernde Umstände vorhanden, so ist die Strafe Gefängnis nicht unter sechs Monaten.

(3) Der Versuch ist strafbar.

1. Diese Gesetzesstelle behandelt ein Sonderdelikt. Die Bestimmung des § 213 kommt also nicht in Betracht (siehe Erl. 1 zu § 213 und BGH. 2, 258.)

2. Das Verlangen muß ausdrücklich, d. h. eindeutig und unmißverständlich sowie ernstlich erfolgt sein, d. h. nicht etwa nur unter dem Eindruck einer vorübergehenden Depression. Bei Geisteserkrankung oder jugendlichem Alter wird eine solche Ernstlichkeit im allgemeinen zu verneinen sein.

Kindstötung.

§ 217. (1) Eine Mutter, welche ihr uneheliches Kind in oder gleich nach der Geburt vorsätzlich tötet, wird mit Zuchthaus nicht unter drei Jahren bestraft.

(2) Sind mildernde Umstände vorhanden, so ist die Strafe Gefängnis nicht unter sechs Monaten.

1. Die sog. Kindstötung ist ein Sonderdelikt. Die Bestimmung des § 213 findet daher auf § 217 keine Anwendung. (BGH. 1, 235.)

2. Grund für diese Sonderbehandlung der unehelichen Mutter ist die wirtschaftliche und seelische Notlage, in der sich im allgemeinen die uneheliche Mutter bei der Geburt befindet.

3. Unehelich ist ein Kind, dessen Eltern weder zur Zeit des Beischlafs noch zur Zeit der Geburt in formell gültiger Ehe miteinander verheiratet waren. Daher kann auch die Ehefrau, die ein nicht von ihrem Ehemann erzeugtes Kind tötet, unter § 217 fallen.

4. „In der Geburt" bedeutet den Zeitraum vom Beginne der Geburtswehen bis zum vollständigen Austritt aus dem Mutterleibe. „Gleich nach der Geburt" umfaßt den Zeitraum, in dem die durch die Geburt hervorgerufene Gemütsbewegung noch andauert. Ein bestimmter Zeitabschnitt läßt sich dafür nicht aufstellen.

5. Nur der Mutter selbst kommt dieser Strafmilderungsgrund zugute. Der Teilnehmer (Mittäter, Anstifter, Gehilfe) wird wegen Teilnahme am Mord § 211) oder Totschlag (§ 212) bestraft. (Siehe Erl. 4 b, cc und Erl. 7 b zu § 50).

Abtreibung.

§ 218. (1) Eine Frau, die ihre Leibesfrucht abtötet oder die Abtötung durch einen anderen zuläßt, wird mit Gefängnis, in besonders schweren Fällen mit Zuchthaus bestraft.

(2) Der Versuch ist strafbar.

(3) Wer sonst die Leibesfrucht einer Schwangeren abtötet, wird mit Zuchthaus, in minder schweren Fällen mit Gefängnis bestraft.

(4) Wer einer Schwangeren ein Mittel oder einen Gegenstand zur Abtötung der Leibesfrucht verschafft, wird mit Gefängnis, in besonders schweren Fällen mit Zuchthaus bestraft.

1. Das Wesen des Abtreibungsdelikts besteht darin, daß entweder durch die Bewirkung des vorzeitigen Abgangs der Frucht aus dem Leibe der lebenden Mutter der Tod der Frucht oder des etwa lebend geborenen Kindes herbeigeführt, oder die Frucht im lebenden Mutterleib getötet wird, ohne daß die Mutter die Abtreibung zu überleben braucht (BGH. 1, 280). Ist zwar die Abtreibung bewirkt worden, das Kind aber, weil es die zum Fortleben erforderliche Reife hatte, am Leben geblieben, so liegt nur Versuch vor. Während die Tötungsverbrechen der §§ 211 bis 217 sich gegen die Menschen vom Beginne der Geburtswehen an richten, handelt der § 218 von der Vernichtung der Leibesfrucht bis zum Beginne der Geburtswehen.

2. Als Mittel der Abtreibung kommen sowohl äußerliche (z. B. Schlag oder Stoß auf den Unterleib der Schwangeren, Herabspringen der Schwangeren, Tragen schwerer Lasten u. ä.), als auch innerliche Mittel (Abführmittel, Mutterkorn und vor allem Einspritzung in die Gebärmutter) in Frage. Dabei ist zu bemerken, daß es vollkommen sicher die Abtreibung herbeiführende Mittel überhaupt nicht gibt, daß aber alle Mittel, welche Blutüberfüllung in den Unterleibsorganen herbeiführen, auch die Abtötung der Leibesfrucht bewirken können. Auch die Anwendung absolut untauglicher Mittel bewirkt Strafbarkeit wegen Versuchs, dies sogar auch dann, wenn die Schwangere nur irrtümlich angenommen hat, daß sie schwanger sei. (Siehe Erl. 5 zu § 43.)

3. Der § 218 enthält folgende Tatbestände:

a) Die Abtötung durch die Mutter (Abs. 1, erster Halbsatz).

b) Die Abtötung durch einen anderen (Abs. 3).

c) Die Zulassung der Abtötung durch die Mutter (Abs. 1 zweiter Halbsatz).

d) Die Erleichterung der Abtötung (Verschaffung eines Gegenstandes zur Abtötung der Leibesfrucht) (Abs. 4).

Die Verschaffung ist ohne Rücksicht darauf strafbar, ob die Schwangere das Mittel verwendet oder nicht. Es ist sogar unerheblich, ob das Mittel mit dem Willen erworben wird, damit die Frucht abzutreiben. Es ist lediglich erforderlich, daß die Frau, der das Abtreibungsmittel verschafft wird, wirklich schwanger und das Mittel zur Abtreibung wirklich geeignet ist. Soweit die Schwangerschaft und die Eignung lediglich in der Vorstellung des Verschaffenden vorhanden sind, kommt nur ein sog. Versuch am untauglichen Objekt und mit untauglichen Mitteln in Betracht.

4. Auch durch Selbstmord bzw. Selbstmordversuch kann eine Abtreibung begangen werden, wenn die schwangere Kindsmutter das Bewußtsein und den Willen hat, auch ihre Leibesfrucht zu töten.

5. Die Schwangerschaft ist nach BGH. 1, 139 und 249 eine strafmildernde Eigenschaft i. S. des § 50 Abs. 2, die dem an der Abtreibung teilnehmenden Dritten nicht zugute kommt. Daraus folgt, daß die Strafe der Schwangeren immer nur aus dem Strafrahmen des § 218 Abs. 1 zu entnehmen ist, jedoch der Teilnehmer, mag er Anstifter, Mittäter oder Gehilfe sein, stets unter die Strafdrohung des § 218 Abs. 3 fällt, weil ihm gemäß § 50 Abs. 2 der Strafmilderungsgrund des § 218 Abs. 1, nicht zur Seite steht. (Siehe auch Erl. 4b, ee zu § 50.)

6. Eine straflose Unterbrechung der Schwangerschaft durch den Arzt ist nur aus medizinischen Gründen möglich.

Durch Gesetz Nr. 34 der Regierung Württemberg/Baden vom 24. Juli 1946 (siehe Regierungsblatt Nr. 17 S. 207) wurde bestimmt, daß § 14 Abs. 1 des Gesetzes zur Verhütung erbkranken Nachwuchses vom 14. Juli 1933 in der Fassung der Gesetze vom 26. Juni 1935 und vom 4. Februar 1936 sowie die Bestimmungen der Artikel 2—7, 12 und 14 der 4. Ausführungsverordnung vom 18. Juli 1935 (mit einigen Änderungen) weiterhin anwendbar bleiben.

Der genannte § 14 Abs. 1 lautet: „Eine Unfruchtbarmachung oder Schwangerschaftsunterbrechung sowie eine Entfernung der Keimdrüsen sind nur dann zulässig, wenn ein Arzt sie nach den Regeln der ärztlichen Kunst zur Abwendung einer ernsten Gefahr für das Leben oder die Gesundheit desjenigen, an dem er sie vornimmt, und mit dessen Einwilligung vollzieht."

In dem ebenfalls in Kraft gebliebenen Art. 5 der genannten Ausführungsverordnung ist dann weiter bestimmt, daß die Unfruchtbarmachung oder Schwangerschaftsunterbrechung erst dann vorgenommen werden darf, nachdem eine Gutachterstelle den Eingriff für erforderlich erklärt hat, es sei denn, daß er wegen unmittelbarer Gefahr für Leben oder Gesundheit nicht aufgeschoben werden kann. Soweit § 14 landesrechtlich beseitigt und durch keine anderweite Regelung ersetzt ist, haben die zum übergesetzlichen Notstand entwickelten Grundsätze zu gelten (siehe RG. 61, 142; 62, 137). Und zwar müssen nach BGH. 2, 112 und BGH. 3, 7 die in § 14 a. a. O. festgesetzten Voraussetzungen als Mindestvoraussetzungen gegeben sein, so daß praktisch für das ganze Bundesgebiet nunmehr eine einheitliche Regelung der Schwangerschaftsunterbrechung aus medizinischen Gründen besteht.

Ebenso wird mit Hilfe des übergesetzlichen Notstandes in allen Fällen, in denen ein Nichtarzt (z. B. Hebamme) bei Nichterreichbarkeit eines Arztes eine Schwangerschaftsunterbrechung vornimmt, eine Straflosigkeit derselben begründet werden können, vorausgesetzt, daß der Eingriff das einzige Mittel war, um die Schwangere aus einer gegenwärtigen Gefahr des Todes oder schwerer Gesundheitsschädigung zu retten.

7. Beispiel: Die A ist von B geschwängert. Beide begeben sich in einen Wald und nehmen dort erfolglose Abtreibungshandlungen vor, und zwar durch Einspritzung eines Medikamentes, das C, ein Freund des B, diesem verschafft hat: Da die Absätze 1 und 3 des § 218 eine Verbrechenseinheit bilden und nicht etwa als zwei gegeneinander selbständige Tatbestände aufzufassen sind (siehe BGH. 1, 140) und da ferner B selbst der Schwängerer ist und insofern die Tat zweifellos als eigene gewollt hat, dürfte zwischen A und B Mittäterschaft vorliegen. Beide sind demnach wegen in Mittäterschaft begangener versuchter Abtreibung zu bestrafen und zwar die A gemäß § 218 Abs. 1 und 2, 43, 47 und der B gemäß §§ 218 Abs. 3, 43, 47. Der Freund C hat sich wegen Beihilfe zum Verbrechen der versuchten Abtreibung gemäß §§ 218 Abs. 3, 43, 49 strafbar gemacht; das Vergehen des Abs. 4 geht dabei in der Beihilfe zu Abs. 3 auf, da es ja zum Beginn einer Abtreibungshandlung gekommen ist. (BGH. 1, 251.)

Ankündigung von Abtreibungsmitteln.

§ 219. (1) Wer zu Zwecken der Abtreibung Mittel, Gegenstände oder Verfahren öffentlich ankündigt oder anpreist oder solche Mittel oder Gegenstände an einem allgemein zugänglichen Ort ausstellt, wird mit Gefängnis bis zu zwei Jahren oder mit Geldstrafe bestraft.

(2) Die Vorschrift des Absatzes 1 findet keine Anwendung, wenn Mittel, Gegenstände oder Verfahren, die zu ärztlich gebotenen Unterbrechungen der Schwangerschaft dienen, Ärzten oder Personen, die mit solchen Mitteln oder Gegenständen erlaubter Weise Handel treiben, oder in ärztlichen oder pharmazeutischen Fachzeitschriften angekündigt oder angepriesen werden.

1. Diese Neuauffassung entspricht der bisher nur in der britischen Zone geltenden Fassung.

2. Sie bezieht sich nur auf Abtreibungsmittel. Strafvorschriften, die sich auf Mittel zur Verhütung von Schwangerschaften oder Geschlechtskrankheiten beziehen, müssen nunmehr in Nebengesetzen geregelt werden.

Anbieten von Hilfeleistungen.

§ 220. Wer öffentlich seine eigenen oder fremde Dienste zur Vornahme oder Förderung von Abtreibungen anbietet, wird mit Gefängnis bis zu zwei Jahren oder mit Geldstrafe bestraft.

Eingefügt durch Gesetz vom 26. 5. 1933.

Aussetzung.

§ 221. (1) Wer eine wegen jugendlichen Alters, Gebrechlichkeit oder Krankheit hilflose Person aussetzt, oder wer eine solche Person, wenn dieselbe unter seiner Obhut steht oder wenn er für die Unterbringung, Fortschaffung oder Aufnahme derselben zu sorgen hat, in hilfloser Lage vorsätzlich verläßt, wird mit Gefängnis nicht unter drei Monaten bestraft.

(2) Wird die Handlung von leiblichen Eltern gegen ihr Kind begangen, so tritt Gefängnisstrafe nicht unter sechs Monaten ein.

(3) Ist durch die Handlung eine schwere Körperverletzung der ausgesetzten oder verlassenen Person verursacht worden, so tritt Zuchthausstrafe bis zu zehn Jahren und, wenn durch die Handlung der Tod verursacht worden ist, Zuchthausstrafe nicht unter drei Jahren ein.

1. Die Aussetzung ist ein Gefährdungsdelikt (siehe „Einführende Vorbemerkungen zum Strafrecht" Seite 1 ff., Abschnitt B II 2, S. 3).

2. Für den Begriff „jugendliches Alter" ist keine Altersgrenze vorgesehen. Gebrechlichkeit umfaßt auch die Altersschwäche, Krankheit auch sinnlose Trunkenheit.

3. Hilflos ist jemand, wenn er ohne Hilfe anderer an Leib oder Leben gefährdet ist.

4. Unter Aussetzen versteht man das Verbringen einer hilflosen Person in einen Zustand, in dem sie ohne Hilfe anderer an Leib oder Leben gefährdet ist.

5. Das Verlassen in hilfloser Lage wird nur bestraft, wenn der Weggehende eine rechtliche, nicht bloß moralische Verpflichtung hat, für die hilflose Person zu sorgen. Ein bloßes Nichtaufnehmen einer derartigen Person fällt nicht unter die Strafbestimmung.

6. Der Abs. 2 bezieht sich nur auf leibliche Eltern (auch uneheliche) nicht also auf Stief-, Schwieger-, Adoptiv- und Pflegeeltern, auch nicht auf Großeltern.

7. Nach Abs. 3 ist lediglich der ungewollte Eintritt der bezeichneten schweren Folgen Grund zur Anwendung der hier aufgestellten Verbrechensstrafe.

8. Zum Vorsatz gehört lediglich die Kenntnis des Täters von der hilflosen Lage und sein Bewußtsein, daß er durch seine Handlungsweise die hilflose Person gefährdet. Erfolgt die Aussetzung mit dem Willen, die fragliche Person zu töten, dann kommt nur Mord (§ 211) oder Totschlag (§ 212) in Frage. Im Verhältnis des § 221 zu §§ 170 d und 330 c besteht Gesetzeskonkurrenz. (Siehe S. 12.)

9. Beispiele:

a) Die uneheliche Mutter A legt ihr 4 Monate altes Kind in den Straßengraben einer verkehrsreichen Straße, um sich des Kindes zu entledigen; sie hat dabei die Hoffnung, daß einer der Vorübergehenden sich des Kindes annehmen werde: Die A hat eine „wegen jugendlichen Alters hilflose Person ausgesetzt" i. S. der ersten Alternative des § 221; denn es hängt vom Zufall ab, ob das Kind von einem Passanten aufgenommen wird. Die A hat demnach durch ihr Verhalten Leben oder Gesundheit des Kindes gefährdet und damit das Vergehen des § 221 vollendet und zwar unter dem Erschwerungsgrund des Abs. 2 des § 221. Dieses Vergehen würde nur dann nicht vorliegen, wenn die A sich in der Nähe der Aussetzungsstelle aufgehalten hätte, um bis zur etwaigen Aufnahme des Kindes zu warten und eventuell das Kind in ihren Schutz zurückzunehmen.

b) Der Wirt B eines Gasthauses verbringt einen sinnlos betrunkenen Gast, um ihn vor Schließung des Lokals los zu werden, in einer Nacht bei 10 Grad Kälte vor die Wirtschaft, wo der Gast einige Stunden später den Erfrierungstod erleidet: B hat eine „wegen Krankheit hilflose Person ausgesetzt" und hat sich, da durch seine Handlungsweise der Tod des Betrunkenen eingetreten ist, eines Verbrechens nach § 221 Abs. 3. schuldig gemacht, denn es kann nicht zweifelhaft sein, daß diese Folge für B gemäß § 56 vorhersehbar war.

c) Wenn im Falle b) ein Passant den Betrunkenen vor der Wirtschaft liegen sieht und sich seiner nicht annimmt, so macht er sich nicht nach § 221 (Verlassen in hilfloser Lage) strafbar, denn er hat keine rechtliche Verpflichtung, für den Betrunkenen zu sorgen; es könnte höchstens ein Vergehen nach § 330c in Frage kommen.

d) Dagegen macht sich im Fall b) der Polizeibeamte C, der den Betrunkenen findet, eines Vergehens nach § 221 schuldig, wenn er es unterläßt, für ihn zu sorgen, da für den Beamten eine rechtliche Verpflichtung hierzu besteht.

Fahrlässige Tötung.

§ 222. Wer durch Fahrlässigkeit den Tod eines Menschen verursacht, wird mit Gefängnis bestraft.

1. Der Abs. 2 des § 222 und der Abs. 2 des § 230 bedrohten die fahrlässige Tötung und die fahrlässige Körperverletzung mit erhöhter Strafe, wenn der Täter zu der Aufmerksamkeit, die er außer acht ließ, „vermöge seines Amtes, Berufes oder Gewerbes besonders verpflichtet" war. Lagen diese Voraussetzungen vor, so wurden ferner nach der früheren Regelung des § 232 die leichte vorsätzliche sowie die fahrlässige Körperverletzung von Amts wegen verfolgt, während sonst diese Delikte nur auf Antrag des Verletzten verfolgt wurden. (Siehe Erl. 1 zu § 232.)

2. Die durch die VO. v. 2. 4. 1940 getroffene Neuregelung, die für den gesamten Bereich der fahrlässigen Tötung und Körperverletzung gilt (ihr Hauptanwendungsgebiet bildet allerdings der Straßenverkehr), beseitigt die Unterscheidung nach der Verletzung einer Amts-, Berufs- oder Gewerbepflicht, macht also keinen Unterschied mehr zwischen Berufsfahrer und Nichtberufsfahrer.

3. Der eingetretene Erfolg (nämlich der Tod) muß die direkte oder indirekte, vom Täter aber nicht gewollte Folge der ihm zur Last fallenden Handlungsweise oder Unterlassung sein. Man nennt dieses Verhältnis von Ursache und Wirkung Kausalzusammenhang. (Siehe hierzu „Einführende Vorbemerkungen zum Strafrecht", S. 1 ff., Abschnitt B V, S. 9.)

4. Fahrlässigkeit liegt vor, wenn der Täter bei gehöriger Aufmerksamkeit und Vorsicht den Tod des andern als erfahrungsmäßige Folge seines Verhaltens hätte voraussehen können. Es ist also neben einem gewissen Grad von Leichtsinn auch Voraussehbarkeit der Todesfolge zur Strafbarkeit erforderlich. Damit ist aber nicht gesagt, daß sich der Täter gerade die im besonderen Fall eingetretene Folge der Ereignisse vorstellen mußte, wenn er nur im allgemeinen den auf irgendeine Weise eintretenden Tod voraussehen konnte. (Siehe „Einführende Vorbemerkungen zum Strafrecht" S. 1 ff., Abschnitt C III 2, S. 17.)

5. Ein Verstoß gegen Polizeiverordnungen, Unfallverhütungsvorschriften usw. rechtfertigt nicht ohne weiteres die Annahme einer Fahrlässigkeit, sondern kann nur ein Beweisanzeichen dafür sein, daß fahrlässiges Handeln vorliegt.

6. Häufig wird mit der fahrlässigen Tötung eine Übertretung von Bestimmungen für den Kraftfahrzeugverkehr zusammentreffen. Maßgebend hierfür ist die Straßenverkehrsordnung (StVO. i. d. Fassung vom 24. 8. 1953 (BGBl. 1953, Seite 1201 ff.). (Siehe Anhang 2 Abschn. C, S. 357.) Insbesondere kommen in Betracht die §§ 1, 7 bis 24 und § 49, welche die dem Kraftfahrer im Interesse der Sicherheit des Verkehrs auferlegten Verpflichtungen enthalten. Wer gegen diese Bestimmungen verstößt und dadurch den Tod eines Menschen verursacht, ist wegen fahrlässiger Tötung, begangen in Tateinheit (Idealkonkurrenz) mit einer Übertretung nach § 49 StVO. zu bestrafen. Ferner kann fahrlässige Tötung in Idealkonkurrenz mit Abtreibung zusammentreffen, ebenso mit einem Vergehen nach

§ 170 d. Realkonkurrenz (Tatmehrheit) mit dem Vergehen der Fahrerflucht (§ 142) liegt vor, wenn der Kraftfahrer, nachdem er durch sein fahrlässiges Verhalten den Tod eines Menschen verursacht hat, flieht.

7. Sonstige Beispiele: Die Mutter kann fahrlässigerweise den Tod ihres eben geborenen Kindes herbeiführen, wenn sie infolge Leichtfertigkeit die Vorbereitungen zur Geburt unterläßt. Ebenso können sich die Hebamme durch Unachtsamkeit bei der Geburtshilfe, auch durch nicht rechtzeitiges Kommen und Nichtherbeiholen eines Arztes, ferner der Arzt durch Kunstfehler, der Heilpraktiker durch eine unter Außerachtlassung allgemein anerkannter medizinischer Grundsätze durchgeführte Behandlung, der Apotheker durch falsches Wiegen bei Giftmedikamenten, der Bauunternehmer durch Nichtbeachtung von Unfallverhütungsvorschriften der fahrlässigen Tötung schuldig machen, immer vorausgesetzt, daß der Kausalzusammenhang zwischen dem pflichtwidrigen Verhalten und dem Tod gegeben ist. Schließlich kann fahrlässige Tötung auch dann in Frage kommen, wenn der mit Vorsatz handelnde Täter irrtümlicherweise die Voraussetzungen eines Rechtfertigungs- oder eines Schuldausschließungsgrundes angenommen hat. So kann z. B. der Jagdaufseher, der auf große Entfernung irrtümlicherweise einen mit einem Gewehr versehenen Jäger für einen Wilderer hält, der ihn angreifen wolle und daraufhin einen tödlichen Schuß auf den vermeintlichen Wilderer abgibt, nicht wegen vorsätzlicher Tötung bestraft werden, da ein Rechtfertigungsgrund (Putativnotwehr) vorliegt. (Siehe Erl. 9 zu § 53.) Beruht der Irrtum aber auf Fahrlässigkeit, dann ist der Jagdaufseher gemäß § 59 Abs. 2 wegen fahrlässiger Tötung nach § 222 strafbar. (Siehe auch „Einführende Vorbemerkungen zum Strafrecht", S. 1 ff., Abschnitt D I 4, S. 19.)

8. Wegen error in persona und der sog. Abirrung siehe „Einführende Vorbemerkungen zum Strafrecht", S. 1 ff., Abschnitt D III, S. 22.

Siebzehnter Abschnitt: Körperverletzung.

[Vorbemerkung:

1. Die §§ 223—229 betreffen die vorsätzliche Körperverletzung und zwar:

§ 223 die einfache oder leichte Körperverletzung, nach Abs. 2 erschwert, wenn gegen einen Verwandten aufsteigender Linie verübt,

§ 223a die sog. gefährliche Körperverletzung.

An Stelle des § 223a Abs. 2 ist durch die Strafrechtsnovelle vom 26. Mai 1933 § 223b eingefügt worden, der eine erhebliche Verschärfung der Bestimmungen gegen Körperverletzungen von Kindern, Jugendlichen und Wehrlosen enthält.

. § 224 enthält die schwere Körperverletzung mit unbeabsichtigten schweren Folgen,

§ 225 die schwere Körperverletzung mit beabsichtigten schweren Folgen,

§ 226 die Körperverletzung mit (unbeabsichtigtem) nachfolgendem Tod,

§ 227 die Beteiligung am Raufhandel mit schweren Folgen,

§ 228 mildernde Umstände für alle vorsätzlichen Körperverletzungen mit Ausnahme der des § 225,

§ 229 Beibringung von Gift,

§ 230 die fahrlässige Körperverletzung,

die §§ 231—233 enthalten Bestimmungen über Buße, Strafantrag und Aufrechnung gegenseitiger Körperverletzungen.

2. Die Vergehen der Körperverletzung in den Fällen der §§ 223, 223a Absatz 1 und des § 230 StGB. können vom Verletzten im Wege der Privatklage verfolgt werden, ohne daß es einer vorgängigen Anrufung der Staatsanwaltschaft bedarf (s. § 374 StPO. und Anhang 4, Abschnitt K IV, S. 388).

3. Die frühere Streitfrage, ob die Einwilligung des Verletzten eine Körperverletzung straflos machen kann, hat § 226a dahin gelöst, daß grundsätzlich die Einwilligung einen Rechtfertigungsgrund bildet, es sei denn, daß die Tat trotz der Einwilligung gegen die guten Sitten verstößt. Durch diese Vorschrift ist nunmehr auch festgestellt, daß die Operation straflos ist. (Siehe hierzu „Einführende Vorbemerkungen zum Strafrecht", S. 1ff., Abschnitt B III 2i, bb, S. 5.)

4. Werden die Straftaten der §§ 223—229 in staatsgefährdender Absicht begangen, dann ist Strafschärfung nach § 94 möglich.

Leichte Körperverletzung.

§ 223. (1) Wer vorsätzlich einen anderen körperlich mißhandelt oder an der Gesundheit beschädigt, wird wegen Körperverletzung mit Gefängnis bis zu drei Jahren oder mit Geldstrafe bestraft.

(2) Ist die Handlung gegen Verwandte aufsteigender Linie begangen, so ist auf Gefängnis nicht unter einem Monat zu erkennen.

1. Körperverletzung ist die widerrechtliche Beeinträchtigung der körperlichen Unversehrtheit eines anderen. Sie kann auf zweierlei Weise begangen werden: durch körperliche Mißhandlung oder durch Gesundheitsbeschädigung. Die Körperverletzung des § 223 ist der Grundtatbestand, zu dem erschwerende Umstände hinzutreten können, die dann die Tatbestände der §§ 223a bis 226 begründen.

2. Eine körperliche Mißhandlung liegt nur vor, wenn der „andere" mindestens ein körperliches Mißbehagen empfindet. Das kann auf die verschiedenste Weise verursacht werden, auch durch die Einflößung von Flüssigkeiten. Verursacht ein Schlag oder ein Stoß kein Mißbehagen, so kann er nur als Beleidigung in Betracht kommen (vgl. oben Erl. 2 zu § 185). Anspeien kann eine Mißhandlung darstellen.

3. Die Gesundheitsbeschädigung, welche sowohl die körperliche, als auch die geistige Gesundheit betreffen kann, ist die Störung des Befindens eines anderen, die sich als Krankheit darstellt. Auch durch Ansteckung mit einer Geschlechtskrankheit kann eine solche Gesundheitsbeschädigung erfolgen (vgl. Erl. 5 zu § 327); ebenso durch die pflichtwidrige Entziehung der notwendigen Pflege, oder durch Erregung von schwerer Trunkenheit.

4. Ebenso wie bei der Tötung (siehe § 222 Erl. 7 letztes Beispiel) fehlt auch bei der Körperverletzung die Rechtswidrigkeit dann, wenn dem Handelnden ein Rechtfertigungsgrund zur Seite steht, vor allem, wenn die Körperverletzung auf Grund berechtigter Notwehr begangen wird (siehe die Erläuterungen zu § 53). Als weitere Rechtferigungsgründe, welche die Straflosigkeit einer Körperverletzung bedingen können, kommen in Betracht: Die Einwilligung des Verletzten gemäß § 226a (siehe Erl. 3 der Vorbemerkung), ferner das Züchtigungsrecht der Eltern gegenüber den eigenen Kindern gemäß § 1627, 1631 BGB. (die Züchtigung fremder Kinder ist grundsätzlich rechtswidrig und daher als Körperverletzung strafbar), ferner das Züchtigungsrecht des Lehrers gegenüber dem Schüler und des Lehrherrn gegenüber dem Lehrling (§ 127a Gewerbeord-

nung). Liegt nur Putativnotwehr vor (siehe Erl. 9 zu § 53), dann macht sich der Täter wegen fahrlässiger Körperverletzung strafbar, falls sein Irrtum verschuldet war. Ebenso macht sich der Lehrer, der infolge Personenirrtums den zu strafenden Schüler A mit dem unschuldigen Schüler B verwechselt und letzteren züchtigt, nicht wegen vorsätzlicher Körperverletzung im Amte gemäß § 340 strafbar; dagegen kann fahrlässige Körperverletzung in Frage kommen, wenn die Personenverwechslung fahrlässig verschuldet war. (Siehe „Einführende Vorbemerkungen zum Strafrecht", Seite 1 ff., Abschnitt D I 2a, S. 19).

5. Die in Abs. 2 erwähnten Verwandten aufsteigender Linie sind die Eltern, Großeltern und Urgroßeltern. S. auch Erl. 3 zu § 52, und „Einführende Vorbemerkungen zum Strafrecht", S. 1 ff., Abschnitt D I 1b, S. 19. Wegen mildernder Umstände siehe § 228.

6. Die Verfolgung der leichten vorsätzlichen Körperverletzung (sowie aller fahrlässigen Körperverletzungen) tritt nur auf Antrag ein. Die Zurücknahme des Antrags ist zulässig, wenn die Körperverletzung gegen einen Angehörigen begangen ist (§ 232).

7. Die Staatsanwaltschaft erhebt nur dann Anklage wegen Vergehens nach § 223, wenn ein öffentliches Interesse vorliegt (§ 376 StPO.). Anderenfalls kann die Verfolgung nur im Privatklageweg erfolgen. (Siehe Anhang 4, Abschnitt K IV 3, S. 388.)

Gefährliche Körperverletzung.

§ 223a. Ist die Körperverletzung mittels einer Waffe, insbesondere eines Messers oder eines anderen gefährlichen Werkzeuges, oder mittels eines hinterlistigen Überfalls, oder von mehreren gemeinschaftlich, oder mittels einer das Leben gefährdenden Behandlung begangen, so tritt Gefängnisstrafe nicht unter zwei Monaten ein.

1. Hier wird die gefährliche oder erschwerte Körperverletzung behandelt. Die erhöhte Strafbarkeit wird durch die Anwendung bestimmter Mittel bzw. durch die Art der Begehung begründet, während bei den Körperverletzungen der §§ 224, 225, 226 ein besonders schwerer Erfolg die erhöhte Strafbarkeit bewirkt.

2. Waffe ist ein Werkzeug, welches nach seiner Beschaffenheit und regelmäßigen Bestimmung dazu dient, Körperverletzungen durch Hieb, Stoß, Stich, Wurf oder Schuß beizubringen. Nach BGH. 1, 1 haben auch auf chemischem Wege zugefügte Verletzungen als mittels einer Waffe begangen zu gelten. (Siehe auch Erl. 5 zu § 243 und Erl. 2 zu § 250.)

3. Als Messer im Sinne dieser Gesetzesbestimmung kommt nur ein Messer, dessen Klinge geöffnet ist, in Betracht. Dagegen kann ein geschlossenes Messer gefährliches Werkzeug sein.

4. Ein gefährliches Werkzeug ist ein Mittel, welches in der vom Täter vorgenommenen Art des Gebrauchs geeignet ist, erheblichere Verletzungen beizubringen, z. B. Bierglas, zugeklapptes Taschenmesser, mit Nägeln beschlagener Stiefel, ein Zimmermannsnagel, nicht aber eine Stecknadel, ein leichtes Stöckchen. Eine ätzende Flüssigkeit ist kein Werkzeug. Ihre Anwendung gegen einen Menschen kann aber eine das Leben gefährdende Behandlung enthalten.

5. Hinterlistiger Überfall ist ein vom Verletzten unvorhergesehener Angriff, den der Täter absichtlich so angelegt hat, daß der Verletzte sich nicht verteidigen kann. (RG 65, 66.)

6. Von mehreren gemeinschaftlich verübt ist die Körperverletzung, wenn mindestens zwei bewußt und gewollt zusammenwirken (vgl. § 47.) Gleichzeitigkeit des Zugreifens ist ein Merkmal für die gemeinschaftliche Verübung, aber nicht absolutes Erfordernis. Ein Täter kann auch die Tätigkeit des anderen wissentlich fortsetzen.

7. Das Leben gefährdend ist die Behandlung, wenn sie geeignet war, eine Lebensgefahr herbeizuführen, wenn es auch im einzelnen Falle nicht zu einer Bedrohung des Verletzten gekommen ist. Vgl. oben Erl. 4 am Schlusse. Das Herunterstoßen vom Fahrrad kann hierher gehören, ebenso das Hetzen eines großen Hundes auf einen Menschen.

8. Zum inneren Tatbestand gehört, daß sich der Täter der Gefährlichkeit des von ihm benutzten Werkzeuges, des Mitwirkens mehrerer und der Lebensgefährlichkeit der ausgeübten Behandlung bewußt war.

9. Das in Erl. 7 zu § 223 Gesagte gilt auch für § 223 a.

10. Zwischen § 223a einerseits und §§ 224, 226 andererseits besteht Gesetzeskonkurrenz.

Mißhandlung von Kindern und Wehrlosen.

§ 223 b. (1) Wer Kinder, Jugendliche oder wegen Gebrechlichkeit oder Krankheit Wehrlose, die seiner Fürsorge oder Obhut unterstehen oder seinem Hausstand angehören, oder die von dem Fürsorgepflichtigen seiner Gewalt überlassen worden oder durch ein Dienst- oder Arbeitsverhältnis von ihm abhängig sind, quält oder roh mißhandelt, oder wer durch böswillige Vernachlässigung seiner Pflicht, für sie zu sorgen, sie an der Gesundheit schädigt, wird mit Gefängnis nicht unter drei Monaten bestraft.

(2) In besonders schweren Fällen ist die Strafe Zuchthaus bis zu fünf Jahren.

1. Diese Strafbestimmung dient dem Schutze von Personen unter 18 Jahren (Kind: bis zur Vollendung des 14., Jugendlicher: bis zur Vollendung des 18. Lebensjahres), und der wegen Gebrechlichkeit oder Krankheit wehrlosen Menschen. Wegen „Gebrechlichkeit" und „Krankheit" siehe Erl. 2 zu § 221.

2. Als Täter kommen in Frage:

a) Eltern, Adoptiveltern, Pflegeltern, Stiefeltern, Vormünder, Pfleger, Geistliche, Erzieher, Lehrer, Ärzte, Gefängnisbeamte u. a. bezüglich der ihrer Fürsorge oder Obhut unterstehenden Personen.

b) Der Haushaltungsvorstand bezüglich der seinem Hausstand angehörigen Personen.

c) Derjenige, in dessen Gewalt der Fürsorgebedürftige vom Fürsorgepflichtigen überlassen worden ist.

d) Der Unternehmer oder Lehrherr bezüglich der von ihm durch ein Dienst- oder Arbeitsverhältnis abhängigen Personen.

3. Die Handlung des § 223b besteht in Quälen, d. h. Verursachung sich wiederholender Schmerzen, oder roher, d. h. aus einer gefühllosen Gesinnung entspringenden Mißhandlung, oder in Gesundheitsbeschädigung durch böswillige Vernachlässigung der Sorgepflicht.

4. Beispiel: Der Landwirt A sperrt seine mit ihm im gemeinsamen Haushalt lebende geisteskranke 30 Jahre alte Schwester B in einen Kellerraum ein, ohne daß er sich um das körperliche Wohl der Kranken kümmert, bis diese nach mehreren Monaten von Nachbarsleuten in vollkommen verwahrlostem Zustand aufgefunden wird: A hat eine wegen Krankheit wehrlose Person, die seinem Hausstand angehörte, durch böswillige Vernachlässigung an der Gesundheit beschädigt (§ 223 b); außerdem hat sich A eines Verbrechens der Freiheitsberaubung nach § 239 Abs. 2 schuldig gemacht.

5. In diesem Zusammenhang sei auch das Jugendschutzgesetz v. 30. April 1938 erwähnt, das die früher in verschiedenen Gesetzen verstreuten Schutzvorschriften einheitlich zusammenfaßt und den Forderungen des Jugendschutzes anpaßt. Es regelt die Arbeitszeit der unter 18 Jahre alten Gefolgschaftsmitglieder, während die Beschäftigung der Erwachsenen die gleichzeitig in Kraft getretene Arbeitszeitordnung behandelt. § 24 des Jugendschutzgesetzes enthält die Strafbestimmungen. Während ein einfacher Verstoß gegen die Vorschriften des Gesetzes als Übertretung bestraft wird (Abs. 1), enthält Abs. 3 einen Sondertatbestand: Wer gewissenlos eine Person unter 18 Jahren, die durch ein Arbeits- oder Lehrverhältnis von ihm abhängt, durch Überanstrengung in ihrer Arbeitskraft schwer gefährdet, wird mit Gefängnis nicht unter 3 Monaten bestraft. In besonders schweren Fällen ist die Strafe Zuchthaus.

Schwere Körperverletzung

§ 224. Hat die Körperverletzung zur Folge, daß der Verletzte ein wichtiges Glied des Körpers, das Sehvermögen auf einem oder beiden Augen, das Gehör, die Sprache oder die Zeugungsfähigkeit verliert, oder in erheblicher Weise dauernd entstellt wird, oder in Siechtum, Lähmung oder Geisteskrankheit verfällt, so ist auf Zuchthaus bis zu fünf Jahren oder Gefängnis nicht unter einem Jahre zu erkennen.

1. Hier wird die sog. schwere Körperverletzung behandelt, bei der es nicht auf die Gefährlichkeit der angewandten Mittel, sondern auf die eingetretenen schweren Folgen ankommt.

2. Die hier aufgezählten schweren Folgen dürfen nicht beabsichtigt sein (sonst liegt das härter bedrohte Verbrechen gegen § 225 vor). Die schwere Folge muß außerhalb des Wollens des Täters eingetreten, aber für ihn gemäß § 56 vorhersehbar gewesen, also fahrlässig verursacht worden sein. (Siehe hierzu „Einführende Vorbemerkungen zum Strafrecht", S. 1 ff., Abschnitt B II 3, S. 3).

3. Ein wichtiges Glied ist jeder mit dem Rumpf durch Gelenk verbundene Körperteil, welcher im Verhältnis zu dem Gesamtdasein des Menschen von besonderem Wert ist, also nicht ein einzelner Finger und besonders nicht einzelne Glieder eines Fingers, außer dem Daumen. (RG 64, 201.)

4. Der Verlust, also die gänzliche Abtrennung, nicht nur die Gebrauchsunfähigkeit eines Gliedes muß vorliegen, um die Bestrafung nach § 224 eintreten zu lassen. (RG 3, 34.)

5. Der Verlust des Sehvermögens auf einem Auge genügt schon zu der schweren Bestrafung, aber das Gehör muß auf beiden Ohren verloren worden sein.

Wenn der Verletzte auch noch Licht und Dunkel unterscheiden und einzelne Töne noch hören kann, so ist doch schon der Verlust des Sehvermögens, wenn er Gegenstände nicht mehr erkennen kann, und der Verlust des Gehörs eingetreten, wenn er Sprechlaute nicht mehr unterscheiden kann. (RG 71, 119.)

6. Derjenige hat die Sprache verloren, welcher Sprechlaute nicht mehr hervorbringen kann, wenn er auch noch Töne auszustoßen vermag.

7. Zeugungsfähigkeit ist gleichbedeutend mit Fortpflanzungsfähigkeit. Darauf, ob etwa trotz des Verlustes der Beischlaf noch ausgeübt werden kann, kommt es nicht an.

8. In erheblicher Weise dauernd entstellt ist der Verletzte, wenn seine äußere Gesamterscheinung in sofort auffallender Weise verunstaltet ist. Bloßer Schönheitsverlust kommt ebensowenig in Betracht, wie Verlust einer Singstimme oder Verlust innerer Organe. Dagegen wird die Entstellung dadurch nicht ausgeschlossen, daß der Verletzte in der Lage ist, durch eine Perücke, durch ein falsches Auge und Ähnliches die Verunstaltung später wieder zu verdecken. (RG. 14, 344.)

9. Siechtum ist ein langandauernder (chronischer) Krankheitszustand, welcher den gesamten Organismus des Verletzten ergreifend, eine erhebliche Beeinträchtigung des Allgemeinbefindens, eine Abnahme der Körperkräfte, Hinfälligkeit zur Folge hat. Absolute Unheilbarkeit braucht nicht vorzuliegen. (RG. 72, 322.)

10. Unter Lähmung ist eine den ganzen Menschen ergreifende Bewegungsunfähigkeit zu verstehen, die von längerer Dauer sein muß, aber nicht unheilbar zu sein braucht.

11. Unter Geisteskrankheit wird hier eine länger andauernde aber nicht unheilbare Erkrankung des Geistes verstanden, bloße vorübergehende Bewußtlosigkeiten und Ohnmachten scheiden aus.

12. Erschwerungsgrund bei Anwendung von Gift vgl. § 229 Abs. 2.

13. Die Anwendung mildernder Umstände ist zulässig (§ 228).

14. Tateinheit mit § 223a ist ausgeschlossen. (Siehe Erl. 10 zu § 223 a.)

§ 225. War eine der vorbezeichneten Folgen beabsichtigt und eingetreten, so ist auf Zuchthaus von zwei bis zu zehn Jahren zu erkennen.

Wenn der Wille des Täters auf Herbeiführung der in § 224 bezeichneten schweren Folgen gerichtet ist, dann liegt das Verbrechen des § 225 vor (s. oben Erl. 2 zu § 224). Mildernde Umstände gibt es hier nicht (§ 228).

Körperverletzung mit tödlichem Ausgang.

§ 226. Ist durch die Körperverletzung der Tod des Verletzten verursacht worden, so ist auf Zuchthaus nicht unter drei Jahren oder Gefängnis nicht unter drei Jahren zu erkennen.

1. Wenn als ein vom Täter nicht gewollter Erfolg irgendeiner, also auch einer leichten Körperverletzung der Tod des Verletzten eingetreten ist, dann tritt die hier festgesetzte Bestrafung wegen „Körperverletzung mit Todesfolge" oder „Körperverletzung mit nachgefolgtem Tod" ein.

War der Wille des Täters auf Herbeiführung des Todes gerichtet, dann liegt Mord oder Totschlag vor (s. oben §§ 211 f.)

2. Eine etwa mit der Körperverletzung zusammenfallende fahrlässige Tötung kommt neben der Bestimmung dieses Paragraphen nicht mehr in Betracht, auch nicht Zusammentreffen mit § 223a oder § 223b (ebensowenig § 223a mit § 224).

3. Da § 226, ebenso wie § 224 ein durch den Erfolg qualifiziertes Delikt darstellt, ist nach dem neuen § 56 eine Strafbarkeit dadurch bedingt, daß der Tod fahrlässig verschuldet, d. h. für den Täter vorhersehbar war. (Siehe Vorbemerkungen S. 9.)

4. Erschwerungsgrund bei Anwendung von Gift vgl. § 229 Abs. 2.

5. Mildernde Umstände gemäß § 228.

Einwilligung.

§ 226a. Wer eine Körperverletzung mit Einwilligung des Verletzten vornimmt, handelt nur dann rechtswidrig, wenn die Tat trotz der Einwilligung gegen die guten Sitten verstößt.

Durch diese, durch Gesetz vom 26. 5. 1933 eingefügte Bestimmung, ist nunmehr festgestellt, daß ärztliche notwendige Eingriffe (Operationen) keine strafbare Körperverletzung sind, ebensowenig solche, die bei Sportkämpfen (Boxsport) entstehen. Strafbar aber sind, trotz Einwilligung des Verletzten, Körperverletzungen aus sadistischen Gründen. (Siehe hierzu „Einführende Vorbemerkungen zum Strafrecht," S. 1 ff., Abschnitt B III 2 i, S. 5.)

§ 226b. Aufgehoben durch Kontrollratsgesetz Nr. 11. (Betraf die Zerstörung der Zeugungs- oder Gebärfähigkeit.)

Raufhandel.

§ 227. (1) Ist durch eine Schlägerei oder durch einen von mehreren gemachten Angriff der Tod eines Menschen oder eine schwere Körperverletzung (§ 224) verursacht worden, so ist jeder, welcher sich an der Schlägerei oder dem Angriffe beteiligt hat, schon wegen dieser Beteiligung mit Gefängnis bis zu drei Jahren zu bestrafen, falls er nicht ohne sein Verschulden hineingezogen worden ist.

(2) Ist eine der vorbezeichneten Folgen mehreren Verletzungen zuzuschreiben, welche dieselbe nicht einzeln, sondern nur durch ihr Zusammentreffen verursacht haben, so ist jeder, welchem eine dieser Verletzungen zur Last fällt, mit Zuchthaus bis zu fünf Jahren zu bestrafen.

1. Schlägerei ist ein in Tätlichkeiten bestehender Streit von mehr als zwei Personen. Wenn dabei eine oder mehrere Personen zeitweise auch in Notwehr waren, so werden sie dadurch nicht straflos, wenn sie mit ihrem Verschulden in die Schlägerei hineingezogen waren (s. unten Erl. 5).

2. Auch der von mehreren gemachte Angriff muß auf Tätlichkeiten abzielen, wenn es auch noch nicht zu einem körperlichen Zusammenstoß gekommen war.

3. Wenn durch irgendeine bei der Schlägerei oder dem Angriff (auch durch eine nicht zu ermittelnde Person) vorgekommene Verletzung der Tod oder die schwere Körperverletzung eines Menschen, selbst eines Unbeteiligten (z. B. eines Polizeibeamten) verursacht wurde, tritt die Strafe des § 227 gegen alle Beteiligten (s. Erl. 4) ein.

4. Beteiligt ist jeder, der irgendwie eine Teilnahme ausgeübt hat, wenn auch nur durch hetzenden Zuruf oder durch Abhalten der Polizei. Er braucht nicht selber tätlich gewesen zu sein.

5. Nicht ohne sein Verschulden hineingezogen ist derjenige, welcher nicht lediglich mitgerissen oder angegriffen wurde, sondern selbst sich tätlich bei Beginn gezeigt oder die Angreifer gereizt hat, auch derjenige, welcher anfangs schuldlos hineingezogen, dann unnötigerweise zu Körperverletzungen übergeht.

6. Mit Notwehr kann sich der in eine Schlägerei schuldhafterweise Hineingezogene nicht entschuldigen (s. oben Erl. 1), wohl aber derjenige, gegen den ein Angriff mehrerer erfolgt ist. (RG. 73, 341.)

7. Der Abs. 2 dieses Paragraphen will nicht die treffen, welche als Mittäter für die Körperverletzung in ihrer Gesamtwirkung in Betracht kommen, denn diese werden ohnedies schon durch §§ 226 und 224, 47 getroffen. Gemeint sind die, welche, ohne bewußt mit den andern zusammenzuwirken, eine der den Tod oder die schwere Folge des § 224 mit verursachenden Körperverletzungen, sei es auch nur fahrlässigerweise, gesetzt haben.

8. Sind bei der Schlägerei die in § 227 genannten schweren Folgen nicht eingetreten, und liegt auch der Tatbestand des § 223a nicht vor, dann kommt evtl. eine Übertretung nach § 367 Nr. 10 in Frage.

9. Beispiel: Jeweils 5—6 Mitglieder von 2 Turnvereinen treffen in angetrunkenem Zustand aufeinander, wobei es zu einer Schlägerei kommt, in deren Verlauf dem A ein Auge ausgeschlagen wird: Jeder an der Schlägerei Beteiligte hat sich nach § 227 Abs. 1 strafbar gemacht. Stellt sich bei den Erhebungen heraus, daß B derjenige war, der dem A den verhängnisvollen Schlag auf das Auge versetzt hat, so ist B außer wegen Vergehens nach § 227 Abs. 1 auch noch wegen in Tateinheit hiermit begangenen Verbrechens nach § 224 zu bestrafen.

Mildernde Umstände.

§ 228. Sind mildernde Umstände vorhanden, so ist in den Fällen des § 223 Abs. 2 und der §§ 223a und 223b Abs. 1 auf Gefängnis bis zu drei Jahren oder Geldstrafe, in den Fällen der §§ 224 und 227 Abs. 2 auf Gefängnis nicht unter einem Monat und im Falle des § 226 auf Gefängnis nicht unter drei Monaten zu erkennen.

Mildernde Umstände gibt es nicht bei § 223 Abs. 1, und § 225.

Vergiftung.

§ 229. (1) Wer vorsätzlich einem anderen, um dessen Gesundheit zu beschädigen, Gift oder andere Stoffe beibringt, welche die Gesundheit zu zerstören geeignet sind, wird mit Zuchthaus bis zu zehn Jahren bestraft.

(2) Ist durch die Handlung eine schwere Körperverletzung verursacht worden, so ist auf Zuchthaus nicht unter fünf Jahren und, wenn durch die Handlung der Tod verursacht worden, auf Zuchthaus nicht unter zehn Jahren oder auf lebenslanges Zuchthaus zu erkennen.

1. Das Verbrechen der sog. Vergiftung bedroht in Abs. 1 die Vollendung und den Versuch einer vorsätzlichen Körperverletzung, wenn zu derselben Gift

oder ein anderer gesundheitszerstörender Stoff benützt wurde. Es ist ein Gefährdungsdelikt. (Siehe „Einführende Vorbemerkungen zum Strafrecht" S. 3.)

2. Gift ist ein Stoff, welcher auch in kleiner Menge durch seine chemische Beschaffenheit die Gesundheit zu zerstören geeignet ist. Auch Ansteckungsstoffe, wie Blattern-, Syphilis-Gift (vgl. Erl. 5 zu § 327) gehören hierher.

3. Beigebracht ist das Gift, wenn es von dem Opfer durch den Mund eingenommmen, eingeatmet oder unter die Haut eingespritzt ist.

4. In Absatz 2 werden die schwere Körperverletzung (§ 224) und die Körperverletzung mit nachgefolgtem Tod (§ 226) dann als besonders gefährliches Verbrechen mit erhöhter Strafe bestraft, wenn sie mittels Giftes bewirkt wurden.

5. Erfolgt die Beibringung von Gift usw. in Tötungsabsicht, so liegt lediglich ein versuchtes oder vollendetes Tötungsdelikt nach §§ 211, 212 vor. (Siehe hierzu „Einführende Vorbemerkungen zum Strafrecht", S. 1 ff., Abschnitt B VII 4c, S. 13.)

Fahrlässige Körperverletzung.

§ 230. Wer durch Fahrlässigkeit die Körperverletzung eines anderen verursacht, wird mit Geldstrafe oder mit Gefängnis bis zu drei Jahren bestraft.

1. Fahrlässig verursacht eine Körperverletzung (leichte oder schwere), wer bei Anwendung gehöriger Aufmerksamkeit und Vorsicht die Mißhandlung oder Gesundheitsbeschädigung des anderen als erfahrungsmäßige Folge seines Verhaltens voraussehen konnte. (Siehe wegen Fahrlässigkeit „Einführende Vorbemerkungen zum Strafrecht", S. 1 ff., Abschnitt C III 2, S. 17.)

2. Ebenso wie für die fahrlässige Tötung des § 222 bildet auch für die fahrlässige Körperverletzung ein Hauptanwendungsgebiet der Straßenverkehr, da Verstöße gegen die Straßenverkehrsordnung, die eine Körperverletzung eines anderen zur Folge haben, in der Regel auch den Tatbestand des § 230 erfüllen. Im übrigen gilt das in den Erläuterungen zu § 222 Ausgeführte entsprechend für § 230.

3. Ebenso wie die leichte K. des § 223 ist auch die fahrlässige K. ein Antragsdelikt (§ 232) und wird in der Regel im Privatklageweg verfolgt. (Siehe Vorbem. 2 vor § 223.)

Buße.

§ 231. (1) In allen Fällen der Körperverletzung kann auf Verlangen des Verletzten neben der Strafe auf eine an denselben zu erlegende Buße erkannt werden.

(2) Eine erkannte Buße schließt die Geltendmachung eines weiteren Entschädigungsanspruches aus.

(3) Für diese Buße haften die zu derselben Verurteilten als Gesamtschuldner.

Die Buße beträgt mindestens drei und höchstens 10000 DMark.

Antrag.

§ 232. (1) Die Verfolgung leichter vorsätzlicher sowie aller durch Fahrlässigkeit verursachter Körperverletzungen (§§ 223, 230) tritt nur auf Antrag ein, es sei denn, daß die Strafverfolgungsbehörde wegen des besonderen öffentlichen Interesses an der Strafverfolgung ein Einschreiten von Amts wegen für geboten erachtet.

(2) Ist das Vergehen gegen einen Angehörigen verübt, so ist die Zurücknahme des Antrages zulässig.

(3) Die in §§ 196 und 198 enthaltenen Vorschriften finden auch hier Anwendung.

1. In § 232 ist die Strafverfolgung der leichten vorsätzlichen sowie der fahrlässigen Körperverletzung durch die VO. v. 2. April 1940 (siehe Erläuterung 1 zu § 222) einheitlich dahin geregelt, daß grundsätzlich ein Strafantrag zur Verfolgung erforderlich bleibt, daß aber der Staatsanwalt die Körperverletzung dann von Amts wegen verfolgen kann, wenn er wegen des besonderen öffentlichen Interesses an der Strafverfolgung ein Einschreiten von Amts wegen für erforderlich erachtet.

2. Ein Einschreiten von Amts wegen wird insbesondere geboten sein bei einschlägigen ernsteren Vorstrafen, bei besonders grobem Leichtsinn (insbesondere Trunkenheit am Steuer), bei schweren Unfallsfolgen und dadurch hervorgerufener besonderer Erregung in der Öffentlichkeit. Im übrigen können nach wie vor die leichten vorsätzlichen und die fahrlässigen Körperverletzungen im Wege der Privatklage verfolgt werden. (Siehe Anhang 4, Abschnitt K IV, S. 388.)

3. Antragsberechtigt ist der Verletzte, für unter väterlicher Gewalt stehende Kinder der Vater (§ 65), für Beamte auch der Vorgesetzte (§ 196).

4. Wegen des Begriffs „Angehörige" siehe § 52 Abs. 2.

Kompensation.

§ 233. Wenn leichte Körperverletzungen mit solchen, Beleidigungen mit leichten Körperverletzungen oder letztere mit ersteren auf der Stelle erwidert werden, so kann der Richter für beide Angeschuldigte, oder für einen derselben eine der Art oder dem Maße nach mildere oder überhaupt keine Strafe eintreten lassen.

Vgl. hierzu § 199 und die Erläuterung dazu.

Achtzehnter Abschnitt:

Verbrechen und Vergehen wider die persönliche Freiheit.

Vorbemerkung:

Die §§ 234, 234a, 235 betreffen den Menschenraub, die Verschleppung und den Kinderraub; §§ 236—238 die Entführung; § 239 die Freiheitsberaubung; § 239a den erpresserischen Kinderraub; § 240 die Nötigung; § 241 die Bedrohung; § 241a die politische Verdächtigung. Wegen Möglichkeit der Strafschärfung in den Fällen der §§ 234a Abs. 3, 239—241a siehe § 94 und die dortige Erl. 1.

Weitere, wenigstens teilweise dem Schutze der persönlichen Freiheit dienende Tatbestände sind außerhalb dieses Abschnitts enthalten in §§ 107, 122, 174, 176 ff., 249, 253 u. a.

Menschenraub.

§ 234. Wer sich eines Menschen durch List, Drohung oder Gewalt bemächtigt, um ihn in hilfloser Lage auszusetzen oder in Sklaverei, Leibeigenschaft oder in auswärtige Kriegs- oder Schiffsdienste zu bringen, wird wegen Menschenraubes mit Zuchthaus bestraft.

1. Der § 234 enthält das Verbrechen des „Menschenraubes", für das § 138 die Anzeigepflicht vorschreibt. Es ist ein Spezialfall der Freiheitsberaubung nach § 239.
2. Das Verbrechen ist schon vollendet, wenn der Täter sich eines Menschen bemächtigt hat, um ihn auszusetzen usw., wenn auch die Aussetzung usw. selbst noch nicht geglückt ist.
3. Bemächtigt hat sich der Täter des Menschen, sobald er die wirkliche körperliche Herrschaft über ihn gewonnen hat.
4. „List" ist die Ausführung einer geflissentlich verborgenen Absicht mittels großer Schlauheit, Klugheit und Geschicklichkeit.
5. Unter „Drohung" versteht man das Inaussichtstellen irgend eines Übels, das nicht eine strafbare Handlung zu sein braucht.
6. Über die Bedeutung von „Gewalt" vgl. Erl. 1c zu § 176.
7. Über „in hilfloser Lage aussetzen" vgl. die Erläuterungen 3 bis 4 zu § 221.
8. Über Sklaverei vgl. das RG. v. 28. Juli 1895 (RGBl. S. 425) betr. die Bestrafung des Sklavenhandels. Hier wird in § 1 die vorsätzliche Mitwirkung an einem auf Sklavenraub gerichteten Unternehmen bestraft. Als Täter und Geraubte kommt nur eine Mehrheit von Personen in Frage.

Verschleppung.

§ 234a. (1) Wer einen anderen durch List, Drohung oder Gewalt in ein Gebiet außerhalb des räumlichen Geltungsbereichs dieses Gesetzes verbringt oder veranlaßt, sich dorthin zu begeben, oder davon abhält, von dort zurückzukehren, und dadurch der Gefahr aussetzt, aus politischen Gründen verfolgt zu werden und hierbei im Widerspruch zu rechtsstaatlichen Grundsätzen durch Gewalt- oder Willkürmaßnahmen Schaden an Leib oder Leben zu erleiden, der Freiheit beraubt oder in seiner beruflichen oder wirtschaftlichen Stellung empfindlich beeinträchtigt zu werden, wird wegen Verschleppung mit Zuchthaus bestraft.

(2) Sind mildernde Umstände vorhanden, so ist die Strafe Gefängnis nicht unter drei Monaten.

(3) Wer eine solche Tat vorbereitet, wird mit Gefängnis bestraft.

1. Vorbemerkung: Der neue Verbrechenstatbestand der sog. Verschleppung wurde durch das Gesetz zum Schutz der persönlichen Freiheit vom 15. Juli 1951 (BGBl. I, S. 448) in das Strafgesetzbuch eingefügt. Diese Ergänzung des StGB. war notwendig geworden, da sich in der Praxis gezeigt hat, daß die vorhandenen Strafatbestände, insbesondere diejenigen der Nötigung nach § 240 und der Freiheitsberaubung nach § 239 nicht ausreichten, um die aus politischen Gründen unternommenen Verschleppungen und Verschleppungsversuche aus der Bundesrepublik insbesondere aus den Westsektoren Berlins nach dem

sowjetischen Sektor wirksam zu bekämpfen. Insbesondere erschien es notwendig, schon die Gefährdung des Lebens und der Freiheit zum Gegenstand eines wirksamen Strafschutzes zu machen. Die Verschleppung ist ein sog. Gefährdungsdelikt. (Siehe die einführenden Vorbemerkungen zum Strafrecht S. 1ff. Abschnitt B II 2, S. 3.)

2. Als Täterhandlungen, die die Anwendung von List, Drohung oder Gewalt voraussetzen, kommen in Betracht:

a) das „Verbringen", das die Erlangung eines tatsächlichen Herrschaftsverhältnisses voraussetzt (ähnlich dem „Entführen" in §§ 236ff.);
b) das „Veranlassen, sich in fremdes Gebiet zu begeben", das in der Regel durch Drohung oder List erreicht wird;
c) das „Abhalten von der Rückkehr aus dem fremden Gebiet", in das der Bedrohte zuvor freiwillig gegangen war.

3. Die Folge einer dieser 3 Täterhandlungen muß sein, daß der Verschleppte der Gefahr einer Verfolgung aus politischen Gründen (angeblichen oder wirklichen) ausgesetzt wird und ihm hierdurch Gefahren für Leib, Leben, Freiheit oder für seine berufliche oder wirtschaftliche Existenz drohen und zwar in Gestalt von Gewalt- oder Willkürmaßnahmen.

4. Wegen des Begriffs „Vorbereitungshandlung" (Abs. 3) vgl. Erl. 3 zu § 43. Siehe ferner wegen Strafschärfung § 94.

Kinderraub.

§ 235. (1) Wer eine minderjährige Person durch List, Drohung oder Gewalt ihren Eltern, ihrem Vormund oder ihrem Pfleger entzieht, wird mit Gefängnis bestraft.

(2) Sind mildernde Umstände vorhanden, so kann auf Geldstrafe erkannt werden.

(3) Geschieht die Handlung in der Absicht, die Person zum Betteln oder zu gewinnsüchtigen oder unsittlichen Zwecken oder Beschäftigungen zu gebrauchen, so tritt Zuchthaus bis zu zehn Jahren ein.

1. Hier wird der sog. „Kinderraub", auch Muntbruch genannt, behandelt. Diese Gesetzesstelle ist in der Praxis vor allem im Ehescheidungsverfahren von Bedeutung.

2. Entzogen ist das Kind den Eltern usw., wenn es aus dem Gewaltverhältnis der Eltern in das eines andern verbracht ist und dieser Zustand eine gewisse Dauer hat.

Das Entziehen kann auch durch Verschweigen des Aufenthalts des Kindes erfolgen.

3. Unter Eltern sind nicht nur beide Eltern — Vater und Mutter — gemeinschaftlich, sondern auch ein einzelner Elternteil, sofern ihm das Erziehungsrecht zusteht, zu verstehen; zu den Eltern gehören auch die Adoptiveltern, denen gegenüber das Verbrechen von den leiblichen Eltern begangen werden kann.

4. Die Drohung kann sich auch gegen einen Dritten wenden, also z. B. gegen einen auf Grund richterlicher Verfügung ein Kind abholenden Gerichtsvollzieher. Auf die Einwilligung des Kindes selbst kommt es nicht an.

5. Wird der Kinderraub ausgeführt, um das Kind zum Betteln, zu anderen gewinnsüchtigen oder zu unsittlichen Zwecken oder Beschäftigungen zu gebrauchen, so wird das Vergehen zum Verbrechen (Abs. 3).

6. Über die Bedeutung von List, Drohung und Gewalt vgl. die Erl. 4 bis 6 zu § 234.

7. Beispiel: Das Vormundschaftsgericht hat gemäß § 75 Abs. 2 des Ehegesetzes vom 20. Februar 1946 dem allein schuldig geschiedenen Ehemann die Befugnis zu persönlichem Verkehr mit dem aus der aufgelösten Ehe hervorgegangenen Kinde innerhalb einer bestimmten Zeit zugesprochen. Die Ehefrau, die diese Anordnung durch List, Drohung oder Gewalt vereitelt, „entzieht" das Kind dem Vater und macht sich dadurch nach § 235 strafbar. (RG. 66, 254.)

Entführung wider Willen.

§ 236. (1) Wer eine Frau wider ihren Willen durch List, Drohung oder Gewalt entführt, um sie zur Unzucht zu bringen, wird mit Zuchthaus bis zu zehn Jahren und, wenn die Entführung begangen wurde, um die Entführte zur Ehe zu bringen, mit Gefängnis bestraft.

(2) Die Verfolgung tritt nur auf Antrag ein.

1. Die in den §§ 236 bis 238 behandelte „Entführung" kann nur an einer Frauensperson begangen werden und verfolgt geschlechtliche Zwecke. Der § 236, der sog. Frauenraub, umfaßt die Entführung wider Willen der minder- oder volljährigen Frau unter Anwendung von List, Drohung oder Gewalt (s. die Erl. 4 bis 6 zu § 234), während § 237 nur die Entführung einer minderjährigen unverehelichten Frau (es kann auch die Braut des Täters sein) mit ihrem Willen aber gegen den Willen ihrer Eltern betrifft. Der § 238 verhindert in beiden Fällen (§§ 236 und 237) die Strafverfolgung, solange nicht die Ehe, welche der Schuldige selbst etwa mit der Entführten abgeschlossen hat, für ungültig erklärt ist.

2. Unter „Entführen" versteht man das Wegbringen an einen andern Ort als den bisherigen Aufenthaltsort in die Gewalt des Täters, der auch eine Frau sein kann, welche im Interesse eines Mannes die Tat ausführt.

3. Ob die Frau minderjährig oder volljährig, verheiratet oder unverheiratet ist, ist gleichgültig, ebenso ob sie unbescholten ist oder nicht.

4. Die Mittel: List, Drohung oder Gewalt müssen gegen die Frauensperson selbst angewandt werden, da der Tatbestand des § 236 nur vorliegt, wenn die Frauensperson gegen ihren Willen entführt wurde.

5. Wenn die Entführung begangen ist, um die Frau zur Unzucht (vgl. Erl. 3 zu § 174) zu bringen, liegt ein Verbrechen vor; wenn der Abschluß einer wirklichen (nicht etwa nur einer vorgetäuschten) Ehe beabsichtigt war, nur ein Vergehen. (§ 237 macht diese Unterscheidung nicht.)

6. Strafantragsberechtigt ist die Entführte, wenn sie achtzehn Jahre alt ist, sonst die in § 65 genannten Personen.

7. Vgl. hierzu Reichsgesetz v. 9. Juni 1897 über das Auswanderungswesen.

§ 48. Wer eine Frauensperson zu dem Zwecke, sie der gewerbsmäßigen Unzucht zuzuführen, mittels arglistiger Verschweigung dieses Zweckes zur Auswanderung verleitet, wird mit Zuchthaus bis zu fünf Jahren bestraft. Neben der Zuchthausstrafe ist der Verlust der bürgerlichen Ehrenrechte auszusprechen; auch kann zugleich auf Geldstrafe erkannt werden.

Dieselben Strafvorschriften finden auf denjenigen Anwendung, welcher mit Kenntnis des vom Täter in solcher Weise verfolgten Zweckes die Auswanderung der Frauensperson vorsätzlich befördert; sind mildernde Umstände vorhanden, so tritt Gefängnisstrafe nicht unter drei Monaten ein, neben welcher auf Geldstrafe erkannt werden kann.

Entführung mit Willen.

§ 237. (1) Wer eine minderjährige, unverehelichte Frau mit ihrem Willen, jedoch ohne Einwilligung ihrer Eltern, ihres Vormundes oder ihres Pflegers, entführt, um sie zur Unzucht oder zur Ehe zu bringen, wird mit Gefängnis bestraft.

(2) Die Verfolgung tritt nur auf Antrag ein.

1. Im allgemeinen vgl. über die Bedeutung der Strafbestimmung die Erl. 1 zu § 236.

2. Eine Volljährige, eine Witwe oder eine Geschiedene kann nach § 237 nicht entführt werden.

3. Die Entführung ist vollzogen, wenn die minderjährige Frau an einen Ort verbracht ist, der für die Eltern nicht beliebig zugängig ist, an dem sie der Tochter nicht erforderlichenfalls ihren Schutz geben können.

4. Der Täter muß, wie im Falle des § 236 handeln, um die Frau zur Unzucht oder zur Ehe zu bringen. Die Strafandrohung ist aber, im Gegensatz zu § 236, für beide Fälle die gleiche.

5. Zur Stellung des Strafantrags sind berechtigt die Eltern und der Vormund, gegebenenfalls der Pfleger, nicht aber die Entführte selbst. Die Antragsfrist beginnt ebenso wie die Verjährung erst mit der Volljährigkeit der Entführten.

§ 238. Hat der Entführer die Entführte geheiratet, so findet die Verfolgung nur statt, nachdem die Ehe für nichtig erklärt worden ist.

1. Der § 238 findet auf die §§ 236 und 237 Anwendung, nicht aber auf § 235.

2. Die Nichtigkeitserklärung der Ehe ist Voraussetzung der Strafverfolgung. Ist die Ehe nur geschieden, dann ist die Strafverfolgung unzulässig.

Freiheitsberaubung.

§ 239. (1) Wer vorsätzlich und widerrechtlich einen Menschen einsperrt oder auf andere Weise des Gebrauches der persönlichen Freiheit beraubt, wird mit Gefängnis oder mit Geldstrafe bestraft.

(2) Wenn die Freiheitsentziehung über eine Woche gedauert hat, oder wenn eine schwere Körperverletzung des der Freiheit Beraubten durch die Freiheitsentziehung oder die ihm während derselben widerfahrene Behandlung verursacht worden ist, so ist auf Zuchthaus bis zu zehn Jahren zu erkennen. Sind mildernde Umstände vorhanden, so tritt Gefängnisstrafe nicht unter einem Monat ein.

(3) Ist der Tod des der Freiheit Beraubten durch die Freiheitsentziehung oder die ihm während derselben widerfahrene Behandlung verursacht worden, so ist auf Zuchthaus nicht unter drei Jahren zu erkennen. Sind mildernde Umstände vorhanden, so tritt Gefängnisstrafe nicht unter drei Monaten ein.

1. Diese Gesetzesstelle dient dem Schutze der freien Willensbetätigung bezüglich der Wahl des Aufenthaltsortes. Das Delikt kann nur vorsätzlich begangen werden. Es ist ein Dauerdelikt, das mit der Einschließung vollendet und mit der Freilassung beendet ist.

2. Als Mittel der Freiheitsberaubung kommen neben dem im Gesetz genannten häufigsten Fall der Einsperrung in Betracht: Gewalt, Betäubung (mit Chloroform usw.), Hypnotisierung und schließlich auch Erregung eines Irrtums (mittelbare Täterschaft, siehe unten Erl. 7).

3. Die Widerrechtlichkeit fällt weg, wenn der der Freiheit Beraubte einwilligt, oder wenn das Gesetz (StPO. §§ 112, 127 für die Verhaftung und vorläufige Festnahme, erlaubte Selbsthilfe nach § 229 BGB., Notwehr § 53 StGB., elterliche Erziehungsrechte) die Ermächtigung für die Freiheitsentziehung gibt, schließlich auch bei der Fürsorge für einen Geisteskranken.

4. Ob sich der der Freiheit Beraubte der Freiheitsentziehung bewußt war, ist für den Tatbestand gleichgültig; es kann auch ein Schlafender, ein Betäubter, ein schwer Betrunkener als der Freiheit Beraubter in Betracht kommen. (RG. 61, 239.)

5. Die in Abs. 2 und 3 bezeichneten schweren Folgen brauchen nicht beabsichtigt gewesen zu sein; es genügt, daß sie durch die Freiheitsentziehung verursacht worden und daß gemäß § 56 bezüglich der schweren Körperverletzung und des Todes Fahrlässigkeit vorliegt, d. h. daß diese Folgen für den Täter vorhersehbar gewesen sind. Hat die Freiheitsentziehung nicht über eine Woche gedauert, war aber der Vorsatz auf eine solche Dauer gerichtet, dann liegt Versuch vor. (RG. 61, 179.)

6. Gegen Beamte kommen die besonderen Bestimmungen der §§ 341, 345 in Betracht.

7. Beispiele: Eine Freiheitsberaubung kann erblickt werden in der absichtlichen Nichtöffnung eines Eisenbahnabteils, oder in dem absichtlichen Weiterfahren eines Fahrzeugs, um dem Fahrgast das Aussteigen am Fahrziel unmöglich zu machen, oder in der absichtlichen Wegnahme einer Leiter, die zum Herabsteigen von einem Dachboden benötigt wird. Ferner kann die Freiheitsberaubung auch in der Form der mittelbaren Täterschaft begangen werden, z. B. durch Täuschung eines Polizeibeamten, der infolgedessen einen Unschuldigen verhaftet und dadurch der Freiheit beraubt (RG. 13, 426) oder durch Täuschung eines Arztes der Irrenklinik, der infolgedessen einen Gesunden für einen Geisteskranken hält und ihn durch Festhalten in der Anstalt rechtswidrig der Freiheit beraubt. Schließlich kann die Freiheitsberaubung auch dadurch begangen werden, daß es einer Person unmöglich gemacht wird, den Aufenthaltsort anders als mittels eines gegen Sitte und Anstand verstoßenden Verhaltens zu verlassen, z. B. dadurch, daß dem Badenden die Kleider weggenommen werden.

8. Wegen Strafschärfung siehe § 94.

Erpresserischer Kindesraub.

§ 239 a. (1) Wer ein fremdes Kind entführt oder der Freiheit beraubt, um für dessen Herausgabe ein Lösegeld zu verlangen, wird mit Zuchthaus nicht unter drei Jahren bestraft.

(2) Kind im Sinne dieser Vorschrift ist der Minderjährige unter achtzehn Jahren.

1. Die Entführung muß in der Absicht geschehen, den Sorgeberechtigten oder einen anderen zu nötigen, dem Täter oder einem Dritten einen ihm nicht zustehenden Vermögensvorteil (Lösegeld) zu verschaffen.

2. Wegen des Begriffs „entführen" siehe Erläuterung 2 zu § 236.

Nötigung.

§ 240. (1) Wer einen anderen rechtswidrig mit Gewalt oder durch Drohung mit einem empfindlichen Übel zu einer Handlung, Duldung oder Unterlassung nötigt, wird wegen Nötigung mit Gefängnis oder mit Geldstrafe, in besonders schweren Fällen mit Zuchthaus bis zu 10 Jahren oder mit Gefängnis nicht unter sechs Monaten bestraft.

(2) Rechtswidrig ist die Tat, wenn die Anwendung der Gewalt oder die Androhung des Übels zu dem angestrebten Zweck als verwerflich anzusehen ist.

(3) Der Versuch ist strafbar.

1. Das Wesen der Nötigung besteht darin, daß der Täter auf die Willensentschließung oder Willensbetätigung einer bestimmten Person einen widerrechtlichen Druck ausübt und den anderen dadurch zwingt, etwas zu tun, was er andernfalls nicht getan, oder etwas zu dulden, was er andernfalls abgewehrt, oder etwas zu unterlassen, was er andernfalls getan hätte.

2. Als Mittel der Nötigung kommen in Betracht Gewalt oder Drohung mit einem empfindlichen Übel.

a) Unter Gewalt ist die unter Anwendung physischer (körperlicher) Kraft erfolgende Einwirkung auf einen anderen zur Beseitigung eines tatsächlich geleisteten oder bestimmt erwarteten Widerstandes zu verstehen, wobei zu beachten ist, daß auch in der Gewalt gegen Sachen mittelbar eine solche gegen die Person liegen kann (z. B. Unbrauchbarmachung der Wohnung, um den Mieter zum Auszug zu zwingen). Siehe im übrigen Erl. 1c zu § 176 und Erl. 2 zu § 249.

b) Während nach alter Fassung als zweites Nötigungsmittel nur die Bedrohung mit einem Verbrechen oder Vergehen in Frage kam, genügt nach der neuen Fassung jede Drohung mit einem empfindlichen Übel; der Kreis der Nötigungsmittel wurde also erheblich erweitert. Es ist nach neuem Recht nur erforderlich, daß es sich um die Androhung irgendeines Übels handelt, das der Bedrohte derart zu fürchten hat, daß dadurch seine freie Willensbestimmung oder Betätigung beeinflußt wird oder im Falle des Versuchs beeinflußt werden kann.

3. Die Rechtswidrigkeit kann, ebenso wie bei § 239 (siehe die dortige Erl. 3), ausgeschlossen sein, wenn besondere Rechtfertigungsgründe, wie z. B. Notwehr, erlaubte Selbsthilfe oder Amtsausübung vorliegen. Rechtswidrig aber ist nach Abs. 2 die Nötigungshandlung immer dann, wenn die Anwendung der Gewalt oder die Androhung des Übels zu dem angestrebten Zweck als verwerflich anzusehen ist. Dies wird insbesondere immer dann der Fall sein, wenn andere als ordnungsmäßige oder verkehrsmäßige Druckmittel zur Erreichung des mit der Nötigungshandlung verfolgten Zieles angewendet werden. Beispiele (siehe auch Beispiele in Erl. 5 zu § 253): Es handelt z. B. nicht rechtswidrig, wer einen Betrunkenen mit Gewalt nach Hause bringt, einen Selbstmörder mit Gewalt an der Ausführung seines Vorhabens, oder einen Dieb an der Ausführung des geplanten Diebstahls hindert, oder wer die Rückgabe einer gestohlenen Sache durch

Drohung mit einer Strafanzeige erzwingt. Dagegen wird die Drohung des Gläubigers gegenüber einem Schuldner, er werde im Falle der Nichtbegleichung der Schuld diese Tatsache öffentlich bekannt machen, jedenfalls dann rechtswidrig sein, wenn der Gläubiger weiß, daß der Schuldner sich ohne Verschulden in Zahlungsschwierigkeiten befindet. Ebenso handelt der Vermieter rechtswidrig, der den zum Auszug verpflichteten Mieter durch Aushängen der Fenster (Gewaltanwendung) oder durch die Drohung, er werde im Falle der Nichträumung Anzeige wegen einer vom Mieter begangenen strafbaren Handlung erstatten, zum Auszug veranlaßte.

4. Für den inneren Tatbestand ist nach BGH. 2, 194ff. nicht nur erforderlich, daß der Täter die Tatumstände des § 240 Abs. 1 kennt, sondern daß er außerdem das Bewußtsein hat oder bei gehöriger Anspannung des Gewissens haben konnte, mit der Nötigung Unrecht zu tun. (Siehe S. 17ff.)

5. Beim Versuch kommt es nur darauf an, ob nach Auffassung des Drohenden die von ihm in Aussicht gestellte Maßregel geeignet ist, bestimmend auf den Willen des Bedrohten einzuwirken; die Auffassung des Bedrohten selbst ist gleichgültig.

6. Die Erhöhung der Strafdrohung gegenüber dem früheren Recht hat den Tatbestand der Nötigung im Amte (§ 339) überflüssig gemacht.

7. Wegen Strafschärfung siehe § 94.

Bedrohung.

§ 241. Wer einen anderen mit der Begehung eines Verbrechens bedroht, wird mit Gefängnis bis zu sechs Monaten oder mit Geldstrafe bestraft.

1. Zum Unterschied von der Nötigung muß bei der Bedrohung mit einem Verbrechen gedroht werden.

2. Die Androhung des Verbrechens kann ausdrücklich geschehen oder durch nicht mißzuverstehende Handlungen (z. B. Abgabe eines scharfen oder blinden Schusses nach dem Bedrohten).

3. Ob das in Aussicht gestellte Verbrechen den Bedrohten selbst oder nur einen andern, etwa sein Kind, treffen sollte, ist für den Tatbestand gleichgültig.

4. Ob der Drohende wirklich vorhatte, das Verbrechen auszuführen, ist ohne Bedeutung, wenn er nur in dem Bedrohten Furcht vor der Verwirklichung seiner Drohung erregen wollte. (RG. 12, 198.)

5. Ist die Drohung nur bedingt ausgesprochen, („wenn du mich angreifst, schlage ich dich tot", „wenn du da heraufkommst, schieße ich dir eine Kugel in den Kopf"), so wird es an der Ernstlichkeit, Furcht vor der Verwirklichung zu erregen, fehlen. Etwas anderes ist es, wenn die Bedingung eine Tatsache umfaßt, die in einer gewöhnlichen (täglichen) Handlung des Bedrohten, welche dieser vornehmen muß, besteht. Sobald daher die Drohung lautet: „wenn du morgen früh zur Arbeit gehst, schieße ich dich tot", dann wird der Tatbestand gegeben sein. In allen Fällen, in denen der Bedrohte durch die Bedrohung mit einem Verbrechen zu einer Handlung, Duldung oder Unterlassung veranlaßt werden soll, ist neben dem Tatbestand des § 241 auch eine Nötigung nach § 240 gegeben (Tateinheit nach § 73).

6. Der Versuch ist nicht strafbar (vgl. Erl. 5 zu § 240). Wegen Strafschärfung siehe § 94.

7. Die Bedrohung kann vom Verletzten im Wege der Privatklage verfolgt werden (s. § 374 StPO. und Anhang 4, Abschnitt K IV, 2 d, S. 388).

Politische Verdächtigung.

§ 241 a. (1) Wer einen anderen durch eine Anzeige oder eine Verdächtigung der Gefahr aussetzt, aus politischen Gründen verfolgt zu werden und hierbei im Widerspruch zu rechtsstaatlichen Grundsätzen durch Gewalt- oder Willkürmaßnahmen Schaden an Leib oder Leben zu erleiden, der Freiheit beraubt oder in seiner beruflichen oder wirtschaftlichen Stellung empfindlich beeinträchtigt zu werden, wird wegen politischer Verdächtigung mit Gefängnis bestraft.

(2) Ebenso wird bestraft, wer eine Mitteilung über einen anderen macht oder übermittelt und ihn dadurch der im Absatz 1 bezeichneten Gefahr einer politischen Verfolgung aussetzt.

(3) Der Versuch ist strafbar.

(4) Wird in der Anzeige, Verdächtigung oder Mitteilung gegen den anderen eine unwahre Behauptung aufgestellt, oder ist die Tat in der Absicht begangen, eine der im Absatz 1 bezeichneten Folgen herbeizuführen, oder liegt sonst ein besonders schwerer Fall vor, so kann auf Zuchthaus bis zu zehn Jahren erkannt werden.

1. Vorbemerkung: Dieser neue Vergehenstatbestand der politischen Verdächtigung wurde durch das Gesetz zum Schutze der persönlichen Freiheit vom 15. 7. 1951 in das Strafgesetzbuch eingefügt. Er war notwendig, weil eine Verfolgung des politischen Denunzianten unter dem Gesichtspunkt der Anstiftung zur Freiheitsberaubung nur in Frage kam, wenn das Schicksal des Denunzierten bekannt geworden war. Dies war aber meistens nicht der Fall. Diese Lücke im Strafgesetzbuch soll § 241a schließen.

2. Als Täterhandlungen sind in § 241a vorgesehen:

a) Eine Anzeige oder Verdächtigung (Abs. 1), oder

b) eine Mitteilung über einen anderen (Abs. 2), jeweils mit den gleichen Folgen, wie sie bei der Verschleppung des § 234a verlangt sind (siehe die dortige Erl. 3).

3. Während es sich bei den Tatbeständen der Absätze 1 und 3 um wahre Denunziationen handelt, also um Anzeigen usw., denen ein wahrer Sachverhalt zugrunde liegt, bildet die Aufstellung einer unwahren Behauptung einen Strafschärfungsgrund und macht die Tat zum Verbrechen. Das gleiche gilt für den Fall, daß der Täter in der Absicht handelt, die in Abs. 1 gekennzeichneten Folgen herbeizuführen (siehe Abs. 4).

4. Wird die Tat in staatsgefährdender Absicht begangen, ist Strafschärfung nach § 94 möglich (siehe die dortige Erl. 1).

Neunzehnter Abschnitt: Diebstahl und Unterschlagung.

Vorbemerkung:

1. Die §§ 242 bis mit 245 behandeln den Diebstahl, § 245a enthält eine Bestimmung über den strafbaren Besitz von Diebeswerkzeugen, § 246 betrifft die Unterschlagung, § 247 die leichteren Fälle des Diebstahls und der Unterschlagung; sie werden nur auf Antrag verfolgt oder sind überhaupt straflos.

2. Als zwei Sondertatbestände des Diebstahls sind zu erwähnen:

a) § 4 des Gesetzes über den Verkehr mit Edelmetallen, Edelsteinen und Perlen vom 29. 6. 1926: „Wer einen Diebstahl an einem Gegenstand aus Edelmetall begeht, der zum öffentlichen Nutzen dient oder öffentlich aufgestellt wird, wird wegen schweren Diebstahls (§ 243 StGB.) bestraft."

b) § 17 des Gesetzes über den Verkehr mit unedlen Metallen vom 23. 7. 1926: „Wer einen Diebstahl an einem Gegenstand aus unedlem Metall begeht, der zum öffentlichen Nutzen dient oder öffentlich aufgestellt ist, oder der einen Teil eines Gebäudes bildet oder in einem Gebäude zu dessen Ausstattung angebracht ist, wird wegen schweren Diebstahls (§ 243 StGB.) bestraft. Das gleiche gilt für den Diebstahl von Maschinenbestandteilen und sonstigen Betriebsmitteln aus unedlem Metall, deren Wegnahme die gesicherte Fortführung des Betriebes erheblich gefährdet." (Siehe BGH. 3, 300; 4, 15.)

3. Als weitere Spezialfälle des Diebstahls, die mit § 242 in Gesetzeskonkurrenz stehen (siehe „Einführende Vorbemerkungen zum Strafrecht", S. 1 ff., Abschnitt B VII 4 a S. 12), sind für die Praxis von besonderer Bedeutung:

a) Der Diebstahl geringwertiger Gegenstände aus Not, § 248a (Strafantrag erforderlich);

b) Die Verbrauchsmittelentwendung (sogenannter Mundraub) des § 370 Nr. 5 (Strafantrag erforderlich), (siehe hierzu Erl. 4 zu § 244).

4. § 252 behandelt den sog. räuberischen Diebstahl.

5. Wegen des Gesetzes vom 9. April 1900 betr. die Bestrafung der Entziehung elektrischer Kraft siehe § 248c.

6. Wegen der Verordnung gegen den unbefugten Gebrauch von Kraftfahrzeugen siehe § 248b.

7. Durch Landesgesetzgebung geregelt ist der Feld- und Forstdiebstahl (Entwendung von Gartenfrüchten, Feldfrüchten und anderen Bodenerzeugnissen, sowie von Holz oder anderen Walderzeugnissen).

8. Für die Praxis von geringerer Bedeutung sind schließlich noch folgende diebstahlsähnliche Übertretungen:

a) § 370 Nr. 1: Grundstücksverringerung durch Abgraben und Abpflügen.
b) § 370 Nr. 2: Entwendung von Bodenbestandteilen.
c) § 370 Nr. 6: Futterdiebstahl im Interesse des Eigentümers.

Einfacher Diebstahl.

§ 242. (1) Wer eine fremde bewegliche Sache einem anderen in der Absicht wegnimmt, dieselbe sich rechtswidrig zuzueignen, wird wegen Diebstahls mit Gefängnis bestraft.

(2) Der Versuch ist strafbar.

1. Vorbemerkung: Das durch § 242 geschützte Rechtsgut ist sowohl das Eigentum als auch der Gewahrsam. Daraus folgt, daß als Verletzter und damit Antragsberechtigter i. S. des § 61 sowohl der Eigentümer als auch der Gewahrsamsinhaber ist, und weiter, daß wenn die beiden Verletzten verschiedene Personen sind (in der Regel ist der Eigentümer auch der Gewahrsamsinhaber) und nur einer dieser beiden Verletzten zu den in § 247 bezeichneten Personen gehört, der Diebstahl weder Antragsdelikt noch straflos ist. Wenn also z. B. der Sohn dem Vater einen diesem nicht zu Eigentum gehörigen, sondern

von ihm nur verwahrten Gegenstand eines Dritten stiehlt, so ist der Sohn auch dann wegen Diebstahls zu bestrafen, wenn der Vater keinen Strafantrag stellt und zwar ohne Rücksicht darauf, ob der Sohn gewußt hat, daß der Gegenstand nicht seinem Vater, sondern einem Dritten gehörte; ebenso ist die Ehefrau wegen Diebstahls zu bestrafen, die ihrem Manne einen von diesem nur verwahrten Gegenstand stiehlt. (RG. 50, 46 und 54, 282.)

2. Objekt des Diebstahls kann nur eine Sache sein, d. h. ein körperlicher Gegenstand, nicht also Forderungen oder sonstige Rechte, wohl aber die solche Rechte verkörpernden Urkunden, wie Schuldscheine, Wechsel, Quittungen, Sparkassenbücher, Lebensmittelkarten usw. Unerheblich ist, ob die Sache einen Geldwert hat oder nicht, denn § 242 schützt lediglich das Eigentum, ohne Rücksicht auf den Wert der Sache. Bei der Wegnahme wertloser Gegenstände wird es allerdings meistens am subjektiven Tatbestand fehlen, insofern der Wegnehmende annehmen kann, der Eigentümer werde mit der Wegnahme einverstanden sein.

Es können ferner nicht nur feste Gegenstände, sondern auch Gas im Rohr oder Wasser im Brunnen (falls es in fremden Eigentum steht) gestohlen werden, nicht aber Maschinenkraft, Elektrizität.

Vergleiche hierzu das Gesetz vom 9. April 1900 betreffend die Bestrafung der Entziehung elektrischer Arbeit, nunmehr durch das dritte Strafrechtsänderungsgesetz als § 248c in das StGB. eingefügt.

3. Die Sache muß beweglich sein. Ob sie schon bei der Wegnahme beweglich ist oder erst von dem Wegnehmenden durch Wegreißen, Loslösen oder ähnliches zu einer beweglichen gemacht wird, ist gleichgültig, z. B. Steine aus einem Steinbruch, Bretter eines Zaunes, Abmähen fremder Frucht, Wegnahme gestochenen Torfs usw. Der Grund und Boden kann niemals Gegenstand eines Diebstahls sein.

4. Die Sachen müssen fremde sein, d. h. ein anderer muß Eigentümer der Sache sein. Durch Verpfändung oder Beschlagnahme geht das Eigentum nicht verloren.

a) Es scheiden also zunächst die im Eigentum des Täters stehenden Sachen als Diebstahlsobjekt aus. Dabei ist aber zu beachten, daß auch solche Sachen für den Täter fremde sind, an denen er nur Miteigentum hat. Ein Miteigentümer kann also an der gemeinschaftlichen Sache, wenn er sie in Besitz oder Alleingewahrsam hat, eine Unterschlagung (§ 246) und wenn er sie aus dem Gewahrsam oder Mitgewahrsam eines anderen wegnimmt, einen Diebstahl begehen. (RG. 29, 252.) So kann sich z. B. derjenige nach § 242 strafbar machen, der einen gefällten Baum, der auf der Grenze gestanden hat, also ihm und seinem Nachbarn gemäß § 923 Abs. 1 BGB. zu gleichen Teilen (Miteigentum) gehört, sich aneignet. Ebenso macht sich der Miteigentümer, der gemeinschaftliches, in der Verwahrung des anderen Miteigentümers befindliches Geld unbefugt zu seinem Nutzen verwendet, des Diebstahls schuldig. (Der Begriff des Miteigentums spielt im Gegensatz zu demjenigen des Mitgewahrsams — siehe unten Erl. 5g — in der Praxis nur eine geringe Rolle.)

b) Ebensowenig können herrenlose Sachen gestohlen werden. Als solche kommen in Betracht:

aa) Wilde in Freiheit befindliche Tiere und Fische; für sie gelten die Sonderbestimmungen der §§ 292 bis 295. Wenn sie aber in umhegten Tiergärten oder in geschlossenen Teichen untergebracht sind, sind sie nicht mehr herrenlos und ihre Wegnahme ist Diebstahl. (RG. 60, 275). Zahme Tiere (Haustiere) bleiben dagegen im Eigentum ihres Herrn, auch wenn sie entlaufen. Ein gefangenes wildes Tier wird herrenlos, wenn der Eigentümer dasselbe nach erlangter Freiheit nicht unverzüglich verfolgt oder wenn er die Verfolgung aufgibt (§ 960 BGB.). Ein Bienenschwarm wird herrenlos, wenn er ausgeschwärmt ist, und der Eigentümer ihn nicht unverzüglich verfolgt oder die Verfolgung aufgibt (§ 961 BGB.).

bb) Herrenlos sind ferner solche Sachen, an denen der Eigentümer sein Eigentum aufgegeben hat (§ 959 BGB.), z. B. der zum Abholen bereitgestellte Hausmüll. (RG. 49, 194.)

cc) Dagegen gehören nicht zu den herrenlosen Sachen die verlorenen, verlegten oder vergessenen Sachen, denn bei ihnen tritt kein Eigentumsverlust ein. An den verlorenen kann allerdings kein Diebstahl, wohl aber eine Unterschlagung begangen werden (siehe unten Erl. 5c), dagegen können verlegte oder vergessene Sachen sehr wohl Gegenstand eines Diebstahls sein (siehe unten Erl. 5d). Die Sachen in der Wohnung des auf Reisen befindlichen Eigentümers bleiben ebenfalls in dessen Gewahrsam.

c) Als Objekte des Diebstahls scheiden ferner aus diejenigen Sachen, die ihrer Natur nach in niemandes Eigentum stehen können. Hierher gehören:

aa) Die freie Luft, das Wasser im Meer, das fließende Wasser der Flüsse.

bb) Der menschliche Leichnam; er ist geschützt durch §§ 168, 367 Nr. 1.

cc) Der lebende menschliche Körper. Teile des Körpers (Zähne, Haare, einzelne Glieder) werden mit der Abtrennung selbständige Sachen und gelangen unmittelbar in das Eigentum der Person, von deren Körper sie getrennt wurden.

5. Die Sache muß ferner in fremdem Gewahrsam stehen, denn nur wenn dies zutrifft, kann die Sache „einem anderen" weggenommen werden.

a) Unter Gewahrsam ist ein tatsächliches Herrschaftsverhältnis zu verstehen, das nicht gleichbedeutend ist mit Besitz i. S. des bürgerlichen Rechts. Gewahrsam einer Sache hat, wer die physische Möglichkeit besitzt, über die Sache mit Ausschließung anderer zu verfügen. (RG. 34, 254.) Fremd ist der Gewahrsam, den der Täter nicht sebst hat. (Wegen Mitgewahrsam siehe unten Erl. g).

b) Der Gewahrsamsinhaber braucht nicht der rechtmäßige Eigentümer der Sache zu sein; es kann also auch dem Dieb die gestohlene Sache wieder gestohlen werden.

c) An einer verlorenen Sache kann ein Diebstahl nicht begangen werden, weil der letzte Besitzer ja nicht weiß, wo die Sache ist, und infolgedessen auch kein Herrschaftsverhältnis zu der Sache, d. h. keinen Gewahrsam hat. Da aber durch den Verlust das Eigentum nicht berührt wird (siehe oben Erl. 4b, cc) stellt sich die Aneignung einer gefundenen Sache als Unterschlagung i. S. des § 246 dar (siehe Erl. 9a zu § 246). Häufig wird aber bei Verlust der Sache ein neuer Gewahrsam eintreten, z. B. derjenige der Behörde, der Bahnhofsverwaltung, des Ladeninhabers, des Gastwirts bezüglich derjenigen Sachen, die in den betreffenden Räumlichkeiten in Verlust geraten sind; an solchen Sachen kann daher sehr wohl ein Diebstahl begangen werden. (RG. 38, 344.)

d) Scharf zu trennen von den verlorenen Sachen sind die nur verlegten oder vergessenen Sachen. Sie bleiben nicht nur im Eigentum des ursprünglichen Inhabers, sondern auch in dessen Gewahrsam und können daher sehr wohl „gestohlen" werden. (RG. 12, 357.) Ebenso bleibt eine versteckte Sache solange in Gewahrsam des Versteckenden, als diesem nicht dauernd die Verfügungsmöglichkeit entzogen wird. (RG. 58, 175.)

e) Entwendungen aus einer Erbschaft sind nur dann als Diebstahl zu betrachten, wenn die Erbschaftssachen schon in die tatsächliche Gewalt des Erbberechtigten gelangt sind, anderenfalls kommt nur Unterschlagung (siehe Erl. 9b zu § 246) in Frage. Ohne Bedeutung hierfür ist es, daß § 857 BGB. bestimmt, der Besitz gehe auf den Erben über; denn § 242 will, wie schon oben (siehe Erläuterung 5a) ausgeführt, nicht ein im bürgerlichen Recht anerkanntes Verhältnis schützen, sondern setzt nur voraus, daß sich die Sache im tatsächlichen Gewahrsam einer Person befindet. (RG. 34, 254.)

f) Entwendungen aus einem Warenautomaten sind als Diebstahl zu werten, da über seinen Inhalt der Eigentümer des Automaten unter Ausschließung anderer zu verfügen in der Lage ist, d. h. den Gewahrsam an dem Inhalt hat. (RG. 34, 45.) Es liegt hier nicht etwa der Tatbestand des Automatenmißbrauchs im Sinn des § 265a vor. (Siehe Erl. zu § 265a).

g) Von besonderer Bedeutung für die Praxis ist die Frage des sogenannten Mitgewahrsams; denn Diebstahl kann nicht nur, was zwar in der täglichen Strafrechtspraxis die Regel ist, an Sachen begangen werden, die sich im Alleingewahrsam eines anderen befinden, sondern es genügt schon, daß der andere lediglich Mitgewahrsam hat. Diebstahl scheidet nur dann aus, wenn der Täter Alleingewahrsam an der Sache hat, die er sich rechtswidrig zueignet; dann liegt nämlich Unterschlagung vor. (Siehe Erl. 1 zu § 246.) Zweifel in dieser Richtung ergeben sich in der täglichen Strafrechtspraxis in folgenden Fällen:

aa) Bei vermieteten Räumen wird in der Regel der Mieter den alleinigen Gewahrsam haben; eignet er sich also dem Vermieter gehörige Sachen an, so begeht er keinen Diebstahl, sondern eine Unterschlagung. Dagegen ist bei Vermietung durch Gastwirte im allgemeinen deren Wille zum Mitgewahrsam anzunehmen, so daß der Hotelgast sich durch die Wegnahme eines Einrichtungsgegenstandes eines Diebstahls schuldig macht.

bb) Ein Mitgewahrsam liegt ferner in folgenden Fällen vor: Verkäufer und sonstige Angestellte eines Ladengeschäftes haben höchstens Mitgewahrsam, niemals jedenfalls Alleingewahrsam nicht nur an den Warenvorräten, sondern auch an den Geldern, die sie für den Geschäftsherrn einnehmen. (RG. 77, 38.) Das gleiche gilt für Hausangestellte bezüglich der zur eigenen Benutzung überlassenen Sachen. Der Arbeiter wird im allgemeinen keinen Gewahrsam an dem Arbeitsmaterial erlangen, das er zur Bearbeitung vom Arbeitgeber erhalten hat, ebensowenig der Wächter oder Aufseher an den zu bewachenden Gegenständen. Alle diese Personen begehen also durch rechtswidrige Zueignung der fraglichen Gegenstände einen Diebstahl und keine Unterschlagung.

6. Die Ausführungshandlung besteht in dem Wegnehmen, d. h. in dem Bruch des fremden Gewahrsams und der Verbringung in die eigene Verfügungsgewalt.

a) Die Wegnahme ist vollendet, wenn die fremde Sache aus dem Gewahrsam des anderen in einen anderen Gewahrsam gebracht worden ist; dazu genügt weder die bloße Berührung des wegzunehmenden Gegenstandes, noch ist andererseits die Entfernung der Sache aus den Räumen des bisherigen Inhabers erforderlich. So ist z. B. der Diebstahl schon vollendet, wenn der Ladendieb die Ware in seiner Tasche verschwinden läßt, oder wenn ein Angestellter die entnommenen Waren zunächst im Geschäftslokal versteckt, um sie bei passender Gelegenheit nach Hause zu schaffen. (RG. 52, 76.)

b) Es ist nicht erforderlich, daß der Bruch des fremden Gewahrsams durch den Täter selbst erfolgt; vielmehr kann er sich hierzu eines gutgläubigen Dritten bedienen. (RG. 53, 180.)

c) Ebensowenig ist die Begründung eines eigenen Gewahrsams erforderlich. Zwar wird regelmäßig das „Wegnehmen" dadurch bewirkt, daß der Täter nicht nur den fremden Gewahrsam aufhebt, sondern auch den eigenen Gewahrsam begründet. Es ist aber auch möglich, daß der die Zueignung Beabsichtigende gar nicht erst den eigenen Gewahrsam begründet, sondern den anderen, dem er die Sache übereignen will, veranlaßt und instand setzt, den Gewahrsam unmittelbar zu ergreifen. So kann z. B. eine „Wegnahme" darin erblickt werden, daß der Täter die Sache einem gutgläubigen Dritten verkauft und durch diesen wegschaffen läßt. In diesem Falle kann tateinheitlich mit Diebstahl Betrug zusammenfallen. (RG. 70, 212.)

d) Immer aber ist erforderlich, daß die Aufhebung des Gewahrsams ohne den Willen des Gewahrsamsinhabers bzw. Eigentümers erfolgt. (RG. 53, 337.) Ist dies nicht der Fall, so kann Betrug, oder falls der Gewahrsamsbruch mit Gewalt oder unter Anwendung von Drohungen usw. erfolgt, Nötigung, Erpressung oder Raub vorliegen.

7. Der innere Tatbestand erfordert Vorsatz, der vor allem das Bewußtsein umfassen muß, daß der wegzunehmende Gegenstand sich in fremdem Eigentum befindet. Es genügt bedingter Vorsatz (siehe „Einführende Vorbemerkungen zum Strafrecht", Seite 1 ff., Abschnitt C III 1 b S. 16). Kennt der Wegnehmende das Tatbestandsmerkmal „fremd" nicht, dann ist er gemäß § 59 Abs. 1 straflos. Nimmt der Wegnehmende dagegen infolge eines Irrtums an, der ihm zu Eigentum gehörende Gegenstand stehe in fremdem Eigentum, dann macht er sich des versuchten Diebstahls schuldig (siehe „Einführende Vorbemerkungen zum Strafrecht", Seite 1 ff., Abschnitt D I 1 a, S. 19).

8. Zum Inneren Tatbestand gehört ferner, daß die Wegnahme in der Absicht rechtswidriger Zueignung erfolgt. Eine gewinnsüchtige Absicht ist nicht erforderlich.

a) In Zueignungsabsicht handelt, wer den Willen hat, den zu entwendenden Gegenstand dem Vermögen des Berechtigten dauernd zu entziehen, und ihn dem eigenen Vermögen zuzuführen.

Zu diesem Grundsatz ist folgendes zu bemerken;

aa) Liegt nur bloße Entziehungsabsicht vor (z. B. Öffnen des Käfigs, damit der Vogel entfliegt), ist der Tatbestand des § 242 nicht erfüllt. (RG. 64, 250.)

bb) Mit der Absicht, den Gegenstand dem eigenen Vermögen zuzuführen, braucht nicht der Wille verbunden zu sein, den Gegenstand dauernd in seinem Vermögen zu behalten. Vielmehr steht der Annahme einer rechtswidrigen Zueignungsabsicht die Tatsache nicht entgegen, daß der Täter schon bei der Wegnahme die Absicht gehabt hat, sich der Sache nach erfolgtem Gebrauch wieder zu entäußern, sie zu verschenken, zu zerstören usw. (Siehe RG. 52, 147.)

cc) Hat aber der Täter bei der Wegnahme die Absicht, den Gegenstand nach Gebrauch dem Eigentümer wieder zurückzugeben, liegt in der Regel nur ein strafloser sogenannter Gebrauchsdiebstahl vor. (Lediglich in einem Falle ist schon das Gebrauchen einer Sache im Gesetz ausdrücklich für strafbar erklärt, nämlich bei der sog. Gebrauchsanmaßung des § 290.)

b) Für die widerrechtliche Benutzung eines Kraftwagens gilt daher folgendes:

aa) Sie ist nur dann als Diebstahl des Wagens und des Betriebsstoffes zu verfolgen, wenn die Absicht des Täters bei Wegnahme dahin ging, den Wagen für seine Zwecke, solange er für ihn Wert habe, zu benutzen, ihn jedoch dann an beliebiger Stelle zurück zu lassen und dem Zugriff jedes Dritten freizugeben, wobei er den Umstand, daß der Eigentümer den Wagen später wieder zurückerhalten hat, nicht vorausgesehen und auch nicht gewollt hat. (RG. 64, 259.)

bb) Hat der Täter nicht mit diesem dolus gehandelt, sondern ging seine Absicht dahin, daß dem Eigentümer des Wagens sein Eigentum erhalten bleibt, dann scheidet § 242 aus und es greift der durch das dritte Strafrechtsänderungsgesetz in das StGB. eingefügte § 248b Platz, der an die Stelle der VO. gegen unbefugten Gebrauch von Kraftfahrzeugen und Fahrrädern vom 20. Oktober 1932 getreten ist.

c) Schließlich ist noch folgendes zu bemerken: Es sind Fälle denkbar, daß eine Sache einen, ihren eigentlichen Stoffwert überschreitenden und als solchen ausnutzbaren Sachwert besitzt, wie z. B. ein Sparkassenbuch oder Biermarken. Wer eine solche Sache in der Absicht wegnimmt, den in ihr verkörperten Sachwert zu eigenem Vorteil zu verwerten, also die Sache nicht nur zu gebrauchen, eignet sie sich an. In einem solchen Falle ist es für den Begriff der Zueignungsabsicht gleichgültig, ob der Täter schon bei der Wegnahme die Absicht hatte, den fraglichen Gegenstand nach seiner wirtschaftlichen Verwertung (z. B. das gestohlene Sparkassenbuch nach Abhebung eines Teilbetrages) dem Eigentümer wieder zurückzugeben. Der Wegnehmende ist wegen Diebstahl des Sparkassenbuchs zu bestrafen, weil er es weggenommen hat, um den in ihm verkörperten Sachwert wirtschaftlich zu verwerten. (RG. 43, 12.)

d) Rechtswidrig ist die Zueignung dann, wenn dem Täter kein Anspruch auf Herausgabe zusteht. Es ist daher die Wegnahme eines geschuldeten fälligen Geldbetrags kein Diebstahl, ebensowenig die Wegnahme mit Einwilligung des Eigentümers. (RG. 64, 210.)

9. Vollendet ist der Diebstahl, wie oben erwähnt, mit der Wegnahme in rechtswidriger Zueignungsabsicht. Der Versuch des Diebstahls setzt voraus, daß mit dem Bruch des fremden Gewahrsams irgendwie begonnen worden ist. Dies ist schon der Fall, wenn der Täter mit dem bestimmten Willen, zu stehlen, was sich ihm Brauchbares bieten werde, in fremdes befriedetes Besitztum eingedrungen ist und den fremden Gewahrsam bereits beeinträchtigt oder

ernstlich gefährdet, seinen Willen aber noch nicht auf die Wegnahme bestimmter Sachen gerichtet hat. (Siehe RG. 70, 202 und BGH. 2, 380.)

10. Verfügungen, die der Dieb nach der Wegnahme über die Sache trifft, stellen sich als straflose Nachtat (Verhältnis des Verwertungsdelikts zum Aneignungsdelikt) dar, können also nicht nochmals strafrechtlich erfaßt werden, wenn der durch die zweite Handlung angerichtete Schaden mit dem durch die erste bewirkten zusammenfällt (siehe hierzu „Einführende Vorbemerkungen zum Strafrecht", Seite 1 ff., Abschnitt B VII 4 d, S. 13).

11. Zwischen § 242 und den privilegierten Tatbeständen der §§ 248a und 370 Nr. 5 besteht Gesetzeskonkurrenz. (Siehe Vorbemerkung Ziff. 3 vor § 242.)

Schwerer Diebstahl.

§ 243. (1) Auf Zuchthaus bis zu zehn Jahren ist zu erkennen, wenn

1. aus einem zum Gottesdienste bestimmten Gebäude Gegenstände gestohlen werden, welche dem Gottesdienste gewidmet sind;
2. aus einem Gebäude oder umschlossenen Raume mittels Einbruchs, Einsteigens oder Erbrechens von Behältnissen gestohlen wird;
3. der Diebstahl dadurch bewirkt wird, daß zur Eröffnung eines Gebäudes oder der Zugänge eines umschlossenen Raumes, oder zur Eröffnung der im Innern befindlichen Türen oder Behältnisse falsche Schlüssel oder andere zur ordnungsmäßigen Eröffnung nicht bestimmte Werkzeuge angewendet werden;
4. auf einem öffentlichen Wege, einer Straße, einem öffentlichen Platze, einer Wasserstraße oder einer Eisenbahn oder in einem Postgebäude oder dem dazu gehörigen Hofraume, oder auf einem Eisenbahnhofe eine zum Reisegepäck oder zu anderen Gegenständen der Beförderung gehörende Sache mittels Abschneidens oder Ablösens der Befestigungs- oder Verwahrungsmittel oder durch Anwendung falscher Schlüssel oder anderer zur ordnungsmäßigen Eröffnung nicht bestimmter Werkzeuge gestohlen wird;
5. der Dieb oder einer der Teilnehmer am Diebstahle bei Begehung der Tat Waffen bei sich führt;
6. zu dem Diebstahle mehrere mitwirken, welche sich zur fortgesetzten Begehung von Raub oder Diebstahl verbunden haben, oder
7. der Diebstahl zur Nachtzeit in einem bewohnten Gebäude, in welches sich der Täter in diebischer Absicht eingeschlichen oder in welchem er sich in gleicher Absicht verborgen hatte, begangen

wird, auch wenn zur Zeit des Diebstahls Bewohner in dem Gebäude nicht anwesend sind. Einem bewohnten Gebäude werden der zu einem bewohnten Gebäude gehörige umschlossene Raum und die in einem solchen befindlichen Gebäude jeder Art, sowie Schiffe, welche bewohnt werden, gleich geachtet.

(2) Sind mildernde Umstände vorhanden, so tritt Gefängnisstrafe nicht unter drei Monaten ein.

Hier wird der sog. schwere oder erschwerte Diebstahl behandelt. Ein weiterer Fall von durch seine Gefährlichkeit ausgezeichnetem Diebstahl wird beim Raub in § 252 StGB. mit Strafe bedroht. — Der schwere Diebstahl im wiederholten Rückfall ist in § 244 StGB. mit besonders harter Strafe belegt.

1. Der Kirchendiebstahl (§ 243 Nr. 1).

a) Zum Gottensdienst bestimmt ist das Gebäude erst dann, wenn es tatsächlich gottesdienstlichen Zwecken überwiesen ist. Siehe im übrigen Erl. 2a.

b) Dem Gottesdienst gewidmet ist ein Gegenstand, der bei der Ausführung des Rituals verwendet wird (z. B. Abendmahlgerätschaften, Kruzifixe, Altarkerzen, dagegen nicht das Inventar des Gebäudes, die Opferstöcke und der Klingelbeutel).

2. Der in der Praxis wichtigste Fall ist der Einbruchsdiebstahl des § 243 Nr. 2.

Die in Rechtsprechung und Schrifttum von jeher umstrittenen Begriffe „Gebäude", „umschlossener Raum" und „Behältnis" sind vom Bundesgerichtshof in teilweiser Abweichung von der reichsgerichtlichen Rechtsprechung neu formuliert worden. (Siehe BGH. 1, 158.)

a) Ein Gebäude ist ein durch Wände und Dach begrenztes, mit dem Erdboden fest (wenn auch nur durch die eigene Schwere, z. B. Ausstellungs- und Zirkuszelt) verbundenes Bauwerk, das den Eintritt von Menschen gestattet und das Unbefugte abhalten soll.

b) Ein Behältnis ist ein zur Aufnahme von Sachen dienendes und sie umschließendes Raumgebilde, das nicht dazu bestimmt ist, von Menschen betreten zu werden.

c) Ein umschlossener Raum ist jedes Raumgebilde, das nicht Gebäude oder Behältnis in dem oben erörterten Sinne ist, das (mindestens auch) dazu bestimmt ist, von Menschen betreten zu werden, und das mit (mindestens teilweise künstlichen) Vorrichtungen umgeben ist, die das Eindringen von Unbefugten abwehren sollen. Es haben daher auch Zimmer, Kellerräume und Dachböden eines Gebäudes als umschlossene Räume zu gelten und ebenso Schiffe und Wohnwagen. Es begeht demnach ein Dieb, der auf ordnungsmäßigem Wege in ein Gebäude gelangt und dann in eine umschlossene Abteilung dieses Gebäudes einsteigt, zwar keinen Diebstahl aus einem Gebäude mittels Einsteigens, aber einen Diebstahl aus einem umschlossenen Raume mittels Einsteigens. Ebenso begeht derjenige, der aus einem verschlossenen Kraftwagen darin eingeschlossene Gegenstände stiehlt, einen Diebstahl aus einem umschlossenen Raum mittels Einbruch. (BGH. 2, 214 und 4, 16.) Siehe auch BGH. 5, 205: Wer einen Kraftwagen entwendet, indem er die verschlossenen Türen mit einem Nachschlüssel öffnet, begeht schweren Diebstahl nach § 243, Abs. 1. Nr, 3 (siehe unten Erl. 3).

d) Der Diebstahl muß mittels Einbruchs, Einsteigens oder Erbrechens von Behältnissen durchgeführt werden.

aa) Einbrechen ist die auf Kraftanstrengung beruhende Erzeugung oder Erweiterung einer Öffnung; eine Verletzung oder Zerstörung der Substanz ist nicht erforderlich, z. B. Auseinanderbiegen der beiden Flügel eines Scheunentores oder Ausheben der Türen, oder Beiseiteschieben eines den Zugang von einem zum anderen Zimmer versperrenden Schranks.

Der Täter braucht das Gebäude oder den umschlossenen Raum nicht selbst betreten zu haben. Herauslangen des Gegenstandes genügt; ebenso wenn die zu stehlenden Tiere veranlaßt werden, durch die durch Einbruch entstandene Lücke dem Täter in die Hand zu laufen. (RG. 29, 70; 56, 48.)

bb) Einsteigen ist das Betreten eines Gebäudes oder umschlossenen Raumes durch eine hierzu nicht bestimmte Öffnung unter Überwindung eines gewissen Hindernisses. Das Einsteigen muß vom Freien oder wenigstens von einem anderen Gebäude oder umschlossenen Raume aus erfolgen. (RG. 30, 122.)

Im Gegensatz zum Einbruch (siehe oben) muß beim Einsteigen der Täter in den Raum, wenn auch nicht mit dem ganzen Körper, hineingelangen.

Das Herausholen mit einem Werkzeug oder durch ein Tier oder auch durch einen schuldlos handelnden (gutgläubigen oder geisteskranken) Menschen genügt nicht zur Erfüllung des Tatbestandmerkmals des Einsteigens. (RG. 24, 86.)

cc) Das Erbrechen des Behältnisses muß innerhalb des Gebäudes oder umschlossenen Raumes erfolgen; nimmt also der Dieb das ganze Behältnis mit und erbricht es außerhalb des Gebäudes, so begeht er einen einfachen Diebstahl. (Bestritten.) (RG. 40, 97.)

Das „Erbrechen" erfordert ebenso wie das „Einbrechen" keine Substanzverletzung.

Schließlich kann auch das Öffnen eines Briefes in der Absicht, sich den Inhalt anzueignen, als Erbrechen eines Behältnisses gewertet werden. (RG. 54, 295.)

3. Der Nachschlüsseldiebstahl des § 243 Nr. 3.

a) Falsche Schlüssel können auch verlorene, gestohlene oder sonstwie abhanden gekommene Schlüssel sein, wenn ihnen der Berechtigte durch seinen auch anderen erkennbar gewordenen Willen die Bestimmung zur ordnungsmäßigen Eröffnung entzogen hat. (RG. 52, 84.)

b) Andere zur ordnungsmäßigen Eröffnung nicht bestimmte Werkzeuge sind solche, durch die der Mechanismus des Verschlusses ordnungswidrig in Bewegung gesetzt wird, z. B. Dietriche; es ist immer erforderlich eine Einwirkung auf das Schließwerk eines Schlosses. (RG. 52, 322.)

c) Der Tatbestand des Nachschlüsseldiebstahls ist auch dann erfüllt, wenn der Täter zunächst mit falschem Schlüssel ein Behältnis öffnet, aus diesem den richtigen nimmt und damit den Geldbehälter öffnet. (RG. 40, 153.)

d) Der sogenannte Automatendiebstahl (Entwendung von Gegenständen aus Automaten mittels Einwurfs von Metallplatten, Knöpfen oder dergleichen anstatt Geldmünzen) gehört nicht hierher, weil keine Öffnung des Schlosses stattgefunden hat; es liegt in einem solchen Falle nur einfacher Diebstahl nach § 242 vor. (RG. 34, 45.) Der Tatbestand des Automatenmißbrauchs nach § 265 a kommt deshalb nicht in Frage, weil diese Bestimmung nach ihrem Wortlaut nur subsidiäre Bedeutung hat.

4. Der Transportdiebstahl des § 243 Nr. 4.

a) Der Zweck dieser Vorschrift ist, den auf öffentlichen Wegen und in öffentlichen Verkehrsanstalten befindlichen Beförderungsgegenständen, die durch besondere Befestigungen, Verwahrung oder Verschluß gesichert sind, einen erhöhten Schutz zu gewähren, weil sie mehr als andere Sachen der Gefahr des Diebstahls ausgesetzt sind und weil es für den Transportführer schwer ist, derartige Gegenstände andauernd persönlich zu überwachen. (RG. 67, 262.)

b) Zu den „Gegenständen der Beförderung" gehören nicht nur die Transportgüter selbst, sondern auch das Gerät, das zum Gebrauch unterwegs mitgenommen wird, wie z. B. Reservereifen am Kraftwagen oder Beil und Säge im D-Zug-Wagen. (BGH. 3, 312 und 314; ferner BGH. 4, 40.)

c) Wie beim Diebstahl mittels Erbrechens von Behältnissen (siehe oben Ziffer 2d, cc) muß auch beim Transportdiebstahl das Abschneiden usw. nach dem Wortlaut des Gesetzes am Diebstahlsort selbst erfolgen. Nimmt also der Dieb das ganze Beförderungsgut uneröffnet mit, dann liegt nur ein einfacher Diebstahl vor. Man wird daher für die Praxis es als genügend erachten müssen, wenn der Täter zeitlich unmittelbar anschließend an die Wegnahme die gewaltsame Eröffnung des Beförderungsgutes vornimmt. (BGH. 2, 260.)

5. Der Waffendiebstahl des § 243 Nr. 5.

a) Unter den Begriff „Waffe" fallen nicht nur solche im technischen Sinne (Hieb-, Stoß-, Stich- oder Schußwaffen), sondern auch chemische Mittel (siehe Erl. 2 zu § 223a und Erl. 2 zu § 250). Darüber hinaus genügt sowohl für § 243 Abs. 1 Nr. 5 als auch für § 250 Abs. 1 Nr. 1 jedes gefährliche Werkzeug.

b) Handelt es sich lediglich um ein gefährliches Werkzeug oder ein chemisches Mittel (also nicht um eine Waffe im technischen Sinne), dann ist subjektiv zur Erfüllung des Tatbestandes erforderlich, daß der Täter wenigstens mit der Möglichkeit gerechnet haben muß, den Gegenstand bei der Tat als Waffe zu verwenden; denn andernfalls müßte angenommen werden, daß, wer ein Taschenmesser im Anzuge zu tragen pflegt, immer nur einen schweren Raub oder Diebstahl begehen könnte. (RG. 68, 239 und BGH. 3, 232.)

6. Der Bandendiebstahl des § 243 Nr. 6.

a) Erste Voraussetzung ist, daß die Verbindung (von zwei oder mehr Personen) auf die Begehung mehrerer selbständiger, im einzelnen noch unbestimmter Diebstähle gerichtet ist; denn der hier verwendete Begriff der „fortgesetzten" Begehung ist nicht identisch mit dem Begriff der fortgesetzten Straftat im technischen Sinne. (RG. 66, 238.)

b) Der Begriff „Mitwirkung" ist enger als der der Teilnahme nach §§ 47ff. Er verlangt ein zeitliches und örtliches Zusammenwirken mehrerer Mitglieder der Bande bei der Ausführung des einzelnen Diebstahls. Wer nicht „mitgewirkt" hat, kann u. U. als Teilnehmer nach §§ 47ff., 242 bestraft werden. (RG. 73, 322.)

c) Durch die Verbindung wird den einzelnen Straftaten ihre rechtliche Selbständigkeit nicht genommen.

7. Der nächtliche Diebstahl des § 243 Nr. 7.

a) Der gesetzgeberische Grund für die härtere Bestrafung des „nächtlichen Diebstahls" ist ein doppelter. Einmal sind Diebstähle, die zur Nachtzeit begangen werden, besonders dazu angetan, die Sicherheit des Besitzes und Eigentums zu gefährden, insofern sie die Anwendung von Gegenmaßregeln unmöglich machen oder mindestens sehr erschweren. Sodann bedürfen die Personen, die durch solche Diebstähle in Mitleidenschaft gezogen werden, eines erhöhten Strafschutzes, weil sie bei einem Zusammentreffen mit dem Dieb ernstlichen Gefahren für Leben oder Gesundheit ausgesetzt sind. (RG. 54, 269.)

b) Zur Nachtzeit muß der Diebstahl begangen sein, d. h. in der Zeit vom Eintritt der Dunkelheit bis zur Morgendämmerung. (RG. 3, 209.)

c) Als Ort der Tat kommt vor allem ein bewohntes Gebäude in Betracht. Es genügt, daß das Gebäude nur einem Menschen zum Aufenthalt während der Nachtzeit dient. Ferner kommen nach dem Gesetzestext als Ort der Tat in Frage der zu einem bewohnten Gebäude gehörige umschlossene Raum, ferner die in einem solchen Raum befindlichen Gebäude jeder Art und schließlich Schiffe, welche bewohnt werden.

d) Die besondere Art der Begehung dieses Diebstahls besteht im Einschleichen oder Sichverbergen des Täters in diebischer Absicht.

aa) Einschleichen ist jedes heimliche und absichtlich der Wahrnehmung anderer entzogene Eintreten. Nicht erforderlich ist, daß der Täter vor Beginn der Nachtzeit eingeschlichen ist, oder daß ein gewisser Zeitraum zwischen Einschleichen und Wegnehmen liegt. (RG. 10, 280.) Ein „Einschleichen" liegt auch dann vor, wenn sich der Täter durch List oder durch Täuschung von Hausbewohnern offenen Zutritt in ein Gebäude verschafft. (RG. 73, 9.)

bb) Ein Verbergen liegt vor, wenn der Dieb dazu einen Ort benutzt, an dem er nicht verweilen durfte. (RG. 32, 312.)

8. Versuch des schweren Diebstahls liegt schon dann vor, wenn mit einem der erschwerenden Tatbestandsmerkmale begonnen ist. (RG. 38, 177.) So liegt z. B. schon Versuch des Einbruchdiebstahls vor, wenn der Täter eine Fensterscheibe des Gebäudes, in das er in diebischer Absicht eindringen will, mit einer dicken Masse bestreicht, um das Klirren der Glasstücke beim Eindrücken der Scheibe zu verhindern. (RG. 54, 35.)

9. Wird durch Ausführung eines erschwerenden Merkmals ein Hausfriedensbruch oder eine Sachbeschädigung begangen, so gehen diese Delikte im schweren Diebstahl auf, d. h. es besteht Gesetzeskonkurrenz. (Siehe „Einführende Vorbemerkungen zum Strafrecht", Seite 1 ff., Abschnitt B VII 4 d, aa, S. 13 und Erl. 4 zu § 248 a.)

10. Wegen der Nebenstrafen siehe § 248.

Rückfalldiebstahl.

§ 244. (1) Wer im Inlande als Dieb, Räuber oder gleich einem Räuber oder als Hehler bestraft worden ist, darauf abermals eine dieser Handlungen begangen hat, und wegen derselben bestraft worden ist, wird, wenn er einen einfachen Diebstahl (§ 242) begeht, mit Zuchthaus bis zu zehn Jahren, wenn er einen schweren Diebstahl (§ 243) begeht, mit Zuchthaus nicht unter zwei Jahren bestraft.

(2) Sind mildernde Umstände vorhanden, so tritt beim einfachen Diebstahl Gefängnisstrafe nicht unter drei Monaten, beim schweren Diebstahl Gefängnisstrafe nicht unter einem Jahre ein.

1. Vorbemerkung: Bei allen Straftatbeständen wird der Rückfall ganz allgemein als Strafzumessungsgrund berücksichtigt. In vier Fällen schreibt

das Gesetz aber ausdrücklich vor, welche Strafen einzutreten haben, wenn der Täter rückfällig ist, nämlich beim Diebstahl (§ 244), beim Raub (§ 250, Nr. 5), bei der Hehlerei (§ 261) und beim Betrug (§ 264). Bei der Hehlerei und beim Betrug kommen jeweils nur eigentliche Hehlerei- bzw. Betrugstatbestände als rückfallbegründend in Frage, während beim Diebstahl und beim Raub auch andere Straftaten den Rückfall begründen können.

2. Die Voraussetzungen des Rückfalldiebstahls sind folgende:

a) Der Täter muß im Inland wegen Diebstahls (§§ 242, 243), wegen Raubs (§§ 249—251), räuberischen Diebstahls (§ 252), räuberischer Erpressung (§ 255), oder wegen Hehlerei (§§ 258—260) bestraft sein. Es genügt eine Verurteilung wegen Versuchs oder Teilnahme (Anstiftung, Beihilfe.)

b) Die Strafe muß mindestens teilweise verbüßt oder erlassen sein (§ 245). Anrechnung der Untersuchungshaft genügt. Wegen „Tilgung" siehe Erl. 3 zu § 245

c) Nach Verbüßung der ersten Strafe muß der Täter abermals eine der in a) genannten Taten begangen haben, und auch dieserhalb muß er rechtskräftig verurteilt worden sein und die Strafe mindestens teilweise verbüßt haben, bzw. die Strafe muß mindestens teilweise erlassen sein.

d) Seit Verbüßung oder Erlaß der letzten Strafe dürfen keine zehn Jahre verflossen sein (Rückfallverjährung). Der zeitliche Abstand zwischen den beiden ersten Strafen darf mehr als zehn Jahre betragen. (Siehe § 245.)

3. Der strafschärfende Rückfall ist eine „persönliche Eigenschaft" und daher ein die Strafe schärfender Umstand im Sinne des § 50 Abs. 2 (siehe Erläuterung 7 — Beispiele zu § 50). Er ist aber gleichzeitig ein „die Strafbarkeit erhöhender Umstand" im Sinn des § 59. Daraus folgt, daß die Verurteilung wegen Rückfalldiebstahls voraussetzt, daß der Dieb bei Begehung des Diebstahls das Vorhandensein der den Rückfall begründenden Tatumstände gekannt hat. (Eine Vollziehung der Strafe ohne Kenntnis des Täters ist wohl kaum denkbar, wenigstens nicht bei Freiheitsstrafen und dem Verweis, also den Strafarten, die für die Anwendung des § 244 allein in Betracht kommen. Dagegen kann sich sehr wohl ein Straferlaß der Kenntnis des Täters zeitweise oder auch dauernd entziehen.)

4. Das Verbrechen des § 244 liegt nicht vor, wenn es sich lediglich um Diebstahl geringwertiger Gegenstände aus Not (§ 248a) oder um Verbrauchsmittelentwendung (§ 370 Nr. 5) handelt.

Rückfallverjährung.

§ 245. Die Bestimmungen des § 244 finden Anwendung, auch wenn die früheren Strafen nur teilweise verbüßt oder ganz oder teilweise erlassen sind, bleiben jedoch ausgeschlossen, wenn seit der Verbüßung oder dem Erlasse der letzten Strafe bis zur Begehung des neuen Diebstahls zehn Jahre verflossen sind.

1. § 245 ergänzt den § 244 in zwei Punkten: Es werden positiv der vollen Verbüßung der Vorstrafen, die § 244 verlangt, die teilweise Verbüßung und der Erlaß gleichgesetzt, während negativ der zweite Rückfall nach einer gewissen Dauer ausgeschlossen wird (sog. Rückfallverjährung). Liegen nämlich zwischen der zur Aburteilung stehenden dritten Tat und der Verbüßung oder dem Erlaß

der Strafe für die zweite Tat mehr als 10 Jahre, dann kommt die Rückfallstrafe des § 244 nicht in Betracht.

2. Beispiel: Der Angeklagte A hatte am 15. April 1928 einen Diebstahl begangen, wurde deshalb am 1. Juni 1928 bestraft und hat die Strafe teilweise verbüßt am 15. Dezember 1928. Am 1. Dezember 1939 begeht A eine räuberische Erpressung (§ 255), wird am 1. Februar 1940 zu 2 Jahren Zuchthaus verurteilt, die er am 1. Februar 1942 verbüßt hat. Begeht er nunmehr am 2. Februar 1952 einen Einbruchsdiebstahl, dann kann er nur gemäß §§ 242, 243, und nicht wegen Rückfalldiebstahls (§ 244) bestraft werden; eine solche Bestrafung käme nur in Frage, wenn A den Einbruchsdiebstahl in der Zeit vor dem 1. Februar 1952 begangen hätte.

3. Die „Tilgung" einer Vorstrafe nach dem Reichsgesetz über beschränkte Auskunft aus dem Strafregister und Tilgung von Strafvermerken v. 9. April 1920 (RGBl. 507) beseitigt nach § 5 Abs. 2 dieses Gesetzes ihre rückfallbegründende Wirkung. Bei Zuchthausstrafe kommt eine Tilgung nicht in Frage.

Besitz von Diebeswerkzeug.

§ 245a. (1) Wer Diebeswerkzeug in Besitz oder Gewahrsam hat oder von einem anderen für sich verwahren läßt, nachdem er wegen schweren Diebstahls, Diebstahls im Rückfall, Raubes, gewerbs- oder gewohnheitsmäßiger Hehlerei oder Hehlerei im Rückfall (§§ 243 bis 245, 249 bis 252, 260, 261) rechtskräftig verurteilt worden ist, wird mit Gefängnis nicht unter drei Monaten bestraft, sofern sich nicht aus den Umständen ergibt, daß das Werkzeug nicht zur Verwendung bei strafbaren Handlungen bestimmt ist.

(2) Wer Diebeswerkzeug für einen anderen in Verwahrung nimmt oder einem anderen überläßt, obwohl er weiß oder den Umständen nach annehmen muß, daß das Werkzeug zur Verwendung bei strafbaren Handlungen bestimmt ist, wird, sofern die Tat nicht nach anderen Vorschriften mit schwererer Strafe bedroht ist, mit Gefängnis bestraft.

(3) Das Diebeswerkzeug ist einzuziehen, auch wenn es dem Täter nicht gehört.

(4) In den Fällen des Abs. 1 kommt eine frühere Verurteilung nicht in Betracht, wenn zwischen dem Eintritt ihrer Rechtskraft und der Tat des Abs. 1 mehr als fünf Jahre verstrichen sind. In die Frist wird die Zeit nicht eingerechnet, in der der Täter eine Freiheitsstrafe verbüßt oder auf behördliche Anordnung in einer Anstalt verwahrt wird. Eine ausländische Verurteilung steht einer inländischen gleich, wenn die geahndete Tat nach deutschem Recht ein Verbrechen der im Abs. 1 genannten Art wäre.

1. Vorbemerkung: § 245a, in das Strafgesetzbuch eingefügt durch das Gewohnheitsverbrechergesetz vom 24. November 1933, wendet sich gegen den berufsmäßigen Eigentumsverbrecher, den die Polizei bei ihrer Fahndungs-

tätigkeit häufig in Besitz von Diebeswerkzeug d. h. von beweglichen Gegenständen, die zur Ausführung von Diebstählen geeignet sind (wie Dietriche, Stemmeisen usw.) antrifft, ohne daß sie ihm jedoch neue Diebstähle nachweisen kann.

Die Vorschrift des § 245a bedroht gewissermaßen eine Vorbereitungshandlung zum Diebstahl als vollendetes Delikt mit Strafe; sie hat zum Gegenstand eine Gefährdungstat, die sich gegen die öffentliche Sicherheit richtet, während der Diebstahl selbst eine Verletzungstat darstellt, deren Strafdrohung dem Schutze des Eigentums dient. Da somit das geschützte Rechtsgut bei beiden Straftaten nicht dasselbe ist, besteht zwischen ihnen nicht etwa Gesetzeseinheit, sondern es kann nur in Frage kommen, ob zwischen § 245a und §§ 242ff. Tateinheit oder Tatmehrheit gegeben ist. Diese Frage ist nach Lage des einzelnen Falles zu beurteilen. (RG. 69, 92.)

2. Der Absatz 1 des § 245a bedroht den Besitz von Diebeswerkzeug mit Strafe. Diese Bestimmung richtet sich also gegen den Einbrecher selbst.

a) Als Täter kommt hier nur in Betracht, wer schon einmal wegen schweren Diebstahls usw. verurteilt worden ist (gewisse frühere Urteile, die weiter zurückliegen, kommen nach Absatz 4 nicht in Betracht).

b) Für den inneren Tatbestand ist Vorsatz erforderlich, und zwar soll wegen der Beweisschwierigkeiten, die sich erfahrungsgemäß dem Nachweis der Zweckbestimmung des Werkzeugs im Einzelfall entgegenstellen würden, die Bestrafung nach Absatz 1 schon dann eintreten, wenn jemand einen Gegenstand, der seiner Beschaffenheit nach als Diebeswerkzeug geeignet ist, in Kenntnis dieser äußeren — objektiven — Eignung in Besitz oder Gewahrsam hat; nur dann verzichtet der Gesetzgeber in einem solchen Falle auf Bestrafung, wenn sich „aus den Umständen" ergibt, daß das Werkzeug nicht zur Verwendung bei strafbaren Handlungen bestimmt ist. Die innere — subjektive — Zweckbestimmung des Werkzeugs braucht der Vorsatz des Täters des Absatz 1 also nicht zu umfassen. (RG. 69, 80.)

3. Der Absatz 2 des § 245a will die Helfershelfer des Einbrechers usw. treffen und richtet sich vor allem gegen die Kaschemmenwirte, Dirnen und ähnliche Personen, die dem Verbrecher durch Verwahrung des Diebeswerkzeugs Unterstützung gewähren und gegen diejenigen Angehörigen der Verbrecherwelt, die die Berufsdiebe mit ihrem Werkzeug ausstatten.

a) Täter kann jedermann sein; im Gegensatz zu Absatz 1 ist eine Vorverurteilung des Täters keine Voraussetzung der Strafbarkeit.

b) Für den inneren Tatbestand ist Vorsatz erforderlich. Ebenso wie bei der Hehlerei soll auch hier genügen, daß der Täter den Bestimmungszweck den Umständen nach annehmen muß.

c) Der Tatbestand des Absatz 2 hat subsidiäre Bedeutung, d. h. er kommt nur in Betracht, wenn die Tat nicht nach anderen Vorschriften mit schwererer Strafe bedroht ist. Ist daher der, der für einen anderen Diebeswerkzeug in Verwahrung genommen und dadurch selbst Gewahrsam daran erlangt hat, im Sinne des Absatz 1 vorverurteilt, so trifft ihn kraft des Vorbehaltes in Absatz 2 die strengere Strafe des Absatz 1. (RG. 69, 82.)

4. Die Einziehung des Diebeswerkzeugs ist obligatorisch, auch wenn es dem Täter nicht gehört (Absatz 3).

5. Nicht strafbar ist, wer, ohne zu den in § 245 a Abs. 1 genannten Personen zu gehören, Diebeswerkzeug für einen eigenen Diebstahl in Besitz hat.

Unterschlagung.

§ 246. (1) Wer eine fremde bewegliche Sache, die er in Besitz oder Gewahrsam hat, sich rechtswidrig zueignet, wird wegen Unterschlagung mit Gefängnis bis zu drei Jahren und, wenn die Sache ihm anvertraut ist, mit Gefängnis bis zu fünf Jahren bestraft.

(2) Sind mildernde Umstände vorhanden, so kann auf Geldstrafe erkannt werden.

(3) Der Versuch ist strafbar.

1. Unterschlagung ist die rechtswidrige Zueignung einer fremden beweglichen Sache, die der Täter in Besitz oder Gewahrsam hat.

2. Der Unterschied gegenüber dem Diebstahl besteht darin, daß bei der Unterschlagung der eigene Besitz oder Gewahrsam des Täters vorhanden sein muß, bevor er sich die fremde Sache aneignet, während beim Diebstahl die Sache dem Eigentümer weggenommen wird, die Verschaffung des eigenen Gewahrsams also der Zueignungshandlung nachfolgt. Während sich der Diebstahl sowohl gegen fremdes Eigentum als auch gegen fremden Gewahrsam richtet (siehe Erl. 1 zu § 242), ist das geschützte Rechtsgut bei der Unterschlagung nur das fremde Eigentum; der durch die Unterschlagung Verletzte ist also nur der Eigentümer. Unterschlagung setzt immer Alleingewahrsam des Täters voraus.

3. Wegen des Begriffs „beweglich" und „fremde Sache" vgl. Erl. 3 und 4 zu § 242.

4. Wegen des Begriffs „Gewahrsam" vgl. Erl. 5 a zu § 242.

5) Zueignungshandlung ist die Verbringung der Sache aus dem Eigentum eines anderen in die Verfügungsgewalt des Täters. Sie ist nicht schon dann gegeben, wenn der Inhaber der fremden Sache lediglich den Willen hat, darüber gleich dem berechtigten Eigentümer und mit Ausschluß desselben die Herrschaft auszuüben, den bisherigen Fremdbesitz also in Eigenbesitz umzuwandeln, sondern dieser Wille muß auch in einer äußeren Handlung oder einer Unterlassung zum Ausdruck kommen. Es kommen daher als Zueignungshandlungen vor allem in Frage der Verbrauch, der Verkauf, die Verschenkung; ferner Verpfändung der fremden Sache, es sei denn, daß der Täter in der Lage und willens ist, aus eigenen Mitteln die Sache jederzeit wieder einzulösen. Auch schon das Angebot zum Kauf wird in der Regel als eine Zueignung anzusehen sein (RG. 73, 253), ebenso die Ableugnung des Besitzes gegenüber dem Eigentümer (RG. 61, 159). Die Nichtanzeige einer Fundsache wird dann als Zueignung gewertet werden können, wenn sich aus der unterlassenen Anzeige ergibt, daß der Finder die Sache für sich behalten will.

6. Der innere Tatbestand erfordert

a) Vorsatz, der vor allem das Bewußtsein des Täters umfassen muß, daß der Gegenstand, den er sich aneignen will, in fremdem Eigentum steht. Hierzu gilt das für den Diebstahl in Erl. 7 zu § 242 Gesagte entsprechend für die Unterschlagung.

b) Den Willen, sich den Gegenstand zuzueignen. Siehe hierzu die Ausführungen in Erl. 8 zu § 242, die entsprechend für § 246 gelten.

c) Zum inneren Tatbestand gehört schließlich, daß der Täter das Bewußtsein hat, daß die Aneignung rechtswidrig erfolgt. Da, wie bei allen Eigentumsdelikten die Rechtswidrigkeit entfällt, wenn der Eigentümer in die Zueignung einwilligt, wird gerade bei der Unterschlagung dem Täter häufig das Bewußtsein, rechtswidrig zu handeln, fehlen, d. h. er wird, falls er bereit und fähig ist, den Gegenstand (vor allem, wenn es sich um Geld handelt) jederzeit aus eigenen Mitteln zu ersetzen (sog. Ersatzbereitschaft) annehmen dürfen, daß der Eigentümer mit seinem Vorgehen einverstanden ist. Eine solche Annahme würde, selbst wenn sie auf einem Irrtum beruhte, die Strafbarkeit des Täters ausschließen. (Irrtümliche Annahme eines Rechtfertigungsgrundes gemäß § 59 Abs. 1.) (Siehe „Einführende Vorbemerkungen zum Strafrecht", Abschnitt D I 2 a, S. 19.)

7. Vollendet ist die Unterschlagung, sobald die Zueignungshandlung vollzogen ist. Ein Versuch, der nach Abs. 3 strafbar ist, kommt in der Praxis selten vor; er ist z. B. gegeben, wenn der Verwahrer eines fremden Behältnisses, an dem er Alleingewahrsam hat, dieses erbricht, um sich den Inhalt anzueignen, dann aber von einer Aneignung absieht.

8. Erhöhte Strafe tritt ein, wenn die Sache, die sich der Täter zueignet, ihm anvertraut war (sog. Veruntreuung). Anvertraut ist eine Sache, wenn der Überlassung des Gegenstandes an einen anderen ein gewisses Vertrauensverhältnis zugrunde liegt.

9. Als Beispiele für Grenzfälle, die in der Praxis oft zu Zweifeln Anlaß geben, kommen vor allem folgende in Frage:

a) An einer verlorenen Sache kann kein Diebstahl begangen werden, weil der Verlierer ja nicht weiß, wo die Sache sich befindet und infolgedessen auch keinen Gewahrsam hat, dagegen eine Unterschlagung, falls der Täter irgendwie über die Sache verfügt, da durch das Verlieren der Sache das Eigentum an ihr nicht berührt wird. (Siehe Erl. 5 c zu § 242.) Anders dagegen bei verlegten, vergessenen oder versteckten Sachen. (Siehe Erl. 5 d zu § 242.)

b) An Sachen, die zu einer Erbschaft gehören, von der die Erben noch keinen Besitz ergriffen haben, wird Unterschlagung begangen, wenn der Nichterbe sich in den Besitz der Erbschaftsgegenstände setzt und sie dann zu seinem Nutzen verwertet. (Siehe Erl. 5 e zu § 242.)

c) Eignet sich der Mieter Gegenstände des Vermieters aus dem an ihn vermieteten möblierten Zimmer an, so begeht er keinen Diebstahl, sondern eine Unterschlagung. (Siehe Erl. 5 g, aa zu § 242.)

d) Verkäufer und sonstige Angestellte eines Ladengeschäfts begehen an den Warenvorräten und den Geldern, die sie für den Geschäftsherrn einnehmen, keine Unterschlagung, sondern Diebstahl, ebenso die Hausangestellte, die sich zur eigenen Benutzung überlassene Sachen der Dienstherrschaft aneignet sowie der Wächter oder Aufseher an den zu bewachenden Gegenständen. In allen diesen Fällen haben die Täter höchstens Mitgewahrsam, bei dessen Verletzung immer Diebstahl und nicht Unterschlagung vorliegt, welch letztere, wie oben erwähnt, immer Alleingewahrsam des Täters voraussetzt. (Siehe Erl. 5 g, bb zu § 242.)

e) Ein Geschäftsreisender, der für seinen Geschäftsherren Gelder einzieht und nicht abliefert, begeht Unterschlagung, wenn er Vollmacht zum Geldeinzug hatte. Kassiert er ohne Vollmacht ein, dann begeht er Betrug zum Nachteil des zahlenden Kunden. (Siehe Erl. 12 b zu § 263.)

10. Die Amtsunterschlagung ist in § 350 mit besonderer Strafe bedroht. In diesem Falle ist die etwaige Ersatzbereitschaft des Beamten ohne Bedeutung. (Siehe Erl. 6 zu § 350.)

11. Für ungetreues Verhalten von Bankinhabern usw. kommen in Erweiterung des § 246 die Spezialbestimmungen der §§ 34 und 38 des Depotgesetzes v. 4. Febr. 1937 in Betracht. Nach § 34 macht sich der Kaufmann, der von Kunden Wertpapiere (Aktien, Kuxe usw.) zur Verwahrung oder als Pfand erhalten hat, auch dann strafbar, wenn er bei der rechtswidrigen Verfügung über diese Papiere nicht die Absicht hatte, sich dieselben rechtswidrig zuzueigenn, wenn er sie also z. B. verpfändet mit dem Willen und der Möglichkeit, sie jederzeit wieder auszulösen. Nach § 38 des Gesetzes tritt Zuchthausstrafe ein, wenn ein Kaufmann im Bewußtsein seiner Zahlungsunfähigkeit oder seiner Überschuldung Kundenwertpapiere sich rechtswidrig zueignet.

Leichtere Fälle des Diebstahls und der Unterschlagung.

§ 247. (1) Wer einen Diebstahl oder eine Unterschlagung gegen Angehörige, Vormünder oder Erzieher begeht, oder wer einer Person, zu der er im Lehrlingsverhältnis steht, oder in deren häuslicher Gemeinschaft er als Gesinde sich befindet, Sachen von unbedeutendem Werte stiehlt oder unterschlägt, ist nur auf Antrag zu verfolgen. Die Zurücknahme des Antrags ist zulässig.

(2) Ein Diebstahl oder eine Unterschlagung, welche von Verwandten aufsteigender Linie gegen Verwandte absteigender Linie oder von einem Ehegatten gegen den anderen begangen worden ist, bleibt straflos.

(3) Diese Bestimmungen finden auf Teilnehmer oder Begünstiger, welche nicht in einem der vorbezeichneten persönlichen Verhältnisse stehen, keine Anwendung.

1. Bei Haus- oder Familiendiebstahl bzw. -unterschlagung sind zwei Gruppen zu unterscheiden: Im Falle des Abs. 1 tritt die Verfolgung nur auf Antrag ein, während Diebstähle und Unterschlagungen im Falle des Abs. 2 vollkommen straflos bleiben.

2. Zu Abs. 1:

a) Hier sind wieder zwei Personengruppen zu unterscheiden:

aa) Ist der durch Diebstahl oder Unterschlagung Verletzte ein Angehöriger, Vormund oder Erzieher, so ist die Handlung ein Antragsdelikt ohne Rücksicht auf den Wert der Sache.

bb) Steht der Täter zu dem Verletzten im Verhältnis des Lehrlings zum Lehrherrn oder des Gesindes zum Dienstherrn (im letzteren Falle muß zwischen beiden eine Hausgemeinschaft bestehen), so ist die Handlung nur dann Antragsdelikt, wenn die gestohlene oder unterschlagene Sache eine solche von unbedeutendem Werte ist, wobei maßgebend ist der Verkehrswert.

b) Daß der Strafantrag kein Tatbestandsmerkmal, sondern lediglich eine Bedingung der Strafverfolgung ist, und welche praktischen Folgerungen sich hieraus für § 247 ergeben, wurde in Erl. 10 zu § 61 erörtert. Welche Folgen für § 247 ferner die Tatsache hat, daß als Verletzte und damit Antragsberechtigte beim Diebstahl sowohl der Eigentümer als auch der Gewahrsamsinhaber gelten, wurde in Erl. 1 zu § 242 behandelt.

3. Zu Abs. 2: Hier sind die privilegierten Täter Verwandte aufsteigender Linie, die gegen Verwandte absteigender Linie (nicht hierher gehören also die Verschwägerten, nämlich die Schwiegereltern gegenüber Schwiegerkindern oder Stiefeltern gegenüber Stiefkindern) oder Ehegatten, die untereinander einen Diebstahl oder eine Unterschlagung begehen. Alle derartige Diebstähle können nicht bestraft werden. (Wegen der Teilnahme siehe aber Erl. 7c zu § 50.)

4. Sowohl im Falle des Abs. 1 als auch im Falle des Abs. 2 tritt die genannte Sonderbehandlung auch dann ein, wenn der Diebstahl unter den Erschwerungsgründen der §§ 243, 244 begangen worden ist.

5. Zu Abs. 3: Hier weist der Gesetzgeber ausdrücklich darauf hin, daß die Bestimmungen der Absätze 1 und 2 nicht auf die Teilnehmer oder Begünstiger des Diebstahls bzw. der Unterschlagung Anwendung finden, die nicht zu den fraglichen beiden Personengruppen gehören. Diese Tatsache ergibt sich für die Personengruppe des Abs. 2 schon daraus, daß es sich hier um persönliche Strafausschließungsgründe i. S. des § 50 Abs. 2 handelt. (Siehe Erl. 4c, aa und 7c zu § 50.)

Nebenstrafen.

§ 248. Neben der wegen Diebstahls oder Unterschlagung erkannten Gefängnisstrafe kann auf Verlust der bürgerlichen Ehrenrechte und neben der wegen Diebstahls erkannten Zuchthausstrafe auf Zulässigkeit von Polizeiaufsicht erkannt werden.

Notdiebstahl.

§ 248a. (1) Wer aus Not geringwertige Gegenstände entwendet oder unterschlägt, wird mit Geldstrafe oder mit Gefängnis bis zu drei Monaten bestraft.

(2) Die Verfolgung tritt nur auf Antrag ein. Die Zurücknahme des Antrages ist zulässig.

(3) Wer die Tat gegen einen Verwandten absteigender Linie oder gegen seinen Ehegatten begeht, bleibt straflos.

1. Hier wird der sog. Notdiebstahl bzw. die Notunterschlagung behandelt.

2. Die Voraussetzungen dieser Sonderstraftat sind, daß die Tat aus Not begangen ist und daß sie einen geringwertigen Gegenstand betrifft.

a) Eine Notlage liegt nur dann vor, wenn sie wirtschaftlich bedingt ist, wobei es gleichgültig ist, ob sie der Täter verschuldet hat oder nicht. Andererseits liegt aber eine Not nicht schon dann vor, wenn der Täter keine Mittel zur Bestreitung seines Lebensunterhalts hat, sondern erst, wenn er sie sich nicht in redlicher Weise, insbesondere nicht durch eigene Arbeit verschaffen kann. Die Not muß die Triebfeder zur Tat gewesen sein.

b) Die Bezeichnung „geringwertiger Gegenstand" hat die gleiche Bedeutung wie „unbedeutender Wert" in § 247 (siehe die dortige Erl. 2a, bb).

3. Der innere Tatbestand erfordert Vorsatz, der außer dem Wissen, daß es sich um eine fremde Sache handelt, auch das Bewußtsein umfassen muß, daß die Sache geringwertig ist. Hält der Täter irrtümlicherweise den an sich wertvollen Gegenstand für geringwertig, dann ist er trotzdem nur nach § 248a strafbar. Hält er aber umgekehrt den an sich geringwertigen Gegenstand nicht für geringwertig, dann liegt versuchter Diebstahl nach §§ 242, 43 vor.

4. Der Tatbestand des § 248 a ist nicht rückfallbegründend i. S. des § 244 (siehe die dortige Erl. 4) und greift, falls die oben erörterten Voraussetzungen vorliegen, auch dann Platz, wenn die Tat unter einer der Voraussetzungen des § 243 (schwerer Diebstahl) begangen worden ist. In diesem Falle ist aber neben einer Bestrafung nach § 248 a auch eine solche wegen Sachbeschädigung (§ 303) oder Hausfriedensbruch (§ 123) möglich. (Siehe hierzu Erl. 9 zu § 243.)

5. Andererseits ist aber der Notdiebstahl als Raub nach § 249 zu bestrafen, wenn dessen Voraussetzungen gegeben sind. Ebenso findet auch § 252 auf § 248 a Anwendung.

6. Nach Abs. 2 ist § 248 a, ebenso wie § 264 a und § 370 Nr. 5 ein Antragsdelikt.

7. Nach Abs. 3 liegt, ebenso wie im § 247 Abs. 3 ein persönlicher Strafausschließungsgrund vor, wenn die Tat gegen einen Verwandten absteigender Linie oder gegen den Ehegatten begangen wird.

Gebrauchen eines Kraftfahrzeugs.

§ 248 b. (1) Wer ein Kraftfahrzeug oder ein Fahrrad gegen den Willen des Berechtigten in Gebrauch nimmt, wird, sofern die Tat nicht nach anderen Vorschriften mit schwererer Strafe bedroht ist, mit Gefängnis bis zu drei Jahren bestraft.

(2) Der Versuch ist strafbar.

(3) Die Verfolgung tritt nur auf Antrag ein. Die Zurücknahme des Antrages ist zulässig.

(4) Wer die Tat gegen einen Verwandten absteigender Linie oder seinen Ehegatten begeht, bleibt straflos.

(5) Kraftfahrzeuge im Sinne dieser Vorschrift sind die Fahrzeuge, die durch Maschinenkraft bewegt werden, Landkraftfahrzeuge nur insoweit, als sie nicht an Bahngleise gebunden sind.

Siehe Erl. 8 zu § 242.

Entziehung elektrischer Energie.

§ 248 c. (1) Wer einer elektrischen Anlage oder Einrichtung fremde elektrische Energie mittels eines Leiters entzieht, der zur ordnungsmäßigen Entnahme von Energie aus der Anlage oder Einrichtung nicht bestimmt ist, wird, wenn er die Handlung in der Absicht begeht, die elektrische Energie sich rechtswidrig zuzueignen, mit Gefängnis und mit Geldstrafe oder mit einer dieser Strafen bestraft. Neben der Gefängnisstrafe kann auf Verlust der bürgerlichen Ehrenrechte erkannt werden.

(2) Der Versuch ist strafbar.

(3) Wird die in Absatz 1 bezeichnete Handlung in der Absicht begangen, einem anderen rechtswidrig Schaden zuzufügen, so ist auf Geldstrafe oder auf Gefängnis bis zu zwei Jahren zu erkennen. Die Verfolgung tritt nur auf Antrag ein.

Siehe Erl. 2 zu § 242.

Zwanzigster Abschnitt: Raub und Erpressung.

Vorbemerkung:

Die §§ 249 bis 252 behandeln den Raub, die §§ 253 bis 255 die Erpressung, § 256 bezieht sich auf Nebenstrafen bei diesen strafbaren Handlungen.

§ 249 umfaßt den einfachen, § 250 den schweren, § 251 den besonders schweren Raub, § 252 den raubähnlichen Diebstahl.

Einfacher Raub.

§ 249. (1) Wer mit Gewalt gegen eine Person oder unter Anwendung von Drohungen mit gegenwärtiger Gefahr für Leib oder Leben eine fremde bewegliche Sache einem anderen in der Absicht wegnimmt, sich dieselbe rechtswidrig zuzueignen, wird wegen Raubes mit Zuchthaus bestraft.

(2) Sind mildernde Umstände vorhanden, so tritt Gefängnisstrafe nicht unter sechs Monaten ein.

1. Unter Raub versteht man einen Diebstahl (vgl. § 242), bei welchem durch Gewalt oder Drohung ein der Wegnahme geleisteter Widerstand gebrochen oder ein beabsichtigter Widerstand verhindert wird. — Der Täter muß die Sache selbst wegnehmen; wird die Herausgabe durch Drohung usw. erzwungen, so liegt räuberische Erpressung (§ 255) vor.

2. Die Gewalt muß gegen eine Person angewandt werden, und zwar gegen den Gewahrsamsinhaber; eine Gewaltanwendung gegen eine Sache genügt nur dann, wenn mit der Gewaltanwendung auf die Sache zugleich eine solche gegen die Person verbunden ist. (RG. 46, 403.) Deshalb ist das in der Praxis häufig vorkommende Wegreißen einer Sache (Handtasche einer weiblichen Person) nur dann Raub, wenn die Sache von der betreffenden Person festgehalten wird, so daß beim Wegnehmen ein körperlicher Widerstand zu überwinden ist. Nach BGH. 1, 145 liegt „Gewalt" auch dann vor, wenn der Täter das Opfer durch ein ohne Gewaltanwendung beigebrachtes Betäubungsmittel seiner Widerstandskraft beraubt. (Siehe auch Erl. 1c zu § 176.)

3. Wegen Drohung siehe Erläuterung 2b zu § 52.

4. Gegenüber Diebstahl (§ 242) ist der Raub ein Sonderverbrechen, so daß eine gleichzeitige Bestrafung wegen Diebstahls nicht möglich ist; § 73 ist also unanwendbar. Es ist ferner zu beachten, daß § 249 auch dann Platz greift, wenn die Tatbestände der §§ 247, 248a und 370 Z. 5 unter den Voraussetzungen des § 249 vorliegen.

5. Beispiel: Der wegen Taschendiebstahls vorbestrafte A befindet sich auf einer Eisenbahnfahrt und beobachtet bei dem ihm gegenübersitzenden B eine goldene Uhr mit Kette. Er beschließt, diese Gegenstände dem schlafenden B wegzunehmen. Zu diesem Zwecke holt er aus einer in der Aktenmappe verwahrten Blechschachtel den von ihm zur Ausführung von Eisenbahndiebstählen mitgeführten, mit einem Betäubungsmittel getränkten Wattebausch und hält ihn dem B solange vor das Gesicht, bis dieser bei der zur Entfernung von Uhr und Kette notwendigen körperlichen Berührung keinerlei Abwehrbewegungen mehr macht. Nunmehr entwendet A die Gegenstände und verläßt auf der nächsten Station den Zug, bevor B unter

starkem Unwohlsein aus seiner Betäubung erwacht: A hat sich eines Raubs nach § 249 (Gewaltanwendung durch Betäubungsmittel) schuldig gemacht. Außerdem liegt der Erschwerungsgrund des § 250 Abs. 1 Nr. 1 vor (Beisichführen einer Waffe siehe Erl. 5 zu § 243) und auch derjenige der Nr. 3 (auf einer Eisenbahn). Schließlich ist A noch wegen einer in Tateinheit mit dem schweren Raub begangenen gefährlichen Körperverletzung i. S. des § 223a (Gesundheitsbeschädigung mittels einer Waffe, siehe Erl. 2 zu § 223a) zu bestrafen. (Zum gleichen Ergebnis würde man gelangen, wenn A durch Verabreichung einer betäubenden Zigarrette, sog. Opiumzigarrette die Bewußtlosigkeit des B herbeigeführt hätte.)

Schwerer Raub.

§ 250. (1) Auf Zuchthaus nicht unter fünf Jahren ist zu erkennen, wenn

1. der Räuber oder einer der Teilnehmer am Raube bei Begehung der Tat Waffen bei sich führt;
2. zu dem Raube mehrere mitwirken, welche sich zur fortgesetzten Begehung von Raub oder Diebstahl verbunden haben;
3. der Raub auf einem öffentlichen Wege, einer Straße, einer Eisenbahn, einem öffentlichen Platz, auf offener See oder einer Wasserstraße begangen wird;
4. der Raub zur Nachtzeit in einem bewohnten Gebäude (§ 243 Nr. 7) begangen wird, in welches sich der Täter zur Begehung eines Raubes oder Diebstahls eingeschlichen oder sich gewaltsam Eingang verschafft oder in welchem er sich in gleicher Absicht verborgen hatte, oder
5. der Räuber bereits einmal als Räuber oder gleich einem Räuber im Inlande bestraft worden ist. Die im § 245 enthaltenen Vorschriften finden auch hier Anwendung.

(2) Sind mildernde Umstände vorhanden, so tritt Gefängnisstrafe nicht unter einem Jahre ein.

1. Der § 250 behandelt den schweren Raub, für welchen im übrigen die Erläuterungen beim einfachen Raub (§ 249) und beim Diebstahl (§ 242) zu vergleichen sind.

2. Zu Ziffer 1: Über „Waffen bei sich führen" vgl. Erl. 5 zu § 243 und BGH. 4, 125.

3. Zu Ziffer 2: vgl. hierzu den Bandendiebstahl, wie er in § 243[6] bedroht ist.

4. Zu Ziffer 3: hier ist der Straßenraub bedroht. Im Gegensatz zu § 243 Nr. 3 können hier Gegenstand der Tat alle Sachen, nicht nur Gegenstände der Beförderung sein.

5. Zu Ziffer 4: Diese Gesetzesstelle entspricht im wesentlichen dem § 243 Nr. 7. Als weiter erschwerender Umstand ist hier die gewaltsame Eingangsverschaffung vorgesehen. Gewaltsam Eingang verschafft sich derjenige, welcher Gewalt gegen Sachen anwendet, Personen mit Gewalt überwältigt oder sie bedroht, daß sie ihm Eingang gewähren.

Zu dem Einschleichen oder sich gewaltsam Eingang verschaffen muß dann noch die Anwendung von Gewalt oder Drohung gegen eine im Gebäude anwesende Person kommen, wie sie der Tatbestand des Raubes (§ 249) erfordert.

6. Zu Ziffer 5: Der Rückfall in den Raub wird schon bei der zweiten Bestrafung (und nicht wie beim Diebstahl erst bei der dritten Bestrafung vgl. § 244) als schwerer Raub bestraft. Aber nur Vorstrafen wegen Raubs begründen diesen Rückfall. Wegen der Anwendung des § 245 vgl. die Erläuterungen zu diesem Paragraphen.

Besonders schwerer Raub.

§ 251. Mit Zuchthaus nicht unter zehn Jahren oder mit lebenslangem Zuchthaus wird der Räuber bestraft, wenn bei dem Raube ein Mensch gemartert, oder durch die gegen ihn verübte Gewalt eine schwere Körperverletzung oder der Tod desselben verursacht worden ist.

1. Hier werden zwei Fälle als besonders schwerer Raub mit hoher Strafe bedroht. Dieses Verbrechen ist im zweiten Fall ein durch den Erfolg qualifiziertes Delikt (Seite 3).

2. Unter Marterung eines Menschen versteht man absichtliche körperliche Peinigung durch Verursachung großer Schmerzen. (RG. 49, 391.)

3. Was man unter schwerer Körperverletzung versteht, sagt § 224.

4. Ein vollendeter Raub nach § 251 liegt nur dann vor, wenn der Täter die Sachen an sich nimmt, während der Gewahrsamsinhaber noch lebt, denn nach dessen Tode kann er ihm die Sache nicht mehr „wegnehmen". Die nach dem Tod vollzogene Zueignung kann demnach nur als Unterschlagung bestraft werden.

5. Anders dagegen ist folgender Fall zu entscheiden: Hat der Täter von vornherein die Absicht, sein Opfer zu töten (z. B. durch Abgabe eines Schusses), um ihm dann seine Wertsachen wegzunehmen, liegt Mord bzw. Totschlag (§§ 211, 212) vor, begangen in Tateinheit (§ 73) mit einem Verbrechen nach § 251 (Raub mit Todesfolge). Denn der in Tötungsabsicht abgegebene Schuß war nicht nur die Ausführungshandlung der Tötung, sondern gleichzeitig der Beginn der Ausführungshandlung des Raubs (Wegnahme mit Gewalt). Man spricht bei einem solchen Zusammentreffen von Tötung und Raub von Raubmord, ein Begriff, für den das StGB. keinen besonderen Tatbestand aufgestellt hat.

Räuberischer Diebstahl.

§ 252. Wer bei einem Diebstahl auf frischer Tat betroffen, gegen eine Person Gewalt verübt oder Drohungen mit gegenwärtiger Gefahr für Leib oder Leben anwendet, um sich im Besitze des gestohlenen Gutes zu erhalten, ist gleich einem Räuber zu bestrafen.

1. Hier wird ein besonderer Fall des Diebstahls als Sonderstraftat bedroht, wenn nämlich nach Vollendung des Diebstahls (auch eines solchen nach § 248a und § 370 Z. 5) der Dieb mit Gewalt oder Drohung gegen eine Person vorgeht, um sich im Besitz des Diebesgutes zu erhalten. (Siehe BGH. 3, 76.)

2. Strafantrag ist in keinem Falle erforderlich. § 247 findet nicht Anwendung, weil der Täter gleich einem Räuber nicht wie ein Dieb zu bestrafen ist.

3. Beispiel: Der Dieb wird in der Wohnung des Bestohlenen überrascht; auf dessen Aufforderung, die gestohlenen Sachen herauszugeben, versetzt ihm der

Dieb einen Schlag auf den Kopf und entflieht mit dem Diebesgut, oder er bedroht den ihn verfolgenden Polizeibeamten durch Vorhalten des Revolvers.

Erpressung.

§ 253. (1) Wer einen anderen rechtswidrig mit Gewalt oder durch Drohung mit einem empfindlichen Übel zu einer Handlung, Duldung oder Unterlassung nötigt und dadurch dem Vermögen des Genötigten oder eines anderen Nachteil zufügt, um sich oder einen Dritten zu Unrecht zu bereichern, wird wegen Erpressung mit Gefängnis nicht unter zwei Monaten, in besonders schweren Fällen mit Zuchthaus bestraft.

(2) Rechtswidrig ist die Tat, wenn die Anwendung der Gewalt oder die Androhung des Übels zu dem angestrebten Zweck als verwerflich anzusehen ist.

(3) Der Versuch ist strafbar.

1. Vorbemerkung: Mit der Neufassung des § 240 durch VO. vom 29. Mai 1943 wurde entsprechend auch § 253 geändert. Durch das 3. Strafrechtsänderungsgesetz wurde ebenso wie in § 240 Abs. 1 auch in § 253 Abs. 1 lediglich die Strafdrohung geändert. Der Abs. 2 hat dieselbe Fassung wie § 240 Abs. 2 erhalten.

2. Wie bei der Nötigung des § 240 kommen auch bei der Erpressung als Mittel Gewalt oder Drohung mit einem empfindlichen Übel in Betracht. (Siehe hierzu Erl. 3 zu § 240.) Als „Gewalt" kommt hier nur eine solche an Sachen in Betracht, weil § 255 die Gewalt gegen eine Person als Erschwerungsgrund aufstellt.

3. Während nach früherem Recht der objektive Tatbestand schon dann vollendet war, wenn der Genötigte die Handlung vorgenommen, geduldet oder unterlassen hat, ist nach neuem Recht zur Vollendung der Erpressung erforderlich, daß ein Vermögensnachteil für den Genötigten tatsächlich eingetreten ist.

4. Zu Abs. 2 (Rechtswidrigkeit) siehe Erl. 3 zu § 240.

5. Der innere Tatbestand erfordert Vorsatz und außerdem die Absicht, sich oder einen anderen zu Unrecht zu bereichern. (Siehe im übrigen Erl. 4 zu § 240.)

6. Beispiele:

a) Der Kaufmann A schreibt seinem Lieferanten B, er werde die Geschäftsverbindung zu ihm abbrechen, wenn er ihm künftighin die von ihm zu beziehenden Waren nicht erheblich billiger liefern werde. Oder: Der Mieter A droht dem Vermieter B, er werde ihm den Mietvertrag kündigen, wenn er nicht einen Nachlaß im Mietzins gewähre: In beiden Fällen liegt keine Erpressung vor. Zwar wurde von A versucht, den B zu einem Preisnachlaß, bzw. zu einer Herabsetzung des Mietzinses zu nötigen, und diese Nötigungshandlung hätte auch zweifellos den A zu Unrecht bereichert, da er ja keinen Anspruch auf einen Preis- bzw. Mietzinsnachlaß gehabt hat, und es wäre insofern auch dem B ein Nachteil zugefügt worden. Die Androhung enthält auch ein empfindliches Übel. Die Nötigungshandlung war aber nicht rechtswidrig, weil es sich um die Androhung eines verkehrsmäßigen Übels handelte, d. h. eines Übels, mit dem jedermann im Geschäfts- und Wirtschaftsleben nach den Regeln des normalen Verkehrs, nach der Verkehrssitte rechnen muß; die Androhung des Übels war also nicht „verwerflich".

b) Der Kaufmann A bzw. der Mieter A sucht seinen Zweck dadurch zu erreichen, daß er dem B damit droht, im Falle der Weigerung eine Strafanzeige wegen eines von B tatsächlich begangenen Sittlichkeitsverbrechens zu erstatten: An sich ist zwar die Erstattung einer Strafanzeige, der ein wahrer Sachverhalt zugrunde liegt, erlaubt. Trotzdem aber war diese Androhung der Zufügung eines an sich erlaubten Übels im vorliegenden Falle deshalb nicht rechtmäßig, also rechtswidrig, weil es als verwerflich anzusehen ist, die Erlangung eines Vermögensvorteils mit einer Strafanzeige zu verbinden, die einen in keinerlei Zusammenhang mit dem erstrebten Zwecke stehenden Sachverhalt zum Gegenstande hat, oder wenn der Fordernde in keiner Beziehung zu dem Verbrechen steht, dessen Nichtanzeige er gewissermaßen verkaufen will.

In diesen beiden Fällen liegt also eine versuchte, und wenn die Drohung Erfolg gehabt hat, eine vollendete Erpressung nach § 253 vor.

c) Wenn A, nachdem die entsprechenden Erpresserbriefe zur Kenntnis des B gelangt waren, Reue empfunden und den B gebeten hätte, die Briefe als nicht geschrieben zu betrachten, so hätte dieses reumütige Verhalten des A keinen Einfluß auf die Strafbarkeit wegen versuchter Erpressung gehabt, denn gemäß § 46 Ziff. 2 ist ein Rücktritt vom beendigten Versuch immer dann ausgeschlossen, wenn die Tat schon entdeckt war. Eine solche Entdeckung lag aber vor, da B bereits von den Erpresserbriefen Kenntnis genommen hatte.

7. Die Erpressung des § 253 ist ein Spezialdelikt gegenüber den Tatbeständen der §§ 240, 241. Es besteht also Gesetzeskonkurrenz (siehe „Einführende Vorbemerkungen zum Strafrecht", Seite 1ff., Abschnitt B VII 4 a, S. 12).

Schwere Erpressung.

§ 254. Gestrichen durch VO. v. 29. Mai 1943.

Räuberische Erpressung.

§ 255. Wird die Erpressung durch Gewalt gegen eine Person oder unter Anwendung von Drohungen mit gegenwärtiger Gefahr für Leib oder Leben begangen, so ist der Täter gleich einem Räuber zu bestrafen.

1. Räuberische Erpressung liegt vor, wenn die Gewalt nicht nur gegen Sachen, sondern an der Person des zu Nötigenden (vgl. oben Erl. 2 am Schlusse zu § 253) vorgenommen wird oder wenn auf den Bedrohten mit Ankündigung sofortiger Tötung oder Körperverletzung eingewirkt wird.

2. Die Bestrafung gleich einem Räuber erfolgt nach den §§ 249 bis 251.

3. Beispiel: A zwingt durch vorgehaltenen Revolver einen anderen zum Unterschreiben eines Wechselakzeptes, oder zur Herausgabe seines Geldbeutels. A ist nach § 255, i. V. mit § 250 Abs. 1 Nr. 1 (Mitführen einer Waffe) zu bestrafen. Greift der Täter dagegen mit vorgehaltenem Revolver selbst in die Taschen seines Opfers und holt sich dort das Geld heraus, dann ist der Tatbestand des Raubes i. S. des § 249 i. V. mit § 250 Abs. 1 Nr. 1 gegeben.

Nebenstrafen.

§ 256. Neben der wegen Erpressung erkannten Gefängnisstrafe kann auf Verlust der bürgerlichen Ehrenrechte und neben der wegen Raubes oder Erpressung erkannten Zuchthausstrafe auf Zulässigkeit von Polizeiaufsicht erkannt werden.

Einundzwanzigster Abschnitt: Begünstigung und Hehlerei.

Vorbemerkung:

I. In den §§ 257—262 werden Handlungen mit Strafe bedroht, die eigentlich Teilnehmerhandlungen an verschiedenen Delikten, verübt nach der Tat, sind. Es bedarf also zur Bestrafung nach diesen Bestimmungen zuerst der Feststellung einer vorausgegangenen anderen strafbaren Handlung (sog. Vortat).

II. Die Tatbestände sind folgende:

1. Die Begünstigung (§§ 257, 257a, 258).
   a) Persönliche B. (§ 257 Abs. 1, erster Halbsatz).
   b) Sachliche B. (§ 257 Abs. 1, erster Halbsatz).
   Beide qualifiziert, falls des persönlichen Vorteils wegen begangen (§ 257 Abs. 1, zweiter Halbsatz).
   c) Begünstigung des Vorteils wegen nach vorausgegangenen besonderen Delikten, sog. Personenhehlerei (§ 258).
2. Die Hehlerei.
   a) Die einfache H. (§ 259).
   b) Die gewerbs- oder gewohnheitsmäßige H. (§ 260).
   c) Die Rückfallhehlerei (§ 261).

III. Werden die Vergehen nach §§ 257, 257a in staatsgefährdender Absicht begangen, ist gemäß § 94 Strafschärfung möglich.

Begünstigung.

§ 257. (1) Wer nach Begehung eines Verbrechens oder Vergehens dem Täter oder Teilnehmer wissentlich Beistand leistet, um denselben der Bestrafung zu entziehen oder um ihm die Vorteile des Verbrechens oder Vergehens zu sichern, ist wegen Begünstigung mit Geldstrafe oder mit Gefängnis bis zu einem Jahre und, wenn er diesen Beistand seines Vorteils wegen leistet, mit Gefängnis zu bestrafen. Die Strafe darf jedoch, der Art oder dem Maße nach, keine schwerere sein, als die auf die Handlung selbst angedrohte.

(2) Die Begünstigung ist straflos, wenn dieselbe dem Täter oder Teilnehmer von einem Angehörigen gewährt worden ist, um ihn der Bestrafung zu entziehen.

(3) Die Begünstigung ist als Beihilfe zu bestrafen, wenn sie vor Begehung der Tat zugesagt worden ist. Diese Bestimmung findet auch auf Angehörige Anwendung.

1. Es gibt zweierlei Begünstigungen:

Die persönliche Begünstigung, die nach der Tat geleistet wird, um den Täter der Bestrafung zu entziehen. (Strafvereitelung.)

Die sachliche Begünstigung, die dem Täter die Vorteile seiner strafbaren Handlung sichern, ihm die Ausnützung der Straftat ermöglichen soll. (Vorteilssicherung.)

2. Die Handlung des § 257 besteht in beiden Fällen darin, daß dem Täter oder Teilnehmer der Vortat nach Begehung derselben Beistand geleistet wird; und zwar muß der Beistand wissentlich geleistet sein, d. h. der Begünstiger

muß wissen, daß der Vortäter eine strafbare Handlung begangen hat, die nach dem Gesetze ein Verbrechen oder Vergehen ist. Dabei genügt schon, wie in allen Fällen, in denen „Wissentlichkeit" verlangt wird, der sog. dolus eventualis, d. h. es handelt der Täter auch dann wissentlich, wenn er einen solchen Sachverhalt nur für möglich hält, für den Fall aber, daß er gegeben ist, den Täter in persönlicher oder sachlicher Hinsicht fördern will. Nach einer Übertretung ist keine Begünstigung möglich. Die persönliche Begünstigung bleibt straflos, wenn es sich lediglich oder auch nur im Nebenzweck um eine Selbstbegünstigung handelt. (RG. 73, 268; BGH. 2, 378.) (Siehe unten Erl. 12 und Erl. 8a zu § 346.)

3. In beiden Fällen muß die Beistandsleistung nach Begehung des Verbrechens oder Vergehens erfolgen. Hat sie während der Ausführung der Tat stattgefunden, dann ist sie als Beihilfe zu bestrafen. Ebenso gilt gemäß Abs. 3 die vor der Tat zugesagte Beistandsleistung als Beihilfe.

4. Als Beistandsleistung bei der persönlichen Begünstigung kommt jede Tätigkeit in Betracht, die geeignet ist, den Strafanspruch des Staates gegen den Täter oder einen Teilnehmer zu vereiteln, sei es, um die Strafverfolgung, die Verurteilung oder die Vollstreckung der erkannten Strafe zu hintertreiben. Diese Art der Begünstigung (auch Strafvereitelung genannt) setzt demnach immer voraus, daß das staatliche Recht, zu strafen, nicht nur entstanden, sondern auch nicht wieder untergegangen ist. An verjährten oder aus anderen Gründen nicht mehr verfolgbaren Taten ist daher keine Strafvereitelung möglich. (RG. 76, 123.)

In der Praxis häufig vorkommende Fälle der persönlichen Begünstigung sind: Verbergen des Täters, Ermöglichen der Flucht, Einwirkung auf den Polizeibeamten, die Anzeige nicht zu erstatten, unberechtigte Zeugnisverweigerung vor dem Richter, Verbüßung der Strafe für einen anderen, Zahlung der Geldstrafe für den Verurteilten ohne Verpflichtung zur Rückerstattung, falsche tatsächliche Erklärungen in einem für einen anderen eingereichten Gnadengesuch. Dagegen kann die bloße Weigerung, einem Polizeibeamten gegenüber Angaben zu machen, den Tatbestand einer strafbaren Begünstigung nicht erfüllen, weil der Polizei gegenüber keine gesetzlich erzwingbare Verpflichtung zur Aussage besteht. Geht aber die bloße Ablehnung der Auskunftserteilung über in ein bewußt wahrheitswidriges Behaupten zugunsten des Verfolgten, dann beginnt damit die „Beistandsleistung" i. S. des § 257. (RG. 54, 41.)

5. Als Beistandsleistung bei der sachlichen Begünstigung kommt jede Tätigkeit in Betracht, die geeignet ist, dem Vortäter die Vorteile des Verbrechens oder Vergehens zu sichern. Sie stellt einen Angriff dar gegen das rechtlich geschützte Gut, das bereits durch die Vortat verletzt worden ist, indem sie diese Verletzung zugunsten des Vortäters festigen will. Beispiele: Aufbewahrung der durch Diebstahl oder Unterschlagung erlangten Sachen; Erhebung des Geldbetrages auf das vom Vortäter gestohlene Sparkassenbuch (RG. 39, 236).

6. In beiden Fällen ist straferschwerend, wenn der Begünstiger seines Vorteils wegen Beistand geleistet hat. (Siehe auch Strafschärfung nach § 94.)

7. In Abs. 2 wird die persönliche Begünstigung, welche einem Angehörigen geleistet wird, für straflos erklärt. Dies gilt aber nicht für die Beihilfe des Abs. 3.

8. Wenn das begünstigte Verbrechen oder Vergehen nur auf Antrag verfolgt wird, so gilt das gleiche für die Begünstigung.

9. Eine besondere Art der Begünstigung ist die sog. Personenhehlerei des § 258 (siehe dort).

10. Für die bei der Strafrechtspflege beteiligten Beamten kommt u. U. die Sonderbestimmung der § 346 in Frage.

11. Beispiel: In einem Ehescheidungsprozeß bestreitet der Wahrheit zuwider die Ehefrau A als Beklagte, mit C Ehebruch getrieben zu haben. C bestätigt, vom Gericht als Zeuge uneidlich vernommen, diese wahrheitswidrigen Angaben der A, nachdem diese ihn vor dem Vernehmungstermin gebeten hatte, den tatsächlich erfolgten Ehebruch in Abrede zu stellen. Auf Anzeige des Ehemanns A wird gegen C ein Verfahren wegen falscher uneidlicher Aussage (§ 153) eingeleitet, in dessen Verlauf die Ehefrau A von der Kriminalpolizei als Zeugin vernommen, abermals den Ehebruch bestreitet: die A hat sich einer persönlichen Begünstigung (§ 257) schuldig gemacht, da sie den C der Bestrafung wegen Vergehens nach § 153 entziehen wollte. Da sie aber außerdem durch ihre unwahren Angaben sich selbst vor einer Bestrafung wegen Anstiftung zum Vergehen des § 153 schützen wollte, liegt keine reine Fremdbegünstigung, sondern gleichzeitig eine Selbstbegünstigung vor. Damit entfällt aber eine Bestrafung nach § 257. Die falsche Aussage der A kann auch nicht nach § 153 bestraft werden, da falsche Zeugenaussagen, die vor der Polizei gemacht werden, nicht unter die Strafvorschrift des § 153 fallen (siehe Erl. 2a zu § 153).

§ 257a. (1) Wer, abgesehen von den Fällen der §§ 120, 121, 122a, 122b, vorsätzlich die Vollstreckung einer gegen einen anderen rechtskräftig angeordneten Maßregel der Sicherung und Besserung ganz oder zum Teil vereitelt, wird mit Gefängnis bis zu zwei Jahren oder mit Geldstrafe bestraft.

(2) Der Versuch ist strafbar.

(3) Wird die Tat zugunsten eines Angehörigen begangen, so tritt Straffreiheit ein.

Eingefügt wurde diese Gesetzesstelle durch Gesetz v. 24. Nov. 1933; sie wurde notwendig, um die Vollstreckung der Maßregeln der Sicherung und Besserung zu gewährleisten. Wegen Strafschärfung siehe § 94.

Personenhehlerei.

§ 258. (1) Wer seines Vorteils wegen sich einer Begünstigung schuldig macht, wird als Hehler bestraft, wenn der Begünstigte

1. einen einfachen Diebstahl oder eine Unterschlagung begangen hat, mit Gefängnis,
2. einen schweren Diebstahl, einen Raub oder ein dem Raube gleich zu bestrafendes Verbrechen begangen hat, mit Zuchthaus bis zu fünf Jahren.

Sind mildernde Umstände vorhanden, so tritt Gefängnisstrafe nicht unter drei Monaten ein.

(2) Diese Strafvorschriften finden auch dann Anwendung, wenn der Hehler ein Angehöriger ist.

1. Die des Vorteils wegen (s. oben Erl. 6 zu § 257) geleistete Begünstigung wird hier als sog. Personenhehlerei (im Gegensatz zu der eigentlichen Hehlerei des § 259) mit besonders schwerer Strafe bedroht, wenn sie bei Diebstahl, Unterschlagung und Raub begangen wurde.

2. Zu den Diebstählen der Ziff. 1 gehören nicht die Straftaten der §§ 248a, 370 Nr. 5.

3. Die Vortat braucht nicht vollendet zu sein.

4. Für Angehörige besteht im Gegensatz zu § 257 Abs. 2 keine Ausnahme von der Strafbarkeit.

Sachhehlerei.

§ 259. (1) Wer seines Vorteils wegen Sachen, von denen er weiß oder den Umständen nach annehmen muß, daß sie mittels einer strafbaren Handlung erlangt sind, verheimlicht, ankauft, zum Pfande nimmt oder sonst an sich bringt oder zu deren Absatz bei anderen mitwirkt, wird als Hehler mit Gefängnis bestraft.

(2) Der Versuch ist strafbar.

1. Die Sachhehlerei des § 259 (die im Gegensatz zur Begünstigung auch bei Übertretungen möglich ist) besteht darin, daß der Täter eine Sache, die einem Dritten durch die verbotswidrige Handlung des Vortäters entzogen worden ist, durch Verheimlichen, Ansichbringen oder Mitwirken zum Absatz in dieser Lage erhält und dadurch dem Geschädigten die Wiedererlangung der Sache erschwert oder unmöglich macht. (RG. 44, 249.)

2. Bezüglich der Vortat verlangt das Gesetz, daß die Sache mittels einer strafbaren Handlung erlangt wurde. Dabei ist es gleichgültig, ob der Vortäter sich die Sache unmittelbar (wie z. B. durch diebische Wegnahme) oder mittelbar (z. B. Meineid, Urkundenfälschung, Betrug) verschafft hat.

3. Es ist ferner Identität der erlangten und der gehehlten Sache erforderlich, d. h. die Sache, die nur an die Stelle der durch strafbare Handlung erlangten getreten ist, kann grundsätzlich nicht Gegenstand einer Hehlerei sein, z. B. das für einen gestohlenen Hundertmarkschein eingewechselte Kleingeld, oder die aus gestohlenem oder unterschlagenem Geld gekauften Sachen. (RG. 57, 159.) (Siehe aber bezüglich Pfandschein Erl. 11.)

4. Die Sache muß ferner den Mangel der rechtswidrigen Erlangung in der Hand des Vortäters z. Zt. der Hehlerei noch an sich tragen. Hat also der Vortäter an der durch die strafbare Handlung erlangten Sache rechtmäßiges Eigentum erworben (z. B. durch Verjährung oder der Bettler an den Almosen oder die Dirne an dem Dirnenlohn), so kann an derartigen Sachen keine Hehlerei begangen werden. (RG. 53, 32.)

Ebenso ist Hehlerei ausgeschlossen, wenn der Hehler selbst unanfechtbares Eigentum erworben hat. (Siehe unten Erl. 10 b.) Andererseits ist Hehlerei auch an Sachen möglich, die vom Vortäter zwar durch eine strafbare Handlung erlangt sind, wegen deren der Vortäter aber nicht bestraft werden kann, z. B. weil die Straftat mangels Strafantrags nicht verfolgbar ist, oder wenn sie wegen eines anderen persönlichen Strafausschließungsgrundes straflos bleiben muß, z. B. wenn es sich um einen Diebstahl zwischen Ehegatten (§ 247 Abs. 2) handelt. (Siehe Erl. 5 zu § 247.)

Schließlich hat der Bundesgerichtshof entschieden, daß es für die Strafbarkeit des Hehlers genügt, wenn die Vortat den äußeren Tatbestand einer strafbaren Handlung erfüllt und rechtswidrig ist. Die Vortat kann demnach auch von einem Strafunmündigen (Kind, gleichgültig welchen Alters) oder einem Geisteskranken begangen sein. (Siehe BGH. 1, 47.)

5. Die Tat des Hehlers, die der Vortat nachfolgt, besteht in der Befestigung des Erfolges der Vortat, und zwar durch das Mittel des Verheimlichens, Ansichbringens und des Mitwirkens zum Absatze bei anderen.

a) Das Verheimlichen ist eine Tätigkeit, die darauf gerichtet ist, dem Berechtigten die Auffindung der Sache zu erschweren oder unmöglich zu machen, so z. B. das Ableugnen des Besitzes einer selbst in gutem Glauben erworbenen gestohlenen Sache, da an einer gestohlenen Sache gemäß § 935 BGB. kein Eigentum erworben werden kann und der Besitzer der Sache durch das Nachforschen seitens der Polizei oder des Eigentümers bezüglich der Herkunft der Sache bösgläubig i. S. des § 259 geworden ist. (RG. 47, 241.)

b) Das Ansichbringen ist die Erwerbung eigener tatsächlicher Verfügungsgewalt auf Grund beiderseitiger Willensübereinstimmung derart, daß der Erwerber über die Sache wie über seine eigene verfügen soll. Eigenmächtige Ansichnahme genügt also nicht, ebensowenig eine Verwahrung; diese kann aber eine Beistandsleistung i. S. des § 257 darstellen. Das Mitverzehren gestohlener Lebensmittel ist ebenfalls kein Ansichbringen. (RG. 55, 281.)

„Ankaufen" und „zum Pfande nehmen" sind als besonders häufig vorkommende Arten des „Ansichbringens" besonders genannt. Wenn lediglich ein Kaufvertrag abgeschlossen wurde, also der Kaufgegenstand noch nicht übergeben ist, kann noch keine vollendete, sondern nur eine versuchte Hehlerei (Abs. 2 des § 259) in Frage kommen. (RG. 73, 105.)

c) Das Mitwirken zum Absatz bei anderen ist jede dem Veräußerer der Sache bei seiner Absetzungstätigkeit geleistete Förderung. (RG. 69, 201.)

6. Der Vorsatz erfordert ein Wissen davon, daß der Vortäter die Sache durch irgendeine strafbare Handlung — Verbrechen, Vergehen oder Übertretung — erlangt hat und noch rechtswidrig über sie verfügt. Diesem Wissen ist das durch die Umstände bedingte Annehmenmüssen gleichgestellt, d. h. es genügt, daß dem Täter Umstände von derartiger Beschaffenheit bekannt waren, daß sie ihn zu der Annahme eines strafbaren Erwerbs nötigen mußten. Wer annehmen mußte, von dem wird kraft Gesetzes vermutet, daß er auch angenommen hat.

Kann aber der der Hehlerei Verdächtige im einzelnen Falle Tatsachen anführen, die beweisen, daß er gar nicht auf den Gedanken kommen konnte, die fragliche Sache könne von dem anderen durch eine strafbare Handlung erworben sein, daß er also im guten Glauben gehandelt habe, dann liegt der Tatbestand des § 259 nicht vor.

7. Auch der Eigentümer kann an seiner eigenen Sache Hehlerei begehen. (RG. 18, 303.) Beispiel: Die Ehefrau A hat einen Mantel, den ihr Ehemann B dem Gläubiger C als Sicherheit für eine Darlehnsschuld zum Pfand gegeben hat, dem Gläubiger vor Zahlung der Schuldsumme heimlich weggenommen und ihrem Ehemann wieder zurückgegeben: Der Ehemann begeht, wenn er in Kenntnis des Sachverhalts seinen Mantel an sich nimmt, Hehlerei, weil er eine durch das Vergehen der Pfandkehr nach § 289 durch die Ehefrau erlangte Sache an sich gebracht hat.

8. Wer einen anderen zum Diebstahl anstiftet und hierbei beabsichtigt, an den zu stehlenden Sachen teilzuhaben, was dann auch geschieht, ist nur wegen Anstiftung zum Diebstahl, nicht aber auch wegen Hehlerei zu bestrafen. (BGH. 2, 315 und 4, 41.)

9. Als Beweggrund für die Tat erfordert das Gesetz, daß sie des eigenen Vorteils wegen geschieht.

10. Die sog. Personenhehlerei des § 258 unterscheidet sich von der Sachhehlerei des § 259 dadurch, daß bei ersterer die Vorteilsicherung Mittel und Zweck der Begünstigung des Vortäters ist, während bei der Sachhehlerei die Befestigung und Sicherung des Erfolgs der Vortat lediglich des eigenen Vorteils wegen geschieht. Es ist also die Willensrichtung des Täters entscheidend.

11. Beispiele:

a) Der A stiehlt ein Fahrrad und versetzt es im Leihhaus. Den dafür erhaltenen Pfandschein verkauft er für 10 Mk. an B: Obwohl für den Tatbestand der Hehlerei der Grundsatz gilt, daß die durch die strafbare Handlung des Vortäters erlangte Sache die gleiche sein muß, wie die gehehlte (siehe Erl. 3), gilt nach der Rechtsprechung (RG. 70, 37) für den Pfandschein der Grundsatz, daß derjenige, der einen Pfandschein in Kenntnis der Tatsache erwirbt, daß die seinen Gegenstand bildende Sache (das Fahrrad) auf strafbare Weise erlangt war, den Pfandgegenstand selbst an sich bringt und sich daher schon in diesem Zeitpunkt der Hehlerei schuldig macht, vorausgesetzt, daß auch der innere Tatbestand erfüllt ist, was vorliegend der Fall ist. Denn die Tatsache, daß A für den Pfandschein nur 10,— Mk. verlangt hat, mußte B zu der Ansicht nötigen, daß A das Fahrrad nur durch eine strafbare Handlung erlangt haben konnte (siehe Erl. 6), und schließlich kann nicht zweifelhaft sein, daß B „seines Vorteils wegen" gehandelt hat. Er ist demnach gemäß § 259 zu bestrafen.

b) Weiteres Beispiel: Der A hat ein Reh gewildert und verkauft es an den gutgläubigen B. Am nächsten Tag erfährt B den Sachverhalt. Als kurz darauf der Jagdberechtigte C bei B Nachfrage hält, ob er im Besitz des Rehes sei, bestreitet dies B: A hat zwar das Reh mittels strafbarer Handlung (nämlich eines Jagdvergehens nach § 292) erlangt, und B hat das Reh seines Vorteils wegen an sich gebracht. Dieses Ansichbringen erfüllt aber nicht den Tatbestand der Hehlerei nach § 259, da B beim Erwerb des Rehes den Sachverhalt nicht kannte. Das spätere Verheimlichen gegenüber C erfüllt ebenfalls nicht den Tatbestand des § 259, denn B war durch seinen guten Glauben gemäß § 932 BGB. Eigentümer des Rehs geworden, da dieses, niemals in das Eigentum des Jagdberechtigten C gelangte Reh keine dem C „abhanden gekommene Sache" i. S. des § 935 BGB. darstellt. Von Hehlerei kann aber dann keine Rede sein, wenn der Täter der Vortat oder der „Hehler" unanfechtbares Eigentum an der Sache erworben hat. (Siehe oben Erl. 4.)

12. Fahrlässige Hehlerei ist nur strafbar in den Gesetzen über den Verkehr mit unedlen Metallen (§ 18) und dem Verkehr mit Edelmetallen (§ 5). Siehe Vorbemerkung 2 vor § 242.

13. Wegen Steuerhehlerei vgl. § 403 Reichsabgabenordnung.

Gewerbsmäßige und gewohnheitsmäßige Hehlerei.

§ 260. (1) Wer die Hehlerei gewerbs- oder gewohnheitsmäßig betreibt, wird mit Zuchthaus bis zu zehn Jahren bestraft.

(2) Sind mildernde Umstände vorhanden, so tritt Gefängnisstrafe nicht unter sechs Monaten ein.

1. Der Paragraph findet auf §§ 258 und 259 Anwendung.

2. Gewerbsmäßig handelt, wer die Absicht hat, aus der in Betracht kommenden Handlungsweise eine ständige, fortgesetzte, wenn auch nur bei günstiger Gelegenheit fließende Einkommensquelle zu machen.

Dabei kann schon ein einzelner Fall unter Umständen genügen, wenn nur das Gesamtverhalten des Täters auf eine Wiederholungsabsicht schließen läßt.

3. Dagegen kann die Gewohnheitsmäßigkeit nur durch mehrere Einzelhandlungen bewiesen werden, ebenso wie auch der Begriff der fortgesetzten Tat mindestens zwei Einzelhandlungen erfordert. Im übrigen handelt gewohnheitsmäßig, wer einem durch Übung ausgebildeten Hang zur Wiederholung von gleichartigen Handlungen nachgibt. (Siehe auch „Einführende Vorbemerkungen zum Strafrecht", S. 1ff., Abschnitt B VII 6 a und b, S. 15.)

Rückfallhehlerei.

§ 261. (1) Wer im Inland wegen Hehlerei einmal und wegen darauf begangener Hehlerei zum zweiten Male bestraft worden ist, wird, wenn sich die abermals begangene Hehlerei auf einen schweren Diebstahl, einen Raub oder ein dem Raube gleich zu bestrafendes Verbrechen bezieht, mit Zuchthaus nicht unter zwei Jahren bestraft. Sind mildernde Umstände vorhanden, so tritt Gefängnisstrafe nicht unter einem Jahre ein.

(2) Bezieht sich die Hehlerei auf eine andere strafbare Handlung, so ist auf Zuchthaus bis zu zehn Jahren zu erkennen. Sind mildernde Umstände vorhanden, so tritt Gefängnisstrafe nicht unter drei Monaten ein.

(3) Die in § 245 enthaltenen Vorschriften finden auch hier Anwendung.

1. Auch dieser Paragraph bezieht sich sowohl auf § 258 als auch auf § 259.

2. Für die im wiederholten Rückfall begangene Hehlerei kommen im Gegensatz zum Rückfalldiebstahl nur Hehlereistrafen in Betracht (vgl. § 244 und Erl. 1 zu diesem Paragraph).

3. Zu Abs. 3 vgl. die Erl. zu § 245.

Nebenstrafen.

§ 262. Neben der wegen Hehlerei erkannten Gefängnisstrafe kann auf Verlust der bürgerlichen Ehrenrechte und neben jeder Verurteilung wegen Hehlerei auf Zulässigkeit von Polizeiaufsicht erkannt werden.

Zweiundzwanzigster Abschnitt: Betrug und Untreue.

Betrug.

§ 263. (1) Wer in der Absicht, sich oder einem Dritten einen rechtswidrigen Vermögensvorteil zu verschaffen, das Vermögen eines anderen dadurch beschädigt, daß er durch Vorspiegelung falscher oder durch Entstellung oder Unterdrückung wahrer Tatsachen einen Irrtum erregt oder unterhält, wird wegen Betruges mit Gefängnis bestraft, neben welchem auf Geldstrafe, sowie auf Verlust der bürgerlichen Ehrenrechte erkannt werden kann.

(2) Sind mildernde Umstände vorhanden, so kann ausschließlich auf die Geldstrafe erkannt werden.

(3) Der Versuch ist strafbar.

(4) In besonders schweren Fällen tritt an die Stelle der Gefängnisstrafe Zuchthaus bis zu zehn Jahren.

(5) Wer einen Betrug gegen Angehörige, Vormünder oder Erzieher begeht, ist nur auf Antrag zu verfolgen. Die Zurücknahme des Antrages ist zulässig.

1. Der Betrug ist die in rechtswidriger Bereicherungsabsicht durch Täuschung bewirkte Vermögensschädigung. Er ist seinem Wesen nach eine gegen das Vermögen gerichtete Straftat. Von der Erpressung des § 253 unterscheidet sich der Betrug in der Hauptsache dadurch, daß das Mittel zur Erreichung des Ziels beim Betrug in der arglistigen Täuschung, bei der Erpressung in der Gewalt oder Drohung besteht. Dem Betrogenen wird ein Vermögenswert abgeschwindelt, dem Erpreßten abgenötigt.

2. Zum Tatbestand des Betrugs gehören:

a) Als äußere Tatbestandsmerkmale: Die Täuschungshandlung, die dadurch bewirkte Irrtumserregung, die dadurch bewirkte Vermögensverfügung und schließlich die dadurch bewirkte Vermögensbeschädigung.

Diese vier objektiven Tatbestandsmerkmale müssen untereinander in ursächlichem Zusammenhang stehen, d. h. ein Tatbestandsmerkmal muß das andere zur Folge haben.

b) Der innere Tatbestand verlangt Vorsatz und die Absicht, sich oder einem Dritten einen rechtswidrigen Vermögensvorteil zu verschaffen. (Siehe Erl. 7.)

3. Die Täuschungshandlung besteht in der Vorspiegelung falscher Tatsachen oder in der Entstellung oder Unterdrückung wahrer Tatsachen.

a) Zu den Tatsachen gehört nicht nur das, was wahrnehmbar und feststellbar ist, wie z. B. die Vermögensverhältnisse einer Person, insbesondere die Zahlungsfähigkeit, oder die Beschaffenheit eines Gegenstandes, sondern auch die inneren Tatsachen, wie z. B. eine vorhandene Zahlungsabsicht (Kreditbetrug). Nicht als „Tatsachen" haben zu gelten die reinen Werturteile, z. B. übertriebene, ganz allgemein gehaltene Behauptungen bezüglich der Qualität der zu verkaufenden Ware.

b) Vorspiegeln einer Tatsache ist das Aufstellen einer bewußt unwahren Behauptung, z. B. die Behauptung eines bankrotten Kaufmanns, er habe ein größeres verfügbares Bankkonto, oder er habe die Absicht, den ihm übergebenen Wechsel zu einer Kreditbeschaffung zu benutzen, während er ihn von vornherein zur Zahlung eigener Schulden zu verwenden beabsichtigte. Der Begriff des Vorspiegelns kann auch durch schlüssige Handlungen erfüllt werden, wenn der Täter durch sein gesamtes äußeres Verhalten den Willen kundgibt, eine bestimmte Tatsache zum Ausdruck zu bringen, z.B. das Auftreten als zahlungsfähiger und zahlungswilliger Gast (Zechprellerei).

c) Eine Entstellung wahrer Tatsachen liegt vor, wenn durch Zusätze oder Weglassungen die wirkliche Sachlage nicht mehr richtig erkannt werden kann.

d) Die Unterdrückung wahrer Tatsachen setzt zunächst ein positives Tun voraus, das darauf abzielt, eine Tatsache der Kenntnisnahme anderer zu entziehen. Durch einfaches Schweigen kann dieses Tatbestandsmerkmal nur erfüllt werden, wenn eine Rechtspflicht zur Offenbarung der fraglichen Tatsache besteht; eine solche Pflicht zur Offenbarung kann sich aber nicht nur aus gesetzlichen Vorschriften ergeben (z. B. aus der Bestimmung, daß der Empfänger von Arbeitslosenunterstützung dem Wohlfahrtsamt die Nebeneinnahme bezahlter Arbeit mitzuteilen hat), sondern allein schon aus den Grundsätzen von Treu und Glauben. In dieser Beziehung wurde in der Rechtsprechung folgender Grundsatz entwickelt: Fordern Treu und Glauben mit Rücksicht auf die Verkehrssitte nach der Auffassung des redlichen Verkehrs über das, was sittlich erlaubt und erträglich ist, eine bestimmte Tatsache zu offenbaren, so besteht eine Rechtspflicht zur Offenbarung. So besteht z. B. eine Pflicht des noch keinen Fahrschein besitzenden Fahrgastes einer Straßenbahn auf die Frage des Schaffners, ob sonst jemand ohne Fahrschein sei, sich zu melden. (In vielen Fällen des täglichen Lebens enthält die Unterdrückung und Entstellung wahrer Tatsachen zugleich die Vorspiegelung falscher Tatsachen.)

4. Die Täuschungshandlung muß zur Folge haben, daß in dem Getäuschten ein Irrtum erregt oder unterhalten wird, d. h. eine der Wahrheit nicht entsprechende Vorstellung.

a) Das bloße Nichtwissen ist kein Irrtum. Deshalb kann der sogenannte blinde Passagier auf der Eisenbahn oder Straßenbahn nicht wegen Betrugs bestraft werden, wenn der Schaffner von seiner Anwesenheit überhaupt keine Kenntnis erlangt hat. Diese frühere Lücke im Gesetz füllt § 265a aus (siehe die dortigen Erläuterungen).

b) Ob der Getäuschte bei genügender Aufmerksamkeit den Irrtum hätte vermeiden können, ist ohne Bedeutung.

5. Durch den Irrtum muß der Getäuschte zu einer Vermögensverfügung veranlaßt worden sein, die das Bindeglied zwischen Irrtum und Vermögensbeschädigung bildet.

a) Unter Vermögensverfügung ist jedes Handeln, Dulden oder Unterlassen zu verstehen, das eine Vermögensveränderung zur Folge hat. So trifft z. B. derjenige eine Vermögensverfügung durch Handeln, der infolge der Täuschung einen für ihn ungünstigen Kauf- oder Darlehensvertrag abschließt oder durch Unterlassen, wenn er infolge der Täuschung über einen ihm zustehenden Anspruch in Unkenntnis gelassen wird und ihn infolgedessen nicht geltend macht, d. h. wenn er unbewußt auf diesen Anspruch verzichtet.

b) Die Vermögensverfügung muß den Vermögensschaden unmittelbar herbeiführen. Es liegt daher keine Vermögensverfügung vor, wenn A den B, da dieser ihm vorgespiegelt hat, er komme vom Elektrizitätswerk, um den Zähler zu reparieren, in seine Wohnung hinein läßt und dem B dadurch Gelegenheit gibt, ihn zu bestehlen; in diesem Falle liegt kein Betrug, sondern ein Diebstahl vor.

6. Als Folge der Verfügung, zu der der Getäuschte durch den in ihm hervorgerufenen Irrtum bestimmt worden ist, muß eine Vermögensbeschädigung eintreten.

a) Das Vermögen ist nicht schon dann beschädigt, wenn der Getäuschte durch den in ihm erregten Irrtum zu irgendeiner vermögensrechtlichen Verfügung bestimmt worden ist, sondern erst dann, wenn das Vermögen durch die Verfügung objektiv dergestalt beeinträchtigt wird, daß der Geldwert des Vermögens nach der Verfügung geringer ist, als der Geldwert, den es gehabt hätte, wenn die Täuschungshandlung nicht vorgekommen wäre. Dies ist nicht nur der Fall, wenn der Getäuschte auf Grund der Täuschung eine Sache, insbesondere

Geld aus seinem Vermögen herausgibt, ohne einen entsprechenden Gegenwert in sein Vermögen hinein zu bekommen (der in der Praxis am häufigsten vorkommende Fall), sondern ein Vermögensschaden liegt auch dann vor, wenn der Getäuschte infolge der Täuschung sein Vermögen mit einer Schuld, z. B. mit einer Bürgschaftsübernahme belastet oder zur Stundung einer Forderung veranlaßt wird. Der aus der strafbaren Handlung selbst entstehende Ersatzanspruch kommt bei der Beurteilung, ob ein Schaden entstanden ist, nicht in Betracht.

b) Eine Vermögensbeschädigung kann auch schon in einer Vermögensgefährdung erblickt werden, wenn sie eine Verschlechterung schon des gegenwärtigen Vermögenszustandes herbeiführt. Eine solche Vermögensgefährdung liegt insbesondere dann vor, wenn für die Hingabe baren Geldes eine infolge ihrer Unsicherheit minderwertige Gegenleistung eingetauscht wird, z. B. das Rückzahlungsversprechen eines überschuldeten Schuldners gegenüber dem Darlehensgeber.

c) Auch das rechtlich ungeschützte Vermögen kann geschädigt werden im Sinne des § 263. (RG. 44, 230.) So kann ein Betrug auch gegen einen Dieb oder Betrüger begangen werden ebenso wie auch Ansprüche geschützt sind, die sich aus unerlaubtem oder unsittlichem Geschäftsverkehr ergeben; so liegt z. B. in dem bewußten Verkauf untauglicher Abtreibungsmittel ein Betrug zum Nachteil des Käufers, obwohl dieser den von ihm gezahlten Kaufpreis wegen Unsittlichkeit des zugrunde liegenden Vertrags gemäß § 817 BGB. nicht im Rechtswege zurückverlangen kann.

d) Während Getäuschter und Verfügender immer die gleiche Person sein müssen, brauchen Getäuschter und Geschädigter nicht identisch zu sein. Es genügt vielmehr, daß der Getäuschte tatsächlich in der Lage ist, über fremdes Vermögen zu verfügen. So wird z. B. durch Täuschung seitens der Ehefrau bei Abschluß eines vermögensschädigenden Kaufvertrags innerhalb der Schlüsselgewalt der Ehemann geschädigt (§ 1357 BGB.). Hierauf beruht auch die Möglichkeit eines Prozeßbetrugs, der dadurch begangen werden kann, daß der Richter durch ein bewußt wahrheitswidriges Parteivorbringen oder durch eine bewußt falsche Zeugenaussage in einen Irrtum versetzt wird, infolgedessen ein objektiv falsches Urteil fällt und dadurch das Vermögen einer der Prozeßparteien schädigt.

7. Der innere Tatbestand erfordert Vorsatz und die Absicht, sich oder einem Dritten einen rechtswidrigen Vermögensvorteil zu verschaffen.

a) Zum Vorsatz gehört das Bewußtsein, durch Täuschung einen Irrtum zu erregen, durch den Irrtum eine Vermögensverfügung des Getäuschten herbeizuführen und dadurch jemand im Vermögen zu schädigen. In allen Punkten genügt bedingter Vorsatz. Dies ist von besonderer Bedeutung für den Vorsatz der Vermögensschädigung, da in den meisten Fällen des täglichen Lebens der Einwand des Täters, er habe nicht die Absicht gehabt, den Getäuschten zu schädigen, nicht widerlegt werden kann, während bei bedingtem Vorsatz der Nachweis genügt, daß der Täter zum mindesten mit der Möglichkeit gerechnet hat, daß der Getäuschte einen Schaden erleiden könne und auch für diesen Fall die Tat gewollt hat.

b) Vermögensvorteil ist jede Vermehrung des Gesamtvermögenswertes, d. h. jede günstigere Gestaltung der Vermögenslage, worunter auch die Verhinderung der Erhebung von rechtlich begründeten Ansprüchen sowie jede Verbesserung der Zivilprozeßlage gehört.

c) Rechtswidrig ist der erstrebte Vermögensvorteil, wenn der Täuschende keinen Rechtsanspruch auf den Vorteil hat. Es begeht daher keinen Betrug der

Bestohlene, der den Dieb durch Täuschung zur Herausgabe des gestohlenen Gegenstandes veranlaßt, oder der Gläubiger, der den Schuldner durch Täuschung zur Bezahlung einer fälligen Darlehensschuld bestimmt, denn die Verwirklichung eines fälligen Rechtsanspruchs durch Täuschung macht diesen niemals zu einem rechtswidrigen.

8. Vollendet ist der Betrug, wenn die Beschädigung eines fremden Vermögens eingetreten ist, und zwar ohne Rücksicht darauf, ob auch der erstrebte Vermögensvorteil eingetreten ist. Versuchter Betrug liegt vor, wenn mit der Einwirkung auf den zu Täuschenden begonnen worden ist, dieser aber das lügenhafte Vorbringen nicht glaubt oder aus anderen Gründen keine Vermögensverfügung trifft. Klärt der Täuschende den Getäuschten über die wahre Sachlage auf, bevor dieser eine Vermögensverfügung trifft, dann bleibt der Täuschende straflos gemäß § 46 Nr. 2 (tätige Reue). (Siehe Erl. 4 zu § 46.)

9. Eine straflose Nachtat und kein strafbarer Betrug liegt vor, wenn Täuschungshandlungen vorgenommen werden, um eine vorausgegangene Straftat (z. B. Diebstahl, Betrug) zu verdecken, und dabei kein erneuter Eingriff in ein fremdes Vermögen erfolgt. Beispiel: Der Dieb A leugnet dem Bestohlenen B gegenüber den Diebstahl und erreicht dadurch, daß B ihm glaubt und infolgedessen auf die Herausgabe des gestohlenen Gegenstandes (Eigentumsklage) verzichtet. Dieses Verhalten des A erfüllt zwar den Tatbestand des Betrugs insofern, als B infolge der Täuschung auf ein ihm zustehendes Recht verzichtet und dadurch einen Vermögensschaden erleidet. Dieser Betrug kann aber keine strafrechtlich selbständige Bedeutung gewinnen, da er sich ebenfalls gegen das Eigentum des Bestohlenen richtet. Es liegt in diesem Falle nur eine sog. straflose Nachtat gegenüber dem Diebstahl vor. Veräußert aber A den gestohlenen Gegenstand an einen gutgläubigen Dritten, dann begeht er diesem gegenüber einen Betrug, der mit dem zum Nachteil des B begangenen Diebstahl in Realkonkurrenz steht. (Siehe auch „Einführende Vorbemerkungen zum Strafrecht", Seite 1ff., Abschnitt B VII 4 d bb, Seite 13.)

10. In besonders schweren Fällen tritt Zuchthausstrafe ein (Abs. 4).

11. Der Betrug, der gegen Angehörige, Vormünder oder Erzieher begangen wird, ist nur auf Antrag zu verfolgen (Abs. 5).

12. Als besonders häufig vorkommende Betrugsarten sind zu erwähnen:

a) Der Zechbetrug (Zechprellerei). Wer in einer Wirtschaft Speisen und Getränke bestellt, erklärt damit seine Absicht, diese alsbald bar zu bezahlen und der Wirt leistet nur unter dieser stillschweigend vorausgesetzten Vertragsbedingung; er ist daher betrogen, wenn der Gast die ohne Zahlungswillen oder im Bewußtsein der Zahlungsunfähigkeit bestellten Speisen usw. verzehrt.

b) Der Einzug von Geldern durch Geschäftsreisende, die keine Vollmacht zum „Inkasso" haben, siehe Erl. 9 e zu § 246.

c) Der Heiratsbetrüger, der durch Vorspiegelung der unwahren Tatsache, er beabsichtige, das Mädchen zu heiraten, dieses zur Herausgabe ihrer Ersparnisse usw. veranlaßt.

d) Der Hochstapler, der sich durch Beilegung hochtrabender Namen und Titel den Anschein einer wohlhabenden Person gibt und dadurch andere zur kreditweisen Hergabe von Geld oder sonstigen Vermögenswerten veranlaßt, die er seiner vorgefaßten Absicht entsprechend nicht zurückgibt.

e) Der Darlehensschwindler, der durch die unwahre Behauptung, er könne Darlehen verschaffen, das geldsuchende Publikum zur Zahlung von Provisionen usw. veranlaßt, ohne fähig und willens zu sein, Geld zu beschaffen.

f) Beim sogenannten Prozeßbetrug, d. h. beim Betrug durch Täuschung des Richters ist zu beachten, daß jede bewußt falsche Parteibehauptung zur Annahme des Betrugstatbestands führen kann. Fällt der Richter infolge der falschen Behauptungen der einen Partei ein Urteil zum Nachteil der anderen Partei, dann ist der Betrug mit der Rechtskraft dieses Urteils vollendet; kommt es nicht zum Urteil, da der Richter den Schwindel erkennt, dann liegt Betrugsversuch vor. (RG. 72, 115.)

13. Weitere Betrugstatbestände in- und außerhalb des Strafgesetzbuches:

a) der Notbetrug des § 264a Abs. 1 und der Verwandtenbetrug des § 264a Abs. 4.

b) Der Versicherungsbetrug des § 265.

c) Der Automatenmißbrauch und das Erschleichen freien Eintritts des § 265a.

d) Die Gebührenüberhebung und Abgabenüberhebung der §§ 352, 353.

e) Die unlautere Reklame des § 4 unl. Wettbew.Ges.

f) Die Nahrungsmittelfälschung nach §§ 4, 11 des Lebensmittelgesetzes vom 5. Juli 1925 in der Fassung vom 17. Januar 1936 bzw. 14. August 1943, wonach bestraft wird, wer zum Zwecke der Täuschung im Handel und Verkehr Lebensmittel nachmacht oder verfälscht.

g) Die Weinfälschung nach § 26 des Weingesetzes vom 25. 7. 1930.

h) Der Steuerbetrug nach § 396 Reichsabgabenordnung.

Rückfallbetrug.

§ 264. (1) Wer im Inlande wegen Betruges einmal und wegen darauf begangenen Betruges zum zweiten Male bestraft worden ist, wird wegen abermals begangenen Betruges mit Zuchthaus bis zu zehn Jahren und zugleich mit Geldstrafe bestraft.

(2) Sind mildernde Umstände vorhanden, so tritt Gefängnisstrafe nicht unter drei Monaten ein, neben welcher zugleich auf Geldstrafe erkannt werden kann.

(3) Die im § 245 enthaltenen Vorschriften finden auch hier Anwendung.

1. Vgl. hierzu die Erl. zu §§ 244, 245. Rückfallbegründend sind aber beim Betruge, im Gegensatz zum Diebstahl und zur Hehlerei nur gleichartige Strafen, also nur Betrugsstrafen.

2. Rückfallbegründend ist nicht der Notbetrug (§ 264 a), ebensowenig der Versicherungbetrug des § 265.

Notbetrug.

§ 264a. (1) Wer aus Not sich oder einem Dritten geringwertige Gegenstände zum Schaden eines andern durch Täuschung (§ 263 Abs. 1) verschafft, wird mit Geldstrafe oder Gefängnis bis zu drei Monaten bestraft.

(2) Der Versuch ist strafbar.

(3) Die Verfolgung tritt nur auf Antrag ein. Die Zurücknahme des Antrages ist zulässig.

(4) Wer die Tat gegen einen Verwandten absteigender Linie oder gegen seinen Ehegatten begeht, bleibt straflos.

1. Entsprechend der Regelung betr. Diebstahl und Unterschlagung geringwertiger Gegenstände aus Not (§ 248a) ist hier eine gleiche Bestimmung für Bagatellbetrug aus Not geschaffen, deren Bedeutung besonders darin liegt, daß solche Straftaten nicht rückfallbegründend wirken und nur auf Antrag bestraft werden. Im Gegensatz zu § 248a ist der Versuch strafbar.

2. Im übrigen muß auch hier der volle Betrugstatbestand gegeben sein. Darüber hinaus verlangt aber der § 264a zur Vollendung, daß der Täter sich oder einem Dritten den Gegenstand tatsächlich verschafft. Es genügt also, in Abweichung von § 263, nicht, daß lediglich der Getäuschte geschädigt ist (siehe Erl. 8 zu § 263). Außerdem betrifft § 264a nur bewegliche Sachen. Werden andere Vermögenswerte erschwindelt, kommt nur § 263 in Betracht.

3. Wegen der Begriffe „Not" und „geringwertige Gegenstände" siehe Erl. 2 zu § 248a.

4. Zu Abs. 4: Während der gewöhnliche Betrug des § 263 auch dann immer strafbar ist, wenn er unter Angehörigen begangen wird (vorausgesetzt, daß ein Strafantrag gestellt wird), ist der Notbetrug des § 264a, der gegen Verwandte absteigender Linie oder zwischen Ehegatten begangen wird, straflos. Für den Diebstahl gilt dagegen die Bestimmung (siehe § 247a Abs. 2), daß nicht nur der Notdiebstahl des § 248a, wenn er gegen Verwandte absteigender Linie oder zwischen Ehegatten begangen wird, straflos ist (§ 248a, Abs. 3), sondern auch der gewöhnliche Diebstahl in jeder Form, d. h. auch unter den Voraussetzungen der §§ 243, 244.

Versicherungsbetrug.

§ 265. (1) Wer in betrügerischer Absicht eine gegen Feuersgefahr versicherte Sache in Brand setzt, oder ein Schiff, welches als solches oder in seiner Ladung oder in seinem Frachtlohn versichert ist, sinken oder stranden macht, wird mit Zuchthaus bis zu zehn Jahren und zugleich mit Geldstrafe bestraft.

(2) Sind mildernde Umstände vorhanden, so tritt Gefängnisstrafe nicht unter sechs Monaten ein, neben welcher auf Geldstrafe erkannt werden kann.

1. Der Versicherungsbetrug stellt sich dar als eine Vorbereitungshandlung des gewöhnlichen Betrugs des § 263, die zu einem selbständigen Verbrechen gemacht worden ist, also gegenüber § 263 ein Sonderdelikt darstellt. § 265 ist also nicht rückfallbegründend; auch ist niemals ein Strafantrag erforderlich und § 310 findet auf § 265 keine Anwendung.

2. § 265 enthält zwei Tatbestände.

a) Den sogenannten Brandversicherungsbetrug, der unter Umständen mit der Brandstiftung der §§ 306 ff. zusammenfällt, wenn es sich um ein Gebäude (§ 306) oder um eine der in § 308 bezeichneten Sachen handelt.

b) Den sogenannten Seeversicherungsbetrug.

3. Wegen „Inbrandsetzen" vgl. Erl. 1a zu § 306.

4. Unter betrügerischer Absicht ist die Absicht zu verstehen, die Versicherungssumme für sich oder für einen Dritten rechtswidrig zu erlangen. (BGH. 1, 209.)

5. Die später meistens nachfolgende Erhebung der Versicherungssumme bildet einen selbständigen, gegenüber § 265 in Tatmehrheit begangenen Betrugstatbestand im Sinne des § 263.

6. Beispiel: Der Gelehrte X, der sich in wirtschaftlicher Not befindet, setzt eine wertvolle hochversicherte Bibliothek in Brand, um sich mit Hilfe der zu erwartenden Versicherungssumme über Wasser zu halten. Nachdem schon einige Bücher in Brand geraten sind, bereut er sein Tun und löscht das Feuer: X hat sich eines vollendeten Verbrechens nach § 265 schuldig gemacht. Ein freiwilliger Rücktritt nach § 46 Nr. 1 kommt nicht in Frage, da die Inbrandsetzung schon vollendet war (siehe Erl. 1a zu § 306); auch § 310 (tätige Reue bei vollendeter Brandstiftung) greift nicht Platz, da § 310 sich nicht auch auf § 265 bezieht. Schließlich ist es auch für die Strafbarkeit aus § 265 ohne Bedeutung, daß X den Schaden bei der Versicherungsgesellschaft nicht angemeldet hat.

Automatenbetrug, Erschleichen freien Eintritts.

§ 265a. (1) Wer die Leistung eines Automaten, die Beförderung durch ein Verkehrsmittel oder den Zutritt zu einer Veranstaltung oder einer Einrichtung in der Absicht erschleicht, das Entgelt nicht zu entrichten, wird, soweit die Tat nicht nach anderen Vorschriften mit schwererer Strafe bedroht ist, mit Gefängnis bis zu einem Jahre oder mit Geldstrafe bestraft.

(2) Der Versuch ist strafbar.

(3) Wer die Tat gegen Angehörige, Vormünder oder Erzieher begeht, ist nur auf Antrag zu verfolgen. Die Zurücknahme des Antrages ist zulässig.

1. Der im Jahr 1935 in das Strafgesetzbuch aufgenommene § 265a war notwendig, da die Bewirkung der Leistung eines Automaten (Fernsprech- oder Wiegeautomaten) durch wertlose Metallstücke nicht unter dem Gesichtspunkt des § 263 strafrechtlich erfaßt werden kann, da es an dem Tatbestandsmerkmal der Irrtumserregung fehlt, denn es wird ja durch eine solche Manipulation keine Person getäuscht. (RG. 68, 65.) Aus dem gleichen Grunde kann auch der sogenannte blinde Passagier oder „schwarze" Besucher einer Veranstaltung (Konzert, Theater usw.) oder einer Einrichtung (z. B. Badeanstalt, Abortanlage eines Bahnhofs) nicht wegen Betrugs gemäß § 263 bestraft werden.

2. Da § 265a nur Platz greift, wenn die Tat nicht als Diebstahl oder Betrug strafbar ist, kommt § 265a für die sog. Warenautomaten im allgemeinen nicht in Betracht, da in diesem Falle Diebstahl vorliegt (siehe Erl. 5f zu § 242), dagegen für die sog. Leistungsautomaten, also vor allem für die Fernsprech- und Wiegeautomaten. Ebenso ist der sog. blinde Passagier, wenn die Voraussetzungen des § 263 vorliegen, d. h. wenn eine Person getäuscht worden ist, nach § 263 zu bestrafen. (Siehe Erl. 4a zu § 263.) § 15 des Gesetzes über Fernmeldeanlagen vom 14. 1. 1928 (Schwarzhöhrer) schließt ebenfalls die Anwendung des § 265a aus.

Untreue.

§ 266. Wer vorsätzlich die ihm durch Gesetz, behördlichen Auftrag oder Rechtsgeschäft eingeräumte Befugnis, über fremdes Vermögen zu verfügen oder einen anderen zu verpflichten, mißbraucht oder die ihm kraft Gesetzes, behördlichen Auftrags, Rechtsgeschäfts oder eines Treueverhältnisses obliegende Pflicht, fremde Vermögensinteressen wahrzunehmen, verletzt und dadurch dem, dessen Vermögensinteressen er zu betreuen hat, Nachteil zufügt, wird wegen Untreue mit Gefängnis und mit Geldstrafe bestraft. Daneben kann auf Verlust der bürgerlichen Ehrenrechte erkannt werden.

(2) In besonders schweren Fällen tritt an die Stelle der Gefängnisstrafe Zuchthaus bis zu zehn Jahren.

(3) Wer die Tat gegen Angehörige, Vormünder oder Erzieher begeht, ist nur auf Antrag zu verfolgen. Die Zurücknahme des Antrages ist zulässig.

1. § 266 in der Fassung der Novelle vom 26. Mai 1933 unterscheidet zwei Gruppen von Untreuehandlungen, und zwar die Untreue in Form des Mißbrauchs einer Vertretungsbefugnis (Mißbrauchstatbestand) und die Untreue, begangen durch Verletzung einer Interessenwahrnehmungspflicht. (Treubruchstatbestand.)

2. Die Untreue durch Mißbrauch einer Vertretungsbefugnis.

a) Dieser Teil des § 266 setzt voraus, daß dem Täter die Befugnis zusteht, über fremdes Vermögen zu verfügen, oder einen anderen zu verpflichten. Durch die letztere Alternative wird zum Ausdruck gebracht, und damit eine Streitfrage des alten Rechts erledigt, daß nämlich eine Untreue nicht nur durch Verringerung des fremden Aktivvermögens, sondern auch durch Belastung des fremden Vermögens mit einer Schuldverbindlichkeit, also durch Vergrößerung des Passivvermögens begangen werden kann (z. B. Ausstellung eines Wechsels oder Übernahme einer Bürgschaft).

b) Die Vertretungsbefugnis kann beruhen:

aa) Auf Gesetz, z. B. die Vertretungsmacht des Vaters bezüglich der Verwaltung des Kindesvermögens, oder diejenige des Ehemanns bezüglich der Verwaltung des eingebrachten Gutes der Ehefrau.

bb) Auf behördlichem Auftrag, z. B. die Vertretungsmacht des Vormunds, des Pflegers, des Konkursverwalters und des Beamten.

cc) Auf Rechtsgeschäft. In diese Kategorie gehören solche Personen, die von dem Auftraggeber zu einem rechtsgeschäftlichen Handeln gegenüber einem Dritten bestellt sind, z. B. Treuhänder, Verkaufs-Kommissionär, Gerichtsvollzieher, Rechtsanwalt, Handlungsbevollmächtigter, Prokurist u. a., nicht dagegen die bloßen Boten, die nur ganz bestimmte Aufträge in vorher vorgeschriebener Weise auszuführen haben, z. B. die Zeitungsträgerinnen, die Abonnementsgelder einzuziehen haben; sie begehen Unterschlagung, wenn sie kassierte Gelder für sich behalten.

c) Die Handlung des Vertretungsberechtigten muß einen Mißbrauch der Vertretungsbefugnis enthalten und zur Folge haben, daß für den, dessen Vermögensinteressen der Vertretungsberechtigte zu betreuen hatte, ein Nachteil entsteht.

aa) Das Handeln kann in einem Tun, Dulden, oder Unterlassen bestehen, z. B. in der Verabsäumung pflichtmäßiger Anlegung von Mündelgeld durch den Vormund oder in dem Verjährenlassen einer Forderung, oder Unterlassung der Pfändung durch Gerichtsvollzieher usw.

bb) Ein Mißbrauch der Vertretungsmacht liegt vor, wenn die Handlung des Vertretungsberechtigten den Interessen des Vertretenen zuwiderläuft.

cc) Der Begriff des „Nachteil zufügen" dürfte wohl demjenigen der Vermögensbeschädigung beim Betrug gleichzusetzen sein, so daß also auch eine Vermögensgefährdung genügt, wenn nach der konkreten Sachlage die eingetretene Gefahr eines Verlustes, also die Ungewißheit darüber, ob nicht ein Verlust eintreten werde, den Wert des Vermögens vermindert.

3. Die Untreue durch Verletzung einer Interessenwahrnehmungspflicht (Treubruchstatbestand).

a) Dieser Teil des § 266 setzt voraus, daß der Täter, ohne eine Vertretungsmacht zu besitzen, die Pflicht hat, fremde Vermögensinteressen wahrzunehmen.

b) Diese Pflicht kann wieder beruhen (aa—cc rechtlicher Treubruchstatbestand):

aa) auf Gesetz, z. B. Vorstandsmitglied einer Aktiengesellschaft,

bb) auf behördlichem Auftrag, z. B. Bücherrevisoren,

cc) auf Rechtsgeschäft, z. B. Handlungsgehilfen, Kassenboten,

dd) auf einem tatsächlichen Treuverhältnis, das ein sittlich zu billigendes sein muß. Der Hehler also, der dem Dieb beim Absatz der gestohlenen Waren hilft (Mitwirkung zum Absatz), macht sich nicht wegen Untreue, sondern nur wegen Unterschlagung strafbar, wenn er einen Teil der Waren sich persönlich zueignet. (RG. 70, 9.)

c) Die Handlung des Täters muß eine Verletzung der Betreuungspflicht enthalten und zur Folge haben, daß dem Betreuten ein Nachteil entsteht. (Im übrigen siehe oben Ziff. 2c, aa—cc.)

4. Untreuetatbestände außerhalb des Strafgesetzbuchs.

a) Die Neufassung des § 266 durch die Strafgesetznovelle v. 26. Mai 1933 hat an sich die in anderen Gesetzen befindlichen Untreuetatbestände überflüssig gemacht. Die Novelle hat aber gleichwohl diese anderen Untreuetatbestände nicht aufgehoben, sondern in Art. IV die Strafrahmen dieser Sonderbestimmungen der neuen Fassung des § 266 angepaßt, also durchweg ebenfalls Zuchthaus für besonders schwere Fälle festgesetzt und in Art. III einen Untreuetatbestand für den Geschäftsführer usw. einer GmbH. neu geschaffen. (§ 81a: Vorsätzliches Handeln zum Nachteil der Gesellschaft.)

b) Außer diesem neuen § 81a des GmbHG. gibt es also nach wie vor folgende Untreuetatbestände außerhalb des StGB., die zu § 266 in Gesetzeskonkurrenz stehen:

aa) § 95 Ziff. 2 des Börsengesetzes v. 22. Juni 1896, abgeändert am 27. Mai 1908. Er lautet: Ein Kommissionär, welcher, um sich oder einem Dritten einen Vermögensvorteil zu verschaffen, bei der Ausführung eines Auftrags oder bei der Abwicklung eines Geschäfts absichtlich zum Nachteil des Kommittenten handelt, wird mit ...... usw. bestraft (sog. Kommissionsuntreue).

bb) § 294 des Aktiengesetzes v. 30. Jan. 1937.

cc) § 146 des Genossenschaftsgesetzes.

dd) § 142 des Gesetzes über die Beaufsichtigung der privaten Versicherungsunternehmungen und Bausparkassen v. 6. Juni 1931.

ee) §§ 23 Abs. 2, 535, 536 Reichsversicherungsordnung.

In den letztgenannten vier Fällen werden Mitgliedern des Vorstandes und des Aufsichtsrats und Liquidatoren einer Aktiengesellschaft bzw. einer Genossenschaft bzw. eines Versicherungsvereins auf Gegenseitigkeit bzw. dem Mitglied eines Organs der Reichsversicherung, Gefängnis und Geldstrafen, und nach der Novelle v. 26. Mai 1933, wie oben erwähnt, auch Zuchthausstrafen angedroht, wenn sie absichtlich zum Nachteil der Gesellschaft, bzw. Genossenschaft, bzw. des Versicherungsvereins auf Gegenseitigkeit handeln.

c) Das Wettbewerbsgesetz enthält in § 17 (Verrat von Geschäfts- oder Betriebsgeheimnissen) einen untreueähnlichen Tatbestand.

5. Beispiele: a) Mißbrauchstatbestand: Der Prokurist A begeht eine Untreue, wenn er bewußt zum Nachteil seines Prinzipals einen Wechsel akzeptiert. b) Rechtlicher Treubruchstatbestand: Der Postbeamte A, der Rundfunkgebühren einzuziehen hat, behält einen Teil dieser Gelder für sich. Er begeht, abgesehen von fortgesetzter Amtsunterschlagung (§ 350), Untreue gegenüber dem Staat, da er bei der Einziehung von Rundfunkgebühren die Vermögensinteressen der Bundespost kraft behördlichen Auftrags wahrzunehmen hat (RG. 73, 236). c) Tatsächlicher Treubruchstatbestand: Die Ehefrau eines wegen Geistesschwäche Entmündigten hat die sittliche Pflicht, die Vermögensinteressen ihres Mannes wahrzunehmen (RG. 70, 207). d) Keine Untreue liegt vor in folgenden Fällen: A vermietet an B eine Schreibmaschine; B verkauft diese an C. Es liegt nur Unterschlagung vor, denn durch den Mietvertrag wurde für B keine Pflicht begründet, die Vermögensinteressen des A wahrzunehmen (RG. 71, 90). Ebensowenig besteht eine solche Pflicht für die Zeitungsträgerin; behält diese bei den Abonnenten eingezogene Zeitungsgelder für sich, dann begeht sie nur Unterschlagung und keine Untreue (RG. 69, 60).

Dreiundzwanzigster Abschnitt: Urkundenfälschung.

Vorbemerkung:

1. Der 23. Abschnitt enthält außer dem, was allgemein als „Urkundenfälschung" bezeichnet wird (§ 267), noch das Bewirken falscher Eintragung in öffentliche Bücher (§§ 271—273, die sog. intellektuelle Urkundenfälschung) und einige verwandte Tatbestände: Urkundenunterdrückung, Grenzsteinverrückung (§ 274), Stempelfälschungen (§§ 275, 276) und Anfertigung oder Gebrauch falscher ärztlicher Zeugnisse (§§ 277—279). Durch die Verordnung v. 29. Mai 1943 wurde an die Stelle der §§ 267—270 ein neuer § 267 gesetzt.

2. An Stelle der Übertretung des § 363 (fälschliche Anfertigung eines Legitimationspapiers) ist durch Gesetz v. 4. Sept. 1941 eine neue Vorschrift als § 281 in das Strafgesetzbuch eingefügt worden.

3. In den Fällen der §§ 267—275, 281 ist im § 94 Strafschärfung vorgesehen für den Fall, daß die Tat in staatsgefährdender Absicht begangen wurde.

Urkundenfälschung.

§ 267. (1) Wer zur Täuschung im Rechtsverkehr eine unechte Urkunde herstellt, eine echte Urkunde verfälscht oder eine unechte oder verfälschte Urkunde gebraucht, wird wegen Urkundenfälschung mit Gefängnis bestraft.

(2) Der Versuch ist strafbar.

(3) In schweren Fällen ist die Strafe Zuchthaus.

1. Das Wesen der Urkundenfälschung besteht nicht in der schriftlichen Behauptung einer unwahren Tatsache, sondern im Mißbrauch der urkundlichen Form. Ob der Inhalt der Urkunde wahr oder unwahr ist, ist unerheblich. Wer also z. B. zum Zwecke der Verwendung in einem Zivilprozeß eine Quittung über eine tatsächlich bezahlte Schuld mit dem Namen des Gläubigers unterzeichnet, macht sich der Urkundenfälschung schuldig. Dagegen liegt keine Urkundenfälschung, sondern nur eine schriftliche Lüge vor, wenn der Buchhalter A seine Bücher insofern falsch führt, als er tatsächlich eingenommene Beträge nicht verbucht, weil er sie für sich verbraucht hat; er hat sich nur wegen Unterschlagung (§ 246) strafbar gemacht.

2. Der wesentliche Unterschied des neuen Rechts gegenüber dem früheren besteht darin, daß die Urkundenfälschung nicht mehr ein zweiaktiges, sondern nunmehr ein einaktiges Delikt ist. Nach früherem Recht mußte zur Erfüllung des Tatbestandes der Urkundenfälschung zweierlei vorliegen: Die eigentliche Fälschung und das Gebrauchmachen von der falschen Urkunde. Lag nur die Fälschung vor, sei es auch mit der Absicht, später davon Gebrauch zu machen, so war bei dem Vergehen der einfachen Urkundenfälschung kein strafbarer Tatbestand gegeben, weil bei dem § 267 a. F. der Versuch nicht strafbar war. Nach dem neuen, durch die Verordnung v. 29. Mai 1943 geschaffenen Recht ist in jedem Falle schon die eigentliche Urkundenfälschung strafbar, also ohne Rücksicht darauf, ob irgend jemandem gegenüber von der falschen Urkunde Gebrauch gemacht wird.

3. Als Gegenstand der Urkundenfälschung bezeichnet das neue Recht eine Urkunde schlechthin. Es wird also nicht mehr, wie nach früherem Recht, zwischen öffentlicher und privater Urkunde unterschieden.

a) Unter Urkunde i. S. des § 267 ist jeder sinnlich wahrnehmbare leblose Gegenstand zu verstehen, der bestimmt ist, eine außerhalb seiner selbst liegende, für das Rechtsleben bestimmte Tatsache zu erweisen und zugleich den Urheber bezeichnet oder doch erkennbar macht. (RG. 76, 186 und BGH. 3, 84.) Mangels einer solchen verkörperten Gedankenäußerung scheiden aus dem Urkundenbereich aus, z. B. die Biermarken und die Garderobemarken (siehe Erl. c).

b) In der Regel werden im täglichen Leben Schriftstücke Gegenstand der Urkundenfälschung sein (Rechnungen, Schuldscheine, Quittungen, Geburts- und Heiratsurkunden, Wechsel usw.; Abschriften solcher Urkunden gelten im allgemeinen nicht als Urkunden). Es können aber auch andere Gegenstände Urkundeneigenschaft besitzen, wie z. B. die Plombenverschlüsse bei Postbriefbeuteln und Elektrizitätszählern. (Man nennt sie „Beweiszeichen".) Wer solche Verschlüsse erbricht, macht sich in der Regel nicht einer Sachbeschädigung (§ 303), sondern einer Urkundenvernichtung nach § 274 Nr. 1 schuldig. Ebenso gelten z. B. die Eichstempel und Fleischbeschaustempel als Urkunden. (RG. 50, 191; 76, 206.)

c) Keine Urkunden, weil keine Gedankenäußerung enthaltend, sind die Augenscheinsobjekte (z. B. Fußspuren) und die sog. Kennzeichen, wie z. B. die

Garderobemarke (siehe Erl. 3a). Wer also mit Hilfe einer gefälschten Garderobemarke sich einen fremden Mantel verschafft, begeht nur einen Betrug und nicht außerdem noch eine Urkundenfälschung. Dagegen gelten als Beweiszeichen (also Urkunden) die Merkstriche auf den Bieruntersetzern.

4. Als Fälschungshandlung bezeichnet das neue Recht zunächst die Herstellung einer unechten Urkunde; sie besteht darin, daß durch Unterschreiben einer Urkunde mit einem falschen Namen der Schein erweckt wird, als rühre die Urkunde von einer anderen Person her, als die ist, welche sie tatsächlich ausgestellt hat. Dabei ist zu beachten, daß die Herstellung einer unechten Urkunde nicht vorliegt, der Tatbestand des § 267 also nicht gegeben ist, wenn es demjenigen, der sich eines ihm nicht zustehenden Namens bei der Unterzeichnung einer Urkunde bedient, nur darauf ankommt, über seinen Namen oder Familienstand, nicht aber über seine Person (Identität) zu täuschen. Beispiele: Es macht sich nicht nach § 267 strafbar der Filmschauspieler, der sich, um nicht belästigt zu werden, während eines Ferienaufenthaltes in einem Kurort eines falschen Namens bedient, ebensowenig die A, die in wilder Ehe mit B lebt, und, um diese Tatsache zu verheimlichen, Urkunden mit Frau B unterzeichnet. Es liegt in diesen Fällen nur eine nicht strafbare schriftliche Lüge vor. Es begeht schließlich auch keine Urkundenfälschung, wer mit Zustimmung des Namensträgers mit dessen Namen unterzeichnet, vorausgesetzt, daß der Unterzeichner den Namensträger vertreten will, daß er ferner rechtlich dazu befugt ist (für die Errichtung eines eigenhändigen Testamentes z. B. ist die Stellvertretung ausgeschlossen), und schließlich, daß der Namensträger in der Unterschrift sich vertreten lassen will. (RG. 75, 46 und 285.) Beispiel: Der A bittet den B, für ihn ein Telegramm aufzugeben und dieses mit seinem, des A Namen zu unterzeichnen. B macht sich, wenn er diesem Ersuchen nachkommt, nicht wegen Herstellung einer unechten Urkunde im Sinne des § 267 strafbar.

5. Die zweite Möglichkeit der Fälschungshandlung ist die Verfälschung einer echten Urkunde; sie besteht in der Erweckung des Scheins, als habe die Urkunde einen anderen Inhalt, als der ist, den der Aussteller ihr gegeben hatte.

6. Neben der Fälschung zum Zwecke der Täuschung im Rechtsverkehr stellt das neue Recht in § 267 den Gebrauch der von einem anderen oder auch von dem Täter selbst, aber ohne Gebrauchsabsicht gefälschten Urkunde unter Strafe. Dadurch wurde der frühere § 270 überflüssig und deshalb gestrichen.

7. Der innere Tatbestand erfordert Vorsatz und die Absicht, im Rechtsverkehr zu täuschen, d. h. einen anderen mittels der falschen Urkunde zu einem rechtlich erheblichen Tun zu veranlassen. Nicht strafbar ist also, wer nur zum Scherz eine Urkundenfälschung begeht. (RG. 68, 2.)

8. Das neue Recht macht keinen Unterschied mehr zwischen einfacher und schwerer Urkundenfälschung. Deshalb wurde der § 268 gestrichen. Die schweren Fälle der Urkundenfälschung können nach Abs. 3 mit Zuchthaus bestraft werden.

9. Nach Abs. 2 ist der Versuch der Urkundenfälschung strafbar.

10. Die von dem früheren § 269 (sog. Blankettfälschung) erfaßten Fälle, also vor allem das Ausfüllen von in Blanko akzeptierten oder girierten Wechseln mit höheren Summen als ausgemacht war, fallen ohne weiteres unter das Herstellen einer unechten Urkunde i. S. des § 267 n. F. Der § 269 wurde daher gestrichen.

11. Beispiele: Der Täter X, der ein Rad gestohlen hat, legt als Beweis dafür, daß er das Rad auf ehrliche Weise erworben hat, dem Althändler, dem er das Rad zum Kaufe anbietet, eine Bescheinigung vor, daß er das Rad durch rechtmäßigen

Kauf erworben habe; diese Bescheinigung ist von ihm geschrieben und mit einem erfundenen Namen unterzeichnet (Herstellung einer unechten Urkunde). Er erreicht hierdurch, daß der Althändler das gestohlene Rad kauft: X hat sich einer Urkundenfälschung nach § 267 und eines Betruges nach § 263 schuldig gemacht, denn der Althändler konnte an dem gestohlenen Rad kein Eigentum erwerben und hat andererseits den Kaufpreis bezahlt; er wurde also in seinem Vermögen geschädigt.

Oder: Der Täter Z läßt sich von einem Schuldner einen Wechsel über 100 DMark ausstellen; aus der Zahl 1 macht er die Zahl 2 (Verfälschen einer echten Urkunde); mit diesem Wechsel kauft er für 200 DMark Waren: Er ist ebenfalls wegen Urkundenfälschung und Betrug zu bestrafen.

Oder: A hat einen von B gestohlenen Kraftwagen in Kenntnis des Diebstahls gekauft. Um die Herkunft des Wagens zu verbergen, hat er das amtliche, mit dem Dienststempel der Zulassungsstelle versehene Kennzeichen durch teilweises Überkleben mit schwarzem Papier geändert: A hat sich neben der Hehlerei (§ 259) in Tatmehrheit (§ 74) einer Urkundenverfälschung i. S. des § 267 schuldig gemacht. Ebenso wäre zu entscheiden, wenn A die Fahrgestell- und Motorennummer geändert hätte.

12. Wegen Aberkennung der bürgerlichen Ehrenrechte vgl. § 280, wegen Strafschärfung § 94.

Erschwerte Urkundenfälschung.

§ 268. Gestrichen durch die Verordnung v. 29. Mai 1943.

Blankettfälschung.

§ 269. Gestrichen durch die Verordnung v. 29. Mai 1943.

Gebrauch einer falschen Urkunde.

§ 270. Gestrichen durch die Verordnung v. 29. Mai 1943.

Mittelbare Falschbeurkundung.

§ 271. Wer vorsätzlich bewirkt, daß Erklärungen, Verhandlungen oder Tatsachen, welche für Rechte oder Rechtsverhältnisse von Erheblichkeit sind, in öffentlichen Urkunden, Büchern oder Registern als abgegeben oder geschehen beurkundet werden, während sie überhaupt nicht oder in anderer Weise oder von einer Person in einer ihr nicht zustehenden Eigenschaft oder von einer anderen Person abgegeben oder geschehen sind, wird mit Gefängnis bis zu sechs Monaten oder mit Geldstrafe bestraft.

1. Ebenso wie § 348 will auch § 271 die Beweiskraft öffentlicher Urkunden sichern. Wie schon in Erl. 1 zu § 267 ausgeführt wurde, wird eine schriftliche Lüge an sich nicht bestraft, es sei denn, daß mit Hilfe derselben ein Betrug begangen wird. Wenn aber jemand veranlaßt, daß eine Lüge in öffentliche Urkunden, Bücher oder Register aufgenommen wird, dann macht er sich wegen mittelbarer Falschbeurkundung i. S. des § 271 (auch intellektuelle Urkundenfälschung genannt) schuldig. (Siehe „Einführende Vorbemerkungen zum Strafrecht" S. 1ff., Abschnitt B IV 2 b, bb, S. 8.)

2. Das Vergehen des § 271 kann nur begangen werden, wenn der die Beurkundung vornehmende Beamte gutgläubig ist. Handelt der Beamte vorsätzlich,

d. h. ist er sich der Unwahrheit des von ihm zu beurkundenden Vorgangs bewußt, so wird der Beamte nach § 348 Abs. 1 bestraft und der Dritte, der den Beamten hierzu veranlaßt hat, wegen Anstiftung zu dem Vergehen des § 348 Abs. 1.

3. Die Handlung besteht in dem Bewirken, d. h. Verursachen einer inhaltlich unrichtigen Beurkundung. Das Mittel, mit dem der Täter diesen Erfolg herbeiführt, wird im allgemeinen die Täuschung des Beamten sein.

4. Erste Voraussetzung für die Anwendung des § 271 ist, daß es sich um eine Beurkundung in öffentlichen Urkunden, Büchern oder Registern handelt, d. h. um solche Urkunden, welche von einer öffentlichen Behörde innerhalb der Grenzen ihrer Amtsbefugnisse oder von einer mit öffentlichem Glauben versehenen Person (z. B. Notar, Gerichtsvollzieher, Standesbeamter) innerhalb des ihr zugewiesenen Geschäftskreises in der vorgeschriebenen Form aufgenommen sind (ZPO. § 415).

5. Während aber solche öffentliche Urkunden regelmäßig nur beweisen, daß die fragliche Anordnung, Verfügung oder Entscheidung ergangen ist, und zwar mit dem Inhalte, der sich aus der jeweiligen Urkunde ergibt und unter den Begleitumständen (Zeit, Ort usw.), die in ihr vermerkt sind, darüber hinaus aber keinerlei Beweis für die Wahrheit ihres sachlichen Inhalts erbringen (siehe § 417 ZPO.), liegt eine Beurkundung im Sinne des § 271 nur dann vor, wenn die schriftlichen Angaben des Beamten dazu bestimmt sind, zu öffentlichen Glauben ein für und gegen jedermann auch bezüglich des sachlichen Inhalts vollbeweisendes Schriftstück herzustellen.

M. a. W.: Die Strafbarkeit aus § 271 reicht nur soweit, als die unmittelbar äußere Beweiskraft der Urkunde sich erstreckt. Ob im Einzelfall die öffentliche Urkunde eine solche erweiterte Beweiskraft besitzt, hängt von der Natur und der Zweckbestimmung der Beurkundung ab, die sich entweder aus besonderer gesetzlicher Vorschrift oder aus allgemeinen Erwägungen ergeben kann. (RG. 61, 304.)

a) Als öffentliche Urkunden mit einer solchen erweiterten Beweiskraft im Sinne des § 271 sind anzusehen: Personalausweise, Kennkarten und Pässe, Lebensmittelkarten, Bezugscheine, der von den Geschäftsstellen der Gerichte auf eingereichte Schriftstücke (z. B. Revisionseinlegung) zu setzende Eingangsvermerk, die Quittungskarte des Versicherten nach § 1414 Reichsversicherungsordnung, u. a.

Zu den öffentlichen Büchern oder Registern gehören in erster Linie die Personenstandsregister (Familien-, Geburten- und Sterbebuch nach §§ 1, 60 des Personenstandsgesetzes), ferner die Grundbücher, Gefangenenbücher, Annahmebücher der Postanstalten für Wertsendungen u. a.

Alle diese Urkunden, Bücher und Register genießen öffentlichen Glauben, d. h. ihrem sachlichen Inhalt kommt Beweiskraft für und gegen jedermann zu. Wer also durch Irreführung des Beamten bewirkt, daß objektiv falsche Angaben oder Erklärungen in eine solche Urkunde usw. mit erweiterter Beweiskraft aufgenommen werden, macht sich nach § 271 strafbar.

b) Weil sie nicht geeignet sind, bezüglich der materiellen Richtigkeit ihres Inhaltes vollen Beweis für und gegen jedermann zu erbringen, scheiden aus dem Anwendungsgebiet des § 271 folgende Urkunden, Bücher und Register aus: Zunächst ganz allgemein alle Urkunden usw., die nur für den inneren Dienst der Behörde, insbesondere für die Aufsicht und Kontrolle der Geschäftsführung des betreffenden Beamten bestimmt sind, so vor allem die Dienstregister der Gerichtsvollzieher; ferner scheiden aus die Vereinsregister und die Handelsregister, sowie die polizeilichen Melderegister (Einwohnermeldeamt) ferner Strafurteile und Strafbefehle sowie die Verhandlungsprotokolle im Strafprozeß und im Zivilprozeß bezüglich der Identität der als erschienen protokollierten Personen mit denjenigen, für die sie sich ausgeben. (Wer also vor Gericht falsche Personalien angibt, und dadurch bewirkt, daß das Verhandlungsprotokoll unrichtig wird, und infolgedessen auch das Urteil auf einen falschen Namen lautet, macht sich nicht nach § 271 schuldig, sondern lediglich einer Übertretung nach § 360 Nr. 8.

6. Vollendet ist das Vergehen des § 271, wenn die Beurkundung abgeschlossen ist. Der Versuch ist nur strafbar, wenn die Erschwerungsgründe des § 272 vorliegen (Schädigungsabsicht oder die Absicht, sich oder einem Dritten einen Vermögensvorteil zu verschaffen), die das Vergehen des § 271 zum Verbrechen machen. (Wegen Strafschärfung siehe § 94.)

7. Beispiele: Die Kindsmutter A meldet beim Standesamt ihr uneheliches Kind als ehelich geboren an und bewirkt hierdurch einen falschen Eintrag in das Geburtenbuch: Sie hat sich nach § 271 strafbar gemacht und in Tateinheit hiermit ein Personenstandsdelikt im Sinne des § 169 begangen (siehe Erl. 6 zu § 169). Oder: Der A meldet sich mit den Papieren seines Freundes B bei der Strafanstalt X zum Strafantritt, um eine Gefängnisstrafe an dessen Stelle zu verbüßen und bewirkt dadurch einen falschen Eintrag in das Gefangenenbuch: A hat sich nach § 271 strafbar gemacht und in Tateinheit hiermit wegen Begünstigung im Sinne des § 257 (persönliche Begünstigung siehe Erl. 4 zu § 257).

Schwere mittelbare Falschbeurkundung.

§ 272. (1) Wer die vorbezeichnete Handlung in der Absicht begeht, sich oder einem anderen einen Vermögensvorteil zu verschaffen oder einem anderen Schaden zuzufügen, wird mit Zuchthaus bis zu zehn Jahren bestraft, neben welchem auf Geldstrafe erkannt werden kann.

(2) Sind mildernde Umstände vorhanden, so tritt Gefängnisstrafe ein, neben welcher auf Geldstrafe erkannt werden kann.

1. Da der Tatbestand des § 272 ein Verbrechen darstellt, ist auch der Versuch strafbar. Ein solcher liegt schon dann vor, wenn mit der Einwirkung auf den Beamten begonnen worden ist.

2. Wegen des Begriffes „Vermögensvorteil" siehe Erl. 7b zu § 263 Unter „Schaden" ist nicht nur ein Vermögensschaden zu verstehen. Siehe auch § 94

Gebrauchmachen von einer solchen Urkunde.

§ 273. Wer wissentlich von einer falschen Beurkundung der in § 271 bezeichneten Art zum Zwecke einer Täuschung Gebrauch macht, wird nach Vorschrift jenes Paragraphen und, wenn die Absicht dahin gerichtet war, sich oder einem anderen einen Vermögensvorteil zu verschaffen oder einem anderen Schaden zuzufügen, nach Vorschrift des § 272 bestraft.

1. Wie die falsche Beurkundung zustande gekommen ist, ob durch strafbare Handlung des Erklärenden oder des Beamten oder durch Irrtum, ist für diesen Tatbestand gleichgültig. Es ist also auch derjenige nach § 273 strafbar, der eine ausländische unechte öffentliche Urkunde im Ausland erschlichen hat und von dieser Urkunde im Inland Gebrauch macht.

2. Andererseits aber hat die Vorschrift gegenüber §§ 271, 272 nur subsidiäre Bedeutung, d. h. macht der Täter des § 271 selbst von der Urkunde Gebrauch, dann ist er nur nach § 271 zu bestrafen. Wegen Strafschärfung siehe § 94.

Urkundenvernichtung, Grenzverrückung.

§ 274. (1) Mit Gefängnis, neben welchem auf Geldstrafe erkannt werden kann, wird bestraft, wer

1. eine Urkunde, welche ihm entweder überhaupt nicht oder nicht ausschließlich gehört, in der Absicht, einem anderen Nachteile zuzufügen, vernichtet, beschädigt oder unterdrückt, oder
2. einen Grenzstein oder ein anderes zur Bezeichnung einer Grenze oder eines Wasserstandes bestimmtes Merkmal in der Absicht, einem anderen Nachteil zuzufügen, wegnimmt, vernichtet, unkenntlich macht, verrückt oder fälschlich setzt.

(2) Der Versuch ist strafbar.

1. In diesem Paragraph sind zwei ganz verschiedene, nur äußerlich verwandte Tatbestände zusammengefaßt: Die sog. Urkundenvernichtung der Nr. 1 und die Grenzverrückung der Nr. 2.

2. Zur Urkundenvernichtung (Nr. 1 des Tatbestandes):

a) Während bei der Urkundenfälschung des § 267 der Wille des Täters auf die Erlangung eines Beweismittels gerichtet ist, bezweckt die Tat des § 274 dessen Beseitigung.

b) Wegen des Begriffs der Urkunde siehe Erl. 3 zu § 267.

c) Die Urkunde gehört dem Täter nicht ausschließlich, wenn ein anderer Miteigentum an der Urkunde hat.

d) Die Urkunde ist vernichtet, wenn sie aufgehört hat, ein Beweismittel zu sein. (Daß auch das Durchschneiden eines Plombenverschlusses ein Vernichten einer Urkunde darstellen kann, wurde in Erl. 3 b zu § 267 erwähnt.) Ein Beschädigen liegt vor, wenn eine solche Veränderung an der Urkunde vorgenommen wird, die ihren Beweiswert beeinträchtigt, während eine Urkunde unterdrückt, wer sie dauernd oder vorübergehend der Benutzung eines anderen entzieht.

e) Der innere Tatbestand verlangt neben dem Vorsatz die Absicht, einem anderen Nachteile zuzufügen, wobei zu beachten ist, daß hierunter nicht nur Vermögensnachteile zu verstehen sind.

f) Der Tatbestand der Nr. 1 wird häufig mit § 133, und wenn der Täter ein Beamter ist, mit § 348 Abs. 2 zusammentreffen. Hat der Täter bei der Unterdrückung nicht nur die Absicht, dem anderen ein Beweismittel zu entziehen, sondern sich die Urkunde auch rechtswidrig zuzueignen, dann liegt Tateinheit mit Diebstahl (§ 242) vor.

g) Beispiele: Frau A nimmt aus dem Briefkasten der mit ihr verfeindeten Flurnachbarin B einen Brief heraus und vernichtet ihn. Oder: Der Sohn A vernichtet das Testament seines Vaters, weil dieser die Schwester B im Testament bevorzugt hat.

3. Die Grenzverrückung (Nr. 2 des Tatbestandes):

a) Diese Strafbestimmung richtet sich gegen die in der Absicht der Benachteiligung eines anderen vorgenommenen Verdunkelung von Grundstücksgrenzen durch Beseitigung vorhandener Grenzmerkmale (Wegnehmen, Vernichten, Unkenntlichmachen) oder durch Herstellung unrichtiger Grenzzeichen, Verrücken oder fälschliches Setzen).

b) Wasserstandszeichen sind Merkmale, die zur Regelung der Nutzungsrechte am Wasser bestimmt sind, insbesondere die sog. Aichpfähle.

4. Wegen Aberkennung der bürgerlichen Ehrenrechte siehe § 280, wegen Strafschärfung § 94.

Fälschung von Postwertzeichen u. ä.

§ 275. Mit Gefängnis nicht unter drei Monaten wird bestraft, wer

1. wissentlich von falschem oder gefälschtem Stempelpapier, von falschen oder gefälschten Stempelmarken, Stempelblanketten, Stempelabdrücken oder Postwertzeichen Gebrauch macht,
2. unechtes Stempelpapier, unechte Stempelmarken, Stempelblankette oder Stempelabdrücke für Spielkarten, Pässe oder sonstige Drucksachen oder Schriftstücke, ingleichen wer unechte Postwertzeichen in der Absicht anfertigt, sie als echt zu verwenden, oder
3. echtes Stempelpapier, echte Stempelmarken, Stempelblankette, Stempelabdrücke oder Postwertzeichen in der Absicht verfälscht, sie zu einem höheren Werte zu verwenden.

1. Gegenstand des Strafschutzes der §§ 275, 276 sind die zum Schutze fiskalischer Interessen ausgestellten Wertzeichen, die die Entrichtung von bestimmten Steuern, Gebühren und ähnlichen öffentlich-rechtlichen Leistungen erleichtern und überwachen.

2. Als Objekte des § 275 kommen in der Hauptsache in Frage Stempelmarken und Postfreimarken. Zu den Stempelmarken gehören vor allem die Gerichtskostenmarken, zu den Postfreimarken gehören auch die mit eingedruckter Marke versehenen Postkarten.

3. Die einzelnen Ausführungshandlungen:

a) In Nr. 1 wird das wissentliche Gebrauchmachen von falschen oder verfälschten Wertzeichen unter Strafe gestellt. (Siehe § 267, dritter Fall.)

b) In Nr. 2 wird die Anfertigung unechter Wertzeichen mit Strafe bedroht, sofern sie in der Absicht geschieht, die Falsifikate als echt zu verwenden. Ein Gebrauchmachen wird nicht erfordert. (Siehe § 267, erster Fall.)

c) Unter Nr. 3 fällt die Verfälschung von echten Wertzeichen in der Absicht, sie zu einem höheren Wert zu verwenden. (Siehe § 267, zweiter Fall.)

4. Als Spezialgesetze gegenüber § 275 kommen in Betracht: § 405 Reichsabgabenordnung, § 1496 Reichsversicherungsordnung, § 350 Angestelltenversicherungsgesetz und §§ 27, 28 Postgesetz.

5. Wegen Aberkennung der bürgerlichen Ehrenrechte siehe § 280, wegen Strafschärfung § 94.

6. Beispiel: Bei einer Polizeidirektion wurden Verwaltungsgebührenmarken, die für gebührenpflichtige Akte gegen Entgelt an das Publikum verabfolgt wurden, eingeführt. Mit der Verwaltung des Markenvorrats war der Polizei-

inspektor A betraut. Zum Ausgleich einer Fehlmenge hat er eigenmächtig bei der Druckerei eine Anzahl solcher Marken herstellen lassen und sie alsdann den einzelnen Dienststellen der Polizeidirektion zur Abgabe an das Publikum zugeleitet: Die auf diese Weise hergestellten Verwaltungsgebührenmarken sind „Stempelmarken" i. S. des § 275, und sie waren „falsch" i. S. der Nr. 1 des § 275, da sie unbefugt, d. h. auf Grund eines eigenmächtigen Auftrags des A hergestellt worden waren. Fraglich ist aber, ob von diesen falschen Stempelmarken schon Gebrauch gemacht worden ist i. S. der Nr. 1, da die Marken ja noch nicht an das Publikum gelangt waren. Zweifellos aber ist der Tatbestand der Nr. 2 des § 275 gegeben, d. h. ein Anfertigen unechter Stempelmarken, um sie als echte zu verwenden, und zwar begangen in mittelbarer Täterschaft, indem sich A der Druckerei, die der Meinung war, daß es sich um einen behördlichen Auftrag handle, als eines gutgläubigen Werkzeugs bedient hat. (RG. 63, 380.)

Wiederverwendung von Wertzeichen.

§ 276. (1) Wer wissentlich schon einmal zu stempelpflichtigen Urkunden, Schriftstücken oder Formularen verwendetes Stempelpapier oder schon einmal verwendete Stempelmarken oder Stempelblankette, ingleichen Stempelabdrücke, welche zum Zeichen stattgehabter Versteuerung gedient haben, zu stempelpflichtigen Schriftstücken verwendet, wird außer der Strafe, welche durch die Entziehung der Stempelsteuer begründet ist, mit Geldstrafe bestraft.

(2) Gleiche Strafe trifft denjenigen, welcher wissentlich schon einmal verwendete Postwertzeichen nach gänzlicher oder teilweiser Entfernung des Entwertungszeichens zur Freimachung benutzt. Neben dieser Strafe ist die etwa wegen Gebührenhinterziehung begründete Strafe verwirkt.

1. Diese Gesetzesstelle betrifft die wiederholte Verwendung der in § 275 genannten Wertzeichen. Eine solche Wiederverwendung fällt stets unter § 276 und niemals unter § 275.

2. Objekte dieser Tat sind schon einmal verwendete Wertzeichen, d. h. solche, die ordnungsmäßig entwertet sind. (RG. 30, 386.)

3. Die Ausführungshandlung besteht in der Wiederverwendung der schon einmal verwendeten Wertzeichen, d. h. in einer Tätigkeit, durch die der Schein ordnungsmäßiger Verwendung erweckt werden soll. (RG. 39, 161.)

a) Bei Stempelwertzeichen ist die Wiederverwendung ohne Rücksicht darauf strafbar, ob ein Entwertungszeichen vorher entfernt worden ist oder nicht.

b) Bei Postwertzeichen ist die Wiederverwendung dagegen nur dann strafbar, wenn das Entwertungszeichen ganz oder teilweise entfernt worden ist. Andernfalls kommt nur der Tatbestand des § 27 Abs. 1 Nr. 3 des Postgesetzes in Frage. (RG. 63, 133.)

4. Der Tatbestand des § 276 geht als Spezialgesetz dem allgemeinen Strafgesetz des § 263 vor. (RG. 68, 303.)

5. Als Spezialgesetze gegenüber § 276 kommen in Frage: § 405 Reichsabgabenordnung, § 1497 Reichsversicherungsordnung und § 351 Angestelltenversicherungsgesetz.

6. Beispiele: a) Zu Abs. 1 des § 276: Der Beamte A der Geschäftsstelle für Mahnsachen eines Amtsgerichts löst in einigen Fällen von alten Zahlungsbefehlen, die ihm dienstlich zugänglich waren, entwertete Kostenmarken ab und klebt sie unter entsprechender Änderung des Entwertungszeichens auf die von ihm zu bearbeitenden Zahlungsbefehle, um auf diese Weise in Verlust geratene Kostenmarken zu ersetzen: Da es sich um eine Wiederverwendung schon einmal verwendeter Stempelmarken handelt, kommt nicht § 275, sondern § 276 in Frage. A hat sich also eines fortgesetzten Vergehens nach § 276 schuldig gemacht, begangen in Tatmehrheit (§ 74) mit fortgesetztem Diebstahl (falls A an den Zahlungsbefehlen Mitgewahrsam hatte) bzw. fortgesetzter Unterschlagung, falls sich die Zahlungsbefehle im Alleingewahrsam des A befanden. Schließlich liegt noch fortgesetzter, in Tateinheit mit dem Diebstahl begangener Gewahrsamsbruch (§ 133) vor, denn die Kostenmarken waren, obwohl mit den Zahlungsbefehlen bestimmungsgemäß verbunden, „Gegenstände, die sich zur amtlichen Aufbewahrung an dem dazu bestimmten Ort befanden". Dadurch, daß A diese Marken ablöste, hat er sie „beiseitegeschafft". (RG. 68, 204; BGH. 3, 292.)

b) Zu Abs. 2 des § 276: Der Untersuchungsgefangene B wollte aus der Untersuchungshaft einen Brief zur Beförderung durch die Post aufgeben lassen. Statt den Brief ordnungsmäßig zu frankieren, hat er von zwei bereits verwendeten 20 Pfg.-Briefmarken die nicht bestempelten Teile abgeschnitten und diese auf dem Briefumschlag so nebeneinander geklebt, daß sie den Anschein einer noch nicht verwendeten Freimarke hervorriefen. Bei der Briefüberwachung durch den Richter wurde diese Machenschaft entdeckt und der Brief angehalten: Ein vollendetes „Benutzen" zur Freimachung hätte erst dann vorgelegen, wenn der Brief in den Bereich der Postverwaltung selbst gelangt wäre; das war aber nicht der Fall, da der Brief ja von dem die Briefkontrolle ausübenden Richter angehalten worden ist. (RG. 24, 113.) Das Verhalten des B könnte also höchstens als ein Versuch des Vergehens nach § 276 Abs. 2 gewertet werden. Der Versuch dieses Vergehens ist aber nicht unter Strafe gestellt. B kann auch nicht wegen Betrugsversuchs bestraft werden, weil der Tatbestand des § 276 ein Sondergesetz gegenüber § 263 darstellt. (Gesetzeskonkurrenz.) Da schließlich auch der Versuch der Portohinterziehung nach § 27 Nr. 3 des Postgesetzes nicht mit Strafe bedroht ist, kann B überhaupt nicht bestraft werden. (RG. 68, 302.)

Fälschung von Gesundheitszeugnissen.

§ 277. Wer unter der ihm nicht zustehenden Bezeichnung als Arzt oder als eine andere approbierte Medizinalperson oder unberechtigt unter dem Namen solcher Personen ein Zeugnis über seinen oder eines anderen Gesundheitszustand ausstellt oder ein derartiges echtes Zeugnis verfälscht, und davon zur Täuschung von Behörden oder Versicherungsgesellschaften Gebrauch macht, wird mit Gefängnis bis zu einem Jahre bestraft.

1. Vorbemerkung: Die §§ 277 bis 279 beziehen sich auf Zeugnisse über den Gesundheitszustand eines Menschen, sei es des Ausstellers selbst, oder eines anderen. § 277 betrifft die Ausstellung solcher Zeugnisse unter fälschlicher Beilegung der Bezeichnung als Arzt oder als andere approbierte Medizinalperson oder unter Mißbrauch des Namens solcher Personen oder die Verfälschung echter derartiger Zeugnisse, während § 278 die Ausstellung echter, inhaltlich unrichtiger

Zeugnisse durch Ärzte oder andere approbierte Medizinalpersonen und § 279 den Gebrauch solcher falscher oder inhaltlich unrichtiger Gesundheitszeugnisse betrifft.

2. Das Wesen des Tatbestandes des § 277 besteht, im Gegensatz zu § 278, nicht in der Schaffung einer Urkunde mit materiell unrichtigem Inhalt, sondern wie in § 267 in dem Mißbrauch der urkundlichen Beglaubigungsform. Der § 277 befaßt sich also nur mit dem Falle der Herstellung formal unechter oder der Verfälschung echter Gesundheitszeugnisse. (RG. 20, 140.)

3. Die Täterhandlung setzt sich aus zwei Akten zusammen: Der eigentlichen Fälschungshandlung und dem Gebrauchmachen.

a) Die Fälschungshandlung kann im einzelnen in folgenden drei Formen geschehen:

aa) Es stellt jemand unter seinem richtigen Namen ein Gesundheitszeugnis aus, in dem er sich unberechtigterweise als Arzt oder als eine andere approbierte Medizinalperson bezeichnet, z. B. der Kurpfuscher stellt ein Zeugnis als Arzt aus. (RG. 18, 179.)

bb) Es stellt jemand unter dem Namen eines anderen, der Arzt oder eine andere approbierte Medizinalperson ist, ein Gesundheitszeugnis aus. (Spezialfall der Herstellung einer unechten Urkunde i. S. des § 267.)

cc) Es verfälscht jemand ein von einem Arzt oder einer anderen approbierten Medizinalperson ausgestelltes Zeugnis. (Spezialfall der Verfälschung einer echten Urkunde i. S. des § 267.)

b) Der zweite Akt der Täterhandlung besteht in dem Gebrauchmachen eines solchen Zeugnisses zur Täuschung von Behörden (z. B. Ortskrankenkassen, Unfallberufsgenossenschaften) oder Versicherungsgesellschaften, worunter jedes private Versicherungsunternehmen fällt, das nach dem Zwecke seines Betriebes Gesundheitszeugnisse benötigt.

4. Wer sich als Arzt bezeichnen darf, ergibt sich aus §§ 2, 11 Reichsärzteordnung vom 13. 12. 1935 (RGBl. I, 1433). Zu den anderen approbierten Medizinalpersonen gehören Hebammen, Heilpraktiker, Krankenpfleger, Krankenschwestern, Säuglings- und Kinderschwestern, medizinisch-technische Gehilfinnen und Assistentinnen.

5. Gesundheitszeugnisse sind nicht nur solche über den gegenwärtigen Gesundheitszustand, sondern auch solche über früher durchgemachte Krankheiten und die hierdurch zurückgelassenen Spuren.

6. § 277 ist gegenüber § 267 ein Spezialgesetz. Idealkonkurrenz (§ 73) ist also ausgeschlossen.

7. Wegen Aberkennung der bürgerlichen Ehrenrechte siehe § 280.

Ausstellen unrichtiger Gesundheitszeugnisse.

§ 278. Ärzte und andere approbierte Medizinalpersonen, welche ein unrichtiges Zeugnis über den Gesundheitszustand eines Menschen zum Gebrauche bei einer Behörde oder Versicherungsgesellschaft wider besseres Wissen ausstellen, werden mit Gefängnis von einem Monat bis zu zwei Jahren bestraft.

1. Während die Falschbeurkundung der §§ 348 Abs. 1, 271 (Fertigung einer Urkunde mit materiell unwahrem Inhalt, d. h. einer schriftlichen Lüge)

nur begangen werden kann, wenn es sich um eine öffentliche Urkunde handelt, enthält § 278 eine Strafdrohung gegen eine schriftliche Lüge in einer Privaturkunde.

2. Täter ist in § 278, im Gegensatz zu § 277, eine zur Ausstellung des Zeugnisses befugte Person.

3. Die Täterhandlung besteht hier lediglich in dem Ausstellen eines inhaltlich falschen Gesundheitszeugnisses zum Gebrauch bei einer Behörde oder Versicherungsgesellschaft. Zur Vollendung gehört also, im Gegensatz zu § 277, nicht auch das tatsächlich erfolgte Gebrauchmachen.

4. Unrichtig ist das Zeugnis nicht nur dann, wenn es einen falschen Befund enthält, sondern auch dann, wenn der Täter eine Untersuchung überhaupt nicht vorgenommen hat. (RG. 74, 229.)

5. Für den inneren Tatbestand verlangt das Gesetz eine Handlung wider besseres Wissen. Eventualdolus genügt also nicht.

6. Wegen der Begriffe „Ärzte" und „approbierte Medizinalpersonen" vgl. Erl. 4 zu § 277, und wegen des Begriffs „Gesundheitszeugnis" vgl. Erl. 5 zu § 277.

7. Wegen Aberkennung der bürgerlichen Ehrenrechte siehe § 280.

Gebrauchmachen von unrichtigen Gesundheitszeugnissen.

§ 279. Wer, um eine Behörde oder eine Versicherungsgesellschaft über seinen oder eines anderen Gesundheitszustand zu täuschen, von einem Zeugnisse der in den §§ 277 bis 278 bezeichneten Art Gebrauch macht, wird mit Gefängnis bis zu einem Jahre bestraft.

1. Dieser Tatbestand enthält eine Spezialbestimmung gegenüber der dritten Ausführungshandlung des § 267: Das täuschende Gebrauchmachen von einem Zeugnis der in §§ 277, 278 bezeichneten Art, das der Täter nicht selbst unter den Voraussetzungen dieser Bestimmungen ausgestellt hat.

2. Soweit es sich um ein Zeugnis nach § 278 handelt, genügt es, daß es einen objektiv unrichtigen Inhalt hat, d. h. es ist nicht erforderlich, daß der Arzt das Zeugnis wider besseres Wissen ausgestellt und insofern sich nach § 278 strafbar gemacht hat. Es genügt, daß der Täter weiß, daß das Zeugnis inhaltlich unrichtig ist. Der § 279 betrifft also auch den Fall, in dem der Arzt durch einen bei ihm erregten Irrtum zur Ausstellung eines inhaltlich unrichtigen Zeugnisses veranlaßt wurde. (RG. 32, 295.)

3. Wegen Aberkennung der bürgerlichen Ehrenrechte siehe § 280.

Aberkennung der bürgerlichen Ehrenrechte.

§ 280. Neben einer nach Vorschrift der §§ 267, 274, 275, 277 bis 279 erkannten Gefängnisstrafe kann auf Verlust der bürgerlichen Ehrenrechte erkannt werden.

Voraussetzung für die Aberkennung der bürgerlichen Ehrenrechte ist nach § 32, daß die erkannte Gefängnisstrafe nicht unter drei Monaten beträgt.

Mißbrauch von Ausweispapieren.

§ 281. (1) Wer ein Ausweispapier, das für einen anderen ausgestellt ist, vorsätzlich zur Täuschung im Rechtsverkehr gebraucht, oder wer zur Täuschung im Rechtsverkehr einem anderen ein Ausweispapier überläßt, das nicht für diesen ausgestellt ist, wird mit Gefängnis, in besonders schweren Fällen mit Zuchthaus bestraft. Der Versuch ist strafbar.

(2) Einem Ausweispapiere stehen Zeugnisse und andere Urkunden gleich, die im Verkehr als Ausweis verwendet werden.

1. Zwecks schärferer Bekämpfung des Mißbrauchs von Ausweispapieren wurde mit dem Gesetz zur Änderung des Reichsstrafgesetzbuchs vom 4. September 1941 unter Streichung des § 363 die neue Vorschrift des § 281 in das Strafgesetzbuch eingefügt. Wegen Strafschärfung siehe § 94.

2. Der Abs. 1 des aufgehobenen § 363, der die Anfertigung falscher Ausweise, bzw. den Gebrauch gefälschter Ausweise behandelte, ist im neuen § 281 nicht enthalten. Es ist daher die Ausweisfälschung und der Gebrauch gefälschter Ausweise, auch wenn die Handlung zum Zwecke besseren Fortkommens geschieht, stets als Urkundenfälschung zu bestrafen.

3. Der § 281 befaßt sich also nur noch mit dem Mißbrauch der für andere ausgestellten echten Ausweise; erforderlich ist ferner nicht mehr, daß die Verwendung zum Zwecke des besseren Fortkommens des Täters oder eines anderen geschieht.

4. Zu den in § 281 geschützten Ausweispapieren gehören Pässe, Kennkarten, Führerscheine, Behördenausweise mit Lichtbild, Wanderbücher und andere Urkunden, die im Verkehr als Ausweis verwendet werden, also Wohnungsscheine, Geburtsurkunden, Taufscheine, Lebensmittelkarten, Steuerkarten. u. a.

5. Nach ausdrücklicher gesetzlicher Bestimmung ist auch das Überlassen solcher echter Ausweispapiere an andere zum Zwecke der Täuschung im Rechtsverkehr strafbar.

6. Siehe auch § 3 der Paßstrafverordnung v. 27. Mai 1942 (RGBl. I, 348) und § 3 des Gesetzes über Personalausweise vom 19. 12. 1950 (abgedruckt in „Vorbemerkung" zum 29. Abschnitt, S. 329).

7. Beispiele: Der A findet einen Schwerbeschädigtenausweis und verwendet ihn dazu, unentgeltlich die Straßenbahn zu benutzen. A ist strafbar wegen Gebrauchens eines fremden Ausweises (§ 281) und tateinheitlich (§ 73) begangenen Betrugs (§ 263). Oder: Der A überläßt dem B seinen Führerschein, damit B mit dem Kraftwagen des A eine Vergnügungsfahrt machen kann. A ist strafbar wegen Überlassens eines Ausweispapieres an B, auch wenn B keinen Gebrauch von dem Führerschein macht. B ist nur dann strafbar, wenn er den ihm überlassenen Führerschein tatsächlich gebraucht.

Vierundzwanzigster Abschnitt: Bankerott.

Vorbemerkung:

1. Die Bestimmungen der Konkursordnung §§ 239—244 sind an Stelle der §§ 282—283 des Strafgesetzbuchs getreten.

2. Die Konkursordnung behandelt:

a) in § 239 den betrügerischen Bankerott, bei welchem das wesentliche ist, daß dem Schuldner bewiesen werden muß, er habe die Absicht gehabt, seine Gläubiger zu benachteiligen.

Ein oft vorkommender Fall ist der, daß der Schuldner, welcher seine Zahlungen eingestellt hat, oder über dessen Vermögen der Konkurs durch das Amtsgericht eröffnet ist, unter Mitnahme des noch vorhandenen Geschäftsvermögens in das Ausland entflieht.

Der Fall der Ziff. 3 des § 239 kann nur von Vollkaufleuten begangen werden, weil nur diese die Verpflichtung haben, Bücher zu führen, während Täter der Ziff. 4 des § 239 auch ein Minderkaufmann sein kann.

b) in § 240 den einfachen Bankerott, bei welchem der Täter sich vorsätzlich oder fahrlässig gegen die in 4 Ziffern aufgeführten Bestimmungen vergangen haben muß; ein häufig vorkommender Fall ist die in Ziffer 2 bedrohte Verschleuderung von Vermögenswerten.

c) in § 241 die Gläubigerbegünstigung, begangen in Kenntnis der Zahlungsunfähigkeit und mit dem Willen, bestimmten Gläubigern etwas zu gewähren, wozu eine Verpflichtung nicht bestand (z. B. Hingabe von Fahrnissen an Zahlungs Statt) und sie hierdurch vor den übrigen Gläubigern zu begünstigen.

d) in § 242 die Bankerottunterstützung, auch Schuldnerbegünstigung genannt, die selbständige Teilnahme an dem betrügerischen Bankerott, wie er in den Fällen des § 239 Ziff. 1 und 2 KO. bedroht ist.

e) in § 243 den Stimmenverkauf von Konkursgläubigern.

f) in § 244 die Anwendungen der Bestimmungen der §§ 239 bis 241 auf die Mitglieder des Vorstandes gewisser Gesellschaften. Vgl. auch § 83 des Reichsgesetzes v. 20. April 1892 betr. die Gesellschaft mit beschränkter Haftung i. d. Fassung v. 28. März 1924.

g) Siehe auch Vergleichsordnung v. 26. Febr. 1935 (RGBl. I S. 321), wo in § 122 die Geltendmachung erdichteter Forderungen und in § 123 der Stimmenkauf unter Strafe gestellt ist.

h) Siehe schließlich § 299 des Aktiengesetzes v. 30. Jan. 1937 (RGBl. I S. 107), wo der Stimmenkauf bei der Abstimmung in der Hauptversammlung mit Strafe bedroht ist.

Betrügerischer Bankerott.

§ 239. KonkOrdn. Schuldner, welche ihre Zahlungen eingestellt haben, oder über deren Vermögen das Konkursverfahren eröffnet worden ist, werden wegen betrügerischen Bankerotts mit Zuchthaus bestraft, wenn sie in der Absicht, ihre Gläubiger zu benachteiligen,

1. Vermögensstücke verheimlicht oder beiseite geschafft haben,
2. Schulden oder Rechtsgeschäfte anerkannt oder aufgestellt haben, welche ganz oder teilweise erdichtet sind,
3. Handelsbücher zu führen unterlassen haben, deren Führung ihnen gesetzlich oblag, oder
4. ihre Handelsbücher vernichtet oder verheimlicht oder so geführt oder verändert haben, daß dieselben keine Übersicht des Vermögenszustandes gewähren.

Sind mildernde Umstände vorhanden, so tritt Gefängnisstrafe nicht unter drei Monaten ein.

Einfacher Bankerott.

§ 240. KonkOrdn. Schuldner, welche ihre Zahlungen eingestellt haben, oder über deren Vermögen das Konkursverfahren eröffnet worden ist, werden wegen einfachen Bankerotts mit Gefängnis bestraft, wenn sie

1. durch Aufwand, Spiel oder Wette, oder durch Differenzhandel mit Waren oder Börsenpapieren übermäßige Summen verbraucht haben oder schuldig geworden sind;
2. in der Absicht, die Eröffnung des Konkursverfahrens hinauszuschieben, Waren oder Wertpapiere auf Kredit entnommen und diese Gegenstände erheblich unter dem Werte in einer den Anforderungen einer ordnungsmäßigen Wirtschaft widersprechenden Weise veräußert oder sonst weggegeben haben;
3. Handelsbücher zu führen unterlassen haben, deren Führung ihnen gesetzlich oblag, oder dieselben verheimlicht, vernichtet oder so unordentlich geführt haben, daß sie keine Übersicht ihres Vermögenszustandes gewähren, oder
4. es gegen die Bestimmung des Handelsgesetzbuches unterlassen haben, die Bilanz ihres Vermögens in der vorgeschriebenen Zeit zu ziehen.

Neben der Gefängnisstrafe kann in den Fällen der Nr. 1, 2 auf Verlust der bürgerlichen Ehrenrechte erkannt werden.

Sind mildernde Umstände vorhanden, so kann auf Geldstrafe erkannt werden.

Gläubigerbegünstigung.

§ 241. KonkOrdn. Schuldner, welche ihre Zahlungen eingestellt haben, oder über deren Vermögen das Konkursverfahren eröffnet worden ist, werden mit Gefängnis bis zu zwei Jahren bestraft, wenn sie, obwohl sie ihre Zahlungsunfähigkeit kannten, einem Gläubiger in der Absicht, ihn vor den übrigen Gläubigern zu begünstigen, eine Sicherung oder Befriedigung gewährt haben, welche derselbe nicht oder nicht in der Art oder nicht zu der Zeit zu beanspruchen hatte.

Sind mildernde Umstände vorhanden, so kann auf Geldstrafe erkannt werden.

Schuldnerbegünstigung.

§ 242. KonkOrdn. Mit Zuchthaus bis zu zehn Jahren wird bestraft, wer

1. im Interesse eines Schuldners, welcher seine Zahlungen eingestellt hat, oder über dessen Vermögen das Konkursverfahren

eröffnet worden ist, Vermögensstücke desselben verheimlicht oder beiseite geschafft hat, oder

2. im Interesse eines solchen Schuldners, oder, um sich oder einem anderen Vermögensvorteil zu verschaffen, in dem Verfahren erdichtete Forderungen im eigenen Namen oder durch vorgeschobene Personen geltend gemacht hat.

Sind mildernde Umstände vorhanden, so tritt Gefängnisstrafe oder Geldstrafe ein.

Stimmenverkauf.

§ 243. KonkOrdn. Ein Gläubiger, welcher sich von dem Gemeinschuldner oder anderen Personen besondere Vorteile dafür hat gewähren oder versprechen lassen, daß er bei den Abstimmungen der Konkursgläubiger in einem gewissen Sinne stimme, wird mit Geldstrafe oder mit Gefängnis bis zu einem Jahre bestraft.

§ 244. KonkOrdn. Die Strafvorschriften der §§ 239 bis 241 finden gegen die Mitglieder des Vorstandes einer Aktiengesellschaft oder eingetragenen Genossenschaft und gegen die Liquidatoren einer Handelsgesellschaft oder eingetragenen Genossenschaft, welche ihre Zahlungen eingestellt hat, oder über deren Vermögen das Konkursverfahren eröffnet worden ist, Anwendung, wenn sie in dieser Eigenschaft die mit Strafe bedrohten Handlungen begangen haben.

Fünfundzwanzigster Abschnitt:

Strafbarer Eigennutz und Verletzung fremder Geheimnisse.

Vorbemerkung:

In diesem Sammelabschnitt sind folgende strafbare Handlungen erörtert:

§§ 284—286 das Glücksspiel,
(§ 287 ist ersetzt durch §§ 24ff. des Warenzeichengesetzes v. 5. 5. 1936),
§ 288 die Zwangsvollstreckungsvereitelung,
§ 289 die unberechtigte Wegnahme der Pfandsache (sog. Pfandkehr),
§ 290 der unberechtigte Gebrauch verpfändeter Sachen durch Pfandleiher,
§ 291 Munitionswegnahme (aufgehoben),
§§ 292—296a unberechtigtes Jagen und Fischen,
§ 297 Anbordnahme von Konterbande,
§ 298 Entlaufen eines Schiffsmannes mit der Heuer,
§§ 299, 300 Verletzung fremder Geheimnisse,
§§ 301, 302 Kreditierung an Minderjährige,
§§ 302a bis 302e Wucher.

Veranstaltung öffentlicher Glücksspiele.

§ 284. (1) Wer ohne behördliche Erlaubnis öffentlich ein Glücksspiel veranstaltet oder hält oder die Einrichtungen hierzu bereitstellt, wird mit Gefängnis bis zu zwei Jahren und mit Geldstrafe oder mit Geldstrafe bestraft.

(2) Als öffentlich veranstaltet gelten auch Glücksspiele in Vereinen oder geschlossenen Gesellschaften, in denen Glücksspiele gewohnheitsmäßig veranstaltet werden.

1. Sinn und Zweck der Strafvorschrift ist, die wirtschaftliche Ausbeutung der natürlichen Spielleidenschaft des Publikums unter obrigkeitliche Kontrolle zu nehmen. (RG. 65, 195.)

2. Glücksspiel im Sinne der §§ 284, 285 ist, im Gegensatz zum Geschicklichkeitsspiel, ein Spiel, dessen Entscheidung mindestens in der Hauptsache vom Zufalle abhängig ist. (BGH. 2, 276.) Dabei kommt es auf die Benennung nicht an; auch die „Rennwette" ist ein Glücksspiel, weshalb ein Wettunternehmer „Totalisator", oder die Tätigkeit als „Buchmacher" der behördlichen Erlaubnis bedarf. Auch das ändert nichts an dem Charakter eines Spiels als Glücksspiel, daß der Gewandtere bessere Hoffnung auf Erfolg haben kann als der Ungewandte, der Neuling.

Kartenspiele, bei denen neben dem Zufall der günstigsten Karte Berechnung und schlaue Auswahl der sich bietenden Möglichkeiten zur Entscheidung beiträgt, wie z. B. Whist, Skat, Cego sind keine Glücksspiele im Sinne des Gesetzes.

3. Als Beispiele von Glücksspielen seien hier angeführt; die Würfelspiele, „meine, deine Tante", Kartenlotterie, Dreikartspiel, Mauscheln mit und ohne Aßzwang, das Zwicken, das Setzen am Totalisator bei Rennen, das Buchmachen, Fußballtoto. Die Geldspiel-(Schleuder-)Automaten sind Glücksspiele, wenn nicht durch besondere Einrichtung die Geschicklichkeit derjenigen Kreise, die den Automaten benutzen, eine Hauptrolle spielt. Mitwirkung einzelner Spieler, die durch ihre Geschicklichkeit besondere Erfolge erzielen, kommt nicht in Betracht. (RG. 62, 165.)

4. Strafbar ist nur die öffentliche Veranstaltung eines Glücksspiels ohne behördliche Erlaubnis.

Öffentlich ist ein Glücksspiel:

a) wenn einem größeren, individuell nicht abgegrenzten Personenkreis die Möglichkeit der Beteiligung geboten wird, (RG. 63, 45.)

b) wenn die Glücksspiele in Vereinen oder geschlossenen Gesellschaften (sog. Spielklubs) gewohnheitsmäßig veranstaltet werden. (Abs. 2 des § 284.) (Wegen der Zulassung öffentlicher Spielbanken siehe Gesetz vom 14. 7. 1933 i. d. F. des Gesetzes vom 23. 3. 1934 — RGBl. I, 213 und VO. vom 27. 7. 1938 — RGBl. I, 955. Siehe ferner Rennwett- und Lotteriegesetz vom 8. 4. 1922 — RGBl. I, 393, sowie § 33 d der Gewerbeordnung.)

5. Als Täterhandlungen des § 284 kommen drei Möglichkeiten in Frage: Das Veranstalten, das Halten und das Bereitstellen von Einrichtungen zum Glücksspiel.

a) Ein Glücksspiel veranstaltet, wer dem Publikum Gelegenheit zur Beteiligung am Glücksspiel gibt und das Unternehmen auf eigene Rechnung betreibt. Daß der Veranstalter selbst am Glücksspiel teilnimmt, ist nicht erforderlich; andererseits aber verlangt der Begriff der Veranstaltung, daß tatsächlich gespielt wird.

b) Ein Glücksspiel hält, wer als Unternehmer die Einrichtung zum Spiel zur Verfügung stellt. Auch hier tritt Strafbarkeit erst ein, wenn tatsächlich gespielt wird. (Ein scharfer Unterschied zwischen „Halten" und „Veranstalten" besteht nicht.)

c) Während das „Veranstalten" und „Halten" Teilnahmehandlungen am Glücksspiel bedeuten, enthält die dritte Begehungsform, das Bereitstellen der Spieleinrichtungen, d. h. das Zurverfügungstellen von Spielkarten, Spielmarken, Würfeln, Spieltischen usw. strafbare Vorbereitungshandlungen. Beginn des Spiels ist für die Strafbarkeit nicht erforderlich. (RG. 56, 117).

6. Der innere Tatbestand erfordert Vorsatz. Nimmt der Täter irrtümlicherweise an, der von ihm aufgestellte Spielautomat sei kein Glücksspiel, so lag nach der reichsgerichtlichen Rechtsprechung ein unbeachtlicher Strafrechtsirrtum vor. Nach der Rechtsprechung des Bundesgerichtshofs (BGH. 2, 194) könnte ein schuldbefreiender Tatbestandsirrtum in Frage kommen. (Siehe hierzu „Einführende Vorbemerkungen zum Strafrecht" S. 1ff., Abschnitt D, S. 18ff.)

7. Wegen Einziehung vgl. § 284 b, wegen Nebenstrafen vgl. § 285 a.

Teilnahme am Glücksspiel.

§ 284a. Wer sich an einem öffentlichen Glücksspiel (§ 284) beteiligt, wird mit Gefängnis bis zu sechs Monaten und mit Geldstrafe oder mit Geldstrafe bestraft.

Als Teilnehmer am Glücksspiel wird jeder bestraft, der sich an einem öffentlich veranstalteten Glücksspiel (Absatz 1 und 2 des § 284) irgendwie beteiligt.

§ 284b. In den Fällen der §§ 284, 284a sind die Spieleinrichtungen und das auf dem Spieltisch oder in der Bank befindliche Geld einzuziehen, sofern sie dem Täter oder einem Teilnehmer gehören. Andernfalls können die Gegenstände eingezogen werden.

1. Die hier vorgesehene Einziehung ist eine Sicherungsmaßregel.
2. Wegen „Spieleinrichtungen" siehe Erl. 5 c zu § 284.
3. Voraussetzung für eine Einziehung ist eine Verurteilung nach § 284 oder § 284 a. Eine selbständige Einziehung ist nicht möglich. (Die Polizei muß die fraglichen Gegenstände sicherstellen.) (RG. 66, 420.)
4. Die Gegenstände müssen eingezogen werden, wenn sie dem Täter oder einem Teilnehmer gehören; andernfalls können sie eingezogen werden.

Gewerbsmäßiges Glücksspiel.

§ 285. Wer aus dem Glücksspiele ein Gewerbe macht, wird mit Gefängnis und mit Geldstrafe, bei mildernden Umständen mit Gefängnis bis zu einem Jahre und mit Geldstrafe oder mit Geldstrafe bestraft.

1. Ein Gewerbe macht aus dem Glücksspiel, einerlei, ob öffentlich oder nicht öffentlich veranstaltet, wer dasselbe in der Absicht fortgesetzt ausübt, einen Erwerb aus demselben zu ziehen. Hier ist die Gewerbsmäßigkeit strafbegründend, siehe Erl. 5b zu § 50.

2. Strafbar ist beim Vorliegen der Gewerbsmäßigkeit in erster Reihe der Bankhalter, d. h. derjenige Mitspieler, welcher das Gesamtrisiko trägt, die Karten gibt und die Gewinne auszahlt. In richtigen Spielerkreisen hat dieser Bankhalter

auch die ganze Gesellschaft mit Getränken und Erfrischungen freizuhalten. Strafbar macht sich aber beim Vorliegen der Gewerbsmäßigkeit auch der einzelne Teilnehmer (sog. Pointeur), der nichts weiter tut, als daß er Einsätze macht. S. auch Erl. zu § 284a.

Der Unternehmer, welcher, ohne an den Gewinn- und Verlustmöglichkeiten teilzunehmen, gegen einen feststehenden Gewinn die Spielmöglichkeit gewährt, macht sich nicht des gewerbsmäßigen Glücksspiels schuldig, ist aber nach § 284 strafbar, wenn das Glücksspiel öffentlich veranstaltet ist.

3. Derjenige, welcher das Lokal, die Karten, das Roulette zur Verfügung stellt, kann sich der Beihilfe zum gewerbsmäßigen Glücksspiel, derjenige, welcher die Spieler vor der Polizei verbirgt, der Begünstigung (§ 257) schuldig machen.

4. Auf der Spielbank liegende Gelder unterliegen der Einziehung nach §§ 40, 284b und sind deshalb ebenso wie Karten, Roulette, Würfel und Streichhölzer (wie sie bisweilen bei „meine, deine Tante" gebraucht werden) sicherzustellen.

§ 285a. (1) In den Fällen der §§ 284, 284a und 285 kann neben Gefängnis auf Verlust der bürgerlichen Ehrenrechte und auf die Zulässigkeit von Polizeiaufsicht erkannt werden.

(2) Neben der Strafe kann angeordnet werden, daß die Verurteilung auf Kosten des Schuldigen öffentlich bekanntzumachen ist.

1. Wegen Verlust der bürgerlichen Ehrenrechte vgl. §§ 32ff.
2. Wegen Polizeiaufsicht vgl. §§ 38, 39.

Lotterien und Ausspielungen.

§ 286. (1) Wer ohne obrigkeitliche Erlaubnis öffentliche Lotterien veranstaltet, wird mit Gefängnis bis zu zwei Jahren oder mit Geldstrafe bestraft.

(2) Den Lotterien sind öffentlich veranstaltete Ausspielungen beweglicher oder unbeweglicher Sachen gleich zu achten.

1. Eine Lotterie i. S. des § 286 Abs. 1 (eine besondere Art des Glücksspiels) liegt vor, wenn eine Mehrzahl von Personen vertragsmäßig die Möglichkeit hat, nach einem bestimmten Lotterieplan gegen bestimmten Einsatz einen bestimmten Gewinn zu machen, dessen Erzielung, den Mitspielern erkennbar, vom Zufall abhängig ist.

2. Eine Ausspielung i. S. des Abs. 2 des § 286 ist der Lotterie wesensverwandt. Sie unterscheidet sich von ihr dadurch, daß nicht Geld, sondern andere Gegenstände ausgespielt werden. (Siehe BGH. 2, 79 und 139 betr. sog. Schneeballsystem.)

3. Veranstalter ist, wer das Unternehmen für eigene Rechnung und im eigenen Namen betreibt. Das Spielen in einer derartigen nicht genehmigten Lotterie oder Ausspielung ist nicht mit Strafe bedroht (siehe im Gegensatz hierzu § 284 a, wo auch gegen den Spieler selbst Strafe angedroht ist).

4. Die Veranstaltung ist öffentlich, wenn die Beteiligung an der Lotterie oder Ausspielung einer unbegrenzten Mehrheit beliebiger Personen ermöglicht wird. Veranstaltungen der fraglichen Art im Privatzirkel oder geschlossenen Verein (sog. Glückshafen, Tombola), bei welchen nicht jeder Beliebige Lose nehmen kann, sind keine öffentlichen und daher nicht genehmigungspflichtig.

5. Wer zur Erteilung der obrigkeitlichen Erlaubnis zuständig ist, regelt die Lotterie-VO. vom 6. 3. 1937. Eine Ausspielung ist auch dann ohne Erlaubnis veranstaltet, wenn der der Erlaubnis zugrunde liegende Ausspielungsplan nicht eingehalten wird, also z. B. wenn mehr Lose ausgegeben werden, als im genehmigten Plan enthalten waren.

6. Der innere Tatbestand erfordert Vorsatz. Das in Erläuterung 6 zu § 284 Gesagte gilt für § 286 entsprechend.

7. Für Wetten am Totalisator und beim Buchmacher gilt das Rennwett- und Lotteriegesetz vom 8. 4. 1922 (RGBl. I, 393).

§ 287. Wurde ersetzt durch §§ 24 ff. des Warenzeichengesetzes vom 5. Mai 1936.

Vollstreckungsvereitelung.

§ 288. (1) Wer bei einer ihm drohenden Zwangsvollstreckung in der Absicht, die Befriedigung des Gläubigers zu vereiteln, Bestandteile seines Vermögens veräußert oder beiseite schafft, wird mit Gefängnis bis zu zwei Jahren oder mit Geldstrafe bestraft.

(2) Die Verfolgung tritt nur auf Antrag des Gläubigers ein.

1. Während § 137 im Interesse der obrigkeitlichen Autorität Handlungen unter Strafe stellt, die eine bereits vollzogene Zwangsvollstreckung in der praktischen Wirkung vereiteln, richtet sich § 288 im Interesse des Gläubigers gegen solche Handlungen, durch welche eine erst bevorstehende Vollstreckungshandlung vereitelt werden soll. Geschützt wird dort der Staat, d. h. der Besitzwille der öffentlichen Gewalt, hier dagegen der Gläubiger, und zwar gerade derjenige, von dessen Seite die Zwangsvollstreckung droht. Deshalb ist auch nur dieser antragsberechtigt.

2. Unter Zwangsvollstreckung ist außer dem gewöhnlichen Falle der Vollstreckung infolge eines bürgerlichen Rechtsstreits auch die Vollstreckung zur Durchführung einer im Strafverfahren erkannten Einziehung oder einer Einziehung im Verwaltungsstreitverfahren und Steuerexekutionsverfahren zu verstehen.

3. Drohend ist die Zwangsvollstreckung, wenn sie nahe bevorsteht, wenn der Gläubiger seine bestimmte Absicht, seine Forderung nunmehr zur Durchführung zu bringen, zu erkennen gegeben hat. Dabei ist es gleichgültig, ob er die Klage schon erhoben hat oder etwa erst, wie bei Erhebung eines Wechselprotestes, in ganz bestimmt nahe Aussicht gestellt hat. (RG. 31, 24.)

4. Strafbar ist nur, wer bei seiner Veräußerungshandlung gerade durch diese Handlung die Befriedigung des betreibenden Gläubigers vereiteln wollte. Wenn er lediglich handelte, um einen anderen Gläubiger, der ihm keine Ruhe ließ, loszubekommen, so macht er sich nicht strafbar, mag er auch das Bewußtsein gehabt haben, daß durch seine Handlungsweise schließlich die Befriedigung des betreibenden Gläubigers vereitelt werde. (RG. 71, 229.) Ebenso würde die Vereitelungsabsicht fehlen, wenn der Schuldner außer den beiseitegeschafften Vermögensbestandteilen über ein sonstiges für die Befriedigung des Gläubigers ausreichendes Vermögen verfügt. (RG. 8, 51.)

5. Vermögensbestandteil ist alles, was zum Vermögen des Schuldners gehört und was der Zwangsvollstreckung unterworfen ist. Kompetenzstücke (§ 811 ZPO.) gehören also nicht hierher (z. B. Kleidungsstücke, Wäsche, Hausrat). (RG. 71, 218.)

6. Unter Veräußerung ist neben dem Verkaufen auch das Verschenken, Verpfänden, das Hingeben an Zahlungs Statt, das Belasten mit einer Hypothek begriffen. Keine Veräußerung ist dagegen lediglich der Abschluß eines Kaufvertrags ohne Eigentumsübertragung. (RG. 32, 20.)

7. Unter Beiseiteschaffung fällt auch die Vernichtung, das Wegbringen unter einem Scheinkaufvertrag, das Verbergen. Auch das vorzeitige Einziehen einer Forderung, z. B. des Mietzinses, gehört hierher. (RG. 71, 229.)

8. Tritt beim Schuldner Zahlungseinstellung oder Konkurseröffnung ein, so wird das Veräußern bzw. Beiseiteschaffen häufig den Tatbestand des § 239 KO. (betrügerischer Bankerott) erfüllen.

9. Beispiel: Auf den Kaufmann A war für den ersten Januar 1953 ein Akzept über 2000.— DMark fällig. Als der Gläubiger B, der Inhaber des Wechsels, in scharfen Worten wiederholt auf Zahlung drängte, schickte A, der sich in erheblichen finanziellen Schwierigkeiten befand, um seine Außenstände und das Bargeld dem Zugriff des B zu entziehen, acht Schuldscheine über ausstehende Darlehen und 1000 DMark bares Geld am 10. 1. 1953 an seinen Bruder, der Geld und Scheine gutgläubig in Verwahrung nahm: Dem A hat nach Sachlage die Zwangsvollstreckung „gedroht". Er hat durch Übersendung der 1000 DMark an seinen Bruder „Bestandteile seines Vermögens beiseite geschafft". Der A ist daher, falls er über sonstiges zur Befriedigung des B ausreichendes Vermögen nicht verfügt, d. h. wenn ihm die Benachteiligungsabsicht im Sinne der Erl. 4 nachzuweisen ist, wegen Vergehens nach § 288 zu bestrafen. Dagegen liegt bezüglich der Beiseiteschaffung der Schuldscheine keine strafbare Handlung vor, da nicht diese, sondern nur die durch sie beurkundeten Forderungen Bestandteile des Vermögens bilden; ein Beiseiteschaffen der Forderungen hätte aber nur dann vorgelegen, wenn A diese an seinen Bruder, wenn auch nur zum Scheine, abgetreten hätte.

Pfandkehr.

§ 289. (1) Wer seine eigene bewegliche Sache, oder eine fremde bewegliche Sache zugunsten des Eigentümers derselben dem Nutznießer, Pfandgläubiger oder demjenigen, welchem an der Sache ein Gebrauchs- oder Zurückbehaltungsrecht zusteht, in rechtswidriger Absicht wegnimmt, wird mit Gefängnis bis zu drei Jahren oder mit Geldstrafe bestraft.

(2) Neben der Gefängnisstrafe kann auf Verlust der bürgerlichen Ehrenrechte erkannt werden.

(3) Der Versuch ist strafbar.

(4) Die Verfolgung tritt nur auf Antrag ein.

(5) Die Bestimmungen des § 247 Abs. 2 und 3 finden auch hier Anwendung.

1. Geschädigt wird bei der sog. Pfandkehr des § 289 nicht, wie beim Diebstahl der Eigentümer der Sache, sondern der Nutznießer, Pfandgläubiger, oder derjenige, dem ein Gebrauchs- oder Zurückbehaltungsrecht an der Sache zusteht.

2. Täter des § 289 ist der Eigentümer der Sache oder ein Dritter, sofern er die Sache zugunsten des Eigentümers wegnimmt.

3. Über die Begriffe „bewegliche Sachen" und „fremde Sachen" vgl. die Erl. 3 und 4 zu § 242.

4. Der **Nutznießer** oder **Nießbraucher** hat sein Recht entweder auf Grund ausdrücklicher gesetzlicher Bestimmung oder auf Grund eines Vertrages oder endlich auf Grund der Ersitzung. Gesetzliche Nutznießungsrechte gibt es im Familienrecht: Vater und Mutter haben sie an dem Vermögen der Kinder, die noch unter elterlicher Gewalt stehen.

5. Der **Pfandgläubiger** leitet sein Recht an beweglichen Sachen ebenfalls aus dem Gesetz her oder aus Vertrag (Faustpfandrecht). Von **gesetzlichen Pfandrechten** sind insbesondere anzuführen: das des **Vermieters** oder Verpächters an der eingebrachten Sache des Mieters oder Pächters für Mietzins-, Pachtzins-, Wassergeldforderungen usw., das des Kommissionärs, Spediteurs, Lagerhalters und Frachtführers an den infolge ihres Gewerbes an sie gekommenen Handelswaren.

6. **Gebrauchsrechte** haben die Mieter an der gemieteten Sache, der Entleiher an der entliehenen Sache.

7. **Zurückbehaltungsrechte** haben z. B. der Finder an der gefundenen Sache und gewisse Kaufleute nach Handelsrecht (siehe §§ 369ff. Handelsgesetzbuch).

8. Unter „**rechtswidriger Absicht**" versteht das Gesetz die Absicht, das bestehende Recht des Gläubigers zu brechen, zu vereiteln.

9. Die **Täterhandlung** besteht in dem **Wegnehmen**. Dieser Ausdruck bedeutet hier jede Handlung, durch welche die fragliche Sache dem tatsächlichen Machtbereich des Berechtigten so entzogen wird, daß ihm die Ausübung seines Pfandrechts unmöglich gemacht wird. Das „Wegnehmen" hat hier also eine weitgehendere Bedeutung als im § 242 (siehe die dortige Erl. 6). Strafbar macht sich also der **Mieter**, wenn er seine Möbel, obwohl ihm der Hausherr (Vermieter) dies ausdrücklich untersagt hat oder obwohl er wußte, daß der Hausherr von seinem Vermieterpfandrecht Gebrauch machen wolle, aus der gemieteten Wohnung wegschafft. — Auf die Kompetenz (§ 811 ZPO.) erstreckt sich das Recht des Vermieters nicht (siehe Erl. 5 zu § 288).

10. Der **Versuch** ist hier nach ausdrücklicher Vorschrift (Abs. 3) strafbar.

11. Das Beiseiteschaffen von Sachen, die durch die **zuständigen Behörden oder Beamten** gepfändet oder in Beschlag genommen worden sind, wird gemäß § 137 (Verstrickungsbruch) bestraft.

12. **Beispiel**: Der Gläubiger A holt im Einverständnis mit seinem Schuldner B, gegen den, wie er wußte, das **Vermieterpfandrecht** gemäß § 559 BGB. geltend gemacht wurde, heimlich in der Nacht aus der Wohnung des B verschiedene, diesem gehörige Möbelstücke als Sicherheit für seine, des A Forderung gegen B: Der Gläubiger A hat zwar die Möbel dem Vermieter in dessen Eigenschaft als Pfandgläubiger „weggenommen", er hat dies aber **nicht zugunsten des Eigentümers** der Möbel, nämlich des B, getan, sondern ausschließlich in seinem **eigenen** Interesse. Der Gläubiger A ist daher **nicht** nach § 289 strafbar. § 289 würde nur dann vorliegen, wenn A **auch im Interesse des** B gehandelt hätte.

Gebrauchsanmaßung.

§ 290. Öffentliche Pfandleiher, welche die von ihnen in Pfand genommenen Gegenstände unbefugt in Gebrauch nehmen, werden mit Gefängnis bis zu einem Jahre, neben welchem auf Geldstrafe erkannt werden kann, bestraft.

1. Während die Wegnahme einer fremden beweglichen Sache **kein Diebstahl** ist, wenn der Wegnehmende sie **nur gebrauchen** will (siehe Erl. 8a cc zu § 242), hat der Gesetzgeber hier auch das **bloße Gebrauchmachen** für strafbar erklärt. **Unbefugt** ist jeder Gebrauch ohne Genehmigung des Verpfänders.

2. Öffentlich sind die Pfandleiher, wenn sie ihr Gewerbe dem Publikum offenstehend treiben. Ob sie die durch die Gew.-O. (§ 34) vorgeschriebene Erlaubnis erwirkt haben oder nicht, ist gleichgültig. Auch diejenigen, welche sog. Rückkaufsgeschäfte machen, gehören hierher.

3. Das unbefugte Ingebrauchnehmen kann auch durch Weiterverpfändung geschehen. Dadurch kann aber die strafbare Handlung zur Unterschlagung werden, wenn nämlich die jederzeitige und sofortige Einlösung nicht möglich ist.

4. Beispiel: Der Inhaber eines Leihgeschäfts trägt einen bei ihm verpfändeten Mantel. Benutzt dagegen die Köchin in Abwesenheit ihrer Dienstherrin deren Ballkleid, so macht sie sich nicht strafbar. (Siehe Erl. 8a zu § 242.)

§ 291. Aufgehoben durch Kontrollratsgesetz Nr. 11. (Betraf die Zueignung von Munition.)

Unbefugte Jagdausübung.

§ 292. (1) Wer unter Verletzung fremden Jagdrechts dem Wilde nachstellt, es fängt, erlegt oder sich zueignet, oder eine Sache, die dem Jagdrecht unterliegt, sich zueignet, beschädigt oder zerstört, wird mit Gefängnis bestraft.

(2) In besonders schweren Fällen, insbesondere wenn die Tat zur Nachtzeit, in der Schonzeit, unter Anwendung von Schlingen oder in anderer nicht weidmännischer Weise oder von mehreren mit Schußwaffen ausgerüsteten Tätern gemeinsam begangen wird, ist auf Gefängnis nicht unter drei Monaten zu erkennen.

(3) Wer die Tat gewerbs- oder gewohnheitsmäßig begeht, wird mit Gefängnis nicht unter drei Monaten, in besonders schweren Fällen mit Zuchthaus bis zu fünf Jahren bestraft.

Vorbemerkung: Durch die Strafrechtsnovelle vom 28. Juni 1935 wurden im Anschluß an das Reichsjagdgesetz vom 3. Juli 1934 die früheren §§ 292—296 durch neue Vorschriften ersetzt. Deren Weitergeltung wird nicht dadurch berührt, daß das genannte Reichsjagdgesetz aufgehoben und nunmehr der ganze mit der Jagd zusammenhängende Fragenkomplex für das gesamte Bundesgebiet durch das Bundesjagdgesetz vom 29. November 1952 (BGBl. 1952 I S. 87), in Kraft getreten am 1. April 1953, geregelt wurde.

1. Unter „Jagdrecht" versteht § 1 des Bundesjagdgesetzes „die ausschließliche Befugnis, auf einem bestimmten Gebiet wildlebende jagdbare Tiere (Wild) zu hegen, auf sie die Jagd auszuüben und sie sich als Jagdbeute anzueignen. Die Jagdausübung erstreckt sich auf das Aufsuchen, Nachstellen, Erlegen und Fangen jagdbarer Tiere. Das Recht zur Aneignung der Jagdbeute umfaßt auch die ausschließliche Befugnis, krankes oder verendetes Wild, Fallwild und Abwurfstangen sowie die Eier jagdbarer Federwilds sich anzueignen." (Unter „verendetem Wild" versteht man Wild, das durch äußere Einwirkungen zugrunde gegangen ist, also vor allem auch das durch einen Berechtigten oder Nichtberechtigten getötete Wild, während das infolge Krankheit, Alter, Kälte oder Hunger eingegangene Wild als „Fallwild" bezeichnet wird.

2. Die Jagdwilderei des § 292 besteht, kurz zusammengefaßt, in dem vorsätzlichen Eingriff in fremdes Jagdrecht. Es kommt daher im einzelnen Falle stets darauf an, objektiv festzustellen, ob demjenigen, welcher an einem bestimmten Orte gejagt hat, ein Jagdrecht bzw. ein Jagdausübungsrecht zustand. Dieses Recht kann an Einschränkungen und Bedingungen nach der Zeit und Art und dem Gegenstand (Wildart) geknüpft sein mit der Wirkung, daß derjenige (es kann dies der Pächter, Aufseher oder Jagdgast sein), welcher sich außerhalb der Grenze des durch die Bedingung eingeschränkten Rechts befindet, demjenigen, welcher ganz ohne Berechtigung jagt, gleichzustellen ist. Denn der Jagdausübende hat dann kein aus der Person des Jagdberechtigten herleitbares Recht zur Jagdausübung; er verletzt fremdes Jagdrecht.

3. Das Objekt der Wilderei i. S. des § 292 ist ein wildes herrenloses jagdbares Tier in lebendem oder in totem Zustand. Ist das Tier in den Besitz einer berechtigten oder unberechtigten Person gelangt, kann es nicht mehr Gegenstand einer unberechtigten Jagdausübung sein. (RG. 63, 36.) Ebensowenig ist dies der Fall bei eingehegtem Wild, insbesondere bei Wild in einem Tiergarten. In letzterem Falle erfüllt die Wegnahme des Wilds bzw. das Schießen auf dasselbe den Tatbestand des Diebstahls. (Siehe Erl. 4b, aa zu § 242.) (RG. 60, 275.)

4. Maßgebend dafür, wo unberechtigt gejagt wird, ist der Standort des Wildes, nicht derjenige des Jägers. Strafbar ist also auch derjenige, welcher von seinem Jagdgebiet aus Wild, das auf fremdem Jagdgebiet steht, schießt, oder sich aus dem fremden Jagdgebiet durch seinen Hund oder einen Gehilfen zutreiben läßt. (RG. 20, 98.) (Letzterer macht sich der Beihilfe zu § 292 schuldig.) Ebenso ist strafbar, wer von ihm auf eigner Jagd angeschossenes Wild auf fremdes Gebiet verfolgt und dort aufnimmt, oder von seinem Hunde vom fremden Jagdgebiet apportieren läßt, sofern mit dem Nachbar nicht ausdrücklich gegenseitige „Jagdfolge" vereinbart ist.

5. Nicht strafbar ist dagegen, wer auf seinem eigenen Jagdgebiet stehendes Wild durch fremdes Gebiet anschleicht oder von fremdem Gebiet aus erlegt, sofern nicht sein Verhalten unter die Übertretungsvorschrift des § 368 Nr. 10 fällt.

6. Zum Vorsatz gehört, daß der Täter sich bewußt ist, das Objekt seines Handelns sei ein jagdbares Tier und daß er fremdes Jagdrecht verletzt. Nimmt daher der Jagende (z. B. ein Jagdgast) irrtümlich an, er befinde sich noch innerhalb des Jagdreviers, so ist er nicht strafbar, denn er irrt über das Tatbestandsmerkmal „fremd" (Tatbestandsirrtum nach § 59; siehe „Vorbemerkungen S. 19.)

7. Das Jagdvergehen ist nach Abs. 2 erschwert, wenn es nicht weidmännisch mit Schießgewehr oder Hunden, sondern mit einer unweidmännischen Vorrichtung ausgeübt wird, oder zur Nachtzeit oder Schonzeit.

8. Gewerbsmäßig i. S. des Abs. 3 handelt, wer die Absicht hat, aus dem Wilderlegen eine ständige, fortgesetzte, wenn auch nur bei günstiger Gelegenheit fließende Einkommensquelle zu machen. Gewohnheitsmäßigkeit liegt vor, wenn der Täter aus einem durch Übung entwickelten Hang heraus handelt. (Siehe auch Erl. 2 und 3 zu § 260.)

9. Der Versuch des unberechtigten Jagens nach § 292 Abs. 1 ist nicht strafbar. Dagegen verlangen Grundgedanke und Zweck des neuen § 292 eine Auslegung, die die Möglichkeit gibt, das unweidmännische und gemeinschädliche Treiben der Wilderer in einem möglichst frühzeitigen Stadium zu erfassen. Es stellt daher z. B. schon das Aufsuchen des Wechsels durch den mit Schlingen ausgerüsteten Wilderer einen regelmäßigen Bestandteil des Schlingenlegens selbst dar und erfüllt daher

schon den Tatbestand des vollendeten Jagdvergehens nach § 292 Abs. 1 und 2 (Nachstellung unter Anwendung von Schlingen). (RG. 70, 220.)

10. Beispiele:

a) Dem Jagdaufseher A war von seinem Forstmeister streng verboten worden, Hirsche zu schießen. Trotzdem gestattet er seinem Freunde B, einem passionierten Jäger, der das Verbot kennt, in dem von ihm betreuten Forst den Abschuß eines Hirsches, den A für sich verwertet, während er dem B das Geweih überläßt: B, der das Bewußtsein hatte, fremdes Jagdrecht zu verletzen, hat sich eines Vergehens nach § 292 schuldig gemacht. Da das „Jagdrecht" die ausschließliche Befugnis des Jagdberechtigten enthält, sich das in seinem Jagdbezirk befindliche Wild anzueignen, hat auch A ein Vergehen nach § 292 begangen; denn er hat durch die Aneignung des Hirsches das Jagdrecht seines Forstmeisters verletzt.

b) Die Pilzsucherin A findet im Jagdrevier X einen soeben verendeten Hasen. Sie nimmt ihn an sich und bringt ihn nach Hause. Dort wird er ihr in einem unbewachten Augenblick von der Nachbarin B weggenommen: Da auch die Aneignung von Fallwild fremdes Jagdrecht verletzt, hat sich die A eines Jagdfrevels nach § 292 schuldig gemacht. Die Nachbarin B kann nicht wegen Diebstahls bestraft werden, da der Hase nicht in fremdem Eigentum stand, d.h. weil es an dem zum Tatbestand des § 242 gehörenden Merkmal „fremd" fehlt; denn der Eigentumserwerb an herrenlosen Sachen, die einem ausschließlichen Aneignungsrecht, wie dem Jagdrecht, unterliegen, ist für jeden anderen als den Aneignungsberechtigten ausgeschlossen. (Siehe BGB. § 958.) Hätte allerdings die Nachbarin B den Hasen für fremdes Eigentum gehalten, dann müßte sie wegen versuchten Diebstahls bestraft werden (irrtümliche Annahme des in Wirklichkeit nicht vorhandenen Tatbestandmerkmals „fremd" siehe „Einführende Vorbemerkungen zum Strafrecht" S. 1ff., Abschnitt B VI 3 c, S. 11).

Unbefugtes Fischen.

§ 293. (1) Wer unter Verletzung fremden Fischereirechts fischt oder eine Sache, die dem Fischereirecht unterliegt, sich zueignet, beschädigt oder zerstört, wird mit Gefängnis bis zu zwei Jahren oder mit Geldstrafe bestraft.

(2) In besonders schweren Fällen ist auf Gefängnis nicht unter einem Monat zu erkennen. Ein besonders schwerer Fall liegt namentlich vor, wenn die Tat zur Nachtzeit, in der Schonzeit, durch Anwendung von Sprengstoffen oder schädlichen Stoffen begangen oder wenn der Fischbestand eines Gewässers durch den Fang von Fischen gefährdet wird, die das für die Ausübung des Fischfanges festgesetzte Mindestmaß noch nicht erreicht haben.

(3) Wer die Tat gewerbs- oder gewohnheitsmäßig begeht, wird mit Gefängnis nicht unter drei Monaten bestraft.

1. Der Umfang des Fischereirechts bestimmt sich nach Landesrecht. Unberechtigtes Fischen liegt z. B. vor, wenn weder eine Fischereiberechtigung noch ein Fischereipachtrecht oder eine Fischereierlaubnis vorliegt.

2. „Fischen" bedeutet den Fischen nachstellen. Ob wirklich Fische gefangen werden, ist für den Begriff gleichgültig. Auch die Aneignung toter Fische, sofern sie nicht wertlose Kadaver sind, fällt unter den Begriff „Fischen". Dagegen ist Wegnahme von Fischen aus geschlossenen Gewässern Diebstahl.

3. „Zur Nachtzeit" (Abs. 2) bedeutet hier wie im § 292 die Zeit zwischen Eintritt der Dunkelheit und Eintritt der Morgendämmerung. Das Einlegen und Herausnehmen von Fangvorrichtungen während der Nachtzeit fällt unter Abs. 2, ebenso das absichtliche Liegenlassen der Fangvorrichtungen während der Nacht. Schädliche Stoffe sind solche, die auf Fische vergiftend oder betäubend wirken.

4. Wegen Gewerbs- und Gewohnheitsmäßigkeit (Abs. 3) s. Erläuterung 8 zu § 292 und Erl. 2 und 3 zu § 260.

Leichtere Fälle.

§ 294. In den Fällen des § 292 Abs. 1 und des § 293 Abs. 1 wird die Tat nur auf Antrag des Verletzten verfolgt, wenn sie von einem Angehörigen oder an einem Orte begangen worden ist, wo der Täter die Jagd oder die Fischerei in beschränktem Umfang ausüben durfte. Die Zurücknahme des Antrages ist zulässig.

1. Wer zu den „Angehörigen" gehört, besagt § 52 Abs. 2.

2. In „beschränktem Umfang" ausübungsberechtigt ist z. B. der Jagdgast, dem nur die Erlegung bestimmter Wildarten oder einer bestimmten Stückzahl von Wild gestattet ist.

Einziehung.

§ 295. (1) Jagd- oder Fischereigeräte, Hunde oder andere Tiere, die der Täter oder ein Teilnehmer zur Jagd oder Fischerei bei sich geführt oder verwendet hat, sind einzuziehen, auch wenn sie keinem von ihnen gehören.

(2) Von der Einziehung kann abgesehen werden, wenn die Sache ohne Schuld des Eigentümers zur Tat benutzt worden ist oder die Einziehung eine unbillige Härte für den Betroffenen bedeuten würde.

1. Hier muß, abweichend von § 40, auf Einziehung erkannt werden, es sei denn, daß die Voraussetzungen des Abs. 2 vorliegen.

2. Die Einziehung der Jagdbeute selbst ist weder nach § 40 noch nach § 295 möglich, da sie dem alleinigen Aneignungsrecht des Jagdberechtigten unterliegt.

Besitz von Jagd- und Fischereigerät.

§ 296. (1) Wer Jagdgerät oder Fischereigerät in Besitz oder Gewahrsam hat oder von einem anderen für sich verwahren läßt, nachdem er wegen gewerbs- oder gewohnheitsmäßiger Wilderei (§ 292 Abs. 3, § 293 Abs. 3) oder mehr als einmal wegen Wilderei (§ 292 Abs. 1, 2 § 293 Abs. 1, 2) rechtskräftig verurteilt worden ist, wird mit Gefängnis bestraft, sofern sich nicht aus den Umständen ergibt, daß das Gerät nicht zur Verwendung bei der Wilderei bestimmt ist.

(2) Wer Jagd- oder Fischereigerät für einen anderen in Verwahrung nimmt oder einem anderen überläßt, obwohl er weiß oder den

Umständen nach annehmen muß, daß das Gerät zur Verwendung bei der Wilderei bestimmt ist, wird, sofern die Tat nicht nach anderen Vorschriften mit schwererer Strafe bedroht ist, mit Gefängnis bis zu zwei Jahren bestraft.

(3) Das Jagd- oder Fischereigerät ist einzuziehen, auch wenn es dem Täter nicht gehört.

(4) § 245a Abs. 4 gilt entsprechend.

§ 296 entspricht dem den Besitz von Diebeswerkzeug betreffenden § 245a. Es wird daher auf die dortigen Erläuterungen Bezug genommen.

Unbefugtes Fischen von Ausländern.

§ 296a. (1) Ausländer, welche in Deutschen Küstengewässern unbefugt fischen, werden mit Geldstrafe oder mit Gefängnis bis zu sechs Monaten bestraft.

(2) Neben der Geld- oder Gefängnisstrafe ist auf Einziehung der Fanggeräte, welche der Täter bei dem unbefugten Fischen bei sich geführt hat, ingleichen der in dem Fahrzeug enthaltenen Fische zu erkennen, ohne Unterschied, ob die Fanggeräte und Fische dem Verurteilten gehören oder nicht.

Hier handelt es sich um unbefugtes Fischen von Ausländern, d. h. Nichtdeutschen in denjenigen Teilen des Meeres, welche noch innerhalb der Hoheitsgrenze eines der Länder liegen. Nach völkerrechtlichen Grundsätzen ist das Fischen in den bezeichneten Gewässern den Staatsangehörigen vorbehalten.

Schiffsgefährdung durch Konterbande.

§ 297. Ein Reisender oder Schiffsmann, welcher ohne Vorwissen des Schiffers, ingleichen ein Schiffer, welcher ohne Vorwissen des Reeders Gegenstände an Bord nimmt, welche das Schiff oder die Ladung gefährden, indem sie die Beschlagnahme oder Einziehung des Schiffes oder der Ladung veranlassen können, wird mit Geldstrafe oder mit Gefängnis bis zu zwei Jahren bestraft.

1. Der Paragraph bedroht die unbefugte Anbordnahme von „Zoll- oder Kriegskonterbande", d. h. von Gegenständen, welche nach den zollgesetzlichen Vorschriften der anzulaufenden Häfen oder nach den völkerrechtlichen Grundsätzen über den Seekrieg die Beschlagnahme oder Einziehung der Ladung oder des ganzen Schiffes veranlassen können. Die Vorschrift bezweckt, eine Gefährdung des Vermögens des Reeders zu verhindern.

2. Bestraft wird, wer die Gegenstände im Bewußtsein vom Bestehen der bezeichneten Vorschriften an Bord nimmt, ohne daß er gerade eine gewinnsüchtige Absicht dabei zu haben braucht.

3. Reeder ist der Eigentümer eines zum Erwerb durch die Seefahrt dienenden Schiffes.

Bruch des Heuervertrages.

§ 298. Ein Schiffsmann, welcher mit der Heuer entläuft, oder sich verborgen hält, um sich dem übernommenen Dienste zu entziehen, wird, ohne Unterschied, ob das Vergehen im Inland oder im Ausland begangen worden ist, mit Gefängnis bis zu einem Jahre bestraft.

1. Vgl. hierzu die Bestimmungen, insbesondere § 93 der deutschen Seemannsordnung v. 2. 6. 1902.

2. Die Vorschrift findet gegen deutsche und nicht deutsche Schiffsleute Anwendung, welche auf einem deutschen Schiff im Inland oder Ausland Heuer (d. h. Lohnvorschuß) nehmen und dann vertragsbrüchig werden. Die praktische Bedeutung dieser Vorschrift ist sehr gering.

Verletzung des Briefgeheimnisses.

§ 299. (1) Wer einen verschlossenen Brief oder eine andere verschlossene Urkunde, die nicht zu seiner Kenntnismahme bestimmt ist, vorsätzlich und unbefugter Weise eröffnet, wird mit Geldstrafe oder mit Gefängnis bis zu drei Monaten bestraft.

(2) Die Verfolgung tritt nur auf Antrag ein.

1. Hier wird die Verletzung des Briefgeheimnisses behandelt. Jedes auf irgendeine Art, auch durch Umschnürung, verschlossene Schriftstück soll nur von demjenigen geöffnet werden dürfen, zu dessen Kenntnisnahme es bestimmt ist. Das wird wohl in den meisten Fällen der Adressat sein. Allein die Adresse ist nicht unbedingt maßgebend.

2. Unbefugt ist die Eröffnung, d. h. die Beseitigung des Verschlusses, wenn dem Täter kein Recht zusteht, den fremden Brief zu öffnen. Ein Recht zur Öffnung kann sich ergeben aus dem Gesetz (§§ 99, 100 Abs. 3 StPO., ferner § 121 KO. und §§ 37, 48 der Postordnung vom 30. 1. 1929) oder aus dem Erziehungsrecht der Eltern und Vormünder. (Der Ehemann hat als solcher kein Recht, die an seine Ehefrau gerichteten Briefe zu öffnen.)

3. Zum inneren Tatbestand gehört Vorsatz, d. h. das Bewußtsein des Täters, daß der Brief nicht zu seiner Kenntnisnahme bestimmt ist und daß für ihn keine Befugnis zur Eröffnung besteht. Der Beweggrund oder der vom Täter verfolgte Zweck sind für den Tatbestand ohne Bedeutung.

4. Für Postbeamte und Telegraphenbeamte gelten die besonderen Vorschriften der §§ 354, 355 StGB.

5. Strafantragsberechtigt ist der Eigentümer des Briefes. Bei zur Post gegebenen Briefen bleibt der Absender Eigentümer bis zu dem Moment, in welchem der Postbote den Brief dem Adressaten bestellt hat. Dann erst wird der Adressat Eigentümer. — Die Verfolgung kann vom Verletzten im Wege der Privatklage erfolgen (siehe Anhang 4, Abschnitt K IV, S. 388).

Verletzung des Berufsgeheimnisses.

§ 300. (1) Wer unbefugt ein fremdes Geheimnis offenbart, das ihm in seiner Eigenschaft

1. als Arzt, Zahnarzt, Apotheker oder Angehöriger eines anderen Heilberufs, der eine staatlich geregelte Ausbildung erfordert,

2. als Rechtsanwalt, Patentanwalt, Notar, Verteidiger in Strafsachen, Wirtschaftsprüfer, vereidigter Buchprüfer (vereidigter Bücherrevisor) oder Steuerberater

anvertraut worden oder bekannt geworden ist, wird mit Gefängnis bis zu sechs Monaten und mit Geldstrafe oder mit einer dieser Strafen bestraft.

(2) Den in Absatz 1 Genannten stehen ihre berufsmäßig tätigen Gehilfen und die Personen gleich, die zur Vorbereitung auf den Beruf an der berufsmäßigen Tätigkeit teilnehmen. Dasselbe gilt für denjenigen, der nach dem Tode des zur Wahrung des Geheimnisses nach Absatz 1 Verpflichteten das von dem Verstorbenen oder aus dessen Nachlaß erlangte Geheimnis unbefugt veröffentlicht.

(3) Handelt der Täter gegen Entgelt oder in der Absicht, sich oder einem Dritten einen rechtswidrigen Vermögensvorteil zu verschaffen oder jemandem einen Nachteil zuzufügen, so ist die Strafe Gefängnis. Daneben kann auf Geldstrafe erkannt werden.

(4) Die Verfolgung tritt nur auf Antrag ein.

1. In dieser, den Geheimnisschutz behandelnden Gesetzesstelle sind die bisher in verschiedenen Neben- und Landesgesetzen verstreuten Bestimmungen zusammengefaßt, soweit sie ein freiwilliges Vertrauensverhältnis betreffen. Dagegen bleiben die Fälle, in denen ein Dritter vermöge seiner Stellung zwangsläufig von einem Privat- oder Geschäftsgeheimnis Kenntnis erlangt (siehe z. B. Erläuterung 8), einer Regelung in Nebengesetzen vorbehalten.

2. Der bisherige Kreis der zum Geheimnisschutz Verpflichteten ist erweitert worden auf Zahnärzte, Apotheker und Angehörige eines anderen, mit staatlicher Ausbildung verbundenen Heilberufs (Absatz 1 Nr. 1). In die Gruppe der Rechtspersonen sind neu aufgenommen die Patentanwälte, Wirtschaftsprüfer, Buchprüfer und Steuerberater (Absatz 1 Nr. 2).

3. Absatz 2 dehnt die Geheimhaltungspflicht auf die Personen aus, die durch ihre Berufsvorbereitung oder durch den Tod des Arztes usw. Kenntnis von dem Geheimnis erhalten.

4. Offenbaren heißt nichts anderes, als an eine andere Person mitteilen.

5. Die Entscheidung darüber, wann eine Offenbarung „unbefugt" ist, bleibt nach wie vor der Rechtsprechung überlassen. Nicht unbefugt ist jedenfalls die Offenbarung dann, wenn der Schweigepflichtige durch den Anvertrauenden von der Schweigepflicht entbunden wird. Ferner ist die Mitteilung als Zeuge nicht unbefugt, auch wenn der Mitteilende das Recht gehabt hätte, das Zeugnis zu verweigern.

6. Die Strafandrohung ist erhöht worden; Absatz 3 enthält einen qualifizierten Tatbestand.

7. Strafantragsberechtigt (Abs. 4) ist derjenige, der das Geheimnis anvertraut hat.

8. Vgl. auch § 17 Unl.WettbewerbGes., wo Strafe angedroht wird u. a. demjenigen, der als Angestellter, Arbeiter oder Lehrling eines Geschäftsbetriebs ein Geschäfts- oder Betriebsgeheimnis, das ihm vermöge des Dienstverhältnisses

anvertraut worden ist, während der Geltungsdauer des Dienstverhältnisses unbefugt an jemand zu Zwecken des Wettbewerbes oder aus Eigennutz, oder in der Absicht, dem Inhaber des Geschäftsbetriebes Schaden zuzufügen, mitteilt. (Sog. Industrieverrat.) Siehe auch VO. gegen Bestechung und Geheimnisverrat nichtbeamteter Personen in der Fassung vom 22. Mai 1943 (RGBl. I 1943, S. 351). Siehe schließlich auch § 16 des Gesetzes zur Bekämpfung der Geschlechtskrankheiten, abgedruckt in Erl. 5 zu § 327.

Ausbeutung Minderjähriger.

§ 301. (1) Wer in gewinnsüchtiger Absicht und unter Benutzung des Leichtsinns oder der Unerfahrenheit eines Minderjährigen sich von demselben Schuldscheine, Wechsel, Empfangsbekenntnisse, Bürgschaftserklärungen oder eine andere, eine Verpflichtung enthaltende Urkunde ausstellen oder auch nur mündlich ein Zahlungsversprechen erteilen läßt, wird mit Gefängnis bis zu sechs Monaten oder mit Geldstrafe bestraft.

(2) Die Verfolgung tritt nur auf Antrag ein.

1. Die §§ 301 und 302 sollen die Minderjährigen (die das 21. Lebensjahr noch nicht vollendet haben) gegen Ausbeutung ihres Leichtsinns und ihre Unerfahrenheit schützen.

Der § 301 enthält den leichteren, der § 302 den durch Annahme der Verpfändung der Ehre erschwerten Fall.

2. Die Täterhandlung besteht in der Veranlassung des Minderjährigen, eine Verpflichtungsurkunde (z. B. Schuldschein, Wechsel, Empfangsbekenntnis, Bürgschaft) auszustellen, oder ein mündliches oder schriftliches Zahlungsversprechen abzugeben. Ohne Bedeutung ist, ob der Täter das Versprechen verlangte, oder ob sich der Minderjährige dazu erbot.

3. Zum inneren Tatbestand gehört zunächst das Bewußtsein des Täters, daß der Kontrahent minderjährig ist und daß er aus Leichtsinn oder Unerfahrenheit handelt. Dazu muß der Täter in gewinnsüchtiger Absicht, d. h. in Bereicherungsabsicht handeln.

4. Strafantragsberechtigt ist der über 18 Jahre alte Minderjährige; ist der Minderjährige unter 18 Jahre alt, dann ist gemäß § 65 der gesetzliche Vertreter der Antragsberechtigte.

Schwere Ausbeutung Minderjähriger.

§ 302. (1) Wer in gewinnsüchtiger Absicht und unter Benutzung des Leichtsinns oder der Unerfahrenheit eines Minderjährigen sich von demselben unter Verpfändung der Ehre, auf Ehrenwort, eidlich oder unter ähnlichen Versicherungen oder Beteuerungen die Zahlung einer Geldsumme oder die Erfüllung einer anderen, auf Gewährung geldwerter Sachen gerichteten Verpflichtung aus einem Rechtsgeschäfte versprechen läßt, wird mit Gefängnis bis zu einem Jahre oder mit Geldstrafe bestraft.

(2) Neben der Gefängnisstrafe kann auf Verlust der bürgerlichen Ehrenrechte erkannt werden.

(3) Dieselbe Strafe trifft denjenigen, welcher sich eine Forderung, von der er weiß, daß deren Berichtigung ein Minderjähriger in der vorbezeichneten Weise versprochen hat, abtreten läßt.

(4) Die Verfolgung tritt nur auf Antrag ein.

1. Diese Gesetzesstelle hebt aus dem Tatbestand des § 301 die Fälle des Versprechens von Geld oder geldwerten Rechten hervor, und bedroht sie mit erhöhter Strafe, wenn das Versprechen unter einer besonderen moralischen Verpflichtung abgegeben wird. Siehe im übrigen Erl. 1 bis 3 zu § 301.

2. In Abs. 3 wird auch der Zessionar, der in gewinnsüchtiger Absicht eine unter den oben geschilderten Umständen entstandene Forderung erwirbt, mit Strafe bedroht.

3. Wegen des Strafantragsrechts vgl. Erl. 4 zu § 301.

Kreditwucher.

§ 302a. Wer unter Ausbeutung der Notlage, des Leichtsinns oder der Unerfahrenheit eines anderen mit Bezug auf ein Darlehen oder auf die Stundung einer Geldforderung oder auf ein anderes zweiseitiges Rechtsgeschäft, welches denselben wirtschaftlichen Zwecken dienen soll, sich oder einem Dritten Vermögensvorteile versprechen oder gewähren läßt, welche den üblichen Zinsfuß dergestalt überschreiten, daß nach den Umständen des Falles die Vermögensvorteile in auffälligem Mißverhältnis zu der Leistung stehen, wird wegen Wuchers mit Gefängnis bis zu sechs Monaten und zugleich mit Geldstrafe bestraft. Auch kann auf Verlust der bürgerlichen Ehrenrechte erkannt werden.

1. Vorbemerkung zu §§ 302a bis 302e: Diese Paragraphen betreffen den sog. Individualwucher, dessen Wesen darin besteht, daß durch ein zweiseitiges Rechtsgeschäft die eine Vertragspartei (also eine individuell bestimmbare Person) in ihrem Vermögen geschädigt, während die andere übermäßig bereichert wird, und zwar muß dabei das Rechtsgeschäft unter Ausbeutung der Notlage des geschädigten Teils zustande gekommen sein. Im Gegensatz hierzu bezwecken die den sog. Sozialwucher betreffenden Strafgesetze den Schutz der Allgemeinheit gegen übermäßige Preisforderungen für Gegenstände und Leistungen zur Befriedigung des täglichen Bedarfs. Hierzu gehören vor allem der die Preistreiberei behandelnde § 19 des Wirtschaftsstrafgesetzes i. d. Fassung vom 25. März 1952 Ferner gehört hierher der sog. Mietwucher (§ 49a des Gesetzes über Mieterschutz und Mieteinigungsämter vom 17. 2. 1928 — RGBl. I, 25).

In § 302a wird der sog. Kreditwucher, der Normalfall des Wuchers, in § 302b der durch Verschleierung, Wechselmäßigkeit oder Ehrverpfändung erschwerte Kreditwucher, in § 302c das sog. Mitwuchern eines Käufers der wucherischen Forderung, in § 302d der gewerbs- und gewohnheitsmäßige Wucher und in § 302e der sog. Sachwucher bedroht.

2. Der in § 302a behandelte Kreditwucher hat zur Voraussetzung den Abschluß eines Gelddarlehens (Empfang von Geld gegen die Verpflichtung, die empfangene Sache zurückzuerstatten, § 607 BGB.) oder eines andern Geschäfts,

welches denselben wirtschaftlichen Zwecken dient. Diesen Zwecken dient jedes Geschäft, welches zur Befriedigung eines Bedürfnisses, für welches in der eigenen Wirtschaft Mittel nicht vorhanden sind, Geldmittel anderer Personen in Anspruch nimmt.

3. Die Handlung muß unter Ausbeutung der Notlage, des Leichtsinns oder der Unerfahrenheit erfolgen, und die vom Täter für sich oder einen Dritten unter Überschreitung des üblichen Zinsfußes erstrebten Vermögensvorteile müssen in auffälligem Mißverhältnis zu seiner eigenen Leistung stehen. Dabei ist zu beachten, daß die Tat schon mit der Annahme des Versprechens vollendet ist.

4. Wer das Geschäft begonnen hat, ob sich der Geldsucher an den Geldgeber gewandt oder umgekehrt der Geldgeber sich dem Geldsucher aufgedrängt hat, ist für den Tatbestand gleichgültig.

5. Beispiel: Der Kaufmann A benötigt zur Vermeidung des Bankrotts dringend 5000 M. Er wendet sich an den Winkeladvokaten B, der ihm das Geld gegen eine monatliche Gewinnbeteiligung von 4% zur Verfügung stellt. B hat sich dadurch, daß er sich 48% Jahreszinsen hat versprechen lassen, eines Vergehens nach § 302a schuldig gemacht. Der A hat sich nicht strafbar gemacht, denn derjenige, der die wucherischen Zinsen verspricht, ist nicht strafbar.

Erschwerter Kreditwucher.

§ 302b. Wer sich oder einem Dritten die wucherlichen Vermögensvorteile (§ 302a) verschleiert oder wechselmäßig oder unter Verpfändung der Ehre, auf Ehrenwort, eidlich oder unter ähnlichen Versicherungen oder Beteuerungen versprechen läßt, wird mit Gefängnis bis zu einem Jahre und zugleich mit Geldstrafe bestraft. Auch kann auf Verlust der bürgerlichen Ehrenrechte erkannt werden.

1. Hier wird eine erschwerte Art des Kreditwuchers bedroht (vgl. die Erl. zu § 302 a.)

2. Beispiele: a) Verschleierung: Gleichzeitig mit dem Darlehensgeschäft wird ein Kaufvertrag abgeschlossen, nach welchem der Bewucherte für gänzlich wertlose oder für ihn unbrauchbare Waren einen hohen Kaufpreis schuldig zu sein versichert. Der Kaufpreis ist in diesem Falle eine Entschädigung für das gleichzeitig gegebene Darlehen. b) Wechselmäßige Verpflichtung: Der A gibt dem B ein Darlehen von 500 Mark und läßt sich dafür einen Wechsel über 1000 Mark ausstellen. c) Schuldversprechen auf Ehrenwort: Der A gibt dem B ein Darlehen von 500 Mark und läßt sich dafür einen Schuldschein von 1000 Mark ausstellen mit der ehrenwörtlichen Verpflichtung pünktlicher Rückzahlung.

Mit- oder Nachwucher.

§ 302c. Dieselben Strafen (§ 302a, § 302b) treffen denjenigen, welcher mit Kenntnis des Sachverhalts eine Forderung der vorbezeichneten Art erwirbt und entweder dieselbe weiter veräußert oder die wucherlichen Vermögensvorteile geltend macht.

1. Hier wird das Mit- oder Nachwuchern eines Käufers der Darlehensforderung — also eines Rechtsnachfolgers des ersten Gläubigers — bedroht.

2. Das Erwerben der wucherischen Forderung allein ist noch nicht strafbar, sondern es muß noch dazu kommen, daß der Erwerber die Forderung **weiter veräußert**, oder sie auf irgendeine Weise wirtschaftlich verwertet.

Gewerbs- oder gewohnheitsmäßiger Wucher.

§ 302d. (1) Wer den Wucher (§§ 302a bis 302c) gewerbs- oder gewohnheitsmäßig betreibt, wird mit Gefängnis nicht unter drei Monaten und zugleich mit Geldstrafe bestraft. Auch ist auf Verlust der bürgerlichen Ehrenrechte zu erkennen.

(2) In besonders schweren Fällen ist auf Zuchthaus bis zu zehn Jahren und Geldstrafe in unbeschränkter Höhe zu erkennen.

Über die Begriffe „gewerbs- und gewohnheitsmäßig" vgl. die Erl. 2 und 3 zu § 260 StGB.

Sachwucher.

§ 302e. Dieselbe Strafe (§ 302d) trifft denjenigen, welcher mit Bezug auf ein Rechtsgeschäft anderer als der im § 302a bezeichneten Art gewerbs- oder gewohnheitsmäßig unter Ausbeutung der Notlage, des Leichtsinns oder der Unerfahrenheit eines anderen sich oder einem Dritten Vermögensvorteile versprechen oder gewähren läßt, welche den Wert der Leistung dergestalt überschreiten, daß nach den Umständen des Falles die Vermögensvorteile in auffälligem Mißverhältnis zu der Leistung stehen.

1. Der **Sachwucher** stellt eine **Ergänzung des Kreditwuchers** (§ 302a) dar; er umfaßt alle Arten von Rechtsgeschäften, welche nicht bereits unter § 302a fallen.

Beispiele: Land-, Grundstücks- und Viehwucher, Vermittlung von Forderungsabtretungen oder sonstigen Rechtsgeschäften; auch die Berufstätigkeit eines Rechtsanwalts, Rechtsagenten oder Arztes, oder diejenige eines Privatdetektivs kann unter § 302e fallen, immer vorausgesetzt, daß eine **Ausbeutung der Notlage usw.** vorliegt, und die Vergleichung der Vermögensvorteile mit der Gegenleistung ein **auffälliges Mißverhältnis** ergibt.

2. Der **Sachwucher** ist im Gegensatz zum Kreditwucher (§ 302a) nur strafbar, wenn er **gewerbs- oder gewohnheitsmäßig** ausgeübt wird. Beim Kreditwucher erschwert die Gewerbs- und Gewohnheitsmäßigkeit die Strafbarkeit (§ 302d), beim Sachwucher begründet sie erst die Strafbarkeit.

3. Über die Begriffe „**gewerbs- und gewohnheitsmäßig**" vgl. Erl. 2 und 3 zu § 260.

Sechsundzwanzigster Abschnitt: Sachbeschädigung.

Einfache Sachbeschädigung.

§ 303. (1) Wer vorsätzlich und rechtswidrig eine fremde Sache beschädigt oder zerstört, wird mit Geldstrafe oder mit Gefängnis bis zu zwei Jahren bestraft.

(2) Der Versuch ist strafbar.

(3) Die Verfolgung tritt nur auf Antrag ein.

(4) Ist das Vergehen gegen einen Angehörigen verübt, so ist die Zurücknahme des Antrages zulässig.

1. Nur eine vorsätzlich verübte Sachbeschädigung ist strafbar. Eine nicht gewollte und nur fahrlässig begangene Sachbeschädigung ist nicht mit Strafe bedroht, auch nicht, wenn sie bei Gelegenheit der Verübung einer strafbaren Handlung, etwa eines Widerstands oder einer Körperverletzung, durch Zerreißen von Kleidungsstücken, vorkommt. Dagegen entsteht zivilrechtlich eine Schadensersatzforderung. Welchen Zweck der Täter mit der Handlung verfolgt, ist gleichgültig.

2. Wegen des Begriffs „Sache" vgl. Erl. 2 zu § 242. Im Gegensatz zum Diebstahl kann das Delikt des § 303 auch an einer unbeweglichen Sache begangen werden. Unerheblich ist, ob die Sache einen Vermögenswert hat. Die Sache muß ferner „fremd" sein. (Siehe hierzu Erl. 4 zu § 242.) Der menschliche Leichnam ist keine fremde Sache (siehe Erl. 4c bb zu § 242).

3. Die Handlung besteht in dem Beschädigen oder Zerstören der Sache.

a) Beschädigt ist eine Sache, wenn auf sie stofflich so eingewirkt wird, daß ihre Brauchbarkeit für die vorgesehene Zweckbestimmung erheblich vermindert wird. Zweifelhafte Fälle, bei denen die Rechtsprechung Sachbeschädigung angenommen hat, sind: Verunreinigung eines Brunnens, Abschneiden von Ästen in anderen als den gesetzlich zugelassenen Fällen, Einstreuen von Sand in eine Maschine, Entfernung einzelner Teile eines Wagens oder einer Maschine, Beschmieren einer Büste mit Farbstoff, Einwirkung auf das Nervensystem eines lebenden Tieres. (RG. 20, 183; 37, 412.)

b) Die Zerstörung ist ein erhöhter Grad der Beschädigung mit der Folge, daß die Gebrauchsfähigkeit der Sache nicht nur gemindert, sondern gänzlich aufgehoben wird. Auch Tötung eines fremden Tieres gehört hierher.

c) Keine Sachbeschädigung liegt vor, wenn nicht die Sache selbst, sondern nur das Verhältnis des Eigentümers zur Sache verändert, insbesondere wenn dem Berechtigten die Sache durch eine mit ihr vorgenommene Ortsveränderung entzogen wird (z. B. Fliegenlassen eines eingesperrten Vogels, Werfen eines Ringes in den Fluß).

4. Die Handlung muß rechtswidrig sein. Gerade bei dem Delikt der Sachbeschädigung werden häufig Umstände vorliegen, welche die Rechtswidrigkeit ausschließen und dadurch die Tat straflos machen. Eine solche Straflosigkeit kann bewirkt werden nicht nur durch die Einwilligung des Eigentümers, sondern vor allem durch Notwehr (§ 53), Notstand (§§ 228, 904 BGB.), erlaubte Selbsthilfe (§ 229 BGB.), übergesetzlicher Notstand (Erl. 4 zu § 54). (Siehe hierzu „Einführende Vorbemerkungen zum Strafrecht" Seite 1ff., Abschnitt B III 2 Seite 4—5.)

5. Strafantragsberechtigt ist jeder, der durch die Tat unmittelbar verletzt ist, vor allem der Eigentümer, aber auch der Mieter, Pächter usw. Ist das Vergehen gegen einen Angehörigen (§ 52 Abs. 2) verübt, dann ist die Zurücknahme des Antrags zulässig (Abs. 4).

6. Zwischen §§ 243 Nr. 2 und 303 besteht Gesetzeskonkurrenz (siehe Erl. 9 zu § 243).

7. Der Staatsanwalt erhebt nur dann Anklage, wenn dies im öffentlichen Interesse liegt (§ 376 StPO.). Andernfalls kann der Verletzte Privatklage erheben (§ 380 StPO.). (Siehe Anhang 4, Abschnitt K IV, S. 388.) Wegen Strafschärfung siehe § 94.

Erschwerte Sachbeschädigung.

304. (1) Wer vorsätzlich und rechtswidrig Gegenstände der Verehrung einer im Staate bestehenden Religionsgesellschaft, oder Sachen, die dem Gottesdienste gewidmet sind, oder Grabmäler, öffentliche Denkmäler, Gegenstände der Kunst, der Wissenschaft oder des Gewerbes, welche in öffentlichen Sammlungen aufbewahrt werden oder öffentlich aufgestellt sind, oder Gegenstände, welche zum öffentlichen Nutzen, oder zur Verschönerung öffentlicher Wege, Plätze oder Anlagen dienen, beschädigt oder zerstört, wird mit Gefängnis bis zu drei Jahren oder mit Geldstrafe bestraft.

(2) Neben der Gefängnisstrafe kann auf Verlust der bürgerlichen Ehrenrechte erkannt werden.

(3) Der Versuch ist strafbar.

1. Die Sachbeschädigung des § 304 als erschwerte unterscheidet sich von der des § 303 dadurch, daß die Sachen keine fremden zu sein brauchen, überhaupt in niemandes Eigentum stehen können (es kann also der Eigentümer selbst an eigener Sache sich des Vergehens schuldig machen, wenn er nicht die freie Verfügung über die Sache mehr hat) und daß kein Strafantrag erforderlich ist.

Sonst müssen alle Merkmale vorliegen, wie sie bei § 303 erläutert sind.

2. Über Sachen, die dem Gottesdienst gewidmet sind, vgl. Erl. 1 zu § 243.

3. Ein öffentliches Denkmal ist ein Denkmal, das der Öffentlichkeit gewidmet ist. (RG. 43, 244.)

4. Zum öffentlichen Nutzen dienen Gegenstände, wenn sie dem Publikum unmittelbaren Nutzen bringen sollen. Hierunter fallen z. B. öffentliche Wege, Wegweiser und Schutzgeländer an denselben, öffentliche Gärten und Parkanlagen und die dort aufgestellten Ruhebänke, öffentliche Briefkasten, Feuermelder, Anschlagsäulen, Wagen einer für den öffentlichen Verkehr bestimmten Straßenbahn oder Eisenbahn, Wasserleitungen u. ä. (RG. 58, 346; 66, 203.)

5. Wegen der Begriffe „Beschädigen" und „Zerstören" siehe Erl. 3 zu § 303.

6. Der Versuch ist auch hier strafbar. Ein Strafantrag ist nicht erforderlich. Wegen Strafschärfung siehe § 94.

7. Beispiele:

a) Der angetrunkene Student A setzt aus Übermut einen öffentlichen Feuermelder in Tätigkeit, indem er ordnungsgemäß den Handgriff entsprechend weit herumdreht und dadurch zugleich einen Faden zum Zerreißen bringt, der durch eine mit dem Wappen der Stadtgemeinde versehene Bleiplombe gesichert ist: A hat sich durch das unbefugte Zerreißen der Bleiplombe (eines amtlichen Siegels) eines Siegelbruchs nach § 136 schuldig gemacht. In Tateinheit hiermit hat er eine gemeinschädliche Sachbeschädigung nach § 304 begangen, indem er einen „zum öffentlichen Nutzen dienenden Gegenstand" nämlich einen Feuermelder dadurch beschädigt hat, daß er ohne rechtfertigenden Anlaß durch das Drehen des Handgriffs auch den mit der Plombe gesicherten Faden zerriß. Dagegen liegt nicht vor ein Vergehen nach § 316b Abs. 1 Nr. 3. Zwar ist ein Feuermelder zweifellos eine „der öffentlichen Ordnung und Sicherheit dienende Einrichtung"; die Beschädigung einer solchen Anlage fällt aber nur dann unter § 316b, wenn dadurch der Betrieb verhindert oder gestört wird. Das war aber vorliegend nicht der Fall. (RG. 65, 134.)

b) Der arbeitslose Mechaniker B entwendet mit Hilfe einer Metallschere Kupferdraht von einer öffentlichen Telefonleitung und verkauft den Draht an einen Althändler: er begeht neben dem Diebstahl (siehe Erl. 3 zu § 242) eine Sachbeschädigung nach § 304, denn die Fernsprechanlage ist „ein zu öffentlichem Nutzen dienender Gegenstand". Schließlich ist auch der Tatbestand des § 317 gegeben, da B eine dem Betrieb einer öffentlichen Fernmeldeanlage dienende Sache beseitigt und dadurch den Betrieb verhindert hat. Bestrafung kann aber neben § 242 nur nach § 317 erfolgen, da das Vergehen des § 304 in demjenigen des § 317 aufgeht (Gesetzeskonkurrenz, siehe RG. 34, 251).

Zerstörung von Bauwerken.

§ 305. (1) Wer vorsätzlich und rechtswidrig ein Gebäude, ein Schiff, eine Brücke, einen Damm, eine gebaute Straße, eine Eisenbahn oder ein anderes Bauwerk, welche fremdes Eigentum sind, ganz oder teilweise zerstört, wird mit Gefängnis nicht unter einem Monat bestraft.

(2) Der Versuch ist strafbar.

1. Dieser Tatbestand, auch gemeingefährliche Sachbeschädigung genannt, stellt einen besonders schweren Fall der einfachen Sachbeschädigung dar.

2. Gegenstand des Delikts können, wie in § 303, nur fremde Sachen sein. Im einzelnen sind geschützt:
a) Gebäude (siehe Erl. 2 zu § 243).
b) Schiffe. In Frage kommen nur größere Fahrzeuge.
c) Brücken von einer gewissen Größe. Fußgängerstege kommen nicht in Betracht.
d) Dämme.
e) Gebaute Straßen.
f) Eisenbahnen, worunter hier nur der Unter- und Oberbau des Schienenwegs und nicht auch Lokomotive und Eisenbahnwagen zu verstehen sind.
g) Andere Bauwerke. Hierher gehören z. B. Stauanlagen, Kanäle, Mauern, Rohbauten.

3. Die Handlung besteht im „Zerstören". (Siehe Erl. 3 b zu § 303.) Eine teilweise Zerstörung wurde z. B. angenommen bei der Lockerung der Schienen einer Eisenbahn durch Entfernung von Bolzen und Laschen. (RG. 55, 169; in der Regel wird in einem solchen Falle aber ein Verbrechen nach § 315 vorliegen.)

4. Wegen Strafschärfung siehe § 94.

Siebenundzwanzigster Abschnitt: Gemeingefährliche Verbrechen und Vergehen.

Vorbemerkung:

1. In diesem Abschnitt werden Straftaten behandelt, die in der Hauptsache bedingt sind durch Entfesselung von Naturkräften (Feuer, Wasser, Seuchen), durch erhebliche Störung und Gefährdung des Verkehrs und durch Beschädigung lebenswichtiger Anlagen. Den Zweck dieser Spezialbestimmungen bildet der Schutz der Allgemeinheit.

2. Innerhalb dieses Abschnitts sind folgende Gruppen zu unterscheiden: Brandstiftung (§§ 306 bis 311), Überschwemmung (§§ 312 bis 314), Transportgefährdung und Lahmlegung lebenswichtiger Betriebe (§§ 315—317), Beschädigung von Wasserbauten (§ 321), Brunnenvergiftung (§ 324), Verletzung von Absperrungsmaßregeln gegen ansteckende Krankheiten (§§ 327, 328), Verletzung der Baukunstregeln (§ 330); ferner noch als eine Art von gemeingefährlichen Handlungen der Vollrausch (§ 330a), Abgabe von Rauschmitteln an Untergebrachte (§ 330b) und schließlich die unterlassene Hilfeleistung (§ 330 c).

3. Wer das Vorhaben eines gemeingefährlichen Verbrechens nicht anzeigt, macht sich nach § 138 strafbar.

4. In den Fällen der §§ 308, 311, 315, 315a Abs. 1 Nr. 1, 316b, 317, 321, 324 tritt eine Strafschärfung ein, wenn die Tat in staatsgefährdender Absicht begangen wurde (§ 94).

Schwere Brandstiftung.

§ 306. Wegen Brandstiftung wird mit Zuchthaus bestraft, wer vorsätzlich in Brand setzt:

1. ein zu gottesdienstlichen Versammlungen bestimmtes Gebäude,
2. ein Gebäude, ein Schiff oder eine Hütte, welche zur Wohnung von Menschen dienen, oder
3. eine Räumlichkeit, welche zeitweise zum Aufenthalt von Menschen dient, und zwar zu einer Zeit, während welcher Menschen in derselben sich aufzuhalten pflegen.

1. Die §§ 306 bis 308 betreffen die vorsätzliche, § 309 behandelt die fahrlässige Brandstiftung. § 310 findet sowohl auf die vorsätzliche wie auf die fahrlässige Brandstiftung Anwendung, ebenso § 311. § 310a enthält ein Gefährdungsdelikt.

a) Die Ausführungshandlung in allen Fällen der Brandstiftung besteht in dem Inbrandsetzen. Ein Gebäude oder ein anderer Gegenstand ist dann in Brand gesetzt, wenn das Feuer sie derart ergriffen hat, daß sie auch nach Entfernung des Zündstoffs weiter brennen. (RG. 71, 194.) Sind einzelne Holzteile, wie Türpfosten, Fensterrahmen usw. nur angekohlt, liegt noch kein vollendetes Inbrandsetzen vor, wohl aber ein Versuch der Brandstiftung. (RG. 64, 273.) Brandstiftung kann auch durch Unterlassen begangen werden, falls eine Rechtspflicht zum Handeln bestand; so hat z. B. der wegen Feuerschaden Versicherte die Rechtspflicht, gegen die Inbrandsetzung der versicherten Sache einzuschreiten. (Siehe „Einführende Vorbemerkungen zum Strafrecht" S. 1ff. Abschnitt B II 4b, S. 3.)

b) Zum Vorsatz des Brandstifters gehört nicht nur das Bewußtsein des Inbrandsetzens, sondern auch das Wissen, daß der Gegenstand der Brandstiftung die zum gesetzlichen Tatbestand erforderlichen Eigenschaften besitzt. (Tatumstände i. S. des § 59). Hält daher der Brandstifter z. B. ein Wohnhaus für eine Scheune, dann kann er nur wegen einfacher Brandstiftung nach § 308 bestraft werden.

c) Wer andere fremde Gegenstände als die in §§ 306, 308 genannten durch Feuer vorsätzlich zerstört oder beschädigt, kann nur wegen Sachbeschädigung nach §§ 303—305 bestraft werden.

d) Wer eine eigene nicht zu den in §§ 306, 308 genannten Gegenständen gehörende Sache durch Feuer zerstört, kann nur unter dem Gesichtspunkt des Versicherungsbetrugs (§ 265) strafrechtlich zur Verantwortung gezogen werden.

2. Die schwere Brandstiftung des § 306 hat nur bestimmte Gebäude und Räumlichkeiten zum Gegenstande, vor allem Gebäude, welche den Menschen zur Wohnung oder zum Aufenthalt dienen, ohne daß erforderlich ist, daß zur Zeit der Brandstiftung sich tatsächlich Menschen in der Räumlichkeit befinden. Im Gegensatz zu § 308 kommt es bei den in § 306 genannten Gebäuden usw. nicht darauf an, ob sie dem Täter gehören oder nicht.

a) Gebäude ist ein mit dem Erdboden in fester Verbindung stehendes unbewegliches Bauwerk. Es genügt, wenn die Verbindung mit dem Erdboden auch nur durch die eigene Schwere des Bauwerks hergestellt wird (vgl. im übrigen Erl. 2a zu § 243).

b) Nur Schiffe, welche so groß sind, daß Menschen darin wohnen können, kommen in Betracht; dazu gehören auch Flöße mit Wohnstätten.

c) Hütte ist ein unbedeutendes nur oberflächlich befestigtes Bauwerk.

d) Räumlichkeit ist ein abgeschlossener beweglicher oder unbeweglicher Raum; auch Eisenbahnen, Postautos sind Räumlichkeiten.

3. Wegen des sehr häufig mit Brandstiftung tateinheitlich zusammenfallenden Versicherungsbetrugs vgl. § 265 und die dortige Erläuterung 2a.

4. Wegen Polizeiaufsicht siehe § 325.

5. Siehe auch die Beispiele in Erl. 8 zu § 308.

Besonders schwere Brandstiftung.

§ 307. Die Brandstiftung (§ 306) wird mit Zuchthaus nicht unter zehn Jahren oder mit lebenslangem Zuchthaus bestraft, wenn

1. der Brand den Tod eines Menschen dadurch verursacht hat, daß dieser zur Zeit der Tat in einer der in Brand gesetzten Räumlichkeiten sich befand,
2. die Brandstiftung in der Absicht begangen worden ist, um unter Begünstigung derselben Mord oder Raub zu begehen oder einen Aufruhr zu erregen, oder
3. der Brandstifter, um das Löschen des Feuers zu verhindern oder zu erschweren, Löschgerätschaften entfernt oder unbrauchbar gemacht hat.

1. Diese Vorschrift behandelt die sogenannte besonders schwere Brandstiftung; sie enthält gegenüber dem Tatbestand des § 306 drei straferhöhende Umstände.

2. Der für die Praxis wichtigste straferhöhende Umstand ist die Verursachung des Todes eines Menschen. (Ziff. 1). Dabei ist zu beachten, daß der Getötete sich zur Zeit der Tat, d. h. schon zu Beginn der Inbrandsetzung in dem fraglichen Gebäude befunden haben muß (siehe im Gegensatz dazu § 309). Da es sich bei diesem Erschwerungsgrund um ein durch den Erfolg qualifiziertes Delikt handelt, darf die Todesfolge nicht vom Vorsatz des Täters umfaßt sein, andernfalls käme, in Tateinheit begangen, Mord bzw. Totschlag in Frage. (Siehe „Einführende Vorbemerkungen zum Strafrecht", S. 3, Abschnitt 3.)

3. Wegen Polizeiaufsicht siehe § 325.

4. Siehe auch die Beispiele in Erl. 8 zu § 308.

Einfache Brandstiftung.

§ 308. (1) Wegen Brandstiftung wird mit Zuchthaus bis zu zehn Jahren bestraft, wer vorsätzlich Gebäude, Schiffe, Hütten, Bergwerke, Magazine, Warenvorräte, welche auf dazu bestimmten öffentlichen Plätzen lagern, Vorräte von landwirtschaftlichen Erzeugnissen oder von Bau- oder Brennmaterialien, Früchte auf dem Felde, Waldungen oder Torfmoore in Brand setzt, wenn diese Gegenstände entweder fremdes Eigentum sind, oder zwar dem Brandstifter eigentümlich gehören, jedoch ihrer Beschaffenheit und Lage nach geeignet sind, das Feuer einer der im § 306 Nr. 1 bis 3 bezeichneten Räumlichkeiten oder einem der vorstehend bezeichneten fremden Gegenstände mitzuteilen.

(2) Sind mildernde Umstände vorhanden, so tritt Gefängnisstrafe nicht unter sechs Monaten ein.

1. Hier wird die einfache Brandstiftung behandelt. Das Inbrandsetzen der hier genannten Gegenstände ist stets strafbar, wenn sie in fremdem Eigentum stehen (unmittelbare Brandstiftung). Sind sie im Eigentum des Täters, oder herrenlos, dann ist ihre Inbrandsetzung nur strafbar, wenn dadurch eine Brandgefahr für eine der in § 306 genannten Räumlichkeiten, oder für eine der in § 308 aufgeführten Sachen hervorgerufen wird (mittelbare Brandstiftung).

2. Wegen der Begriffe Gebäude, Schiffe, Hütten siehe Erl. 2 zu § 306.

3. Bergwerke sind Bauten und Anstalten, um Erze, Kohlen oder anderes Gestein aus dem Berge zu gewinnen. Magazine sind Räumlichkeiten, die dazu bestimmt sind, erhebliche Vorräte an Waren oder sonstigen Gebrauchsgegenständen für längere Zeit aufzubewahren.

4. Bei den Warenvorräten, Vorräten von landwirtschaftlichen Erzeugnissen oder von Bau- oder Brennmaterialien muß es sich immer um größere Quantitäten dieser Waren handeln.

5. Früchte auf dem Felde sind alle landwirtschaftlichen Erzeugnisse vor der Aberntung.

6. Waldungen sind größere, mit eng zusammenstehenden Bäumen oder Büschen bewachsene Flächen.

7. Wegen Polizeiaufsicht siehe § 325, wegen Strafschärfung § 94.

8. Beispiele zu §§ 306—308.

a) Der Landwirt A steckt die Scheuer seines Nachbarn an: A hat sich dadurch, daß er ein im fremden Eigentum stehendes Gebäude vorsätzlich in Brand gesetzt hat, einer einfachen Brandstiftung im Sinne des § 308 schuldig gemacht. Der Tatbestand der schweren Brandstiftung des § 306 Nr. 2 kommt nicht in Betracht, da die Scheuer nicht zur Wohnung von Menschen dient.

b) Der Landwirt B setzt den unmittelbar an sein Wohngebäude angrenzenden Stall in Brand, um sich das für einen Neubau des Stalls erforderliche Geld von der Feuerversicherungsgesellschaft zu verschaffen: B hat sich einer einfachen Brandstiftung nach § 308 schuldig gemacht. Der Stall gehörte zwar ihm selbst; er war aber, weil er unmittelbar an das Wohngebäude angrenzte, seiner Lage nach geeignet, das Feuer einem der in § 306 Nr. 2 bezeichneten Räumlichkeiten, nämlich einem zur Wohnung von Menschen dienenden Gebäude mitzuteilen. Außerdem hat sich B eines Versicherungsbetrugs i. S. des § 265 schuldig gemacht. Da beide Straftaten im Sinne des § 73 zusammenfallen, ist die Strafe aus dem Strafrahmen des § 306 zu bilden.

c) Der von dem Landwirt C entlassene Knecht steckt aus Rache das Wohngebäude des C in Brand. Bei den Löscharbeiten verunglückt ein Feuerwehrmann tödlich: Es liegt schwere Brandstiftung i. S. des § 306 Nr. 2 vor. (Gebäude, welches zur Wohnung von Menschen dient.) Eine besonders schwere Brandstiftung im Sinne des § 307 Nr. 1 liegt nicht vor, da der Erschwerungsgrund des durch den Brand verursachten Todes eines Menschen voraussetzt, daß der Getötete zur Zeit der Tat, d. h. der Inbrandsetzung sich in der in Brand gesetzten Räumlichkeit befand.

Fahrlässige Brandstiftung.

§ 309. Wer durch Fahrlässigkeit einen Brand der in den §§ 306 und 308 bezeichneten Art herbeiführt, wird mit Gefängnis und mit Geldstrafe oder mit einer dieser Strafen bestraft; ist durch den Brand der Tod eines Menschen verursacht worden, so beträgt die Gefängnisstrafe mindestens einen Monat.

1. Fahrlässige Brandstiftung liegt vor, wenn der Täter bei gehöriger Aufmerksamkeit und Vorsicht den Brand der in §§ 306 und 308 bezeichneten Sachen als erfahrungsmäßige Folge leichtfertigen Verhaltens voraussehen konnte.

2. Fahrlässiges Inbrandsetzen eines Gebäudes liegt nur vor, wenn Gebäudeteile (nicht also nur Möbel, Vorhänge eines Zimmers) schon so in Brand geraten waren, daß sie auch nach Entfernung des Zündstoffes selbständig und allein weitergebrannt hätten. Dies ist bei den häufig zur Anzeige gelangenden Zimmerbränden zu beachten.

3. Der Erschwerungsgrund der Verursachung des Todes eines Menschen liegt auch dann vor, wenn ein Mensch beim Löschen oder Retten tödlich verunglückt ist, da im Gegensatz zu dem Erschwerungsgrund des § 307 Nr. 1 (siehe Erl. 2 zu § 307) nicht erforderlich ist, daß sich der Getötete zur Zeit der Inbrandsetzung in dem fraglichen Raume aufgehalten hat. (Siehe auch § 56.)

Tätige Reue.

§ 310. Hat der Täter den Brand, bevor derselbe entdeckt und ein weiterer als der durch die bloße Inbrandsetzung bewirkte Schaden entstanden war, wieder gelöscht, so wird er nicht wegen Brandstiftung bestraft.

1. Während tätige Reue regelmäßig nur bei einer versuchten Straftat in Frage kommt (siehe § 46 Nr. 2), hat der Gesetzgeber diesen Strafaufhebungsgrund bei der Brandstiftung auch gegenüber der vollendeten Tat zugelassen. § 310 gilt sowohl für die vorsätzliche als auch für die fahrlässige Brandstiftung.

2. Erste Voraussetzung für die Straflosigkeit ist, daß der Brand noch nicht entdeckt war. Entdeckt ist der Brand, wenn ein unbeteiligter Dritter ihn wahrgenommen hat, bevor dem Täter oder einer herbeigerufenen Hilfsperson die Löschung des Brandes geglückt ist.

3. Ein „weiterer Schaden" als der durch die bloße Inbrandsetzung bewirkte ist entstanden, wenn das Feuer sich bereits räumlich weiter verbreitet hat, als auf den Ort, wo es unmittelbar angelegt wurde.

4. Die tätige Reue hat lediglich die Wirkung, daß der Täter nicht wegen Brandstiftung bestraft werden kann. Dagegen bleibt die Möglichkeit unberührt, daß Bestrafung wegen Versicherungsbetrug oder Sachbeschädigung erfolgt.

Herbeiführung einer Brandgefahr.

§ 310a. Wer

1. feuergefährdete Betriebe und Anlagen, insbesondere solche, in denen explosive Stoffe, brennbare Flüssigkeiten oder brennbare Gase hergestellt oder gewonnen werden oder sich befinden, sowie Anlagen oder Betriebe der Land- oder Ernährungswirtschaft, in denen sich Getreide, Futter oder Streumittel, Heu, Stroh, Hanf, Flachs oder andere land- oder ernährungswirtschaftliche Erzeugnisse befinden,

2. Wald-, Heide- oder Moorflächen, bestellte Felder oder Felder, auf denen Getreide, Heu oder Stroh lagert, durch Rauchen, durch Verwenden von offenem Feuer oder Licht oder deren ungenügende Beaufsichtigung, durch Wegwerfen brennender oder glimmender Gegenstände oder in sonstiger Weise vorsätzlich oder fahrlässig in Brandgefahr bringt,

wird mit Gefängnis und mit Geldstrafe oder mit einer dieser Strafen bestraft.

1. Die Neufassung des durch Gesetz v. 28. 6. 1935 eingefügten § 310a beruht auf § 6 des Gesetzes zur Änderung des Strafgesetzbuchs vom 4. September 1941.

2. Der frühere § 310a galt nur dem Schutze von Wald, Heide und Moor. Nunmehr sind darüber hinaus alle Betriebe, Anlagen und Vorräte, die ihrer Natur nach feuergefährdet sind, geschützt.

3. Als „feuergefährdete Betriebe" kommen nicht nur Werke in Betracht, die explosive Stoffe herstellen, sondern auch Theater, insbesondere Lichtspieltheater.

4. Erforderlich ist, daß durch das unsachgemäße Verhalten, insbesondere Rauchen, eine konkrete Gefährdung eintritt. Ist dies nicht der Fall, dann kommen vor allem folgende einschlägigen Vorschriften in Betracht: VO. zur Verhütung und Bekämpfung von Waldbränden vom 18. Juni 1937 (RGBl. I, 721), VO. zum Schutze der Wälder usw. vom 25. Juni 1938 (RGBl. I, 700), Polizei-VO. über das Rauchverbot in feuergefährlichen gewerblichen Betrieben vom 23. Mai 1940 (RGBl. I, 814).

5. Für den inneren Tatbestand genügt Vorsatz oder Fahrlässigkeit.

6. Ist ein Brand bereits entstanden, das geschützte Rechtsgut also verletzt, dann scheidet § 310a aus und es kommen §§ 306ff. in Frage.

Zerstörung durch explodierende Stoffe.

§ 311. Die gänzliche oder teilweise Zerstörung einer Sache durch Gebrauch von Pulver oder anderen explodierenden Stoffen ist der Inbrandsetzung der Sache gleich zu achten.

1. Hier wird festgestellt, daß wegen vorsätzlicher oder fahrlässiger Brandstiftung auch der bestraft wird, welcher durch Anwendung von Explosivstoffen die gänzliche oder teilweise Zerstörung einer der in den §§ 306, 308 aufgezählten Sachen verursacht hat.

2. Wegen Polizeiaufsicht siehe § 325, wegen Strafschärfung § 94.

3. Vgl. auch §§ 1ff. des Sprengstoffgesetzes v. 9. Juni 1884 (RGBl. S. 61).

Herbeiführung einer Überschwemmung.

§ 312. Wer mit gemeiner Gefahr für Menschenleben vorsätzlich eine Überschwemmung herbeiführt, wird mit Zuchthaus nicht unter drei Jahren und, wenn durch die Überschwemmung der Tod eines Menschen verursacht worden ist, mit Zuchthaus nicht unter zehn Jahren oder mit lebenslangem Zuchthaus bestraft.

1. Die §§ 312 und 313 bedrohen die vorsätzliche, der § 314 die fahrlässige Herbeiführung einer Überschwemmung mit gemeiner Gefahr in § 312 für Menschenleben, in § 313 für Eigentum, in § 314 für Leben oder Eigentum durch Fahrlässigkeit.

2. Überschwemmung ist nicht jedes Unterwassersetzen eines Grundstücks, etwa durch zeitweises Öffnen einer Schleuse — darin kann vielleicht der Tatbestand der Sachbeschädigung gefunden werden — sondern nur die Überflutung beträchtlicher Flächen von Grund und Boden oder eines Bergwerks durch Loslassen des Wassers als Naturkraft, sei es aus Flüssen, sei es aus Seen.

Auch die Vergrößerung einer schon vorhandenen Überschwemmung fällt hierunter.

3. Aber nicht immer wird die Verursachung einer Überschwemmung nach den §§ 312—314 bestraft, sondern nur, wenn sie mit „gemeiner Gefahr" herbeigeführt wird, d. h. so, daß sie unbestimmt welche und wieviele Personen oder Sachen, also die Öffentlichkeit gefährdet, während der Täter die Beschränkung der Gefahr nicht mehr in der Hand hat.

4. Vorsätzlich hat der Täter die Überschwemmung herbeigeführt, wenn er die Überflutung wollte und sich bewußt war, daß dabei gemeine Gefahr entstehe.

5. Erschwert ist die in § 312 bedrohte Herbeiführung einer Überschwemmung, wenn durch die Überschwemmung ein Mensch den Tod erleidet, sei es auch, daß er nur bei Rettungsarbeiten verunglückt.

6. Wegen Polizeiaufsicht siehe § 325.

§ 313. (1) Wer mit gemeiner Gefahr für das Eigentum vorsätzlich eine Überschwemmung herbeiführt, wird mit Zuchthaus bestraft.

(2) Ist jedoch die Absicht des Täters nur auf Schutz seines Eigentums gerichtet gewesen, so ist auf Gefängnis nicht unter einem Jahre zu erkennen.

1. Hier wird die sachengefährdende Überschwemmung behandelt. Sie wird milder als die menschengefährdende Überschwemmung des § 312 bestraft.

2. Nach Absatz 2 tritt eine Strafmilderung ein, wenn die Absicht des Täters nur auf Schutz seines Eigentums gerichtet war.

3. Wegen Polizeiaufsicht siehe § 325.

Fahrlässige Überschwemmung.

§ 314. Wer eine Überschwemmung mit gemeiner Gefahr für Leben oder Eigentum durch Fahrlässigkeit herbeiführt, wird mit Gefängnis bis zu einem Jahre und, wenn durch die Überschwemmung der Tod eines Menschen verursacht worden ist, mit Gefängnis nicht unter einem Monat bestraft.

1. Über die Begriffe Überschwemmung, gemeine Gefahr, Eigentum vgl. die Erl. zu § 312.

2. Durch Fahrlässigkeit führt der Täter die Überschwemmung herbei, wenn er bei gehöriger Aufmerksamkeit und Vorsicht den Eintritt der Überschwemmung als erfahrungsmäßige Folge seines Handelns voraussehen konnte.

3. Wird der Tod eines Menschen verursacht, dann kann Tateinheit mit fahrlässiger Tötung (§ 222) in Frage kommen.

Transportgefährdung.

§ 315. (1) Wer die Sicherheit des Betriebes einer Schienenbahn auf besonderem Bahnkörper oder Schwebebahn, der Schiffahrt oder der Luftfahrt durch Beschädigen, Zerstören oder Beseitigen von Anlagen oder Beförderungsmitteln, durch Bereiten von Hindernissen, durch falsche Zeichen oder Signale oder durch ähnliche Eingriffe oder durch eine an Gefährlichkeit einem solchen Eingriff gleichkommende pflichtwidrige Unterlassung beeinträchtigt und dadurch eine Gemeingefahr herbeiführt, wird mit Zuchthaus bis zu zehn Jahren bestraft. In besonders schweren Fällen ist auf Zuchthaus nicht unter fünf Jahren oder auf lebenslanges Zuchthaus zu erkennen.

(2) In minder schweren Fällen kann auf Gefängnis nicht unter drei Monaten erkannt werden.

(3) Gemeingefahr bedeutet eine Gefahr für Leib oder Leben, sei es auch nur eines einzelnen Menschen, oder für bedeutende Sachwerte, die in fremdem Eigentum stehen oder deren Vernichtung gegen das Gemeinwohl verstößt.

1. Voraussetzung für die hier behandelte Transportgefährdung ist, daß sie eine Gemeingefahr (siehe Erl. 4) herbeiführt. Eine Transportgefährdung ohne diese Folge ist nach § 316b strafbar, wo außerdem Post, öffentliche Versorgungswerke und die der öffentlichen Ordnung und Sicherheit dienenden Einrichtungen gegen Sabotagehandlungen geschützt werden, die vor Inkrafttreten des § 316b nur unter dem Gesichtspunkt der Sachbeschädigung oder des Diebstahls strafrechtlichen Schutz genossen.

2. Die Neufassung des § 315 durch das Gesetz zum Schutz des Straßenverkehrs vom 19. 12. 1952 hat die Unterscheidung zwischen Eisenbahn und Straßenbahn (für die Gefährdung der letzteren war in Absatz 2 des alten § 315 eine Strafmilderung vorgesehen) beseitigt und schützt nunmehr in Abs. 1 ganz allgemein „Schienenbahnen auf besonderem Bahnkörper", während eine Schienenbahn innerhalb des Verkehrsraumes einer öffentlichen Straße, also vor allem die Straßenbahnen innerhalb einer Stadt in § 315a geschützt werden.

3. Die Ausführungshandlung besteht in der Beeinträchtigung der Sicherheit des Betriebs. Das strafbare Verhalten kann im einzelnen durch folgende Tätigkeitsakte verwirklicht werden:

a) Durch Beschädigen, Zerstören oder Beseitigen von Anlagen oder Beförderungsmitteln. Anlagen sind Gleise, Brücken, Bahndämme, Tunnels, Leuchttürme usw., Beförderungsmittel sind Waggons, Lokomotiven, Schiffe, Flugzeuge usw.;

b) durch Bereiten von Hindernissen, z. B. von Aufstellen, Hinlegen oder Hinwerfen von Gegenständen, insbesondere auf die Schienen, durch Loslösen oder Verrücken der Schienen;

c) durch falsche Zeichen oder Signale oder ähnliche Eingriffe; zu letzteren gehört z. B. das Inbewegungsetzen von gebremsten Wagen oder das Bewerfen des Zugpersonals mit Steinen;

d) durch eine an Gefährlichkeit einem solchen Eingriff gleichkommende Unterlassung.

4. Durch das gekennzeichnete Verhalten muß eine Gemeingefahr herbeigeführt werden. Was hierunter zu verstehen ist, hat das Gesetz in Abs. 3 festgelegt.

5. Zum inneren Tatbestand (Vorsatz) gehört das Bewußtsein des Täters, die Betriebssicherheit zu beeinträchtigen und hierdurch eine Gemeingefahr herbeizuführen.

6. Wegen Polizeiaufsicht siehe § 325, wegen Strafschärfung bei staatsgefährdender Absicht siehe § 94.

Straßenverkehrsgefährdung.

§ 315 a. (1) Wer die Sicherheit des Straßenverkehrs dadurch beeinträchtigt, daß er

1. Anlagen oder Beförderungsmittel beschädigt, zerstört oder beseitigt, Hindernisse bereitet oder einen ähnlichen Eingriff vornimmt,
2. ein Fahrzeug führt, obwohl er infolge des Genusses geistiger Getränke oder anderer berauschender Mittel nicht in der Lage ist, das Fahrzeug sicher zu führen,
3. ein Fahrzeug führt, obwohl er infolge geistiger oder körperlicher Mängel sich nicht sicher im Verkehr bewegen kann und keine Vorsorge getroffen ist, daß er andere nicht gefährdet, oder
4. in grob verkehrswidriger und rücksichtsloser Weise die Vorfahrt nicht beachtet, falsch überholt oder an unübersichtlichen Stellen, an Straßenkreuzungen oder -einmündungen zu schnell fährt

und dadurch eine Gemeingefahr (§ 315 Abs. 3) herbeiführt, wird mit Gefängnis bestraft.

(2) In den Fällen des Absatzes 1 Nummern 1 bis 3 ist der Versuch strafbar.

(3) In besonders schweren Fällen des Absatzes 1 Nummer 1 kann auf Zuchthaus bis zu zehn Jahren erkannt werden.

1. Zu Abs. 1 Nr. 1: Wie schon in Erl. 2 zu § 315 erwähnt wurde, fallen unter „Anlagen" auch die Schienenanlagen der Straßenbahnen.

2. Zu Abs. 1 Nr. 2 und 3: Siehe hierzu § 2 der Straßenverkehrs-Zulassungs-Ordnung in der Fassung vom 24. 8. 1953 (BGBl. 1953, S. 1166). (Siehe Anhang 2, Abschnitt B S. 356.)

3. Zu Abs. 1 Nr. 4: Siehe hierzu Straßenverkehrs-Ordnung in der Fassung vom 24. August 1953 § 9 (Fahrgeschwindigkeit), § 10 (Ausweichen und Überholen), § 13 (Vorfahrt). (Siehe auch Anhang 2, Abschnitt C, S. 357.)

Fahrlässige Transportgefährdung.

§ 316. (1) Wer fahrlässig eine der im § 315 bezeichneten Taten begeht, wird mit Gefängnis bestraft.

(2) Wer fahrlässig eine der im § 315a bezeichneten Taten begeht, wird mit Gefängnis bis zu zwei Jahren oder mit Geldstrafe bestraft.

1. In beiden Fällen (§§ 315 und 315a) muß die Fahrlässigkeit die Herbeiführung der Gemeingefahr betreffen.

2. § 316 kommt in der Praxis besonders häufig bei Zusammenstößen von Fuhrwerken oder Autos mit Straßenbahnen oder beim Überqueren gesicherter oder ungesicherter Bahnübergänge durch Fahrzeuge in Frage.

Autofalle.

§ 316 a. (1) Wer zur Begehung von Raub oder räuberischer Erpressung (§ 255) einen Angriff auf Leib, Leben oder Entschlußfreiheit des Führers eines Kraftfahrzeugs oder eines Mitfahrers unter Ausnutzung der besonderen Verhältnisse des Straßenverkehrs unternimmt, wird mit Zuchthaus nicht unter fünf Jahren, in besonders schweren Fällen mit lebenslangem Zuchthaus bestraft.

(2) Das Gericht kann die in Absatz 1 angedrohte Mindeststrafe unterschreiten, auf Gefängnis erkennen oder von einer Bestrafung nach dieser Vorschrift absehen, wenn der Täter aus freien Stücken seine Tätigkeit aufgibt und den Erfolg abwendet. Unterbleibt der Erfolg ohne Zutun des Täters, so genügt sein ernstliches Bemühen, den Erfolg abzuwenden.

1. Diese Vorschrift ist an die Stelle des durch Besatzungsrecht aufgehobenen Autofallengesetzes vom 22. 6. 1938 getreten.

2. Die Ausführungshandlung besteht in dem Unternehmen eines Angriffs, das gemäß § 87 auch den versuchten Angriff als vollendete Tat erfaßt.

3. Abs. 2 betrifft tätige Reue (siehe § 82).

Störung eines lebenswichtigen Betriebs.

§ 316 b. (1) Wer vorsätzlich den Betrieb

1. einer Eisenbahn, der Post oder dem öffentlichen Verkehr dienender Unternehmen oder Anlagen,

2. einer der öffentlichen Versorgung mit Wasser, Licht, Wärme oder Kraft dienenden Anlage oder eines für die Versorgung der Bevölkerung lebenswichtigen Unternehmens oder
3. einer der öffentlichen Ordnung oder Sicherheit dienenden Einrichtung oder Anlage

dadurch verhindert oder stört, daß er eine dem Betrieb dienende Sache zerstört, beschädigt, beseitigt, verändert oder unbrauchbar macht oder die für den Betrieb bestimmte elektrische Kraft entzieht, wird mit Gefängnis bestraft.

(2) Der Versuch ist strafbar.

(3) In besonders schweren Fällen kann auf Zuchthaus bis zu fünf Jahren erkannt werden.

1. Die §§ 316b, 317 betreffen die Lahmlegung lebenswichtiger Betriebe durch Sabotagehandlungen. Sie wurden eingefügt durch das Strafrechtsänderungsgesetz v. 30. 8. 1951. (Siehe § 90 Erl. 2.)

2. § 316b schützt die Betriebe der Eisenbahn, der Post und der öffentlichen Verkehrsunternehmen (Straßenbahnen, Schiffahrt- und Luftfahrtunternehmen), die Versorgungsanlagen sowie die der öffentlichen Ordnung oder Sicherheit dienenden Einrichtungen.

3. Wird die Tat in staatsgefährdender Absicht begangen, ohne daß § 90 vorliegt, dann greift § 94 Platz.

4. Beispiel: Siehe Erl. 7a zu § 304.

Verhinderung von Fernmeldeanlagen.

§ 317. (1) Wer vorsätzlich den Betrieb einer öffentlichen Zwecken dienenden Fernmeldeanlage dadurch verhindert oder gefährdet, daß er eine dem Betrieb dienende Sache zerstört, beschädigt, beseitigt, verändert oder unbrauchbar macht oder die für den Betrieb bestimmte elektrische Kraft entzieht, wird mit Gefängnis bestraft.

(2) Der Versuch ist strafbar.

(3) In besonders schweren Fällen kann auf Zuchthaus bis zu fünf Jahren erkannt werden.

(4) Wer die Tat fahrlässig begeht, wird mit Gefängnis bis zu einem Jahr oder mit Geldstrafe bestraft.

1. Diese Bestimmung dient dem Schutz der Fernmeldeanlagen, d. h. der Telegrafenanlagen, Fernsprechanlagen und Funkanlagen.

2. Wird die Tat in staatsgefährdender Absicht begangen, ohne daß § 90 vorliegt, dann greift § 94 Platz.

3. Beispiel: Siehe Erl. 7b zu § 304.

§§ 318, 318a. Aufgehoben durch das Strafrechtsänderungsgesetz vom 30. 8. 1951.

§§ 319, 320. Aufgehoben durch Gesetz vom 28. Juni 1935.

Beschädigung von Wasserbauten usw.

§ 321. (1) Wer vorsätzlich Wasserleitungen, Schleusen, Wehre, Deiche, Dämme oder andere Wasserbauten, oder Brücken, Fähren, Wege oder Schutzwehre, oder dem Bergwerksbetrieb dienende Vorrichtungen zur Wasserhaltung, zur Wetterführung oder zum Ein- und Ausfahren der Arbeiter zerstört oder beschädigt, und durch eine dieser Handlungen Gefahr für das Leben oder die Gesundheit anderer herbeiführt, wird mit Gefängnis nicht unter drei Monaten bestraft.

(2) Ist durch eine dieser Handlungen eine schwere Körperverletzung verursacht worden, so tritt Zuchthausstrafe bis zu fünf Jahren und, wenn der Tod eines Menschen verursacht worden ist, Zuchthausstrafe nicht unter fünf Jahren ein.

1. Die §§ 321, 324 wenden sich gegen Gefährdung des Lebens oder der Gesundheit von Menschen durch Beeinträchtigung von Wasserbauten, Brücken, Fähren, Wegen, Schutzwehren und Bergwerksanlagen (§ 321), von Brunnen und Wasserbehältern sowie durch Verkauf gefährlicher Gegenstände (§ 324), sofern die Handlung vorsätzlich begangen ist. In § 326 werden dann die gleichen Handlungen, auch wenn sie nur fahrlässig begangen sind, aber nur dann mit Strafe bedroht, wenn durch die Handlung ein Schaden oder der Tod eines Menschen verursacht worden ist.

2. Die Ausführungshandlung besteht in dem Beschädigen oder Zerstören mit der Folge, daß eine Gefahr für das Leben oder die Gesundheit anderer herbeigeführt wird.

3. Abs. 2 enthält eine erhöhte Strafdrohung, falls durch die Handlung des Täters eine schwere Körperverletzung oder der Tod eines Menschen herbeigeführt wurde. (Siehe § 56.)

4. Wegen Polizeiaufsicht siehe § 325, wegen Strafschärfung § 94.

§§ 322, 323 sind durch Gesetz vom 28. Juni 1935 gestrichen.

Brunnenvergiftung.

§ 324. Wer vorsätzlich Brunnen- oder Wasserbehälter, welche zum Gebrauche anderer dienen, oder Gegenstände, welche zum öffentlichen Verkaufe oder Verbrauche bestimmt sind, vergiftet oder denselben Stoffe beimischt, von denen ihm bekannt ist, daß sie die menschliche Gesundheit zu zerstören geeignet sind, ingleichen wer solche vergiftete oder mit gefährlichen Stoffen vermischte Sachen wissentlich und mit Verschweigung dieser Eigenschaft verkauft, feilhält oder sonst in Verkehr bringt, wird mit Zuchthaus bis zu zehn Jahren und, wenn durch die Handlung der Tod eines Menschen verursacht worden ist, mit Zuchthaus nicht unter zehn Jahren oder mit lebenslangem Zuchthaus bestraft.

1. Diese Gesetzesstelle behandelt zwei Gefährdungsdelikte: Die gemeingefährliche Vergiftung und das Inverkehrbringen vergifteter Sachen.

2. Die gemeingefährliche Vergiftung besteht darin, daß Brunnen oder Wasserbehälter (namentlich Wasserleitungen, die zum menschlichen Gebrauch bestimmt sind, also nicht z. B. Wasserbehälter für Viehtränken) vergiftet werden, oder Gegenstände, welche zum öffentlichen Verkauf oder Verbrauch bestimmt sind. Zu den letzteren gehören nicht nur Nahrungs- und Genußmittel, Medikamente oder ähnliches, sondern auch Kleider, Spielsachen usw. Dem Vergiften steht gleich das Beimischen von Stoffen, welche die menschliche Gesundheit zu zerstören geeignet sind.

3. Den zweiten Tatbestand des § 324 bildet das Inverkehrbringen der vergifteten Sachen, insbesondere das Verkaufen oder Feilhalten. Zusammentreffen mit §§ 11, 12 des Lebensmittelgesetzes ist möglich.

4. Eine erhöhte Strafe für beide Fälle ist angedroht, wenn durch die Handlung der Tod eines Menschen eintritt. Ist der Tod beabsichtigt, dann ist Idealkonkurrenz mit Mord, bzw. Totschlag möglich. (Siehe § 56.)

5. Wegen Fahrlässigkeit vgl. § 326, wegen Polizeiaufsicht § 325, wegen Strafschärfung § 94.

Polizeiaufsicht.

§ 325. Neben der nach den Vorschriften der §§ 306 bis 308, 311 bis 313, 315, 321 nnd 324 erkannten Zuchthausstrafe kann auf Zulässigkeit von Polizeiaufsicht erkannt werden.

Fahrlässige Begehung.

§ 326. Ist eine der in den §§ 321 bis 324 bezeichneten Handlungen aus Fahrlässigkeit begangen worden, so ist, wenn durch die Handlung ein Schaden verursacht worden ist, auf Gefängnis bis zu einem Jahre und, wenn der Tod eines Menschen verursacht worden ist, auf Gefängnis nicht unter einem Monat zu erkennen.

Vgl. hierzu die Erl. 1 zu § 321.

Verletzung von Absperrungsmaßregeln gegen ansteckende Krankheiten.

§ 327. (1) Wer die Absperrungs- oder Aufsichts-Maßregeln oder Einfuhrverbote, welche von der zuständigen Behörde zur Verhütung des Einführens oder Verbreitens einer ansteckenden Krankheit angeordnet worden sind, wissentlich verletzt, wird mit Gefängnis bis zu zwei Jahren oder mit Geldstrafe bestraft.

(2) Ist infolge dieser Verletzung ein Mensch von der ansteckenden Krankheit ergriffen worden, so tritt Gefängnisstrafe von drei Monaten bis zu drei Jahren ein.

1. Die §§ 327 und 328 bedrohen die wissentliche Nichtbeachtung sanitätspolizeilicher Maßregeln gegen Verbreitung von Seuchen; § 327 wendet sich gegen eine solche Nichtbeachtung von ansteckenden Krankheiten, welche Menschen befallen, § 328 gegen eine Nichtbeachtung von Viehseuchenvorschriften. Es handelt sich bei § 327 um ein sog. Blankettstrafgesetz, das durch Anordnungen der zuständigen Behörden ergänzt wird, wie z. B. VO. zur Bekämpfung über-

tragbarer Krankheiten vom 1. 12. 1938 (RGBl. I, 1721), in der ausdrücklich bestimmt ist, daß Zuwiderhandlungen gegen diese Anordnungen nach § 327 bestraft werden. Im übrigen kommen als Ergänzungen zu § 327 die von den Ortspolizeibehörden innerhalb ihrer Zuständigkeit erlassenen Vorschriften in Frage.

2. Nur wissentliche Verletzung der erwähnten Vorschriften, d. h. vorsätzliche Zuwiderhandlung mit dem Bewußtsein, gegen die behördliche Anordnung zu handeln, wird nach den §§ 327, 328 bestraft, bloße fahrlässige Zuwiderhandlung kann aber nach den Spezialgesetzen einer Strafe unterliegen. Siehe unten Erl. 4 sowie Erl. 2 zu § 328.

3. Unter „ansteckenden Krankheiten" im Sinne von § 327 sind nur Menschenkrankheiten gemeint. Aber darunter fallen auch Viehseuchen, die auf Menschen übergehen wie z. B. Tollwut der Hunde, die Trichinenkrankheit der Schweine.

4. Hierher einschlagende Reichsgesetze, die als Spezialgesetze dem § 327 vorgehen, sind:

Reichsgesetz v. 30. Juni 1900, betr. die Bekämpfung gemeingefährlicher Krankheiten (RGBl. 1900 S. 306), gegen Aussatz (Lepra), Cholera, Fleckfieber (Flecktyphus), Gelbfieber, orientalische Beulenpest, Pocken (Blattern): Anzeigepflicht;

Gesetz zur Bekämpfung der Papageienkrankheit und anderer übertragbarer Krankheiten v. 3. Juli 1934 (RGBl. S. 532), letztmals geändert durch VO. vom 27. 3. 1952 (BGBl. I, S. 230).

5. Das Gesetz zur Bekämpfung der Geschlechtskrankheiten vom 23. Juli 1953 (BGBl. I 1953, S. 700) ist an die Stelle des Reichsgesetzes vom 18. Februar 1927 getreten. (Siehe auch DurchfVO. v. 28. 12. 1954, BGBl. I 1954, S. 523.)

Auszug:

§ 1. Geschlechtskrankheiten im Sinne dieses Gesetzes sind

1. Syphilis (Lues),
2. Tripper (Gonorrhoe),
3. Weicher Schanker (Ulcus molle),
4. Venerische Lymphknotenentzündung (Lymphogranulomatosis inguinalis Nicolas u. Favre)

ohne Rücksicht darauf, an welchen Körperteilen die Krankheitserscheinungen auftreten.

§ 2. (1) Die Bekämpfung der Geschlechtskrankheiten umfaßt Maßnahmen zur Verhütung, Feststellung, Erkennung und Heilung der Erkrankung sowie die vorbeugende und nachgehende Gesundheitsfürsorge. Zu diesem Zweck werden die Grundrechte auf körperliche Unversehrtheit (Artikel 2 Abs. 2 Satz 1 des Grundgesetzes) und auf Freiheit der Person (Artikel 2 Abs. 2 Satz 2 des Grundgesetzes) eingeschränkt.

(2) Die Durchführung dieser Aufgabe obliegt den Gesundheitsämtern. Die gesetzlichen Aufgaben der Fürsorgeverbände und der Jugendämter werden hierdurch nicht berührt.

§ 6. (1) Wer an einer Geschlechtskrankheit leidet, hat sich des Geschlechtsverkehrs zu enthalten. Dies gilt nicht, wenn die Krankheit nach dem Urteil des behandelnden Arztes nicht mehr übertragbar ist.

(2) Wer geschlechtskrank ist oder zu irgendeiner Zeit an Syphilis gelitten hat, ist verpflichtet, sich unmittelbar vor Bestellung des Aufgebots zur Eheschließung von einem in Deutschland bestallten oder zugelassenen Arzt oder in einer Beratungsstelle daraufhin untersuchen zu lassen, ob er gleichwohl die Ehe unbedenklich eingehen kann. Bestehen keine Bedenken, so ist ihm hierüber ein Zeugnis auszustellen. Kann das Zeugnis der Unbedenklichkeit nicht erteilt werden, so ist er verpflichtet, vor Eingehung der Ehe dem anderen Teil über seine Krankheit Mitteilung zu machen. Die Verpflichtung nach Absatz 1 bleibt unberührt.

(3) Wer gegen die Vorschriften der Absätze 1 oder 2 verstößt, obwohl er seine Erkrankung kennt oder den Umständen nach kennen muß, wird mit Gefängnis bis zu drei Jahren und mit Geldstrafe oder mit einer dieser Strafen bestraft, soweit nicht in anderen Vorschriften eine schwerere Strafe angedroht ist.

(4) Die Verfolgung tritt nur auf Antrag ein. Ist der Verletzte der Ehegatte, so kann er den Antrag zurücknehmen.

(5) Die Strafverfolgung verjährt in einem Jahr.

§ 7. (1) Eine Frau, die geschlechtskrank ist, darf kein fremdes Kind stillen und ihre Milch nicht abgeben.

(2) Wer für die Pflege eines Kindes zu sorgen hat, das an Tripper (Gonorrhoe) erkrankt ist, darf das Kind von einer anderen Person als der Mutter nur dann stillen lassen, wenn er sie zuvor durch einen Arzt nach den Vorschriften des § 11 Abs. 1 über die Krankheit des Kindes und die gebotenen Vorsichtsmaßnahmen hat unterweisen lassen. Ist das Kind an Syphilis erkrankt, so darf es nur durch die Mutter gestillt werden.

(3) Wer ein geschlechtskrankes Kind in Pflege gibt, muß den Pflegeeltern vor Beginn der Pflege von der Krankheit des Kindes Mitteilung machen.

(4) Wer an einer Geschlechtskrankheit leidet oder zu irgendeiner Zeit an Syphilis gelitten hat, darf kein Blut spenden.

(5) Wer gegen die Vorschriften der Absätze 1 bis 4 verstößt, obwohl er die Erkrankung kennt oder den Umständen nach kennen muß, wird mit Gefängnis bis zu einem Jahr und mit Geldstrafe oder mit einer dieser Strafen bestraft, soweit nicht in anderen Vorschriften eine schwerere Strafe angedroht ist.

§ 9. (1) Die Untersuchung auf Geschlechtskrankheiten und Krankheiten oder Leiden der Geschlechtsorgane sowie ihre Behandlung ist nur den in Deutschland bestallten oder zugelassenen Ärzten gestattet.

(2) Verboten ist:

1. Geschlechtskrankheiten anders als auf Grund eigener Untersuchungen zu behandeln (Fernbehandlung);
2. in Vorträgen, Schriften, Rundbriefen, Abbildungen oder Darstellungen sowie durch Rundfunk oder Film Ratschläge zur Selbstbehandlung zu erteilen;
3. sich zu einer Behandlung von Geschlechtskrankheiten und Krankheiten oder Leiden der Geschlechtsorgane durch Vorträge, Verbreitung von Schriften, Briefen, Abbildungen oder Darstellungen sowie durch Rundfunk oder Film, wenn auch in verschleierter Weise, zu erbieten, soweit es sich dabei nicht um den üblichen Hinweis eines Arztes auf die Ausübung seines Berufes handelt.

(3) Erlaubt sind Vorträge, Verbreitung von Schriften, Briefen oder Abbildungen, Filme und Darstellungen, die der Aufklärung und Belehrung über Geschlechtskrankheiten, insbesondere über deren Erscheinungsformen, dienen, soweit sie nicht in Widerspruch zu Absatz 2 Nummern 2 und 3 stehen.

(4) Wer Geschlechtskranke oder Personen, die von Krankheiten oder Leiden der Geschlechtsorgane befallen sind, behandelt, ohne nach Absatz 1 hierzu berechtigt zu sein, oder wer gegen ein Verbot des Absatzes 2 verstößt, wird mit Gefängnis bis zu zwei Jahren und mit Geldstrafe oder mit einer dieser Strafen bestraft.

§ 10. (1) Jeder Arzt, der die Untersuchung oder Behandlung eines Geschlechtskranken oder eines einer Geschlechtskrankheit Verdächtigen übernimmt, hat die Untersuchung oder Behandlung nach den Grundsätzen der wissenschaftlichen Erkenntnis durchzuführen. Er muß über diese Behandlung genaue Aufzeichnungen machen.

(2) Lehnt ein Arzt die Übernahme der Untersuchung oder Behandlung ab, so hat er den Geschlechtskranken oder Krankheitsverdächtigen unverzüglich einem anderen Arzt zu überweisen. Der Kranke ist verpflichtet, dem überweisenden Arzt den Nachweis zu erbringen, daß er sich in Behandlung befindet. Ist der Nachweis binnen einer Woche nicht erbracht, so hat der überweisende Arzt Meldung nach § 12 zu erstatten.

§ 12. (1) Ein Geschlechtskranker ist von dem behandelnden Arzt namentlich dem Gesundheitsamt zu melden, wenn der Kranke

1. sich weigert, die vom Arzt verordnete Behandlung zu beginnen oder fortzusetzen, sie ohne triftigen Grund unterbricht oder sich der vom Arzt verordneten Nachuntersuchung entzieht;
2. nach der Überzeugung des Arztes durch seine Lebensweise oder seine allgemeinen Lebensumstände eine ernste Gefahr der Übertragung auf andere bildet;
3. offensichtlich falsche Angaben über die Ansteckungsquelle oder über die durch ihn gefährdeten Personen macht oder
4. das 18. Lebensjahr noch nicht vollendet hat und sittlich gefährdet erscheint, es sei denn, daß der Arzt nach Beratung mit den Eltern, Erziehungsberechtigten oder dem gesetzlichen Vertreter die Überzeugung gewonnen hat, daß diese die Gewähr für eine ordnungsgemäße Behandlung und Betreuung des Jugendlichen übernehmen.

(2) Über den Stand der Behandlung von Geschlechtskranken, die der namentlichen Meldepflicht unterliegen oder als Ansteckungsquelle gemeldet sind, kann das Gesundheitsamt Auskunft von dem behandelnden Arzt verlangen.

§ 16. (1) Wer unbefugt ein fremdes Geheimnis offenbart, das ihm durch seine berufliche oder ehrenamtliche Tätigkeit bei der Durchführung dieses Gesetzes bekanntgeworden ist, wird, soweit nicht § 300 des Strafgesetzbuchs anzuwenden ist, mit Gefängnis bis zu sechs Monaten und mit Geldstrafe oder mit einer dieser Strafen bestraft.

(2) Handelt der Täter gegen Entgelt oder in der Absicht, sich oder einem anderen einen rechtswidrigen Vermögensvorteil zu verschaffen oder jemandem einen Nachteil zuzufügen, so ist die Strafe Gefängnis. Daneben kann auf Geldstrafe erkannt werden.

(3) Die Verfolgung tritt nur auf Antrag ein.

(4) Ein Fall unbefugter Offenbarung liegt nicht vor, wenn sie von einem in dem Gesundheitsamt oder in der Beratungsstelle tätigen Arzt oder auf Weisung eines solchen Arztes an eine Person gemacht wird, die mit der Durchführung der aus diesem Gesetz erwachsenden Aufgaben betraut ist.

(5) Das Gesundheitsamt ist befugt, zum Zwecke der gerichtlichen Verfolgung den Namen einer Person mitzuteilen, die verdächtig ist, wider besseres Wissen eine Anzeige erstattet zu haben, in welcher ein anderer der Wahrheit zuwider der Übertragung einer Geschlechtskrankheit oder der Gefährdung Dritter durch häufigen Wechsel des Geschlechtspartners beschuldigt wurde.

§ 18. (1) Das Gesundheitsamt kann durch die zuständige Verwaltungsbehörde vorführen lassen:
1. einen Geschlechtskranken, der sich weigert, sich untersuchen oder behandeln zu lassen oder sich auf Anordnung des Gesundheitsamtes in ein Krankenhaus zu begeben (§ 3 Abs. 1);
2. eine Person, die dringend verdächtig ist, geschlechtskrank zu sein und Geschlechtskrankheiten weiterzuverbreiten, wenn sie sich weigert, ein Zeugnis über ihren Gesundheitszustand vorzulegen oder sich zur Beobachtung in ein Krankenhaus zu begeben (§ 4 Abs. 1 und 2), oder wenn sie keinen festen Wohnsitz hat.

(2) Ergibt die sofort vorzunehmende Untersuchung keinen Krankheitsbefund und keinen Verdacht auf Geschlechtskrankheit, so ist die Person unverzüglich in Freiheit zu setzen. Ergibt sich die Notwendigkeit einer Behandlung oder Beobachtung, so hat das Gesundheitsamt den Geschlechtskranken oder Krankheitsverdächtigen aufzufordern, sich in einem Krankenhaus aufnehmen zu lassen. Weigert er sich, dieser Anordnung Folge zu leisten, so ist er sofort, spätestens am Tage nach der Festnahme, dem Amtsgericht mit dem Antrag auf zwangsweise Einweisung in ein Krankenhaus vorzuführen.

(3) Wer zur Beobachtung oder Behandlung in ein Krankenhaus zwangsweise eingewiesen ist und dieses, sei es auch auf kurze Zeit, ohne Erlaubnis des leitenden Arztes verläßt, wird mit Gefängnis bis zu einem Jahr und mit Geldstrafe oder mit einer dieser Strafen bestraft. Die Strafverfolgung tritt nur auf Antrag des Gesundheitsamtes oder des leitenden Arztes ein.

§ 19. Die Polizeibehörden haben Personen, die sie in Verwahrung genommen oder vorläufig festgenommen haben und bei denen nach ihren Lebensumständen der hinreichende Verdacht einer Geschlechtskrankheit und der Weiterverbreitung von Geschlechtskrankheiten begründet ist, vor ihrer Freilassung dem Gesundheitsamt zur Untersuchung zuzuführen.

§ 20. (1) Gegenstände, die zur Verhütung, Heilung oder Linderung von Geschlechtskrankheiten oder von Krankheiten oder Leiden der Geschlechtsorgane dienen sollen, dürfen nur mit Genehmigung des Bundesgesundheitsamtes in den Verkehr gebracht werden. Die Genehmigung ist zu versagen, wenn der Gegenstand für den genannten Zweck ungeeignet oder seine Verwendung gesundheitsschädlich ist.

(2) Wer die in Absatz 1 bezeichneten Gegenstände ohne Genehmigung in Verkehr bringt, wird mit Gefängnis bis zu zwei Jahren oder mit Geldstrafe bestraft.

(3) Die Gegenstände, auf die sich die strafbare Handlung bezieht, können eingezogen werden. Ist die Verfolgung oder Verurteilung einer bestimmten Person nicht ausführbar, so kann auf die Einziehung selbständig erkannt werden.

§ 21. Für Mittel, Gegenstände, Verfahren und Behandlungen, die zur Heilung oder Linderung von Geschlechtskrankheiten oder von Krankheiten oder Leiden der Geschlechtsorgane bestimmt sind, darf nur bei Ärzten, Apothekern und Personen, die mit solchen Mitteln oder Gegenständen erlaubterweise Handel treiben, sowie in Fachzeitschriften, die sich an die genannten Berufskreise richten, geworben werden, es sei denn, daß das Bundesgesundheitsamt eine andere Form der Werbung zuläßt.

§ 27. (1) Ordnungswidrig handelt, wer vorsätzlich oder fahrlässig
1. einer Verpflichtung nach § 10 Abs. 1 Satz 2, § 12 oder § 21 oder
2. einer gemäß § 25 erlassenen Rechtsvorschrift, soweit sie ausdrücklich auf diese Bußgeldbestimmung verweist,

zuwiderhandelt.

(2) Die Ordnungswidrigkeit kann mit einer Geldbuße geahndet werden.

(3) Die fachlich zuständige oberste Landesbehörde kann das Gesundheitsamt nicht zur Verwaltungsbehörde im Sinne des § 73 des Gesetzes über Ordnungswidrigkeiten vom 25. März 1952 (Bundesgesetzblatt I S. 177) bestimmen.

§ 28. Auf Zuwiderhandlungen gegen dieses Gesetz findet § 327 des Strafgesetzbuchs keine Anwendung.

Verletzung von Absperrungsmaßregeln gegen Viehseuchen.

§ 328. (1) Wer die Absperrungs- oder Aufsichts-Maßregeln oder Einfuhrverbote, welche von der zuständigen Behörde zur Verhütung des Einführens oder Verbreitens von Viehseuchen angeordnet worden sind, wissentlich verletzt, wird mit Gefängnis bis zu einem Jahre oder mit Geldstrafe bestraft.

(2) Ist infolge dieser Verletzung Vieh von der Seuche ergriffen worden, so tritt Gefängnisstrafe von einem Monat bis zu zwei Jahren ein.

1. Vgl. hierzu die Erl. 1 und 2 zu § 327.

2. Hierher einschlagende Reichsgesetze, durch die § 328 erheblich eingeengt wurde, sind:

Reichsgesetz v. 7. April 1869: Maßregeln gegen die Rinderpest betr. (RGBl. S. 105);

Reichsgesetz v. 21. Mai 1878 betr. Zuwiderhandlungen gegen die zur Abwehr der Rinderpest erlassenen Viehեinfuhrverbote (RGBl. S. 95);

Viehseuchengesetz v. 26. Juni 1909 (RGBl. S. 519) mit Ergänzung v. 15. Juli 1928 (RGBl. I, 289). Gesetz betr. Schlachtvieh- und Fleischbeschau v. 3. Juni 1900, bzw. 29. Oktober 1940.

§ 329 ist gestrichen durch Gesetz vom 24. April 1934.

Verletzung der Baukunstregeln.

§ 330. Wer bei der Leitung oder Ausführung eines Baues wider die allgemein anerkannten Regeln der Baukunst dergestalt handelt, daß hieraus für andere Gefahr entsteht, wird mit Geldstrafe oder mit Gefängnis bis zu einem Jahre bestraft.

1. Hier wird sowohl das vorsätzliche als auch das fahrlässige Zuwiderhandeln gegen die Regeln der Baukunst bedroht. (BGH. 6, 131.)

2. Unter „Bau" ist sowohl Hoch- als Tiefbau (Bergbau, Wasser- und Straßenbau) zu verstehen; auch Abbrucharbeiten und größere Reparaturbauten gehören hierher, auch Ausschachtung einer Baugrube, Errichtung von Gerüsten samt Leitern sind zum Bau zu rechnen.

3. Die Zuwiderhandlung kann in einem Tun oder Unterlassen bestehen, z. B. Verwendung schlechten Materials oder mangelhafter Gerätschaften oder eigenmächtiges Abweichen vom Bauplan, ferner Nichtanbringung von Absperrvorrichtungen.

4. Täter kann sowohl derjenige sein, der den Bau leitet, als auch derjenige, der ihn ausführt, also auch die eigentlichen Bauarbeiter und die Unternehmer und Handwerksmeister, in deren Dienst die Arbeiter tätig sind.

5. Es muß durch das Zuwiderhandeln Gefahr für Leben oder Gesundheit anderer entstanden sein. Eine solche kann vorliegen, auch wenn die Gefahr nur eine mittelbare ist, wie z. B. bei der Möglichkeit eines Brandausbruchs.

6. Mit dem Vergehen nach § 330 treffen, wenn Menschen verletzt oder getötet sind, fahrlässige Körperverletzung oder fahrlässige Tötung zusammen (vgl. §§ 222, 230). Vgl. auch § 367, Z. 13—15.

Vollrausch.

§ 330 a. (1) Wer sich vorsätzlich oder fahrlässig durch den Genuß geistiger Getränke oder durch andere berauschende Mittel in einen die Zurechnungsfähigkeit (§ 51 Abs. 1) ausschließenden Rausch versetzt, wird mit Gefängnis oder mit Geldstrafe bestraft, wenn er in diesem Zustand eine mit Strafe bedrohte Handlung begeht.

(2) Die Strafe darf jedoch nach Art und Maß nicht schwerer sein als die für die vorsätzliche Begehung der Handlung angedrohte Strafe.

(3) Die Verfolgung tritt nur auf Antrag ein, wenn die begangene Handlung nur auf Antrag verfolgt wird.

1. Durch das Gesetz gegen gefährliche Gewohnheitsverbrecher und über Maßregeln der Sicherung und Besserung vom 24. November 1933 ist in den in das Strafgesetzbuch neu eingesetzten §§ 330a und 330b der Mißbrauch von Rauschgiften unter Strafe gestellt.

2. Nach § 51 ist der Täter, wenn er zur Zeit der Tat durch Alkohol oder ein sonstiges Rauschmittel (Morphium, Kokain, Opium) so berauscht ist, daß er die Fähigkeit, das Unerlaubte der Tat einzusehen oder nach dieser Einsicht zu handeln, völlig verloren hat, nicht zurechnungsfähig und deshalb nicht strafbar. Wer sich also in einen solchen Zustand versetzt und dann eine mit Strafe bedrohte Handlung begeht, kann wegen dieser Tat nicht bestraft werden. Anders dagegen, wenn der Täter sich mit dem Bewußtsein und dem Willen (es genügt auch Eventualdolus) in den Zustand der Zurechnungsunfähigkeit gesetzt hat, die fragliche Tat im Rausch zu begehen (sog. actio libera in causa). In einem solchen Falle, in dem der Täter sich gewissermaßen Mut antrinkt und sich selbst gewissermaßen als Werkzeug benutzt, wird er nicht nach § 330a bestraft, sondern wegen der im Rausch begangenen vorsätzlichen Straftat. (Siehe Erl. 4 zu § 51.) Gleichermaßen ist zu entscheiden, wenn sich der Täter zwar nicht mit dem Willen betrinkt, eine strafbare Handlung zu begehen, wenn er sich aber fahrlässig durch berauschende Mittel in einen die Zurechnungsfähigkeit ausschließenden Rauschzustand versetzt und außerdem infolge Fahrlässigkeit nicht daran denkt, daß er in betrunkenem Zustande zur Begehung strafbarer Handlungen neigt. Auch in diesem Falle erfolgt Bestrafung nicht wegen Vergehens nach § 330a, sondern wegen der im Rausch begangenen Straftat, soweit sie fahrlässig begangen werden kann. Beispiele: Der A will dem B einen Denkzettel geben. Zu diesem Zwecke trinkt er sich Mut an und begeht dann in schuldunfähigem Zustande (§ 51 Abs. 1) eine Körperverletzung. Er ist wegen vorsätzlicher Körperverletzung nach § 223 zu bestrafen. Oder: A hat schon häufig in seinem Leben in der Trunkenheit Streit angefangen und dabei Körperverletzungen begangen. Er kennt diese seine Veranlagung, betrinkt sich aber trotzdem wieder, obwohl er bei genügender Aufmerksamkeit hätte erkennen müssen, daß er auch diesmal wieder in einen unzurechnungsfähigen Zustand geraten und in diesem Zustande wieder Körperverletzungen begehen werde. Kommt es nunmehr zu einer solchen, dann ist er wegen fahrlässiger Körperverletzung nach §§ 223, 230 zu bestrafen.

3. Im Gegensatz zu diesen Fällen wird der Täter, der ohne an eine zu begehende Straftat zu denken, sich sinnlos betrinkt und in diesem Rausch eine Straftat begeht, nicht für diese im Vollrausch begangene Straftat (sog. Rauschtat) bestraft, sondern deshalb, weil er sich in einen gefahrbringenden Zustand versetzt hat. Eine Unterscheidung nach der Richtung, ob der Täter in dem Rauschzustand ein Verbrechen, ein Vergehen oder eine Übertretung begeht, sieht § 330a nicht vor. Es ist ferner zu beachten, daß auch dann nur eine Tat nach § 330a vorliegt, wenn der Volltrunkene in demselben Vollrausch mehrere mit Strafe bedrohte Handlungen begeht. (RG. 73, 12.)

4. Zum inneren Tatbestand des Vollrausches i. S. des § 330a (also nicht der Rauschtat, deren innere Tatseite in der folgenden Erl. 5 erörtert wird)

gehört lediglich, daß sich der Täter vorsätzlich oder fahrlässig in den Rauschzustand versetzt hat. Demnach handelt der Täter vorsätzlich, wenn er weiß oder mindestens mit der von ihm gebilligten Möglichkeit rechnet (Eventualdolus), daß er durch Alkohol oder sonstige Rauschmittel in einen Zustand gerät, der seine Zurechnungsfähigkeit ausschließt. Fahrlässig handelt der Täter des § 330a, wenn er bei genügender Aufmerksamkeit diese Folge hätte erkennen müssen. War der Rausch unverschuldet, dann entfällt eine Strafbarkeit. Vorsatz bzw. Fahrlässigkeit beziehen sich also einzig und allein nur auf den Rausch und die dadurch bedingte Unzurechnungsfähigkeit; es ist insbesondere nicht erforderlich, daß der Täter des § 330a das Bewußtsein hat, im Rausch zu Straftaten irgendwelcher Art zu neigen; strafbar ist also allein die schuldhafte Unmäßigkeit (BGH. 1, 124).

5. Es ist ferner bei § 330a folgendes zu beachten: Obwohl die sogenannte Rauschtat nur eine äußere Bedingung der Strafbarkeit bildet, also nicht vom Vorsatz oder der Fahrlässigkeit des Täters umfaßt wird, darf daraus nicht etwa geschlossen werden, daß die innere Seite der Rauschtat ohne jede Bedeutung sei. Die Rechtslage ist vielmehr folgende (siehe RG. 73, 14 und BGH. 1, 124):

a) Liegt überhaupt keine Willensbetätigung des Täters bei Begehung der Rauschtat vor (z. B. Hinfallen des Täters und dadurch bewirktes Lösen einer Schußwaffe), so scheidet § 330a von vornherein aus.

b) Im übrigen müssen aber grundsätzlich alle zum äußeren und inneren Tatbestand der Rauschtat gehörigen Tatbestandsmerkmale von dem Betrunkenen mit einem gewissen natürlichen Tatwillen verwirklicht werden. Wird insbesondere bei der fraglichen Straftat eine bestimmte Absicht gefordert, z. B. die rechtswidrige Zueignungsabsicht in § 242, dann muß der natürliche Täterwillen auch diese innere Tatseite umfassen.

6. Zur Verfolgung wegen § 330a ist ein Strafantrag erforderlich, wenn die Rauschtat ein Antragsdelikt ist (Abs. 3 des § 330a), z. B. Sachbeschädigung, und ferner darf die Strafe des Vollrausches nach Art und Maß nicht schwerer sein, als die für die vorsätzliche Begehung der Handlung angedrohte Strafe (Abs. 2 des § 330a).

7. Im Urteil ist der Täter nur des Vollrausches für schuldig zu erklären, nicht auch der im Rauschzustand begangenen mit Strafe bedrohten Handlung.

8. Anstiftung und Beihilfe zum Vergehen des § 330a ist nicht möglich.

9. Die Frage der Unterbringung in einer Trinkerheilanstalt muß gemäß § 42c bei jeder Verurteilung aus § 330a geprüft werden.

10. Wird eine strafbare Handlung in einem Rausch begangen, der die Zurechnungsfähigkeit nur vermindert, so kommt § 330a nicht zur Anwendung. Der Täter ist vielmehr nach dem Gesetz strafbar, dessen Tatbestand er verwirklicht hat, unter Berücksichtigung des § 51 Abs. 2 (Möglichkeit der Strafmilderung).

11. Eine Wahlfeststellung zwischen einem Vergehen nach § 330a und der die Bedingung der Strafbarkeit bildenden, mit Strafe bedrohten Handlung (Rauschtat) ist unzulässig. (BGH. 1, 275 und 327; siehe auch Erl. 2 zu dem aufgehobenen § 2 b.)

12. Beispiele zu § 330a:

a) Der sinnlos Betrunkene A fällt beim Betreten der Straßenbahn zu Boden und bringt dadurch einen in seiner Tasche befindlichen geladenen Revolver zur Auslösung, wodurch ein Fahrgast schwer verletzt wird. Oder: Er fällt in ein Schaufenster, wodurch die Fensterscheibe zertrümmert wird. In beiden Fällen liegt keine Straftat nach § 330a vor, weil überhaupt keine Willensbetätigung des A bei Begehung der Rauschtat (Körperverletzung bzw. Sachbeschädigung) stattgefunden hat.

b) Der sinnlos betrunkene A verwechselt beim Verlassen des Restaurants seinen am Garderobeständer aufgehängten Mantel mit einem fremden Mantel, mit dem er sich nach Hause begibt. A hat keine mit Strafe bedrohte Handlung begangen, da er nicht die Absicht hatte, sich eine fremde bewegliche Sache zuzueignen (§ 242). Da es somit an einer Rauschtat fehlt, kann A nicht wegen Vergehens nach § 330a bestraft werden.

c) Der sinnlos betrunkene A schlägt mit seinem Spazierstock absichtlich das Schaufenster eines Ladens ein. Er ist nach § 330a strafbar, da die von ihm begangene Handlung, falls er zurechnungsfähig gewesen wäre, den Tatbestand der Sachbeschädigung i. S. des § 303 erfüllt hätte. Voraussetzung für eine Bestrafung nach § 330a ist aber, daß dem A nachgewiesen werden kann, daß er, als er sich betrank, wußte oder mindestens mit der von ihm gebilligten Möglichkeit gerechnet hat, oder daß er bei genügender Sorgfalt mit der Möglichkeit hätte rechnen können (Fahrlässigkeit), daß er durch Einnahme übermäßigen Alkohols in einen Zustand gerate, der seine Zurechnungsfähigkeit ausschließe (siehe oben Erl. 4). Weitere Voraussetzung für eine Bestrafung wäre in diesem Falle, daß der Geschädigte den nach § 303 Abs. 3 zur Verfolgung wegen Sachbeschädigung erforderlichen Strafantrag stellt (siehe § 330a Abs. 3).

d) Der sinnlos betrunkene A glaubt irrtümlicherweise, er werde von B angegriffen und versetzt deshalb diesem mit einem Stock einen Schlag auf den Kopf: A ist, vorausgesetzt, daß der Rausch verschuldet war, wegen Vergehens nach § 330a zu bestrafen, wenn sein Irrtum (§ 59) bezüglich des Angriffs, d. h. des Vorliegens der Voraussetzungen der Notwehr lediglich durch den Rausch verursacht war und deshalb unbeachtlich bleiben muß. Er hat mit „natürlichem Vorsatz" eine mit Strafe bedrohte Handlung, nämlich eine gefährliche Körperverletzung i. S. des § 223a begangen. Eine rauschbedingte Notwehr ist also unbeachtlich.

Abgabe von Rauschgiften an Untergebrachte.

§ 330b. Wer wissentlich einer Person, die in einer Trinkerheilanstalt oder einer Entziehungsanstalt untergebracht ist, ohne Erlaubnis des Leiters der Anstalt geistige Getränke oder andere berauschende Mittel verschafft, wird mit Gefängnis bis zu drei Monaten oder mit Geldstrafe bestraft.

1. Der § 330b stellt die Abgabe von Rauschgiften an Personen, die in einer Trinkerheilanstalt oder einer Entziehungsanstalt untergebracht sind, unter Strafe.

2. Siehe auch Polizeiverordnung über das Wirtshausverbot vom 18. Oktober 1939 (RGBl. I S. 2115).

Unterlassene Hilfeleistung.

§ 330 c. Wer bei Unglücksfällen oder gemeiner Gefahr oder Not nicht Hilfe leistet, obwohl dies erforderlich und ihm den Umständen nach zuzumuten, insbesondere ohne erhebliche eigene Gefahr und ohne Verletzung anderer wichtiger Pflichten möglich ist, wird mit Gefängnis bis zu einem Jahre oder mit Geldstrafe bestraft.

1. Das Vergehen der unterlassenen Hilfeleistung ist ein echtes Unterlassungsdelikt, d. h. der Tatbestand wird unmittelbar durch ein Unterlassen erfüllt. (Siehe hierzu „Einführende Vorbemerkungen zum Strafrecht", Seite 1ff., Abschnitt B II 4, Seite 3.) Das Unterlassen als solches wird hier wegen der rücksichtslosen Gesinnung bestraft; es ist daher unerheblich, ob und welche Folge das Unterlassen der Hilfeleistung gehabt hat.

2. Der äußere Tatbestand erfordert, daß sich ein Unglücksfall ereignet hat oder daß gemeine Gefahr oder Not eingetreten sind.

a) Ein „Unglücksfall" ist ein plötzlich eintretendes Ereignis, das erheblichen Schaden an Menschen und Sachen verursacht und weiteren Schaden zu verursachen droht. (BGH. 3, 66.) Ein Unglücksfall liegt auch dann vor, wenn ihn der Betroffene selbst oder ein anderer vorsätzlich oder fahrlässig herbeigeführt hat (z. B. Selbstmordversuch (s. BGH. 6, 147), Mordversuch oder fahrlässige Körperverletzung bzw. Tötung). Es kann auch Fälle von Krankheit geben, die als „Unglücksfälle" anzusehen sind, vor allem, wenn es sich um einen plötzlich auftretenden mit Lebensgefahr verbundenen Krankheitsprozeß handelt. (In diesen Fällen kann der Arzt, der dem Kranken die Hilfe versagt, als Täter des § 330c in Frage kommen.) (Siehe RG. 75, 68 und 160.)

b) „Gemeine Gefahr oder Not" liegt vor, wenn die fragliche Situation eine Gefährlichkeit in sich schließt, durch die die Allgemeinheit betroffen wird, z. B. Feuersbrunst, Waldbrand, Überschwemmung.

3. Strafbar macht sich, wer angesichts einer in Erläuterung 2 geschilderten, eine Hilfeleistung erfordernden Situation keine Hilfe leistet, obwohl ihm dies den Umständen nach zuzumuten war, d. h. obwohl er körperlich dazu in der Lage war und insbesondere die Hilfe ohne erhebliche eigene Gefahr und ohne Verletzung anderer wichtiger Pflichten hätte leisten können.

Wann eine solche moralische Pflicht zur Hilfeleistung im einzelnen Fall besteht, ist Tatfrage. Jedenfalls dürfen keine übertriebenen Anforderungen gestellt werden. Ein bis zur Sesbstaufopferung gehender Heroismus wird nicht verlangt, wohl aber das „Inkaufnehmen" eines durch Zeitverlust entstehenden geschäftlichen Nachteils, u. U. auch einer im Verhältnis zum drohenden Schaden unbeachtlichen körperlichen Gefahr.

4. Zum inneren Tatbestand gehört Vorsatz, d. h. die Kenntnis vom Unglücksfall und das Bewußtsein, zur Hilfeleistung verpflichtet zu sein. (RG. 75, 163; 77, 301.)

5. Mit dem Vergehen des § 330c wird häufig, besonders bei Autounfällen, das Vergehen der Verkehrsflucht nach § 142 tateinheitlich zusammentreffen (siehe die Erläuterungen zu § 142).

6. Ebenso wie im Falle des § 138 nicht schon allein aus der Tatsache der Nichtanzeige eine negative Beihilfe zu dem bevorstehenden Verbrechen konstruiert werden kann (RG. 73, 55), kann derjenige, der lediglich entgegen der allgemeinen Verpflichtung des § 330c keine Hilfe leistet, wegen eines Tötungsdelikts (§§ 211, 212, 222) bestraft werden. Denn die in § 330c normierte allgemeine Tätigkeitspflicht ist scharf von der besonderen Erfolgsabwendungspflicht zu unterscheiden, welch letztere immer dann vorliegt, wenn eine besondere Rechtspflicht zum Handeln besteht. (BGH. 2, 150 betr. die Möglichkeit einer Täterschaft nach §§ 212, 222 durch Nichthinderung einer Selbsttötung.)

7. Beispiele: Der am Flußufer spazierengehende A beobachtet, wie im Sturme ein Boot kentert. Er ist zweifellos verpflichtet im Sinne des § 330c, den am Flußufer hängenden Rettungsring den Verunglückten zuzuwerfen. Dagegen

dürfte für ihn, selbst wenn er des Schwimmens kundig ist, keine Verpflichtung bestehen, zur Rettung der mit dem Tode Kämpfenden selbst in den Fluß zu springen. Oder: Der A ist Zeuge eines schweren Autounglücks. Der hinzugekommene Polizeibeamte fordert ihn auf, ihm bei der Wegschaffung des schwer verletzten Chauffeurs behilflich zu sein. Falls A die Hilfe verweigert, ist er nach § 330c strafbar, es sei denn, daß ihm wegen seiner Körperbeschaffenheit eine solche Hilfeleistung nicht zuzumuten ist. Denn zur Hilfeleistung ist nur verpflichtet, wer Hilfe leisten kann. Wegen der umstrittenen Frage, inwiefern auch ein Arzt sich nach § 330c strafbar machen kann, siehe oben Erl. 2a am Schlusse. Siehe schließlich auch das in Erl. 7b zu § 340 erwähnte Beispiel.

Achtundzwanzigster Abschnitt: Verbrechen und Vergehen im Amte.

Vorbemerkung.

1. Die strafrechtliche Begriffsbestimmung des Beamten i. S. des § 359 deckt sich nicht mit dem allgemeinen Beamtenbegriff, wie er in dem Bundesbeamtengesetz vom 14. Juli 1953 bzw. in den Landesbeamtengesetzen niedergelegt ist. (Siehe Näheres hierüber in der Erläuterung zu § 359.)

2. Der Abschnitt enthält nicht alle strafbaren Handlungen, die von Beamten als solchen begangen werden können. Denn abgesehen von disziplinarisch zu ahndenden Vergehen, die gar nicht im StGB., sondern in den Beamtengesetzen vorgesehen sind und die neben der strafrechtlichen Ahndung in besonderem Verfahren behandelt werden, sind noch strafbare Handlungen von Beamten in §§ 174^2, 266 enthalten.

Andererseits enthält der Abschnitt auch strafbare Handlungen von Nichtbeamten in §§ 333, 334 Abs. 2 (Bestechung eines Beamten, Richters durch einen Nichtbeamten) und in §§ 353b Abs. 2, 353c und 356.

3. Ein Beamtenvergehen liegt nur vor, wenn der Täter zur Zeit der Tat die Beamteneigenschaft hatte. Ob er dann bis zur Aburteilung aus dem Beamtenverhältnis ausgeschieden ist oder nicht, ändert nichts an der Strafbarkeit.

4. Beamtendelikte sind entweder solche, die überhaupt nur ein Beamter begehen kann (sog. eigentliche Amtsdelikte der §§ 331, 332, 334 Abs. 1, 336, 343, 344, 345, 348 Abs. 1, 352, 353, 353b, 354, 355, 357) oder solche, die auch von jedem anderen Staatsbürger begangen werden können, aber strenger geahndet werden, wenn sie von Beamten begangen werden (sog. uneigentliche Amtsdelikte). Hierher gehören vor allem die Amtsunterschlagung und die Körperverletzung im Amte (§§ 350, 351, 340); ferner §§ 341, 342, 346, 347, 348 Abs. 2.

5. Ein Nichtbeamter, der sich an einem Amtsdelikt beteiligt, wird, wenn es sich um ein eigentliches Amtsdelikt handelt, wegen Anstiftung bzw. Beihilfe zu dem Amtsdelikt bestraft. Handelt es sich dagegen um ein uneigentliches Amtsdelikt, so wird der Nichtbeamte nur nach den gewöhnlichen Vorschriften über Körperverletzung, Hausfriedensbruch usw. bestraft. (Siehe Erläuterung 4a u. 7a zu § 50.)

6. Strafbestimmungen gegen die bei Behörden beschäftigten nicht beamteten Personen wegen Amtsverletzungen enthält die Verordnung gegen Bestechung und Geheimnisverrat nichtbeamteter Personen vom 22. 5. 1943 (RGBl. I, 351). Hier wird demjenigen Strafe angedroht, der als „Verpflichteter" für eine zu seinen Obliegenheiten gehörende Handlung, oder für

eine Handlung, die eine Verletzung der ihm übertragenen Obliegenheiten enthält, Geschenke oder andere Vorteile annimmt, fordert oder sich versprechen läßt (§§ 2 und 3 a. a. O.). In § 4 a. a. O. wird umgekehrt derjenige mit Strafe bedroht, der die Geschenke usw. anbietet, verspricht oder gewährt.

7. Vgl. auch § 12 des Unlaut. Wettbewerb-Gesetzes, wo demjenigen Strafe angedroht wird, der im geschäftlichen Verkehr zu Zwecken des Wettbewerbs dem Angestellten oder Beauftragten eines geschäftlichen Betriebs Geschenke oder andere Vorteile anbietet, verspricht oder gewährt, um durch unlauteres Verhalten des Angestellten oder Beauftragten bei dem Bezuge von Waren oder gewerblichen Leistungen eine Bevorzugung für sich oder einen Dritten zu erlangen. In Abs. 2 des § 12 wird dann umgekehrt der Angestellte usw. mit Strafe bedroht, der die Geschenke annimmt usw.

8. Wird in den Fällen der §§ 332—336, 340—355, 357 die Tat in staatsgefährdender Absicht begangen, dann kann die Strafe gemäß § 94 verschärft werden.

Einfache passive Bestechung.

§ 331. Ein Beamter, welcher für eine in sein Amt einschlagende, an sich nicht pflichtwidrige Handlung Geschenke oder andere Vorteile annimmt, fordert oder sich versprechen läßt, wird mit Geldstrafe oder mit Gefängnis bis zu sechs Monaten bestraft.

1. Vorbemerkung: Alles was man unter „Bestechung" zusammenfaßt, wird in den §§ 331 bis 334 behandelt: in § 331 Geschenkannahme eines Beamten für eine nicht pflichtwidrige Handlung, in § 332 für eine pflichtwidrige Handlung, in § 333 Bestechung eines Beamten (für pflichtwidrige Handlungen), in § 334 Abs. 1 die Richterbestechlichkeit, in § 334 Abs. 2 die Richterbestechung durch einen Dritten.

2. Nach § 331 darf ein Beamter ohne Genehmigung seiner Behörde niemals Geschenke annehmen oder fordern, auch wenn das Geschenk für eine nicht pflichtwidrige Amtshandlung gegeben wird. Es ist auch gleichgültig, ob die Geschenkannahme vor oder nach der Amtshandlung erfolgt.

3. Eine Amtshandlung („in das Amt einschlagende" Handlung) liegt nicht nur dann vor, wenn sie in den Kreis der Obliegenheiten fällt, die ihm durch die maßgebenden Gesetze und Dienstvorschriften übertragen worden sind, oder wenn er sie nur vermöge seiner amtlichen Stellung vornehmen kann, sondern es genügt schon, daß die Handlung zu dem Dienst des Beamten in einer inneren Beziehung steht und nicht völlig außerhalb seines Aufgabenkreises liegt (BGH. 3, 145).

Die Annahme von Geschenken für Handlungen, welche gar nicht in das Amt einschlagen, gehört nicht hierher. Sie wird disziplinär geahndet, wenn der Beamte dabei seine dienstliche Ehre verletzt.

4. Als „andere Vorteile" kommen in Betracht: Genuß von Speise und Trank, Gestattung von Beischlaf usw. (Siehe RG. 71, 396.)

5. Auch die indirekte Annahme eines Geschenkes (z. B. durch die Ehefrau mit Wissen des Beamten) kann den Tatbestand des § 331 erfüllen.

6. Die Rechtswidrigkeit ist dann ausgeschlossen, wenn der Vorgesetzte die Annahme des Geschenks ausdrücklich genehmigt oder wenn die Schenkung einer Verkehrssitte entspricht.

7. Der innere Tatbestand erfordert Vorsatz, d. h. das Bewußtsein, daß das Geschenk oder der sonstige Vorteil die Gegenleistung für eine Amtshandlung sein soll.

8. Bei der einfachen Bestechung ist im Gegensatz zur schweren der §§ 332, 333 nur der Beamte, nicht dagegen auch der Vorteilgeber strafbar; letzterer kann auch nicht unter dem Gesichtspunkt der Teilnahme strafrechtlich zur Verantwortung gezogen werden (sog. notwendige Teilnahme).

9. Wegen Nebenstrafen vgl. §§ 335, 358.

10. Beispiele: Ein Steuerbeamter läßt sich für eine Steuerberatung eines Steuerpflichtigen eine Kiste Zigarren schenken. Er ist nach § 331 strafbar. Oder: Der Polizeibeamte A, der den Kaufmann B gut kennt, hilft diesem an einem dienstfreien Feiertag bei der Gartenarbeit und erhält dafür eine Flasche Wein. A hat sich nicht eines Vergehens nach § 331 schuldig gemacht. Ebensowenig ist der Briefträger nach § 331 strafbar, der sich zu Neujahr ein Geldgeschenk geben läßt, denn solche Geschenke entsprechen der Verkehrssitte.

Schwere passive Bestechung.

§ 332. (1) Ein Beamter, welcher für eine Handlung, die eine Verletzung einer Amts- oder Dienstpflicht enthält, Geschenke oder andere Vorteile annimmt, fordert oder sich versprechen läßt, wird wegen Bestechung mit Zuchthaus bis zu fünf Jahren bestraft.

(2) Sind mildernde Umstände vorhanden, so tritt Gefängnisstrafe ein.

1. Die schwere passive Bestechung des § 332 unterscheidet sich von § 331 dadurch, daß die fragliche Amtshandlung pflichtwidrig sein muß, wobei die Unterlassung einer pflichtmäßig gebotenen Amtshandlung der pflichtwidrigen Vornahme einer in das Amt einschlagenden Handlung gleichsteht (z. B. Unterlassung einer Anzeige seitens eines Polizeibeamten trotz seiner Überzeugung, daß eine strafbare Handlung vorliegt). Ein Beamter, der nach seinem pflichtmäßigen Ermessen eine Entscheidung zu treffen hat (der sog. Ermessensbeamte) handelt schon dann pflichtwidrig, wenn er sich nicht ausschließlich von sachlichen Gesichtspunkten leiten läßt, sondern an die Sache mit einer gewissen inneren Belastung herangeht, die für ihn in dem gewährten oder erwarteten Vorteil liegt. (RG. 77, 78.)

2. Auch im Falle des § 332 kann, ebenso wie bei der einfachen Bestechung des § 331 die Bestechung indirekt erfolgen (siehe Erl. 5 zu § 331) und auch eine schon vollzogene Amtshandlung betreffen.

3. Bei dem Verbrechen des § 332 ist der innere Tatbestand von besonderer Bedeutung und gibt in der Praxis häufig zu Zweifelsfragen Anlaß. Es ist bei der Anwendung des § 332 in dieser Beziehung stets folgendes zu beachten: Der Vorsatz muß sich auf zwei Tatsachen erstrecken, nämlich auf die Amtshandlung und auf die Pflichtwidrigkeit. Es besteht hierbei aber ein Unterschied, je nachdem, ob die Täterhandlung in einem „Annehmen" bzw. „Sichversprechenlassen", oder ob sie in einem „Fordern" besteht.

a) Soweit die Ausführungshandlung des Annehmens und Sichversprechenlassens in Frage kommt, muß sich der Beamte bewußt sein, daß der Vorteil für eine Amtshandlung gewährt werden soll und daß der andere ihm den Vorteil für eine pflichtwidrige Amtshandlung gewähren bzw. versprechen will. Der Tatbestand des § 332 ist also in diesem Falle schon dann vollendet, wenn der Beamte das Geschenk in dem Glauben annimmt bzw. sich versprechen läßt, es handle sich um ein Amtsgeschenk für eine pflichtwidrige Handlung, ohne daß es darauf ankommt, ob der Beamte wirklich den Willen hat, die Pflichtwidrigkeit zu verüben, und ohne daß der Vorteilgeber zu erkennen braucht, daß die Handlung, für die er die Vorteile gewährt oder verspricht, die Verletzung einer Amts- oder Dienstpflicht enthält. Fehlt dem Vorteilgeber die Kenntnis, daß die von ihm erwartete Handlung eine Amtshandlung ist, glaubt aber der Beamte, der Vorteilgeber handle in dieser Kenntnis, so liegt auf seiten des Beamten ein versuchtes Verbrechen des § 332 vor. (RG. 77, 77.)

b) Handelt es sich um die Ausführungshandlung des Forderns, dann ist das Verbrechen des § 332 schon dann vollendet, wenn der Beamte seine Forderung in dem Bewußtsein und Willen stellt, eine Vergütung für eine pflichtwidrige Amtshandlung zu erhalten. In diesem Falle erschöpft sich also die Strafbarkeit nach § 332 einzig und allein in der Person des Beamten, ohne daß die inneren Vorgänge des Vorteilgebers irgendwie von Bedeutung sind.

4. Anstiftung und Beihilfe zu § 332 sind in § 333 zu Sonderdelikten erhoben, soweit die Handlungen der „Teilnehmer" im Anbieten, Versprechen oder Gewähren von Vorteilen bestehen.

5. Wegen Nebenstrafen vgl. §§ 335, 358, wegen Strafschärfung § 94.

6. Beispiel: Der Polizeibeamte A läßt die Dirne B, die er auftragsgemäß zur Verbüßung einer Gefängnisstrafe wegen Diebstahls verhaftet hat, auf dem Transport zum Gefängnis wieder auf freien Fuß, weil sie ihm für den Fall der Freilassung den Beischlaf versprochen und danach mit ihm ausgeübt hat: Der Beamte hat sich zunächst der passiven Bestechung schuldig gemacht. Zwischen ihm und der Dirne bestand eine Willensübereinstimmung dahin, daß ihm als Gegenleistung für eine Amtshandlung, nämlich die Wiederfreilassung, der Vorteil des intimen Verkehrs zufließen sollte. Da A auch in dem Bewußtsein gehandelt hat, daß die B ihm den Vorteil gewähre, damit er eine pflichtwidrige Handlung, nämlich die gesetzwidrige Wiederfreilassung vornehme, ist der Tatbestand des § 332 erfüllt. A hat sich in Tateinheit mit diesem Verbrechen auch eines Sittlichkeitsverbrechens nach § 174 Nr. 2 schuldig gemacht, indem er unter „Ausnützung seiner Amtsstellung" gehandelt hat. Schließlich hat sich A auch noch eines Vergehens nach § 347 (vorsätzliche Bewirkung der Befreiung), sowie einer Amtsbegünstigung nach § 346 schuldig gemacht, da er als ein „zur Mitwirkung bei der Strafvollstreckung berufener Beamter" die B „der im Gesetz vorgesehenen Strafe entzogen" hat (siehe Erl. 2 und 3 zu § 346). Die Dirne B hat sich dadurch, daß sie dem A für die Freilassung den Beischlaf angeboten hat, der aktiven Bestechung nach § 333 schuldig gemacht und in Tateinheit hiermit einer Anstiftung zu den Verbrechen der §§ 346, 347 (siehe Erl. 6 zu § 333).

Aktive Bestechung.

§ 333. (1) Wer einem Beamten oder einem Mitgliede der bewaffneten Macht Geschenke oder andere Vorteile anbietet, verspricht oder gewährt, um ihn zu einer Handlung, die eine Verletzung einer Amts- oder Dienstpflicht enthält, zu bestimmen, wird wegen Bestechung mit Gefängnis bestraft; auch kann auf Verlust der bürgerlichen Ehrenrechte erkannt werden.

(2) Sind mildernde Umstände vorhanden, so kann auf Geldstrafe erkannt werden.

1. Strafbar ist die aktive Bestechung des § 333 nur als Gegenstück zu § 332, setzt also voraus, daß die Handlung, zu der der Beamte bestimmt werden soll,

eine Verletzung der Amts- oder Dienstpflicht enthält. Ist die dem Beamten zugemutete Handlung nicht pflichtwidrig, so bleibt der Vorteilgeber straflos siehe Erl. 8 zu § 331).

2. Wegen des Begriffs „Verletzung der Amts- oder Dienstpflicht" vgl. Erl. 1 zu § 332, und wegen des Begriffs „andere Vorteile" vgl. Erl. 4 zu § 331.

3. Ebenso wie in den Fällen der §§ 331 und 332 kann auch bei der Aktivbestechung des § 333 die Handlung des Täters indirekt (z. B. gegenüber der Ehefrau des Beamten) erfolgen (siehe Erl. 2 zu § 332). Dagegen muß im Gegensatz zu §§ 331, 332 zum mindesten nach der Auffassung des Täters die Amtshandlung noch bevorstehen.

4. Zum inneren Tatbestand gehört außer der Absicht, den Beamten zu einer pflichtwidrigen Handlung zu veranlassen, Vorsatz, d. h. das Bewußtsein, daß die dem Beamten zugemutete Handlung eine Verletzung seiner Amts- oder Dienstpflicht enthält, wobei bedingter Vorsatz genügt.

5. Vollendet ist die aktive Bestechung schon mit dem Anbieten bzw. Versprechen oder Gewähren. Es gehört also nicht zum Tatbestand, daß der Beamte die erwartete Pflichtwidrigkeit wirklich begeht.

6. Begeht aber der Beamte infolge der Bestechung nicht nur eine pflichtwidrige, sondern auch eine kriminell strafbare Handlung (z. B. Freilassung eines Verhafteten — § 347), so ist der Bestechende nicht nur nach § 333, sondern auch wegen der in Tateinheit hiermit begangenen Anstiftung zu dem fraglichen Delikt zu bestrafen. (Siehe Erl. 6 zu § 332.)

7. Häufig wird mit dem Vergehen des § 333 eine Beleidigung nach § 185 tateinheitlich zusammentreffen. Bei Bestechung mehrerer Beamter des gleichen Amtes liegt nicht Fortsetzungszusammenhang, sondern Realkonkurrenz (§ 74) vor.

8. Wegen der Nebenstrafe vgl. § 335, wegen Strafschärfung § 94.

9. Beispiel siehe Erl. 6 zu § 332.

Passive und aktive Richterbestechung.

§ 334. (1) Ein Richter, Schiedsrichter, Beisitzer einer Arbeitsgerichtsbehörde, Geschworener oder Schöffe, welcher Geschenke oder andere Vorteile fordert, annimmt oder sich versprechen läßt, um eine Rechtssache, deren Leitung oder Entscheidung ihm obliegt, zugunsten oder zum Nachteile eines Beteiligten zu leiten oder zu entscheiden, wird mit Zuchthaus bestraft.

(2) Derjenige, welcher einem Richter, Schiedsrichter, Beisitzer einer Arbeitsgerichtsbehörde, Geschworenen oder Schöffen zu dem vorbezeichneten Zwecke Geschenke oder andere Vorteile anbietet, verspricht oder gewährt, wird mit Zuchthaus bestraft. Sind mildernde Umstände vorhanden, so tritt Gefängnisstrafe ein.

1. Diese Vorschrift faßt die passive und aktive Richterbestechung in einem Paragraphen zusammen. Absatz 1, der ein echtes Beamtendelikt enthält (siehe Vorbem. Ziff. 4 vor § 331) entspricht dem § 332 und Abs. 2 dem § 333.

a) Zum Tatbestand des § 334 gehört zunächst, daß die Leitung oder Entscheidung einer „Rechtssache" in Frage kommt. Unter diesen Begriff fällt jede Rechtsangelegenheit, für deren Erledigung nicht Rücksichten der Zweckmäßigkeit, sondern Rechtsgrundsätze bestimmend sind. Welche Rechtssache im einzelnen für § 334 in Frage kommt, ergibt sich aus dem im Gesetz aufgeführten Täterkreis (siehe Erl. 2). (RG. 71, 315.)

b) Die Täterhandlungen sind in § 334 die gleichen wie in §§ 331 bis 333.

c) Zum inneren Tatbestand gehört neben dem allgemeinen Vorsatz noch die Absicht der Begünstigung bzw. Benachteiligung eines an der Rechtssache Beteiligten.

d) Im Gegensatz zu §§ 331, 332 verlangt § 334 sowohl in Abs. 1 als auch in Abs. 2, daß das pflichtwidrige Verhalten (d. h. die durch Geschenke usw. zu beeinflussende Entscheidung) noch bevorstehen muß.

2. Täter des Abs. 1 können sein:

a) Richter (Berufsrichter) jeder Art, also nicht nur solche an den Zivil- und Strafgerichten, sondern auch Richter an Disziplinar- und Verwaltungsgerichten. (Ob auch die Handelsrichter zu den „Richtern" gehören, ist bestritten, wird aber wohl überwiegend bejaht.)

b) Schiedsrichter, d. s. solche Personen, die auf Grund eines Schiedsvertrags (§§ 1025ff. ZPO.) zur Entscheidung von Rechtsstreitigkeiten berufen sind.

c) Beisitzer einer Arbeitsgerichtsbehörde, Geschworene oder Schöffen.

3. Täter des Abs. 2 kann jeder sein, der einem Richter usw. Geschenke oder andere Vorteile anbietet usw., um diesen bei der Entscheidung in einer Rechtssache zugunsten oder zum Nachteil eines an der Rechtssache Beteiligten zu beeinflussen.

4. Hat die Beeinflussung Erfolg, dann liegt, falls der Bestochene ein Beamter oder Schiedsrichter ist, auf dessen Seite in der Regel ein in Realkonkurrenz mit der passiven Richterbestechung begangenes Verbrechen der Rechtsbeugung nach § 336 vor (siehe die dortigen Erläuterungen).

5. Wegen der Nebenstrafe siehe § 335, wegen Strafschärfung § 94.

6. Beispiel: Die Ehefrau des Angeklagten A wendet sich bei der schöffengerichtlichen Hauptverhandlung, die gegen ihren Ehemann wegen Amtsunterschlagung durchgeführt wird, während einer Gerichtspause an den ihr bekannten Bäckermeister B, der als Schöffe an der Verhandlung mitwirkt, und bittet ihn, dafür zu sorgen, daß ihr Mann nicht zu schwer bestraft werde. Sie läßt dabei durchblicken, daß sie sich für diese Hilfeleistung dadurch dankbar erweisen werde, daß sie den seitens B schon häufig geäußerten Wunsch nach Geschlechtsverkehr erfüllen werde. Der Schöffe B, hierüber hocherfreut, verspricht, sich für die zulässige Mindeststrafe einzusetzen: Die A hat sich nach § 334 Abs. 2 strafbar gemacht (Versprechen eines „sonstigen Vorteils") und der Schöffe B nach Abs. 1 des § 334 (Sichversprechenlassen eines Vorteils). Einer Rechtsbeugung nach § 336 kann sich B nicht schuldig machen, da er kein Beamter ist (siehe Erl. 3c zu § 336).

Verfallserklärung.

§ 335. In den Fällen der §§ 331 bis 334 ist im Urteile das Empfangene oder der Wert desselben für dem Staate verfallen zu erklären.

1. Die **Verfallerklärung** ist eine **Nebenstrafe**. Sie ist, im Gegensatz zur Einziehung des § 40, **zwingend** vorgeschrieben. Außerdem erstreckt sie sich auch auf Sachen und Rechte, die durch die Straftat **erlangt** wurden.

2. Ist die Verfallerklärung des Empfangenen nicht durchführbar, dann ist ein seinem **Wert** entsprechender Geldbetrag für verfallen zu erklären.

3. Die Verfallerklärung kann nur in **Verbindung mit einer Verurteilung** nach §§ 331—334 ausgesprochen werden.

Rechtsbeugung.

§ 336. Ein Beamter oder Schiedsrichter, welcher sich bei der Leitung oder Entscheidung einer Rechtssache vorsätzlich zugunsten oder zum Nachteile einer Partei einer Beugung des Rechtes schuldig macht, wird mit Zuchthaus bis zu fünf Jahren bestraft.

1. Die **Rechtsbeugung** gehört zu der Gruppe der **eigentlichen oder echten Amtsdelikte** (siehe Vorbem. Ziff. 4 vor § 331). Wegen Strafschärfung siehe § 94.

2. Die **Täterhandlung** besteht in der **Beugung des Rechts** bei der **Leitung** oder **Entscheidung** einer **Rechtssache** mit der vom Täter gewollten **Folge** der **Begünstigung** oder **Benachteiligung** einer Partei.

a) Wegen des Begriffs „**Rechtssache**" vgl. Erl. 1a zu § 334. Da als Täter des § 336 im Gegensatz zu § 334 Abs. 1 **jeder** Beamte (nicht nur ein Richter) in Frage kommt, muß man hier den Begriff der „Rechtssache" gegenüber § 334 Abs. 1 dahin erweitern, daß auch Verfahren vor **Verwaltungsbehörden** und **Steuerveranlagungsverfahren** als „Rechtssachen" angesehen werden können, soweit dabei Entscheidungen nach Rechtsgrundsätzen zu treffen sind.

b) Der Ausdruck „**Partei**" hat die gleiche Bedeutung wie der Ausdruck „**Beteiligter**" in § 334.

c) Eine **Rechtsbeugung** liegt vor, wenn der Täter eine Vorschrift des **materiellen** Rechts oder eine **verfahrensrechtliche** Bestimmung verletzt oder anzuwenden unterläßt.

3. Als **Täter** einer Rechtsbeugung kommen **nur Beamte** oder **Schiedsrichter** in Betracht.

a) Zu den Beamten gehören, wie sich aus der Erl. 2a ergibt, nicht nur die **Richter** (siehe Erl. 2a zu § 334), sondern in bestimmten Fällen auch Verwaltungsbeamte, z. B. **Beamte der Finanzämter**, soweit sie im Verwaltungsstrafverfahren Strafbescheide erlassen.

b) Wegen des Begriffs „**Schiedsrichter**" siehe Erl. 2b zu § 334.

c) **Nicht** zu den Tätern des § 336 gehören aber, im Gegensatz zu § 334 (siehe die dortige Erl. 2c), die **Geschworenen**, **Schöffen**, **Beisitzer einer Arbeitsgerichtsbehörde** und die **Handelsrichter**. (Die **Praxis** steht auf dem Standpunkt, daß diese Beschränkung des Täterkreises auf Beamte und Schiedsrichter in § 336 eine **Gesetzeslücke** bedeutet.)

4. **Zum inneren Tatbestand** gehört nicht nur das **Bewußtsein**, eine Rechtsnorm zu verletzen, sondern der Täter muß **außerdem** noch den begünstigenden oder benachteiligenden **Erfolg** der Rechtsbeugung in seinen Vorsatz aufgenommen, also gewußt und gewollt haben. (Dolus eventualis genügt in letzterer Beziehung nicht.)

5. Daß das Verbrechen der Rechtsbeugung mit der **passiven Richterbestechung** des § 334 Abs. 1 in der **Praxis** meistens zusammentrifft und zwar in Realkonkurrenz (§ 74), wurde schon in Erl. 4 zu § 334 erwähnt.

6. Beispiel: Der Assessor A beim Amtsgericht X hat gegen den Kraftfahrer B nach Ablauf der Verjährungsfrist eine Strafverfügung gemäß § 413 StPO. erlassen (siehe Anhang 4, Abschnitt K III, S. 387). A gibt zu seiner Entlastung an, sein Wille sei nur darauf gerichtet gewesen, im Hinblick auf eine bevorstehende Dienstprüfung seine Nachlässigkeit in der Führung des Amtes zu verdecken. Dieser Einwand ist bedeutungslos. A hat sich eines Verbrechens nach § 336 schuldig gemacht, denn er hat gewußt, daß die Strafverfolgung der angezeigten Übertretung durch Verjährung ausgeschlossen war, daß er also „das Recht beuge", wenn er trotzdem eine Strafverfügung erlasse, und er hat ferner gewußt, daß er durch die Verhängung der Strafe den B benachteilige. Es ist somit also auch der innere (subjektive) Tatbestand des § 336 gegeben.

§ 337 Weggefallen.

Dieser Paragraph ist ersetzt durch § 67 des Personenstandsgesetzes vom 3. Nov. 1937: „Wer die religiösen Feierlichkeiten einer Eheschließung vornimmt, bevor die Ehe vor dem Standesbeamten geschlossen ist, wird mit Geldstrafe oder Gefängnis bestraft. Eine Bestrafung tritt nicht ein, wenn einer der Verlobten lebensgefährlich erkrankt und ein Aufschub nicht möglich ist."

§ 338. Weggefallen. (Betraf Beihilfe zur Doppelehe.)

§ 339. Weggefallen. (Betraf Nötigung im Amte.)

Körperverletzung im Amte.

§ 340. (1) Ein Beamter, welcher in Ausübung oder in Veranlassung der Ausübung seines Amtes vorsätzlich eine Körperverletzung begeht oder begehen läßt, wird mit Gefängnis nicht unter drei Monaten bestraft. Sind mildernde Umstände vorhanden, so kann die Strafe bis auf einen Tag Gefängnis ermäßigt oder auf Geldstrafe erkannt werden.

(2) Ist die Körperverletzung eine schwere, so ist auf Zuchthaus nicht unter zwei Jahren zu erkennen. Sind mildernde Umstände vorhanden, so tritt Gefängnisstrafe nicht unter drei Monaten ein.

1. Die Körperverletzung im Amt, ein uneigentliches Amtsdelikt (siehe Vorbem. Ziff. 4 vor § 331, und Erl. 4 a cc zu § 50), ist als Sondertatbestand in § 340 unter Strafe gestellt. Die Bestimmungen des § 232 (Strafantrag) und des § 233 (Kompensation) finden daher keine Anwendung. Es wird also auch die leichte Körperverletzung (§ 223) von amtswegen verfolgt. Die Zuerkennung einer Buße ist aber zulässig, da § 231 alle Fälle der Körperverletzung umfaßt.

2. Es müssen alle Tatbestandsmerkmale der Körperverletzung, wie sie in § 223 bestimmt sind, vorliegen. Zum Tatbestand des § 223 muß noch hinzukommen, daß der Täter ein Beamter ist, sowie die Tatsache, daß er in Ausübung oder in Veranlassung der Ausübung seines Amtes die Körperverletzung begeht. Ist die im Amt begangene Körperverletzung eine erschwerte (§ 223a), so liegt Tateinheit (§ 73) zwischen § 340 Abs. 1 und § 223a vor, während für die schwere Körperverletzung (§ 224) § 340 Abs. 2 eine besondere Vorschrift enthält, durch die eine gleichzeitige Anwendung des § 224 ausgeschlossen wird (Gesetzeskonkurrenz). Ist aber Todesfolge eingetreten, so kommt § 226 zur Anwendung.

3. Der Beamte wird nach dieser Vorschrift bestraft, nicht nur, wenn er die Körperverletzung selbst begeht, sondern auch wenn er sie von anderen, z. B. von Untergebenen, begehen läßt. Darunter ist aber nicht schon ein bloßes Nichtverhindern der Untergebenen gemeint (ein solches würde disziplinär zu ahnden sein), sondern nur ein, wenn auch stillschweigendes, Anordnen, es sei denn, daß eine besondere Amtspflicht des Beamten zur Verhinderung besteht. Das bloße Geschehenlassen einer Körperverletzung würde nach § 357 strafbar sein. (RG. 59, 86.)

4. Solange die Körperverletzung Folge der rechtmäßigen Ausübung des Amtes ist, ist der Beamte natürlich straflos. Sobald der Beamte aber bewußt die ihm durch Dienstvorschriften (z. B. bei Ausübung der Waffengewalt, der Schulzucht) gezogenen Grenzen überschreitet, ist er für die in dieser Überschreitung begangenen Mißhandlungen nach § 340 strafbar.

5. Eine fahrlässige Körperverletzung im Amte gibt es nicht. Wenn der Beamte aber fahrlässigerweise die Grenzen einer erlaubten Körperverletzung überschreitet oder über die tatsächlichen Voraussetzungen einer an sich erlaubten Körperverletzung irrt, so kann er wegen fahrlässiger Körperverletzung nach § 230 strafrechtlich zur Verantwortung gezogen werden. (Siehe „Einführende Vorbemerkungen zum Strafrecht", Seite 1 ff., Abschnitt D I, 2a, S. 19.

6. Wegen Nebenstrafe siehe § 358, wegen Strafschärfung § 94.

7. Beispiele:

a) Der Polizeibeamte A verprügelt den von ihm vorläufig festgenommenen B, weil dieser Widerstand leistet, oder er läßt zu, daß Personen aus dem Publikum den B mißhandeln: A macht sich nach § 340 strafbar.

b) Der Straßenbahnschaffner A der Städtischen Straßenbahn in X fordert den B, der auf einen vollbesetzten, in Fahrt befindlichen Wagen aufspringt, auf, den Wagen wieder zu verlassen und gibt das Zeichen zum Halten. Noch bevor die Bahn zum Stehen gekommen ist, versetzt A dem B einen heftigen Stoß vor die Brust, so daß dieser zu Boden stürzt und ohnmächtig liegen bleibt. A gibt trotzdem das Zeichen zur Weiterfahrt, ohne sich um B zu kümmern: A hat sich wegen Körperverletzung im Amt gemäß § 340 schuldig gemacht, begangen in Tateinheit mit gefährlicher Körperverletzung nach § 223a. (Falls die durch das gewaltsame Herabstoßen bewirkte Körperverletzung eine schwere i. S. des § 224 war, dann erfolgt Bestrafung nach § 340 Abs. 2.) Da sich A um den Verletzten nicht kümmerte, hat er sich außerdem wegen unterlassener Hilfeleistung nach § 330c und schließlich auch wegen Führerflucht nach § 142 strafbar gemacht, denn als „Verkehrsunfall" ist jedes Ereignis anzusehen, das mit dem Verkehr und seinen Gefahren in ursächlichem Zusammenhang steht und zur Verletzung eines Menschen oder zur Beschädigung einer Sache geführt hat. Bezüglich sämtlicher Straftaten liegt Tateinheit (§ 73) vor. (Siehe RG. 75, 355.)

Freiheitsberaubung im Amte.

§ 341. Ein Beamter, welcher vorsätzlich, ohne hierzu berechtigt zu sein, eine Verhaftung oder vorläufige Ergreifung und Festnahme oder Zwangsgestellung vornimmt oder vornehmen läßt, oder die Dauer einer Freiheitsentziehung verlängert, wird nach Vorschrift des § 239, jedoch mindestens mit Gefängnis von drei Monaten bestraft.

1. Die Freiheitsberaubung im Amte, ein Sonderfall des § 239, der mit erhöhter Strafe bedroht ist, ist ein uneigentliches Amtsdelikt (siehe Vorbem. Ziff. 4 vor § 331).

2. Während § 239 jede Art widerrechtlicher Freiheitsberaubung mit Strafe bedroht, beschränkt § 341 das Delikt auf vier besondere Arten der Freiheitsentziehung:

a) Unter den Begriff „Verhaftung" fallen vor allem die Untersuchungshaft (§§ 112ff. StPO.) und die Verhaftung nach § 457 StPO. (Siehe ferner §§ 126a, 230, 236 StPO., §§ 101, 106 KO.)

b) „Vorläufige Ergreifung und Festnahme" ist die vorübergehende Freiheitsentziehung, welche zur Sicherung der Verhaftung ohne schriftlichen Haftbefehl vollzogen wird, vor allem die vorläufige Festnahme des § 127 Abs. 2 StPO.

c) „Zwangsgestellung" ist gleichbedeutend mit „Vorführung", wie sie z. B. in §§ 51, 133, 134, 230, 236, StPO. vorgesehen ist.

d) Die „Verlängerung der Dauer der Freiheitsentziehung" kann bei allen, oben in a bis c genannten Fällen in Frage kommen, mit Ausnahme der Strafhaft, deren unbegründete Verlängerung in § 345 unter besondere Strafe gestellt ist. (Siehe die dortigen Erläuterungen.)

3. Als Täter kommt nur ein Beamter in Frage, und zwar ohne Rücksicht darauf, ob er an sich zu Verhaftungen usw. berechtigt ist. Es genügt, daß er in amtlicher Eigenschaft auftritt. (RG. 27, 287.)

4. Der Tatbestand des § 341 ist nicht nur erfüllt, wenn der Beamte selbst die unberechtigte Freiheitsentziehung vornimmt, sondern auch dann, wenn er sie vornehmen läßt. (Siehe Erl. 3 zu § 340.)

5. Zum inneren Tatbestand gehört lediglich das Bewußtsein des Täters, daß er zur Vornahme der Verhaftung oder sonstigen Freiheitsentziehung nicht berechtigt ist.

6. Da § 341 einen Spezialfall des § 239 darstellt, ist zwischen diesen beiden Gesetzesstellen Gesetzeskonkurrenz gegeben.

7. Wegen Nebenstrafe vgl. § 358, wegen Strafschärfung § 94.

8. Beispiele:

a) Der Polizeibeamte A nimmt den B wegen Diebstahlsverdachts vorläufig fest, um seine Personalien festzustellen und bringt ihn zu diesem Zwecke auf die Polizeiwache. Da sich A über das Verhalten des B, der sich bei der Festnahme auf der Straße geweigert hatte, seine Personalien anzugeben, geärgert hat, läßt er ihn nach einwandfreier Feststellung der Persönlichkeit noch einige Stunden im Notarrest sitzen: A ist nach § 341 strafbar.

b) Der Polizeibeamte A ist mit B verfeindet, weil dieser sich bei der vorgesetzten Dienststelle über A beschwert hatte. A bestellt den B auf die Polizeiwache. Dort gibt A dem Wachthabenden einen bewußt unwahren Bericht über eine angeblich von B begangene strafbare Handlung und veranlaßt hierdurch den Wachthabenden zu der Anordnung, den B der Staatsanwaltschaft zwecks Erwirkung eines Haftbefehls vorzuführen, was dann auch geschieht: Da der Begriff des „Vornehmenlassens" nicht voraussetzt, daß sich der Täter zur Freiheitsentziehung eines Untergebenen bedient, sondern schon die Tatsache genügt, daß der Täter eine Ursache für die Freiheitsentziehung setzt, ist A auch in diesem Falle nach § 341 strafbar. Würde der falsche Bericht des A nur auf Fahrlässigkeit beruhen, dann wäre A straflos, da es eine fahrlässige Freiheitsberaubung nicht gibt. (RG. 66, 59.)

Hausfriedensbruch im Amte.

§ 342. Ein Beamter, der in Ausübung oder in Veranlassung der Ausübung seines Amtes einen Hausfriedensbruch (§ 123) begeht, wird mit Gefängnis bis zu einem Jahre oder mit Geldstrafe bestraft.

1. Der Hausfriedensbruch im Amte, ein Sonderfall des § 123, der mit erhöhter Strafe bedroht ist, ist, wie die Körperverletzung im Amt (§ 340) und die Freiheitsberaubung im Amt (§ 341) ein uneigentliches Amtsdelikt (siehe Vorbem. Ziff. 4 vor § 331). Ein Strafantrag, wie er im § 123 Abs. 3 als Voraussetzung einer Strafverfolgung verlangt wird, ist für eine Verfolgung wegen Vergehens nach § 342 ebensowenig erforderlich wie im Falle des § 340.

2. Zum äußeren Tatbestand des § 123 muß noch hinzukommen die Beamteneigenschaft des Täters und die Tatsache, daß er in Ausübung oder in Veranlassung der Ausübung seines Amtes den Hausfriedensbruch begeht. (Siehe auch Erl. 3 zu § 340.)

3. Die Rechtswidrigkeit des Vergehens nach § 342, d. h. die Widerrechtlichkeit des Eindringens bzw. Verweilens wird häufig durch amtliche Befugnisse (z. B. Durchsuchung, Verhaftung, Vornahme einer Pfändung durch den Gerichtsvollzieher) ausgeschlossen sein.

4. Der innere Tatbestand (der Vorsatz) muß nicht nur die Merkmale des § 123 umfassen, sondern auch die in Erl. 2 genannten Tatsachen.

5. Der Tatbestand des § 342 kann tateinheitlich (§ 73) mit demjenigen des § 123 Abs. 2 zusammenfallen. Dagegen besteht zwischen § 342 und Abs. 1 des § 123 Gesetzeskonkurrenz. Wegen Strafschärfung siehe § 94.

Aussageerpressung.

§ 343. Ein Beamter, welcher in einer Untersuchung Zwangsmittel anwendet oder anwenden läßt, um Geständnisse oder Aussagen zu erpressen, wird mit Zuchthaus bis zu fünf Jahren bestraft.

1. Es handelt sich bei dieser Gesetzesstelle um ein eigentliches Amtsdelikt (siehe Vorbem. Ziff. 4 vor § 331). Wegen Strafschärfung siehe § 94.

2. Der äußere Tatbestand verlangt, daß ein Beamter in einer Untersuchung Zwangsmittel anwendet oder anwenden läßt.

a) Unter „Untersuchung" ist jedes Verfahren zu verstehen, welches die Ermittlung einer gesetzlich strafbaren Handlung und deren Ahndung bezweckt. Unter diesen Begriff fallen also nicht nur das polizeiliche, staatsanwaltschaftliche und gerichtliche Ermittlungsverfahren, sondern auch das Disziplinarverfahren und das Verwaltungsstrafverfahren bei Portodefraudationen und bei Zuwiderhandlungen gegen Zoll- und Steuergesetze, sowie die Ordnungsstrafverfahren. (BGH. 2, 148; 6, 144).

b) Aus dieser Feststellung ergibt sich weiter, daß als Täter jeder Beamte in Frage kommen kann, der bei einem der in a) genannten Untersuchungsverfahren mitwirkt.

c) „Zwangsmittel" sind alle Mittel, durch die die Freiheit der Willensbetätigung beeinflußt werden soll, also nicht nur die in § 240 genannten Mittel der Gewalt oder Drohung mit einem empfindlichen Übel, sondern z. B. auch Einsperrung, Nahrungs- und Schlafentzug, oder Verabfolgung bestimmter Medikamente, die den zu Vernehmenden zum Reden veranlassen sollen. Siehe hierzu auch § 136a StPO. (Anhang 4 „Das Strafprozeßrecht", Abschnitt D II 2c, cc, S. 371) und BGH. 5, 332 betr. Verbot der Untersuchung mit dem „Polygraphen" (Lügendetektor). Nicht zu den „Zwangsmitteln" in diesem Sinne gehören die gesetzlich vorgesehenen Zwangsmittel wie z. B. die Haft gegen einen Zeugen, der die Aussage ohne gesetzlichen Grund verweigert. (RG. 71, 374.)

d) Die Handlung besteht in dem „Anwenden" oder „Anwendenlassen". Die letztere Begehungsform entspricht dem „Begehenlassen" in § 340 und dem „Vornehmenlassen" in § 341. (Siehe hierzu Erl. 3 zu § 340 und Erl. 4 zu § 341.)

3. Der innere Tatbestand verlangt das Bewußtsein des Täters, daß das von ihm angewandte Zwangsmittel unerlaubt ist, und ferner die Absicht, Geständnisse oder Aussagen zu erpressen.

a) Als „Geständnis" hat nicht nur ein formelles Schuldbekenntnis zu gelten, sondern jede Einräumung einer für das Verfahren bedeutsamen Tatsache.

b) Zu den „Aussagen" gehören diejenigen Erklärungen des Beschuldigten, die kein Geständnis enthalten, sowie alle Erklärungen von Zeugen und Sachverständigen.

c) „Erpressen" ist i. S. von „Nötigen" zu verstehen. (RG. 71, 375.)

4. Vollendet ist das Verbrechen des § 343 schon mit der Anwendung eines Zwangsmittels. Der Eintritt des beabsichtigten Erfolgs ist zur Erfüllung des Tatbestands nicht erforderlich.

5. Mit § 240 steht § 343 in Gesetzeskonkurrenz.

6. Beispiele:

a) Der Polizeibeamte A mißhandelt den von ihm zu vernehmenden Beschuldigten B, um ihn zu einem Geständnis zu veranlassen, oder er droht ihm mit Entzug der Nahrung für die Dauer von 3 Tagen: In beiden Fällen macht sich A eines Verbrechens nach § 343 schuldig.

b) Der Referendar A, der am Amtsgericht X einen erkrankten Richter vertritt, vernimmt in einem staatsanwaltschaftlichen Ermittlungsverfahren auf Ersuchen einer auswärtigen Staatsanwaltschaft den B als Zeugen. Da dieser sich ohne gesetzlichen Grund weigert, bestimmte Fragen des A zu beantworten, droht A dem B eine Haftstrafe von zwei Wochen an, falls er auf seiner Aussageverweigerung beharre: Es liegt keine Aussageerpressung vor, da das angedrohte Zwangsmittel eine nach § 70 Abs. 2 StPO. erlaubte Maßnahme (sog. Zwangshaft) darstellt. Anders, d. h. im Sinne der Bejahung des Tatbestands des § 343 wäre zu entscheiden, wenn A zu dem gleichen Zwecke mit einer sofortigen Verhaftung wegen Verdachts der Mittäterschaft drohen würde, obwohl er sich bewußt ist, daß die gesetzlichen Voraussetzungen eines Haftbefehls nicht gegeben sind.

Verfolgung Unschuldiger.

§ 344. Ein Beamter, welcher vorsätzlich zum Nachteile einer Person, deren Unschuld ihm bekannt ist, die Eröffnung oder Fortsetzung einer Untersuchung beantragt oder beschließt, wird mit Zuchthaus bestraft.

1. Die Verfolgung Unschuldiger, die einen Sonderfall der Rechtsbeugung (§ 336) darstellt, gehört zu den eigentlichen Amtsdelikten (siehe Vorbem. Ziff. 4 vor § 331). Wegen Strafschärfung siehe § 94.

2. Der Begriff der „Untersuchung" hat hier die gleiche Bedeutung wie in § 343 (siehe die dortige Erl. 2a). (Die Wissenschaft vertritt vielfach den Stand-

punkt, daß als „Untersuchung" i. S. des § 344 nur die förmliche Untersuchung in Frage komme, so daß das staatsanwaltschaftliche und polizeiliche Ermittlungsverfahren nicht unter § 344 falle. Diese Ansicht wurde in BGH. 1, 255 abgelehnt.)

3. Unter den Begriff „Unschuld" fällt sowohl die Nichtschuld als auch die geringere Schuld, z. B. Nötigung statt Erpressung.

4. Der innere Tatbestand verlangt Vorsatz, d. h. der Täter muß wissen, daß der Verfolgte unschuldig ist und muß das Bewußtsein haben, daß die eingeleitete Maßnahme dem zu Unrecht Verfolgten zum Nachteile gereicht.

Unzulässige Strafvollstreckung.

§ 345. (1) Ein Beamter, der vorsätzlich eine Strafe oder eine Maßregel der Sicherung und Besserung vollstreckt, die nicht zu vollstrecken ist, wird mit Zuchthaus bestraft.

(2) Ist die Handlung aus Fahrlässigkeit begangen, so tritt Gefängnisstrafe oder Einschließung bis zu einem Jahre oder Geldstrafe ein.

1. Die unzulässige Strafvollstreckung ist ein eigentliches Amtsdelikt (siehe Vorbem. Ziff. 4 vor § 331).

2. Zu den Strafen i. S. des § 345 gehören nicht nur die rein kriminellen Strafen, sondern auch die Disziplinar- oder Ordnungsstrafen.

3. Der Begriff der Strafvollstreckung umfaßt die Gesamtheit derjenigen Maßregeln, durch welche die Verbüßung der Strafe bewerkstelligt wird.

4. Als Täter kommen nicht nur Beamte in Frage, die zur unmittelbaren Mitwirkung bei der Vollstreckung einer Strafe oder einer Maßregel der Sicherung und Besserung (§§ 42a bis n) berufen sind (Richter, Beamte der Staatsanwaltschaft und Gefängnisbeamte); denn § 345 enthält, im Gegensatz zu § 346, keine Einschränkung auf die mit der Strafvollstreckung befaßten Beamten. Es kann vielmehr Täter des § 345 jeder Beamte sein, der durch sein Tun oder Unterlassen unmittelbar oder mittelbar den in § 345 vorausgesetzten Erfolg mitverursacht, und zwar ohne Rücksicht darauf, ob der Beamte an leitender oder untergeordneter Stelle tätig geworden ist. (RG. 63, 175.)

5. Eine Strafe ist „nicht zu vollstrecken", wenn sie noch nicht rechtskräftig ist oder wenn Bewährungsfrist erteilt wurde oder bei subsidiärer Freiheitsstrafe, solange die Uneinbringlichkeit der Geldstrafe nicht feststeht, oder wenn sie die im Urteil festgesetzte Strafdauer überschreitet.

6. Der innere Tatbestand sieht Vorsatz (Abs. 1) und Fahrlässigkeit (Abs. 2) vor.

a) Zum Vorsatz gehört das Bewußtsein des Täters, daß sein Verhalten die Vollstreckung einer Strafe oder Maßregel der Sicherung oder Besserung zur Folge hat und daß diese Vollstreckung unzulässig ist (bedingter Vorsatz genügt).

b) Fahrlässigkeit liegt vor, wenn der Täter infolge schuldhaften Irrtums nicht weiß, daß sein Verhalten überhaupt eine Strafvollstreckung bewirken kann oder daß diese Strafvollstreckung unzulässig ist.

7. Wegen Einschließung siehe Erl. zu § 17, wegen Strafschärfung § 94.

8. Beispiele:

a) A, der Urkundsbeamte bei der Geschäftsstelle des Amtsgerichts X, trägt in einem an eine auswärtige Behörde gerichteten Ersuchen um Vollstreckung einer Gefängnisstrafe eine solche von fünf Wochen ein, während laut Urteilstenor die Strafe nur vier Wochen Gefängnis beträgt. Der Amtsrichter B unterschreibt das Ersuchen, ohne die eingesetzte Strafe mit dem Urteilstenor zu vergleichen, da er glaubt, sich auf seinen als zuverlässig bekannten Mitarbeiter verlassen zu können. Infolge dieses Irrtums wird eine Strafe von fünf statt vier Wochen Gefängnis an C vollstreckt: Wenn den beiden Beamten ein fahrlässiges Verschulden nachgewiesen werden kann, d. h. wenn nach Sachlage die Annahme gerechtfertigt ist, daß sie bei Anwendung der gebotenen und nach ihren persönlichen Verhältnissen ihnen möglichen Aufmerksamkeit voraussehen konnten, daß nach allgemeiner Erfahrung durch die Vorlegung eines unrichtigen Entwurfs bzw. durch das Unterschreiben ohne Nachprüfung die Möglichkeit einer unzulässigen Strafvollstreckung eröffnet werde, dann sind beide Beamte wegen fahrlässig begangener unzulässiger Strafvollstreckung gemäß § 345 Abs. 2 zu bestrafen. Sollte A vorsätzlich gehandelt haben (z. B. weil er mit C verfeindet war), dann käme für ihn eine Zuchthausstrafe nach § 345 Abs. 1 in Frage, während auch in diesem Falle daneben der Amtsrichter B gemäß Abs. 2 des § 345 wegen fahrlässiger Tat bestraft werden könnte. (Siehe RG. 63, 175.)

b) Weitere Beispiele: Ebenfalls nach Abs. 1 oder Abs. 2 des § 345 kann bestraft werden, wer als Urkundsbeamter durch falsche Beurkundung der Zurücknahme eines Rechtsmittels eine unzulässige Strafvollstreckung herbeiführt, oder wer als Gefängnisbeamter durch Unterlassung der ihm obliegenden Eintragung des Entlassungstages im Terminskalender eine längere als die urteilsmäßige Festhaltung eines Gefangenen herbeiführt, oder wer als Gerichtsschreiber durch unrichtige Beurkundung eines in einer Hauptverhandlung ergangenen Urteils eine unzulässige Strafvollstreckung verschuldet. (Siehe RG. 19, 346; 30, 136.)

Amtsbegünstigung.

§ 346. (1) Ein Beamter, der vermöge seines Amtes zur Mitwirkung bei einem Strafverfahren oder bei der Vollstreckung einer Strafe oder einer Maßregel der Sicherung und Besserung berufen ist und wissentlich jemand der im Gesetz vorgesehenen Strafe oder Maßregel entzieht, wird mit Zuchthaus bis zu fünf Jahren bestraft.

(2) Sind mildernde Umstände vorhanden, so tritt Gefängnisstrafe nicht unter einem Monat ein.

1. Die Amtsbegünstigung, auch Begünstigung im Amt genannt, ist ein Spezialfall der §§ 257, 257a, also ein unechtes Amtsdelikt (siehe Vorbem. Ziff. 4 vor § 331). Während die Strafverfolgung Unschuldiger und die unzulässige Strafvollstreckung in zwei getrennten Gesetzesstellen (§§ 344, 345) erfaßt sind, wird der umgekehrte Fall, nämlich die unterlassene Strafverfolgung und die unterlassene Strafvollstreckung in einer Gesetzesstelle behandelt. In § 346 soll das staatliche Recht auf Bestrafung des Schuldigen sichergestellt werden.

2. Zu den Beamten des § 346, welche vermöge ihres Amtes zur Mitwirkung bei einem Strafverfahren oder bei der Vollstreckung einer Strafe oder einer Maßregel der Sicherung oder Besserung berufen sind, gehören nicht nur die verantwortlichen Leiter oder Abteilungsvorsteher, sondern ganz allgemein alle Beamten, die in irgendeiner Form an der Durchführung des Strafverfahrens (einschließlich Strafvollstreckung) amtlich beteiligt sind. Es kommen also als Täter nicht nur Staatsanwälte, Richter und Leiter der Strafanstalten,

sondern auch die Hilfsbeamten der Staatsanwaltschaft und Justizbeamten der Strafgerichte, ferner die Beamten des Polizeidienstes, sowie Finanzbeamte bei Bestrafung von Steuerzuwiderhandlungen in Betracht. Andererseits kann aber Täter des § 346 nicht ein Beamter sein, der nur vorbereitende, aber keine entscheidenden Maßnahmen getroffen hat. Der Dienstvorgesetzte ist als solcher nicht ohne weiteres verpflichtet, Straftaten eines ihm unterstellten Beamten oder Angestellten der Strafverfolgungsbehörde anzuzeigen. (Siehe aber BGH. 4, 167.)

3. „Entzogen" wird jemand „der im Gesetz vorgesehenen Strafe oder Maßregel" schon dann, wenn der Beamte, der zur Mitwirkung bei der Strafverfolgung oder Strafvollstreckung usw. berufen ist, durch sein Verhalten bewirkt, daß der staatliche Strafanspruch mindestens für eine gewisse Zeit unverwirklicht bleibt. Zur Vollendung des Entziehens gehört also nicht, daß der Strafverfolgungs- bzw. Strafvollstreckungsanspruch endgültig vereitelt wird. (RG. 70, 254.)

Das Entziehen kann sich im einzelnen folgendermaßen gestalten:

a) Der Täter unterläßt die Verfolgung der strafbaren Handlung.

b) Der Täter nimmt eine Handlung vor, die geeignet ist, eine Freisprechung oder eine dem Gesetz nicht entsprechende Bestrafung zu erwirken, z. B. Weglassen erheblicher, dem Beschuldigten nachteiliger Tatsachen in der Anzeige.

c) Der Täter unterläßt es, die rechtskräftig erkannte Strafe zu vollstrecken.

d) Der Täter verkürzt die Strafdauer der erkannten Strafe oder bringt eine gelindere als die erkannte Strafe zur Vollstreckung.

4. Da §§ 152 Abs. 2, 160 StPO. der Staatsanwaltschaft, und § 163 StPO. den Behörden und Beamten des Polizeidienstes die gesetzliche Verpflichtung auferlegen, wegen aller gerichtlich strafbaren und verfolgbaren Handlungen einzuschreiten (es sei denn, daß die Verfolgung in das Ermessen der Staatsanwaltschaft gestellt ist wie z. B. in § 153 StPO.), macht sich nach § 346 derjenige staatsanwaltschaftliche Beamte oder Polizeibeamte strafbar, welcher mit dem Bewußtsein, gegen diese gesetzliche Verpflichtung zu handeln, es unterläßt, wegen einer Straftat, von der er dienstlich Kenntnis erlangt hat, die gebotenen Maßnahmen zu ergreifen, insbesondere eine Anzeige zu erstatten. (Eine außerdienstliche Kenntnisnahme begründet im allgemeinen noch keine Pflicht zum Einschreiten, es sei denn, daß es sich um eine besonders schwere Straftat, z. B. Mord oder Totschlag handelt. Andererseits genügt für eine Verfolgungspflicht schon ein dem Beamten zu Ohren gekommenes allgemeines Gerücht.)

5. Für den inneren Tatbestand verlangt das Gesetz bestimmten Vorsatz (Wissentlichkeit); dolus eventualis genügt also nicht. Ein weiteres darüber hinausgehendes Merkmal, etwa das Vorliegen eines bestimmten Beweggrunds für das Verhalten des Täters wird nicht gefordert.

6. Die Rechtswidrigkeit kann infolge von Pflichtenkollision fehlen, d. h. eine Bestrafung nach § 346 ist ausgeschlossen, wenn der pflichtvergessene Beamte an der fraglichen Tat selbst beteiligt ist, als Teilnehmer i. S. der §§ 47ff. oder als Begünstiger, wenn also die zu verfolgende Tat für ihn keine fremde ist. (Siehe hierzu auch Erl. 6 zu § 139.)

7. Zwischen § 346 einerseits und §§ 257, 257a andererseits besteht Gesetzeskonkurrenz. Wegen Strafschärfung siehe § 94.

8. Beispiele:

a) Unterlassene Strafverfolgung: Der Polizeibeamte A unterläßt es, gegen B, mit dem er befreundet ist, eine Anzeige wegen Betrugs vorzulegen, obwohl der Geschädigte C eine diesbezügliche begründete Anzeige mündlich bei A erstattet hat. (RG. 70, 252.) Oder: Der Polizeibeamte A legt eine Meldung gegen „Unbekannt" wegen Diebstahls vor, obwohl er weiß, daß B als Täter in Frage kommt. (RG. 63, 276.) Oder: Der Polizeibeamte erfährt durch ein allgemeines Gerücht, daß im Nebenzimmer einer Weinwirtschaft der Geschlechtsverkehr einer Kellnerin mit den Stammgästen des Lokals durch den Wirt B geduldet und gefördert werde. A unterläßt es, gegen B Anzeige wegen Kuppelei zu erstatten. Er besucht vielmehr gelegentlich selbst dieses Lokal und verkehrt wiederholt geschlechtlich mit der Kellnerin: A hat sich durch dieses Verhalten nach § 346 strafbar gemacht. Zu seiner Entlastung macht er geltend, er habe deshalb keine Anzeige erstattet, weil er sonst mit einem Dienststrafverfahren oder sogar mit der Gefahr strafgerichtlicher Verfolgung wegen Ehebruchs hätte rechnen müssen; es sei ihm also bei Unterlassung der Anzeige in erster Linie darauf angekommen, sich selbst vor Bestrafung zu schützen. Dieser Einwand ist unbeachtlich, und zwar schon aus dem Grunde, weil das Verhalten des Polizeibeamten (der Geschlechtsverkehr mit der Kellnerin) keine strafbare Teilnahmehandlung an der Kuppelei darstellt, und der dabei begangene Ehebruch, mag er auch mit der Haupttat in einem engeren tatsächlichen Zusammenhang stehen, ebenfalls nicht als unmittelbare Teilnahmehandlung an der Kuppelei aufgefaßt werden kann; schließlich kann die Besorgnis, in ein Dienststrafverfahren verwickelt zu werden, niemals eine Befreiung von der Anzeigepflicht bewirken. Abgesehen von all diesen Erwägungen ist aber noch folgendes zu beachten: Die „Zwangslage" ist erst nachträglich eingetreten, nachdem im Hinblick auf das allgemeine Gerücht schon eine Amtspflicht zur Anzeigeerstattung entstanden und ohne Gewissensnot für A zu erfüllen war. Der für §§ 138, 257 und 346 allgemein anerkannte Grundsatz, daß niemand verpflichtet ist, sich selbst anzuzeigen, ist demnach im vorliegenden Falle nicht geeignet, die Handlungsweise des A ihrer Rechtswidrigkeit zu entkleiden. (Siehe auch Erl. 11 zu § 257 und RG. 70, 251 und BGH. 4, 167.)

b) Beispiel für unterlassene Strafvollstreckung: Siehe Erl. 6 zu § 332.

Entweichenlassen von Gefangenen.

§ 347. (1) Ein Beamter, welcher einen Gefangenen, dessen Beaufsichtigung, Begleitung oder Bewachung ihm anvertraut ist, vorsätzlich entweichen läßt oder dessen Befreiung vorsätzlich bewirkt oder befördert, wird mit Zuchthaus bis zu fünf Jahren bestraft. Sind mildernde Umstände vorhanden, so tritt Gefängnisstrafe nicht unter einem Monat ein.

(2) Ist die Entweichung durch Fahrlässigkeit befördert oder erleichtert worden, so tritt Gefängnisstrafe bis zu sechs Monaten oder Geldstrafe ein.

(3) Einem Gefangenen steht gleich, wer in Sicherungsverwahrung oder in einem Arbeitshaus untergebracht ist.

1. Die Gefangenenbefreiung des § 347 ist ein qualifizierter Fall des § 121, also ein unechtes Amtsdelikt (siehe Vorbem. Ziff. 4 vor § 331).

2. Wegen des Begriffs „Gefangener" vgl. Erl. 1 zu § 120.

3. Täter kann jeder Beamte sein, der vermöge seines Amtes über die Person des Gefangenen unmittelbar oder mittelbar eine Aufsicht zu führen hat; Gefängnis-

beamte, die lediglich mit Büroarbeiten befaßt sind, scheiden als Täter des § 347 aus. (RG. 58, 271.)

4. Das Tatbestandsmerkmal „anvertraut" hat die gleiche Bedeutung wie das Tatbestandsmerkmal „beauftragt" in § 121. Es genügt also, wenn für den Beamten eine Pflicht zur Beaufsichtigung des tatsächlich, wenn auch auf Grund eigener Initiative (siehe § 127 Abs. 2 StPO.), in seine Gewalt und Obhut gelangten Gefangenen besteht.

5. Die Täterhandlung (Ausführungshandlung) besteht wie in § 121 darin, daß der Täter vorsätzlich den Gefangenen entweichen läßt, sich also seiner Selbstbefreiung nicht widersetzt, ohne seinerseits irgendwie aktiv tätig zu werden (echtes Unterlassungsdelikt) oder daß er die Befreiung bewirkt oder befördert, d. h. den tatsächlichen Zustand der Freiheit herbeiführt. (Die Tatsache, daß in Erweiterung des Tatbestands des § 121 in Abs. 1 des § 347 neben dem „Befördern" auch noch das „Erleichtern" in das Gesetz aufgenommen wurde, ist praktisch ohne Bedeutung.)

6. Für den inneren Tatbestand kommt Vorsatz (Abs. 1) oder Fahrlässigkeit (Abs. 2) in Frage. Letztere liegt vor, wenn der Täter voraussehen konnte, daß ein Entweichen möglich ist.

7. Vollendet ist das Delikt des § 347, wenn die Entweichung oder Befreiung tatsächlich gelungen ist. Wegen Strafschärfung siehe § 94.

8. Beispiele:

a) Zu Abs. 1 des § 347: Der Gefängnisaufseher A, der mit dem Strafgefangenen B befreundet ist, läßt absichtlich dessen Zellentür unverschlossen und ermöglicht dadurch dem B, vor Ablauf seiner Strafzeit in die Freiheit zu gelangen. Siehe ferner das Beispiel in Erl. 6 zu § 332.

b) Zu Abs. 2 des § 347: Der Gefängnisinspektor A, der gleichzeitig als Rechtspfleger für die Strafvollstreckung eingesetzt war, irrt sich bei der Berechnung der Strafzeit des B und bewirkt dadurch dessen vorzeitige Entlassung aus der Strafhaft: War der Irrtum vermeidbar, d. h. hat ihn A verschuldet, dann liegt der Tatbestand des Abs. 2 des § 347 vor.

Falschbeurkundung und Urkundenfälschung im Amte.

§ 348. (1) Ein Beamter, welcher, zur Aufnahme öffentlicher Urkunden befugt, innerhalb seiner Zuständigkeit vorsätzlich eine rechtlich erhebliche Tatsache falsch beurkundet oder in öffentliche Register oder Bücher falsch einträgt, wird mit Gefängnis nicht unter einem Monat bestraft.

(2) Dieselbe Strafe trifft einen Beamten, welcher eine ihm amtlich anvertraute oder zugängliche Urkunde vorsätzlich vernichtet, beiseite schafft, beschädigt oder verfälscht.

(3) Der Versuch ist strafbar.

(4) In schweren Fällen ist die Strafe Zuchthaus.

1. Der Abs. 1 enthält die sog. Falschbeurkundung, d. h. die Herstellung einer an sich echten öffentlichen Urkunde mit unwahrem Inhalt, während das Wesen der Urkundenfälschung nach § 267 in der Herstellung einer unechten Urkunde mit wahrem oder unwahrem Inhalt besteht. (Siehe Erl. 1 zu § 267.)

a) Die Falschbeurkundung des Abs. 1 des § 348 ist ein sog. echtes Beamtendelikt, d. h. ein Vergehen, das nur von einem Beamten begangen werden kann. (Siehe Vorb. Z. 4 zu § 331 und Erl. 5 zu § 50.)

b) Während der Nichtbeamte, welcher vorsätzlich einen gutgläubigen Beamten zur Beurkundung einer Lüge in einer öffentlichen Urkunde veranlaßt, nach § 271 (intellektuelle Urkundenfälschung) bestraft wird (siehe Erl. 1 u. 2 zu § 271), wird der Beamte, der vorsätzlich eine Lüge beurkundet, nach § 348 Abs. 1 bestraft, und der Nichtbeamte im letzteren Falle wegen Anstiftung (§ 48) zu dem Vergehen des § 348 Abs. 1.

c) Als Täter des Abs. 1 kommen nur Beamte in Frage, die zur Aufnahme öffentlicher Urkunden befugt sind.

aa) Der Ausdruck „Aufnahme" ist gleichbedeutend mit „Ausstellen".

bb) Ebenso wie in § 271 kommen auch für § 348 Abs. 1 nur solche öffentliche Urkunden in Frage, die Beweis für und gegen jedermann zu erbringen bestimmt sind. Nicht hierher gehören also Feststellungen, die nur für den inneren Dienst bestimmt sind. (Siehe hierzu Erl. 4 und 5 zu § 271.)

cc) Befugt zur Aufnahme öffentlicher Urkunden ist jeder Beamte, der nach den gesetzlichen Vorschriften sachlich und örtlich zuständig ist, Erklärungen und Tatsachen mit voller Beweiskraft zu beurkunden. Als Täter kommen also nicht nur die eigentlichen Urkundsbeamten, die Richter, Notare oder Standesbeamte, sondern auch Zustellungs- und Vollstreckungsbeamte (vor allem Gerichtsvollzieher) sowie Postbeamte, Fleischbeschauer und auch Polizeibeamte u. a. in Frage.

d) Die Handlung besteht darin, daß der Beamte innerhalb seiner Zuständigkeit eine rechtlich erhebliche Tatsache falsch beurkundet oder in öffentliche Register oder Bücher falsch einträgt.

aa) Eine festgestellte Tatsache ist falsch beurkundet, wenn sie überhaupt nicht oder in anderer Weise geschehen ist, d. h. wenn der Inhalt der Urkunde mit der materiellen Wahrheit in Widerspruch steht.

bb) Eine Tatsache ist rechtlich erheblich, wenn zu ihrer Feststellung der Beamte durch Gesetz oder Dienstanweisung verpflichtet ist.

cc) Die Eintragung in öffentliche Bücher oder Register ist eine besondere Art der Beurkundung. (Siehe hierzu Erl. 5 zu § 271.)

e) Der innere Tatbestand verlangt Vorsatz, d. h. das Bewußtsein des Täters, daß er innerhalb seiner Zuständigkeit eine rechtlich erhebliche Tatsache öffentlich falsch beurkundet oder in öffentliche Register oder Bücher falsch einträgt.

f) Vollendet ist das Delikt, sobald die falsche Beurkundung oder Eintragung erfolgt ist. Ein Gebrauchmachen von der falschen Beurkundung gehört nicht zum Tatbestand.

2. Der Abs. 2 des § 348 (kurz „Urkundenfälschung im Amt" genannt) dient der Erhaltung der unversehrten Gebrauchsbereitschaft amtlich anvertrauter oder zugänglicher Urkunden.

a) Dieser Tatbestand gehört zu den uneigentlichen oder unechten Amtsdelikten (siehe Vorbem. Ziff. 4 vor § 331 und Erl. 4a, cc zu § 50). Er enthält, soweit es sich um Vernichten, Beiseiteschaffen und Beschädigen handelt, strafschärfende Umstände (Täter Beamter, und amtlich anvertraute oder zugängliche Urkunde) gegenüber §§ 133 und 274 Nr. 1, und soweit ein Verfälschen in Frage kommt, gegenüber § 267.

b) Gegenstand des Delikts ist eine Urkunde und zwar jede Art von Urkunden im strafrechtlichen Sinne (siehe Erl. 3a zu § 267). Es gehören also hierher nicht nur öffentliche Urkunden, ohne Rücksicht darauf, ob sie für den inneren Dienst bestimmt sind oder nicht, sondern auch die Privaturkunden.

c) „Amtlich anvertraut" ist die Urkunde, wenn die auf amtlicher Anordnung beruhende Herstellung der Verfügungsmacht über sie ihren Grund in dem Beamtenverhältnis des Beamten, also in dem besonderen Vertrauensverhältnis hat, das ihn verpflichtet, für die Erhaltung der Urkunde, ihrer Gebrauchsfähigkeit und inhaltlichen Richtigkeit zu sorgen (BGH. 3, 306). (Wegen des Begriffs „amtlich zugänglich" siehe unten Erl. 4b.)

d) Die Handlung kann in dem Vernichten (siehe Erl. 2d zu § 274), Beiseiteschaffen (siehe Erl. 5 zu § 133), Beschädigen (siehe Erl. 2d zu § 274) oder im Verfälschen (siehe Erl. 5 zu § 267) bestehen.

3. Wegen Strafschärfung bei staatsgefährdender Absicht siehe § 94.

4. Beispiele:

a) Zu Abs. 1 des § 348: Der Kaufmann A wurde von seinem Freunde B wiederholt aufgefordert, eine Schreibmaschine, die B dem A leihweise überlassen hatte, zurückzugeben. A, der die Maschine, da er in Geldverlegenheit war, verkauft hatte, teilte dem B mit, daß ihm die Maschine schon vor mehreren Wochen gestohlen worden sei. B schenkte diesen Angaben zunächst keinen Glauben. A bat daraufhin den ihm befreundeten Kriminalbeamten C, in einem vordatierten Schriftstück zu bestätigen, daß er, A, am ...... eine diesbezügliche Anzeige bei der Polizei erstattet habe. C kam nach langem Bitten schließlich dieser Aufforderung nach und fertigte nach Art eines Protokolls ein mit seinem Namen und seiner Amtsbezeichnung unterzeichnetes Schriftstück des Inhalts an, A habe ihm am ...... mündlich angezeigt, daß am ...... in seiner Wohnung eingebrochen und dabei auch eine Schreibmaschine gestohlen worden sei. Dieses Schriftstück legte A dem B vor, der nunmehr die Angelegenheit auf sich beruhen ließ: Der Kriminalbeamte C hat sich eines Vergehens nach § 348 Abs. 1 schuldig gemacht. Er war, wenn der Vorgang auf Wahrheit beruht hätte, nach § 158 Abs. 1 Satz 1 StPO. zur Entgegennahme einer solchen mündlichen Anzeige berechtigt, dann aber auch nach Satz 2 daselbst zu ihrer „Beurkundung" verpflichtet. Das fragliche Schriftstück war somit eine Urkunde, die C innerhalb des ihm zugewiesenen Geschäftskreises in der vorgeschriebenen Form aufgenommen hat. Der Urkunde kommt auch öffentlicher Glaube zu, d. h. sie war nicht lediglich eine für den inneren Dienst bestimmte Meldung, sondern begründete Beweis für und gegen jedermann zwar nicht bezüglich des Inhalts der Anzeige aber bezüglich der Tatsache, daß eine solche Anzeige am ...... erstattet worden sei. Da C somit in diesem Falle Urkundsperson i. S. des § 348 Abs. 1 war und eine Anzeigeerstattung seitens des A in Wirklichkeit nicht erfolgt war, hat C vorsätzlich eine rechtlich erhebliche Tatsache falsch beurkundet. (Der Kaufmann A hat sich durch den Verkauf der Maschine einer Unterschlagung i. S. des § 246 schuldig gemacht, während sein Verhalten gegenüber dem Kriminalbeamten als Anstiftung zu einem Vergehen der Falschbeurkundung zu werten ist.) (Siehe RG. 57, 56.)

b) Zu Abs. 2 des § 348: Der Justizbeamte A des Amtsgerichts X, der als Gerichtsschreiber auch Zutritt zu dem Geschäftszimmer des aufsichtsführenden Richters hatte, nahm von dessen Schreibtisch ein Schreiben weg, in dem ein Gläubiger des A dem Richter mitteilt, daß A trotz wiederholter Aufforderung eine alte Darlehensschuld noch immer nicht beglichen habe. A bezweckte bei der Wegnahme, wenigstens zeitweilig zu verhindern, daß der Richter von dem Vorhandensein der

Schuld, die er zu zahlen willens war, Kenntnis erhalte: A hat sich nach § 348 Abs. 2 strafbar gemacht. Seine Beamtenstellung und die mit dieser verbundene Befugnis, das Amtszimmer des Richters zu betreten, verschafften ihm den „Zugang" zu dem dort offen liegenden Schreiben, das somit für A „amtlich zugänglich" war. Dadurch, daß er die Urkunde an sich nahm, hat er sie „beiseitegeschafft", d. h. er hat sie von ihrem ordnungsmäßigen Aufbewahrungsort unberechtigterweise entfernt. (RG. 32, 266.) (Wegen „Verfälschen" einer Urkunde siehe das Beispiel in Erl. 3 zu § 351 am Ende.)

Gewinnsüchtige Falschbeurkundung.

§ 349. Gestrichen durch die Verordnung v. 29. Mai 1943. (Betraf schwere Fälle des § 348.)

Einfache Amtsunterschlagung.

§ 350. (1) Ein Beamter, welcher Gelder oder andere Sachen, die er in amtlicher Eigenschaft empfangen oder in Gewahrsam hat, unterschlägt, wird mit Gefängnis nicht unter drei Monaten bestraft; auch kann auf Verlust der bürgerlichen Ehrenrechte erkannt werden.

(2) Der Versuch ist strafbar.

1. Hier wird die einfache Amtsunterschlagung behandelt. Sie ist ein uneigentliches (unechtes) Amtsdelikt, indem zum Tatbestand des § 246 noch hinzukommen muß, daß der Täter ein Beamter ist, und daß er die Sachen, die er sich aneignet, in amtlicher Eigenschaft empfangen oder in Gewahrsam hat. (Siehe Vorbem. Ziff. 4 vor § 331 und Erl. 4a, cc zu § 50.) Nicht anwendbar sind §§ 247, 248a, 370 Ziff. 5; es werden also auch Notunterschlagung und Mundraub im Amte nach § 350 verfolgt. (RG. 46, 373.) Die Amtsunterschlagung ist demgemäß niemals von einem Strafantrag abhängig. Nicht qualifiziert ist der Diebstahl im Amt, daher liegt bei Bruch des Mitgewahrsams § 242 und nicht § 350 vor. (Siehe unten Erl. 3c.)

2. Der Beamte kann nur dann als Täter einer Amtsunterschlagung in Frage kommen, wenn er sowohl bei der Empfangnahme bzw. bei der Begründung des Gewahrsams, als auch bei der Aneignung die Beamteneigenschaft besitzt. Ist er nur vorläufig seines Dienstes enthoben oder zwangsweise beurlaubt, so ist eine trotzdem ausgeübte und damit verbotswidrige dienstliche Handlung zwar fehlerhaft, aber (wenigstens nach der neueren Rechtsprechung des ehemaligen Reichsgerichts) trotzdem als dienstliche Handlung zu bewerten, da ein solcher Beamter mangels öffentlicher Bekanntmachung des Verbots in keiner Weise nach außen als abgerufener Beamter gekennzeichnet wird. Demgemäß sei es, so lautet die Rechtsprechung, geboten, eine Unterschlagung amtlich empfangener Gegenstände auch bei einem vom Dienst vorläufig enthobenen Beamten als Amtsunterschlagung zu bewerten. (Siehe RG. 72, 234.)

3. Gegenstand der Amtsunterschlagung sind Gelder oder andere Sachen, die der Beamte in amtlicher Eigenschaft empfangen oder in Gewahrsam hat.

a) Täter kann nicht nur ein Kassenbeamter sein, sondern jeder Beamte, der dienstlich empfangene oder verwahrte Gegenstände („andere Sachen") sich zueignet, also z. B. auch der Polizeibeamte, der Fundsachen oder beschlagnahmte Sachen oder der Gerichtsvollzieher, der gepfändete Sachen, oder der Postbeamte, der Beförderungsgegenstände, oder der Leihhausverwalter, der in Pfand gegebene Gegenstände sich rechtswidrig aneignet.

b) Ein Beamter empfängt eine Sache nicht nur dann in amtlicher Eigenschaft, wenn er sie im Bereiche seiner amtlichen Zuständigkeit entgegennimmt, sondern auch dann, wenn ihn der, von dem er sie empfängt, für zuständig hält und der Beamte das erkennt. Eine Empfangnahme in amtlicher Eigenschaft liegt aber nicht vor, wenn der Beamte bei Gelegenheit einer Amtshandlung Gelder von einem Dritten annimmt, der den Mangel der Zuständigkeit kennt, aber Zeit und Kosten sparen will.

c) In amtlichem Gewahrsam befindet sich eine Sache nicht schon dann, wenn sie dem Beamten amtlich zugänglich ist (siehe § 348 Abs. 2), sondern erst dann, wenn der Beamte in Ausübung seines Dienstes die Verfügungsgewalt über die Sache erhält. Die Sache muß sich ferner im Alleingewahrsam des Täters befinden. Liegt nur Mitgewahrsam vor, dann kommt lediglich Diebstahl (§§ 242ff.) in Frage, denn einen qualifizierten Diebstahl im Amt gibt es nicht.

4. Die Handlung besteht in der rechtswidrigen Zueignung der Sache. Siehe hierzu Erl. 5 zu § 246.

5. Während die Rechtswidrigkeit bei der gewöhnlichen Unterschlagung des § 246 durch die Einwilligung des Eigentümers ausgeschlossen wird (siehe „Einführende Vorbemerkungen zum Strafrecht", Seite 1ff., Abschnitt B III 2 b, Seite 5), ist der Vorgesetzte grundsätzlich nicht berechtigt eine solche Einwilligung zu erteilen.

6. Der innere Tatbestand erfordert neben dem Vorsatz, der sich auf die sämtlichen Tatbestandsmerkmale der §§ 246, 350 erstrecken muß, auch das Bewußtsein, daß die Aneignung rechtswidrig ist. Während in letzterer Beziehung bei § 246 dieses Bewußtsein dann fehlen wird, wenn der Täter willens und fähig ist, den fraglichen Gegenstand (insbesondere Geld) jederzeit aus eigenen Mitteln zu ersetzen, ist eine solche Ersatzbereitschaft bei einer Aneignung durch einen Beamten für den inneren Tatbestand des § 350 ohne Bedeutung. Der Verbrauch amtlicher Sachen durch einen Beamten fällt also immer unter den Begriff der rechtswidrigen Zueignung, selbst wenn die Fähigkeit sofortiger Ersatzleistung besteht.

7. Wegen Vollendung und Versuch vgl. Erl. 7 zu § 246, wegen Strafschärfung § 94.

8. Da die Amtsunterschlagung ein uneigentliches Amtsdelikt darstellt, wird der Teilnehmer wegen Teilnahme an der einfachen Unterschlagung (§ 246) bestraft (siehe Erl. 4 a, cc zu § 50), es sei denn, daß auch er Beamter ist und die in § 350 angeführten amtlichen Beziehungen zum Gegenstand der Unterschlagung hat.

9. Beispiel: Der Postaushelfer A beim Postamt X hat einen Einschreibebrief zuzustellen. Da er in dem Brief Geld vermutet, bricht er ihn auf, entnimmt aus dem Umschlag den Geldbetrag (zwei 50-Mark-Scheine), vernichtet den Brief und unterzeichnet die Empfangsbescheinigung mit dem Namen des Adressaten: A ist zwar nicht Beamter im staatsrechtlichen, aber ein solcher im strafrechtlichen Sinne (siehe § 359 und die dortigen Erläuterungen). Da A den Brief mit dem darin befindlichen Geld in amtlicher Eigenschaft empfangen hatte, hat er sich durch die Aneignung des Geldes einer Amtsunterschlagung (§ 350) schuldig gemacht. Die Vernichtung des Briefes bedeutet eine Verletzung des § 348 Abs. 2 (Urkundenvernichtung) während die Unterzeichnung der Empfangsbescheinigung mit dem Namen des Adressaten den Tatbestand des § 267 (Herstellung einer unechten Urkunde) erfüllt. Schließlich hat sich A auch noch eines Vergehens gegen die Beförderungspflicht nach § 354 (siehe die dortigen Erläuterungen) schuldig gemacht.

Erschwerte Amtsunterschlagung.

§ 351. (1) Hat der Beamte in Beziehung auf die Unterschlagung die zur Eintragung oder Kontrolle der Einnahmen oder Ausgaben bestimmten Rechnungen, Register oder Bücher unrichtig geführt, verfälscht oder unterdrückt, oder unrichtige Abschlüsse oder Auszüge aus diesen Rechnungen, Registern oder Büchern, oder unrichtige Belege zu denselben vorgelegt, oder ist in Beziehung auf die Unterschlagung auf Fässern, Beuteln oder Paketen der Geldinhalt fälschlich bezeichnet, so ist auf Zuchthaus bis zu zehn Jahren zu erkennen.

(2) Sind mildernde Umstände vorhanden, so tritt Gefängnisstrafe nicht unter sechs Monaten ein.

1. Die Amtsunterschlagung wird zu einer schweren i. S. des § 351 und damit zu einem Verbrechen (ohne seinen Charakter als uneigentliches Amtsdelikt zu ändern), wenn der Beamte (nicht nur Kassenbeamte), um die beabsichtigte Unterschlagung zu ermöglichen oder eine begangene zu verschleiern, bestimmte Manipulationen in der Buchführung vornimmt. Da in den meisten Fällen für die mit Einnahmen und Ausgaben betrauten Beamten eine Buchführungspflicht besteht und bei richtiger Buchführung die Unterschlagung sofort entdeckt würde, kommt für die Amtsunterschlagung in den meisten Fällen neben § 350 auch noch § 351 in Frage.

2. Im einzelnen nennt das Gesetz als Täterhandlungen:

a) Unrichtige Führung, Verfälschung oder Unterdrückung von Rechnungen, Registern oder Büchern, welche zur Eintragung oder Kontrolle der Einnahmen oder Ausgaben bestimmt sind. In der Praxis spielt die wichtigste Rolle die unrichtige Führung von amtlichen Büchern seitens der Kassenbeamten. Die „Einnahmen" und „Ausgaben" können sich aber auch auf andere Gegenstände als Geld beziehen, wie z. B. das Pfänder- und Kassenbuch des Leihhausverwalters, oder das Annahmebuch einer Poststelle. Die unrichtige Führung kann auch in einer Unterlassung einer gebotenen Eintragung bestehen. Wegen des Begriffs „Verfälschen" siehe Erl. 5 zu § 267, und wegen „Unterdrücken" Erl. 2 d zu § 274.

b) Vorlegung unrichtiger Abschlüsse oder Auszüge aus diesen Büchern usw. oder unrichtiger Belege zu denselben. Hierzu ist zu bemerken, daß „unrichtig" nicht nur unechte oder verfälschte Urkunden i. S. des § 267 sind, sondern auch inhaltlich unrichtige Urkunden.

c) Schließlich kann die Täterhandlung noch in der fälschlichen Bezeichnung des Geldinhaltes auf Fässern, Beuteln oder Paketen bestehen.

3. Beispiel: Eine Posthelferin, zu deren Dienstobliegenheiten die Einziehung von Rundfunkgebühren und Zeitungsgeldern gehörte, behielt solche Gelder für sich. Um die Entdeckung zu verhindern, unterließ sie in einigen Stammkarten die Eintragung und radierte in anderen Stammkarten den zunächst richtig eingetragenen Zahlungstag wieder aus. Sie hatte die Absicht, die unterschlagenen Beträge von ihrer nächsten Lohnzahlung zu ersetzen: Da die A als Beamtin im strafrechtlichen Sinne (siehe § 359 und die dortigen Erläuterungen) anzusehen ist, und sie die Gelder in amtlicher Eigenschaft empfangen hatte, erfüllt die rechtswidrige Zueignung dieser Gelder den Tatbestand der Amtsunterschlagung (§ 350). Da die Stammkarten als „Register" i. S. des § 351 anzusehen sind, die

im Hinblick auf die unterlassene Eintragung als „unrichtig geführt" und im Hinblick auf die nachträglichen Radierungen auch als „verfälscht" zu gelten haben, ist auch der Tatbestand der erschwerten Amtsunterschlagung i. S. des § 351 gegeben. Die nachträgliche Radierung erfüllt außerdem den Tatbestand einer in Tateinheit mit §§ 350, 351 begangenen Urkundenverfälschung im Amte i. S. des § 348 Abs. 2. Die angebliche Ersatzbereitschaft ist im Hinblick auf die Beamteneigenschaft der Täterin ohne Bedeutung (siehe Erl. 6 zu § 350). (RG. 65, 102; 74, 341.)

Gebührenüberhebung.

§ 352. (1) Ein Beamter, Anwalt oder sonstiger Rechtsbeistand, welcher Gebühren oder andere Vergütungen für amtliche Verrichtungen zu seinem Vorteile zu erheben hat, wird, wenn er Gebühren oder Vergütungen erhebt, von denen er weiß, daß der Zahlende sie überhaupt nicht oder nur in geringerem Betrage verschuldet, mit Geldstrafe oder mit Gefängnis bis zu einem Jahre bestraft.

(2) Der Versuch ist strafbar.

1. Die Gebührenüberhebung des § 352 gehört zu den eigentlichen Amtsdelikten (siehe Vorbem. Ziff. 4 vor § 331). Die Strafdrohung des § 352 will sicherstellen, daß der Beamte oder Rechtsanwalt sich bei der ihm überlassenen Berechnung seines Anspruchs für seine Tätigkeit im Einzelfall in den Schranken hält, die ihm Gebührenordnungen oder Taxen auferlegen (BGH. 4, 235.)

2. Während § 353 (sog. Abgabenüberhebung) solche „Steuern, Gebühren oder andere Abgaben betrifft, die für eine öffentliche Kasse bestimmt sind, handelt es sich in § 352 um Gebühren, die dem Beamten persönlich zufließen.

3. Während als Täter des § 353 nur ein Beamter in Frage kommen kann, erstreckt sich § 352 außerdem auf Anwälte und Rechtsbeistände. Zu den Beamten des § 352 gehören Notare, Gerichtsvollzieher, Amtsärzte, beamtete Tierärzte, Fleischbeschauer. Zu den Rechtsbeiständen gehören nur solche, die das Amt eines Rechtsbeistandes ausüben. Auf solche, die nur zugelassen sind sowie auf Prozeßagenten (§ 157 Abs. 3 ZPO.) findet § 352 keine Anwendung

4. Die Handlung besteht in der Erhebung einer Gebühr oder anderen Vergütung, von der der Annehmende weiß, daß sie der Zahlende überhaupt nicht oder nur in geringerem Betrage verschuldet.

a) Gebühren sind Leistungen, die durch Gesetz oder Verordnung von vornherein festgelegt sind, während man unter Vergütungen im allgemeinen vertragsmäßige Leistungen versteht.

b) Erhoben ist eine Vergütung erst dann, wenn sie nicht nur verlangt, sondern auch gewährt wird.

5. Da die Gebührenüberhebung ein Spezialgesetz gegenüber dem Betrug darstellt, ist Idealkonkurrenz zwischen §§ 352 und 263 nur dann möglich, wenn zu der Täuschung, die begriffsnotwendig zur Gebührenüberhebung gehört, eine weitere Täuschung hinzukommt. (RG. 77, 123; BGH. 2, 35.)

6. Wegen Nebenstrafe vgl. § 358.

7. Beispiele:

a) Der Rechtsanwalt A verlangt von dem Kaufmann B, den er in einem Zivilprozeß vertreten hat, die ihm zustehenden Gebühren wissentlich nach einer höheren als der in diesem Fall in Frage kommenden Wertklasse: A ist strafbar nach § 352 Abs. 1, und wenn B sich weigerte, den geforderten Betrag zu zahlen, wegen versuchter Abgabenüberhebung nach Abs. 2 des § 352.

b) Der Gerichtsvollzieher A ist vom Kaufmann B beauftragt, beim Schuldner C, der rechtskräftig zur Zahlung einer Darlehensschuld verurteilt ist, zu pfänden. A verlangt als Pfändungsgebühr 20 Mark, obwohl die Gebühr, wie er sehr wohl wußte, nur 10 Mark betrug. Für Portoauslagen liquidierte er einen Betrag von 2 Mark, obwohl Portokosten überhaupt nicht entstanden waren. B bezahlte die geforderten Beträge: A hat sich durch die Liquidierung der Pfändungsgebühr von 20 Mark eines Vergehens nach § 352 schuldig gemacht. Dagegen sind die liquidierten Portobeträge nicht zu den „Gebühren oder anderen Vergütungen für amtliche Verrichtungen" zu zählen, da Auslagen, deren Ersatz der Beamte usw. zu beanspruchen hat, nur dann als „Vergütungen" i. S. des § 352 anzusprechen sind, wenn sie ohne Rücksicht auf die Höhe des wirklich entstandenen Aufwands tarifmäßig festgesetzt sind, also den Charakter einer Pauschgebühr haben. Die unrechtmäßige Erhebung der Portoauslagen erfüllt aber den Tatbestand des Betrugs. (RG. 19, 66; 40, 378.)

Abgabenüberhebung.

§ 353. (1) Ein Beamter, welcher Steuern, Gebühren oder andere Abgaben für eine öffentliche Kasse zu erheben hat, wird, wenn er Abgaben, von denen er weiß, daß der Zahlende sie überhaupt nicht oder nur in geringerem Betrage verschuldet, erhebt, und das rechtswidrig Erhobene ganz oder zum Teil nicht zur Kasse bringt, mit Gefängnis nicht unter drei Monaten bestraft.

(2) Gleiche Strafe trifft den Beamten, welcher bei amtlichen Ausgaben an Geld oder Naturalien dem Empfänger vorsätzlich und rechtswidrig Abzüge macht und die Ausgaben als vollständig geleistet in Rechnung stellt.

1. Auch die Abgabenüberhebung des § 353 gehört, ebenso wie § 352, zu den eigentlichen Amtsdelikten (siehe Vorbem. Ziff. 4 vor § 331). Sie umfaßt zwei verschiedene Tatbestände: Die übermäßige Erhebung von Abgaben (Abs. 1) und die amtliche Verkürzung des Leistungsempfängers (Abs. 2). Nach Abs. 1 verlangt der Beamte zu viel und verbucht zu wenig; in Abs. 2 zahlt er zu wenig und verbucht zu viel.

2. Die übermäßige Erhebung von Abgaben (Abs. 1):

a) Sie unterscheidet sich von der Abgabenüberhebung des § 352 dadurch, daß § 353 sich mit Steuern, Gebühren oder anderen Abgaben befaßt, die für eine öffentliche Kasse zu erheben sind, während es sich in § 352 um Gebühren handelt, die dem Beamten persönlich zufließen. (Siehe Erl. 2 zu § 352.)

b) Als Täter kommt nur ein Beamter in Betracht, und zwar ein solcher, der Abgaben, insbesondere Steuern und Gebühren, für eine öffentliche Kasse zu erheben hat. Zu den Gebühren zählt auch das Entgelt für die Leistungen der Post und Eisenbahn.

c) Die Handlung ist eine zweiaktige: Sie besteht aus der Erhebung der Abgaben usw. (positive Handlung) und dem Nichtzurkassebringen (Unterlassung).

3. Die amtliche Verkürzung von Leistungsempfängern (Abs. 2):

a) Als Täter kommt nur ein Beamter in Betracht und zwar ein solcher, der amtliche Ausgaben an Geld oder Naturalien zu leisten hat.

b) Die Handlung besteht ebenso wie in Abs. 1 aus zwei Akten: Der Nichtausgabe derjenigen Mengen, zu deren Ausgabe der Beamte verpflichtet ist (Unterlassungshandlung) und der unwahren Verrechnung der Teilleistung als einer voll bewirkten Leistung (positive Handlung). Dieser zweite Akt richtet sich also gegen den Staat oder die Gemeindebehörde, für die der Beamte bei der Auszahlung tätig geworden ist, indem die Behörde zu Unrecht mit der Vollleistung belastet wird. Der erste Akt der Täterhandlung dagegen richtet sich gegen die Person des Empfängers.

4. Das in Erl. 5 zu § 352 Gesagte gilt entsprechend für § 353. (BGH. 2, 35.)

5. Wegen Nebenstrafe vgl. § 358, wegen Strafschärfung § 94.

6. Beispiele:

a) Zu Abs. 1 des § 353: Der Postschaffner A, der den Paketannahmedienst beim Postamt X zu versehen hat, forderte in zahlreichen Fällen höhere Gebühren als dem Gewicht der Pakete entsprach. Im Übergabebuch setzte er nur die richtigen Beträge ein. Das zuviel eingenommene Geld behielt er jeweils für sich: A hat „Gebühren für eine öffentliche Kasse" erhoben, die die Zahlenden „nur in geringerem Betrage" verschuldeten. Diese rechtswidrig erhobenen Beträge hat er „nicht zur Kasse gebracht". Er hat sich demnach eines fortgesetzten Vergehens nach § 353 Abs. 1 schuldig gemacht, begangen in Tateinheit mit fortgesetzter Amtsunterschlagung (§§ 350, 351).

b) Zu Abs. 2 des § 353: Zu den dienstlichen Obliegenheiten des Beamten B gehört die Auszahlung von Unterstützungsbeiträgen an Sozialrentner. Einzelnen Rentnern hat er nicht die vollen für sie bestimmten Beträge bezahlt, sie aber durch Täuschung über die vollen Beträge quittieren lassen und diese vollen Beträge als ausbezahlt verbucht: B hat sich eines fortgesetzten Vergehens nach § 353 Abs. 2 schuldig gemacht. Außerdem hat er einen, hiermit tateinheitlich (§ 73) zusammenfallenden fortgesetzten Betrug begangen; denn er hat dadurch, daß er die Rentner durch eine Täuschungshandlung zur Ausstellung der inhaltlich falschen Quittungen veranlaßte, deren Vermögen insofern geschädigt, als diese durch Unterschreiben der Quittungen unbewußt auf einen Teil des ihnen zustehenden Rentenbetrags verzichteten und er hat die Tat begangen in der Absicht, die Differenzbeträge für sich zu behalten, also sich einen rechtswidrigen Vermögensvorteil zu verschaffen. (RG. 61, 37.)

Diplomatischer Ungehorsam.

§ 353 a. (1) Wer bei der Vertretung der Bundesrepublik Deutschland gegenüber einer fremden Regierung, einer Staatengemeinschaft oder einer zwischenstaatlichen Einrichtung einer amtlichen Anweisung vorsätzlich zuwiderhandelt oder in der Absicht, die Bundesregierung irre zu leiten, unwahre Berichte tatsächlicher Art erstattet, wird mit Gefängnis bestraft.

(2) Die Tat wird nur mit Ermächtigung der Bundesregierung verfolgt.

1. Diese Vorschrift, eingefügt durch das Strafrechtsänderungsgesetz v. 30. 8. 1951, betrifft den diplomatischen Ungehorsam. Sie entspricht dem Absatz 2 des durch Kontrollratsgesetz aufgehobenen alten § 353a (sog. Arnimparagraph).

2. Die Täterhandlung, die auch von einem nichtbeamteten Täter begangen werden kann, besteht im Zuwiderhandeln gegen eine amtliche Anweisung oder in dem Erstatten eines unwahren Berichtes. Bestraft werden also Ungehorsam und Lüge.

3. Zum inneren Tatbestand gehört beim Ungehorsam ein vorsätzliches Handeln und im Falle der Lüge außerdem die Absicht der Irreleitung.

Verletzung der Amtsverschwiegenheit.

§ 353 b. (1) Ein Beamter oder früherer Beamter, der unbefugt ein ihm bei Ausübung seines Amtes anvertrautes oder zugänglich gewordenes Geheimnis offenbart und dadurch wichtige öffentliche Interessen gefährdet, wird mit Gefängnis, in besonders schweren Fällen mit Zuchthaus bis zu zehn Jahren bestraft; hat der Täter mit der eingetretenen Gefährdung fahrlässig nicht gerechnet, so ist auf Gefängnis bis zu zwei Jahren oder auf Geldstrafe zu erkennen.

(2) Einem Beamten steht eine für eine Behörde tätige Person gleich, die auf die gewissenhafte Erfüllung ihrer Dienstpflicht durch Handschlag oder zur Verschwiegenheit besonders verpflichtet worden ist.

(3) Der Versuch ist strafbar.

(4) Die Tat wird nur mit Zustimmung der dem Täter vorgesetzten Behörde, und, wenn er nicht mehr in seinem Amt oder seiner Stellung ist, mit Zustimmung der letzten vorgesetzten Behörde verfolgt. Die Verfolgung von Personen, die zur Verschwiegenheit besonders verpflichtet worden sind, tritt nur auf Anordnung des Reichsministers der Justiz ein.

1. Der Bruch der Amtsverschwiegenheit ist ein eigentliches Amtsdelikt (siehe Vorbem. Ziff. 4 vor § 331). Die Vorschrift wurde durch Gesetz vom 2. 7. 1936 eingefügt. Wegen Strafschärfung siehe § 94.

2. Täter können sein:

a) Beamte i. S. des § 359 oder frühere Beamte.

b) Solche Personen, die bei einer Behörde tätig sind und auf die gewissenhafte Erfüllung ihrer Dienstpflichten durch Handschlag oder zur Verschwiegenheit besonders verpflichtet worden sind, also vor allem die Behördenangestellten. Zu dieser letzteren Gruppe gehören auch die zu einzelnen Sonderleistungen vorübergehend herangezogenen Personen, vor allem die Sachverständigen, vorausgesetzt, daß sie zur Verschwiegenheit besonders verpflichtet worden sind.

3. Die Handlung besteht im unbefugten Offenbaren eines Geheimnisses, das dem Täter bei Ausübung seines Amtes anvertraut oder zugänglich gemacht worden ist.

a) Für den Begriff des Geheimnisses sind vor allem das Bundesbeamtengesetz bzw. die Landesbeamtengesetze maßgebend. Danach hat der Beamte über die ihm bei der amtlichen Tätigkeit bekannt gewordenen Angelegenheiten, deren

Geheimhaltung durch Gesetz oder dienstliche Anordnung vorgeschrieben oder ihrer Natur nach erforderlich ist, Verschwiegenheit gegen jedermann zu bewahren. Geheim sind Angelegenheiten, deren Kenntnis nicht über einen geschlossenen Kreis von Personen hinausgeht.

b) Ein Geheimnis ist schon dann offenbart, wenn es auch nur an eine Person weitergegeben ist; es ist unbefugt offenbart, wenn keine besondere Erlaubnis zur Offenbarung vorliegt.

4. Als Folge des Offenbarens muß eine Gefährdung wichtiger öffentlicher Interessen eingetreten sein.

5. Der innere Tatbestand verlangt für das Offenbaren stets vorsätzliches Handeln. Dagegen genügt hinsichtlich der Gefährdung wichtiger öffentlicher Interessen schon Fahrlässigkeit; für letzteren Fall ist ein milderer Strafrahmen vorgesehen.

6. Verfolgt wird die Tat nur mit Zustimmung der dem Täter vorgesetzten Behörde. Diese Zustimmung wird im allgemeinen nur erteilt werden, wenn das offenbarte Geheimnis von einiger Bedeutung ist.

7. Beispiel: Der Bürostellenleiter A eines Prüfungsamtes eignet sich Ersatzstücke von Klausuraufgaben, die er in amtlichem Gewahrsam hat, rechtswidrig zu und händigt sie Prüflingen, welche die Aufgaben zu bearbeiten haben, gegen eine Vergütung vorzeitig aus: Durch die Hingabe der Aufgabenabdrucke an die Prüflinge hat sich A des Bruchs der Amtsverschwiegenheit nach § 353b schuldig gemacht. Die Klausurarbeiten, um die es sich handelte, waren vor den Prüflingen geheim zu halten; das ergab sich schon aus der Natur der Sache. Das Geheimnis war dem A als Bürostellenleiter „bei Ausübung seines Amtes zugänglich"; daß er sich die Arbeiten allerdings nur auf unrechtmäßige Weise angeeignet hat, ist dabei ohne Bedeutung. Daß A schließlich das Geheimnis „unbefugt offenbart", d. h. die Ersatzstücke der Klausurarbeiten ohne Erlaubnis an Prüflinge ausgehändigt hat, bedarf keiner Erörterung. Da A sich für die Aushändigung der fraglichen Schriftstücke an die Prüflinge Vergütungen hat zahlen lassen, hat er sich außerdem eines mit dem Vergehen des § 353b tateinheitlich zusammenfallenden Verbrechens der passiven Bestechung nach § 332 schuldig gemacht, denn er hat für eine pflichtwidrige Handlung Vorteile angenommen. Schließlich hat A durch die rechtswidrige Aneignung der in seinem amtlichen Gewahrsam befindlichen Schriftstücke eine Amtsunterschlagung im Sinne des § 350 begangen, die ihrerseits wieder mit einem Gewahrsamsbruch i. S. des § 133 Abs. 2 tateinheitlich zusammenfällt. (RG. 74, 111.)

Mitteilung geheimer Schriftstücke.

§ 353c. (1) Wer, abgesehen von dem Fall des § 353b, unbefugt ein amtliches Schriftstück, das als geheim oder vertraulich bezeichnet worden ist, oder dessen wesentlichen Inhalt ganz oder zum Teil einem anderen mitteilt und dadurch wichtige öffentliche Interessen gefährdet, wird mit Gefängnis bestraft.

(2) Ebenso wird bestraft, wer unbefugt einem anderen eine Mitteilung weitergibt, zu deren Geheimhaltung er von einer zuständigen Stelle besonders verpflichtet worden ist, und dadurch wichtige öffentliche Interessen gefährdet.

(3) In besonders schweren Fällen ist die Strafe Zuchthaus bis zu zehn Jahren.

(4) Hat der Täter mit der eingetretenen Gefährdung fahrlässig nicht gerechnet, so ist auf Gefängnis bis zu zwei Jahren oder auf Geldstrafe zu erkennen.

(5) Der Versuch ist strafbar.

(6) Die Tat wird nur auf Anordnung des Reichsministers der Justiz verfolgt.

1. Diese Gesetzesstelle enthält zwei Tatbestände:

a) Die unbefugte Mitteilung eines irgendwie zur Kenntnis des Täters gelangten amtlichen Schriftstücks (oder dessen wesentlichen Inhalts), das als geheim oder vertraulich bezeichnet worden ist, an einen anderen und dadurch bewirkte Gefährdung wichtiger öffentlicher Interessen (Abs. 1);

b) die unbefugte Weitergabe einer Mitteilung, zu deren Geheimhaltung der Weitergebende von einer zuständigen Stelle besonders verpflichtet worden ist, und dadurch bewirkte Gefährdung wichtiger öffentlicher Interessen (Abs. 2).

2. § 353c enthält kein Amtsdelikt, denn Täter braucht weder ein Beamter noch ein Behördenangestellter zu sein.

3. Wegen Nebenstrafe vgl. § 358, wegen Strafschärfung § 94.

4. Beispiel zu Erl. 1a: Der Beamte A hat unter Verletzung der Amtsverschwiegenheit seinem Freunde B von dem Inhalt eines geheimen amtlichen Schriftstückes Mitteilung gemacht. B gibt diese Mitteilung an seinen Freund C weiter: Der Beamte A hat sich nach § 353b, der Freund B nach § 353c Abs. 1 strafbar gemacht.

Beispiel zu Erl. 1b: Dem Bauunternehmer A ist von einer staatlichen Behörde die Durchführung eines großen Bauvorhabens übertragen worden. Bei der Besprechung wurde dem A ausdrücklich zur Pflicht gemacht, die Angelegenheit als „geheim" zu betrachten. Trotzdem macht A von dem geplanten Projekt seinem Freund B Mitteilung: A hat sich nach § 353c Abs. 2 strafbar gemacht. Oder: der Schöffe oder Geschworene macht einem Dritten Mitteilung über das Beratungsergebnis.

Verletzung des Postgeheimnisses und der Beförderungspflicht.

§ 354. Ein Postbeamter, welcher die der Post anvertrauten Briefe oder Pakete in anderen, als den im Gesetze vorgesehenen Fällen eröffnet oder unterdrückt, oder einem anderen wissentlich eine solche Handlung gestattet, oder ihm dabei wissentlich Hilfe leistet, wird mit Gefängnis nicht unter drei Monaten bestraft.

1. Zweck dieser für Postbeamte geltenden Bestimmung ist, die Sicherheit und Zuverlässigkeit des Postverkehrs zu schützen und einer Verletzung des Brief- und Postgeheimnisses durch Postbeamte vorzubeugen. Soweit die Tat des § 354 durch Unterdrücken begangen wird, handelt es sich um ein eigentliches Beamtendelikt, während das Eröffnen durch einen Postbeamten einen strafschärfenden Umstand i. S. des § 50 Abs. 2 gegenüber § 299 bildet, somit ein uneigentliches Amtsdelikt darstellt (siehe Vorbem. Ziff. 4 vor § 331).

2. Gegenstand der Tat: Der die Sicherheit des Postverkehrs betreffende gesetzgeberische Gedanke hätte den Gesetzgeber an sich veranlassen können, entsprechend dem § 350, welcher die von Beamten verübten Unterschlagungen an Sachen aller Art mit Strafe bedroht, auch die Unterdrückung von Postsendungen jeder Art unter Strafe zu stellen. Dies ist jedoch in § 354 nicht geschehen, sondern es sind ausdrücklich nur Briefe und Pakete gegen Unterdrückung geschützt.

a) Unter „Brief" ist eine Mitteilung zu verstehen, welche an Stelle des mündlichen Verkehrs durch die Schrift oder ein Surrogat derselben von Person zu Person gemacht wird. Es gehören also zu den „Briefen" nicht bloß Postkarten, sondern auch Zahlkarten, Postanweisungen, Nachnahmekarten, Postpaketadressen und Drucksachen, wenn sie geschäftliche Angebote und andere Mitteilungen enthalten. (RG. 72, 193.)

b) Zum Begriff des „Pakets" ist das Vorhandensein einer einen Gegenstand umschließenden Umhüllung erforderlich.

c) Briefe und Pakete sind der Post „anvertraut", wenn sie dem Postverkehr in ordnungsmäßiger Weise übergeben sind.

3. Die Handlung kann im Eröffnen, Unterdrücken oder im Gestatten des Eröffnens oder Unterdrückens durch einen Dritten bestehen.

a) Das „Eröffnen" ist vollendet mit dem Lösen des Verschlusses, so daß die Kenntnisnahme vom Inhalt möglich ist.

b) „Unterdrückt" ist eine Postsendung, wenn sie auch nur vorübergehend dem ordnungsmäßigen Postverkehr entzogen wird. (RG. 72, 193.)

c) Das „Gestatten" des Eröffnens bzw. Unterdrückens und die Hilfeleistung hierzu kann ausdrücklich oder stillschweigend erfolgen. Ist der Eröffnende bzw. Unterdrückende selbst nicht Postbeamter, so macht er sich gegebenenfalls nach §§ 133, 242, 246, 274, 299 oder 303 strafbar.

4. Die Rechtswidrigkeit der Handlung ist ausgeschlossen, wenn das Eröffnen bzw. Unterdrücken im Gesetz oder in einer Verordnung gestattet ist, z. B. gemäß §§ 99ff. StPO. (Postbeschlagnahme) oder § 21 KO. oder §§ 37, 48 der Postordnung vom 30. 1. 1929.

5. Der innere Tatbestand verlangt Vorsatz mit dem Bewußtsein, daß ein gesetzlicher Grund zur Eröffnung oder Unterdrückung nicht vorliegt.

6. Wegen Nebenstrafe vgl. § 358, wegen Strafschärfung § 94.

7. Beispiel: Der im Bahnpostdienst beschäftigte Oberpostschaffner A hat in dem Bahnpostwagen, in dem er arbeitete, auch Briefbeutel für andere Dienststellen mitzuführen, die er, ohne sie selbst zu bearbeiten, lediglich bei den Empfangsstationen abzuliefern hatte. Diese Beutel waren mit einem Bindfaden zugebunden, der mit einer Plombe versehen war. A, der sich infolge Krankheit in der Familie in großen Geldschwierigkeiten befand, kam eines Tages auf den verhängnisvollen Gedanken, einen solchen Postbeutel auf der Fahrt zu öffnen, die Briefe nach etwaigem Geldinhalt zu untersuchen und sich gegebenenfalls das Geld anzueignen. Zu diesem Zwecke durchschnitt er den Bindfaden, durchsuchte den Inhalt des Sackes, bis er einige Briefe fand, in denen er Geld vermutete. Er öffnete diese Briefe, fand in einem solchen tatsächlich zwei Zwanzig-Mark-Scheine, die er an sich nahm. Die geöffneten Briefe verschloß er wieder, soweit ihm dies gelang, und legte diese Briefe wieder in den Sack zurück, während er die übrigen nicht wieder verschließbaren Briefe vernichtete. Den Beutel band er mit einer neuen Schnur wieder zu und plombierte diese mit einer neuen Plombe: a) Die Wegnahme

des Geldes aus dem in dem plombierten Beutel befindlichen Brief würde nur dann eine Amtsunterschlagung (§ 350) darstellen, wenn A an dem Beutel Alleingewahrsam gehabt hätte (siehe Erl. 3c zu § 350). Im vorliegenden Falle aber hatte sich die Behörde, von der die Briefbeutel mit Plombenverschluß versehen worden waren, durch diese Maßnahme den Mitgewahrsam an den in den Beuteln befindlichen Gegenständen gesichert. Es kommen also für die Wegnahme der 40 Mark nicht die Bestimmungen der Unterschlagung, sondern diejenigen über Diebstahl in Frage. Und zwar ist, da das Geld aus dem in dem plombierten Beutel befindlichen Brief mittels Abschneidens des Verwahrungsmittels entwendet wurde, der Tatbestand des § 243 Abs. 1 Nr. 4 gegeben (sog. Transportdiebstahl, siehe Erl. 4 zu § 243). b) Das Öffnen der Briefe, die wieder verschlossen wurden, erfüllt den Tatbestand der Verletzung des Postgeheimnisses i. S. des § 354 (erste Alternative, siehe oben Erl. 1 und 3 a), während das Vernichten der übrigen Briefe außerdem den Tatbestand des § 354 zweite Alternative (Verletzung der Beförderungspflicht) enthält. c) Diese Vernichtung ist, da die Briefe als Urkunden zu bewerten sind, gleichzeitig eine Urkundenvernichtung i. S. des § 348 Abs. 2 (siehe die dortige Erl. 2). d) Das Zerschneiden des Plombenverschlusses stellt ebenfalls eine Urkundenvernichtung i. S. des § 348 Abs. 2 dar, denn der Plombenverschluß eines Postbeutels gilt, wie in Erl. 3b zu § 267 erwähnt wurde, als Urkunde im strafrechtlichen Sinne. Da die sämtlichen Delikte nach der natürlichen Lebensauffassung eine einheitliche Handlung bilden, bestehen gegen die Annahme eines tateinheitlichen Zusammentreffens i. S. des § 73 keine Bedenken. Die Strafe müßte aus dem Strafrahmen des § 243 Abs. 1 Nr. 4, als dem die schwerste Strafe androhenden Gesetz, gebildet werden (siehe Erl. 2 zu § 73). (Siehe RG. 67, 230.)

Verletzung des Telegraphen- und Telephongeheimnisses.

§ 355. (1) Postbeamte oder mit der Beaufsichtigung und Bedienung einer zu öffentlichen Zwecken dienenden Telegraphenanstalt betraute Personen, welche die einer Telegraphenanstalt anvertrauten Telegramme verfälschen oder in anderen als in den im Gesetze vorgesehenen Fällen eröffnen oder unterdrücken, oder von ihrem Inhalt Dritte rechtswidrig benachrichtigen, oder einem anderen wissentlich eine solche Handlung gestatten oder ihm dabei wissentlich Hilfe leisten, werden mit Gefängnis bestraft.

(2) Den einer Telegraphenanstalt anvertrauten Telegrammen werden Nachrichten gleichgeachtet, die durch eine zu öffentlichen Zwecken dienende Fernsprechanlage vermittelt werden.

1. Ebenso wie § 354 den Postverkehr sichern soll, dient § 355 der Sicherung des ordnungsmäßigen Betriebs der Telegraphenanstalten. Soweit § 299 auf verschlossene Depeschen anwendbar ist, liegt ein uneigentliches Amtsdelikt vor, im übrigen handelt es sich um ein eigentliches Amtsdelikt (siehe Vorbem. Ziff. 4 vor § 331).

2. Abs. 1 enthält die Verletzung des Telegraphengeheimnisses und der telegraphischen Beförderungspflicht.

Ebenso wie in § 354 bei Briefen sind auch in § 355 bezüglich der Depeschen die Eröffnung und die Unterdrückung sowie die Gestattung und die Hilfeleistung in bezug auf diese Handlungen mit Strafe bedroht (siehe hierzu Erl. 3 zu § 354). Zu diesen 4 Tatbeständen des § 354 kommen in § 355 noch weiter hinzu die Verfälschung von Depeschen (siehe Erl. 5 zu § 267), die rechtswidrige Benachrichtigung von ihrem Inhalt, die Gestattung einer solchen Handlung und die Hilfeleistung bei derselben.

3. Abs. 2 des § 355 dient der Sicherung des Fernsprechgeheimnisses.

4. Wegen Ausschluß der Rechtswidrigkeit vgl. Erl. 4 zu § 354.

5. Wegen Nebenstrafe vgl. § 358, wegen Strafschärfung § 94.

Parteiverrat.

§ 356. (1) Ein Anwalt oder ein anderer Rechtsbeistand, welcher bei den ihm vermöge seiner amtlichen Eigenschaft anvertrauten Angelegenheiten in derselben Rechtssache beiden Parteien durch Rat oder Beistand pflichtwidrig dient, wird mit Gefängnis nicht unter drei Monaten bestraft.

(2) Handelt derselbe im Einverständnisse mit der Gegenpartei zum Nachteile seiner Partei, so tritt Zuchthausstrafe bis zu fünf Jahren ein.

1. Diese Gesetzesstelle behandelt den sog. Parteiverrat, auch Untreue des Sachwalters genannt, einen Fall pflichtwidrigen Verhaltens des Rechtsanwalts durch Bruch des ihm gewährten Vertrauens. Die Vorschrift will nicht nur verhüten, daß der Anwalt durch Vertretung zweier Parteien mit entgegengesetzten Interessen in einen inneren Konflikt gerät, sondern auch, daß dadurch nach außen hin ein Eindruck entsteht, der dem Ansehen des Anwaltsstandes als eines wichtigen Organs der Rechtspflege schaden könnte. (RG. 71, 253.)

Das Delikt gehört nicht zu den Amtsdelikten, da der Täter kein Beamter ist.

2. Als Täter kommen nur in Frage Rechtsanwälte und andere Rechtsbeistände, soweit sie amtlich zugelassen sind, wie Referendare (oder Justizbeamte) als Verteidiger, nicht aber Prozeßagenten und Rechtskonsulenten. (RG. 51, 220; 73, 126.)

3. Die Handlung besteht darin, daß der Täter in derselben Rechtssache beiden Parteien durch Rat oder Beistand pflichtwidrig dient.

a) Unter „Rechtssache" versteht man alle Rechtsangelegenheiten, bei denen mehrere Personen mit entgegengesetzten Interessen beteiligt sind. Es kommen also in Betracht bürgerlicher Rechtsstreit, Strafsachen, Angelegenheiten der freiwilligen Gerichtsbarkeit, Privatklagesachen. (Siehe RG. 23, 65; 62, 291; 66, 103; 71, 236 und BGH. 2, 285.)

b) Ein pflichtwidriges Dienen liegt vor, wenn der Anwalt einer Partei Rat oder Beistand gewährt, nachdem er der anderen Partei in der gleichen Rechtssache, aber im entgegengesetzten Interesse, bereits Rat oder Beistand geleistet hat. Dabei ist es gleichgültig, ob das alte Mandat noch besteht oder nicht. (RG. 62, 158.)

4. Zum inneren Tatbestand gehört Vorsatz, d. h. die Kenntnis der Tatsachen, aus denen die Identität der Rechtssache zu folgern ist, sowie das Bewußtsein, pflichtwidrig zu handeln, d. h. die Kenntnis des Interessengegensatzes (BGH. 2, 287 und 311). Eine besondere Absicht, etwa dahingehend, zum Nachteil einer Partei zu handeln, ist nicht erforderlich (siehe folgende Erl. 5).

5. Ein erschwerter Fall liegt nach Abs. 2 vor, wenn der Täter im Einverständnis mit der Gegenpartei zum Nachteil der eigenen Partei handelt, ohne daß dabei erforderlich ist, daß ein Nachteil tatsächlich eintritt; es genügt der entsprechende Wille des Täters.

6. Der § 356 bedroht nur den Rechtsanwalt mit Strafe, nicht aber auch die Partei, der er pflichtwidrig Beistand leistet. Diese kann sich aber wegen Anstiftung oder Beihilfe zum Vergehen des § 356 strafbar machen, wenn sie z. B. über die notwendige und deshalb straflose Teilnahme hinausgehend (z. B. durch Zahlung eines übermäßig hohen Honorars) den Anwalt zum Parteiverrat veranlaßt. (RG. 71, 119.)

7. Beispiel: Der Kaufmann A, der mit seinem Hauswirt B Mietstreitigkeiten hatte, war von B mißhandelt und unter schweren Drohungen zur sofortigen Räumung der Wohnung aufgefordert worden. A beauftragte mit der Wahrnehmung seiner Interessen den Rechtsanwalt C. Dieser beriet den Fall mit A, entwarf für ihn eine Strafanzeige wegen Körperverletzung und Nötigung, die dann A unterschrieb und weisungsgemäß bei der Staatsanwaltschaft einreichte. Gleichzeitig empfahl C seinem Mandanten, unabhängig von dem Strafverfahren eine Schadensersatzklage gegen B zu erheben. Als kurze Zeit später B wegen der in der Strafanzeige enthaltenen Beschuldigung durch die Kriminalpolizei vernommen worden war, wandte er sich an Rechtsanwalt C mit der Bitte, ihn in dem Strafverfahren zu verteidigen. Rechtsanwalt C nahm auch dieses Mandat an und besprach eingehend die Sach- und Rechtslage mit B: C hat sich wegen Parteiverrats nach § 356 dadurch strafbar gemacht, daß er in der Strafsache gegen B dessen Verteidigung übernommen und ihn beraten hat, obwohl er vorher dem verletzten A zur Anzeige gegen B Rat und Hilfe als Anwalt gewährt und ihm außerdem noch zur Erhebung von Schadensersatzansprüchen gegen B wegen der Folgen der Körperverletzung geraten hatte. C wäre auch dann strafbar, wenn ihm A sein Mandat entzogen gehabt hätte, bevor C dasjenige des B annahm, denn auch in diesem Falle hätte C den B nicht wirksam vertreten können, ohne Mißbrauch des in ihn seitens A gesetzten Vertrauens und ohne Verwertung seiner Kenntnis von der tatsächlichen und rechtlichen Lage des A. (RG. 49, 342; 71, 253.)

Pflichtverletzung des Amtsvorgesetzten.

§ 357. (1) Ein Amtsvorgesetzter, welcher seine Untergebenen zu einer strafbaren Handlung im Amte vorsätzlich verleitet oder zu verleiten unternimmt, oder eine solche strafbare Handlung seiner Untergebenen wissentlich geschehen läßt, hat die auf diese strafbare Handlung angedrohte Strafe verwirkt.

(2) Dieselbe Bestimmung findet auf einen Beamten Anwendung, welchem eine Aufsicht oder Kontrolle über die Amtsgeschäfte eines anderen Beamten übertragen ist, sofern die von diesem letzteren Beamten begangene strafbare Handlung die zur Aufsicht oder Kontrolle gehörenden Geschäfte betrifft.

1. Hier sind einige Fälle der Teilnahme an im Amt begangenen strafbaren Handlungen als selbständige Beamtendelikte strafrechtlich erfaßt. § 357 kommt ausschließlich zur Anwendung, also auch dann, wenn an sich die Voraussetzungen der Anstiftung bzw. Beihilfe gegeben wären (BGH. 5, 165). Der Amtsvorgesetzte ist also stets mit der Täterstrafe zu bestrafen, wenn er irgendwie an einer strafbaren Handlung, die der Untergebene im Amt begangen hat, beteiligt ist, und zwar auch dann, wenn die strafbare Handlung nicht den Tatbestand eines „Verbrechens oder Vergehens im Amt" i. S. des 28. Abschnitts des StGB. erfüllt. (Siehe BGH. 3, 349.) § 357 ist ein eigentliches Amtsdelikt.

2. Das Gesetz sieht drei Möglichkeiten strafbarer Teilnahme vor:

a) Die vorsätzliche Verleitung, d. h. die erfolgreiche Anstiftung;

b) das Unternehmen der vorsätzlichen Verleitung zu einem Amtsdelikt, d. h. die erfolglos gebliebene Anstiftung, die nach der allgemeinen Bestimmung des § 49a sonst nur bei Verbrechen strafbar ist (siehe die dortigen Erläuterungen);

c) das wissentliche Geschehenlassen, also die Beihilfe, vorausgesetzt, daß der Vorgesetzte tatsächlich in der Lage ist, die Begehung des Delikts zu verhindern.

3. Als Täter des Abs. 1 kommt nur der Amtsvorgesetzte des Beamten in Betracht, dem gegenüber die Anstiftungs- oder Beihilfehandlung vorgenommen wird. In Abs. 2 ist dem vorgesetzten Beamten der Aufsichtsbeamte gleichgestellt, und zwar findet auch Abs. 2 nicht nur dann Anwendung, wenn der beaufsichtigte Beamte die strafbare Handlung begangen hat (was man bei der ungenauen Gesetzesfassung annehmen könnte), sondern auch dann, wenn er erfolglos zu ihr angestiftet wurde.

4. Wegen Nebenstrafe vgl. § 358, wegen Strafschärfung § 94.

5. Beispiel: In dem in Erl. 4a zu § 348 angeführten Beispiel hat sich der Kaufmann A nicht an den Kriminalbeamten C, sondern an dessen Vorgesetzten, den Kriminalinspektor D gewandt und dieser hat den ihm untergebenen C zur nachträglichen Fertigung des erdichteten Protokolls veranlaßt: D hat in diesem Falle als Amtsvorgesetzter den C zu dem Beamtendelikt des § 348 Abs. 1 verleitet und ist wegen Vergehens nach § 357 Abs. 1 und nicht etwa wegen Anstiftung zum Vergehen des § 348 Abs. 1 zu bestrafen. Gegen D wäre auch dann § 357 Abs. 1 anzuwenden, wenn C das Ansinnen seines Vorgesetzten abgelehnt hätte; in diesem Falle hätte er sich wegen Unternehmens einer Verleitung strafbar gemacht. Die Bestrafung des D hat in jedem Falle aus dem Strafrahmen des § 348 Abs. 1 zu erfolgen.

Nebenstrafe.

§ 358. Neben der nach Vorschrift der §§ 331, 340, 341, 352 bis 355 und 357 erkannten Gefängnisstrafe kann auf Verlust der Fähigkeit zur Bekleidung öffentlicher Ämter auf die Dauer von einem bis zu fünf Jahren erkannt werden.

§ 358 enthält (ebenso wie § 128) eine Sondervorschrift für bestimmte Amtsdelikte, die neben der allgemeinen Regel des § 35 gilt. Es kann also der Verlust der Fähigkeit zur Bekleidung öffentlicher Ämter unabhängig von der Möglichkeit der Aberkennung der bürgerlichen Ehrenrechte, und somit (siehe § 32) auch dann ausgesprochen werden, wenn auf weniger als drei Monate Gefängnis erkannt wird.

Begriff des Beamten.

§ 359. Unter Beamten im Sinne dieses Strafgesetzes sind zu verstehen alle im unmittelbaren oder mittelbaren inländischen Staatsdienst auf Lebenszeit, auf Zeit oder nur vorläufig angestellte Personen, ohne Unterschied, ob sie einen Diensteid geleistet haben oder nicht, ferner Notare, nicht aber Anwälte.

1. Hier wird für das ganze StGB. bestimmt, was unter „Beamten" zu verstehen ist.

2. Der strafgesetzliche Beamtenbegriff geht über den staatsrechtlichen hinaus, indem er nicht nur die ausdrücklich nach den Vorschriften des Beamtenrechts in das Beamtenverhältnis berufenen Beamten umfaßt, denen in der Regel eine Ernennungsurkunde ausgehändigt wird, sondern darüber hinaus auch solche Angestellte, welche, ohne Beamte in obigem Sinne zu sein, durch einen öffentlichrechtlichen Akt zu Dienstverrichtungen berufen werden, die aus der Staatsgewalt abzuleiten sind und staatlichen Zwecken dienen.

3. Bei den Angehörigen der ersten Personengruppe ist es für die Beamteneigenschaft im strafrechtlichen Sinne gleichgültig, welche Art Dienste sie leisten; sie sind auch dann „Beamte" i. S. des § 359 und unterliegen damit den schweren Strafbestimmungen des 28. Abschnitts, wenn sie untergeordnete oder rein mechanische Dienste leisten. (RG. 60, 139.) Dagegen sind die zur zweiten Personengruppe gehörigen Personen nur dann Beamte i. S. des § 359, wenn Dienstleistungen zu ihren Obliegenheiten gehören, die aus der Staatsgewalt abzuleiten sind und staatlichen Zwecken dienen. BGH. 2, 119.)

4. Als Beamte im strafrechtlichen Sinne kommen somit in Betracht: Sämtliche Bundes-, Landes- und Gemeindebeamten (letztere als mittelbare Staatsbeamte). Ferner: Beamte und Angestellte der Bundesbahn (Fahrkartenverkäufer, Bahnsteigschaffner usw.), alle Organe der Bahnpolizei (ohne Rücksicht darauf, ob es sich um die Bundesbahn oder Privatbahnen handelt), Postagenten und Postaushelfer, Feldhüter, Fleischbeschauer, die Angestellten der Krankenkassen, insbesondere der Ortskrankenkassen, die Angestellten der Arbeitsämter, der Wohnungsämter, der städtischen Verkehrsunternehmen (Straßenbahnschaffner usw.), der städtischen Werke (Elektrizitäts-, Gas-, Wasserwerk).

5. Nicht als Beamte im Sinne des § 359 gelten: Die Geistlichen (im Gegensatz zu den Kirchenbeamten, die z. B. mit der Vermögensverwaltung betraut und deshalb „Beamte" sind), der Konkursverwalter, Testamentsvollstrecker und Vormund.

6. Für den inneren Tatbestand bei allen Beamtendelikten genügt es, daß der Täter diejenigen Tatsachen kennt, die die Beamteneigenschaft im strafrechtlichen Sinne begründen.

Neunundzwanzigster Abschnitt: Übertretungen.

Vorbemerkung:

1. Die Übertretungen sind im Hinblick auf die Art und Höhe der angedrohten Strafe (Haft oder Geldstrafe bis zu 150 DMark) die leichtesten der im StGB. erfaßten Delikte.

2. Zahlreiche Übertretungen finden sich auch in Gesetzen und Verordnungen außerhalb des StGB., besonders in den Polizeistrafgesetzen der einzelnen Länder und in zahlreichen sonstigen Gesetzen usw. (z. B. Gewerbeordnung, Straßenverkehrsordnung, u. a.).

3. Auch bei Übertretungen wird schuldhaftes Verhalten vorausgesetzt. Während aber bei den Verbrechen und Vergehen jeweils ausdrücklich im Gesetz bestimmt ist, wenn sie auch fahrlässig begangen werden können (z. B. §§ 163, 222, 230, 309), ist bei Übertretungen auch ohne besondere Erwähnung immer dann schon ein fahrlässiges Verhalten strafbar, wenn Sinn und Zweck der Vorschrift diese Annahme rechtfertigen.

4. Im übrigen gelten aber grundsätzlich alle Vorschriften des Allgemeinen Teils des StGB. (insbesondere auch §§ 51ff.) für die Übertretungen, jedoch mit folgenden Ausnahmen bzw. Abweichungen:

a) Beihilfe zu einer Übertretung ist nicht strafbar (§ 49).

b) Begünstigung bezüglich einer Übertretung ist nicht strafbar (§ 257).

c) Versuch einer Übertretung ist nicht strafbar (§ 43).

d) Auf Einziehung kann nur in besonders bezeichneten Fällen erkannt werden (z. B. § 360 Abs. 2).

e) Die Verjährung der Strafverfolgung tritt schon in drei Monaten (§ 67 Abs. 3), die der Strafvollstreckung in zwei Jahren (§ 70 Nr. 6) ein.

f) Bei Realkonkurrenz (Tatmehrheit) wird keine Gesamtstrafe gebildet (§§ 74, 77).

g) Im Ausland begangene Übertretungen sind grundsätzlich straflos (§ 6).

5. Die Übertretungen wurden bis Ende 1945 gemäß §§ 413ff. StPO. a. F. nicht im gerichtlichen Verfahren, sondern im Wege der polizeilichen Strafverfügung behandelt, gegen welche innerhalb einer Woche nach Zustellung Antrag auf gerichtliche Entscheidung gestellt werden konnte. Seit dem Rechtsvereinheitlichungsgesetz vom 12. 9. 1950 ist gemäß § 413 StPO. (siehe Anhang 4 „Das Strafprozeßrecht" S. 387) nur noch der Amtsrichter zum Erlaß von Strafverfügungen berechtigt.

6. Einen neuen, für die tägliche Praxis wichtigen Übertretungstatbestand enthält § 3 des Gesetzes über Personalausweise v. 19. 12. 1950 (BGBl. 1950, S. 807). Diese Bestimmung lautet:

„1. Wer vorsätzlich

a) es unterläßt, für sich oder als Erziehungsberechtigter für Jugendliche bis zu 18 Jahren einen Ausweis ausstellen zu lassen, obwohl er dazu verpflichtet ist;

b) bei Stellung des Antrages auf Ausstellung eines Personalausweises unwahre Angaben macht;

c) es unterläßt, einen Ausweis auf Verlangen einer zuständigen Stelle vorzulegen;

d) seinen Personalausweis einem anderen zum unbefugten Gebrauch überläßt;

e) einen für einen anderen ausgestellten Personalausweis unbefugt gebraucht, wird mit Geldstrafe bis zu 150 DM oder mit Haft bis zu 6 Wochen bestraft.

2. In den Fällen des Abs. 1 Buchstabe a und d ist der Täter auch strafbar, wenn ihm grobe Fahrlässigkeit zur Last fällt."

§ 360. (1) Mit Geldstrafe bis zu einhundertfünfzig DMark oder mit Haft wird bestraft:

1. (weggefallen);

2. wer außerhalb seines Gewerbebetriebes heimlich oder wider das Verbot der Behörde Vorräte von Waffen oder Schießbedarf aufsammelt;

Vgl. die Erl. zu § 367 Nr. 9.

3. (weggefallen);

4. wer ohne schriftlichen Auftrag einer Behörde Stempel, Siegel, Stiche, Platten oder andere Formen, welche zur Anfertigung von Metall- oder Papiergeld, oder von solchen Papieren, welche nach § 149 dem Papiergelde gleich geachtet werden, oder von Stempelpapier, Stempelmarken, Stempelblanketten, Stempelabdrücken, Postwertzeichen, öffentlichen Bescheinigungen oder Beglaubigungen dienen können, anfertigt oder an einen anderen als die Behörde verabfolgt;
5. wer ohne schriftlichen Auftrag einer Behörde den Abdruck der in Nr. 4 genannten Stempel, Siegel, Stiche, Platten oder Formen, oder einen Druck von Formularen zu den daselbst bezeichneten öffentlichen Papieren, Beglaubigungen oder Bescheinigungen unternimmt, oder Abdrücke an einen anderen als die Behörde verabfolgt;

Die Ziffern 4 und 5 sollen Münzverbrechen, Urkundenfälschungen und Stempelvergehen verhüten. Daher findet die Vorschrift keine Anwendung, sobald mit der Begehung der Delikte nach §§ 146ff., 151, 275 begonnen wird. (Siehe Erl. 3 zu § 151.)

6. wer Waren-Empfehlungskarten, Ankündigungen oder andere Drucksachen oder Abbildungen, welche in der Form oder Verzierung dem Papiergelde oder den dem Papiergelde nach § 149 gleich geachteten Papieren ähnlich sind, anfertigt oder verbreitet, oder wer Stempel, Stiche, Platten oder andere Formen, welche zur Anfertigung von solchen Drucksachen oder Abbildungen dienen können, anfertigt;

Die Bestimmung soll das Papiergeldwesen schützen gegen eine Gefährdung durch sogenannte Blüten. Es muß sich dabei um ein gültiges Papiergeld handeln.

7. wer ohne ausdrückliche Ermächtigung der zuständigen Behörde das Wappen des Bundes oder eines Landes oder den Bundesadler oder den entsprechenden Teil eines Landeswappens führt oder gebraucht oder wer unbefugt eine Dienstflagge des **Bundes** oder eines Landes gebraucht; den Wappen, Wappenteilen und Flaggen stehen solche gleich, die ihnen zum Verwechseln ähnlich sind;
8. wer gegenüber einer zuständigen Behörde oder einem zuständigen Beamten über seinen Namen, seinen Stand, seinen Beruf, sein Gewerbe, seinen Wohnort, seine Wohnung oder seine Staatsangehörigkeit eine unrichtige Angabe macht oder die Angabe verweigert.

1. Zuständiger Beamter ist derjenige, der ein Recht hat, den Namen zu erfahren, z. B. der Polizeibeamte, Standesbeamte, Richter, Urkundsbeamte der Geschäftsstelle usw.; dagegen nicht ein Telegraphenbeamter oder Briefträger.

2. Strafbar ist auch schon die Angabe eines falschen Vornamens.
3. Siehe auch die Erläuterungen zu § 132a.
4. Bewirkt jemand die Eintragung unter falschem Namen in einer öffentlichen Urkunde, dann liegt möglicherweise der Tatbestand des § 271 vor (siehe Erl. 5 zu § 271).
5. Siehe schließlich das Gesetz über Personalausweise vom 19. 12. 1950, abgedruckt in „Vorbemerkung" zu diesem Abschnitt (Seite 329).

9. wer gesetzlichen Bestimmungen zuwider ohne Genehmigung der Staatsbehörde Aussteuer-, Sterbe- oder Witwenkassen, Versicherungsanstalten oder andere dergleichen Gesellschaften oder Anstalten errichtet, welche bestimmt sind, gegen Zahlung eines Einkaufsgeldes oder gegen Leistung von Geldbeträgen beim Eintritte gewisser Bedingungen oder Fristen, Zahlungen an Kapital oder Rente zu leisten;

Diese Bestimmung wurde, soweit es sich um private Versicherungsunternehmungen handelt, durch § 140 des Gesetzes über die Beaufsichtigung der privaten Versicherungsunternehmungen vom 6. Juni 1931 ersetzt.

10. Gestrichen durch Gesetz vom 28. Juni 1935. Ersetzt durch § 330c.

11. wer ungebührlicherweise ruhestörenden Lärm erregt oder wer groben Unfug verübt;

1. Erregung ruhestörenden Lärms kann nur vorsätzlich begangen werden.

a) Ruhestörend ist der Lärm dann, wenn er unter den besonderen Umständen geeignet ist, die Ruhe eines größeren Personenkreises, d. h. des Publikums in seiner Allgemeinheit zu stören, z. B. durch Laufenlassen eines Radios bei offenem Fenster, oder lautes Klavierspiel bei offenem Fenster.

b) Ruhestörenden Lärm erregt auch derjenige, der es unterläßt, den Lärm zu verhindern, z. B. Dulden übermäßigen Hundegebelles.

c) „Ungebührlicherweise" ist gleichbedeutend mit „ohne gerechtfertigte Veranlassung."

2. Grober Unfug, der ebenfalls nur vorsätzlich begangen werden kann, ist nicht jede Ungebühr, die sonst strafrechtlich nicht erfaßt werden kann. Es müssen vielmehr folgende Voraussetzungen erfüllt sein:

a) Es muß eine Handlung vorliegen, die das Publikum in seiner Gesamtheit physisch oder psychisch belästigt und die Belästigung muß zugleich eine Störung oder Gefährdung des äußeren Bestands der öffentlichen Ordnung bewirken, z. B. Prügelei auf der Straße, falscher Feueralarm im Kino, Spazierengehen nur mit Hemd bekleidet, wodurch Menschenansammlungen entstehen, oder Auslöschen von Straßenlaternen; auch Entblößen der Geschlechtsteile auf offener Straße ohne geschlechtliche Beziehung (sonst § 183).

b) Die Gefährdung des Bestands der öffentlichen Ordnung muß unmittelbar durch die fragliche Handlung erfolgen. An einer solchen Unmittelbarkeit fehlt es vor allem, wenn das Publikum von der fraglichen Handlung durch die Presse oder durch die Mitteilung anderer erfährt. (RG 64, 252.)

12. wer als Pfandleiher oder Rückkaufshändler bei Ausübung seines Gewerbes den darüber erlassenen Anordnungen zu-

widerhandelt, insbesondere den durch Landesgesetz oder Anordnung der zuständigen Behörde bestimmten Zinsfuß überschreitet.

Vgl. hierzu GewO. §§ 38, 53, 148 Abs. 1 Nr. 4a. Vgl. auch § 290.

Am 24. Nov. 1933 ist ein Tierschutzgesetz in Kraft getreten, durch das die bisherigen Bestimmungen des Strafgesetzbuchs (§§ 145b und 360 Nr. 13) aufgehoben wurden. (Siehe Erl. zu § 145b.)

Nach dem neuen Tierschutzgesetz ist als Vergehen strafbar die eigentliche Tierquälerei, d. h. das unnötige Quälen oder rohe Mißhandeln eines Tieres, sowie der unerlaubte Versuch am lebenden Tier. Ferner wird als Übertretung bestraft die Zuwiderhandlung gegen die zum Tierschutz erlassenen Vorschriften des Gesetzes. (Siehe die Erläuterungen zu dem aufgehobenen § 145b.)

(2) In den Fällen der Nr. 2, 4, 5 und 6 kann neben der Geldstrafe oder der Haft auf Einziehung der Vorräte von Waffen oder Schießbedarf, der Stempel, Siegel, Stiche, Platten oder anderen Formen, der Abdrücke oder Abbildungen erkannt werden, ohne Unterschied, ob sie dem Verurteilten gehören oder nicht.

§ 361. Mit Haft wird bestraft:

1. wer, nachdem er unter Polizei-Aufsicht gestellt worden ist, den infolge derselben ihm auferlegten Beschränkungen zuwiderhandelt;

2. Weggefallen;

3. wer als Landstreicher umherzieht;

1. Als Landstreicher zieht umher, wer aus einem eingewurzelten Hang ohne die Absicht redlichen Erwerbs unter ständigem Wechsel des Nachtquartiers von Ort zu Ort umherstreift und dabei anderen zur Last fällt, indem er seinen Lebensunterhalt durch fremde Mildtätigkeit, Betteln oder solche geringfügigen Straftaten bestreitet, die zur unmittelbaren Befriedigung einfacher Lebensbedürfnisse bestimmt sind. (BGH. 4, 52.)

2. Wegen Unterbringung im Arbeitshaus siehe § 42d.

3. Landstreicher sind in der Regel fluchtverdächtig; sie sind daher vorläufig festzunehmen. (Siehe § 113 StPO. im Anhang 4, S. 394.)

4. wer bettelt oder Kinder zum Betteln anleitet oder ausschickt;

1. „Betteln" heißt um eine milde Gabe zum Lebensunterhalt (also in Geld, Nahrungsmitteln, Kleidern usw.) bitten. Ob die Gabe wirklich gewährt wird, ist gleichgültig.

2. Nicht unter Betteln fällt die Bitte um Unterstützung bei Verwandten oder Freunden, ferner das sogenannte „Kollektieren", d. h. Sammeln für fremde Zwecke, das Angehen einer Verpflegungsstation.

3. Unterbringung in einem Arbeitshaus ist zulässig (§ 42d).

4. Betteln unter unwahren Vorspiegelungen, z. B. Vortäuschung gar nicht bestehender Gebrechen, kann Betrug sein. (RG 23, 46.)

5. wer sich dem Spiel, Trunk oder Müßiggang dergestalt hingibt, daß er in einen Zustand gerät, in welchem zu seinem Unter-

halte oder zum Unterhalte derjenigen, zu deren Ernährung er verpflichtet ist, durch Vermittelung der Behörde fremde Hilfe in Anspruch genommen werden muß;

Der Zustand, von dem diese gesetzliche Bestimmung spricht, darf nicht ein nur vorübergehender sein. Unterbringung im Arbeitshaus zulässig (§ 42d).

6. wer öffentlich in auffälliger Weise oder in einer Weise, die geeignet ist, einzelne oder die Allgemeinheit zu belästigen, zur Unzucht auffordert oder sich dazu anbietet;

6a) wer gewohnheitsmäßig zum Erwerbe Unzucht treibt und diesem Erwerbe in der Nähe von Kirchen oder in einer Wohnung nachgeht, in der Kinder oder jugendliche Personen zwischen drei und achtzehn Jahren wohnen;

6b) wer gewohnheitsmäßig zum Erwerbe Unzucht treibt und diesem Erwerbe in der Nähe von Schulen oder anderen zum Besuch durch Kinder oder Jugendliche bestimmten Örtlichkeiten oder in einem Hause, in dem Kinder oder jugendliche Personen zwischen drei und achtzehn Jahren wohnen, in einer diese Minderjährigen sittlich gefährdenden Weise nachgeht;

6c) wer gewohnheitsmäßig zum Erwerbe Unzucht treibt und diesem Erwerbe in einer Gemeinde mit weniger als zwanzigtausend Einwohnern nachgeht, in der die Ausübung der Unzucht zum Erwerbe durch eine zum Schutz der Jugend oder des öffentlichen Anstandes erlassene Anordnung der obersten Landesbehörde verboten ist.

1. Nr. 6 betrifft das in bestimmter Weise erfolgende Auffordern oder Sicherbieten zur Unzucht. Nr. 6a—6c betreffen den Betrieb der Unzucht an bestimmten Orten. Welche Maßnahmen aus gesundheitlichen Gründen in Frage kommen, ergibt sich aus § 4 des Gesetzes zur Bekämpfung der Geschlechtskrankheiten vom 23. Juli 1953 (siehe Erl. 5 zu § 327). Unterbringung im Arbeitshaus ist zulässig (§ 42d).

2. Die gewerbsmäßige Unzucht (Prostitution) ist an sich nicht strafbar, es sei denn, daß gegen die in Nr. 6, 6a bis c zum Schutze von Sitte und Anstand getroffenen Bestimmungen verstoßen wird.

3. Unter den Begriff „Unzucht" fällt nicht nur der außereheliche Beischlaf, sondern alle den Anforderungen von Zucht und Sitte zuwiderlaufenden, die Erregung oder Befriedigung menschlicher Geschlechtslust bezweckenden Handlungen im Verkehr mehrerer Personen miteinander. Die Unzucht wird gewerbsmäßig ausgeübt, wenn aus der fortgesetzten Unzucht eine Einnahmequelle geschaffen werden soll.

4. Zu Nr. 6: Das Auffordern und Sicherbieten zur Unzucht ist nur dann strafbar, wenn es öffentlich in auffälliger Weise geschieht, oder in einer den einzelnen oder die Allgemeinheit belästigenden Weise. Bietet sich ein Mann zur gewerbsmäßigen Unzucht an, dann kommt § 175a Nr. 4 letzter Fall zur Anwendung.

5. Nr. 6a—c behandeln den Betrieb der Unzucht an bestimmten Orten. In diesen drei Fällen muß die Unzucht gewohnheitsmäßig zum Erwerbe ausgeübt werden. Das Haus, in dem Jugendliche wohnen, ist nur im Falle der Gefährdung geschützt (siehe Nr. 6b), während die Wohnung in jedem Falle geschützt ist (siehe Nr. 6a).

7. wer, wenn er aus öffentlichen Armenmitteln eine Unterstützung empfängt, sich aus Arbeitsscheu weigert, die ihm von der Behörde angewiesene, seinen Kräften angemessene Arbeit zu verrichten;

Hier wird die sog. Arbeitsscheu mit Strafe bedroht. Unterbringung im Arbeitshaus ist möglich (§§ 42d).

8. wer nach Verlust seines bisherigen Unterkommens binnen der ihm von der zuständigen Behörde bestimmten Frist sich kein anderweitiges Unterkommen verschafft hat und auch nicht nachweisen kann, daß er solches der von ihm angewandten Bemühungen ungeachtet nicht vermocht habe;

Hier wird die Obdachlosigkeit mit Strafe bedroht. Unterbringung im Arbeitshaus ist möglich (§ 42d).

9. wer einen noch nicht Achtzehnjährigen, dessen Beaufsichtigung ihm obliegt, nicht gehörig beaufsichtigt, wenn der zu Beaufsichtigende eine als Übertretung mit Strafe bedrohte Handlung begeht, die der Aufsichtspflichtige durch gehörige Aufsicht hätte verhindern können. Statt der Haft kann auf Geldstrafe bis zu einhundertfünfzig Deutsche Mark erkannt werden. § 143 Abs. 2 und 3 ist anzuwenden. (Siehe hierzu § 143 und die dortigen Erläuterungen.)

§ 362. Die nach Vorschrift des § 361 Nr. 3 bis 8 Verurteilten können zu Arbeiten, welche ihren Fähigkeiten und Verhältnissen angemessen sind, innerhalb und, sofern sie von anderen freien Arbeitern getrennt gehalten werden, auch außerhalb der Strafanstalt angehalten werden.

Diese Gesetzesstelle gibt abweichend von der Bestimmung des § 18 Abs. 2 auch bei Haftstrafe die Möglichkeit des Zwangs zur angemessenen Arbeit.

§ 363 wurde durch Gesetz v. 4. Sept. 1941 gestrichen und durch § 281 ersetzt. (Siehe die dortigen Erläuterungen.)

Veräußerung gebrauchter Stempelmarken.

§ 364. (1) Mit Geldstrafe bis zu einhundertfünfzig DMark wird bestraft, wer wissentlich schon einmal verwendetes Stempelpapier nach gänzlicher oder teilweiser Entfernung der darauf gesetzten

Schriftzeichen, oder schon einmal verwendete Stempelmarken, Stempelblankette oder ausgeschnittene oder sonst abgetrennte Stempelabdrücke der im § 276 bezeichneten Art veräußert oder feilhält.

(2) Gleiche Strafe trifft denjenigen, welcher wissentlich schon einmal verwendete Postwertzeichen nach gänzlicher oder teilweiser Entfernung des Entwertungszeichens veräußert oder feilhält.

1. Vgl. hierzu die §§ 275, 276.

2. Der Handel mit gebrauchten Postwertzeichen (Briefmarken usw.) ist nach Abs. 2 straflos, wenn die Entwertungszeichen nicht entfernt sind.

§ 365.

1. Durch das Gaststättengesetz v. 28. April 1930 (RGBl. 146ff.) ist § 365 aufgehoben.

Nach § 29 Z. 6 dieses Gesetzes wird mit Haft und mit Geldstrafe bis zu 150 DMark oder mit einer dieser Strafen bestraft, wer als Gast in einer Schankwirtschaft, den Schankräumen einer Gastwirtschaft, in einer Speisewirtschaft oder an einem öffentlichen Vergnügungsort über die Polizeistunde hinaus verweilt, obwohl der Inhaber oder der Vertreter oder ein Polizeibeamter ihn aufgefordert hat, wegzugehen.

Ferner wird bestraft (§ 29, Z. 7), wer als Inhaber einer Gast- oder Schank- oder Speisewirtschaft, oder eines öffentlichen Vergnügungsorts oder als Vertreter des Inhabers duldet, daß ein Gast über die Polizeistunde hinaus in den Schankräumen oder an dem Vergnügungsorte verweilt. § 14 des Gaststättengesetzes lautet: Die oberste Landesbehörde oder die von ihr bestimmte Behörde hat Bestimmungen über die Festsetzung und Handhabung der Polizeistunde in Gast- oder Schankwirtschaften nach Anhörung der wirtschaftlichen Vereinigungen der Arbeitgeber und Arbeitnehmer des Gast- und Schankwirtschaftsgewerbes zu erlassen, soweit dies nicht schon geschehen ist. Dabei ist anzuordnen, wann die Polizeistunde beginnt, wann sie endet, unter welchen Voraussetzungen sie verlängert oder verkürzt werden darf und wie ihre Einhaltung zu überwachen ist. Abs. 2: Die äußerste Grenze für die Festsetzung der Polizeistunde ist 1 Uhr nachts, sofern nicht besondere örtliche Verhältnisse eine Ausnahme rechtfertigen, worüber die oberste Landesbehörde entscheidet. Der Ausschank von Branntwein in Gast- oder Schankwirtschaften sowie der Kleinhandel mit Branntwein darf nicht vor 7 Uhr früh beginnen.

§ 23 Abs. 2 lautet: Die Bestimmungen über die Polizeistunde (§ 14) finden auf Zusammenkünfte von Vereinen und geschlossenen Gesellschaften nur Anwendung, wenn sie in einer Gast- oder Schankwirtschaft oder in Räumen, die mit einer solchen verbunden sind und in denen Schankwirtschaft betrieben wird, stattfinden. Die oberste Landesbehörde kann diese Bestimmungen auch auf Zusammenkünfte in Räumen ausdehnen, die im Eigentume dieser Vereine oder Gesellschaften stehen, oder ihnen mietweise, leihweise oder aus einem anderen Grunde überlassen worden sind, soweit in diesen Räumen Getränke ausgeschänkt werden. Nach § 29 Z. 8 dieses Gesetzes wird mit Haft und mit Geldstrafe bis zu 150 DMark oder mit einer dieser Strafen bestraft, wer der Vorschrift des § 14 Abs. 2 Satz 2 zuwiderhandelt.

2. Schankwirtschaft, Schankräume und Gastwirtschaft sind dem Publikum offenstehende Räume, in denen gewerbsmäßig Getränke oder Speisen aller Art

zum Genuß auf der Stelle verabfolgt werden, also auch Kaffeehallen, Teestuben. Auch Bahnhofsrestaurationen fallen unter die Bestimmung gegenüber den Gästen, welche nicht der Eisenbahn wegen darin verkehren, sondern kommen, um dort zu zechen. Zur Schankwirtschaft gehören auch Privatzimmer des Wirts, in denen dieser nach der Polizeistunde weiterwirtschaftet.

3. Öffentliche Vergnügungsorte sind Plätze, an denen irgendeine Vorrichtung zum Vergnügen des Publikums vorhanden ist. Geschlossene Räumlichkeiten brauchen es nicht zu sein.

4. Die Gäste sind strafbar, auch wenn sie sich erst nach dem Eintritt der Polizeistunde in die Wirtschaft begeben.

5. In einer Gastwirtschaft übernachtende Fremde werden von dem Verbot nicht betroffen.

6. Der Wirt schützt sich vor Strafe, wenn er die Gäste nicht mehr bedient und auf ihrer Entfernung ernstlich besteht. Auch wenn der Wirt nur fahrlässigerweise versäumt, den genannten Verpflichtungen nachzukommen, macht er sich strafbar. Er muß also im Verhinderungsfalle dafür Sorge tragen, daß sein Vertreter die Polizeistunde einhält.

§ 366. Mit Geldstrafe bis zu einhundertfünfzig DMark oder mit Haft bis zu vierzehn Tagen wird bestraft:

1. wer den gegen die Störung der Feier der Sonn- und Festtage erlassenen Anordnungen zuwiderhandelt;

1. Dieses Blankettgesetz will die Störung der Sonntags- und Feiertagsheilighaltung verhüten. Vgl. auch §§ 41a, 55a, 146a GewO.

2. Siehe hierzu Gesetz Nr. 161 über die Sonntage, Festtage und Feiertage vom 29. Oktober 1947 (Regierungsblatt der Regierung Württemberg-Baden 1948, Nr. 5, S. 41 i. d. Fassung des Gesetzes Nr. 1057 v. 5. 11. 51 (Reg.Bl. 51, S. 92ff.)

2. wer in Städten oder Dörfern übermäßig schnell fährt oder reitet, oder auf öffentlichen Straßen und Plätzen der Städte oder Dörfer mit gemeiner Gefahr Pferde einfährt oder zureitet;

3. wer auf öffentlichen Wegen, Straßen, Plätzen oder Wasserstraßen das Vorbeifahren anderer mutwillig verhindert;

4. wer in den Städten mit Schlitten ohne feste Deichsel oder ohne Geläute oder Schelle fährt;

5. wer Tiere in Städten oder Dörfern, auf öffentlichen Wegen, Straßen oder Plätzen, oder an anderen Orten, wo sie durch Ausreißen, Schlagen oder auf andere Weise Schaden anrichten können, mit Vernachlässigung der erforderlichen Sicherheitsmaßregeln stehen läßt oder führt;

Die Nr. 2 bis 5 sind, soweit das Verhalten auf Straßen usw. in Frage kommt, gegenstandslos geworden durch die Vorschriften der Straßenverkehrsordnung, die unter Androhung von Übertretungsstrafen jedem Teilnehmer am öffentlichen

Straßenverkehr zur Pflicht macht, sich so zu verhalten, daß der Verkehr nicht gefährdet werden kann. (Siehe Anhang 2, Abschnitt C, S. 357.)

6. wer Hunde auf Menschen hetzt;

Nicht zur Strafbarkeit nach dieser Bestimmung gehört, daß der Hund den Menschen verletzt. Kommt es zu einer Verletzung, so liegt Körperverletzung unter Umständen mittels einer das Leben gefährdenden Behandlung vor. Aus dem Ausdruck „hetzen" geht hervor, daß die Übertretung nur vorsätzlich begangen werden kann.

7. wer Steine oder andere harte Körper oder Unrat auf Menschen, auf Pferde oder andere Zug- oder Lasttiere, gegen fremde Häuser, Gebäude oder Einschließungen, oder in Gärten oder eingeschlossene Räume wirft;

1. Unrat sind nicht nur ekelerregende Stoffe, sondern alle Stoffe, welche verunreinigen können, also z. B. auch Farbe, frisch gemischter Kalk.

2. Menschen brauchen nicht getroffen worden zu sein, dagegen müssen die Steine usw. die fremden Häuser auch wirklich erreicht haben.

3. Idealkonkurrenz mit Körperverletzung bzw. Sachbeschädigung möglich.

8. wer nach einer öffentlichen Straße oder Wasserstraße, oder nach Orten hinaus, wo Menschen zu verkehren pflegen, Sachen, durch deren Umstürzen oder Herabfallen jemand beschädigt werden kann, ohne gehörige Befestigung aufstellt oder aufhängt, oder Sachen auf eine Weise ausgießt oder auswirft, daß dadurch jemand beschädigt oder verunreinigt werden kann;

1. Durch diese Vorschrift soll das Publikum auf der Straße vor Beschädigung oder Verunreinigung geschützt werden.

2. Unter „Ausgießen" fällt auch das Begießen von Blumentöpfen in der Weise, daß ein Teil des Wassers auf die Straße läuft, ebenso das Ausschütteln von Teppichen.

3. Wird ein Mensch beschädigt, dann kann außerdem fahrlässige Körperverletzung in Frage kommen (§ 230).

9. wer auf öffentlichen Wegen, Straßen, Plätzen oder Wasserstraßen Gegenstände, durch welche der freie Verkehr gehindert wird, aufstellt, hinlegt oder liegen läßt;

Diese Gesetzesstelle hat nur noch für Wasserstraßen Bedeutung, denn für alle übrigen Straßen kommen die Bestimmungen der Straßenverkehrsordnung in Betracht. (Siehe Anhang 2, Abschnitt C, S. 357.)

10. wer die zur Erhaltung der Sicherheit, Bequemlichkeit, Reinlichkeit und Ruhe auf den öffentlichen Wegen, Straßen, Plätzen oder Wasserstraßen erlassenen Polizei-Verordnungen übertritt.

Auch diese Bestimmung hat nur noch Bedeutung für die Wasserstraßen, da im übrigen die Vorschriften der Straßenverkehrs-Ordnung maßgebend sind.

§ 366a. Wer die zum Schutze der Dünen und der Fluß- und Meeresufer, sowie der auf denselben vorhandenen Anpflanzungen und Anlagen erlassenen Polizei-Verordnungen übertritt, wird mit Geldstrafe bis zu einhundertfünfzig DMark oder mit Haft bestraft.

Siehe auch §§ 21, 22 des Reichsnaturschutzgesetzes v. 26. Juni 1935 i. d. Fassung v. 1. Dez. 1936 und 20. Jan. 1938 (RGBl. 1935 S. 821; 1936 S. 36; 1938 S. 36).

§ 367. (1) Mit Geldstrafe bis zu einhundertfünfzig DMark oder mit Haft wird bestraft:

1. wer ohne Vorwissen der Behörde einen Leichnam beerdigt oder beiseite schafft;

1. Diese Gesetzesstelle enthält zwei Tatbestände: Die heimliche Beerdigung einer Leiche und das heimliche Beiseiteschaffen einer Leiche.
2. Auch der Körper eines totgeborenen Kindes ist eine Leiche.
3. Vgl. auch § 168.

2. wer den polizeilichen Anordnungen über vorzeitige Beerdigungen entgegenhandelt;
3. wer ohne polizeiliche Erlaubnis Gift oder Arzneien, soweit der Handel mit denselben nicht freigegeben ist, zubereitet, feilhält, verkauft oder sonst an andere überläßt;

1. Gift ist ein Stoff, der geeignet ist, in kleinen Mengen in den Körper gebracht, vermöge seiner chemischen Beschaffenheit die menschliche Gesundheit zu zerstören, vgl. auch Erl. 2 zu § 229. Der Handel mit Gift wird durch Landesgesetze geregelt.

2. Arzneien sind Zubereitungen, die als Mittel zur Beseitigung oder Linderung von Krankheiten bei Menschen oder Tieren äußerlich oder innerlich angewendet werden.

Vgl. dazu insbesondere VO. vom 22. 10. 1901 (RGBl. I, 380, durch zahlreiche Verordnungen ergänzt) betr. apothekenpflichtige Arzneien, und VO. vom 13. 3. 1941 (RGBl. I, 136) betr. rezeptpflichtige Arzneien.

3. Der Handel mit Giften und Arzneien im Umherziehen ist ganz verboten (§ 56 Abs. 2 Nr. 9 Gewerbe-Ordnung).
4. Strafbar ist ferner das Zubereiten dieser Stoffe.
5. Für den inneren Tatbestand genügt Fahrlässigkeit.
6. Hierher gehört auch das Gesetz über den Verkehr mit Betäubungsmitteln (Opiumgesetz) v. 10. Dez. 1929 (RGBl. 215). Nach § 10 dieses Gesetzes wird u. a. bestraft, wer Opium, Kokain, Morphium usw. ohne die vorgesehene Erlaubnis einführt, ausführt, gewinnt, herstellt, verarbeitet, Handel mit ihnen treibt, sie erwirbt, abgibt usw. Diese Vorschrift gilt nach Abs. 4 des § 10 auch dann, wenn Stoffe oder Zubereitungen als solche der genannten Art in den Verkehr gebracht werden, ohne es zu sein.

4. wer ohne die vorgeschriebene Erlaubnis Schießpulver oder andere explodierende Stoffe oder Feuerwerke zubereitet;
5. wer bei der Aufbewahrung oder bei der Beförderung von Giftwaren, Schießpulver oder Feuerwerken, oder bei der Auf-

bewahrung, Beförderung, Verausgabung oder Verwendung von Sprengstoffen oder anderen explodierenden Stoffen, oder bei Ausübung der Befugnis zur Zubereitung oder Feilhaltung dieser Gegenstände, sowie der Arzneien die deshalb ergangenen Verordnungen nicht befolgt;

1. Hier wird die Strafbestimmung für Vorschriften über die Art des Verkehrs mit den in § 367 Ziff. 3 und 4 bezeichneten Stoffen gegeben.

2. Vgl. noch die Eisenbahn-Verkehrsordnung vom 8. September 1938 (RGBl. II ,S. 663) und § 5 der Postordnung für das Deutsche Reich vom 30. Januar 1929 (RGBl. I, 33).

5a. wer bei Versendung oder Beförderung von leicht entzündlichen oder ätzenden Gegenständen durch die Post die deshalb ergangenen Verordnungen nicht befolgt;

Vgl. §§ 4, 5 der Postordnung v. 30. Jan. 1929 (s. Erl. 2 zu § 367[5]).

6. wer Waren, Materialien oder andere Vorräte, welche sich leicht von selbst entzünden oder leicht Feuer fangen, an Orten oder in Behältnissen aufbewahrt, wo ihre Entzündung gefährlich werden kann, oder wer Stoffe, die nicht ohne Gefahr einer Entzündung beieinander liegen können, ohne Absonderung aufbewahrt;

Aufbewahren heißt lagern bis zur bestimmungsgemäßen Verwendung. Das vorübergehende Lagern von Hölzern auf dem Ofen oder Herd ist nicht strafbar.

7. ....

Außer Kraft durch das RG. v. 5. Juli 1927 über den Verkehr mit Lebensmitteln und Bedarfsgegenständen (RGBl. I S. 134), § 24.

8. wer ohne polizeiliche Erlaubnis an bewohnten oder von Menschen besuchten Orten Selbstgeschosse, Schlageisen oder Fußangeln legt oder an solchen Orten mit einer Schußwaffe schießt oder Feuerwerkskörper abbrennt, es sei denn, daß er mit zulässigem Jagdgerät rechtmäßig die Jagd ausübt;

1. Vgl. hierzu § 368[7]. — Unter bewohnten oder von Menschen besuchten Orten sind nicht bloß öffentliche Orte zu verstehen, sondern auch Stellen auf Privatgrundstücken, ja selbst in Privaträumlichkeiten, die von Menschen besucht zu werden pflegen.

2. Ob mit der Schußwaffe blind oder scharf geschossen wird, ist für diesen Tatbestand gleichgültig.

3. § 367 Nr. 8 findet auf die rechtmäßige Jagdausübung in Jagdbezirken keine Anwendung. (Siehe Gesetzestext.)

4. Die Rechtswidrigkeit fehlt ferner, wenn jemand in Ausübung einer öffentlich-rechtlichen Befugnis von der Schußwaffe Gebrauch macht, oder wenn Notwehr oder Notstand vorliegt.

5. Neben der Strafe kann auf Einziehung der Selbstgeschosse usw. erkannt werden (siehe unten letzter Absatz des § 367).

9. wer einem gesetzlichen Verbot zuwider Stoß-, Hieb- oder Schußwaffen, welche in Stöcken oder Röhren oder in ähnlicher Weise verborgen sind, feilhält oder mit sich führt;

Wegen Schußwaffen vgl. das Waffengesetz vom 18. März 1938 (RGBl. S. 265), das an sich noch in Kraft ist, das aber durch besatzungsrechtliche Sondervorschriften (vgl. insbesondere Gesetz Nr. 24 i. d. F. des Gesetzes Nr. 61 der AHK) überdeckt ist. Vgl. auch erste Anordnung über Sportwaffen und Munition vom 12. 1. 1951 (BAnz. Nr. 9).

10. wer bei einer Schlägerei, in welche er nicht ohne sein Verschulden hineingezogen worden ist, oder bei einem Angriff sich einer Waffe, insbesondere eines Messers oder eines anderen gefährlichen Werkzeuges bedient;

1. Vgl. §§ 223, 223a, 227 über die Körperverletzung. — Über die Bedeutung von „Schlägerei" Erl. 1 zu § 227, „ohne sein Verschulden" Erl. 5 ebenda.

2. Der Angriff braucht nicht von mehreren gemacht zu sein. Es darf aber nicht zu einer Körperverletzung des Angegriffenen gekommen sein, sonst findet § 223a Anwendung.

11. wer ohne polizeiliche Erlaubnis gefährliche wilde Tiere hält, oder wilde oder bösartige Tiere frei umherlaufen läßt, oder in Ansehung ihrer die erforderlichen Vorsichtsmaßregeln zur Verhütung von Beschädigungen unterläßt;

1. Vgl. noch § 366[5] StGB.

2. Ausgebrochene wilde Tiere, die nicht sofort verfolgt werden, sind herrenlos (§ 960 BGB.) und können von jedermann getötet werden.

3. Als bösartige Tiere kommen hier in Betracht: bissige Hunde, schlagende oder beißende Pferde, stoßende Ochsen und Bullen.

4. Wird ein Mensch infolge Außerachtlassung der erforderlichen Vorsichtsmaßregeln verletzt (z. B. von einem bissigen, nicht mit Maulkorb versehenen Hund), so macht sich der Eigentümer wegen fahrlässiger Körperverletzung (§ 230) strafbar.

12. wer auf öffentlichen Straßen, Wegen oder Plätzen, auf Höfen, in Häusern und überhaupt an Orten, an welchen Menschen verkehren, Brunnen, Keller, Gruben, Öffnungen oder Abhänge dergestalt unverdeckt oder unverwahrt läßt, daß daraus Gefahr für andere entstehen kann;

1. „Gruben" sind Bergwerksgruben, Baugruben u. ä. Weiher, die sich in Bodenvertiefungen aus Regen bilden und wegen ihres Gebrauchs zum Viehtränken oder für Feuersgefahr nicht bedeckt werden können, gehören nicht hierher.

2. Als Öffnung kann das Fehlen einer Sprosse in einem Treppengeländer angesehen werden.

3. Strafbar ist nicht nur der Eigentümer, sondern auch der Verwalter.

4. Idealkonkurrenz mit fahrlässiger Tötung bzw. Körperverletzung möglich.

13. wer trotz der polizeilichen Aufforderung es unterläßt, Gebäude, welche dem Einsturz drohen, auszubessern oder niederzureißen;

1. Ob das Gebäude an einer öffentlichen Straße liegt oder nicht, ist gleichgültig.

2. Auch bloßes Versäumnis in der Ausbesserung oder mangelhafte Ausbesserung fällt unter diese Strafbestimmung.

14. wer Bauten oder Ausbesserungen von Gebäuden, Brunnen, Brücken, Schleusen oder anderen Bauwerken vornimmt, ohne die von der Polizei angeordneten oder sonst erforderlichen Sicherungsmaßregeln zu treffen;

15. wer als Bauherr, Baumeister oder Bauhandwerker einen Bau oder eine Ausbesserung, wozu die polizeiliche Genehmigung erforderlich ist, ohne diese Genehmigung oder mit eigenmächtiger Abweichung von dem durch die Behörde genehmigten Bauplane ausführt oder ausführen läßt;

1. Die verschiedenen hier genannten Personen sind nebeneinander strafrechtlich haftbar.

2. Voraussetzung für die Strafbarkeit ist, daß nach dem maßgebenden Landesrecht eine polizeiliche Genehmigung des Baues überhaupt erforderlich ist.

3. Siehe hierzu das Aufbaugesetz vom 18. 8. 1948 (Reg.Bl. der Regierung Württemberg-Baden, Seite 127). § 35 a. a. O. lautet: „Mit Gefängnis bis zu zwei Jahren und Geldstrafe bis zu 20000 Mark oder mit einer dieser Strafen wird bestraft, wer als Bauherr, Architekt, Baumeister, Bauunternehmer oder Bauhandwerker den Vorschriften dieses Gesetzes oder anderen baurechtlichen Vorschriften zuwider Bauausführungen vornimmt oder gegen Anordnungen verstößt, welche die Baugenehmigungsbehörden auf Grund dieser oder anderer baurechtlicher Vorschriften treffen."

(2) In den Fällen der Nr. 8 und 9 kann neben der Geldstrafe oder der Haft auf die Einziehung der Selbstgeschosse, Schlageisen oder Fußangeln, sowie der verbotenen Waffen erkannt werden, ohne Unterschied, ob sie dem Verurteilten gehören oder nicht.

§ 368. Mit Geldstrafe bis zu einhundertfünfzig DMark oder mit Haft bis zu vierzehn Tagen wird bestraft:

1. wer den polizeilichen Anordnungen über die Schließung der Weinberge zuwiderhandelt;

2. wer das durch gesetzliche oder polizeiliche Anordnungen gebotene Raupen unterläßt;

3. wer ohne polizeiliche Erlaubnis eine neue Feuerstätte errichtet oder eine bereits vorhandene an einen anderen Ort verlegt;

1. Die Ziff. 3 und 4 des § 368 verfolgen den Zweck, alle Feuerstätten der Häuser, bestehender oder neu errichteter, in brandsicherem Zustande zu erhalten.

2. Feuerstätte ist nicht nur die zur Aufnahme des Feuers dienende Vorrichtung, sondern alles, was zur feuersicheren Konstruktion der Öfen und Herde gehört.

4. wer es unterläßt, dafür zu sorgen, daß die Feuerstätten in seinem Hause in baulichem und brandsicherem Zustande unterhalten, oder daß die Schornsteine zur rechten Zeit gereinigt werden;

1. Vgl. die Erl. zu § 368[3]. — Das Gebot richtet sich an den Hauseigentümer und dessen verantwortlichen Vertreter, nicht aber an den Mieter und Pächter.

2. Auch der ist strafbar, welcher eine bestehende richtig konstruierte Feuerstätte so umgestaltet, daß sie feuergefährlich wird.

5. wer Scheunen, Ställe, Böden oder andere Räume, welche zur Aufbewahrung feuerfangender Sachen dienen, mit unverwahrtem Feuer oder Licht betritt, oder sich denselben mit unverwahrtem Feuer oder Licht nähert;

Nach dieser Vorschrift kann das Tabakrauchen in Scheunen usw. selbst mit verwahrten Tabakspfeifen unter Umständen bestraft werden.

6. wer in gefährlicher Nähe von Gebäuden oder feuerfangenden Sachen Feuer anzündet;

7. wer in gefährlicher Nähe von Gebäuden oder feuerfangenden Sachen mit Feuerwaffen schießt oder Feuerwerke abbrennt;

Vgl. hierzu noch § 367[8]. — Diese Strafvorschrift soll die bezeichneten Handlungen wegen ihrer Feuergefährlichkeit verhindern. — Ob scharf oder blind geschossen wird, ist gleichgültig.

8. wer die polizeilich vorgeschriebenen Feuerlöschgerätschaften überhaupt nicht oder nicht in brauchbarem Zustande hält oder andere feuerpolizeiliche Anordnungen nicht befolgt;

9. wer unbefugt über Gärten oder Weinberge, oder vor beendeter Ernte über Wiesen oder bestellte Äcker, oder über solche Äcker, Wiesen, Weiden oder Schonungen, welche mit einer Einfriedigung versehen sind, oder deren Betreten durch Warnungszeichen untersagt ist, oder auf einem durch Warnungszeichen geschlossenen Privatwege geht, fährt, reitet oder Vieh treibt;

1. Das Gehen über fremde Gärten usw. ist befugt und kann deshalb nicht bestraft werden, wenn der Täter sich auf ein Wegerecht (Dienstbarkeit) oder ein Jagdrecht berufen kann.

2. Der Tatbestand liegt nur vor, wenn der Täter *bewußt unbefugt* seinen Weg über den Garten usw. nimmt.

10. wer zur Jagd ausgerüstet unbefugt ein fremdes Jagdgebiet außerhalb der zum allgemeinen Gebrauch bestimmten Wege betritt;

1. *Zur Jagd ausgerüstet* ist, wer ein zur Jagdausübung geeignetes Werkzeug, etwa ein Gewehr, so bei sich führt, daß er bei sich bietender Gelegenheit sofort davon Gebrauch machen kann.

2. Zum Tatbestand gehört nicht bewußte Widerrechtlichkeit; es genügt vielmehr Fahrlässigkeit, da ein reines Polizeidelikt vorliegt.

3. Forstschutzbeamte können in Ausübung des Forst- und Jagdschutzes auch fremde Reviere betreten. (§ 3 Abs. 2 der Durchführungsverordnung zu dem Gesetz über den Waffengebrauch der Forst- und Jagdschutzberechtigten vom 7. März 1935.)

10a. wer sich mit gebrauchsfertigem Fischereigerät unbefugt auf fremden Fischgewässern oder außerhalb der zum allgemeinen Gebrauch bestimmten Wege an fremden Fischgewässern aufhält.

§ 369. Mit Geldstrafe bis zu einhundertfünfzig DMark oder mit Haft bis zu vier Wochen werden bestraft:

1. Personen, welche ohne obrigkeitliche Anweisung oder ohne Genehmigung des Inhabers einer Wohnung Schlüssel zu Zimmern oder Behältnissen in der letzteren anfertigen oder Schlösser an denselben öffnen, ohne Genehmigung des Hausbesitzers oder seines Stellvertreters einen Hausschlüssel anfertigen, oder ohne Erlaubnis der Polizeibehörde Nachschlüssel oder Dietriche verabfolgen;

1. Die obrigkeitliche Anweisung kann von der Polizeibehörde, dem Untersuchungsrichter, dem Staatsanwalt und dem Gerichtsvollzieher ausgehen.

2. Die Anfertigung von Hausschlüsseln kann nur mit Genehmigung des Hausbesitzers (Genehmigung des Mieters genügt nicht) erfolgen.

2. Aufgehoben.

Durch § 23 der Maß- und Gewichtsordnung vom 30. Mai 1908, ersetzt durch § 22 dieses Gesetzes; § 22 wurde wieder ersetzt durch § 60 des Maß- und Gewichtsgesetzes vom 13. Dezember 1935 (RGBl. S. 1499).

3. Gewerbetreibende, welche in Feuer arbeiten, wenn sie die Vorschriften nicht befolgen, welche von der Polizeibehörde wegen Anlegung und Verwahrung ihrer Feuerstätten, sowie wegen der Art und der Zeit, sich des Feuers zu bedienen, erlassen sind.

§ 370. (1) Mit Geldstrafe bis zu einhundertfünfzig DMark oder mit Haft wird bestraft:

1. wer unbefugt ein fremdes Grundstück, einen öffentlichen oder Privatweg oder einen Grenzrain durch Abgraben oder Abpflügen verringert;

1. Vgl. § 274 Abs. 1 Nr. 2. — Nach dem hier in Betracht kommenden Tatbestand wird über die Grenzen hinausgegangen ohne die Grenzsteine zu verrücken.

2. An öffentlichen Wegen (d. h. solchen, die der Allgemeinheit zur Verfügung stehen, vgl. § 116 Erl. 3) kann auch derjenige, in dessen Privateigentum der Weg

steht, sich der Übertretung schuldig machen. Der Privateigentümer darf sogar seinen Privatweg nicht abgraben, und macht sich strafbar, wenn andern eine Grunddienstbarkeit an diesem Wege zusteht.

2. wer unbefugt von öffentlichen oder Privatwegen Erde, Steine oder Rasen, oder aus Grundstücken, welche einem anderen gehören, Erde, Lehm, Sand, Grand oder Mergel gräbt, Plaggen oder Bülten haut, Rasen, Steine, Mineralien, zu deren Gewinnung es einer Verleihung, einer Erlaubnis oder einer Konzession der Behörde nicht bedarf, oder ähnliche Gegenstände wegnimmt;

1. Diebstahl gibt es nur an beweglichen Sachen. Die Erde ist aber, solange sie im Grundstück ist, unbeweglich, darum bedurfte es dieser Bestimmung.

2. Auch die Wegnahme von ungestochenem Torf fällt unter diese Strafbestimmung, ebenso das Wegnehmen von Tropfsteingebilden aus Höhlen. — Die unbefugte Aneignung von Mineralien, zu deren Gewinnung es einer Erlaubnis der Behörde bedarf, ist durch die Landesberggesetze geregelt.

3. Aufgehoben durch Kontrollratsgesetz Nr. 11. (Betraf Handel mit Uniformstücken.)

4. Gestrichen durch Gesetz vom 28. Juni 1935. Siehe § 293.

5. Wer Nahrungs- oder Genußmittel oder andere Gegenstände des hauswirtschaftlichen Verbrauchs in geringer Menge oder von unbedeutendem Wert zum alsbaldigen Verbrauch entwendet oder unterschlägt.

Wer die Tat gegen einen Verwandten absteigender Linie oder gegen seinen Ehegatten begeht, bleibt straflos.

1. Der sog. Mundraub des § 370 Nr. 5 steht ebenso wie § 248a zu Diebstahl und Unterschlagung im Verhältnis der Spezialität, enthält also objektiv und subjektiv deren gesetzliche Merkmale und bietet so neben § 248a einen Ersatz dafür, daß bei einem einfachen Diebstahl keine mildernden Umstände zugelassen sind.

2. Es sind bei Anwendung des § 370 Nr. 5 folgende Besonderheiten zu beachten:

a) Vorbestrafung aus § 370 Nr. 5 ist nicht geeignet, den Rückfall aus § 244 zu begründen, auch dann nicht, wenn die eigentliche Rückfalltat ein Mundraub ist und die rückfallbegründenden Vortaten Diebstähle sind.

b) Die erschwerenden Umstände des § 243 sind auf den Mundraub nicht anwendbar; ist dieser aber mittels Einbruchs, Erbrechens von Behältnissen oder Eindringens in die fremde Wohnung begangen, so liegt auch, und zwar realkonkurrierend, der Tatbestand des § 303 oder derjenige des § 123 vor. Dagegen sind auf § 370 Nr. 5 die Tatbestände des räuberischen Diebstahls i. S. des § 252 (siehe BGH. 3, 76), der Amtsunterschlagung (§ 350), des Raubs (§ 249) und der Erpressung (§ 253) anwendbar.

c) Zu den „Gegenständen des hauswirtschaftlichen Verbrauchs" gehören vor allem Brennmaterialien, Putz- und Waschmittel, Arzneien usw., dagegen nicht Kleidungsstücke oder Geld.

d) Ob „unbedeutender Wert" oder „geringe Menge" vorliegen, ist nach objektiven Gesichtspunkten zu entscheiden; daher ist bei Mittäterschaft oder fortgesetzter Tat die Gesamtheit des Entwendeten der Beurteilung zugrunde zu legen.

e) Das Tatbestandsmerkmal „zum alsbaldigen Verbrauch" ist nicht gegeben, wenn beim Täter die Absicht vorlag, die Sachen zu verkaufen oder zu verschenken.

f) Besondere Fälle des § 370 Nr. 5:

aa) Will der Täter mit den Mitteln des § 243 andere Sachen als § 370 Nr. 5 vorsieht, stehlen, begeht dann aber nach dem Einsteigen nur einen Mundraub, so liegt Tateinheit von Mundraub mit versuchtem schwerem Diebstahl vor. (E. 30, 68; 68, 197.)

bb) Erbricht der Täter in der Absicht, zunächst einen Mundraub zu begehen, in einem Gebäude ein Behältnis, stiehlt dann aber Sachen anderer Art aus dem Behältnis, so begeht er in dem Falle, in dem eine einheitliche Tat vorliegt, d. h. wenn schon vor dem Erbrechen der Vorsatz vorlag, eventuell auch andere Gegenstände zu stehlen, einen schweren Diebstahl, dagegen dann, wenn mehrere selbständige Taten vorliegen, d. h. wenn nach dem Erbrechen das beabsichtigte Stehlen zunächst aufgegeben und alsbald ein vollkommen neuer Diebstahlsvorsatz gefaßt wurde, lediglich einen einfachen Diebstahl, da der Versuch des Mundraubs straflos ist. (Siehe E. 14, 312.)

g) Zur Verfolgung ist Strafantrag erforderlich, s. Abs. 2 des § 370.

h) Abs. 2 der Nr. 5 bringt den § 247 Abs. 2 StGB. auch hier zur Anwendung.

Beispiel: Stiftet ein Dritter die Ehefrau an, gegen ihren Ehemann eine Genußmittelentwendung zu begehen, so ist der Dritte als Anstifter strafbar, obwohl die Ehefrau nicht als Täterin bestraft werden kann. Stiftet umgekehrt die Ehefrau einen Dritten an, an ihrem Manne eine Genußmittelentwendung zu begehen, so ist die Ehefrau straflos, während der Dritte nach § 370 Z. 5 zu bestrafen ist. (Siehe Erl. 4c zu § 50 und die in Erl. 6c daselbst erwähnten Beispiele.)

6. wer Getreide oder andere zur Fütterung des Viehes bestimmte oder geeignete Gegenstände wider Willen des Eigentümers wegnimmt, um dessen Vieh damit zu füttern.

1. Ein Diebstahl liegt hier nicht vor, weil die Zueignungsabsicht fehlt.

2. Zum Vieh gehört Groß- und Kleinvieh, auch Federvieh.

(2) In den Fällen der Nr. 5 und 6 tritt die Verfolgung nur auf Antrag ein. Die Zurücknahme des Antrages ist zulässig.

Anhang 1.

Jugendstrafrecht und Jugendschutz.

A.

Jugendgerichtsgesetz (JGG)

I.

Vergleich des alten Rechts mit dem neuen Recht.

1. Das neue Jugendgerichtsgesetz vom 4. August 1953 (BGBl. I 1953 S. 751) ist an die Stelle des Reichsjugendgerichtsgesetzes vom 6. November 1943 getreten. Die Erfahrungstatsache, daß als Täter der meisten Verbrechen jüngere Menschen im Alter von 21—25 Jahren in Frage kommen, die meistens schon als Minderjährige kriminell geworden sind, ließ es geboten erscheinen, mehr als bisher dem Erziehungsgedanken gegenüber dem Vergeltungsgedanken den Vorrang einzuräumen. Dies zeigt sich rein äußerlich schon darin, daß im System des neuen Gesetzes (im Gegensatz zum alten Recht) die Erziehungsmaßregeln und Zuchtmittel vor der Strafe behandelt werden.

Die Jugendstrafrechtspflege soll erzieherisch und vorbeugend wirken; eine Strafe soll daher nur dann in Frage kommen, wenn Erziehungsmaßregeln und Zuchtmittel (§§ 9—16) nicht ausreichen (§ 17).

2. Die Verantwortlichkeit ist, wie bisher, in § 3 geregelt: Ein Jugendlicher ist strafrechtlich verantwortlich, wenn er zur Zeit der Tat nach seiner sittlichen und geistigen Entwicklung reif genug ist, das Unrecht der Tat einzusehen und nach dieser Einsicht zu handeln. Zur Erziehung eines Jugendlichen, der mangels Reife strafrechtlich nicht verantwortlich ist, kann der Richter dieselben Maßnahmen anordnen wie der Vormundschaftsrichter.

3. Die Altersgrenzen:

a) Das neue Jugendgerichtsgesetz gilt nicht mehr allein für die 14—17jährigen („Jugendliche" genannt), sondern es kann nunmehr auch auf die sog. „Heranwachsenden", d. h. auf die 18—20jährigen angewendet werden, wenn die Gesamtwürdigung der Persönlichkeit des Täters bei Berücksichtigung auch der Umweltbedingungen ergibt, daß er zur Zeit der Tat nach seiner sittlichen und geistigen Entwicklung noch einem Jugendlichen gleichstand, oder wenn es sich nach der Art, den Umständen oder den Beweggründen der Tat um eine Jugendverfehlung handelt (§ 105). Kommt als Täter ein normalentwickelter Heranwachsender in Frage (also eine Person von 18—20 Jahren, bei der die Voraussetzungen des § 105 nicht vorliegen und demnach das allgemeine Strafrecht anzuwenden ist), so kann gemäß § 106 eine eventuelle Zuchthausstrafe gemildert und von Anordnung der Sicherungsverwahrung und Verhängung gewisser Ehrenstrafen abgesehen werden.

b) Andererseits wurde die in § 3 Abs. 2 des alten Gesetzes vorgesehene Möglichkeit beseitigt, auch 12- und 13jährige Kinder strafrechtlich zur Verantwortung zu ziehen. Ebenso wurde die Vorschrift über jugendliche Schwerverbrecher (§ 20 des alten Gesetzes) aufgehoben, nach der unter gewissen Voraussetzungen Jugendliche nach den Vorschriften des allgemeinen Strafrechts bestraft werden konnten.

4. An der bisherigen Einteilung in Erziehungsmaßregeln, Zuchtmitteln und Strafen wurde nichts geändert.

a) Als Erziehungsmaßregeln kommen nach wie vor in Frage: Die Erteilung von Weisungen, die Schutzaufsicht und die Fürsorgeerziehung (§§ 9—12).

b) Zuchtmittel sind auch nach dem neuen Gesetz: Die Verwarnung, die Auferlegung besonderer Pflichten und der Jugendarrest. Alle diese Maßnahmen werden nicht ins Strafregister eingetragen (§§ 13—16).

5. Die Jugendstrafe (§§ 17—30).

a) Die Einführung des Begriffs „Jugendstrafe" (an Stelle von „Jugendgefängnis") soll klarstellen, daß eine grundsätzliche Wesensverschiedenheit gegenüber der Gefängnisstrafe besteht; die Jugendstrafe ist Freiheitsentzug in einer Jugendstrafanstalt (§ 17 Abs. 1).

b) Die Festsetzung des Mindestmaßes der Jugendstrafe auf 6 Monate (früher 3 Monate) beruht auf der Erfahrenstatsache, daß kurzfristige Freiheitsstrafen sich erzieherisch nicht bewährt haben (§ 18).

c) Auch die Jugendstrafe von unbestimmter Dauer (§ 19) hat gegenüber dem bisherigen Recht (siehe § 59) insofern eine Änderung erfahren, als nunmehr der Richter verpflichtet ist, die unbestimmte Strafe in eine bestimmte umzuwandeln, sobald der Jugendliche aus dem Strafvollzug entlassen wird (§ 19 Abs. 2).

d) Die wichtigsten Neuerungen auf dem Gebiete der Jugendstrafe sind die Aussetzung der Jugendstrafe zur Bewährung (§§ 20—26) mit Einführung des hauptamtlichen Bewährungshelfers (§ 24 Abs. 1) und die Aussetzung der Verhängung der Jugendstrafe nach erfolgtem Schuldausspruch (§§ 27—30).

In diesem letzten Falle stellt der Richter durch Urteil die Schuld des Jugendlichen fest (§§ 27, 62 Abs. 1), setzt aber die Verhängung der Strafe für eine Bewährungszeit aus. Während dieser Zeit wird der Jugendliche unter Bewährungsaufsicht gestellt (§ 29). Je nach der Führung des Jugendlichen während der Bewährungszeit wird der Schuldausspruch entweder getilgt (§ 30 Abs. 1) oder durch Urteil die Strafe ausgesprochen, die der Richter im Zeitpunkt des Schuldspruchs bei sicherer Beurteilung der schädlichen Neigungen des Jugendlichen ausgesprochen hätte (§ 30 Abs. 1).

6. Jugendgerichtsverfassung und Zuständigkeit (§§ 33—42). Siehe hierzu Anhang 4, Abschn. B, S. 364, 365.

Die Jugendgerichte sind auch bei Verfehlungen Heranwachsender zuständig (§§ 107, 108).

7. Jugendstrafverfahren (§§ 43—81).

Auf diesem Gebiet enthält vor allem § 55 Abs. 2 eine Änderung gegenüber dem bisherigen Recht insofern, als der Instanzenzug abgekürzt wurde; der Verfahrensbeteiligte hat nämlich nur noch die Möglichkeit Berufung oder Revision einzulegen.

Das Strafverfahren gegen Heranwachsende, für das, wie erwähnt, ebenfalls die Jugendgerichte zuständig sind, ist in § 109 besonders geregelt. Da bis zum Erlaß des Urteils noch nicht feststeht, ob Erwachsenen- oder Jugendstrafrecht anzuwenden ist, gelten (mit wenigen Ausnahmen) bis zu diesem Zeitpunkt grundsätzlich die Vorschriften über das Jugendstrafverfahren nicht (§ 109 Abs. 1). Wird dann im Urteil materielles Jugendstrafrecht angewendet, dann gelten für das weitere Verfahren die Vorschriften des JGG. unbeschränkt (§ 109 Abs. 2).

8. Strafregister (§ 94).

In das Strafregister eingetragen werden nach wie vor nur Verurteilungen, durch die Jugendstrafe verhängt oder die Schuld des Jugendlichen festgestellt ist, während die Anordnung von Erziehungsmaßregeln und Zuchtmitteln dem Strafregister nur mitgeteilt werden, wenn sie mit einer Verurteilung zu Jugendstrafe verbunden sind.

9. Ausschluß besonderer Verfahren (§§ 79—81):

Nach wie vor darf gegen einen Jugendlichen weder ein Strafbefehl erlassen, noch ein beschleunigtes Verfahren durchgeführt werden; ebenso sind Privatklage und Nebenklage ausgeschlossen. Schließlich sind auch die Vorschriften über die Entschädigung des Verletzten (§§ 403—406 d StPO.) unanwendbar.

Dagegen ist nach wie vor bei Übertretungen eine jugendrichterliche Verfügung mit Anordnung einer Arbeits- oder Geldauflage möglich (§ 76).

10. Jugendliche vor Erwachsenengerichten (§§ 102—103).

a) Die ausschließliche Zuständigkeit der Erwachsenengerichte besteht hinsichtlich der Bundesgerichtshofsachen und der Oberlandesgerichtssachen sowie der Strafkammersachen nach § 74a GVG. (§ 102).

b) Eine Verbindung mit Erwachsenensachen ist nur möglich, wenn es zur Erforschung der Wahrheit oder aus anderen wichtigen Gründen (z. B. zur Vermeidung einer Wiederholung einer größeren Beweisaufnahme oder widersprechender Urteile) geboten ist (§ 103).

II.

Der Aufbau des Jugendgerichtsgesetzes.

1. Das Jugendgerichtsgesetz mit seinen 124 Paragraphen ist in **vier Teile** aufgeteilt.

a) Der erste Teil (§§ 1—2) enthält den Anwendungsbereich.
b) Der zweite Teil (§§ 3—104) behandelt die Jugendlichen.
c) Der dritte Teil (§§ 105—112) befaßt sich mit den Heranwachsenden.
d) Der vierte Teil schließlich (§§ 113—124) enthält Schluß- und Übergangsbestimmungen.

2. **Der zweite, wichtigste Teil** (§§ 3—104), der sich mit den **Jugendlichen** befaßt, ist folgendermaßen untergegliedert:

a) Erstes Hauptstück: Verfehlungen Jugendlicher und ihre Folgen (§§ 3—32).
aa) Erster Abschnitt: Allgemeine Vorschriften (§§ 3—8).
bb) Zweiter Abschnitt: Erziehungsmaßregeln (§§ 9—12).
cc) Dritter Abschnitt: Zuchtmittel (§§ 13—16).

dd) Vierter Abschnitt: Die Jugendstrafe (§§ 17—19).
ee) Fünfter Abschnitt: Aussetzung der Jugendstrafe zur Bewährung (§§ 20—26).
ff) Sechster Abschnitt: Aussetzung der Verhängung der Jugendstrafe (§§ 27—30).
gg) Siebenter Abschnitt: Mehrere Straftaten (§§ 31—32).

b) Zweites Hauptstück: Jugendgerichtsverfassung und Jugendstrafverfahren (§§ 33—81).
aa) Erster Abschnitt: Jugendgerichtsverfassung (§§ 33—38).
bb) Zweiter Abschnitt: Zuständigkeit (§§ 39—42).
cc) Dritter Abschnitt: Jugendstrafverfahren (§§ 43—81).

c) Drittes Hauptstück: Vollstreckung und Vollzug (§§ 82—93).
aa) Erster Abschnitt: Vollstreckung (§§ 82—89).
bb) Zweiter Abschnitt: Vollzug (§§ 90—93).

d) Viertes Hauptstück: Strafregister und Beseitigung des Strafmakels durch Richterspruch (§§ 94—101).
aa) Erster Abschnitt: Strafregister (§§ 94—96).
bb) Zweiter Abschnitt: Beseitigung des Strafmakels durch Richterspruch (§§ 97—101).

e) Fünftes Hauptstück: Jugendliche vor Gerichten, die für allgemeine Strafsachen zuständig sind (§§ 102—104).

3. **Der dritte Teil** (§ 105—112), der die **Heranwachsenden** behandelt, hat vier Abschnitte:

a) Erster Abschnitt: Anwendung des sachlichen Strafrechts (§§ 105—106).
b) Zweiter Abschnitt: Gerichtsverfassung und Verfahren (§§ 107—109).
c) Dritter Abschnitt: Vollstreckung, Vollzug und Strafregister (§§ 110, 111).
d) Vierter Abschnitt: Heranwachsende vor Gerichten, die für allgemeine Strafsachen zuständig sind (§ 112).

B.

Gesetz zum Schutze der Jugend in der Öffentlichkeit.

Vom 4. Dezember 1951 (BGBl. I S. 936).

Vorbemerkung.

1. Das Gesetz zum Schutze der Jugend in der Öffentlichkeit (in Kraft seit 3. Januar 1952) ist an die Stelle der „Reichspolizeiordnung zum Schutze der Jugend" vom 10. Juni 1943 getreten. Über den Grundgedanken dieses neuen Gesetzes sagt die amtliche Begründung u. a. folgendes: „Die Reichspolizeiverordnung ging von einem polizeistaatlichen Denken aus, legte dem Jugendlichen zahlreiche Verbote auf und drohte für die Nichtbeachtung dieser Verbote Jugendarrest oder Geldstrafe an. Diese polizeistaatlichen Methoden erscheinen für die rechte Erziehung der deutschen Jugend nicht mehr geeignet. Der Grundgedanke des neuen Gesetzes besteht darin, Gewerbetreibende bzw. Veranstalter, die aus eigensüchtigen Gründen die Jugend gefährden, sowie auch Erziehungsberechtigte, wenn sie Jugendliche einer Gefährdung aussetzen, zur Verantwortung zu ziehen. Für den Jugendlichen selbst sind nicht mehr Straf-

maßnahmen, sondern Erziehungsmaßnahmen vorgesehen. Sie kommen in Frage, wenn das Verhalten des Jugendlichen Anlaß gibt, die gesetzlich möglichen erzieherischen Maßnahmen einzuleiten."

2. In § 1 Absatz 1 ist zunächst der Grundsatz aufgestellt, daß der Aufenthalt Jugendlicher unter 18 Jahren an Orten, an denen ihnen eine sittliche Gefahr oder Verwahrlosung droht (also z. B. in verrufenen Lokalen, Ruinengrundstücken, Wartehallen und Bahnhöfen), Anlaß zu Jugendschutzmaßnahmen geben kann.

3. §§ 2 bis 8 befassen sich mit besonderen Gefährdungstatbeständen, die geeignet sind, eine gesunde körperliche, geistige und sittliche Entwicklung des Jugendlichen in Frage zu stellen.

Im Einzelnen nennt der Gesetzgeber folgende Gefahrenquellen: Aufenthalt in Gaststätten (§ 2), Genuß alkoholischer Getränke (§ 3), Tanzveranstaltungen (§ 4), Variete-, Kabarett- und Revueveranstaltungen (§ 5), Filmveranstaltungen (§ 6), Teilnahme am Glücksspiel (§ 7), Genuß von Tabakwaren (§ 8).

4. § 12 spricht dem Jugendamt die Befugnis zu, gegen den Jugendlichen selbst die auf Grund der bestehenden Vorschriften zulässigen Maßnahmen einzuleiten. In dieser Beziehung kommen vor allem in Betracht Schutzaufsicht oder Fürsorgeerziehung gemäß §§ 60, 62ff. des Jugendwohlfahrtsgesetzes oder Maßnahmen nach § 4 Abs. 2 des Geschlechtskrankheitengesetzes oder schließlich auch landesrechtliche Maßnahmen zum Schutze heimatloser und verwahrloster Jugendlicher.

5. § 13 enthält die Strafandrohungen gegen Veranstalter, Gewerbetreibende und Betriebsleiter und zwar Abs. 1 für vorsätzliche (Vergehen) und Absatz 2 für fahrlässige Zuwiderhandlungen (Übertretungen).

6. § 14 schließlich befaßt sich mit der strafrechtlichen Verantwortlichkeit über 18 Jahre alter Personen, die einen Jugendlichen einer Gefährdung i. S. der §§ 1 bis 8 aussetzen. Als Täter kommen hier nicht nur Erwachsene in Frage, die durch aktives Tun eine solche Gefährdung herbeiführen (z. B. Aufforderung eines Jugendlichen unter 16 Jahren zur Teilnahme an einer öffentlichen Tanzveranstaltung), sondern vor allem auch die Eltern oder sonstigen Erziehungsberechtigten, wenn sie durch Verletzung der für sie bestehenden Aufsichtspflicht eine Gefährdung herbeiführen, vorausgesetzt, daß sie die Gefahr erkannt (Vorsatz) oder mit ihr gerechnet und sie billigend in ihren Willen aufgenommen haben (bedingter Vorsatz).

§ 1. (1) Jugendliche unter 18 Jahren, die sich an Orten aufhalten, an denen ihnen eine sittliche Gefahr oder Verwahrlosung droht, sind durch die dafür zuständigen Behörden oder Stellen dem Jugendamt zu melden.

(2) Sie sind außerdem zum Verlassen eines Ortes anzuhalten, wenn eine ihnen dort unmittelbar drohende Gefahr nicht unverzüglich beseitigt werden kann. Wenn nötig, sind sie dem Erziehungsberechtigten zuzuführen oder, wenn dieser nicht erreichbar ist, in die Obhut des Jugendamtes zu bringen.

§ 2. (1) Der Aufenthalt in Gaststätten darf Jugendlichen unter 16 Jahren nur in Begleitung eines Erziehungsberechtigten gestattet werden.

(2) Dies gilt nicht

1. für Jugendliche, die an einer Veranstaltung teilnehmen, die der geistigen, sittlichen oder beruflichen Förderung der Jugend dient,
2. für Jugendliche, die sich auf Reisen befinden,
3. solange der Aufenthalt Jugendlicher zur Einnahme einer Mahlzeit oder eines Getränkes erforderlich ist.

§ 3. (1) Jugendlichen unter 18 Jahren darf in Gaststätten und Verkaufsstellen Branntwein weder verabfolgt noch sein Genuß gestattet werden. Das gleiche gilt für überwiegend branntweinhaltige Genußmittel.

(2) Andere alkoholische Getränke dürfen an Jugendliche unter 16 Jahren nicht verabreicht werden, wenn sich diese nicht in Begleitung eines Erziehungsberechtigten befinden.

§ 4. (1) Die Teilnahme an öffentlichen Tanzveranstaltungen darf Jugendlichen unter 16 Jahren nicht gestattet werden.

(2) Die Anwesenheit bei öffentlichen Tanzveranstaltungen darf Jugendlichen unter 16 Jahren für die Zeit bis 22 Uhr gestattet werden, wenn sie sich in Begleitung eines Erziehungsberechtigten befinden.

(3) Die Anwesenheit bei öffentlichen Tanzveranstaltungen und die Teilnahme an diesen darf Jugendlichen im Alter von 16 bis 18 Jahren, wenn sie sich in Begleitung eines Erziehungsberechtigten befinden, nach 22 Uhr bis 24 Uhr gestattet werden.

§ 5. (1) Der Zutritt zu Variete-, Kabarett- und Revueveranstaltungen darf Jugendlichen unter 16 Jahren nicht gestattet werden.

(2) Jugendliche im Alter von 16 bis 18 Jahren dürfen zu solchen Veranstaltungen zugelassen werden, die durch eine besondere Vorschrift als geeignet zur Vorführung vor Jugendlichen anerkannt sind.

§ 6. (1) Zu öffentlichen Filmveranstaltungen dürfen zugelassen werden

1. Kinder im Alter bis zu 10 Jahren, wenn die dabei vorgezeigten Filme als jugendfördernd anerkannt sind und die Veranstaltung bis spätestens 20 Uhr beendet ist, Kinder unter 6 Jahren jedoch nur in Begleitung der Erziehungsberechtigten;
2. Jugendliche im Alter von 10 bis 16 Jahren, wenn die dabei vorgezeigten Filme als geeignet zur Vorführung vor Jugendlichen anerkannt sind und die Veranstaltung bis 22 Uhr beendet ist.

(2) Das Recht der Anerkennung nach Absatz 1 steht der obersten Landesbehörde zu.

§ 7. Der Zutritt zu öffentlichen Spielhallen, die Teilnahme an Glücksspielen sowie die Benutzung von Glücksspielgeräten darf Jugendlichen unter 16 Jahren nicht gestattet werden.

§ 8. Jugendlichen unter 16 Jahren darf der Genuß von Tabakwaren in der Öffentlichkeit nicht gestattet werden.

§ 9. Gewerbetreibende und Veranstalter haben die nach den §§ 2 bis 8 für ihre Betriebseinrichtungen und Veranstaltungen geltenden Vorschriften in einer deutlich erkennbaren Form bekanntzumachen.

§ 10. Von den einschränkenden Vorschriften der §§ 4 und 5 können auf Vorschlag der im Reichsgesetz für Jugendwohlfahrt vom 9. Juli 1922 (Reichsgesetzbl. I S. 633) vorgesehenen Stellen (Landesjugendamt, Jugendamt) Ausnahmen zugelassen werden.

§ 11. Den Erziehungsberechtigten im Sinne der vorstehenden Bestimmungen stehen volljährige Personen gleich, die von den Erziehungsberechtigten mit der Begleitung eines Jugendlichen beauftragt sind.

§ 12. Bei Jugendlichen, die
1. gemäß § 1 gemeldet werden,
2. beim Aufenthalt in Räumen oder bei der Teilnahme an Veranstaltungen entgegen den Vorschriften der §§ 2 und 4 bis 7 angetroffen werden,
3. bei einem nach § 3 verbotenen Alkoholgenuß oder nach § 8 verbotenen Tabakgenuß betroffen werden,

leitet das Jugendamt die auf Grund der bestehenden Vorschriften zulässigen Maßnahmen ein. Der Vormundschaftsrichter kann auf Antrag des Jugendamtes oder von Amts wegen Weisungen erteilen.

§ 13. (1) Veranstalter, Gewerbetreibende und sonstige Personen, denen die Leitung eines Betriebes oder eines Teiles des Betriebes oder deren Beaufsichtigung übertragen worden ist, werden, soweit nicht nach anderen Vorschriften eine höhere Strafe angedroht ist, bei vorsätzlicher Zuwiderhandlung gegen die §§ 2 bis 8 mit Gefängnis bis zu einem Jahr und mit Geldstrafe oder mit einer dieser Strafen bestraft.

(2) Zuwiderhandlungen gegen die Vorschriften des § 9 sowie fahrlässige Verstöße gegen die Vorschriften der §§ 2 bis 8 werden mit Haft bis zu sechs Wochen oder mit Geldstrafe bis zu 150.— Deutsche Mark bestraft. Eine fahrlässige Zuwiderhandlung, die einen innerhalb eines Jahres wiederholten Verstoß gegen dieselbe Vorschrift darstellt, kann mit den in Absatz 1 bezeichneten Strafen bestraft werden.

§ 14. Personen über 18 Jahre, die einen Jugendlichen einer Gefährdung aussetzen, die nach den Vorschriften der §§ 1 bis 8 von ihm ferngehalten werden soll, werden, sofern nicht nach anderen Vorschriften eine höhere Strafe verwirkt ist, mit Geldstrafe bis zu 150.— Deutsche Mark oder Haft bis zu sechs Wochen bestraft.

§ 15. (1) Dieses Gesetz tritt vier Wochen nach Verkündung in Kraft. Gleichzeitig tritt die Polizeiverordnung zum Schutze der Jugend vom 10. Juni 1943 (Reichsgesetzbl. I S. 349) außer Kraft.

(2) Dieses Gesetz gilt auch im Lande Berlin, sobald es gemäß Artikel 87 Abs. 2 einer Verfassung die Anwendung dieses Gesetzes beschlossen hat.

C.

Gesetz über die Verbreitung jugendgefährdender Schriften

Vom 9. Juni 1953. (BGBl. I S. 377.)

Auszug.

Erster Abschnitt.

Jugendgefährdende Schriften (§§ 1—7).

§ 1. (1) Schriften, die geeignet sind, Jugendliche sittlich zu gefährden, sind in eine Liste aufzunehmen. Dazu zählen vor allem unsittliche, sowie Verbrechen, Krieg und Rassenhaß verherrlichende Schriften. Die Aufnahme ist bekanntzumachen.

(2) Eine Schrift darf nicht in die Liste aufgenommen werden
1. allein wegen ihres politischen, sozialen, religiösen oder weltanschaulichen Inhalts;
2. wenn sie der Kunst oder der Wissenschaft, der Forschung oder der Lehre dient;

3. wenn sie im öffentlichen Interesse liegt, es sei denn, daß die Art der Darstellung zu beanstanden ist.

(3) Abbildungen sind Schriften im Sinne des Gesetzes gleichzustellen.

§ 3. Eine Schrift darf, sobald ihre Aufnahme in die Liste bekanntgemacht ist, einem Jugendlichen unter achtzehn Jahren nicht feilgeboten oder zugänglich gemacht werden.

§ 4. (1) Eine Schrift, deren Aufnahme in die Liste bekanntgemacht ist, darf weder durch Händler außerhalb von Geschäftsräumen noch durch Reisende von Haus zu Haus vertrieben, verbreitet oder verliehen werden. Eine Verkaufsstelle, die der Kunde nicht zu betreten pflegt, gilt nicht als Geschäftsraum im Sinne dieses Gesetzes.

(2) Verleger oder Zwischenhändler dürfen eine solche Schrift nicht an die in Absatz 1 bezeichneten Personen vertreiben.

§ 5. (1) Bei geschäftlicher Werbung darf nicht darauf hingewiesen werden, daß ein Verfahren zur Aufnahme einer Schrift in die Liste anhängig ist oder gewesen ist.

(2) Nach Bekanntmachung ist eine geschäftliche Werbung durch Auslegen oder Aushängen der Schrift im Schaufenster, innerhalb eines Verkaufsraumes oder an anderen allgemein zugänglichen Orten, durch Reklame oder Anzeigen, Postwurfsendungen oder andersartige Übermittlung von Werbematerial untersagt. Anzeigen in Fachblättern des Buchhandels sind zulässig.

§ 6. (1) Schriften, die Jugendliche offensichtlich sittlich schwer gefährden, unterliegen den Beschränkungen der §§ 3 bis 5, ohne daß es einer Aufnahme in die Liste und einer Bekanntmachung bedarf.

(2) Das gleiche gilt für Schriften, die durch Bild für Nacktkultur werben.

Zweiter Abschnitt.
Bundesprüfstelle (§§ 8—10).

Dritter Abschnitt.
Zuständigkeit (§ 11).

Vierter Abschnitt.
Verfahren (§§ 12—19).

Fünfter Abschnitt.
Rechtsweg (§ 20).

Sechster Abschnitt.
Strafvorschriften.

§ 21. (1) Wer vorsätzlich den §§ 3 bis 6 zuwiderhandelt oder die Liste zum Zwecke der geschäftlichen Werbung abdruckt oder veröffentlicht, wird mit Gefängnis bis zu einem Jahr und mit Geldstrafe oder mit einer dieser Strafen bestraft. Wird die Tat fahrlässig begangen, so ist auf Geldstrafe zu erkennen.

(2) Macht der Erziehungsberechtigte, der gesetzliche Vertreter oder ein Jugendlicher eine Schrift, die den Beschränkungen der §§ 3 bis 6 unterliegt, einem Jugendlichen zugänglich, so bleibt die Tat straflos. Das Gericht kann von einer Bestrafung nach Abs. 1 absehen, wenn der Täter, der die Schrift einem Jugendlichen zugänglich gemacht hat, dem in § 52 Abs. 1 der Strafprozeßordnung genannten Personenkreis angehört.

(3) Neben der Strafe ist bei vorsätzlicher Zuwiderhandlung auf Einziehung der zur Begehung der Tat gebrauchten oder bestimmten Schriften zu erkennen. Gehört die Schrift weder dem Täter, noch einem Teilnehmer, so ist die Einziehung nur zulässig, wenn der Eigentümer die Tat kannte oder kennen mußte oder von ihr einen Vorteil gehabt hat, dessen Zusammenhang mit der Tat ihm erkennbar war. Auf die Einziehung kann selbständig erkannt werden, wenn die Verfolgung oder Verurteilung einer bestimmten Person nicht ausführbar ist.

(4) Hat ein Jugendlicher eine Schrift, die den Beschränkungen der §§ 3 bis 6 unterliegt, einem anderen Jugendlichen zugänglich gemacht, so leitet das Jugendamt die auf Grund der bestehenden Vorschriften zulässigen Maßnahmen ein. Der Vormundschaftsrichter kann auf Antrag des Jugendamtes oder von Amts wegen Weisungen erteilen.

Siebenter Abschnitt.

Schlußvorschriften.

§ 22. Das Gesetz des Landes Rheinland-Pfalz zum Schutze der Jugend vor Schmutz und Schund vom 12. Oktober 1949 (Gesetz- und Verordnungsblatt der Landesregierung Rheinland-Pfalz I S. 505) tritt außer Kraft.

§ 23. Die Bundesregierung wird ermächtigt, durch Rechtsverordnung mit Zustimmung des Bundesrates das Verfahren der Bundesprüfstelle näher zu regeln.

§ 24. Dieses Gesetz gilt nach Maßgabe der §§ 13 und 14 des Dritten Überleitungsgesetzes vom 4. Januar 1952 (Bundesgesetzblatt I S. 1) auch im Lande Berlin.

§ 25. Dieses Gesetz tritt vier Wochen nach seiner Verkündung in Kraft.

Anhang 2.

Verkehrs-Strafrecht.

A.

Straßenverkehrsgesetz (StVG.)

vom 19. Dezember 1952 (BGBl. I 1952, S. 837).

I. Dieses Gesetz ist aufgebaut auf dem Gesetz über den Verkehr mit Kraftfahrzeugen vom 3. Mai 1909, das durch Art. 1 des Gesetzes zur Sicherung des Straßenverkehrs vom 19. 12. 1952 (BGBl. I S. 832) nicht unwesentlich geändert und vor allem in seinen Strafbestimmungen erweitert wurde (siehe §§ 21—26), und nunmehr unter der Bezeichnung „Straßenverkehrsgesetz" am 19. Januar 1953 in Kraft getreten ist.

II. Das Gesetz besteht aus 27 Paragraphen und ist in **vier Abschnitte** aufgeteilt:

1. Abschnitt I (§§ 1—6) befaßt sich mit Verkehrsvorschriften.
2. Abschnitt II (§§ 7—20) regelt die Haftpflicht.
3. Abschnitt III (§§ 21—26) enthält die Strafvorschriften.
4. Abschnitt IV (§ 27) betrifft die Kleinkrafträder.

III. **Die Strafvorschriften** lauten:

§ 21. Wer den zur Erhaltung der Ordnung und Sicherheit auf den öffentlichen Wegen oder Plätzen erlassenen polizeilichen Anordnungen über den Straßenverkehr zuwiderhandelt, wird mit Geldstrafe bis zu einhundertfünfzig Deutsche Mark oder mit Haft bestraft.

§ 22. (1) Bei leichteren Übertretungen, die nach diesem Gesetz oder den auf Grund dieses Gesetzes erlassenen Rechtsvorschriften strafbar sind, kann ein Polizeibeamter, der hierzu ermächtigt ist und sich durch seine Dienstkleidung oder auf andere Weise ausweist, den auf frischer Tat betroffenen Täter verwarnen und eine Gebühr bis zu zwei Deutsche Mark erheben. Die Verwarnung ist nur zulässig, wenn der Betroffene nach Belehrung über sein Weigerungsrecht mit ihr einverstanden und zur sofortigen Zahlung der Gebühr bereit ist. Über die Verwarnung und die Zahlung der Gebühr ist eine Bescheinigung zu erteilen.

(2) Nach Zahlung der Gebühr kann die Zuwiderhandlung nicht mehr als Übertretung verfolgt werden.

(3) Die oberste Dienstbehörde des Polizeibeamten oder die von ihr bestimmte Behörde erteilt die Ermächtigung nach Abs. 1.

§ 23. (1) Mit Geldstrafe bis zu zehntausend Deutsche Mark oder mit Gefängnis bis zu zwei Monaten wird bestraft, wer auf öffentlichen Wegen oder Plätzen ein Kraftfahrzeug führt, das nicht von der zuständigen Behörde zum Verkehr zugelassen ist.

(2) Die gleiche Strafe trifft den Halter eines nicht zum Verkehr zugelassenen Kraftfahrzeugs, wenn er vorsätzlich oder fahrlässig dessen Gebrauch auf öffentlichen Wegen oder Plätzen gestattet.

§ 24. (1) Mit Geldstrafe bis zu zehntausend Deutsche Mark oder mit Gefängnis bis zu zwei Monaten wird bestraft,

1. wer ein Kraftfahrzeug führt, ohne einen Führerschein zu besitzen,
2. wer ein Kraftfahrzeug führt, obwohl ihm die Fahrerlaubnis entzogen ist,
3. wer nicht seinen Führerschein der Behörde, die ihm die Fahrerlaubnis entzogen hat, auf ihr Verlangen abliefert.

(2) Die gleiche Strafe trifft den Halter des Kraftfahrzeugs, wenn er vorsätzlich oder fahrlässig eine Person zur Führung des Fahrzeugs bestellt oder ermächtigt, die sich nicht durch einen Führerschein ausweisen kann oder der die Fahrerlaubnis entzogen ist.

§ 25. (1) Wer in rechtswidriger Absicht

1. ein Kraftfahrzeug, für welches von der Polizeibehörde ein Kennzeichen nicht ausgegeben oder zugelassen worden ist, mit einem Zeichen versieht, welches geeignet ist, den Anschein der polizeilich angeordneten oder zugelassenen Kennzeichnung hervorzurufen,
2. ein Kraftfahrzeug mit einer anderen als der polizeilich für das Fahrzeug ausgegebenen oder zugelassenen Kennzeichnung versieht,
3. das an einem Kraftfahrzeug gemäß polizeilicher Anordnung angebrachte Kennzeichen verändert, beseitigt, verdeckt oder sonst in seiner Erkennbarkeit beeinträchtigt,

wird, sofern nicht nach den Vorschriften des Strafgesetzbuchs eine höhere Strafe verwirkt ist, mit Geldstrafe bis zu zehntausend Deutsche Mark oder mit Gefängnis bis zu drei Monaten bestraft.

(2) Die gleiche Strafe trifft Personen, welche auf öffentlichen Wegen oder Plätzen von einem Kraftfahrzeug Gebrauch machen, von dem sie wissen, daß die Kennzeichnung in der im Absatz 1 unter Nummern 1 bis 3 bezeichneten Art gefälscht, verfälscht oder unterdrückt worden ist.

§ 26. Mit Geldstrafe oder mit Gefängnis bis zu drei Monaten wird bestraft, wer vorsätzlich oder fahrlässig

1. als Führer eines Kraftfahrzeugs den Vorschriften über das Mitführen von Anhängern zuwiderhandelt,
2. als Fahrzeughalter das unzulässige Mitführen von Anhängern anordnet oder zuläßt,
3. ein Kraftfahrzeug führt oder einen Kraftfahrzeuganhänger mitführt, bei denen das Gesamtgewicht des einzelnen Fahrzeugs das zulässige Gesamtgewicht um mehr als zehn vom Hundert überschreitet,
4. als Fahrzeughalter die Inbetriebnahme eines nach Nummer 3 überladenen Fahrzeugs anordnet oder zuläßt, oder
5. Fahrzeugteile, die in einer vom Kraftfahrt-Bundesamt genehmigten Bauart ausgeführt sein müssen, gewerbsmäßig feilbietet, welche nicht mit einem amtlich vorgeschriebenen und zugeteilten Prüfzeichen gekennzeichnet sind.

B.

Straßenverkehrs-Zulassungs-Ordnung (StVZO.)

in der Fassung vom 24. August 1953 (BGBl. I S. 1166).

I. Diese Verordnung bedeutet eine Abänderung und Erweiterung der Straßenverkehrs-Zulassungs-Ordnung vom 13. November 1937 (RGBl. I S. 1215).

II. Die Verordnung besteht aus 91 Paragraphen und ist in **drei Abschnitte** aufgeteilt:

1. Abschnitt A (§§ 1—15c) enthält die personellen Voraussetzungen für die Zulassung zum Straßenverkehr. Er hat zwei Unterabschnitte:

a) Teilnahme am Verkehr im allgemeinen (§§ 1—3), und
b) Führen von Kraftfahrzeugen (§§ 4—15c).

2. Abschnitt B (§§ 16—67b) enthält die sachlichen Zulassungsvoraussetzungen. Er hat fünf Unterabschnitte:

a) Zulassung von Fahrzeugen im allgemeinen (§§ 16, 17).
b) Zulassungsverfahren für Kraftfahrzeuge und ihre Anhänger (§§ 18—29).
c) Pflichtversicherung (§§ 29a—29d).
d) Bau- und Betriebsvorschriften (§§ 30—67).
e) Kleinkrafträder und Fahrräder mit Hilfsmotor (§§ 67a, 67b).

3. Abschnitt C (§§ 68—74) enthält Schlußbestimmungen, insbesondere in § 71 die **Strafbestimmung**: „Wer Vorschriften dieser Verordnung oder zu ihrer Ausführung erlassenen Anweisungen vorsätzlich oder fahrlässig zuwiderhandelt, wird mit Geldstrafe bis zu einhundertfünfzig Deutsche Mark oder mit Haft bestraft, wenn die Tat nicht nach anderen Vorschriften mit schwererer Strafe bedroht ist."

C.

Straßenverkehrs-Ordnung (StVO.)

in der Fassung vom 24. August 1953 (BGBl. I S. 1201).

I. Diese Verordnung bedeutet eine Abänderung und Erweiterung der Straßenverkehrsordnung vom 13. November 1937 (RGBl. I S. 1179).

Ihr **Zweck** ist im amtlichen Vorwort folgendermaßen gekennzeichnet:

Mit der weiteren Zunahme der Fahrzeuge im Straßenverkehr, vor allem der Kraftfahrzeuge, muß die echte Gemeinschaft aller Verkehrsteilnehmer einschließlich der Fußgänger im Interesse einer nachhaltigen Besserung der Verkehrsdisziplin vordringlich hergestellt werden. Die Voraussetzungen hierfür zu schaffen, ist der Zweck dieser Verordnung. Sie stellt ohne Rücksicht auf den jeweils eingetretenen Erfolg die Verletzung einer Reihe von Tatbeständen unter Strafe, die erfahrungsgemäß zu einer Gefährdung anderer Verkehrsteilnehmer führen können. Außerdem enthält die Verordnung im § 1 eine Grundregel für das Verhalten im Straßenverkehr. Diese Vorschrift bildet gleichzeitig die Rechtsgrundlage zu einem Einschreiten in allen nicht im einzelnen geregelten Fällen, indem sie jedes Verhalten unter Strafe stellt, durch das der Verkehr gefährdet oder ein anderer geschädigt oder mehr, als unvermeidbar, behindert oder belästigt wird. Nicht die kleinliche Anwendung der Vorschriften in jedem Falle, sondern eine ihrem Ziel entsprechende Handhabung wird die echte Gemeinschaft aller Verkehrsteilnehmer unter sich sowie mit den für die Ordnung, Sicherheit und Leichtigkeit des Straßenverkehrs verantwortlichen Behörden und ihren Beamten fördern.

II. Die Verordnung besteht aus 52 Paragraphen und ist in **sieben Abschnitte** aufgeteilt.

1. Abschnitt A (§§ 1—6) enthält allgemeine Vorschriften, vor allem in § 1 eine Grundregel für das Verhalten im Straßenverkehr: „Jeder Teilnehmer am öffentlichen Straßenverkehr hat sich so zu verhalten, daß kein anderer gefährdet, geschädigt oder mehr als nach den Umständen unvermeidbar, behindert oder belästigt wird."

2. Abschnitt B (§§ 7—36) befaßt sich mit dem Fahrzeugverkehr, und zwar in §§ 7—24 mit dem Fahrzeugverkehr im allgemeinen und in §§ 25—36 mit dem Fahrzeugverkehr im besonderen.

3. Abschnitt C (§§ 37, 38) behandelt den Fußgängerverkehr.

4. Abschnitt D (§ 39) regelt den Reitverkehr.

5. Abschnitt E (§ 40) enthält Vorschriften über Treiben und Führen von Tieren.

6. Abschnitt F (§§ 41—44) dient dem Schutze des Verkehrs gegen Verkehrshindernisse.

7. Abschnitt G (§§ 45—50) bringt Schlußbestimmungen und vor allem im § 49 folgende **Strafbestimmung**: „Wer Vorschriften dieser Verordnung oder zu ihrer Ausführung erlassenen Anweisungen vorsätzlich oder fahrlässig zuwiderhandelt, wird mit Geldstrafe bis zu einhundertfünfzig Deutsche Mark oder mit Haft bestraft, wenn die Tat nicht nach anderen Vorschriften mit schwererer Strafe bedroht ist."

D.

Bundesfernstraßengesetz (FStrG.)

vom 6. August 1953 (BGBl. I S. 903).

I. Dieses Gesetz hat 27 Paragraphen und behandelt in den ersten 22 Paragraphen **folgende Materien:** Einteilung der Bundesstraßen des Fernverkehrs (§ 1); Widmung und Entwidmung (§ 2); Straßenbaulast (§ 3); Sicherheitsvorschriften (§ 4); Träger der Straßenbaulast (§ 5); Eigentum und andere Rechte (§ 6); Gemeingebrauch (§ 7); Sondernutzungen (§ 8); Bauanlagen an Bundesfernstraßen (§ 9); Schutzwaldungen (§ 10); Schutzmaßnahmen (§ 11); Unterhaltung der Kreuzungsanlagen (§ 13); Umleitungen (§ 14); Betriebe an den Bundesautobahnen (§ 15); Planungen (§ 16); Planfeststellung (§ 17); Planfeststellungsverfahren (§ 18); Enteignung (§ 19); Straßenaufsicht (§ 20); Verwaltung der Bundesstraßen in den Ortsdurchfahrten (§ 21); Zuständigkeit (§ 22).

II. **Ordnungswidrigkeiten (§ 23):**

(1) Ordnungswidrig handelt, wer

1. eine Bundesfernstraße ohne die erforderliche Erlaubnis zu Sondernutzungen gebraucht oder erteilten Auflagen zuwiderhandelt (§ 8),
2. entgegen den Vorschriften des § 9 eine Anlage errichtet oder wesentlich verändert oder erteilten Auflagen zuwiderhandelt,
3. als Eigentümer oder Nutznießer Schutzwaldungen (§ 10) ganz oder teilweise beseitigt oder
4. einen Betrieb im Sinne des § 15 Abs. 3 und 4 ohne Erlaubnis oder die nach diesem Gesetz erforderliche Genehmigung baut, eröffnet oder erweitert oder den Auflagen der Erlaubnis oder der Genehmigung zuwiderhandelt.

(2) Die Ordnungswidrigkeit kann mit einer Geldbuße geahndet werden.

(3) Das Unterwerfungsverfahren nach § 67 des Gesetzes über Ordnungswidrigkeiten vom 25. März 1952 ist zulässig.

Anhang 3

Gesetz über Ordnungswidrigkeiten (OWG)

vom 25. März 1952 (BGBl. I S. 177).

Vorbemerkung: Das OWG. mit seinen 79 Paragraphen steht in engem Zusammenhang mit dem Wirtschaftsstrafgesetz vom 25. März 1952 (Neufassung v. 9. Juli 1954, BGBl. I, 175). Dort wurde erstmals eine Trennung durchgeführt zwischen kriminellem Unrecht und Verwaltungsunrecht. Es wurden nämlich in diesem Gesetz drei Gruppen von Gesetzesverletzungen aufgestellt: Die Wirtschaftsstraftaten, d. h. die ausschließlich mit Kriminalstrafe bedrohten Zuwiderhandlungen, die Ordnungswidrigkeiten, d. h. die ausschließlich mit nichtkrimineller Geldbuße bedrohten Zuwiderhandlungen und schließlich die Mischtatbestände, die entweder Straftat oder Ordnungswidrigkeit sein können. Diese zunächst nur auf das Spezialgebiet des Wirtschaftsstrafrechts beschränkte Regelung wird im Gesetz über die Ordnungswidrigkeiten verallgemeinert, das nunmehr ein Rahmengesetz bildet, das auch auf andere Gebiete des sog. Nebenstrafrechts Anwendung finden soll.

I. **Der Inhalt des ersten Buches** (Allgemeiner Teil §§ 1—26).

1. Der erste Abschnitt (§§ 1—4) befaßt sich in der Hauptsache mit Begriffsbestimmungen und der Regelung des Zusammentreffens von „Straftat" und „Ordnungswidrigkeit".

a) § 1 enthält in Abs. 1 die Begriffsbestimmung „Ordnungswidrigkeit" und erläutert in Abs. 3 den sog. Mischtatbestand; beide werden als „Zuwiderhandlungen" bezeichnet (Abs. 4).

Im Gegensatz hierzu stehen die mit krimineller Strafe bedrohten Handlungen (Abs. 2), die als „Straftaten" gekennzeichnet sind; auf sie findet das OWG. keine Anwendung.

aa) Eine Ordnungswidrigkeit liegt vor, wenn ausschließlich Geldbuße angedroht ist.

bb) Ein Mischtatbestand liegt vor, wenn die Handlung mit Strafe oder Geldbuße bedroht ist.

b) Enthält das Gesetz einen Mischtatbestand, so muß der Gesetzgeber zum Ausdruck bringen, nach welchen Gesichtspunkten im Einzelfall darüber entschieden werden soll, ob eine Ordnungswidrigkeit oder eine Straftat vorliegt (§ 2). (Im Wirtschaftsstrafgesetz z. B. ist eine solche Abgrenzung im § 6 durchgeführt worden.)

c) Sämtliche Ordnungswidrigkeiten und Mischtatbestände, die in Bundesgesetzen geregelt sind, fallen ohne weiteres unter das OWG., ohne daß es einer besonderen Bezugnahme auf dieses Gesetz bedarf (§ 3).

d) Die Regelung in § 4 entspricht derjenigen in § 73 StGB. (Idealkonkurrenz), d. h. bei Zusammentreffen einer Ordnungswidrigkeit und einer Straftat ist nur das Strafgesetz anzuwenden mit der Maßgabe, daß auf Nebenfolgen der Ordnungswidrigkeit auch dann erkannt werden kann, wenn solche im Strafgesetz nicht vorgesehen sind. Wird im Strafverfahren keine Strafe verhängt (z. B. bei Freispruch), so kann trotzdem von der Verwaltungsbehörde wegen der Ordnungswidrigkeit eine Geldbuße festgesetzt werden; diese Möglichkeit wird vor allem dann gegeben sein, wenn aus rechtlichen Gründen zwar der Straftatbestand verneint werden mußte, eine Ordnungswidrigkeit aber vorlag.

2. Der zweite Abschnitt (§§ 5—16) befaßt sich speziell mit den Ordnungswidrigkeiten.

a) §§ 5—7 enthalten Bestimmungen über die von der Verwaltungsbehörde nach pflichtmäßigem Ermessen festzusetzende Geldbuße (mindestens zwei, höchstens eintausend DM).

b) Im § 8 wird die für Fälle geringerer Bedeutung vorgesehene unanfechtbare und gebührenpflichtige Verwarnung (Höchstbetrag 2 DM) behandelt, die nur nach Belehrung des Betroffenen über sein Weigerungsrecht und nur mit seinem Einverständnis und unter Erteilung einer Bescheinigung angesprochen werden darf.

c) Nach § 9 kann der Versuch einer Ordnungswidrigkeit nur dann mit einer Geldbuße geahndet werden, wenn das Gesetz dies ausdrücklich bestimmt. Im übrigen finden die §§ 43, 44, 46 StGB. entsprechend Anwendung.

d) Betr. Teilnahme bestimmt § 10, daß eine Geldbuße auch gegen Anstifter und, soweit das Gesetz nichts anderes bestimmt, auch gegen Gehilfen festgesetzt werden kann. Im übrigen gelten auch hier die §§ 47—49 StGB. entsprechend.

e) Nach § 11 kann eine Ordnungswidrigkeit nur bei vorsätzlichem Handeln geahndet werden, es sei denn, daß im Gesetz auch für fahrlässiges Handeln eine Geldbuße vorgesehen ist. Die §§ 51—54, 58 und 59 StGB. gelten entsprechend.

f) Der Irrtum ist in § 12 folgendermaßen geregelt: „Wer in unverschuldetem Irrtum über das Bestehen oder die Anwendbarkeit einer rechtlichen Vorschrift die Handlung für erlaubt gehalten hat, bleibt von Geldbuße frei. War der Irrtum verschuldet, so kann die Geldbuße gemildert werden." (NB. diese Formulierung deckt sich mit der Rechtsprechung des Bundesgerichtshofs betr. Verbotsirrtum; siehe „Einführende Vorbemerkungen zum Strafrecht", S. 17ff.)

g) Nach § 13 sind wegen der Verantwortlichkeit Jugendlicher die Vorschriften des § 1 Abs. 3 und § 3 Satz 1 des Jugendgerichtsgesetzes vom 4. August 1953 entsprechend anzuwenden.

h) Die Verfolgung einer Ordnungswidrigkeit verjährt, soweit im Gesetz nichts Abweichendes bestimmt ist, in 6 Monaten, die Vollstreckung in 2 Jahren (§ 14).

i) Die Bestimmungen über Tateinheit und Tatmehrheit entsprechen den §§ 73, 74 StGB. (Siehe §§ 15, 16 OWG.)

3. Der dritte Abschnitt (§§ 17—26) behandelt die Einziehung, die nicht unwesentlich von der Regelung im StGB. (§§ 40ff.) abweicht.

a) Die Vorschriften dieses Abschnitts betreffen nur „Zuwiderhandlungen", d. h. Ordnungswidrigkeiten und Mischtatbestände, vorausgesetzt, daß die Einziehung in dem betreffenden Gesetz ausdrücklich angeordnet oder für zulässig erklärt ist (§ 17).

b) Im Einzelnen behandeln § 18 die Zulässigkeit der Einziehung, § 19 die Einziehung fremden Eigentums, § 20 die Ersatzeinziehung, § 21 die selbständige Einziehung, § 22 die Wirkung der rechtskräftigen Einziehung, § 23 Rechte Dritter am Gegenstand der Einziehung, §§ 24, 25 Geltendmachung von Rechten des Eigentümers und des Dritten und § 26 die Form der Entscheidung.

II. **Das zweite Buch** (§§ 27—72) hat das Verfahrensrecht zum Gegenstand. Es enthält drei Abschnitte mit folgendem Inhalt:

1. Allgemeines (§§ 27—30); Zuständigkeitsabgrenzung zwischen Staatsanwaltschaft und Verwaltungsbehörde (§ 27); Aufgaben der Polizei (§ 28); Hilfsbeamte der Staatsanwaltschaft (§ 29); Fristen und Wiedereinsetzung (§ 30).

2. Besonderheiten des gerichtlichen Verfahrens (§§ 31—34): Abgabe an die Verwaltungsbehörde (§ 31); Rechtsbehelf der Verwaltungsbehörde (§ 32); Beteiligung der Verwaltungsbehörde (§ 33); Akteneinsicht (§ 34).

3. Bußgeldverfahren (§§ 35—72).

a) Ermittlungsverfahren der Verwaltungsbehörde (§§ 35—47): Allgemeine Befugnisse (§ 35); Einsichtsrecht der Verwaltungsbehörde (§ 36); Niederschrift (§ 37); Recht zur Zeugnisverweigerung (§ 38); Folgen unberechtigter Zeugnisverweigerung (§ 39); Entschädigung von Zeugen und Sachverständigen (§ 40); Beschlagnahme (§ 41); Anordnung der Beschlagnahme (§ 42); Notveräußerung (§ 43); Rechte des Betroffenen (§ 44); Verteidigung (§ 45); Einstellung des Verfahrens (§ 46); Rechtsbehelfe gegen Verwaltungsmaßnahmen (§ 47).

b) Bußgeldbescheid (§§ 48—53): Sachliche Zuständigkeit (§ 48); Ausschließung von der Entscheidung (§ 49); Selbstablehnung (§ 50); Örtliche Zuständigkeit (§ 51); Begründung des Bußgeldbescheids (§ 52); Zustellung des Bußgeldbescheids (§ 53).

c) Antrag auf gerichtliche Entscheidung gegen den Bußgeldbescheid (§§ 54—57); Einlegung (§ 54); Zuständiges Gericht, Verfahren (§ 55); Rechtsbeschwerde (§ 56); Wirkung der Rechtsbehelfe (§ 57).

d) Gerichtliche Zuständigkeitsüberprüfung (§§ 58—64); Antrag der Staatsanwaltschaft (§ 58); Zuständiges Gericht, Verfahren (§ 59); Rechtsbeschwerde (§ 60); Entscheidung des Gerichts gemäß dem Antrag der Staatsanwaltschaft (§ 61); Ablehnung des Antrags der Staatsanwaltschaft (§ 62); Zusammentreffen von Anträgen (§ 63); Zustellung an die Verwaltungsbehörde (§ 64).

e) Rechtskraft (§§ 65, 66): Wirkung der Rechtskraft (§ 65); Änderung des rechtskräftigen Bußgeldbescheids (§ 66).

f) Unterwerfungsverfahren (§ 67).

g) Vollstreckung und Kosten (§§ 65—72): Vollstreckung (§ 68); Erzwingungshaft (§ 69); Kosten (§ 70); Gebühren und Auslagen im Verfahren vor der Verwaltungsbehörde (§ 71); Gebühren und Auslagen im Verfahren vor dem Gericht (§ 72).

III. **Das dritte Buch** (§§ 73—79) enthält Übergangsbestimmungen.

Anhang 4.

Das Strafprozeßrecht.

A.

Wesen und Quelle des Strafprozesses.

1. Der Strafprozeß (auch formelles Strafrecht genannt im Gegensatz zum materiellen, im Strafgesetzbuch enthaltenen Strafrecht), hat die Aufgabe, die durch den Rechtsbrecher gestörte Rechtsordnung wieder herzustellen durch Feststellung und Ahndung der von ihm begangenen strafbaren Handlung. Der Strafprozeß ist ein gerichtliches Verfahren zur Entscheidung der Frage, ob gegen eine bestimmte Person wegen einer bestimmten Handlung eine kriminelle Strafe verhängt werden muß.

Im Gegensatz hierzu bildet das Wesen des Zivilprozesses die Feststellung privatrechtlicher, insbesondere vermögensrechtlicher Ansprüche. Im Strafprozeß steht der Staat, handelnd durch sein Organ, den Staatsanwalt, dem Angeklagten gegenüber, im Zivilprozeß der Kläger dem Beklagten. Zum Strafprozeß gehört auch die Privatklage, die, ohne Mitwirkung der Staatsanwaltschaft, für bestimmte leichtere Vergehen wie Beleidigungen und einfache Körperverletzungen u. a. vorgesehen ist. Diese Privatklage ist nicht mit der Zivilklage, der Grundlage des Zivilprozesses, zu verwechseln.

2. Das gesamte Strafverfahrensrecht (Strafprozeßrecht i. w. S.) hat seinen Ursprung im Gerichtsverfassungsgesetz vom 27. Januar 1877 und der Reichsstrafprozeßordnung vom 1. Februar 1877. Diese beiden Gesetze sind im Laufe der Jahrzehnte wiederholt geändert worden; die wichtigste Änderung erfolgte im Jahre 1924. Im Jahre 1946 wurde für die US.-Zone eine Strafrechtspflegeordnung, bestehend aus einem Strafgerichtsverfassungsgesetz und einer Strafprozeßordnung erlassen, während für die britische Zone das Strafverfahrensrecht nach der von der Militärregierung erlassenen Allgemeinen Anweisung an Richter Nr. 2 geregelt war und für die französische Zone eine Rechtsanordnung für die Gerichtsverfassung und das gerichtliche Verfahren erging. Die hierdurch eingetretene Rechtszersplitterung, vor allem auf dem Gebiete der sachlichen Zuständigkeit, der Untersuchungshaft und des Instanzenzuges, bedeutete eine nicht geringe Gefahr für das gesamte Rechtsleben in Westdeutschland.

3. Nunmehr ist durch das Gesetz zur Wiederherstellung der Rechtseinheit auf dem Gebiete der Gerichtsverfassung, der bürgerlichen Rechtspflege, des Strafverfahrens und des Kostenrechts vom 12. September 1950 ein einheitliches Recht für die gesamte Bundesrepublik geschaffen worden.

a) Das neue Gerichtsverfassungsgesetz (GVG.), das die Organisation und sachliche Zuständigkeit der Gerichte regelt, ist im wesentlichen auf dem alten Gesetz vom 22. März 1924 aufgebaut unter Beibehaltung der dort. Paragraphenziffern.

b) Die neue Strafprozeßordnung (StPO.), die das eigentliche Strafverfahren zum Gegenstande hat, beruht ebenfalls auf dem alten Gesetz vom 22. März 1924. Auch in der StPO. wurden die alten Paragraphenziffern aufrechterhalten. Die nach dem 30. Januar 1933 erlassenen Abänderungsvorschriften wurden beseitigt, soweit sie typisch nationalsozialistisches Gedankengut, insbesondere eine die Rechtsstellung des Angeklagten beeinträchtigende Tendenz enthielten oder eine Stärkung der Stellung des Staatsanwalts auf Kosten der Stellung des Richters bedeuteten.

4. Die StPO. ist eingeteilt in 7 Bücher:
1. Buch: Allgemeine Vorschriften (§§ 1—150).
2. Buch: Verfahren im ersten Rechtszug (§§ 151—295).
3. Buch: Rechtsmittel (§§ 296—358).
4. Buch: Wiederaufnahme des Verfahrens (§§ 359—373a).
5. Buch: Beteiligung des Verletzten am Verfahren (§§ 374—406d).
6. Buch: Besondere Arten des Verfahrens (§§ 407—433).
7. Buch: Strafvollstreckung und Kosten des Verfahrens (§§ 449—474a).

B.

Die sachliche Zuständigkeit der Strafgerichte.

I. Allgemeine Vorbemerkungen über die Zuständigkeit.

1. Unter Zuständigkeit versteht man die Befugnis eines Gerichts, in einer Strafsache eine Entscheidung zu treffen. Man unterscheidet sachliche und örtliche Zuständigkeit.

a) Durch die Vorschriften über die sachliche Zuständigkeit wird festgestellt, welche Art von Gericht für die Behandlung und Entscheidung einer bestimmten Strafsache berufen ist. Die diesbezüglichen Bestimmungen enthält das Gerichtsverfassungsgesetz (GVG.).

b) Die Bestimmungen über die örtliche Zuständigkeit (siehe Abschnitt C) regeln die Frage, welches der sachlich zuständigen Gerichte im Einzelfall in Tätigkeit zu treten hat. Die diesbezüglichen Bestimmungen enthält die Strafprozeßordnung.

2. Im allgemeinen werden die kleineren Strafsachen durch den Einzelrichter, die bedeutenderen durch das Schöffengericht, die schweren durch die Strafkammer und die schwersten durch das Schwurgericht und den Bundesgerichtshof abgeurteilt.

II. Die sachliche Zuständigkeit im einzelnen.

1. Das **Amtsgericht** ist zuständig (siehe § 24 GVG.) für Übertretungen (siehe aber Abschnitt VI: Friedensgerichte) und für Vergehen, wenn nicht die Staatsanwaltschaft wegen der besonderen Bedeutung des Falles Anklage beim Landgericht erhebt, oder die Zuständigkeit des Landgerichts nach § 74a GVG. oder des Bundesgerichtshofs nach § 134 GVG. begründet ist, ferner für Verbrechen, wenn nicht die Zuständigkeit des Schwurgerichts oder des Bundesgerichtshofs begründet, oder im Einzelfall eine höhere Strafe als zwei Jahre Zuchthaus oder Ausspruch der Sicherungsverwahrung zu erwarten ist oder die Staatsanwaltschaft wegen der besonderen Bedeutung des Falles Anklage beim Landgericht erhebt. Das Amtsgericht darf nicht auf eine höhere Freiheitsstrafe als zwei Jahre Zuchthaus und nicht auf Sicherungsverwahrung erkennen.

a) Der Amtsrichter entscheidet als Einzelrichter (siehe § 25 GVG.):

aa) bei Übertretungen;

bb) bei Vergehen, wenn sie im Privatklageweg verfolgt werden; ferner wenn die Tat mit keiner höheren Strafe als Gefängnis von sechs Monaten allein oder in Verbindung mit anderen Strafen oder mit Nebenfolgen bedroht ist; und schließlich, wenn die Staatsanwaltschaft Anklage zum Einzelrichter erhebt und keine höhere Strafe als Gefängnis von einem Jahr zu erwarten ist;

cc) bei Verbrechen, die nur wegen Rückfalls Verbrechen sind, wenn die Staatsanwaltschaft Anklage zum Einzelrichter erhebt und keine höhere Strafe als Gefängnis von einem Jahr zu erwarten ist.

b) Das Schöffengericht (ein Berufsrichter und zwei Schöffen) entscheidet (siehe § 28 GVG.) in allen zur Zuständigkeit der Amtsgerichte gehörenden Strafsachen (siehe oben Abschnitt 1), soweit nicht der Amtsrichter allein entscheidet. Die außerhalb der Hauptverhandlung erforderlichen Entscheidungen werden von dem Amtsrichter erlassen. Bei umfangreichen Sachen kann ein zweiter Amtsrichter zugezogen werden (§ 29 Absatz 2 GVG.).

c) Die Jugendgerichte (siehe §§ 33, 39, 40 JGG. vom 4. August 1953):

aa) Der Amtsrichter als Jugendrichter ist zuständig für Verfehlungen Jugendlicher, wenn nur Erziehungsmaßregeln, Zuchtmittel oder nach diesem Gesetz zulässige Nebenstrafen und Nebenfolgen zu erwarten sind und der Staatsanwalt Anklage beim Einzelrichter erhebt. Der Jugendrichter darf auf Jugendstrafe von mehr als einem Jahr oder von unbestimmter Dauer nicht erkennen.

bb) Das Jugendschöffengericht (Jugendrichter und zwei Jugendschöffen) ist zuständig für alle Verfehlungen, die nicht zur Zuständigkeit eines anderen Jugendgerichts gehören.

cc) Unzulässig ist gegen einen Jugendlichen (siehe §§ 79—81 JGG.): Strafbefehlsverfahren (§§ 407 ff. StPO.), beschleunigtes Verfahren (§ 212 StPO.), Entschädigungsverfahren (§§ 403 ff. StPO.) sowie Privatklage (§§ 374 ff. StPO.) und Nebenklage (§§ 395 ff. StPO.). (Siehe auch S. 348.)

2. Beim **Landgericht** entscheiden als erkennende Gerichte die Strafkammern (kleine und große Strafkammern), die Schwurgerichte und die Jugendkammern.

a) Die kleine Strafkammer (Vorsitzender und zwei Schöffen) tritt nur als Berufungsgericht gegen Urteile des Amtsrichters in Tätigkeit (§ 76 GVG.).

b) Die große Strafkammer (drei Berufsrichter mit Einschluß des Vorsitzenden und zwei Schöffen) ist zuständig:

aa) Als erkennendes Gericht des ersten Rechtszuges für alle Verbrechen, die nicht zur Zuständigkeit des Amtsgerichts, des Schwurgerichts oder des Bundesgerichtshofs gehören. Die große Strafkammer ist ferner zuständig für alle Vergehen und Verbrechen, die von der Staatsanwaltschaft bei ihr angeklagt werden (siehe oben Abschnitt 1), oder vom Amtsgericht an sie verwiesen sind, weil seine Strafgewalt zu ihrer Aburteilung nicht ausreicht.

bb) Als Berufungsgericht gegen die Urteile des Schöffengerichts. (Siehe §§ 74, 76 GVG.)

cc) Für das Sicherungsverfahren nach §§ 429a ff. als erkennendes Gericht des ersten Rechtszuges (§ 429b Abs. 3 StPO.).

dd) Eine Strafkammer des Landgerichts, in dessen Bezirk das Oberlandesgericht seinen Sitz hat, ist für den Bezirk des Oberlandesgerichts als erkennendes Gericht des ersten Rechtszuges zuständig für die Vergehen und Verbrechen der §§ 84, 90 bis 97, 100d Absatz 2 und 3, 129, 129a, 234a und 241a StGB. (§ 74a GVG.).

(Die Strafkammern, besetzt mit drei Berufsrichtern, sind ferner gemäß § 73 GVG. noch zuständig für die die Voruntersuchung betreffenden Entscheidungen und schließlich für die Entscheidungen über Beschwerden gegen Verfügungen des Untersuchungsrichters und des Amtsrichters sowie gegen Entscheidungen des Amtsrichters und des Schöffengerichts.)

c) Die Schwurgerichte (drei Berufsrichter mit Einschluß des Vorsitzenden und sechs Geschworene) sind zuständig für Mord (§ 211 StGB.), Totschlag (§ 212 StGB.) und Kindstötung (§ 217 StGB.), ferner für die Verbrechen des StGB. nach §§ 178, 221 Abs. 3 letzter Halbsatz, 226, 229 Abs. 2 letzter Halbsatz, 239 Abs. 3, 251, 252, 255, wenn die Strafe aus § 251 zu entnehmen ist, §§ 307, 311, wenn die Strafe aus § 307 zu entnehmen ist, §§ 312 Abs. 1 letzter Halbsatz, 321 Abs. 2 letzter Halbsatz, 324 letzter Halbsatz, 341 i. Verb. mit 239 Abs. 3, und § 5 Abs. 2 zweiter Halbsatz, Abs. 3 des Sprengstoffgesetzes (§ 80 GVG.).

Die drei Berufsrichter und sechs Geschworenen entscheiden über die Schuld- und Straffrage gemeinschaftlich; Beschlüsse und Verfügungen außerhalb der Hauptverhandlung erlassen während der Tagung die drei richterlichen Mitglieder des Schwurgerichts und außerhalb der Tagung die Strafkammer (drei Richter) (§ 82 GVG.).

d) Die Jugendkammer (drei Richter und zwei Jugendschöffen) ist als erkennendes Gericht des ersten Rechtszuges zuständig in Sachen, die zur Zuständigkeit der Schwurgerichte gehören, oder die sie wegen des besonderen Umfangs übernimmt. Sie ist ferner zuständig als Berufungsgericht gegen die Urteile des Jugendrichters und des Jugendschöffengerichts (§ 41 JGG.).

3. Bei den **Oberlandesgerichten** entscheiden Straffenate. Sie sind gemäß § 120 GVG. zuständig:

a) Im ersten und letzten Rechtszug (besetzt mit fünf Richtern einschließlich des Vorsitzenden) in den Strafsachen, die nach § 134a Absatz 1 GVG. von dem Oberbundesanwalt an die Landesstaatsanwaltschaft abgegeben werden oder in denen der Bundesgerichtshof nach § 134a Absatz 3 GVG. bei Eröffnung des Hauptverfahrens die Verhandlung und Entscheidung dem Oberlandesgericht überweist.

b) in der Besetzung mit drei Berufsrichtern einschließlich des Vorsitzenden (§ 122 GVG.) zur Verhandlung und Entscheidung über das Rechtsmittel der Revision

aa) gegen die mit der Berufung nicht anfechtbaren Urteile des Amtsrichters (siehe § 313 StPO.),

bb) gegen die Berufungsurteile der kleinen und großen Strafkammer,

cc) ausnahmsweise gegen die Urteile der großen Strafkammer und der Schwurgerichte, wenn nämlich die Revision ausschließlich auf die Verletzung einer in den Landesgesetzen enthaltenen Rechtsnorm gestützt wird (§ 121 GVG.).

(Die Oberlandesgerichte sind schließlich noch zuständig zur Entscheidung über die Beschwerde gegen strafrichterliche Entscheidungen, soweit nicht die Zuständigkeit der Strafkammer oder des Bundesgerichtshofs begründet ist, § 121 Nr. 2 GVG.)

4. Beim **Bundesgerichtshof** (**Karlsruhe**) entscheiden die Strafsenate (besetzt mit fünf Berufsrichtern)

a) im ersten und letzten Rechtszug bei Hochverrat und Verfassungsverrat in den Fällen der §§ 80 bis 83 und 89 StGB., bei Landesverrat in den Fällen der §§ 100 bis 100c, 100d Absatz 1, 100e und 100f StGB., bei einem

Anschlag gegen ausländische Staatsmänner nach § 102 StGB., bei Parlamentsnötigung nach § 105 StGB. und bei Nichterfüllung der Pflichten nach § 138 StGB., wenn die Unterlassung eine Straftat betrifft, die zur Zuständigkeit des Bundesgerichtshofs gehört (§ 134 GVG.),

b) über die Revision gegen die Urteile der Schwurgerichte und die Urteile der großen Strafkammer im ersten Rechtszuge, soweit nicht die Zuständigkeit der Oberlandesgerichte begründet ist (§ 135 GVG.).

(Die Strafsenate entscheiden im ersten Rechtszug außerhalb der Hauptverhandlung in der Besetzung von drei Mitgliedern einschließlich des Vorsitzenden. Dies gilt nicht für den Beschluß, durch den darüber entschieden wird, ob das Hauptverfahren zu eröffnen oder der Angeschuldigte außer Verfolgung zu setzen oder das Verfahren nach Eröffnung des Hauptverfahrens wegen eines Verfahrenshindernisses einzustellen ist. § 139 Absatz 2 GVG.)

III. Der Rechtszug:

Erste Instanz	**Amtsrichter** ↓	**Schöffengericht** (1 Richter, 2 Schöffen) ↓	**Große Strafkammer** (3 Richter, 2 Schöffen) ↓	**Schwurgericht** (3 Richter, 6 Geschworene) ↓
Berufung	**Kleine Strafkammer** (1 Richter, 2 Schöffen) ↓	**Große Strafkammer** (3 Richter, 2 Schöffen) ↓	↓	↓
Revision	**Oberlandesgericht** (3 Richter) Im Falle des § 313 StrPO ist Berufung ausgeschlossen u. nur die Revision gegeben.	**Oberlandesgericht** (3 Richter)	**Bundesgerichtshof** (5 Richter) **Oberlandesgericht** (3 Richter) falls Landesrecht verletzt.	**Bundesgerichtshof** (5 Richter) **Oberlandesgericht** (3 Richter) falls Landesrecht verletzt.
	Im übrigen kann jedes Urteil des Amtsrichters und des Schöffengerichts unter Umgehung der Berufungsinstanz sofort mit der Revision angefochten werden. (§ 335 StrPO.)			

IV. Seine sachliche Zuständigkeit hat das Gericht in jeder Lage des Verfahrens **von Amts wegen zu prüfen** (§ 6 StPO.). Kommt das Gericht während der Hauptverhandlung zu der Überzeugung, daß die Zuständigkeit eines höheren Gerichts gegeben ist, so verweist es durch Beschluß die Sache an das höhere Gericht (§ 270 StPO.). Hält es dagegen die Zuständigkeit eines niederen Gerichts für gegeben, so muß es trotzdem selbst entscheiden (§ 269 StPO.).

V. Begrenzung der sachlichen Zuständigkeit durch die **Strafgerichtsbarkeit der Besatzungsmächte.**

Das Gesetz Nr. 13 der Hohen Alliierten Kommission in Deutschland vom 9. Dezember 1949, das am 1. Januar 1950 in Kraft getreten ist, enthält, soweit die Strafgerichtsbarkeit in Betracht kommt, im Art. 1 folgende Bestimmungen:

Artikel 1.

Ohne ausdrückliche von dem Hohen Kommissar der Zone des Sitzes des betreffenden Gerichts allgemein oder in besonderen Fällen erteilte Genehmigung dürfen deutsche Gerichte Strafgerichtsbarkeit nicht ausüben:

(a) I. über die Alliierten Streitkräfte,

II. über Personen, die bei der Alliierten Hohen Kommission, einem Hohen Kommissar oder dem Befehlshaber einer der Besatzungsstreitkräfte beglaubigt sind, und über ihre Familienangehörigen;

(b) wenn eine Person beschuldigt wird, eine strafbare Handlung begangen zu haben:

I. gegen eine in Absatz (a) dieses Artikels genannte Person oder gegen das Eigentum einer daselbst genannten Person oder Organisation,

II. gegen Rechtsvorschriften der Besatzungsbehörden,

III. bei der Erfüllung von Pflichten oder der Leistung von Diensten für die Alliierten Streitkräfte oder in Verbindung damit.

(Diese Zuständigkeitsregelung wurde durch Ausführungsgesetze der einzelnen Hohen Kommissare für deren Zonen abgeändert, so z. B. in der amerikanischen Zone durch Gesetz Nr. 35 (Amtsblatt der Alliierten Hohen Kommission Nr. 104, S. 2514).

VI. **Friedensgerichte** in den Bezirken Nordwürttemberg und Nordbaden.

1. Maßgebend für Aufbau und Zuständigkeit der Friedensgerichte in den genannten Bezirken sind das Gesetz Nr. 241 vom 29. März 1949 (Reg.Bl. Württemberg-Baden 1949, S. 47) und die Verordnung Nr. 260 vom 8. Juni 1949 (Reg.-Bl. 1949).

2. Die Friedensgerichte sind allgemein für die kleineren Zivil- und Strafsachen zuständig und zwar grundsätzlich die Gemeindefriedensgerichte, während die staatlichen Friedensgerichte (beim Amtsgericht) nur ausnahmsweise in Funktion treten.

3. Die Gemeindefriedensgerichte sind zuständig für alle Übertretungen, d. h. solche Straftaten, die nach dem Gesetz (§ 1 StGB.) mit Haft oder Geldstrafe bis zu 150 DM bedroht sind. Sie sind ferner zuständig in Privatklagesachen i. S. des § 374 StPO. (In Zivilsachen ist die Zuständigkeit in vermögensrechtlichen Streitigkeiten — mit gewissen Ausnahmen — bis zu einem Streitwert von 150 DM begründet.)

4. Die Friedensgerichtsbarkeit ist ausgeschlossen:

a) wenn die Tat nicht auf der Gemeindegemarkung begangen wurde,
b) bei Pressedelikten,
c) bei Verfehlungen Jugendlicher,
d) für die Behandlung von Haftsachen,
e) wenn Ausländer oder Staatenlose als Täter oder Verletzte in Frage kommen.

C.

Die örtliche Zuständigkeit der Strafgerichte.

Die örtliche Zuständigkeit (Gerichtsstand) ist, wie oben erwähnt, in der Strafprozeßordnung geregelt. Der Ausdruck Gerichtsstand betrifft ausschließlich die örtliche Zuständigkeit.

I. Begründet wird der Gerichtsstand in erster Linie durch den Ort der begangenen Tat (§ 7 StPO.), ferner durch den Wohnsitz, bzw. gewöhnlichen Aufenthalt, bzw. den letzten Wohnsitz (§ 8 StPO.) des Beschuldigten.

1. Diese Gerichtsstände sind gleichberechtigt; gesetzlich steht keinem von ihnen ein Vorrang vor dem anderen zu.
2. In der Praxis wird man allerdings dem Gerichtsstand der begangenen Tat (er ist nach § 3 Abs. 3 des Strafgesetzbuches sowohl dort begründet, wo die Ausführungshandlung vorgenommen wurde, als auch dort, wo der Erfolg eingetreten ist) gegenüber dem Gerichtsstand des Wohnsitzes (§ 8 StPO.) den Vorrang geben, und zwar deshalb, weil der Staatsanwaltschaft die Person des Täters und infolgedessen der Gerichtsstand des Wohnsitzes häufig zunächst unbekannt ist. Abgesehen davon wird aber auch meistens die Erhebung der Beweise am sichersten und schnellsten am Tatort erfolgen können. Der Gerichtsstand des Wohnsitzes wird in der Regel nur dann in Frage kommen, wenn besondere Umstände vorliegen, wie z. B. die Tatsache, daß die Zeugen sämtlich am Wohnsitz des Beschuldigten, der von dem Tatort weit entfernt liegt, wohnhaft sind.

II. Der Gerichtsstand der Ergreifung (§ 9 StPO.).

Der Gerichtsstand ist auch bei dem Gericht begründet, in dessen Bezirk der Beschuldigte ergriffen worden ist.

III. Der Gerichtsstand des Heimathafens (§ 10 StPO.).

Er ist für solche Straftaten begründet, welche auf einem deutschen Schiffe außerhalb des Geltungsbereichs der StPO. oder in offener See begangen werden, und zwar ist in einem solchen Falle das Gericht zuständig, in dessen Bezirk der Heimathafen oder der Hafen liegt, welchen das Schiff nach der Tat zuerst erreicht.

IV. Der Gerichtsstand des Zusammenhangs (§ 13 StPO.).

Für zusammenhängende Strafsachen, d. h. wenn eine Person mehrerer strafbarer Handlungen beschuldigt wird, oder wenn bei einer strafbaren Handlung mehrere Personen als Täter, Teilnehmer, Begünstiger oder Hehler beschuldigt werden, so daß die einzelnen Taten möglicherweise zur Zuständigkeit verschiedener Gerichte gehören würden, ist ein Gerichtsstand bei jedem Gericht begründet, welches für eine der Strafsachen zuständig ist.

V. Der Gerichtsstand des Auftrags (§ 15 StPO.).

Er wird dadurch begründet, daß das obere Gericht einem an sich örtlich unzuständigen Gericht die Untersuchung und Entscheidung einer Strafsache überträgt. Dies ist möglich, wenn das an sich zuständige Gericht rechtlich oder tatsächlich verhindert ist oder wenn von einer Verhandlung vor diesem Gericht eine Gefährdung der öffentlichen Sicherheit zu besorgen ist.

VI. In Jugendsachen gibt es noch den Gerichtsstand der Vormundschaft und des Aufenthalts (§ 42 JGG.).

VII. Im Gegensatz zur sachlichen Zuständigkeit wird die örtliche Zuständigkeit, da diese für den Angeschuldigten regelmäßig nicht so bedeutsam ist, wie die Frage der sachlichen Zuständigkeit, von Amts wegen nur bis zur Eröffnung des Hauptverfahrens geprüft (§ 18 StPO.). Das Recht des Beschuldigten, die örtliche Unzuständigkeit geltend zu machen, besteht nur bis zu dem Zeitpunkt der Verlesung des Eröffnungsbeschlusses (§ 16 StPO.).

D.

Die am Strafverfahren beteiligten Personen.

I. Der Richter.

1. Ein Richter ist zur Aburteilung einer Strafsache berufen, wenn er einem Gericht angehört, das sachlich und örtlich zur Behandlung dieser Sache zuständig ist und wenn er, soweit es sich um ein mit mehreren Richtern besetztes Gericht handelt, nach dem Geschäftsverteilungsplan dieses Gerichts zur Aburteilung gerade des in Frage stehenden Falles berufen ist.

2. Der Richter ist bei Ausübung seiner Tätigkeit nur dem Gesetz unterworfen und unterliegt keinerlei Weisungen seines Vorgesetzten oder der vorgesetzten Behörde. Seine Aufgabe ist es im Strafprozeß, die materielle Wahrheit zu erforschen und festzustellen und eine gerechte Entscheidung zu treffen.

3. Das Gesetz sieht die Möglichkeit vor, daß ein an sich sachlich und örtlich zuständiger Richter (auch der Schöffe oder Geschworene) an der Ausübung seines Richteramtes in einer bestimmten Strafsache behindert ist. Es wird dabei unterschieden zwischen dem Fall, daß der Richter kraft Gesetzes ausgeschlossen ist, weil er an der Sache persönlich interessiert ist (z. B. weil er durch die Straftat selbst verletzt ist), oder weil er in der gleichen Sache schon früher (z. B. als Staatsanwalt oder Untersuchungsrichter) tätig gewesen ist (§§ 22, 23 StPO.), und dem anderen Fall, daß er vom Beschuldigten oder Staatsanwalt wegen Besorgnis der Befangenheit abgelehnt wird (§ 24 StPO.).

Ein solcher ausgeschlossener oder abgelehnter Richter darf in der fraglichen Strafsache keinerlei Amtshandlung vornehmen. Nimmt er an der Hauptverhandlung teil, dann unterliegt das Urteil der Aufhebung, da ein absoluter Revisionsgrund gegeben ist (§ 338 Nr. 2, 3 StPO.).

4. Aus denselben Gründen wie ein Richter können auch ein Protokollführer (§ 31 StPO.) und ein Sachverständiger (§ 74 StPO.) abgelehnt werden.

II. Der Staatsanwalt und die Polizeibeamten.

1. Der Staatsanwalt:

a) Er leitet vor allem das sog. vorbereitende Verfahren (§§ 151 bis 177 StPO.). Er ist also in der Hauptsache zuständig für die Ermittlung des Sachverhalts und für die Anklageerhebung. Außerdem vertritt er die Anklage in der Hauptverhandlung, kann Rechtsmittel (auch zugunsten des Beschuldigten) einlegen und ist schließlich im allgemeinen auch für die Strafvollstreckung verantwortlich, d. h. er hat, abgesehen von kleineren Strafen, für deren Vollstreckung der Amtsrichter zuständig ist, die von den Gerichten ausgesprochenen Strafen zum Vollzug zu bringen (§ 451 StPO.), zu welchem Zwecke er Vorführungs- bzw. Haftbefehle oder Steckbriefe erlassen kann (§ 457 StPO.).

b) Im Gegensatz zum Richter unterliegt der Staatsanwalt den Weisungen seines Dienstvorgesetzten; er ist also kein unabhängiger Beamter.

c) Das Amt der Staatsanwaltschaft wird ausgeübt (§ 142 GVG.):

aa) Bei dem Bundesgerichtshof durch einen Oberbundesanwalt und durch einen oder mehrere Bundesanwälte;

bb) Bei den Oberlandesgerichten und den Landgerichten durch einen oder mehrere Staatsanwälte. Der erste Beamte der Staatsanwaltschaft beim Oberlandesgericht heißt Generalstaatsanwalt, der erste Beamte der Staatsanwaltschaft beim Landgericht heißt Oberstaatsanwalt.

cc) Bei den Amtsgerichten durch einen oder mehrere Staatsanwälte oder Amtsanwälte.

d) Verfolgungszwang.

aa) Die Staatsanwaltschaft hat, wenn sie von einer strafbaren Handlung Kenntnis erlangt (durch Anzeigen der Polizei, von Privatpersonen oder aus eigener Wahrnehmung) den Sachverhalt zu erforschen. Es besteht für sie der sog. Verfolgungszwang (§§ 152, 160 StPO., siehe unten Abschnitt L).

bb) Ausnahmen von diesem Verfolgungszwang (auch Legalitätsprinzip genannt) bestehen nur für die Fälle des § 153 StPO. (nämlich bei Übertretungen und Vergehen, falls die Schuld des Täters gering und die Folgen der Tat unbedeutend sind), sowie ferner im Falle des neuen § 153a (Absehen von der Erhebung der öffentlichen Klage, wenn das Gericht von Strafe absehen könnte), ferner im Falle des § 153b (bisher § 153a) (Auslandsdelikte), ferner im Falle des § 154 StPO. (unbedeutende Nebendelikte) und in den beiden Sonderfällen der §§ 154a, 154b StPO. Schließlich übernimmt der Staatsanwalt in Privatklagesachen (§§ 374ff. StPO.) nur dann die Verfolgung, wenn dies im öffentlichen Interesse liegt. (Siehe unten Abschnitt K IV 3, S. 388.)

cc) Verletzt der Staatsanwalt seine Verfolgungspflicht, dann macht er sich wegen Verbrechens nach § 346 StGB. strafbar.

e) Aus seiner Pflicht zur Erforschung der materiellen Wahrheit folgt, daß der Staatsanwalt nicht Partei ist; er hat vielmehr nicht nur die zur Belastung des Beschuldigten, sondern auch die zur Entlastung dienenden Umstände zu ermitteln (§ 160 Abs. 2 StPO., siehe unten Abschnitt L).

2. Die Polizeibeamten:

Zur Durchführung seiner Aufgaben bedient sich der Staatsanwalt in der Hauptsache der Beamten des Polizeidienstes (§ 161 StPO., siehe unten Abschnitt L). Die Aufgaben der Polizei bei der Strafverfolgung sind folgende:

a) Der gleiche Verfolgungszwang wie für die Staatsanwaltschaft besteht auch für den Polizeibeamten (§ 163 StPO., siehe unten Abschnitt L), und ebenso wie der Staatsanwalt macht sich auch der Polizeibeamte nach § 346 StGB. strafbar, wenn er dadurch, daß er die gebotene Verfolgung einer strafbaren Handlung unterläßt, wissentlich jemand der gesetzlichen Strafe entzieht.

b) Anzeigen strafbarer Handlungen oder Strafanträge können nicht nur bei der Staatsanwaltschaft, sondern auch bei den Behörden und Beamten des Polizeidienstes mündlich oder schriftlich angebracht werden (§ 158 StPO., siehe unten Abschnitt L).

aa) Erfolgt die Anzeige nicht schriftlich, sondern mündlich, so ist sie entweder in Form einer protokollarischen Vernehmung des Anzeigenden oder durch einfache Berichterstattung zu beurkunden (§ 158 Abs. 1 StPO., siehe unten Abschnitt L).

bb) Handelt es sich um ein Antragsdelikt, d. h. um eine Straftat, die nur bei Vorliegen eines besonderen Strafantrags verfolgt werden kann (siehe § 61 StGB. und die dortigen Erläuterungen), so kann ein solcher Antrag bei der Polizei nur schriftlich angebracht werden, d. h. er muß von dem Antragsteller eigenhändig unterschrieben sein (§ 158 Abs. 2 StPO., siehe unten Abschnitt L). Deshalb gilt ein bei einer protokollarischen Vernehmung bei der Polizei vorgebrachter Strafantrag nur dann als schriftlich gestellt, wenn das Protokoll vom Antragsteller unterschrieben wird.

c) Die Vernehmung der Zeugen und des Beschuldigten.

aa) Die Polizei hat gemäß § 163 StPO. zwar das Recht und die Pflicht, Beschuldigte und Zeugen zu vernehmen und ist insofern auch befugt, solche Personen vorzuladen. Eine Pflicht der genannten Personen, vor der Polizei zu erscheinen, ist in der StPO. nicht begründet.

bb) Die Zeugen sind (eventuell nach Ermahnung zur Wahrheit) einzeln und in Abwesenheit der später anzuhörenden Zeugen zu vernehmen (§ 58 Abs. 1 StPO.). Zunächst sind die Personalien des Zeugen (Vor- und Zuname, Alter, Beruf, Wohnort und Wohnung) festzustellen. Alsdann ist der Zeuge zu veranlassen, die ihm bekannten, für die Aufklärung des Sachverhalts erforderlichen Tatsachen anzugeben, wobei zu beachten ist, daß nicht nur die den Beschuldigten belastenden, sondern auch die entlastenden Umstände festzustellen sind (keine Suggestivfragen!). Gegebenenfalls kann ein Hinweis auf die Strafvorschrift des § 257 StGB. (siehe die dortige Erläuterung 4 am Ende) geboten erscheinen. Eine Gegenüberstellung des Zeugen mit dem Beschuldigten oder anderen Zeugen durch die Polizei ist nur zulässig, wenn es für das weitere Verfahren notwendig erscheint (§ 58 Abs. 2 StPO.). Eine Pflicht, den Zeugen auf sein Zeugnisverweigerungsrecht hinzuweisen, besteht nicht für die Polizeibehörde.

cc) Bei der Vernehmung des Beschuldigten, die im allgemeinen zweckmäßigerweise der Zeugenvernehmung nachfolgt, ist zu beachten, daß der Beschuldigte nicht verpflichtet ist, sich zu der gegen ihn erhobenen Beschuldigung zu äußern. Es dürfen daher zur Herbeiführung einer Aussage, insbesondere eines Geständnisses, keinerlei Zwangsmittel angewendet werden, andernfalls sich der Polizeibeamte der Gefahr strafgerichtlicher Verfolgung wegen Geständniserpressung nach § 343 StGB. (siehe die dortigen Erläuterungen) aussetzt. Bei der Beschuldigtenvernehmung ist insbesondere auch die durch Gesetz vom 12. 9. 1950 in die Strafprozeßordnung eingefügte Vorschrift des § 136a zu beachten (abgedruckt unten in Abschnitt L, S. 398). Hier ist ausdrücklich jede Beeinträchtigung der Willensentschließung und Willensbetätigung verboten, wenn sie durch die im einzelnen im Gesetz aufgeführten Mittel erfolgt. Zu dieser gerade für Polizeibeamte sehr wichtigen Bestimmung hat der BGH. schon zweimal Stellung genommen und dahin entschieden, daß aus einer Vernehmung zur Nachtzeit noch nicht ohne weiteres entnommen werden könne, daß der vernehmende Beamte den Beschuldigten ermüden wollte, noch daß dieser so ermüdet war, daß die Freiheit seiner Willensbetätigung und Willensentschließung beeinträchtigt wurde. Ebensowenig liege § 136a vor, wenn der Beamte den Beschuldigten darauf hinweise, daß wegen der vorliegenden Verdachtsgründe ein weiteres Leugnen keinen Erfolg verspreche, oder daß der Beschuldigte im Falle eines Geständnisses auf Zubilligung mildernder Umstände rechnen könne. Mit der Erörterung solcher Möglichkeiten drohe der Beamte weder „unzulässige Maßnahmen" an, noch verspreche er damit „gesetzlich nicht vorgesehene Vorteile" i. S. des § 136a.

d) Weitere Befugnisse und Pflichten des Polizeibeamten im Strafverfahren:

aa) Zwangsgestellungen zur Feststellung der Personalien. Besonders in Großstädten wird sich häufig die Notwendigkeit ergeben zu einer Razzia, d. h. einer vorübergehenden Absperrung bestimmter Räumlichkeiten (Spielklubs, Schieberlokalen), Bahnhofshallen oder ganzer Straßenzüge, wobei Personen, die sich nicht genügend legitimieren können, auf das Polizeigebäude gebracht, nach einwandfreier Feststellung ihrer Person wieder entlassen, andernfalls aber vorläufig festgehalten werden.

bb) Bei außerhalb des Amtslokals vorzunehmenden Amtshandlungen (z. B. bei Durchsuchungen und Augenscheinseinnahmen) kann der Polizeibeamte, der sie leitet, Personen, welche den Beamten bei der Durchführung der fraglichen Maßnahme stören, festnehmen und festhalten (§ 164 StPO., siehe unten Abschnitt L).

cc) Anzeigeerstattungspflicht bei bestimmten Todesfällen (§ 159 StPO., siehe unten Abschnitt L S. 398).

dd) Wegen vorläufiger Festnahme siehe unten Abschnitt F III, S. 379.

ee) Wegen Beschlagnahme und Durchsuchung siehe unten Abschnitt F V und VI, S. 379, 380.

e) Bestimmte Klassen von Polizeibeamten sind zu Hilfsbeamten des Staatsanwalts bestellt (§ 152 GVG.). Sie haben das Recht, bei Gefahr im Verzuge körperliche Untersuchungen sowie Entnahmen von Blutproben selbständig anzuordnen sowie Beschlagnahmen und Durchsuchungen durchzuführen (§§ 81a Abs. 2, 81c Abs. 3, 98 Abs. 1, 105 Abs. 1 StPO., siehe unten Abschnitt L S. 390—391).

III. Der Beschuldigte.

1. Als Beschuldigter gilt derjenige, gegen den ein Strafverfahren geführt wird. Er wird in den verschiedenen Verfahrensabschnitten verschieden bezeichnet (§ 157 StPO.). Im eigentlichen Ermittlungsverfahren heißt er Beschuldigter. Nach Beantragung der Voruntersuchung oder Erhebung der Anklage heißt er Angeschuldigter, nach Eröffnung des Hauptverfahrens Angeklagter.

2. Seine Pflichten.

a) Er hat vor Gericht zu erscheinen und kann hierzu durch Vorführungs- oder Haftbefehl gezwungen werden (§§ 134, 230 StPO.).

b) Da der Beschuldigte nicht verpflichtet ist, sich zur Beschuldigung zu äußern, können, wie schon oben in Abschnitt II 2 c cc (S. 371) erwähnt wurde, keinerlei Zwangsmaßnahmen zur Erzwingung einer Aussage getroffen werden.

3. Seine Rechte.

a) Er hat das Recht, sich zu verteidigen und zu diesem Zwecke Fragen an Zeugen und Sachverständige zu richten, Beweisanträge zu stellen und Rechtsmittel einzulegen.

b) Er hat das Recht, sich einen Verteidiger zu nehmen.

c) Ein Recht zum Lügen hat der Beschuldigte nicht. Andererseits sind aber falsche Aussagen des Angeklagten im Gegensatz zu unbeeidigten falschen Aussagen eines Zeugen oder Sachverständigen nicht strafbar (siehe § 153 StGB. und die dortige Erläuterung 2b).

IV. Der Verteidiger.

1. Die rechtliche Stellung des Verteidigers und seine Pflichten.

a) Der Verteidiger ist nicht Vertreter des Beschuldigten, sondern ein mit besonderen Vorrechten ausgestatteter Rechtsbeistand. Daher können weder die Anwesenheit des Verteidigers die Anwesenheit des Beschuldigten, noch die Erklärungen des ersteren die Erklärungen des letzteren ersetzen. (Ausnahmen finden nur in den gesetzlich bestimmten Fällen statt, z. B. in Privatklagesachen.)

b) Er hat die gleichen Rechte wie der Beschuldigte und darf auch Erklärungen abgeben, die mit denjenigen des Beschuldigten in Widerspruch stehen; jedoch darf er nicht gegen den ausdrücklichen Willen des Beschuldigten ein Rechtsmittel einlegen, und bedarf zur Zurücknahme eines solchen der ausdrücklichen Ermächtigung des Beschuldigten (§§ 297, 302 Abs. 2 StPO). Darüber hinaus hat er das Recht auf Akteneinsicht und auf Gebühren.

c) Streitig ist die Frage der Grenzen des Verteidigungsrechtes, d. h. ob der Verteidiger Freisprechung beantragen darf, wenn er von der Schuld des Angeklagten überzeugt ist, z. B. wenn dieser ihm ein Geständnis seiner Schuld abgelegt hat. Aus seiner Stellung als Beistand des Beschuldigten folgt jedenfalls, daß er zur Überführung des Beschuldigten nicht beitragen darf, sondern daß er in erster Linie den Unschuldigen vor ungerechter Verurteilung schützen und alle die Momente zur Geltung bringen soll, die geeignet sind, eine erwiesene Tatsache in einem milderen Lichte erscheinen zu lassen. Andererseits ist es aber mit seiner Stellung als Rechtspflegeorgan und mit seiner Standesehre nicht vereinbar, wenn er die Wahrheit bewußt verletzt; in einem solchen Falle kann er sich u. U. eines Vergehens der Begünstigung nach § 257 StGB. schuldig machen.

2. Notwendige Verteidigung und Wahlverteidigung.

a) Es steht grundsätzlich im Belieben des Beschuldigten, ob er sich einen Verteidiger nehmen will oder nicht, und zwar kann er sich in jeder Lage des Verfahrens, also auch schon im Ermittlungsverfahren des Beistands eines Verteidigers bedienen (§ 137 StPO.).

b) In gewissen Fällen aber ist die Verteidigung eine notwendige (siehe § 140 StPO.), und zwar

aa) in der Hauptverhandlung vor dem Bundesgerichtshof oder dem Oberlandesgericht im ersten Rechtszug oder vor dem Schwurgericht;

bb) wenn eine Tat in Frage kommt, die nicht nur wegen Rückfalls ein Verbrechen ist und die Staatsanwaltschaft oder der Beschuldigte oder sein gesetzlicher Vertreter die Bestellung eines Verteidigers beantragt;

cc) wenn das Verfahren zur Anordnung der Sicherungsverwahrung oder zur Unterbringung in einer Heil- oder Pflegeanstalt oder zur Untersagung der Berufsausübung führen kann;

dd) wenn der Beschuldigte taub oder stumm ist;

ee) wenn sich der Beschuldigte bis zur Hauptverhandlung in Haft befunden, diese länger als drei Monate gedauert hat und die Staatsanwaltschaft oder der Beschuldigte oder sein gesetzlicher Vertreter die Bestellung eines Verteidigers beantragt;

ff) wenn zur Vorbereitung eines Gutachtens über den Geisteszustand des Beschuldigten seine Unterbringung in einer öffentlichen Heil- oder Pflegeanstalt in Frage kommt;

gg) wenn die Hauptverhandlung gegen einen Abwesenden stattfindet (§ 277 StPO.).

In anderen Fällen bestellt der Vorsitzende auf Antrag oder von Amts wegen einen Verteidiger, wenn wegen der Schwere der Tat oder wegen der Schwierigkeit der Sach- und Rechtslage die Mitwirkung eines Verteidigers geboten erscheint oder wenn ersichtlich ist, daß sich der Beschuldigte nicht selbst verteidigen kann.

Ist einer dieser Fälle des § 140 StPO. gegeben, dann muß der Verteidiger während der ganzen Dauer der Hauptverhandlung einschließlich der Urteilsverkündung anwesend sein.

V. Der Zeuge.

1. Zeugen sind am Verfahren unbeteiligte Personen, die über von ihnen gemachte sinnliche Wahrnehmungen von Tatsachen vor Gericht oder im Vorverfahren (vor der Staatsanwaltschaft oder der Polizei) aussagen sollen.

Zeugen können daher nicht sein:

a) Der amtierende Richter,

b) der amtierende Staatsanwalt (wird seine Vernehmung als Zeuge beschlossen, so muß an seiner Stelle ein anderer Staatsanwalt der weiteren Verhandlung beiwohnen, das gleiche gilt für den Verteidiger),

c) der Privatkläger (der Nebenkläger kann Zeuge sein),

d) der Mitbeschuldigte, es sei denn, daß das Verfahren gegen ihn abgetrennt ist.

2. Die Pflichten des Zeugen.

a) Der Zeuge ist, wenn er ordnungsmäßig geladen ist, verpflichtet, vor Gericht (Amtsrichter, Untersuchungsrichter, beauftragter Richter, erkennendes Gericht, nicht aber vor der Staatsanwaltschaft oder der Polizei) zu erscheinen. Der unentschuldigt ausgebliebene Zeuge kann in eine Ordnungsstrafe (Geldstrafe bis 1000 Mark, Haft bis sechs Wochen) genommen und zwangsweise vorgeführt werden (§ 51 StPO.).

b) Der Zeuge ist ferner verpflichtet, Aussagen zu machen. Zur Verweigerung des Zeugnisses sind berechtigt:

aa) Der Verlobte und Ehegatte eines Beschuldigten sowie nahe Verwandte (§ 52 StPO., siehe unten Abschnitt L). Diese Personen müssen über ihr Zeugnisverweigerungsrecht vor ihrer Vernehmung belehrt werden.

bb) Gewisse Personen wegen ihrer beruflichen Vertrauensstellung (§ 53 StPO., siehe unten Abschnitt L S. 389).

cc) Beamte über Umstände, auf welche sich ihre Pflicht zur Amtsverschwiegenheit bezieht (§ 54 StPO., siehe unten Abschnitt L).

dd) Jeder Zeuge, falls die Beantwortung bestimmter Fragen ihm selbst oder einem nahen Angehörigen Gefahr strafgerichtlicher Verfolgung zuziehen würde (§ 55 StPO., siehe unten Abschnitt L).

c) Schließlich ist der Zeuge noch verpflichtet, seine Aussage zu beschwören, wenn es vom Gericht verlangt wird (§ 59 StPO.), es sei denn, daß er ein Eidesverweigerungsrecht gemäß § 63 StPO. hat, d. h. daß er zu den in § 52 Abs. 1 StPO. bezeichneten zeugnisverweigerungsberechtigten Personen gehört (siehe oben Abschnitt b aa). Unbeeidigt müssen nach § 60 StPO. bleiben Eidesunmündige (unter 16 Jahre alte Personen) oder Verstandesunreife bzw. Verstandesschwache, ferner die Eidesunfähigen nach § 161 StGB., sowie die der Beteiligung Verdächtigen. Von der Vereidigung kann gemäß § 61 StPO. nach dem Ermessen des Gerichts abgesehen werden bei Personen, die das 16., aber noch nicht das 18. Lebensjahr vollendet haben, ferner beim Verletzten sowie seinen Angehörigen und den Angehörigen des Beschuldigten und schließlich, wenn das Gericht der Aussage keine wesentliche Bedeutung beimißt.

d) Die unbegründete Zeugnis- oder Eidesverweigerung wird mit einer Ordnungsstrafe belegt; auch kann zur Erzwingung des Zeugnisses oder Eides die Haft angeordnet werden, jedoch nicht über sechs Monate, bei Übertretungen nicht über sechs Wochen hinaus (§ 70 StPO.).

3. Die Vernehmung des Zeugen.

a) Zunächst gilt bezüglich der Durchführung der Vernehmung das oben in Abschnitt II 2 c bb (S. 371) für die Vernehmung durch Polizeibeamte Gesagte.

b) Darüber hinaus muß bei der richterlichen Vernehmung noch eine Belehrung über die Bedeutung des Eides sowie die strafrechtlichen Folgen falscher eidlicher sowie uneidlicher Aussagen erfolgen (§ 57 StPO.).

c) Die Vereidigung, die in der Regel erst in der Hauptverhandlung erfolgt, geschieht gemäß § 66c StPO. in der Weise, daß der Zeuge sagt: „Ich schwöre es, so wahr mir Gott helfe", nachdem vorher der Richter an den Zeugen die Worte gerichtet hat: „Sie schwören bei Gott dem Allmächtigen und Allwissenden, daß Sie nach bestem Wissen die reine Wahrheit gesagt und nichts verschwiegen haben."

4. Jeder Zeuge hat nach § 71 StPO. nach Maßgabe der Gebührenordnung Anspruch auf Entschädigung für Zeitversäumnis und Erstattung der Reisekosten.

VI. Der Sachverständige.

1. Sachverständige sind dritte Personen, die mittels eines Gutachtens dem Gericht helfen sollen, Tatsachen, zu deren Beurteilung eine besondere Fachkunde gehört, richtig zu würdigen. Als Sachverständige kommen in Betracht vor allem Ärzte, besonders Nervenärzte, Schriftsachverständige, Techniker, Chemiker, Bücherrevisoren usw.

2. An sich steht es im Ermessen des Richters, ob er einen Sachverständigen zuziehen will. Eine Verpflichtung zur Zuziehung besteht nur in folgenden Fällen:

a) Bei der Einweisung in eine Irrenanstalt zur Beobachtung auf den Geisteszustand (§ 81 StPO.);
b) wenn damit zu rechnen ist, daß die Unterbringung in eine Irrenanstalt, Trinkerheilanstalt oder Entziehungsanstalt angeordnet wird (§§ 80a, 246a StPO.);
c) bei Leichenschau und Leichenöffnung (§ 87 StPO.);
d) bei Verdacht einer Vergiftung (§ 91 StPO.);
e) bei Münzdelikten (§ 92 StPO.).

3. Im Gegensatz zum Zeugen, der, wie wir oben gesehen haben, zur Aussage verpflichtet ist, besteht eine Gutachterpflicht nur für den, der zur Erstattung von Gutachten öffentlich bestellt ist, oder wenn er die Wissenschaft usw. öffentlich ausübt (§ 75 StPO.).

4. Der Sachverständige kann aus denselben Gründen wie der Richter abgelehnt werden (§ 74 StPO.); ebenso kann der Sachverständige das Zeugnis verweigern aus denselben Gründen, die den Zeugen hierzu berechtigen (§ 76 StPO.). Wegen Bestrafung bei ungerechtfertigter Weigerung siehe § 77 StPO.

5. Der Eid des Sachverständigen (die Beeidigung hängt von dem Ermessen des Gerichts ab) lautet dahin, daß er das Gutachten unparteiisch und nach bestem Wissen und Gewissen erstattet habe (§ 79 StPO.).

E.

Die sachlichen Beweismittel.

Während der Wert der Zeugenaussagen als Beweismittel nur ein bedingter ist insofern, als dieser Wert nicht nur durch die Glaubwürdigkeit des Zeugen selbst, sondern auch durch die Qualität des vernehmenden Beamten beeinflußt wird, kommen diese Gefahrenquellen bei den sog. stummen Zeugen, nämlich den Urkunden und den Augenscheinsobjekten, in Wegfall.

I. Die Urkunde.

1. Urkunden sind gedankliche Äußerungen in Schriftform, die als solche auf die Bildung richterlicher Überzeugung einzuwirken geeignet sind. Sie können deshalb als Beweismittel verwertet werden.

2. Der Urkundenbeweis erfolgt durch Verlesung des betreffenden Schriftstücks in der Hauptverhandlung, z. B. des beleidigenden Briefs oder der gefälschten Urkunde. In einem solchen Falle ist der Urkundenbeweis der unmittelbarste Beweis und deshalb dem Zeugenbeweis vorzuziehen (§ 249 StPO.). Es kann also an sich jede bei den Akten befindliche Urkunde, deren Verlesung im Gesetz nicht verboten ist, verlesen werden, wobei zu beachten ist, daß eine solche Verlesung stets nur zum Beweise dafür verwendet werden darf, daß ein Schriftstück dieses Inhalts vorhanden ist.

3. Der Urkundenbeweis ist aber stets dann ausgeschlossen, wenn er gegen den Grundsatz der Unmittelbarkeit verstoßen würde, d. h. wenn er nur dazu dient, die mündliche Vernehmung einer Person über die von ihr gemachten Wahrnehmungen durch Verlesung eines Vernehmungsprotokolls oder einer schriftlichen Erklärung zu ersetzen (§ 250 StPO.).

4. Eine solche Verlesung von richterlichen Protokollen über eine frühere Vernehmung eines Zeugen oder Sachverständigen oder Mitbeschuldigten ist nur dann zulässig, wenn die unmittelbare Vernehmung dieser Person entweder überhaupt nicht mehr möglich ist, weil sie verstorben oder in Geisteskrankheit verfallen ist oder wenn ihrer persönlichen Vernehmung nicht zu beseitigende Hindernisse (Krankheit) entgegenstehen oder wenn ihr wegen großer Entfernung das Erscheinen in der Hauptverhandlung nicht zugemutet werden kann, und schließlich, wenn Staatsanwalt, Angeklagter und Verteidiger mit der Verlesung einverstanden sind. In den ersten beiden Fällen kann jedes richterliche Protokoll verlesen werden, also nicht nur ein solches aus demselben Verfahren, sondern auch jede sonstige, auch polizeiliche Niederschrift über eine frühere Vernehmung (§ 251 StPO.).

5. Außerdem dürfen noch bei Anwesenheit des Zeugen, bzw. Sachverständigen frühere Protokolle zur Auffrischung des Gedächtnisses dieser Personen oder zur Klärung von Widersprüchen verlesen werden (§ 253 StPO.). Ferner kann zum Zwecke der Beweisaufnahme über ein Geständnis des Angeklagten ein früheres richterliches Protokoll hierüber verlesen werden (§ 254 StPO.). Schließlich können noch die ein Zeugnis oder Gutachten enthaltenden Erklärungen öffentlicher Behörden nach Maßgabe des § 256 StPO. zur Verlesung gebracht werden.

II. Der Augenschein.

1. Unter den Begriff des Augenscheins fallen alle sinnlichen Wahrnehmungen des Gerichts, sei es, daß sie durch das Auge (z. B. Besichtigung des Tatorts), oder durch andere Sinnesorgane gemacht werden.

2. Gegenstand des Augenscheins (Augenscheinsobjekt) kann auch der Beschuldigte selbst sein (siehe wegen körperlicher Untersuchung, Entnahme von Blutproben zwecks Feststellung von Alkohol im Blute und zwecks Blutgruppenbestimmung, Lichtbilder, Fingerabdrücke und Schriftvergleichung §§ 81a—81d, 93 StPO., abgedruckt unten im Abschnitt L, S. 389 ff.).

3. Ein besonders wichtiger Fall richterlichen Augenscheins ist die Leichenschau und Leichenöffnung; erstere dient dem Zwecke der Identifizierung; mit letzterer, die durch einen Arzt im Beisein des Richters durchgeführt wird, soll die Todesursache festgestellt werden (§§ 87 bis 91 StPO.).

III. Wer eine Urkunde oder ein Augenscheinsobjekt (also ein Beweismittel, das für die Untersuchung von Bedeutung sein kann) in Besitz hat, ist verpflichtet, diesen Gegenstand auf Erfordern vorzulegen und auszuliefern. Er kann im Falle der Weigerung durch Ordnungsstrafe und Haft (§ 70 StPO.) zur Vorlegung gezwungen werden (§ 95 StPO., siehe unten Abschnitt L, S. 391).

F.

Die Zwangsmittel im Strafverfahren.

Vorbemerkungen:

1. Die wirksame Durchführung des Strafverfahrens macht häufig schon im Vorverfahren die Anwendung von Zwangsmitteln erforderlich, d. h. von Eingriffen in die Rechtssphäre des Einzelnen, nämlich in die persönliche Freiheit (Untersuchungshaft, einstweilige Unterbringung, vorläufige Festnahme), körper-

liche Unversehrtheit (körperliche Untersuchung), das Eigentum (Beschlagnahme) und das Hausrecht (Durchsuchung).

2. Zuständig für alle diese Eingriffe ist grundsätzlich nur der Richter. Staatsanwaltschaft und Polizei sind nur ausnahmsweise, vor allem bei Gefahr im Verzug, d. h. wenn eine durch Zeitverlust bedingte Vereitelung der fraglichen Maßregel droht, zur selbständigen Durchführung einer Zwangsmaßnahme berechtigt.

I. Die Untersuchungshaft.

1. Sie ist, da sie den schwersten Eingriff in die persönliche Freiheit des Beschuldigten vor seiner Verurteilung darstellt, an ganz bestimmte Voraussetzungen geknüpft:

a) Dringender Tatverdacht, d. h. ein hoher Grad von Wahrscheinlichkeit, daß der Beschuldigte die Tat begangen hat.

b) Vorliegen eines besonderen Haftgrundes, nämlich

aa) Fluchtverdacht oder

bb) Verdunkelungsgefahr, auch Kollusionsgefahr genannt, (§§ 112, 113 StPO., siehe unten Abschnitt L). Ist die Untersuchungshaft lediglich wegen Fluchtverdachts verhängt, so kann der Beschuldigte mit dem Vollzug der Haft gegen Sicherheitsleistung verschont werden (§ 117 StPO., siehe unten Abschnitt L S. 397).

2. Zuständig für Erlassung des Haftbefehls ist nur der Richter (§ 114 StPO., siehe unten Abschnitt L), und zwar im vorbereitenden Verfahren der Amtsrichter, in der Voruntersuchung der Untersuchungsrichter und in der Hauptverhandlung das erkennende Gericht.

3. Wegen des weiteren Verfahrens vgl. §§ 114a bis 115c StPO., sämtliche abgedruckt unten in Abschnitt L S. 395—396.

4. Der Haftbefehl ist aufzuheben, wenn der in ihm angegebene Grund der Verhaftung weggefallen ist oder wenn der Angeschuldigte freigesprochen oder außer Verfolgung gesetzt wird (§ 123 StPO., siehe unten Abschnitt L S. 397).

5. Wegen unschuldig erlittener Untersuchungshaft kann der Beschuldigte Ersatz verlangen. (Gesetz vom 14. 7. 1904.)

6. Auch die Staatsanwaltschaft kann einen Haftbefehl erlassen, und zwar zwecks Vollstreckung einer Freiheitsstrafe und einen Steckbrief, wenn der Verurteilte flüchtig ist (§ 457 StPO., siehe auch Erl. 7).

7. Ein Steckbrief ist eine öffentliche Aufforderung des Richters oder Staatsanwalts zur Ergreifung eines flüchtigen oder sich verborgen haltenden Verbrechers. Voraussetzung für Erlassung eines Steckbriefs ist grundsätzlich ein Haftbefehl. (Siehe im übrigen § 131 StPO., in Abschnitt L S. 398.)

II. Einstweilige Unterbringung.

1. Während die Untersuchungshaft die Sicherung des Strafverfahrens bezweckt, dient die einstweilige Unterbringung der Sicherung der zukünftigen Verwahrung eines Zurechnungsunfähigen oder vermindert Zurechnungsfähigen in einer Heil- oder Pflegeanstalt gemäß § 42 b StGB.

2. Wegen der Voraussetzungen dieser Maßnahmen siehe § 126a StPO., abgedruckt unten in Abschnitt L S. 397.

3. Für die Zuständigkeit und das Verfahren gelten dieselben Vorschriften wie für die Untersuchungshaft, mit Ausnahme des § 117 StPO. (Sicherheitsleistung), die für § 126a nicht in Frage kommt.

III. Die vorläufige Festnahme.

1. Während die Untersuchungshaft nur auf Grund eines richterlichen Haftbefehls vollzogen werden kann, ist die vorläufige Festnahme des § 127 StPO. eine Maßnahme, die auch die Staatsanwaltschaft und Polizei, ja sogar jede Privatperson durchführen kann.

2. Die Staatsanwaltschaft und die Polizei können selbständig zur vorläufigen Festnahme schreiten, wenn die Voraussetzungen eines Haftbefehls vorliegen und Gefahr im Verzug obwaltet (§ 127 Abs. 2 StPO., siehe unten Abschnitt L S. 397).

3. Jedermann (also nicht nur der Verletzte) hat das Recht der vorläufigen Festnahme, wenn der Täter auf frischer Tat betroffen oder verfolgt wird und er entweder der Flucht verdächtig ist oder seine Persönlichkeit nicht sofort festgestellt werden kann (§ 127 Abs. 1 StPO., siehe unten Abschnitt L).

4. Wegen Festnahme bei Antragsdelikten siehe § 127 Abs. 3 StPO.

5. Wegen der weiteren Maßnahmen siehe § 128 StPO., abgedruckt unten in Abschnitt L.

IV. Die **körperliche Untersuchung** nach §§ 81a—81d wurde in Abschnitt E II 2 erwähnt. (S. 377.)

V. Beschlagnahme.

Vorbemerkung: Beschlagnahme i. S. des tatsächlichen Inbeschlagnehmens ist eine behördliche Maßnahme, durch die einzelne Gegenstände, die als Beweismittel für die Untersuchung von Bedeutung sein können oder der Einziehung unterliegen, in Verwahrung genommen oder sonst sichergestellt werden. Dieses tatsächliche Inbeschlagnehmen kann entweder in der Form einer einfachen Verwahrung oder Sicherstellung (siehe unten Erl. 1), oder durch eine formelle Anordnung der Beschlagnahme erfolgen (siehe unten Erl. 2). Außer diesen beiden lediglich den Zwecken der Strafverfolgung dienenden Formen der Beschlagnahme gibt es noch außerhalb der StPO. Beschlagnahmen, die sich als Maßregeln der präventiven Polizei darstellen, also ohne Rücksicht auf eine etwa eintretende Strafverfolgung erforderlich sind, z. B. Wegnahme einer Waffe zum Zwecke der Verhütung einer Körperverletzung.

1. Die einfache Verwahrung oder Sicherstellung.

Sie darf jeder Polizeibeamte, also nicht nur der Hilfsbeamte der Staatsanwaltschaft, ohne besondere Anordnung vornehmen, wenn die Gegenstände, die als Beweismittel für die Untersuchung von Bedeutung sein können oder der Einziehung unterliegen (z. B. §§ 40, 152, 245a, 295 StGB.), sich entweder nicht in Gewahrsam einer Person befinden (z. B. Einbrecherwerkzeuge am Tatort) oder wenn sie freiwillig herausgegeben werden (§ 94 Abs. 1 StPO., siehe unten Abschnitt L S. 391.

2. Die formelle Beschlagnahme (§§ 94 bis 101 StPO.).

a) Sie ist notwendig, wenn die Gegenstände, welche als Beweismittel für die Untersuchung von Bedeutung sein können oder der Einziehung unterliegen (z. B. §§ 40, 152, 245a, 295 StGB.), von der Person, die sie in Gewahrsam hat, nicht freiwillig herausgegeben werden (§ 94 Abs. 2 StPO., siehe unten Abschnitt L S 391).

b) Zuständig für die Anordnung ist an sich nur der Richter, jedoch bei Gefahr im Verzuge auch die Staatsanwaltschaft und deren polizeiliche Hilfsbeamte (also nicht jeder Polizeibeamte). (Siehe § 98 StPO. unten in Abschnitt L.)

c) Eine besondere Form der Beschlagnahme ist nicht vorgesehen, insbesondere ist eine Wegnahme der Sache durch den Beamten nicht erforderlich. Es genügt vielmehr eine diesbezügliche Erklärung an den Besitzer und die Weisung, daß er sich jeder Verfügung über die Sache zu enthalten habe. Die in Verwahrung oder Beschlag genommenen Gegenstände sind genau zu verzeichnen und zur Verhütung von Verwechslungen durch amtliche Siegel oder in sonst geeigneter Weise kenntlich zu machen (§ 109 StPO., siehe unten Abschnitt L).

d) Nicht der Beschlagnahme unterliegen bestimmte amtliche Akten (§ 96 StPO.) sowie schriftliche Mitteilungen des Beschuldigten an Angehörige (§ 97 StPO., siehe unten Abschnitt L). Der Beschlagnahme unterliegen ferner nicht die dem Verletzten durch die Straftat entzogenen Sachen (z. B. das gestohlene Fahrrad). Solche Sachen sind vielmehr möglichst bald dem Verletzten zurückzugeben (§ 111 StPO., siehe unten Abschnitt L).

e) Die Beschlagnahme bewirkt, daß der betreffende Gegenstand „verstrikt" wird; derjenige, der sich an einem beschlagnahmten Gegenstand vergreift, macht sich eines Vergehens nach § 137 StGB. (siehe die dortigen Erläuterungen) schuldig.

f) Eine Sonderregelung ist vorgesehen für die Postbeschlagnahme, d. h. für die Beschlagnahme von Briefen und Telegrammen, die für den Beschuldigten bestimmt sind oder von ihm herrühren (das gleiche gilt auch für den Fernsprechverkehr). Für diese Maßnahmen, die eine Durchbrechung des im Postgesetz verankerten Grundsatzes der Unverletzlichkeit des Briefgeheimnisses bedeuten, ist nur der Richter zuständig und bei Gefahr im Verzuge auch die Staatsanwaltschaft, dagegen nicht die Hilfsbeamten der Staatsanwaltschaft (§§ 99, 100 StPO., siehe unten Abschnitt L).

Eine weitere Sonderregelung besteht für die Beschlagnahme von Presseerzeugnissen (siehe die Pressegesetze).

VI. **Durchsuchung** (§§ 102 bis 110 StPO.).

1. Die Durchsuchung ist eine behördliche Maßnahme zum Zwecke der Auffindung von Beweisstücken oder Einziehungsobjekten i. S. des § 94 StPO., oder zur Ergreifung einer Person. Die Durchsuchung setzt immer voraus, daß eine strafbare Handlung bereits begangen ist. Durchsucht werden können Wohnungen, Personen und Sachen. Ebenso wie bei der Beschlagnahme gibt es auch bei der Durchsuchung eine solche außerhalb der StPO., die sich als Maßregel der präventiven Polizei darstellt (z. B. Durchsuchung einer unbewohnten Wohnung, aus der Rauch herausdringt) oder die aus gesundheits- oder sittenpolizeilichen Gründen vorgenommen wird.

2. Die wichtigste und am häufigsten vorkommende Art der formellen Durchsuchung ist die Haussuchung (§§ 102 bis 110 StPO., siehe unten Abschnitt L), d. h. diejenige Durchsuchung, deren Gegenstand die Wohnung, die Geschäftsräume oder das befriedete Besitztum sind.

a) Bei der Haussuchung ist zu unterscheiden zwischen der Durchsuchung bei verdächtigen und derjenigen bei unverdächtigen Personen. Die erstere ist in § 102 StPO., die letztere in § 103 StPO. geregelt (siehe unten Abschnitt L).

b) Zur Nachtzeit ist die Durchsuchung beschränkt (§ 104 StPO., siehe unten Abschnitt L).

c) Zuständig zur Anordnung der Durchsuchung ist ebenso wie bei der Beschlagnahme der Richter, bei Gefahr im Verzuge auch der Staatsanwalt oder ein Hilfsbeamter der Staatsanwaltschaft (§ 105 Abs. 1 StPO., siehe unten in Abschnitt L). (In den Fällen des § 104 Abs. 2 StPO. sind auch Polizeibeamte, die nicht Hilfsbeamte der Staatsanwaltschaft sind, ohne besondere Anordnung zur Durchsuchung berechtigt, siehe Abs. 3 des § 105 StPO.)

d) Wegen der Ausführung der Durchsuchung vgl. §§ 105 Abs. 2, 106 bis 109 StPO., siehe unten Abschnitt L.

3. Die Durchsuchung von Personen, die nur bei Verdächtigen zulässig ist, unterliegt nur dann den Bestimmungen der §§ 102, 103 StPO., wenn es sich um eine Durchsuchung der äußeren Oberfläche des Körpers oder der Kleidung handelt, also bei vollkommener Wahrung der körperlichen Integrität. Eine körperliche Untersuchung dagegen richtet sich nach den Vorschriften über den Augenschein (siehe § 81a StPO. und oben Abschnitt E II 2, S. 377).

VII. Sonstige Freiheitsbeschränkungen.

1. Gegen den Beschuldigten: Vorführung bzw. Haftbefehl zur Durchführung der Hauptverhandlung (§§ 230, 236 StPO.), ferner die Vorführung zum Zwecke einer Vernehmung durch den Richter (§§ 133 bis 135 StPO.) und die Einweisung in eine Irrenanstalt zwecks Vorbereitung eines Gutachtens über den Geisteszustand (§ 81 StPO.).

2. Gegen den Zeugen: Die Zwangsmaßnahmen der §§ 51, 70 StPO. (siehe oben Abschnitt D V 2 a und d, S. 374, 375).

3. Gegen jede Person: Die Zwangsmaßnahmen des § 164 StPO. (siehe oben Abschnitt D II 2 d bb, S. 372) und des § 178 GVG. (Ordnungsstrafen in Geld oder bis zu drei Tagen Haft wegen Ungebühr in der Sitzung).

G.

Der Verlauf des Strafverfahrens.

Das Strafverfahren zerfällt in drei Hauptteile: das Vorverfahren, das Hauptverfahren und das Vollstreckungsverfahren.

I. Das **Vorverfahren.** Zu ihm gehört:

1. Das sog. vorbereitende Verfahren (insbesondere Vorbereitung der öffentlichen Klage), das im wesentlichen in der Hand des Staatsanwalts liegt (§§ 151—177 StPO.). (Siehe Abschnitt D II 1, S. 369.)

a) Ergeben die Ermittlungen keinen Anlaß zur Erhebung der öffentlichen Klage, so stellt die Staatsanwaltschaft das Verfahren ein; ist der Anzeigende zugleich der Verletzte, so steht ihm gegen diesen Bescheid binnen zwei Wochen nach der Bekanntmachung die Beschwerde an den vorgesetzten

Beamten der Staatsanwaltschaft und gegen dessen ablehnenden Bescheid binnen einem Monat nach der Bekanntmachung der Antrag auf gerichtliche Entscheidung beim Oberlandesgericht zu (§ 172 StPO.).

b) Die Erhebung der Klage erfolgt regelmäßig entweder durch Einreichung einer Anklageschrift oder durch Antrag auf gerichtliche Voruntersuchung (§ 170 StPO.).

Der Staatsanwalt erhebt die Anklage vor dem Amtsrichter bzw. Schöffengericht, wenn er deren Strafgewalt für ausreichend hält, im übrigen vor der Strafkammer bzw. dem Schwurgericht. Er kann jedoch die Anklage auch dann vor der Strafkammer statt vor dem Amtsrichter bzw. Schöffengericht erheben, wenn er der Auffassung ist, daß dies mit Rücksicht auf den Umfang oder die Bedeutung der Sache angezeigt ist. (Siehe im übrigen Abschnitt B, S. 362 ff.)

2. Zum Vorverfahren gehört ferner die gerichtliche Voruntersuchung (§§ 178—197 StPO.).

a) Sie ist dazu bestimmt, die gegen einen bestimmten Täter wegen einer bestimmten Tat erhobene Beschuldigung so weit zu klären, daß eine Entscheidung des Gerichts darüber erfolgen kann, ob das Hauptverfahren zu eröffnen oder der Angeschuldigte außer Verfolgung zu setzen ist (§ 190 StPO.).

b) Eine notwendige Voruntersuchung findet nur in den zur Zuständigkeit des Bundesgerichtshofs, des Oberlandesgerichts im ersten Rechtszuge oder des Schwurgerichts gehörenden Strafsachen statt. Im letztgenannten Falle (Schwurgericht) entfällt eine Voruntersuchung, wenn der Beschuldigte durch einen Richter vernommen ist, der Tatbestand einfach liegt und die Voruntersuchung nach dem Ermessen der Staatsanwaltschaft nicht erforderlich ist. Doch kann der Angeschuldigte in der Erklärung über die Anklageschrift (§ 201 StPO.) die Durchführung einer Voruntersuchung beantragen; dem Antrag ist stattzugeben (§ 178 Abs. 1 StPO.).

In den zur Zuständigkeit der Strafkammer im ersten Rechtszug und zur Zuständigkeit des Schöffengerichts gehörenden Sachen ist die Voruntersuchung notwendig, wenn die Staatsanwaltschaft es wegen des Umfangs oder wegen der Bedeutung der Sache beantragt, oder wenn der Angeschuldigte in der Erklärung über die Anklageschrift (§ 201 StPO.) es beantragt und erhebliche Gründe geltend macht, aus denen eine Voruntersuchung zur Vorbereitung seiner Verteidigung erforderlich erscheint (§ 178 Abs. 2 StPO.).

c) Die Eröffnung und Leitung der Voruntersuchung steht nach § 184 StPO. dem Untersuchungsrichter zu.

II. Das **Hauptverfahren** umfaßt das ganze Prozeßstadium, in welchem die Sache beim erkennenden Gericht anhängig ist. Zum Hauptverfahren gehört:

1. Das Eröffnungsverfahren (§§ 198—211 StPO.).

a) Das Hauptverfahren wird vom Gericht eröffnet, wenn der Angeschuldigte einer strafbaren Handlung hinreichend verdächtig erscheint (§ 203 StPO.). Vorher hat der Vorsitzende die Anklageschrift dem Angeschuldigten mitzuteilen und ihn aufzufordern, sich innerhalb einer zu bestimmenden Frist zu erklären, ob er die Vornahme einzelner Beweiserhebungen vor der Hauptverhandlung beantragen oder Einwendungen gegen die Eröffnung des Hauptverfahrens vorbringen wolle (§ 201 StPO.).

b) Die Eröffnung des Hauptverfahrens wird abgelehnt bzw. der Angeschuldigte wird, falls eine Voruntersuchung stattgefunden hat, außer Verfolgung gesetzt, wenn er nicht hinreichend verdächtig erscheint (§ 204 StPO.).

c) Das Verfahren wird durch Beschluß gemäß § 205 StPO. eingestellt, wenn der Beschuldigte abwesend ist oder ein anderes in seiner Person liegendes Hindernis der Hauptverhandlung entgegensteht.

2. Die Vorbereitung der Hauptverhandlung (§§ 214—225 StPO.). In dieses Stadium des Verfahrens fällt vor allem die Ladung der Prozeßbeteiligten und, soweit erforderlich, die Vernehmung von Zeugen, die aus bestimmten, in § 223 StPO. niedergelegten Gründen zur Hauptverhandlung nicht erscheinen können, durch einen beauftragten oder ersuchten Richter und schließlich die Bestimmung des Termins zur Hauptverhandlung.

3. Die Hauptverhandlung (§§ 226—275 StPO.).

a) Die Hauptverhandlung beginnt mit dem Aufruf der Sache und dem Aufruf der Zeugen und Sachverständigen. Die Zeugen müssen sich nach Feststellung ihrer Anwesenheit zunächst wieder aus dem Sitzungssaal entfernen (§ 243 StPO.).

b) Es folgt nun die Vernehmung des Angeklagten über seine persönlichen Verhältnisse, die Verlesung des Eröffnungsbeschlusses und daran anschließend Vernehmung des Angeklagten zur Sache.

c) Nach dieser Vernehmung folgt die Beweisaufnahme (§§ 244ff. StPO.), d. h. die Vernehmung der Zeugen und Sachverständigen, Verlesung von Schriftstücken, Vorlegen von Beweisstücken (Verbrecherwerkzeuge, Fingerabdrücke usw.). Für die Beweisaufnahme, die das Fundament für die Urteilsfindung bildet, gilt der Grundsatz, daß das Gericht von Amts wegen alles zu tun hat, was zur Erforschung der Wahrheit erforderlich ist (§ 244 Abs. 2 StPO.).

d) Nach dem Schlusse der Beweisaufnahme erhalten die Staatsanwaltschaft und sodann der Angeklagte (oder dessen Verteidiger) zu ihren Ausführungen und Anträgen das Wort. Der Angeklagte selbst hat stets das letzte Wort (§ 258 StPO.).

e) Die Hauptverhandlung schließt mit der Verkündung des Urteils. Das Gericht entscheidet nach seiner freien, aus dem Inbegriffe der Verhandlung geschöpften Überzeugung (§ 261 StPO.). Das Urteil lautet gemäß § 260 StPO. auf Freisprechung, Verurteilung, Anordnung einer Maßregel der Sicherung und Besserung oder Einstellung des Verfahrens (letztere erfolgt, wenn ein sog. Verfahrenshindernis vorliegt, d. h. wenn z. B. bei einer nur auf Antrag zu verfolgenden strafbaren Handlung sich ergibt, daß ein Strafantrag überhaupt nicht vorliegt oder zurückgenommen wurde [§ 260 Abs. 3 StPO.], oder wenn die Straftat verjährt ist, oder wenn sich herausstellt, daß in der gleichen Sache schon ein Urteil ergangen ist.)

f) Allgemeine Grundsätze für die Hauptverhandlung.

aa) Prinzip der Mündlichkeit: Die Entscheidungen des Gerichts ergehen auf Grund einer Verhandlung, in der die Prozeßbeteiligten mündliche Vorträge halten und mündliche Anträge stellen. (Ausnahmen von diesem Grundsatz sind vorgesehen in §§ 249, 251, 253, 254, 256 StPO., sowie im Berufungsverfahren und besonders im Revisionsverfahren.)

bb) Der Angeklagte muß während der ganzen Dauer der Verhandlung anwesend sein (§ 230 StPO.). Ausnahmsweise kann die Hauptverhandlung ohne den Angeklagten durchgeführt werden, wenn er ordnungsmäßig geladen und in der Ladung darauf hingewiesen ist, daß in seiner Abwesenheit verhandelt werden kann, und wenn keine höhere Strafe als Haft, Geldstrafe oder Einziehung allein oder in Verbindung miteinander, zu erwarten ist. Eine höhere Strafe oder eine Maßregel der Sicherung und Besserung darf in diesem Abwesenheitsverfahren nicht verhängt werden (§ 232 StPO.). Schließlich kann der Angeklagte auf seinen Antrag von der Verpflichtung zum Erscheinen in der Hauptverhandlung unter den in § 233 StPO. genannten Voraussetzungen entbunden werden.

cc) Bei der Urteilsfindung können nur diejenigen Richter mitwirken, vor denen die Verhandlung stattgefunden hat, und diese müssen während der ganzen Verhandlung anwesend sein. Ein Wechsel in der Person des Staatsanwalts, Verteidigers und Urkundsbeamten ist dagegen möglich.

dd) Die Hauptverhandlung (einschließlich der Verkündung des Urteils) ist öffentlich, d. h. an der Verhandlung kann jedermann teilnehmen. Die Öffentlichkeit kann gemäß § 172 GVG. für die ganze Verhandlung oder einen Teil derselben ausgeschlossen werden, wenn sie eine Gefährdung der öffentlichen Ordnung, insbesondere der Staatssicherheit, eine Gefährdung der Sittlichkeit oder eine Gefährdung eines wichtigen Geschäfts- oder Betriebsgeheimnisses besorgen läßt.

ee) Eine unterbrochene Hauptverhandlung muß spätestens am elften Tage nach der Unterbrechung fortgesetzt werden, widrigenfalls mit dem Verfahren von neuem zu beginnen ist (§ 229 StPO.).

III. Das **Vollstreckungsverfahren** bezweckt die Verwirklichung der vom Gericht gegen den Angeklagten verhängten Strafe bzw. Sicherungsmaßregel und liegt im allgemeinen in der Hand des Staatsanwalts (§ 451 StPO.).

H.

Berufung, Revision und Beschwerde.

I. Gemeinsame Grundsätze betr. Berufung und Revision:

1. Die Rechtsmittel der Berufung und der Revision können sowohl vom Angeklagten als auch von der Staatsanwaltschaft eingelegt werden; die Staatsanwaltschaft kann von ihnen auch zugunsten des Beschuldigten Gebrauch machen.

2. War das Urteil nur vom Angeklagten oder zu seinen Gunsten von der Staatsanwaltschaft angefochten worden, so darf das Urteil in Art und Höhe der Strafe nicht zum Nachteil des Angeklagten abgeändert werden, d. h. es darf in dem neuen Urteil keine härtere Strafe verhängt werden, als die in dem angefochtenen Urteil erkannte (§§ 331, 358 Abs. 2 StPO.).

3. Das Rechtsmittel muß bei dem Gericht, dessen Urteil angefochten wird, binnen einer Woche nach Verkündung des Urteils zu Protokoll der Geschäftsstelle oder schriftlich eingelegt werden.

II. Berufung:

1. Sie ist gemäß § 312 StPO. zulässig gegen die Urteile des Amtsrichters und des Schöffengerichts (siehe oben Abschnitt B III, S. 366).

Ein Urteil des Amtsrichters kann nicht mit Berufung angefochten werden, wenn es ausschließlich Übertretungen zum Gegenstand hat und der Angeklagte entweder freigesprochen oder ausschließlich zu Geldstrafe verurteilt worden ist (§ 313 StPO.).

2. Sie bewirkt eine Nachprüfung des Urteils in tatsächlicher und rechtlicher Beziehung. Zu diesem Zwecke findet eine nochmalige Verhandlung vor dem Gericht höherer Instanz, der Strafkammer als Berufungsgericht, statt. (Wegen deren Besetzung siehe oben Abschnitt B II 2, S. 364.)

3. Das Berufungsgericht hat in absoluter Unabhängigkeit von dem erstrichterlichen Verfahren und dessen Ergebnissen über den Gegenstand der Anklage von neuem zu verhandeln, dabei neue Tatsachen und Beweismittel sowie alle zutage tretenden Änderungen der Sachlage zu berücksichtigen und dann ausschließlich auf Grund der Berufungsverhandlung nach eigener Überzeugung die Entscheidung in der Sache selbst zu treffen. (Ausnahme § 328 Abs. 2 u. 3 StPO.)

III. Revision:

1. Sie ist gemäß § 333 StPO. zulässig gegen die Urteile der Strafkammern und der Schwurgerichte. Gegen die Urteile des Amtsrichters ist Revision insoweit zulässig, als nach § 313 die Berufung ausgeschlossen ist (§ 334 StPO.). Ein Urteil, gegen das Berufung zulässig ist, kann statt mit Berufung mit Revision angefochten werden (§ 335 StPO.). (Siehe S. 366.)

2. Die Revision bewirkt eine Nachprüfung des Urteils lediglich in rechtlicher Beziehung. Zu diesem Zwecke findet eine Verhandlung vor dem Oberlandesgericht bzw. dem Bundesgerichtshof als Revisionsgericht statt.

3. Im Gegensatz zum Berufungsverfahren können in der Revisionsinstanz (zu der übrigens der Angeklagte nicht persönlich zu erscheinen braucht, sondern sich durch einen Verteidiger vertreten lassen kann) keine neuen Tatsachen und Beweismittel vorgebracht werden. Die tatsächlichen Feststellungen des angefochtenen Urteils sind also nicht angreifbar; vielmehr hat das Revisionsgericht sich ausschließlich darauf zu beschränken, zu prüfen, ob eine Verletzung des Gesetzes durch das Untergericht stattgefunden hat. Das Gesetz ist nach § 337 StPO. verletzt, wenn eine Gesetzesvorschrift überhaupt nicht oder nicht richtig angewendet worden ist.

4. Im Gegensatz zum Berufungsverfahren entscheidet das Revisionsgericht, wenn es zur Aufhebung des Urteils gelangt, nur ausnahmsweise in der Sache selbst, (siehe § 354 StPO.), während in der Regel die Sache zur anderweitigen Verhandlung und Entscheidung in die Vorinstanz zurückverwiesen wird.

IV. Beschwerde:

1. Die Beschwerde ist das Rechtsmittel gegen Beschlüsse, d. h. Entscheidungen des Gerichts, welche nicht die Hauptsache betreffen, also nicht durch Urteil getroffen werden müssen, sowie gegen Verfügungen, d. h. Entscheidungen eines einzelnen Richters (§ 304 Abs. 1 StPO.).

2. Über die Beschwerde gegen Beschlüsse des Amtsgerichts (Einzelrichter und Schöffengericht) entscheidet die Strafkammer, im übrigen entscheiden die Strafsenate der Oberlandesgerichte.

3. In gewissen, im Gesetz genannten Fällen ist eine Beschwerde ausgeschlossen, z. B. §§ 210 Abs. 1, 304 Abs. 3, 310 Abs. 2 StPO. Ferner ist die Beschwerde ausgeschlossen gegen Entscheidungen der erkennenden Gerichte, welche der Urteilsfällung vorausgehen (z. B. Ablehnung eines Beweisantrags in der Hauptverhandlung), mit den in § 305 StPO. genannten Ausnahmen.

4. Befristet (1 Woche) ist die Beschwerde nur im Falle der sofortigen Beschwerde des § 311 (z. B. §§ 210 Abs. 2, 372 StPO.).

5. Der Richter, dessen Entscheidung angegriffen wird (bei ihm ist die Beschwerde einzulegen) hat der Beschwerde abzuhelfen, wenn er sie für begründet hält (§ 306, Abs. 2 StPO.).

6. Die Entscheidung des Beschwerdegerichts lautet entweder auf Verwerfung der Beschwerde als unzulässig (weil nicht statthaft oder weil verspätet eingelegt im Falle der sofortigen B.), oder auf Zurückweisung der Beschwerde (weil sachlich unbegründet) oder, falls begründet, auf Aufhebung der angefochtenen Entscheidung und anderweitige Entscheidung in der Sache selbst.

I.

Wiederaufnahmeverfahren.

I. Ein durch rechtskräftiges Urteil abgeschlossenes Verfahren kann unter gewissen Voraussetzungen wieder aufgenommen werden. Das Verfahren hat den Zweck, da, wo die Gerechtigkeit es gebietet, die formell unanfechtbare Entscheidung vor allem der Schuldfrage von neuem zur Erörterung zu bringen, und dadurch den Widerspruch zwischen der durch das rechtskräftige Urteil geschaffenen formalen Rechtslage und der materiellen Tatlage, die sich nachträglich als nicht der Wahrheit entsprechend herausstellt, zu beseitigen.

II. Es gibt eine Wiederaufnahme zugunsten und zuungunsten des Verurteilten.

1. Zugunsten und zuungunsten des Verurteilten findet die Wiederaufnahme statt, wenn in dem angegriffenen Verfahren gewisse strafbare Handlungen, insbesondere Eidesverletzungen begangen worden sind (siehe §§ 359 Nr. 1 bis 3, 362 Nr. 1 bis 3 StPO.).

2. Zugunsten des Verurteilten findet die Wiederaufnahme statt, wenn neue Tatsachen und Beweismittel beigebracht werden (§ 359 Nr. 5 StPO.). (Der Wiederaufnahmegrund Nr. 4 des § 359 spielt in der Praxis nur eine geringe Rolle.)

3. Zuungunsten des Verurteilten findet, abgesehen von den in Ziff. 1 genannten Gründen die Wiederaufnahme nur statt, wenn der Freigesprochene vor Gericht oder außergerichtlich ein glaubwürdiges Geständnis der strafbaren Handlung ablegt (§ 362 Nr. 4), also nicht — im Gegensatz zur Wiederaufnahme zugunsten des Verurteilten — auf Grund neuer Tatsachen und Beweismittel.

K.

Besondere Verfahren.

I. Das beschleunigte Verfahren. (§§ 212—212b StPO.)

1. Im Verfahren vor dem Amtsrichter (aber nicht in Jugendsachen) und dem Schöffengericht kann der Staatsanwalt schriftlich oder mündlich den Antrag auf Aburteilung im beschleunigten Verfahren stellen, wenn der Sachverhalt einfach und die sofortige Aburteilung möglich ist.

2. Für dieses Verfahren gilt im einzelnen folgendes:

a) Stellt der Staatsanwalt einen solchen Antrag, so wird die Hauptverhandlung, ohne daß es einer Entscheidung über die Eröffnung des Hauptverfahrens bedarf, sofort durchgeführt.
b) Eine Anklageschrift ist nicht erforderlich. Die Anklage kann mündlich erhoben werden.
c) Einer Ladung des Beschuldigten, für die eine Frist von 24 Stunden gilt, bedarf es nur, wenn er sich nicht freiwillig zur Hauptverhandlung stellt oder nicht dem Gericht vorgeführt wird.
d) Der Amtsrichter oder das Schöffengericht lehnt die Aburteilung im beschleunigten Verfahren ab, wenn sich die Sache zur Verhandlung in diesem Verfahren nicht eignet oder wenn eine höhere Strafe als ein Jahr Gefängnis zu erwarten ist. Zuchthaus oder eine Maßregel der Sicherung und Besserung darf im beschleunigten Verfahren nicht verhängt werden.

II. Das Strafbefehlsverfahren. (§§ 407—412 StPO.)

1. Bei Übertretungen und Vergehen kann der Amtsrichter auf Antrag der Staatsanwaltschaft ohne Hauptverhandlung durch Strafbefehl eine Strafe festsetzen.

2. Diese Strafe darf nur sein

a) Geldstrafe (ohne Beschränkung),
b) Freiheitsstrafe von höchstens drei Monaten,
c) Einziehung,
d) die Befugnis zur Beseitigung eines gesetzwidrigen Zustandes,
e) Bekanntmachung der Entscheidung.
Maßregeln der Sicherung und Besserung dürfen in einem Strafbefehl nicht angeordnet werden.

3. Der Amtsrichter hat Hauptverhandlung anzuberaumen:

a) Wenn er Bedenken hat, ohne Hauptverhandlung zu entscheiden,
b) wenn er hinsichtlich der Strafe von dem Antrage abweichen will (§ 408 Abs. 2 StPO.).

4. Der Strafbefehl wird erlassen, wenn weder tatsächliche noch rechtliche Bedenken entgegenstehen. Er wird rechtskräftig, wenn nicht binnen einer Woche nach der Zustellung Einspruch eingelegt wird.

5. Bei rechtzeitigem Einspruch findet Hauptverhandlung statt, in der sich der Beschuldigte durch einen Verteidiger vertreten lassen kann. Bei der Urteilsfällung ist das Gericht an den im Strafbefehl enthaltenen Ausspruch nicht gebunden, es kann also eine schärfere Strafe aussprechen als die im Strafbefehl erkannte (§ 411 StPO.).

III. Verfahren bei Strafverfügungen. (§ 413 StPO.)

1. Auf Grund landesrechtlicher Bestimmungen können die Polizeibehörden bei Übertretungen ihre Verhandlungen nach Vernehmung des Beschuldigten statt der Staatsanwaltschaft dem Amtsgericht übersenden unter Beifügung der Beweismittel und der anzuwendenden Strafvorschriften sowie einem Vorschlag zum Strafmaß.

2. Der Amtsrichter setzt dann durch gerichtliche Strafverfügung ohne Hauptverhandlung die Strafe sowie eine etwa verwirkte Einziehung oder die Befugnis zur Beseitigung eines gesetzwidrigen Zustandes fest, ohne an den Vorschlag der

Polizeibehörde gebunden zu sein, oder er übersendet die Akten der Staatsanwaltschaft, falls er gegen eine Entscheidung ohne Hauptverhandlung Bedenken hat, oder wenn er noch weitere Ermittlungen für erforderlich hält. Schließlich kann der Amtsrichter das Verfahren auch gemäß § 153 I StPO. einstellen.

IV. Das **Privatklageverfahren.** (§§ 374—394 StPO.)

1. Grundsätzlich ist es Sache des Staates, sein Recht, zu strafen, selbst auszuüben und zwar durch die mit der Strafrechtspflege betrauten Organe. Nur ausnahmsweise überläßt der Staat dieses Recht dem durch die Straftat Verletzten und zwar in den Fällen, in denen die Privatklage zulässig ist.

2. Die Privatklage ist zulässig, wenn es sich um eine der in § 374 Abs. 1 StPO. genannten Straftaten handelt, nämlich:
a) Hausfriedensbruch (§ 123 StGB.);
b) Beleidigung (§§ 185—187a, 189 StGB.);
c) Körperverletzung in den Fällen der §§ 223, 223a und 230 StGB.;
d) Bedrohung (§ 241 StGB.);
e) Verletzung des Briefgeheimnisses (§ 299 StGB.);
f) Sachbeschädigung (§ 303 StGB.);
g) alle nach dem Gesetz gegen den unlauteren Wettbewerb strafbaren Vergehen;
h) alle Verletzungen des literarischen, künstlerischen und gewerblichen Urheberrechts, soweit sie als Vergehen strafbar sind.

Zur Privatklage berechtigt ist ferner nach § 374 Abs. 2 StPO. derjenige, der neben dem Verletzten das Recht hat, selbständig einen Strafantrag zu stellen (siehe §§ 195, 196, 232 Abs. 3 StGB.).

3. Die Staatsanwaltschaft erhebt wegen der in § 374 StPO. genannten Delikte die öffentliche Klage nur dann, wenn dies im öffentlichen Interesse liegt (§ 376 StPO.).

4. Der Polizeibeamte soll, wenn offensichtlich ist, daß ein öffentliches Interesse an der Verfolgung nicht besteht, den Anzeiger bzw. Antragsteller darüber belehren, daß ihm anheim gegeben werde, Privatklage zu erheben.

5. Siehe wegen Zuständigkeit der Friedensgerichte in Privatklagesachen oben Abschnitt B VI S. 367.

V. Die **Nebenklage.** (§§ 395—402 StPO.)

1. Während das Privatklagerecht den Verletzten gegen Klagunterlassungen schützen will, bezweckt die Nebenklage, dem Verletzten eine Möglichkeit zu geben, etwaigen Mängeln in der Klagdurchführung durch Teilnahme an dem Strafprozeß vorzubeugen. Im Gegensatz zum Privatkläger tritt der Nebenkläger nicht an die Stelle des mit der Strafverfolgung regelmäßig betrauten staatlichen Organs, sondern es soll ihm lediglich die Möglichkeit gegeben werden, neben dem Staatsanwalt seine besonderen an der Verurteilung des Angeklagten beteiligten Interessen wahrzunehmen.

2. Berechtigt zu der Anschlußerklärung als Nebenkläger sind:
a) Die nach Maßgabe des § 374 StPO. zur Privatklage Berechtigten (§ 395 Abs. 1 StPO.),
b) wer durch einen Antrag auf gerichtliche Entscheidung (§ 172 StPO.) die Erhebung der öffentlichen Klage herbeigeführt hat,
c) die Eltern, Kinder, Geschwister und der Ehegatte eines durch eine mit Strafe bedrohte Handlung Getöteten (§ 395 Abs. 2 StPO.).

VI. Entschädigung des Verletzten. (§§ 403—406 d StPO.)

Sinn und Zweck dieses Verfahrens ist, Doppelarbeit zu vermeiden, indem im Strafverfahren nicht nur über die strafrechtliche Schuld entschieden wird, sondern zugleich der durch die strafbare Handlung begründete zivilrechtliche Schadensersatzanspruch geregelt werden kann. Und zwar kann der Verletzte in diesem Anschlußverfahren (auch Adhäsionsverfahren genannt) nicht nur Schadensersatzansprüche in Geld, sondern auch Rückgabe der durch die strafbare Handlung (z. B. Diebstahl) erlangten Sache, oder Rentenansprüche (z. B. bei Verletzungen durch einen fahrlässig verursachten Autounfall) geltend machen.

L.

Auszug aus der Strafprozeßordnung (für Polizeibeamte).

§ 52. (1) Zur Verweigerung des Zeugnisses sind berechtigt:

1. der Verlobte des Beschuldigten;
2. der Ehegatte des Beschuldigten, auch wenn die Ehe nicht mehr besteht;
3. wer mit dem Beschuldigten in gerader Linie verwandt, verschwägert oder durch Annahme an Kindes Statt verbunden, oder in der Seitenlinie bis zum dritten Grade verwandt oder bis zum zweiten Grade verschwägert ist, auch wenn die Ehe, durch welche die Schwägerschaft begründet ist, nicht mehr besteht.

(2) Die bezeichneten Personen sind vor jeder Vernehmung über ihr Recht zur Verweigerung des Zeugnisses zu belehren. Sie können den Verzicht auf dieses Recht auch während der Vernehmung widerrufen.

§ 53. (1) Zur Verweigerung des Zeugnisses sind ferner berechtigt:

1. Geistliche über das, was ihnen in ihrer Eigenschaft als Seelsorger anvertraut worden oder bekannt geworden ist;
2. Verteidiger des Beschuldigten über das, was ihnen in dieser Eigenschaft anvertraut worden oder bekannt geworden ist;
3. Rechtsanwälte, Patentanwälte, Notare, Wirtschaftsprüfer, vereidigte Buchprüfer (vereidigte Bücherrevisoren) und Steuerberater, Ärzte, Zahnärzte, Apotheker und Hebammen über das, was ihnen in dieser Eigenschaft anvertraut worden oder bekannt geworden ist;
4. Mitglieder des Bundestages, eines Landtages oder einer zweiten Kammer über Personen, die ihnen in ihrer Eigenschaft als Mitglieder dieser Organe oder denen sie in dieser Eigenschaft Tatsachen anvertraut haben sowie über diese Tatsachen selbst;
5. Redakteure, Verleger, Herausgeber, Drucker und andere, die bei der Herstellung oder Veröffentlichung einer periodischen Druckschrift mitgewirkt haben, über die Person des Verfassers, Einsenders oder Gewährsmanns einer Veröffentlichung strafbaren Inhalts, wenn ein Redakteur der Druckschrift wegen dieser Veröffentlichung bestraft ist oder seiner Bestrafung keine Hindernisse entgegenstehen;
6. Intendanten, Sendeleiter und andere, die bei der Vorbereitung oder Durchführung von Rundfunksendungen mitgewirkt haben, über die Person des Verfassers, Einsenders oder Gewährsmanns einer Rundfunksendung straf-

baren Inhalts, wenn ein für die Sendung Verantwortlicher wegen dieser Sendung bestraft ist oder seiner Bestrafung keine Hindernisse entgegenstehen; über die Person des Verfassers, Einsenders oder Gewährsmanns, die selbst im Rundfunk spricht, darf das Zeugnis nicht verweigert werden.

(2) Die in Absatz 1 Nr. 2 und 3 Genannten dürfen das Zeugnis nicht verweigern, wenn sie von der Verpflichtung zur Verschwiegenheit entbunden sind.

§ 53a. (1) Den in § 53 Abs. 1 Nr. 1 bis 4 Genannten stehen ihre Gehilfen und die Personen gleich, die zur Vorbereitung auf den Beruf an der berufsmäßigen Tätigkeit teilnehmen. Über die Ausübung des Rechtes dieser Hilfspersonen, das Zeugnis zu verweigern, entscheiden die in § 53 Abs. 1 Nr. 1 bis 4 Genannten, es sei denn, daß diese Entscheidung in absehbarer Zeit nicht herbeigeführt werden kann.

(2) Die Entbindung von der Verpflichtung zur Verschwiegenheit (§ 53 Abs. 2) gilt auch für die Hilfspersonen.

§ 54. (1) Für die Vernehmung von Richtern, Beamten und anderen Personen des öffentlichen Dienstes als Zeugen über Umstände, auf die sich ihre Pflicht zur Amtsverschwiegenheit bezieht, und für die Genehmigung zur Aussage gelten die besonderen beamtenrechtlichen Vorschriften.

(2) Für die Mitglieder des Bundes oder einer Landesregierung gelten die für sie maßgebenden besonderen Vorschriften.

(3) Der Bundespräsident kann das Zeugnis verweigern, wenn die Ablegung des Zeugnisses dem Wohl des Bundes oder eines deutschen Landes Nachteile bereiten würde.

(4) Diese Vorschriften gelten auch, wenn die vorgenannten Personen nicht mehr im öffentlichen Dienst sind, soweit es sich um Tatsachen handelt, die sich während ihrer Dienstzeit ereignet haben oder ihnen während ihrer Dienstzeit zur Kenntnis gelangt sind.

§ 55. (1) Jeder Zeuge kann die Auskunft auf solche Fragen verweigern, deren Beantwortung ihm selbst oder einem der im § 52 Abs. 1 bezeichneten Angehörigen die Gefahr strafgerichtlicher Verfolgung zuziehen würde.

(2) Der Zeuge ist über sein Recht zur Verweigerung der Auskunft zu belehren.

§ 81 a. (1) Eine körperliche Untersuchung des Beschuldigten darf zur Feststellung von Tatsachen angeordnet werden, die für das Verfahren von Bedeutung sind. Zu diesem Zweck sind Entnahmen von Blutproben und andere körperliche Eingriffe, die von einem Arzt nach den Regeln der ärztlichen Kunst zu Untersuchungszwecken vorgenommen werden, ohne Einwilligung des Beschuldigten zulässig, wenn kein Nachteil für seine Gesundheit zu befürchten ist.

(2) Die Anordnung steht dem Richter, bei Gefährdung des Untersuchungserfolges durch Verzögerung auch der Staatsanwaltschaft und ihren Hilfsbeamten (§ 152 des Gerichtsverfassungsgesetzes) zu.

§ 81 b. Soweit es für die Zwecke der Durchführung des Strafverfahrens oder für die Zwecke des Erkennungsdienstes notwendig ist, dürfen Lichtbilder und Fingerabdrücke des Beschuldigten auch gegen seinen Willen aufgenommen und Messungen und ähnliche Maßnahmen an ihm vorgenommen werden.

§ 81 c. (1) Andere Personen als Beschuldigte dürfen, wenn sie als Zeugen in Betracht kommen, ohne ihre Einwilligung nur untersucht werden, soweit zur Erforschung der Wahrheit festgestellt werden muß, ob sich an ihrem Körper eine bestimmte Spur oder Folge einer strafbaren Handlung befindet. Die Untersuchung kann aus den gleichen Gründen wie das Zeugnis verweigert werden. Die Untersuchung ist unzulässig, wenn sie den Betroffenen bei Würdigung aller Umstände nicht zugemutet werden kann.

(2) Bei anderen Personen als Beschuldigten sind Untersuchungen zur Feststellung der Abstammung und die Entnahme von Blutproben ohne Einwilligung des zu Untersuchenden zulässig, wenn kein Nachteil für seine Gesundheit zu befürchten und die Maßnahme zur Erforschung der Wahrheit unerläßlich ist. Die Untersuchungen und die Entnahme von Blutproben dürfen stets nur von einem Arzt vorgenommen werden. Absatz 1 Satz 2 und 3 gilt auch hier.

(3) Die Anordnung steht dem Richter, bei Gefährdung des Untersuchungserfolges durch Verzögerung auch der Staatsanwaltschaft und ihren Hilfsbeamten (§ 152 des Gerichtsverfassungsgesetzes) zu.

(4) Bei Weigerung des Betroffenen gilt die Vorschrift des § 70 entsprechend. Unmittelbarer Zwang darf nur auf besondere Anordnung des Richters angewandt werden. Die Anordnung setzt voraus, daß der Betroffene trotz Auferlegung einer Ordnungsstrafe bei der Weigerung beharrt oder daß Gefahr im Verzug ist.

§ 81 d. (1) Kann die körperliche Untersuchung einer Frau das Schamgefühl verletzen, so wird sie einer Frau oder einem Arzt übertragen. Auf Verlangen der zu untersuchenden Frau soll eine andere Frau oder ein Angehöriger zugelassen werden.

(2) Diese Vorschriften gelten auch dann, wenn die zu untersuchende Frau in die Untersuchung einwilligt.

§ 93. Zur Ermittlung der Echtheit oder Unechtheit eines Schriftstücks sowie zur Ermittlung seines Urhebers kann eine Schriftvergleichung unter Zuziehung von Sachverständigen vorgenommen werden.

§ 94. (1) Gegenstände, die als Beweismittel für die Untersuchung von Bedeutung sein können oder der Einziehung unterliegen, sind in Verwahrung zu nehmen oder in anderer Weise sicherzustellen.

(2) Befinden sich die Gegenstände in dem Gewahrsam einer Person und werden sie nicht freiwillig herausgegeben, so bedarf es der Beschlagnahme.

§ 95. (1) Wer einen Gegenstand der vorbezeichneten Art in seinem Gewahrsam hat, ist verpflichtet, ihn auf Erfordern vorzulegen und auszuliefern.

(2) Er kann im Falle der Weigerung durch die im § 70 bestimmten Zwangsmittel hierzu angehalten werden. Gegen Personen, die zur Verweigerung des Zeugnisses berechtigt sind, werden diese Zwangsmittel nicht angewandt.

§ 97. (1) Der Beschlagnahme unterliegen nicht:

1. schriftliche Mitteilungen zwischen dem Beschuldigten und den Personen, die nach § 52 oder § 53 Absatz 1 Nr. 1 bis 3 das Zeugnis verweigern dürfen;
2. Aufzeichnungen, welche die in § 53 Absatz 1 Nr. 1 bis 3 Genannten über die ihnen vom Beschuldigten anvertrauten Mitteilungen oder über andere Umstände gemacht haben, auf die sich das Zeugnisverweigerungsrecht erstreckt;
3. andere Gegenstände einschließlich der ärztlichen Untersuchungsbefunde, auf die sich das Zeugnisverweigerungsrecht der in § 53 Absatz 1 Nr. 1 bis 3 Genannten erstreckt.

(2) Diese Beschränkungen gelten nur, wenn die Gegenstände im Gewahrsam der zur Verweigerung des Zeugnisses Berechtigten sind; Gegenstände, auf die sich das Zeugnisverweigerungsrecht der Ärzte, Zahnärzte, Apotheker und Hebammen erstreckt, unterliegen der Beschlagnahme auch dann nicht, wenn sie im Gewahrsam einer Krankenanstalt sind. Die Beschränkungen der Beschlagnahme gelten nicht,

wenn die zur Verweigerung des Zeugnisses Berechtigten einer Teilnahme, Begünstigung oder Hehlerei verdächtigt sind, oder wenn es sich um Gegenstände handelt, die durch ein Verbrechen oder Vergehen hervorgebracht oder zur Begehung eines Verbrechens oder Vergehens gebraucht oder bestimmt sind oder die aus einer solchen Straftat herrühren.

(3) Soweit das Zeugnisverweigerungsrecht der Mitglieder des Bundestages, eines Landtages oder einer zweiten Kammer reicht (§ 53 Absatz 1 Nr. 4), ist die Beschlagnahme von Schriftstücken unzulässig.

(4) Die Absätze 1 bis 3 sind entsprechend anzuwenden, soweit die in § 53a Genannten das Zeugnis verweigern dürfen.

(5) Zu dem Zweck, die Person des Verfassers, Einsenders oder Gewährsmanns einer Veröffentlichung oder Sendung strafbaren Inhalts zu ermitteln, ist die Beschlagnahme von Schriftstücken unzulässig, die sich im Gewahrsam der nach § 53 Absatz 1 Nr. 5 und 6 zur Verweigerung des Zeugnisses Berechtigten befinden.

§ 98. (1) Beschlagnahmen dürfen nur durch den Richter, bei Gefahr im Verzug auch durch die Staatsanwaltschaft und ihre Hilfsbeamten (§ 152 des Gerichtsverfassungsgesetzes) angeordnet werden.

(2) Der Beamte, der einen Gegenstand ohne richterliche Anordnung beschlagnahmt hat, soll binnen drei Tagen die richterliche Bestätigung nachsuchen, wenn bei der Beschlagnahme weder der davon Betroffene noch ein erwachsener Angehöriger anwesend war, oder wenn der Betroffene und im Falle seiner Abwesenheit ein erwachsener Angehöriger des Betroffenen gegen die Beschlagnahme ausdrücklichen Widerspruch erhoben hat. Der Betroffene kann jederzeit die richterliche Entscheidung nachsuchen. Solange die öffentliche Klage noch nicht erhoben ist, entscheidet der Amtsrichter, in dessen Bezirk die Beschlagnahme stattgefunden hat.

(3) Ist nach erhobener öffentlicher Klage die Beschlagnahme durch die Staatsanwaltschaft oder einen ihrer Hilfsbeamten erfolgt, so ist binnen drei Tagen dem Richter von der Beschlagnahme Anzeige zu machen; die beschlagnahmten Gegenstände sind ihm zur Verfügung zu stellen.

§ 99. Zulässig ist die Beschlagnahme der an den Beschuldigten gerichteten Briefe und Sendungen auf der Post sowie der an ihn gerichteten Telegramme auf den Telegraphenanstalten; ebenso ist zulässig an den bezeichneten Orten die Beschlagnahme solcher Briefe, Sendungen und Telegramme, bei denen Tatsachen vorliegen, aus welchen zu schließen ist, daß sie von dem Beschuldigten herrühren oder für ihn bestimmt sind und daß ihr Inhalt für die Untersuchung Bedeutung hat.

§ 100. (1) Zu der Beschlagnahme (§ 99) ist nur der Richter, bei Gefahr im Verzug und, wenn die Untersuchung nicht nur eine Übertretung betrifft, auch die Staatsanwaltschaft befugt. Die letztere muß jedoch den ihr ausgelieferten Gegenstand sofort, und zwar Briefe und andere Postsendungen uneröffnet, dem Richter vorlegen.

(2) Die von der Staatsanwaltschaft verfügte Beschlagnahme tritt, auch wenn sie eine Auslieferung noch nicht zur Folge gehabt hat, außer Kraft, wenn sie nicht binnen drei Tagen von dem Richter bestätigt wird.

(3) Über eine von der Staatsanwaltschaft verfügte Beschlagnahme sowie über die Eröffnung eines ausgelieferten Briefes oder einer anderen Postsendung entscheidet der zuständige Richter (§ 98).

§ 102. Bei dem, welcher als Täter oder Teilnehmer einer strafbaren Handlung oder als Begünstiger oder Hehler verdächtig ist, kann eine Durchsuchung der Wohnung und anderer Räume, sowie seiner Person und der ihm gehörigen Sachen sowohl zum Zwecke seiner Ergreifung, als auch dann vorgenommen werden, wenn zu vermuten ist, daß die Durchsuchung zur Auffindung von Beweismitteln führen werde.

§ 103. (1) Bei anderen Personen sind Durchsuchungen nur zur Ergreifung des Beschuldigten oder zur Verfolgung von Spuren einer strafbaren Handlung oder zur Beschlagnahme bestimmter Gegenstände und nur dann zulässig, wenn Tatsachen vorliegen, aus denen zu schließen ist, daß die gesuchte Person, Spur oder Sache sich in den zu durchsuchenden Räumen befinde.

(2) Diese Beschränkung gilt nicht für Räume, in denen der Beschuldigte ergriffen worden ist, oder die er während der Verfolgung betreten hat, oder in denen eine unter Polizeiaufsicht stehende Person wohnt oder sich aufhält.

§ 104. (1) Zur Nachtzeit dürfen die Wohnung, die Geschäftsräume und das befriedete Besitztum nur bei Verfolgung auf frischer Tat oder bei Gefahr im Verzug oder dann durchsucht werden, wenn es sich um die Wiederergreifung eines entwichenen Gefangenen handelt.

(2) Diese Beschränkung gilt nicht für Wohnungen von Personen, die unter Polizeiaufsicht stehen, sowie für Räume, die zur Nachtzeit jedermann zugänglich oder die der Polizei als Herbergen oder Versammlungsorte bestrafter Personen, als Niederlagen von Sachen, die mittels strafbarer Handlungen erlangt sind, oder als Schlupfwinkel des Glücksspiels oder gewerbsmäßiger Unzucht bekannt sind.

(3) Die Nachtzeit umfaßt in dem Zeitraum vom ersten April bis dreißigsten September die Stunden von neun Uhr abends bis vier Uhr morgens und in dem Zeitraume vom ersten Oktober bis einunddreißigsten März die Stunden von neun Uhr abends bis sechs Uhr morgens.

§ 105. (1) Durchsuchungen dürfen nur durch den Richter, bei Gefahr im Verzug auch durch die Staatsanwaltschaft und ihre Hilfsbeamten (§ 152 des Gerichtsverfassungsgesetzes) angeordnet werden.

(2) Wenn eine Durchsuchung der Wohnung, der Geschäftsräume oder des befriedeten Besitztums ohne Beisein des Richters oder des Staatsanwalts stattfindet, so sind, wenn dies möglich, ein Gemeindebeamter oder zwei Mitglieder der Gemeinde, in deren Bezirk die Durchsuchung erfolgt, zuzuziehen. Die als Gemeindemitglieder zugezogenen Personen dürfen nicht Polizeibeamte oder Hilfsbeamte der Staatsanwaltschaft sein.

(3) Die in den vorstehenden Absätzen angeordneten Beschränkungen der Durchsuchung gelten nicht für die im § 104 Abs. 2 bezeichneten Wohnungen und Räume.

§ 106. (1) Der Inhaber der zu durchsuchenden Räume oder Gegenstände darf der Durchsuchung beiwohnen. Ist er abwesend, so ist, wenn dies möglich, sein Vertreter oder ein erwachsener Angehöriger, Hausgenosse oder Nachbar zuzuziehen.

(2) Dem Inhaber oder der in dessen Abwesenheit zugezogenen Person ist in den Fällen des § 103 Abs. 1 der Zweck der Durchsuchung vor deren Beginn bekannt zu machen. Diese Vorschrift gilt nicht für die Inhaber der im § 104 Abs. 2 bezeichneten Räume.

§ 107. Dem von der Durchsuchung Betroffenen ist nach deren Beendigung auf Verlangen eine schriftliche Mitteilung zu machen, die den Grund der Durchsuchung (§§ 102, 103) sowie im Falle des § 102 die strafbare Handlung bezeichnen muß. Auch ist ihm auf Verlangen ein Verzeichnis der in Verwahrung oder in Beschlag genommenen Gegenstände, falls aber nichts Verdächtiges gefunden wird, eine Bescheinigung hierüber zu geben.

§ 108. Werden bei Gelegenheit einer Durchsuchung Gegenstände gefunden, die zwar in keiner Beziehung zu der Untersuchung stehen, aber auf die Verübung einer anderen strafbaren Handlung hindeuten, so sind sie einstweilen in Beschlag zu nehmen. Der Staatsanwaltschaft ist hiervon Kenntnis zu geben.

§ 109. Die in Verwahrung oder in Beschlag genommenen Gegenstände sind genau zu verzeichnen und zur Verhütung von Verwechselungen durch amtliche Siegel oder in sonst geeigneter Weise kenntlich zu machen.

§ 110. (1) Eine Durchsicht der Papiere des von der Durchsuchung Betroffenen steht nur dem Richter zu.

(2) Andere Beamte sind zur Durchsicht der aufgefundenen Papiere nur dann befugt, wenn der Inhaber die Durchsicht genehmigt. Andernfalls haben sie die Papiere, deren Durchsicht sie für geboten erachten, in einem Umschlag, der in Gegenwart des Inhabers mit dem Amtssiegel zu verschließen ist, an den Richter abzuliefern.

(3) Dem Inhaber der Papiere oder dessen Vertreter ist die Beidrückung seines Siegels gestattet; auch ist er, falls demnächst die Entsiegelung und Durchsicht der Papiere angeordnet wird, wenn möglich, zur Teilnahme aufzufordern.

(4) Der Richter hat die zu einer strafbaren Handlung in Beziehung stehenden Papiere der Staatsanwaltschaft mitzuteilen.

§ 111. (1) Gegenstände, die durch die strafbare Handlung dem Verletzten entzogen wurden, sind, falls nicht Ansprüche Dritter entgegenstehen, nach Beendigung der Untersuchung und geeignetenfalls schon vorher von Amts wegen dem Verletzten zurückzugeben, ohne daß es eines Urteils hierüber bedarf.

(2) Dem Beteiligten bleibt vorbehalten, seine Rechte im Zivilverfahren geltend zu machen.

§ 111 a. (1) Sind dringende Gründe für die Annahme vorhanden, daß die Erlaubnis zum Führen von Kraftfahrzeugen entzogen werden wird (§ 42 m des Strafgesetzbuchs), so kann der Richter dem Beschuldigten durch Beschluß die Fahrerlaubnis vorläufig entziehen, wenn dies erforderlich ist, um die Allgemeinheit vor weiterer Gefährdung zu schützen.

(2) Die Befugnis zur Beschlagnahme eines von einer deutschen Behörde ausgestellten Führerscheines bleibt unberührt.

(3) In ausländischen Fahrausweisen ist die vorläufige Entziehung der Fahrerlaubnis zu vermerken. Ausländische Fahrausweise können zu diesem Zweck oder zur Eintragung des Vermerks über die Entziehung der Fahrerlaubnis nach § 42 m Abs. 2 Satz 2 des Strafgesetzbuchs beschlagnahmt werden.

(4) Die vorläufige Entziehung der Fahrerlaubnis ist aufzuheben, wenn ihr Grund weggefallen ist, oder wenn das Gericht im Urteil die Fahrerlaubnis nicht entzieht.

§ 112. (1) Gegen den Angeschuldigten darf nur dann Untersuchungshaft angeordnet werden, wenn er der Tat dringend verdächtig ist und wenn

1. er flüchtig ist oder sich verborgen hält, oder wenn bei Würdigung der Umstände des Einzelfalles, insbesondere der Verhältnisse des Angeschuldigten und der Umstände, die einer Flucht entgegenstehen, die Befürchtung begründet ist, daß sich der Angeschuldigte dem Strafverfahren entziehen werde, oder

2. bestimmte Tatsachen vorliegen, welche die Gefahr begründen, daß der Angeschuldigte durch Vernichtung von Spuren der Tat oder von anderen Beweismitteln oder durch Beeinflussung von Zeugen oder Mitschuldigen die Ermittlung der Wahrheit erschweren werde.

(2) Die Tatsachen, die den Fluchtverdacht oder die Verdunkelungsgefahr begründen, sind aktenkundig zu machen. Der Verdacht der Flucht bedarf keiner weiteren Begründung, wenn

1. ein Verbrechen den Gegenstand der Untersuchung bildet, oder
2. der Angeschuldigte im Geltungsbereich dieses Bundesgesetzes keinen festen Wohnsitz oder Aufenthalt hat, insbesondere wenn er ein Landstreicher ist, oder wenn er sich über seine Person nicht ausweisen kann.

§ 113. Ist die Tat nur mit Haft oder mit Geldstrafe bedroht, so darf die Untersuchungshaft nur wegen Verdachts der Flucht und nur dann verhängt werden, wenn der Angeschuldigte zu den im § 112 Abs. 2 Nr. 2 bezeichneten Personen gehört, oder wenn er unter Polizeiaufsicht steht, oder wenn es sich um eine Übertretung handelt, wegen deren die Unterbringung in einem Arbeitshaus angeordnet werden kann.

§ 114. (1) Die Verhaftung erfolgt auf Grund eines schriftlichen Haftbefehls des Richters.

(2) In dem Haftbefehl ist der Angeschuldigte genau zu bezeichnen und die ihm zur Last gelegte strafbare Handlung sowie der Grund der Verhaftung anzugeben.

(3) Der Haftbefehl ist dem Angeschuldigten, wenn möglich, bei der Verhaftung bekanntzumachen. Geschieht dies durch Verkündung, so ist der Angeschuldigte darauf hinzuweisen, daß ihm auf Verlangen eine Abschrift erteilt wird. Ist die Bekanntmachung bei der Verhaftung nicht erfolgt, so ist dem Angeschuldigten vorläufig mitzuteilen, welcher strafbaren Handlung er verdächtig ist. Die Bekanntmachung ist in diesem Falle unverzüglich nachzuholen.

§ 114 a. (1) Von der Verhaftung und jeder weiteren Entscheidung über die Fortdauer der Haft ist von Amts wegen unverzüglich ein Angehöriger des Verhafteten oder eine Person seines Vertrauens zu benachrichtigen.

(2) Außerdem ist dem Verhafteten selbst Gelegenheit zu geben, einen Angehörigen oder eine Person seines Vertrauens von der Verhaftung zu benachrichtigen, sofern der Zweck der Untersuchung dadurch nicht gefährdet wird.

§ 114 b. (1) Wird der Angeschuldigte auf Grund des Haftbefehls ergriffen, so ist er unverzüglich, spätestens am Tage nach der Ergreifung, dem zuständigen Richter vorzuführen.

(2) Der Richter hat den Angeschuldigten unverzüglich, spätestens am nächsten Tage, über den Gegenstand der Beschuldigung zu vernehmen.

(3) Bei der Vernehmung ist der Angeschuldigte auf die ihn belastenden Umstände hinzuweisen. Die Vernehmung soll ihm Gelegenheit geben, die Verdachtsgründe zu beseitigen und die Tatsachen geltend zu machen, die zu seinen Gunsten sprechen.

§ 114 c. (1) Kann der Angeschuldigte nicht spätestens am Tage nach der Ergreifung vor den zuständigen Richter gestellt werden, so ist er auf sein Verlangen unverzüglich, spätestens am Tage nach der Ergreifung, dem nächsten Amtsrichter vorzuführen.

(2) § 114b Abs. 2 und 3 gilt entsprechend.

(3) Ergibt sich bei der Vernehmung, daß der Haftbefehl aufgehoben oder der Ergriffene nicht die in dem Haftbefehl bezeichnete Person ist, so ist der Ergriffene freizulassen.

§ 114 d. (1) Befindet sich der Angeschuldigte auf Grund eines Haftbefehls, der wegen eines Verbrechens oder Vergehens erlassen ist, in Haft, so wird auf seinen Antrag nach mündlicher Verhandlung darüber entschieden, ob der Haftbefehl aufrechtzuerhalten oder aufzuheben oder ob eine Anordnung gemäß § 117 zu treffen ist.

(2) Der Termin zur mündlichen Verhandlung darf ohne Zustimmung des Angeschuldigten nicht über eine Woche nach dem Eingang des Antrags hinaus anberaumt werden.

(3) Hat bereits eine mündliche Verhandlung nach Abs. 1 oder 2 oder nach § 115a stattgefunden, so entscheidet das Gericht über Anträge auf nochmalige mündliche Verhandlung nach freiem Ermessen.

§ 115. Bei der Bekanntmachung des Haftbefehls ist der Angeschuldigte darauf hinzuweisen, daß er gegen den Haftbefehl Beschwerde einlegen kann. Ist der Haftbefehl wegen eines Verbrechens oder Vergehens erlassen, so ist der Angeschuldigte ferner darauf hinzuweisen, daß er, statt Beschwerde einzulegen, eine mündliche Verhandlung gemäß § 114d beantragen kann.

§ 115 a. (1) Solange der Angeschuldigte sich in Untersuchungshaft befindet, hat das Gericht innerhalb bestimmter Fristen von Amts wegen zu prüfen, ob die Haft aufrechtzuerhalten ist (Haftprüfungsverfahren).

(2) Die Prüfung findet zum ersten Male statt, wenn die Untersuchungshaft einen Monat gedauert hat.

(3) Läßt das Gericht den Angeschuldigten nicht frei, so bestimmt es zugleich, wann das Haftprüfungsverfahren zu wiederholen ist. Die Frist soll in der Regel mindestens drei Wochen und darf nicht mehr als drei Monate betragen. Dasselbe gilt bei jeder Wiederholung des Haftprüfungsverfahrens.

(4) Auf Antrag des Angeschuldigten wird im Haftprüfungsverfahren nach mündlicher Verhandlung entschieden; auf dieses Recht ist der Angeschuldigte hinzuweisen. Stellt der Angeschuldigte den Antrag nicht, so ist er vor der Entscheidung zu hören; hat er einen Verteidiger, so ist auch der Verteidiger zu hören.

(5) Hatte der Angeschuldigte während des Laufes der in Abs. 2 bestimmten Frist gegen den Haftbefehl Beschwerde erhoben oder gemäß § 114 d mündliche Verhandlung beantragt, oder ist gemäß § 207 Abs. 2 oder § 268b die Fortdauer der Untersuchungshaft angeordnet worden, so beginnt die Frist mit der Bekanntmachung der Entscheidung, in der die Haft aufrechterhalten wird, an den Angeschuldigten von neuem zu laufen. Ergeht eine solche Entscheidung während des Laufes einer gemäß Absatz 3 vom Gericht bestimmten Frist, so hat das Gericht eine neue Frist zu bestimmen.

§ 115 b. Nach Eröffnung des Hauptverfahrens findet eine mündliche Verhandlung über den Haftbefehl nicht mehr statt. Vor der Entscheidung im Haftprüfungsverfahren ist der Angeklagte zu hören; hat er einen Verteidiger, so ist auch dieser zu hören.

§ 115 c. (1) Für den Antrag auf mündliche Verhandlung gelten die für Rechtsmittel gegebenen Vorschriften der §§ 297 bis 300, und § 302 Abs. 2 entsprechend.

(2) Neben einem Antrag auf mündliche Verhandlung ist eine Beschwerde über den Haftbefehl nicht zulässig. Eine bereits eingelegte Beschwerde gilt mit der Anberaumung des Termins zur mündlichen Verhandlung als zurückgenommen.

§ 115 d. (1) Von Ort und Zeit der mündlichen Verhandlung sind die Staatsanwaltschaft sowie der Angeschuldigte und der Verteidiger zu benachrichtigen.

(2) Der Angeschuldigte ist zu der Verhandlung vorzuführen, es sei denn, daß er auf die Anwesenheit in der Verhandlung verzichtet hat oder daß der Vorführung weite Entfernung oder Krankheit des Angeschuldigten oder andere nicht zu beseitigende Hindernisse entgegenstehen. Wird der Angeschuldigte zur mündlichen Verhandlung nicht vorgeführt, so muß ein Verteidiger seine Rechte in der Verhandlung wahrnehmen.

(3) Hat bis zum Beginn der mündlichen Verhandlung die Untersuchungshaft des Angeschuldigten seit der Verhaftung drei Monate gedauert, so ist ein Verteidiger zu der Verhandlung auch zuzuziehen, wenn der Angeschuldigte dazu vorgeführt wird.

(4) Hat der Angeschuldigte noch keinen Verteidiger gewählt, so ist ihm ein Verteidiger zu bestellen. Die Vorschriften der §§ 142, 143 und 145 gelten entsprechend.

(5) In der mündlichen Verhandlung sind die anwesenden Beteiligten zu hören. Art und Umfang der Beweisaufnahme bestimmt das Gericht. Über die Verhandlung ist ein Protokoll aufzunehmen. Die Vorschriften der §§ 271 bis 273 sind entsprechend anzuwenden.

(6) Die Entscheidung ist am Schluß der mündlichen Verhandlung zu verkünden. Ist dies nicht möglich, so ist die Entscheidung spätestens binnen einer Woche zu erlassen.

§ 117. Ein Angeschuldigter, dessen Verhaftung lediglich wegen Verdachts der Flucht gerechtfertigt ist, kann auf Grund von Maßnahmen, welche die Fluchtgefahr erheblich zu vermindern geeignet sind, insbesondere gegen Sicherheitsleistung, mit dem Vollzug der Untersuchungshaft verschont werden.

§ 123. (1) Der Haftbefehl ist aufzuheben, wenn der in ihm angegebene Grund der Verhaftung weggefallen ist, oder wenn der Angeschuldigte freigesprochen oder außer Verfolgung gesetzt wird.

(2) Durch Einlegung eines Rechtsmittels darf die Freilassung des Angeschuldigten nicht verzögert werden.

§ 126 a. (1) Sind dringende Gründe für die Annahme vorhanden, daß jemand eine mit Strafe bedrohte Handlung im Zustand der Zurechnungsunfähigkeit oder der verminderten Zurechnungsfähigkeit begangen hat und daß seine Unterbringung in einer Heil- oder Pflegeanstalt angeordnet werden wird, so kann das Gericht durch Unterbringungsbefehl seine einstweilige Unterbringung anordnen, wenn die öffentliche Sicherheit es fordert. Die Tatsachen, die diese Annahme rechtfertigen, sind aktenkundig zu machen.

(2) Für die einstweilige Unterbringung gelten die §§ 114—116, 124—126 entsprechend. Hat der Unterzubringende einen gesetzlichen Vertreter, so ist der Beschluß auch diesem bekannt zu machen. Die Freilassung gegen Sicherheitsleistung ist unzulässig.

(3) Der Unterbringungsbefehl ist aufzuheben, wenn der in ihm angegebene Grund der Unterbringung weggefallen ist oder wenn das Gericht im Urteil die Unterbringung in einer Heil- oder Pflegeanstalt nicht anordnet. Durch Einlegung eines Rechtsmittels darf die Freilassung nicht verzögert werden.

§ 127. (1) Wird jemand auf frischer Tat betroffen oder verfolgt, so ist, wenn er der Flucht verdächtig ist oder seine Persönlichkeit nicht sofort festgestellt werden kann, jedermann befugt, ihn auch ohne richterlichen Befehl vorläufig festzunehmen.

(2) Die Staatsanwaltschaft und die Polizeibeamten sind bei Gefahr im Verzug auch dann zur vorläufigen Festnahme befugt, wenn die Voraussetzungen eines Haftbefehls oder eines Unterbringungsbefehls vorliegen.

(3) Bei strafbaren Handlungen, deren Verfolgung nur auf Antrag eintritt, ist die vorläufige Festnahme von der Stellung eines solchen Antrages nicht abhängig.

§ 128. (1) Der Festgenommene ist, sofern er nicht wieder in Freiheit gesetzt wird, unverzüglich, spätestens am Tage nach der Festnahme, dem Amtsrichter des Bezirks, in dem er festgenommen worden ist, vorzuführen; dieser hat dem Vorgeführten die Gründe der Festnahme mitzuteilen, ihn zu vernehmen und ihm Gelegenheit zu Einwendungen zu geben.

(2) Hält der Amtsrichter die Festnahme nicht für gerechtfertigt oder ihre Gründe für beseitigt, so ordnet er die Freilassung an. Andernfalls erläßt er einen Haftbefehl oder einen Unterbringungsbefehl, für den die Vorschrift des § 126 gilt.

§ 131. (1) Auf Grund eines Haftbefehls oder eines Unterbringungsbefehls können die Staatsanwaltschaft oder der Richter einen Steckbrief erlassen, wenn der Beschuldigte flüchtig ist oder sich verborgen hält.

(2) Ohne Haft — oder Unterbringungsbefehl ist eine steckbriefliche Verfolgung nur zulässig, wenn ein Festgenommener entweicht oder sich sonst der Bewachung entzieht. In diesen Fällen kann auch die Polizeibehörde einen Steckbrief erlassen.

(3) In dem Steckbrief ist der Verfolgte zu bezeichnen und soweit möglich zu beschreiben. Die Tat, deren er verdächtig ist, sowie Ort und Zeit ihrer Begehung sind anzugeben.

(4) Die §§ 114b, 114c gelten entsprechend.

§ 136 a. (1) Die Freiheit der Willensentschließung und der Willensbetätigung des Beschuldigten darf nicht beeinträchtigt werden durch Mißhandlung, durch Ermüdung, durch körperlichen Eingriff, durch Verabreichung von Mitteln, durch Quälerei, durch Täuschung oder durch Hypnose. Zwang darf nur angewandt werden, soweit das Strafverfahrensrecht dies zuläßt. Die Drohung mit einer nach seinen Vorschriften unzulässigen Maßnahme und das Versprechen eines gesetzlich nicht vorgesehenen Vorteils sind verboten.

(2) Maßnahmen, die das Erinnerungsvermögen oder die Einsichtsfähigkeit des Beschuldigten beeinträchtigen, sind nicht gestattet.

(3) Das Verbot des Abs. 1 und 2 gilt ohne Rücksicht auf die Einwilligung des Beschuldigten. Aussagen, die unter Verletzung dieses Verbots zustande gekommen sind, dürfen auch dann nicht verwertet werden, wenn der Beschuldigte der Verwertung zustimmt.

§ 158. (1) Anzeigen strafbarer Handlungen oder Anträge auf Strafverfolgung können bei der Staatsanwaltschaft, den Behörden und Beamten des Polizeidienstes und den Amtsgerichten mündlich oder schriftlich angebracht werden. Die mündliche Anzeige ist zu beurkunden.

(2) Bei strafbaren Handlungen, deren Verfolgung nur auf Antrag eintritt, muß der Antrag bei einem Gericht oder der Staatsanwaltschaft schriftlich oder zu Protokoll, bei einer anderen Behörde schriftlich angebracht werden.

§ 159. (1) Sind Anhaltspunkte dafür vorhanden, daß jemand eines nicht natürlichen Todes gestorben ist, oder wird der Leichnam eines Unbekannten gefunden, so sind die Polizei- und Gemeindebehörden zur sofortigen Anzeige an die Staatsanwaltschaft oder an den Amtsrichter verpflichtet.

(2) Zur Bestattung ist die schriftliche Genehmigung der Staatsanwaltschaft oder des Amtsrichters erforderlich.

§ 160. (1) Sobald die Staatsanwaltschaft durch eine Anzeige oder auf anderem Wege von dem Verdacht einer strafbaren Handlung Kenntnis erhält, hat sie zu ihrer Entschließung darüber, ob die öffentliche Klage zu erheben ist, den Sachverhalt zu erforschen.

(2) Die Staatsanwaltschaft hat nicht nur die zur Belastung, sondern auch die zur Entlastung dienenden Umstände zu ermitteln und für die Erhebung der Beweise Sorge zu tragen, deren Verlust zu besorgen steht.

(3) Die Ermittlungen der Staatsanwaltschaft sollen sich auch auf die Umstände erstrecken, die für die Strafbemessung, die Strafaussetzung zur Bewährung und die Anordnung von Maßregeln der Sicherung und Besserung von Bedeutung sind.

§ 161. (1) Zu dem im vorstehenden Paragraphen bezeichneten Zweck kann die Staatsanwaltschaft von allen öffentlichen Behörden Auskunft verlangen und Ermittlungen jeder Art, mit Ausschluß eidlicher Vernehmungen, entweder selbst vornehmen oder durch die Behörden und Beamten des Polizeidienstes vornehmen lassen. Die Behörden und Beamten des Polizeidienstes sind verpflichtet, dem Ersuchen oder Auftrag der Staatsanwaltschaft zu genügen.

(2) Die Vorschriften der §§ 136a und 69 Abs. 3 sind anzuwenden.

§ 163. (1) Die Behörden und Beamten des Polizeidienstes haben strafbare Handlungen zu erforschen und alle keinen Aufschub gestattenden Anordnungen zu treffen, um die Verdunkelung der Sache zu verhüten.

(2) Die Vorschriften der §§ 136a und 69 Abs. 3 sind anzuwenden.

(3) Die Behörden und Beamten des Polizeidienstes übersenden ihre Verhandlungen ohne Verzug der Staatsanwaltschaft. Erscheint die schleunige Vornahme richterlicher Untersuchungshandlungen erforderlich, so kann die Übersendung unmittelbar an den Amtsrichter erfolgen.

§ 164. Bei Amtshandlungen an Ort und Stelle ist der Beamte, der sie leitet, befugt, Personen, die seine amtliche Tätigkeit vorsätzlich stören, oder sich den von ihm innerhalb seiner Zuständigkeit getroffenen Anordnungen widersetzen, festnehmen und bis zur Beendigung seiner Amtsverrichtungen, jedoch nicht über den nächstfolgenden Tag hinaus, festhalten zu lassen.

§ 165. Bei Gefahr im Verzug hat der Amtsrichter die erforderlichen Untersuchungshandlungen von Amts wegen vorzunehmen.

Alphabetisches Sachverzeichnis.

Die Zahlen bedeuten die Seiten.

A.

G.

H.

P.

Q.

T.

Z.

Kolibri 360 GmbH
Ferdinand-Jühlke-Straße 7
99095 Erfurt, Deutschland
produktsicherheit@kolibri360.de